主编简介

何志鹏，男，满族，1974 年生，法学博士，经济学博士后。吉林大学理论法学研究中心、法学院、国家发展与安全研究院教授，博士研究生导师，吉林大学人权研究院执行院长、涉外法治研究院院长。

主要从事国际法理论、人权理论、法学教育的研究，出版个人专著 11 部，主编学术文集 3 部，合作翻译出版著作 4 部，参与撰写专著、教材 20 余部；发表中英文学术论文 300 余篇，其中被《新华文摘》《中国社会科学文摘》《高等学校文科学报文摘》《人大报刊复印资料》等转载 40 余篇次。研究成果曾获得第七、第八、第九届教育部人文社会科学成果二等奖，钱端升法学奖，韩德培法学奖等；入选第八届"全国十大杰出青年法学家"、教育部长江学者奖励计划青年学者（2016）、"万人计划"哲学社会科学领军人才（2021）、中宣部文化名家暨"四个一批"人才（2021）。

H U M A N   R I G H T S
LAW

人权法
全球共识与中国立场

何志鹏 主编

商务印书馆
The Commercial Press
创于1897

图书在版编目（CIP）数据

人权法：全球共识与中国立场 / 何志鹏主编 .
北京：商务印书馆，2025. -- ISBN 978-7-100-24790-0

I. D922.74

中国国家版本馆 CIP 数据核字第 2024KV4342 号

本书受到吉林大学本科"十四五"规划教材建设重点资助项目支持

人权法

全球共识与中国立场

何志鹏　主编

商 务 印 书 馆 出 版
（北京王府井大街 36 号　邮政编码 100710）
商 务 印 书 馆 发 行
北京市十月印刷有限公司印刷
ISBN 978 - 7 - 100 - 24790 - 0

2025 年 5 月第 1 版　　　　　开本 710 × 1000　1/16
2025 年 5 月北京第 1 次印刷　　印张 44　插页 1
　　　　　定价：178.00 元

目　　录

导　　言

　　回望中国人权法最近 40 余年的发展进步，其成绩是非常值得肯定的。如果说在 20 世纪 80—90 年代的时候，人们讨论人权的问题在很大程度上还含有破冰的意味，思考和分析的主题仍然是中国是否应当探讨人权问题，那么到了 21 世纪初，人权知识则经受了一次大规模的拓展。由于中外人权学术交流合作的开拓和推进，诸多西方的人权著作进入中国，国际社会的人权实践也被中国学术界所关注。在理论深层，人们追问：人权是谁的权利？是向谁主张的权利？是哪些权利？在国际制度层次，无论是联合国宪章层次的人权机制，还是全球人权的条约机构；无论是欧洲的人权体制、美洲人权机制，还是非洲的人权机制，其规范基础及运行方式都受到了中国学者的关注和研讨。可以说，在那个阶段中国人权研究经历了一个初步的飞跃期。

　　然而，在那个时段的短暂繁荣之后，中国人权研究并没有乘势而起，而是进入了一个沉静发展的时期。其中的原因当然是多方面的，但是最主要的问题恐怕还是以西方为主体的人权理论和人权实践与中国的具体社会文化情境未能有机融合。所以，一些学者开始迷茫，一些学术研究进入了瓶颈。如果再照搬照抄西方的人权论著、人权观点，那么在学术上几乎没有增益和价值；而单纯地介绍西方的人权实践以及介绍国际人权制度，也基本上已经到达了饱和状态。这是中国人权研究在 21 世纪初短暂繁荣之后，进入沉静期的一个关键理由。

　　而在此之后，21 世纪的第二个十年的中后段，人权研究再一次缓慢兴起。这不仅源于中国共产党和中国政府在人权方面提供了更充实的话语基础和叙事材料，也源于一系列人权学者、学术机构，尤其是国家级人权研究基地的积极努力。此时，进一步总结归纳、提炼、表述中国的人权话语，努力讲好中国人权故事，形成更有影响力的中国人权叙事，成为中国人权理论研究界和实践界的关键任务。

在这种环境中，无论是东北还是西南，无论是政治经济文化中心还是边陲地区，对于人权问题研究的热情再度兴起。而且，此时的人权研究更多强调中国自身的观念和实践，强调中国人权的理论自觉与实践自省，更多地从中国自身的话语立场与实践出发，去构建人权领域的理论和观点，积极构建中国人权自主知识体系。这就使得我们的人权权利方面的研究更具有实践意义，更能够体现中国的特质。

正像我们在马克思主义的学习和探索过程中找到了中国化和时代化的道路，社会主义在摸索和实践中找到了中国特色，现代化在学习和实践的过程中找到了中国版本、中国模式一样，人权也在中国共产党领导中国人民积极探索前进的过程中，找寻到了中国的特质。但此时需要关注的问题就是要平衡全球共同观念及追求与中国自身的主张及特色之间的关系。从实践上看，共性是在不同地区个性实践经验总结的基础上归纳出来的；而从理论的逻辑推演看，共性既可能来自对不同理论的比较、归纳分析，也可能来自对先前人们普遍认可的一些原则和观念的支持和追随。在人权领域这两种情况都可能存在，而由于西方的人权理论和实践具有更长久的历史基础，因此，基于西方人权的思想观念而建构的全球共同人权认知很可能具有更大的影响。这提示我们，中国特色的人权思想、人权论断、人权主张都不能操之过急，尤其不能与世界各国普遍认可的人权观念和标准相冲突和对立。只有在我们的实践形成了相当扎实的基础，能够归纳和总结出雄辩的观点去反对既有的、被普遍视为"共识"的原则之时，我们才能旗帜鲜明地主张人权的中国道路、中国立场、中国方案。也就是说，理论上的特色要以实践之中的成功探索为基础。尽管中国现在确实已经形成了一系列成功的探索，但是数量并不多，而且理论总结还不充分，还不能够在多个方面很好地说服中国文化圈之外的理论研究者、政策制定者和普通民众。由此可以推断，中国人权学界确立中国特色人权思想观念的任务还相当艰巨，传播中国特色人权理论的道路还相当漫长。

　　本书作为人权法领域的一部新作，既注重呈现历史的文明积累，也展示现实的时代表征；既反映全球的人权共识，也努力突出中国特色的人权探索。虽然尚不能证明是一个成功的范例，至少努力之心是真诚的，努力的行动是坚定的。我们也期待，这部著作能够成为日后进一步发展理论、推进学术的路标，为中国人权文化乃至全球人权文明的发展与进步贡献涓滴的力量。

第一章　人权的基本问题

　　人权是一个以人的尊严和价值为基础的制度理念。它出现于西方，当前已成为全球各国普遍认可的制度安排和社会价值。在人权的具体界定上，不同时代的政治家、理论家给出了不同的解释，这也体现了人权既具有基于人的尊严与价值的普遍性，也具有社会、历史、文化、政治制度等方面的特殊性。随着人类社会制度安排的发展，人权的主体不断拓展，人权的内容也不断革新。进而，产生了人权的分类和位阶的问题。概括而言，人权是人类思想文化、世界法律制度进步的重要标志和关键领域。随着中国的社会发展进步，以及国家治理体系和治理能力的更新与完善，在人权方面的关注程度越来越高，形成了中国特色人权道路，为世界人权事业做出了自己的贡献。

第一节　人权的定义

　　人权涵盖的范围非常广泛，从最基本的生命权，到食物权、教育权、工作权、健康权和人身自由权等让生命富有价值的权利。不过，什么是人权，却一直没有一个清晰的答案。人权，最简单的界定就是"人的权利"。这个界定方式涉及两个要素：（1）人；（2）权利。就是对这两个基本要素及其背景的不同理解，产生了人权领域丰富的理论形态。

　　《世界人权宣言》第2条规定："人人有资格享受本宣言所载的一切权利和自由，不分种族、肤色、性别、语言、宗教、政治或其他见解、国籍或社会出身、财产、出生或其他身份等任何区别。"联合国人权事务高级专员办事处基于前述规定，提出了一种人权的解读："人权是我们人类与生俱来的权利，非任何国家所赋予。这些普遍权利为我们所有人所固有，不分国籍、性别、民族或族裔、肤色、宗教、语言或任何其他身份。"[①]《世界人权宣言》第 1 条与第 3 条分别规定："人人生而自由，在尊严和权利上一律平等。""人人有权享有生命、自由和人身安全。"这些文献将人权与自由、平等、生命、安全联系起来，将人权视为一种"与生俱来"的权利，这代表了 20 世纪中叶人类文明对于人权的阶段性理解，但同时也隐含着进一步的问题，需要深入追问和思考。例如，当人们把人权指向自由、平等、生命、安全之时，这些术语各自是什么意思？人权是否仅仅指向自由、平等、生命、安全？当人们认为人权"与生俱来"的时候，它意味着人类自原始社会就拥有这些权利吗？进而，"权利"又是什么意思？这要求我们在文明比较的基础上深入探究。

一、西方文化中的人权定义

"人权"，英语用 "human rights" 予以表达，实际上代表了人们对于这个概念的历史渐进性理解。人权的制度文化源于西方，基于演进的历史性、文化的多样性、内涵的开放性、表述方式多样性等原因，对其的理解高度多元化。在西方主要包括道德权利说、新天赋人权说、价值哲学说和普世人权说等。近代的人权定义，最早由意大利文艺复兴运动的先驱、伟大诗人但丁提出。但丁在其代表作《论世界帝国》中指出"帝国的基石是人权"[②]。之后，洛克、卢梭等提出了"人类天生都是自由、平等和独立的""每个人都有生而自由、平等"[③] 的"天赋人权"口号。洛克等的论证也成为美国《独立宣言》和法国《人权和公民权宣言》（以下简称《人权宣言》）的思想基础。《独立宣言》提出："我们认为这些真理是不言而喻的：人人生而平等，造物者赋予他们若干不可剥夺的权

---

① 参见联合国人权事务高级专员办事处网站，https://www.ohchr.org/CH/Issues/Pages/WhatareHumanRights.aspx，最后访问日期：2022 年 2 月 18 日。

② 〔意〕但丁：《论世界帝国》，朱虹译，商务印书馆 1997 年版，第 76 页。

③ 洛克、卢梭等思想家分别在他们的著作《政府论》《论人类不平等的起源和基础》《社会契约论》中对人权进行了较为深入的论述。

利，其中包括生命权、自由权和追求幸福的权利。"法国《人权宣言》第 1 条规定："人生来就是而且始终是自由的，在权利方面一律平等。"在较为有影响力的国外学者中，英国学者米尔恩认为："人权概念就是这样一种观念：存在某些无论被承认与否都在一切时间和场合属于全体人类的权利。人们仅凭其作为人就享有这些权利，而不论其在国籍、宗教、性别、社会身份、职业、财富、财产或其他任何种族、文化或社会特性方面的差异。"① 杰克·唐纳利认为："人权是一个人仅仅因为是人就拥有的权利——'人的权利'。人权是一种特殊的权利，个人之所以拥有这种权利，仅仅因为他是人。"② 路易斯·亨金认为："人权是个人在社会中的权利，每个人因为他或她是社会成员而享有或者有资格享有'权利'，这种权利是合法的、有效的、具有正当理由的。它是向社会宣告各种善和利益。人权包括自由——免受拘留、酷刑的自由和言论、集会的自由，人权也包括食物权、住房权和其他人的基本需要。"③ 托马斯·弗莱纳认为："人权就是人按照其本性生活并与他人生活在一起的权利。"④《布莱克维尔政治学百科全书》对人权的定义为："人权思想乃是权利思想，而权利是'自然的'，因为它被设想为人们作为人凭借其自然能力而拥有的道德权利，而不是凭借他们所能进入任何特殊程序或他们要遵循其确定的特定法律制度而拥有的权利。"⑤ 而《牛津法律指南》对人权的定义为："人权，是那些宣称应在法律上予以承认和保护的主张，以使每一个人在人格、精神、道德和其他方面的独立获得最充分与最自由的发展。"⑥

---

① 〔英〕A. J. M. 米尔恩：《人的权利与人的多样性——人权哲学》，夏勇、张志铭译，中国大百科全书出版社 1995 年版，第 2 页。

② 〔美〕杰克·唐纳利：《普遍人权的理论与实践》，王浦劬等译，中国社会科学出版社 2001 年版，第 3—4 页。

③ 〔美〕路易斯·亨金：《权利的时代》，信春鹰、吴玉章、李林译，知识出版社 1997 年版，第 2—3 页。

④ 〔瑞士〕托马斯·弗莱纳：《人权是什么？》，谢鹏程译，中国社会科学出版社 2000 年版，第 132 页。

⑤ 〔英〕戴维·米勒、韦农·波格丹诺编：《布莱克维尔政治学百科全书》，邓正来主持翻译，中国政法大学出版社 1992 年版，第 337 页。

⑥ David M. Walker, *The Oxford Companion to Law* (Clarendon Press, 1980), p. 591.

二、中国学者对人权的定义

中国学者对"人权"一词的衡量标尺可能与西方存在不同，对于人权定义的理解也是仁者见仁、智者见智，包括但不限于人性固定权利说、权利一般形式说、需求权和自由权统一说、人的权利说、人身自由和民主权利说、公民权利说、应有权利说、基本权利说、人身自由道德权利说、天赋权利说、天赋人权说、商赋人权说、权衡与平衡说、国家治理功能说等。① 夏勇认为："人权一词依其本义是指每个人都享有或都应该享有的权利。"② 董云虎认为："所谓人权就是在一定的社会历史条件下每一个人按其本质享有或应该享有的基本权利和自由。"③ 张文显认为："人权同时具有法律性质和道德性质，就是说人权既是法律权利，也是道德权利。就其道德属性来说，人权就是人作为人应当享有的，不可由他人非法、无理剥夺，也不可由本人转让的权利，是做人的权利。"④ 白桂梅认为："人权是一个人仅仅因为是人就应当享有的权利。"⑤ 朱力宇等认为："人权是每个人基于人的尊严而应当享有的、对其生存和发展具有基础性意义的权利。"⑥ 李林认为："人权是人按其自然属性和社会本质所应当享有的权利。"⑦《中国人权百科全书》对人权的定义为："人权是人依其自然属性和社会本质所享有和应当享有的权利。"⑧

三、本书采纳的人权定义

总括观察，学者生活在具有不同时代背景、文化传统、宗教信仰，不同经济条件和不同阶级民族的国度里，加之其对人权思想、原则、制度的不同理解，无疑会持有不同的看法。尽管百家争鸣、百花齐放，从

---

① 谷春德：《中国特色社会主义法治与人权保障》，载《人权》2015 年第 1 期。
② 夏勇：《人权概念起源》，中国政法大学出版社 1992 年版，第 4 页，导言。
③ 董云虎：《世界人权约法总览》，四川人民出版社 1990 年版，第 3 页。
④ 张文显：《法哲学范畴研究》，中国政法大学出版社 2001 年版，第 400 页。
⑤ 白桂梅主编：《人权法学（第 3 版）》，北京大学出版社 2023 年版，第 1 页。
⑥ 朱力宇、叶传星主编：《人权法》，中国人民大学出版社 2017 年版，第 12 页。
⑦ 李林：《当代人权理论与实践》，吉林大学出版社 1996 年版，第 4 页。
⑧ 王家福、刘海年主编：《中国人权百科全书》，中国大百科全书出版社 1998 年版，第 481 页。

学者们的定义入手，还是可以找到三个共同要素。一是人权的主体是人（human）；二是人权的属性是一种权利（right）；三是人权具有一些特定的内容。本书认为，人权作为人的基本需求与社会可供资源之间的契合，其相对复杂的定义是：

> 人权是在有组织的社会中出现的、由相对弱势的个体对该组织提出的、被认定为属于该社会所有成员共同所有的，对其若干基本利益显在或潜在的要求。[①]

该定义体现出五方面含义：

（1）人权存在的背景是存在一个有组织的社会。在单纯的人与自然关系中不可能存在人权问题，一个漫步在森林中的孤独旅人无法向大树、小草或者路上遇到的熊、虎主张权利。社会组织是人权的外在环境和当然前提。

（2）人权的主体是该组织中的个体。权利被视为正当的主张和要求，拥有权利是个体的资格。这里的个体既可以是自然人，也可以是法人，甚至一个民族、一个国家。一个给定的社会无法向自身或内部个体要求整体的权利，整体可能拥有的是权力。

（3）人权的最初主张者是该社会中的弱者。一般来说，强者不会要求权利，因为既然称为强者，就意味着拥有足够的能力维护自身的基本利益，拥有充分的资源达到自身的基本目标；而弱者为了避免在组织中被剥夺、被边缘化的状态，就需要在制度上予以保障。

（4）人权源于自下而上的要求。一般而言，在有组织的社会里，社会权威自上而下赋予的利益可以被视为福利。这种福利可能是稳定持久的，也可能是不断变幻的。从国家的结构观察，自上而下的给予，可能是一种"仁政""善政"，但并不是"人权"。中国古代有很多明君贤臣，民众在他们治下可能享有很多安全、发展、娱乐的福利，但只要民众没有机会向官员、君主提出主张，就无法视为"权利"。就像民法中赠与

[①] 何志鹏：《人权全球化基本理论研究》，科学出版社 2008 年版，第 21 页。

本身不能构成权利一样。进而，当民众对于某项失去的福利或者未得到的福利提出要求，认为此系其所应得之时，权利就出现了。正像某些法域的民法实践：赠与本身不会给被赠与人带来权利，当赠与成为一种允诺，对方按照对允诺的信赖行事之时，权利就出现了。

（5）人权的内容是对基本利益的一种要求。人权又被称为"基本权利""宪法权利"，区别于民事权利、诉讼权利这些更具体的权利。这就意味着，人权得到了保护，人们仅仅获得了基本的自由和尊严，却远远不等于拥有了美满的生活；失去了人权，人们就失去了社会中的起码条件，面临着生存、安全、尊严的困境。

通过这一定义可以得到这样一种论断：人权概念的正式出现虽然很晚，但是人权的思想渊源，以及人们追求人权所做的努力却可以追溯至上古时期。无论是"仁者爱人"的东方箴言，还是"人是万物的尺度"的西方古谚，都表达着对人性的深切关切。针对人权主体、属性、内容的追问与界定，本章后续几节将从上述三个要素切入详细阐述，有助于我们更加准确而完整地认识与理解"人权"。

第二节　人权的基本属性

基于前述的人权概念界定，不难看出，人权起于思想观念，终于社会治理结构和制度运行。人权的属性涉及人权这种社会现象的深层次问题，是人权理论中颇具争议性的问题。争议的焦点主要是关于人权的普遍性与特殊性、人权的政治性与超政治性、人权的相互依赖性，以及人权的基础性与相对性等等。这些主题在学术上仍在争论之中，尤其是在具体的细节层级；但是基本的认知是可以达成共识的。

一、人权的普遍性与特殊性

1993 年 6 月 25 日在第二次世界人权大会上通过的《维也纳宣言和行动纲领》（以下或简称《维也纳宣言》）规定："世界人权会议重申，所有国家庄严承诺依照《联合国宪章》、有关人权的其他国际文书和国际法履行其促进普遍尊重、遵守和保护所有人的一切人权和基本自由的义务。这些权利和自由的普遍性不容置疑。""在国家级和国际级促进和保护人权和基本自由应当普遍……"但对于人权的普遍性和特殊性问题，国内外政府部门与专家学者一直存在着意见分歧。认识并解决这个问题有利于建立合理的人权政策，增进人权领域的全球协作。

（一）人权的普遍性

1. 基本含义

一般来讲，所谓人权的普遍性是指人权和基本自由是一种应当被普遍尊重和遵行的价值，这种价值的存在和实现对于任何国家、种族和民族的任何人是没有区别的，任何国家和个体都不应忽视贬损人权，因而它具有普遍的属性。国内学者对于其基本含义主流理解是：人作为人，不论其种族、肤色、性别、语言、宗教、政见、财产、教育等状况如何，都应当享有他应当享有的权利。在一个国家中，在这个国家的任何历史时期，人人都毫无例外地应当享有生命权、人身安全权、人身自由权、思想自由权、人格尊严权、最低生活保障权等与生俱来的最基本人权，[①] 这是人权普遍性的突出表现。正如美国著名国际人权法专家路易斯·亨金教授所认为的："人权是普遍的，它们属于任何社会中的每一个人。人权不分地域、历史、文化、观念、政治制度、经济制度或社会发展阶段。人权之所以称为人权，意味着一切人根据他们的本性，人人平等享有人权，平等地受到保护——不分性别、种族和年龄，不分'出身'贵贱、社会阶级、民族本源、人种或部落隶属，不分贫富、职业、才干、品德、宗教、意识形态或其他信仰。"[②]

一方面，人权的普遍性主要体现在人权内容与标准的普遍性，即存在一个各国都应该共同尊重的人权标准，其核心是保护人的尊严和价值。一个普通的人类社会总能找到人权的共同标准，否则国际人权保护将会陷入困境，各国的正式人权保护措施将缺乏可遵循、可参照以及可借鉴

---

① 李步云主编：《人权法学》，高等教育出版社 2005 年版，第 67—68 页。
② 〔美〕路易斯·亨金：《权利的时代》，信春鹰、吴玉章、李林译，知识出版社 1997 年版，第 3 页。

的标准。此时，国际人权
法作为国际法的一部分，
可以验证确实存在人权的
共同标准。[1] 由《世界人权
宣言》《公民及政治权利国
际公约》[2] 和《经济社会文
化权利国际公约》[3] 确立的
人权保护标准，以社会和
文化为核心，并与其他国
际人权文件的内容相结合，
被称为国际人权共同标准，

> **《世界人权宣言》第2条**
>
> 人人有资格享受本宣言所载的一切权利和自由，不分种族、肤色、性别、语言、宗教、政治或其他见解、国籍或社会出身、财产、出生或其他身份等任何区别。
>
> 并且不得因一人所属的国家或领土的政治的、行政的或者国际的地位之不同而有所区别，无论该领土是独立领土、托管领土、非自治领土或者处于其他任何主权受限制的情况之下。

这一共同标准正是实现国际人权保护的参数。此外，人权概念表达了人类对人权的深刻认同且具有深刻的批判精神，它并非基于个人、阶级或社会之间的某些利益或价值观，而是定位于超越具体的经济考虑、政治争端和文化冲突，直接作为人类发展和进步的绝对基础，从而奠定社会制度的道德基础。[4]

另一方面，人权的主体也具有普遍性。一是人权的权利主体是普遍的。《世界人权宣言》的通过标志着普遍人权主体在理论上确立，其第二条的内容可以称为人权普遍性的来源。值得注意的是，人权的普遍性不仅意味着人权在主体、形式上的普遍性，更要求人权理论承认并尊重存在差异的人权主体对人权的特殊和特定要求。因为真实保障每一个人的尊严，才称得上是普遍人权。[5] 二是人权的义务主体也是普遍的。大多数国家都加入了《公民及政治权利国际公约》以及《经济社会文化权利

---

[1]　〔英〕R. J. 文森特：《人权与国际关系》，凌迪、黄列、朱小青译，知识出版社1998年版，第70页。

[2]　关于该条约名称及文本的讨论，参见孙世彦：《〈公民及政治权利国际公约〉的两份中文本：问题、比较与出路》，载《环球法律评论》2007年第6期。

[3]　关于该条约名称及文本的讨论，参见黄金荣：《〈经济社会文化权利国际公约〉的中文文本问题及其可能化解途径》，载《法治研究》2018年第3期。本书通用全国人大采用的名称。

[4]　夏勇：《人权概念起源》，中国政法大学出版社1992年版，第217页。

[5]　曲相霏：《人权的普遍性与人权主体观》，载《文史哲》2009年第4期。

国际公约》，其序言中明确规定，"各国根据联合国宪章负有促进对人的权利和自由的普遍尊重和遵行义务"。而其他没有签署或已签署但尚未批准公约的国家，几乎都表示同意或支持公约的内容，几乎所有的国际人权文书也都强调各国政府毫无例外地均为人权的义务主体。可以看出，不同社会制度、不同发展水平、不同文化传统的国家，在保护人权问题上是存有共识的。而且国际法作为一种由主权国家直接或间接制定的法律规则，正是用来处理各主权国家彼此之间的关系，以及规制与约束各国政府行为的。

2. 理论依据

人权普遍性的依据首先在于人的尊严和价值。人类文明的发展进步使得全球社会普遍认可人有共同的尊严和价值。在当代世界，否定人权的普遍性，很多人就要失去做人的资格，也将不成其为人。任何国家都不能以本国的传统或文化的特殊性为理由，而把对待动物的方式说成是对待人的标准。[①]人们生活在这个世界上，共同组成一个社会结构；社会交往的试错过程要求确立平等自由的基本理念，以此过好物质生活和精神生活。《世界人权宣言》的序言开宗明义就指出："对人类家庭所有成员的固有尊严及其平等的和不移的权利的承认，乃是世界自由、正义与和平的基础。"《维也纳宣言和行动纲领》序言同时指出："承认并肯定一切人权都源于人与生俱来的尊严和价值，人是人权和基本自由的中心主体，因而应是实现这些权利和自由的主要受益者。"这一人权理念，在一系列重要的国际人权文书和区域性人权文书中，都有清晰、明确的表述和规定。

人权的普遍性依据进而在于全人类有着共同的利益和道德。利益层面上，全人类在有些方面有着共同的利益。无论是经济的、政治的或文化的权利都可归结为人的某种权益。而人权的本质属性首先表现为利益，包括物质的和精神的利益。比如，生命权、自由权、平等权、和平权等基本人权均出于人们向往健康、自由，追求幸福、和平的本性。人权作为人的利益的度量分界，在全人类有着共同利益的基础上，人权共同标准的制定和实施就成为了必要和可能。道德层面上，全人类在有些方面

---

① 徐显明：《人权与自律》，载《法理学教程》，中国政法大学出版社 1994 年版，第 391 页。

有着共同的道德准则。比如正义、博爱、人道、宽容、诚信等伦理观念以及包含废除与禁止种族歧视，对残疾人、难民的权利予以保障的人道主义就是全人类的一种共同的道德价值取向与追求，这些正是人权产生及其正当性的道德基础。

（二）人权的特殊性

1. 基本含义

一般而言，人权的特殊性是指人权在不同的社会中具有不同的性质和内容，在不同的发展水平和状态中，具体到某个特定的国家或地区，人们面临着不同的人权问题以及解决这些问题的不同方式和途径。人权是一个基于时空条件的概念，由于社会制度、文化传统、社会观念和经济发展水平的不同，各个国家或地区为实现普遍人权的原则所采取的一系列方式方法和途径步骤有着明显的差异。[①]

一方面，人权特殊性主要体现在人权的具体保护方式有不同标准。对国际共同标准的普遍认同，并不意味着任何时候、任何地方、任何国家、任何民族的人权观完全一致，也不意味着各国实现人权保护的模式必须完全相同。例如，虽然国际人权法确立了人权的普遍标准，但有些国家和地区确立了比国际人权标准更高的标准，或补充规定了更多的人权内容，各国在批准和加入国际人权公约或议定书时还可对其中的某些条款作出保留。这些都可被视为人权特殊性的体现。

另一方面，人权的价值标准与特定的文化传统、政治制度、经济制度相关联，它们的存在和实现是有条件的、相对的，在不同的国家、不同的文化、不同的种族中存在着不同的人权价值和行为准则。[②]各国存在这样或那样的差异是一种普遍现象，只要不违背保障人权的基本原则，就不必强求一致。人权的充分实现主要依靠各个国家采取措施和做出努力，各国具体国情有别，加之各国在履行自己保护人权的责任时享有充分的自主权，所以在尊重与维护人权共同标准的前提下，在尊重与维护

---

① 李海星：《论普遍人权的特殊性》，载《学术论坛》2006 年第 1 期。

② 李林：《跨文化的普遍人权》，载《市场社会与公共秩序》，生活·读书·新知三联书店1996 年版，第 84 页。

国家主权原则的基础上，各主权国家可以采取一些符合自己国家具体国情的立场和做法，是人权特殊性的体现。[①]

当然，无论如何理解人权的特殊性，都只是人权具体保障层面的属性。在价值问题上，人权的普遍性与特殊性是并行共进的，二者共同服务于人的自由解放和国家、国际治理水平的提升。[②]

2. 理论依据

人权特殊性的依据在于人权的实现程度受政治制度、经济发展水平、历史文化等各种条件的制约，其内容与形式也受一个国家的历史文化传统、民族宗教特征等的影响。目前，不同社会在隐私权、同性恋、堕胎、安乐死等人权问题上存在的广泛争议，体现出人权的具体内容受各种社会因素深刻制约的境况。因而，在人权制度的具体呈现以及实现人权的具体过程上，国家之间、地区之间、文化之间，存在着理解差异和实践差异。

在政治制度层面，英国奉行"议会至上"，而美国则实行典型的三权鼎立制度。在人权的司法保障层面，也有以德国、法国为代表的大陆法系和以美国、英国为代表的普通法系之间具体制度的种种差异。由于社会制度不同而形成的人权理念及制度上的差异是一种正常现象，也应当彼此尊重。在经济发展层面，经济基础决定上层建筑，也间接影响到该国公民权利和政治权利的发展程度。这个问题在发展中国家尤为突出，也是造成其与发达国家在人权观念上具有差异的重要原因。在历史文化层面，西方文化自中世纪末以来重个体、重自由，而东方则更强调集体、群体、整体。在人权形成和发展的过程中，不同地区历久弥坚的文化传统具有深远的影响，造就了不同国家的人权观念和制度的特殊性。一个鲜明的例子就是现存的区域性人权公约和宣言，如 1981 年通过的《非洲人权和民族权宪章》序言指出，"考虑到他们（非洲人民）历史的传统美德和非洲文明的生活价值，理应启发他们对人权和民族权概念的思考，并且理应使他们的思考具有自己的特色"；1993 年通过的《曼谷宣

---

① 吕世伦、薄振峰：《论人权的几个对应范畴》，载《金陵法律评论》2004 年第 1 期。
② 徐显明：《对人权的普遍性与人权文化之解析》，载《法学评论》1999 年第 6 期。

言》指出，"尽管人权具有普遍性，但应铭记各国和各区域的情况各有特点，并有不同的历史、文化和宗教背景，应根据国际规则不断重订的过程来看待人权"。而且，在民族、种族和宗教层面上，《维也纳宣言》指出："各国有义务依照《在民族、种族、宗教和语言上属于少数群体的人的权利宣言》，确保属于少数群体的人可不受歧视，在法律面前完全平等地充分和有效行使一切人权和基本自由……"世界由多个民族与种族组成，人人也都有宗教信仰自由，虽然政教分离，但不同的宗教有不同的教义与戒律，不同民族与种族也会存在人权观念与人权制度上的差异，因此导致他们对国际人权公约规定存在不同的认识和做法，我们也应当予以特别尊重，这也真正地彰显了人权平等和不歧视的特点。

（三）人权普遍性和特殊性的共存

人与人之间、国与国之间，在对人权问题形成共识的基础上出现了一些分歧，是完全正常的。我们既要承认人权在全球上的共同准则，又要理解人权在全世界还可能有自身的特定准则。米尔恩教授在评价西方的人权标准时发表过以下观点：西方的人权所体现的是西方的文化和文明传统，而西方传统只不过是众多人类传统中的一种，西方对西方人来说也许是最好的，但认为西方对于人类大多数人来说也是最好的，则没有根据。这种非议质疑所有意图充作普遍理想标准的人权概念。[1]

有些发达国家和学者，只承认或片面地强调人权的普遍性，一概否定或极力贬低人权的特殊性。正是在这种思想与理论指导下，出现了一系列错误的人权政策，诸如国际人权保护绝对高于国家主权，奉行人权的"双重标准"政策，无理干涉他国内政等。正确的做法是在解决人权问题时，考虑到这个世界在政治、经济、文化、社会上的巨大差异，尊重人类文明的多样性。联合国大会于 1981 年 12 月 9 日通过的《不容干涉和干预别国内政宣言》明确指出："各国有义务避免利用和歪曲人权问题，以此作为对其他国家施加压力或在其他国家集团内部或彼此之间制造猜疑和混乱的手段。"联合国大会通过的《国际法原则宣言》和《关于

---

① 〔英〕A. J. M. 米尔恩：《人的权利与人的多样性——人权哲学》，夏勇、张志铭译，中国大百科全书出版社 1995 年版，第 4 页。

各国内政不容干涉及其独立与主权之保护宣言》也都有明确规定。实践证明，尊重国家主权才是有效实现人权国内保护的根本前提，也是减少对抗、顺利实施人权国际保护的基本条件。

当然，只承认或片面地强调人权的特殊性也是错误的。各国尤其是发展中国家不应当强调经济、文化的发展水平及其他原因，而不作出应当作出也完全可以作出的改善人权状况的努力。归根结底，人权的实现主要依靠各主权国家采取立法、行政和司法措施达到。任何一个国家在任何具体条件下，都应当笃定每个人充分享有人之尊严和权利的理想以及为之努力的诚意，但比这种理想和诚意更为重要的，是如何将理想中的人权清单转化为人们实实在在享有的现实权利。

二、人权的政治性与超政治性

古代哲人说，人是政治的动物。正如政治是一个只有在社会关系中才能从事的活动① 一样，人权也是一个不能离开社会关系而存在的概念。人权与政治有着深刻而紧密的联系，脱离了政治场景就很可能无法理解人权的体系和进程；同时，人权问题也不能局限在政治的框架内，在很大程度上需要超越政治才能更好地实现人权。

（一）人权的政治性

理解人权的政治性与超政治性，首先要理解政治的定义。政治这一概念可以理解为：上层建筑领域中各种权力主体维护自身利益的特定行为以及由此结成的特定关系，是人类历史发展到一定时期产生的一种重要社会现象。"政"是政权主体，"治"是维护政权的方法和手段，"治"是围绕着"政"进行的。人们因为所处历史、地域、环境、时代等各种因素不同，对政治的理解不同，就会在理解人权与政治的关系时存在一定差异。

有学者结合安德鲁·海伍德在其《政治学》一书中对"政治性"与"超政治性"进行的相对较明确而系统的分析，做出了一个论断，即：人权的政治性是指人权在主权国家的公共领域内借助公共权力，进入政治

---

① Andrew Heywood, *Politics* (4th ed., Palgrave Macmillan, 2013), pp. 1-2.

过程，采用现代政治所要求的谈判与妥协手段，来保障和促进权利的一系列活动的特点。[①] 国内学者主流观点则认为，人权的政治性是指人权这种社会关系和社会现象同政治存在某种必然联系，它的存在及其实现必然受政治的决定和影响。一方面体现在人权的内容上，如获得公正审判的权利、知情权、参与权、表达权、监督权本就与政治密不可分。另一方面体现在人权实现上，马克思曾指出："个人自由只是对那些在统治阶级范围内发展的个人来说是存在的，他们之所以有个人自由，只是因为他们是这一阶级的个人。"[②] 马克思主义认为，资产阶级人权本质上是资产阶级的特权。特权就意味着可以通过立法、执法等方式实现对人权的操纵，而反观社会主义人权观，强调的则是无产阶级和人民大众的人权。

需要说明的是，在实践中，既不能忽视，也不能过分强调人权的"政治性"。比如在国际人权领域中，否认人权的普遍性，坚持人权是一国主权范围内的事情，拒绝人权的交流与对话；或者在国内人权发展中，突出人权的阶级性、集体性，忽视人权的社会性、个体性。人权固然是人的权利，但人的权利就是人权吗？显然不是。特权就是一个例外，特权也是人的权利，且恰好与人权相对立。特权是指某一部分人如某一个民族、阶级或集团所专有和独享的权利。如果过分强调人权的政治性，就可能出现权利向人们在利益和权力方面的支配与被支配、统治与被统治关系上靠近；丧失了人权所反映的人人自由平等的社会关系，并导致人与人之间的从属关系和不平等关系。

（二）人权的超政治性

与上述人权的政治性相对应，人权的超政治性可以作如下界定：是指保障和促进人权不仅仅是要采用政治性活动的特点。活动范围不局限在主权国家范围内的公共领域，也不仅仅是借助公共权力，采用政治手段来进行的。国内学者主流观点则认为，人权的超政治性一方面体现在人权主体的超政治性，一个人之所以拥有这种权利，仅仅因为他是人。

---

① 赵玉林：《人权"政治性"与"超政治性"的平衡——审查和改进人权发展战略的尺度》，载中国人权网，http://humanrights.cn/cn/zt/qita/rqzz/2011/1/t20110309_716339.htm，最后访问日期：2023年3月30日。

② 《马克思恩格斯选集》，第1卷，人民出版社1995年版，第82页。

人权理念的核心目标之一，就是借助于人权这样一个概念来强调人权不是局限于国家与政府，而是具有更大的社会场域，人权的正当性首先也不是来自于国家权力。在一定意义上，人权恰恰是用来对抗或限制公共权力的不义之举的，这就是人权的防御性功能。另一方面也表现在人权内容上，最典型的就是生命权以及国际人权法和国际人道法涉及的一些权利。

在实践中也不能过分强调人权的"超政治性"，在国际人权领域中，丧失国家主权的独立性会产生危险。人权和主权的关系是不能一概而论的，任何一种极端的主张都有可能导致理论和实践上的不良后果。如果认定主权优于人权，就可能导致主权者的任意胡为，但如果认定人权优于主权，政府限定人权范围的行为的合法性就可能遭到质疑。所以，国际人权与国家主权的关系是互为基础、相互依存、相互促进的并列关系。国际人权必须以国家主权的存在和行使为依托。若没有主权，国家尊重和承认的国际人权是不可能真正得到实现的。在国内人权发展中，公共权力不积极为人权实现创造物质条件，则人权缺乏进入政治过程的途径。在人权观念日新月异的今天，国家的人权保护义务被越来越多国家的宪法所承认，主权国家唯有更好地履行人权义务才有可能继续证明自身的合法性。为此，对公共权力的民意约束、对表达自由的保护、对信仰自由的尊重、对基本生存底线的维持、对人的个性发展的保障都应成为保障人权逐步实现的重要举措。

（三）人权的"政治化"与"意识形态化"

人权的政治性和超政治性，还涉及当今中国比较关注的问题，即人权的"政治化"与"意识形态化"。在国际关系的各种场合中，中国政府一贯坚持反对将人权政治化和意识形态化以及使用双重标准的立场。因为这种立场和观点既符合全人类的共同利益，符合人权的根本价值，又符合人权自身的本质与发展规律。人权的政治化必然导致审查侵犯人权时的差别待遇和适用双重标准。只有非政治化，才能遏制人权问题屈从于意识形态。

不幸的是，人权问题经常被错误地用于某种政治动机活动的借口，而非出自对促进人权的真正关切。这种情况在东西方对抗的冷战时期就已显现。冷战时代的结束使西方国家急于采取基于西方观念的方式作为解决世界政治、社会和经济问题的"良方"，却忽视了在这些领域民主价值观是渐渐发展而来的这一事实。但常识告诉我们，适合于一个特定社会的事物并不一定适合其他社会，民众参政的其他形式应同样得到承认。在处理人权问题时，态度一致性和目的善意是最重要的，对任何一个国家的人权状况的谴责不应该被用作，实际上也不能被用作仅仅是出于政治原因向一国施加压力的借口。更为重要的是，对人权的国际关心应当不是简单的谴责，而是应当致力于消除侵犯人权的根本原因。

毫无疑问，基本人权与自由具有国际效力，但是国家范围内人权的实现应该考虑到各国复杂的情况、不同的价值体系和不同的经济、社会与文化现实。各国人民应当"相互尊重、平等协商，坚决摒弃冷战思维和强权政治，走对话而不对抗、结伴而不结盟的国与国交往新路"。正如中国外交部发言人所说："我们呼吁各国恪守联合国宪章宗旨和原则，在人权领域开展建设性对话与合作，坚决反对人权政治化和'双重标准'，共同促进国际人权事业健康发展。"

三、人权的相互依赖性

1948 年 12 月 10 日，联合国大会通过第 217A（Ⅱ）号决议并颁布《世界人权宣言》，该宣言不仅申明了公民及政治自由，也申明了经济、社会和文化权利，其内容也进一步反映在《公民及政治权利国际公约》和《经济社会文化权利国际公约》中。尽管有诸多的人权公约，但人权需要被视为一个整体，其中所有权利都是相互依存、不可分割和相互关联的。一个人如何在政治自由、经济发展和社会公正两种价值之间作出选择？在这两种价值之间，缺少任何一个方面都是不健全的。当联合国于 1966 年通过这两项国际人权公约时，就已经关注到这两种价值的联系，并于两项公约序言中提出，"只有在创造了使人可以享有其经济、社会及文化权利，正如享有其公民和政治权利一样的条件的情况下，才能实现自由人类享有免于恐惧和匮乏的自由的理想"。因此，全面的人权条约应基于这样一种宗旨，即为了保障人的尊严，应当实现所有人权，这才属于建立了完整的人权体系。

1968 年《德黑兰宣言》指出："鉴于人权和基本自由不容分割，若

《维也纳宣言和行动纲领》第 5 条

一切人权均为普遍、不可分割、相互依存、相互联系。国际社会必须站在同样地位上，用同样重视的眼光，以公平平等的态度全面看待人权。固然，民族特性和地域特征的意义，以及不同的历史、文化和宗教背景都必须要考虑，但是各个国家，不论其政治、经济和文化体系如何，都有义务促进和保护一切人权和基本自由。

不同时享有经济、社会和文化权利，则公民权利和政治权利绝无实现之日。"《维也纳宣言》更是重申："一切人权均为普遍、不可分割、相互依存、相互联系。国际社会必须站在同样地位上，用同样重视的眼光，以公平平等的态度全面看待人权。"这份权威性的文件强调了所有人权都相互依赖的关系、每一项权利都不可或缺的观点，可称为人权相互依赖性的来源。

人权的相互依赖性是一个在国际人权讨论中日益突出的术语，特别是相互依赖性的概念在联合国的政治机构中愈发重要，但该概念还不完全成熟，且国内外学者还存在一定争议。2006 年联合国在设立人权理事会的决议中再次通过了改进之后的相似声明，在前述四项特征的基础上增加了第五项特征"相互加强"，这五项属性有所区别，但这四项或者五项属性的组合即可理解为相互依赖性。主流的观点认为，人权的相互依赖性是指不同的人权是相互加强或相互依存的，每项人权被视为同等重要、相互补充，但又相互独立的，即保护权利 A 将间接保护权利 B，体现了人权保护目标的统一。这意味着一项权利不能在没有另一项权利的情况下被充分享有。例如，在公民权利和政治权利方面取得进展，会让行使经济、社会和文化权利更加容易。同样，侵犯经济、社会和文化权利也会对行使其他权利产生众多负面影响，正如很多发展中国家，在贫穷、不发达和无视经济、社会和文化权利的条件下，很难实现民主。《维也纳宣言》将人权从原来的按种类排列改为按字母顺序排列——公民的（civil）、文化的（cultural）、经济的（economic）、政治的（political）和社会的（social）权利。[①] 这从侧面体现出人权的相互依

[①] 白桂梅主编：《人权法学（第 3 版）》，北京大学出版社 2023 年版，第 29 页。

赖性，根据人权条约的目标和宗旨来解释人权，而不是根据社会权利的性质来区分不同的权利类别。《世界人权宣言》也曾将这些更广泛的目标和宗旨描述为承认"人类家庭所有成员的固有尊严及其平等的和不移的权利"，并承认经济、社会和文化权利对于尊严和人格的自由发展是不可或缺的。

此外，人权的相互依赖性与不同国家基于自己的民族特性和地域特征以及不同的历史、文化和宗教背景作出自己的人权安排并不冲突。[①] 毕竟在资源有限的情况下，人类社会很难为所有成员提供完全满意的生活条件。而将所有权利置于同等地位，在实践上会给国家政府和相关机构带来一些困扰。[②] 但可以肯定的是，国家某一历史时期更重视或强调某一项人权，不能以否定或对抗另一项人权为目的。对一类人权的促进和保护，不应成为国家免除对另一类人权的促进和保护的借口。更不能以不尊重其中某一项权利为理由，来剥夺其他任何权利。历史证明，只有当所有人权作为一个协调的整体得到尊重时，充分享有人权才可能实现。

四、人权的基础性与相对性

（一）人权的基础性

人权的基础性是指人权对于人的生存和发展是一种基础性标准，人权是人们在特定的社会中要体面地、有尊严地生存所必须具备的最基本也最根本的条件。在一定意义上，这种标准和条件是最低限度的生存标准。[③] 人权体系中，生存权和发展权是人类不可或缺、不可分割、不可剥夺的，首要的基本人权。生存权指在一定社会关系中和历史条件下，人们应当享有的、维持正常生活所必需的基本条件的权利；发展权是个人、民族和国家积极、自由和有意义地参与政治、经济、社会和文化的发展并公平享有发展所带来的利益的权利。生存是享有一切人权的基础，是其他各种权利实现的前提。而发展可以使广大人民群众的获得感、幸福

---

① 徐显明主编:《国际人权法》，法律出版社 2004 年版，第 22 页。

② 何志鹏:《人类命运共同体理念对人权理论的贡献》，载《人权》2017 年第 5 期。

③ 〔英〕A. J. M. 米尔恩:《人的权利与人的多样性——人权哲学》，夏勇、张志铭译，中国大百科全书出版社 1995 年版，第 7 页。

感、安全感更加充实、更有保障与更可持续，发展权意味着人民群众追求幸福的机会受到保障。所以说，人权所包含的权利就是人生存和发展所必须具备的最基本条件和标准。

一方面，人权的基础性体现在人权的主体上，每个人只作为人而不需附带任何条件就是人权的主体。另一方面，人权的基础性也可以体现在人权保障上，有些人权不可克减，任何情况下都需要被保障。例如《公民及政治权利国际公约》第 4 条第 2 款规定："不得根据本规定而克减第六条、第七条、第八条（第一款和第二款）、第十一条、第十五条、第十六条和第十八条。"这些主要包括人人有固有的生命权；任何人均不得加以酷刑或施以残忍、不人道或侮辱之待遇或刑罚；任何人不得使为奴隶；一切形式的奴隶制度和奴隶买卖悉应禁止；任何人不应被强迫役使；任何人之行为或不行为，于其发生时依照国家法或国际法均不构成刑事罪者，不得据以认为犯有刑事罪；人人在任何所在有权被承认在法律前的人格；人人有权享受思想、良心和宗教自由等等。

此外，我们可以对人权的基础性深入理解，即人权是其他权利存在的正当性根据和理由，在整个权利体系中属于最基础性的权利。这意味着对人权的保障应当格外强有力，对人权的剥夺或者克减应该具有严格的限制，有些最基本的人权不可克减，即在任何条件下都是不可剥夺的。人权的这种基础性、根本性、神圣性要求国家充分尊重、保障和逐步促进人权。

（二）人权的相对性

人权具有相对性，人权的相对性是指人权和基本自由作为与特定的文化传统、政治制度、经济制度相关联的价值标准，它的存在和实现是有条件的、相对的，在不同的国家、不同的文化、不同的种群当中存在着不同的人权价值和行为准则。历史和现实的差异决定了人权具有相对的属性。[①] 人权的相对性与人权的特殊性一样，受政治制度、经济发展水平、历史文化等各种条件的制约，其内容与形式也受一个国家的历史传

---

① 李林：《跨文化的普遍人权》，载《市场社会与公共秩序》，生活·读书·新知三联书店1996 年版，第 84 页。

统、宗教和民族特点等影响。不同的国家、不同的文化、不同的种族中存在着不同的人权价值和行为准则，各个有组织的主体在人权的法律制度设计、现实保障上也存在差异，这导致了人权谱系、人权实现的路径没有划一的尺度。人权的相对性是法定权利和现实权利的客观特征，其与人权的普遍性和基础性并不冲突。

一方面，人权的相对性体现在人权的主体上。本章第一节我们提到了人权的定义，提出人权的主体是"有组织的社会"中的"个体"，比如就国内社会而言，个人是个体，国家是有组织的社会，但就国际社会而言，国家可能成为一个"个体"。定义还提出，人权的最初主张者是该社会的弱者，强者与弱者也需要根据具体的情形判断，这些就呈现出了人权主体的相对性。

另一方面，人权的相对性也体现在人权保障的程度上。人权的保护水平在很大程度上取决于社会可供资源，故而人权的保障是相对的、有限的。例如《公民及政治权利国际公约》第 4 条第 1 款规定："在社会紧急状态危及国本并经正式宣布时，本公约缔约国得采取措施克减其在本公约下所承担的义务，但克减的程度以紧急情势所严格需要为限，此等措施并不得与它根据国际法所负有的其他义务相矛盾，亦不得引起纯粹以种族、肤色、性别、语言、宗教或社会阶级为根据之歧视。"

第三节　人权的主体

人权的主体是指什么人可以和应当享有人权。[1] 人权的出发点是"人"，[2] 人权主体理论决定了人权的具体内容，同时对人权救济和人权保障也具有不可替代的实践功能。[3] 研究人权的主体，首先要厘清"谁是人"这一概念。在各国实践中，关于"谁是人"这一问题的讨论是从历

---

[1]　李步云：《论人权》，社会科学文献出版社 2010 年版，第 40 页。
[2]　白桂梅主编：《人权法学（第 3 版）》，北京大学出版社 2023 年版，第 9 页。
[3]　曲相霏：《人权离我们有多远》，清华大学出版社 2015 年版，第 6 页。

史维度逐渐扩展开来的。

在英国，《自由大宪章》（简称为《大宪章》）限制了国王的权利，保障教会贵族、世俗贵族在经济、政治、司法方面的特权，但下层广大被统治阶级并没有参与其中，他们也没有成为利益的分享者。从《大宪章》到《权利法案》，人权主体的范围从贵族、自由民，向一般平民、个体扩展，人权主体的范围不断扩张。[①] 在法国，从 15 世纪末起，除僧侣和贵族两个特权等级以外的各平民统称为第三等级。16、17 世纪，尽管大多数农民已成为自由民，但其法律地位仍依附于出租土地给他们的雇主，并且仍存在一定数量的农奴。[②] 18 世纪中叶以后，第三等级中的一批法律界人士开始反对特权，要求一切国民身份平等和纳税平等，[③] 随着此后的大革命风暴不断演进，法国的人权主体也在逐步扩充。美国的扩张运动进入 20 世纪后，为了推行新民主外交，威尔逊提出了"民族自决"这一口号。[④] 虽然口号的提出带有一定政治目的，但美国从集体人权来考虑人权的方式，是用人权界定自决权的一种很好的模式。

与古代社会中大量自然人被剥夺"人格"的现象不同，现代社会不仅保障所有人作为人的权利，还存在是否可以将权利扩充到非人的实体上的争论。人们不禁追问，既然人享有权利，那么动物或其他无生命体可否享有权利？如果它们同样可以享有权利，此权利来源何处？

在司法实践中，近年来一些国家出现了认可动物权利的案例。2016年，阿根廷法院裁定一只黑猩猩是具有固有权利的"非人类法人"。[⑤] 2019 年，印度最高法院裁定动物是法律实体，且享有相应的权利与义务。[⑥] 理论界对于动物权利的讨论比司法实践更早。早在南北战争时期，

---

① 张立伟：《经验传统与历史选择：英国早期人权进程分析》，载《现代法学》2002 年第 1 期。

② 王令愉：《大革命前夕法国社会的等级结构》，载《法国研究》1988 年第 4 期。

③ 刘文立：《法国革命前的三个等级》，载《中山大学学报（社会科学版）》1999 年第 6 期。

④ 张澜：《从威尔逊的民族自决思想看美国的政治扩张》，载《华东师范大学学报（哲学社会科学版）》2003 年第 5 期。

⑤ 王倩慧：《动物法在全球的发展及对中国的启示》，载《国际法研究》2002 年第 2 期。

⑥ *Narayan Dutt Bhatt v. Union of India and Others on 4 July 2018, Uttaranchal High Court, Judgement*, p.55, para.99. 宣布"整个动物界，包括鸟类和水生动物，均被认为具有鲜明人格及活人一样的权利、义务和责任"。

环保运动领袖约翰·缪尔就认为大自然拥有权利。当代动物权利运动的精神领袖，美国学者汤姆·雷根提出"动物权利论"的观点，通过界定"生活主体"这一比"理性主体"范围更广的概念，[①] 这些观点启发我们对动物权利展开深入思考。

　　动物主体论虽然在保护动物方面具有进步意义，但是它与现阶段的基本法律理念、法律价值观、法律价值尚不能很好地融合。[②] 我们认为，只有人才能给动物和其他非生命体赋予权利，而对非人实体的法律拟制，本质仍服务于现实中人的需要，将动物等列为法律主体加以保护是为了更好地维持生态系统平衡、促进人类可持续发展[③]。所有社会变迁的基础是人，法律主体资格的产生和消亡在某种程度上取决于人的需要。[④]

一、人权主体的类别

（一）个人主体

　　人权的英文表述为"human rights"，其中"human"主要是指单个的"人"，也即有生命的自然人。在古代西方，"自然权利"的享有者是个人。近代西方继承了自然法学说，标志着近代人权产生的两份文件——美国《独立宣言》中的"人人生而平等"与法国《人权宣言》第 1 条"人生来就是而且始终是自由的"，个人是其所指的人权享有者。尽管人权的主体已经随着理论与实践不断相互促进而扩张，但个人是人权的基本主体这一主基调不曾改变。此外，不能错误地认为人权中的"人"仅等于"公民"，国籍的取得与丧失并不影响作为人本身应当享有的权利。无论是难民还是无国籍人，联合国都有专门的人权文件来保障他们的权利。

　　个人作为人权的主体，具有理论和实践上的意义。第一，符合人权具有历史范畴的性质。历史表明，人权是在针对君权、神权、贵族特权等一系列特权的斗争中产生的，强调人权主体的个体特征，能更好地体

---

① 蔡守秋：《简评动物权利之争》，载《中州学刊》2006 年第 6 期。
② 崔拴林：《动物地位问题的法学与伦理学分析》，法律出版社 2012 年版，第 71—86 页。
③ 何志鹏：《"自然的权利"何以可能》，载《法制与社会发展》2008 年第 1 期。
④ 李拥军：《从"人可非人"到"非人可人"：民事主体制度与理念的历史变迁——对法律"人"的一种解析》，载《法制与社会发展》2005 年第 2 期。

现对个体主体地位的尊重以及对个体正当权益的保护。第二，强调个人作为人权的主体，能够更好衡量一个国家对人权保护的现状，有利于揭露少数人特权式的虚伪人权骗局。

有学者认为，人权的权利主体仅仅是个人，要防止权利主体泛化。[①]随意扩大人权主体，不将个人主体与集体主体区别开来，极有可能导致大国或国际组织利用"人权无国界论"使干涉一国内政的行为正当化。[②]但也有学者认为，人权主体在国内法上的范围扩大恰恰是人权保障制度得以完善的结果，主体扩张的趋势符合人权发展的规律，因此不必担心主体泛化可能带来的不利后果。[③]

权利论证理论主要包括自然权利理论、社会正义理论与功利主义理论。其中，自然权利被认为是人们与生俱来的权利，具有普适性。这一论证路径寄希望于用人的自然特性来论证人的社会本质，具有逻辑漏洞。人并没有源于自然的权利，只有源于斗争的权利。[④]权利理论家们继而试图将权利的根据置于更大的"社会正义"理论框架之中。但是，依靠模糊的"社会正义"难以解决权利论证的难题，继而产生了功利主义。功利主义者认为，正义在于对权利的维护，功利主义的计量是社会保护个人权利的根本依据。功利主义和自然权利一样受到学者的批判，但功利理论中具有一些相对合理的因素，其比较与分析制度以及理性的理论基础都更具说服力。

（二）非个人主体

人权主体具有历史性。什么人可以享有权利，受到当时经济、政治、文化等多方面条件的制约。[⑤]人权主体的历史演变体现在最初以个人为人权主体，到第二次世界大战后人权问题成为国际法调整的对象，集体人权的概念应运而生。同时，人权的主体还向非生命体扩张，团体人权、群体人权、法人人权等概念也相继被提出。

---

① 张文显：《论人权的主体与主体的人权》，载《中国法学》1991 年第 5 期。

② 何进平：《论人权的权利主体》，载《社会科学研究》1992 年第 4 期。

③ 徐显明：《人权主体之争引出的几个理论问题》，载《中国法学》1992 年第 5 期。

④ 何志鹏：《"自然的权利"何以可能》，载《法制与社会发展》2008 年第 1 期。

⑤ 李步云：《论人权》，社会科学文献出版社 2010 年版，第 45 页。

集体人权指称某一人的群体所应享有的人权，其权利主体是某一类特殊社会群体，或某一民族与某一国家。[1] 集体人权之所以出现，是因为社会体系中的群体呈现了强烈的需求，而社会的资源又有能力应答此种需求。承认集体人权不会出现西方一些学者预想中的贬损个人人权的后果，[2] 因为集体人权的最终受益者仍是个人。我国大多数学者认为，应把集体人权限定在国际人权法的领域内，[3] 避免引起国内法事项与国际法事项的混淆。

1945 年《联合国宪章》第一条"发展国际间以尊重人民平等权利及自决原则为根据之友好关系"的规定中，对于"平等权利"和"自决原则"的主体就规定为"人民"这个集体，而非"自然人"。1966 年联合国大会通过的《经济社会文化权利国际公约》和《公民及政治权利国际公约》第 1 条第 1 款和第 2 款声称"所有人民都有自决权"，这一句话表明集体可以作为人权的主体。自决权的主体是全国人民，主权国家的全体人民和少数人民作为自决权的主体是长期和正常的情况。[4] 民族自决权是最早被广泛接受的集体人权，后来集体人权的范围逐渐囊括诸如发展权、环境权、和平权、安全权、裁军权、反核权等等。

《发展权利宣言》第一条中规定了发展权的定义："发展权利是一项不可剥夺的人权，由于这种权利，每个人和所有各国人民均有权参与、促进并享受经济、社会、文化和政治发展，在这种发展中，所有人权和基本自由都能获得充分实现。"其中，一国人民就是发展权的主体。

和平与安全权、环境权可以为全人类享有。《联合国宪章》开篇强调"维持国际和平与安全"。1978 年联合国大会通过的《为各国社会共享和平生活做好准备的宣言》中，大会重申个人、国家和全人类都享有过和平生活的权利，在第一条原则中强调"每个国家和每个人，不分种族、道德观念、语言或性别，都享有过和平生活的固有权利"，它"符合全人类的共同的利益"，是增进"各方面发展所不可缺少的条件"。联

---

[1]　李步云：《论个人人权与集体人权》，载《中国社会科学研究生院学报》1994 年第 6 期。
[2]　徐显明、曲相霏：《人权主体界说》，载《中国法学》2001 年第 2 期。
[3]　徐显明：《人权主体之争引出的几个理论问题》，载《中国法学》1992 年第 5 期。
[4]　赵建文：《人民自决权的主体范围》，载《法学研究》2008 年第 2 期。

合国《人类环境宣言》第一条规定"人类有权在一种能够过尊严和福利的生活的环境中，享有自由、平等和充足的生活条件的基本权利"。

二、个人主体的表现形态

（一）公民

《公民及政治权利国际公约》第 25 条规定权利和机会享有的主体是"每个公民"。公民只是具有一国国籍，并根据该国法律规定享有权利和承担义务的人。也就是说，有些人权的享有需要满足具有公民身份的要求。

我国《宪法》在第二章"公民的基本权利和义务"中的第 33 条第 3 款规定"国家尊重和保障人权"，公民基本权利是对人权的宪法化。[①] 尽管如何理解该条款的"人"的范围现在仍有争论，但是可以肯定的是，用"人权"代替"公民基本权利"的表述，体现了人权的国际性和普遍性。[②] 居住在我国境内的外国人、无国籍人、难民，他们显然不受公民权的庇护，但都涵盖在人权的保护范围之中。

（二）特殊人权主体

在国际人权主要法案中，除了"人人"的表述外，还存在其他特殊主体的表述形式。《世界人权宣言》第 11 条中的"凡受刑事控告者"，第 25 条"母亲和儿童"；《公民及政治权利国际公约》第 6 条中的"受死刑宣告者""未满十八岁之人""怀胎妇女"，第 24 条"儿童"，第 27 条"少数团体之人"等；《经济社会文化权利国际公约》第 8 条"工会""军警或国家行政机关人员"，第 10 条"母亲""儿童及少年"等等。在现实生活中，一些人因为自身生理条件、历史、文化、民族、宗教等种种原因，在实现人权的过程中会遇到困难，出于正义理念和人道原则，应该给予这些人合理的便利，方便其享有人权。

数量最大的特殊人权主体是妇女、儿童、老人和残障人士；国际人权法和国际人道法领域的特殊人权主体包括难民、无国籍人、战俘、战士伤病员、平民等；某些代表国家行使公权力的主体，如公务员、警察、

---

① 焦洪昌：《"国家尊重和保障人权"的宪法分析》，载《中国法学》2004 年第 3 期。
② 张文显：《论人权的主体与主体的人权》，载《中国法学》1991 年第 5 期。

军人，因履行职责的需要而成为特殊人权主体；犯罪嫌疑人、受刑罚者因处于被指控、接受刑罚的特殊状态而成为特殊人权主体；因种族、宗教或语言而成为一国少数团体者，也是特殊的人权主体。

有学者认为，上述这些特殊人权主体并不属于个人主体，主要体现在：特殊人权主体会通过法律从国家得到整体上的特殊权利保障，并且代表特殊人权主体的民间或半官方组织，如工会组织，可以通过法律或政治的手段代表该群体向国家提出一定的权利要求。[①]

（三）边缘主体

近几十年来，胎儿和未来人的利益开始得到关注，并且存在讨论空间。人是人权的主体，那么，人的生命是从何时开始？在现有法律框架下，如何保护未来人的利益？

各国关于胎儿利益保护的理论研究与实践并不匮乏，对胎儿利益的保护多规定在各个部门法之中。如胎儿接受继承、赠与的财产利益，以及损害赔偿请求权涉及的健康利益多规定在民法中；在刑法领域，根据不同的宗教背景、法律规定，针对堕胎是否构成犯罪有着不同的规定；此外，一些国家在宪法文本中明确规定胎儿作为生命权的主体。

在国际人权法视角下，联合国的人权机构并没有明确回答关于胎儿能否作为人权主体这一问题，但我们可以从人权领域的国际性、区域性文件中找到关于保护胎儿人权利益的相关规定。《公民及政治权利国际公约》第 6 条规定，"对孕妇不得执行死刑"，其背后的逻辑是胎儿是独立于母亲的主体，而不仅仅是母亲身体的一部分，因此母亲犯罪不应株连胎儿。联合国大会 1959 年《儿童权利宣言》提出，"儿童因身心尚未成熟，在其出生以前和以后，均需受特殊的保护和照顾，包括法律上的适当保护"，但公约的起草者并没有明确回答此处的"适当保护"是否是将胎儿作为人权主体来保护。1969 年《美洲人权公约》第 4 条也明确规定"不得剥夺任何人的生命"，"生命得到尊重的权利从胚胎时起就应受到法律保护"。

司法判例中曾肯定了胎儿可以作为人权主体而得到人权法对其生命

---

① 李步云：《论人权》，社会科学文献出版社 2010 年版，第 43 页。

权益的保护。在著名的"冯诉法国案"（Vo v. France）中，除法国法院终审时个别法官明确否认胎儿是有权受到刑法保护的人之外，其他法官都直接或者间接肯定或者至少没有否认"（部分）胎儿属于人，其生命法益值得法律保护"这一观点。[①]

环境权是既合乎理性分析又为立法实践所承认的一项人权。[②]20世纪70年代关于环境权的讨论中，1970年《东京宣言》和1972年联合国《人类环境宣言》（又称《斯德哥尔摩宣言》）引发了人们对未来人权利的关注。《东京宣言》指出："我们请求，把每个人享有其健康和福利等要素不受侵害的环境权和当代传给后代的遗产应是一种富有自然美的自然资源的权利，作为一种基本人权，在法律体系中确定下来。"联合国《人类环境宣言》第1条庄严宣告："人类有权在一种能够过尊严的和福利的生活环境中，享有自由、平等和充足的生活条件的基本权利，并且负有保证和改善这一代和世世代代的环境的庄严责任。""菲律宾儿童案"中42名儿童的监护人代表为原告，代表他们这一代及其下一代向法院提起诉讼，负责审理此案的戴维德法官指出，"他们（这些儿童）能够为他们自己，他们的同代人及后代提起诉讼"，戴维德法官认为整体性的自然环境是当代人和后代人共同享用的对象。[③]

主张未来人作为人权主体的主要理论支撑是"代际公平"观念。尽管理论界和司法实践中存在承认未来人为权利主体的例子，但是对于这一理论仍然有学者提出不同看法。有学者认为，支撑魏伊丝的代际公平理论的前提不成立，因为地球环境资源具有非财产性，并且无论这一模式类似"信托"还是"继承"，都没有跳脱出公民权利义务关系理论之外。[④]但不可否认的是，代际公平观念所促动的环保策略对社会发展起到了一定的积极作用，提供了以时间维度来思考人类如何保护环境以及如何处理环境问题。

---

① 周详：《胎儿"生命权"的确认与刑法保护》，载《法学》2012年第8期。
② 吕忠梅：《再论公民环境权》，载《法学研究》2000年第6期。
③ 刘卫先：《从"环境权"的司法实践看环境法的义务本位——以"菲律宾儿童案"为例》，载《浙江社会科学》2011年第4期。
④ 刘卫先：《对魏伊丝代际公平说的全面反思》，载《现代法学》2011年第2期。

第四节 人权的内容

人权是一个历史概念、文化概念、社会概念、国家治理概念。迄今为止，从历史发展的角度看，人权形态发生了三次历史性的转型，[①] 从依据"自由"思想的"公民和政治权利"，到依据"平等"思想的"经济、社会和文化权利"，再到依据"博爱"思想的"社会连带权利""集体权利"的代际传承，[②] 具有广泛影响的三代人权观念反映了人权实践的发展，以及对于人权认知的历史总结，这种总结较好地归纳和概括了迄20世纪后半叶的人权文化。

一、人权内容与分类的传统理念

如前所述，人权是在有组织的社会中出现的、由相对弱势的个体对该组织提出的、被认定为属于该社会所有成员共同所有的，对其若干基本利益显在或潜在的要求。[③] 研究人权的内容就是确定人权的主体可以和应当有哪些显在或潜在的要求。而人权的分类是人权体系在内容上的逻辑构成，[④] 二者有着极为密切的联系，因此我们首先有必要按照历史阶段的顺序或者说权利产生的观念基础来梳理具有不同特色的人权内容。

（一）前近代人权：以正义为基础的人权观念

笼统地说，前近代指的是近代以前这样一个相对广泛的时间概念。在这一阶段，正式的人权概念尚未产生，[⑤] 人们对于权利也只有狭窄的、抽象的、朦胧的认识，我们却已经可以看到朴素的人权观念和追求人权的努力。

[①] 张文显：《新时代的人权法理》，载《人权》2019 年第 3 期。

[②] 朱力宇、叶传星主编：《人权法》，中国人民大学出版社 2017 年版，第 28—29 页。

[③] 何志鹏：《人权全球化基本理论研究》，科学出版社 2008 年版，第 21 页。

[④] 徐显明：《人权的体系与分类》，载《人权论丛（第一辑）》，商务印书馆 2018 年版，第 175 页。

[⑤] 西方"rights of man"的观念成型于 18 世纪，而全球普遍使用的"human rights"的概念始于 20 世纪中叶联合国主持起草《世界人权宣言》之时。

　　古希腊的类人权思想主要体现在对正义观念、自然法等问题的探讨上，"正义"观念几乎是每个古希腊思想家都要谈论的话题。[1]赫拉克利特说："人的幸福在于为正义而斗争。"[2]德谟克利特说："使人幸福的并不是体力和金钱，而是正直和公允。"[3]"人权的演变历史是同所谓自然法传统连在一起的"，[4]根据自然法学派的一般理解，自然法是一个与实在法（人定法）相对应的概念，它来自自然并由自然（或神）来规定，体现的是自然的秩序和宇宙间万物的规律，代表着绝对的公平正义和最高的善。古希腊悲剧作家索福克勒斯的《安提戈涅》便是体现自然法的代表作品：安提戈涅违反国王的命令时说自己是按照神法来做的，但凡是人都不能违反它。[5]自然法的存在主要是为了评判和衡量人定法。自然法作为符合人类本性的基本的、最重要的规则，它不以人的意志为转移，优先于人定法或任何社会的约定标准。[6]如果自然法中规定人生而自由平等以及人有多种权利，而人定法中没有这样的规则，就只能说明人定法不符合自然本身的规律与正义的要求。从这个意义上讲，自然法树起了高扬人权、怀疑现实社会规则的新标范。

　　自然状态的思想以及权利的观念源于对正义的生活化表述。虽然正义是"人类社会所一直追求着的美德和理想"，[7]但对于正义的内涵和标准并无定论。古希腊普遍推行的奴隶制，其主导理论为"万物皆有定分"的自然秩序论，社会不平等被视为自然的。赫拉克利特反对奴隶主民主制，宣扬上智下愚和严格的等级制，统治者的意志就是法律，体现正义。

---

① 张晓玲：《人权理论基本问题》，中共中央党校出版社 2006 年版，第 14 页。

② 北京大学哲学系外国哲学史教研室编译：《西方哲学原著选读（上）》，商务印书馆 1982 年版，第 28 页。

③ 同上书，第 53 页。

④ 转引自沈宗灵、黄楠森主编：《西方人权学说（下）》，四川人民出版社 1994 年版，第 27 页。

⑤ 〔德〕古斯塔夫·施瓦布：《希腊神话故事》，刘超之、艾英译，宗教文化出版社 1996 年版，第 24 章。

⑥ Bryan A. Garner (editor-in-chief), *Black's Law Dictionary* (11th ed., Thomson Reuters, 2019), p. 1237.

⑦ 郑成良：《法律之内的正义》，法律出版社 2002 年版，第 3 页。

他认为:"自然本性决定强者比弱者得到的多一些,这就是公正。"①而公元前5世纪一批被称为智者学派(Sophists,也被称为诡辩学派)的思想者则孕育并促进了平等人格概念的产生,推进了正义观的发展,明确要求一切人的平等,发展出了素朴的正义观和平等观。

古罗马人继承了古希腊关于自然正义、个人自由和平等的思想,开始形成"权利"的概念,并把研究视野转向了法的本质、道德、权利与法的关系等,人类关于人权的意识得到了深化。罗马政治家和思想家西塞罗系统阐述了自然法理论,认为自然法包含正义原则,正义即正当的理性,自然法即理性法,是不变的和永恒的,如此便确立了自然法的最高法地位。西塞罗区分了自然法与自然权利,这是对权利与法律之间关系的深化。古希腊思想家通常把正义看作权利的本质,西塞罗则强调正义是法律的本质。②"法律"一词的拉丁语为"lex"或"jus",而"jus"既有"权利"的含义,又有"正义"的含义,这体现出古罗马思想家对法律、权利与正义之间密切联系的深刻认识。权利概念的形成标志着个人的成长,也标志着社会共同体及内部关系的进化,为人权概念的起源奠定了一块基石。

人权概念虽然产生于西方国家、是西方文化的产物,但古代中国灿烂文明中也不乏初级的人权观念和对人幸福生活不懈追求的努力。早在2000多年前,古代中国就已经出现了"兼爱非攻""均无贫""君民并耕"等平等思想。如果我们把平等简单地区分为法律上的平等和事实上的平等,那么在司法上获得公正的审判毫无疑问是每位民众共同的追求。而孟子提出的"井田制",老子主张的"天之道损有余而补不足",墨子的"分财不敢不均"等都是为实现事实上的平等,让每一个人都得到公正的对待而做出的早期努力。尽管这种平等思想是建立在维持奴隶社会和封建社会森严的等级制度不变的前提下,更大程度上是为了缓和社会矛盾、巩固统治,但从深层次讲它来源于人之天性对于正义的追求,亦是人权观念的雏形。

---

① 王哲:《西方政治法律学说史》,北京大学出版社2001年版,第10页。
② 〔古罗马〕西塞罗:《国家篇 法律篇》,沈叔平、苏力译,商务印书馆2002年版,第158页。

如前所述，我们可以说，在人权概念尚未产生的漫长的前近代时期，人权观念是以正义为基础的。人所享有的利益是由以正义为核心的不同人类群体所持有的一套伦理道德准则所认可、支持和保障的，利益的外延脱胎于这种正义观念。前近代杰出思想家们对于正义价值的追求，为人权的发展奠定了坚实的基础，留下了大量的智慧宝藏，催生了以自由为核心的第一代人权。

（二）近代人权：以自由为核心的人权主张

近代人权概念和以自由主义为核心的人权主张是资产阶级反抗封建国家压迫、专制和等级的产物，是由 17、18 世纪的资产阶级启蒙思想家们提出的，"自然权利论"是其理论基础。

中世纪的欧洲长期处于黑暗之中，教会腐败、特权横行，普通民众无不生活在压迫与水火里，人权更是无从谈起。随着技术的进步，资本主义生产关系的萌芽出现，催生了早期的资产阶级，传统的社会经济结构和教权王权统治受到挑战。经济上的变化带动了文化的发展，宗教改革、文艺复兴徐徐展开，兴盛的人文主义思潮又成为启蒙运动的助推器，我们第一次揭开了人权的神秘面纱。据学者考证，"人权"一词由意大利文艺复兴运动初期伟大的先驱但丁提出。[①] 其作品《神曲》充分体现了文艺复兴时期的特征，着重强调了自由对于人和国家的重要意义。如《天国》一篇中说："上帝在当初创造万物的时候，他那最大、最与他自己的美德相似，而且是为他自己珍爱的恩赐，乃是意志的自由。他过去和现在都把意志的自由付给一切有灵的造物，也唯独他们才有自由的意志。"[②] 这其中已经蕴含了自由是与生俱来的、不可剥夺的"天赋人权论"的萌芽。[③]

"自然权利论"是近代人权思想的集中体现，其代表人物有格劳秀斯、斯宾诺莎、洛克、卢梭等。格劳秀斯提出："生命、躯体自由是我们自己的，而且除了干了显然不公正的事，也是不容侵犯的。"[④] 洛克主

---

① 郑杭生、谷春德主编：《人权史话》，北京出版社 1994 年版，第 83 页。
② 北京大学西语系资料组编：《从文艺复兴到十九世纪资产阶级文学家艺术家有关人道主义人性论言论选辑》，商务印书馆 1971 年版，第 4 页。
③ 杨成铭：《人权法学》，中国方正出版社 2004 年版，第 32 页。
④ 转引自李龙：《西方法学名著提要》，江西人民出版社 2002 年版，第 112 页。

张："人们既然是平等的和独立的，任何人就不得侵害他人的生命、健康、自由和财产。"① 卢梭认为："人是生而自由的"，"放弃自己的自由，就是放弃自己做人的资格，就是放弃人类的权利，甚至就是放弃自己的义务"。② "天赋人权论"有四个方面的主要内容。第一，人的生命、财产、安全、自由和平等不可剥夺、不可转让，它们是与生俱来的且高于国家法律；第二，根据社会契约理论，人享有自由平等的自然权利，为了保护这些权利不受侵害，通过签订契约的方式，将部分权利让渡给国家，由国家来保护个人的权利；第三，国家权力来自于人民，人民有权选任或撤换官员；第四，实行法治原则和权力分立以更好地保障人权。③ "天赋人权论"在两个著名的人权宣言，分别是 1776 年的美国《独立宣言》和 1789 年的法国《人权宣言》中有着精彩的呈现。美国《独立宣言》在人类历史上第一次以政治纲领的形式宣布了人权，法国《人权宣言》再次重申"在权利方面，人们生来是而且始终是自由平等的"。④

近代人权是资产阶级启蒙思想家与封建神权王权压迫进行不懈斗争的成果，它是以自由为核心的，主要是公民权和政治权，具体包括人身自由和安全权，选举与被选举权，言论、出版、集会、结社自由，思想、良心和宗教自由，公正审判权，尊重隐私和家庭生活权等。一般把这类权利看作"消极权利"，强调只要国家不去干涉个人的自由和权利，权利即可得以实现。目前为这类人权保驾护航的两个关键国际文件是 1948 年的《世界人权宣言》和 1966 年的《公民及政治权利国际公约》。

（三）现代人权：以平等为核心的人权主张

现代人权的产生与发展主要来源于马克思列宁主义的思想和实践成果以及福利国家政策的启发。由于"权利永远不能超出社会的经济结构以及由经济结构所构成的社会的文化发展"，⑤ 马克思主义认为人权应当

---

① 〔英〕洛克：《政府论（下篇）》，叶启芳、瞿菊农译，商务印书馆 1982 年版，第 7 页。
② 〔法〕卢梭：《社会契约论》，何兆武译，商务印书馆 1980 年版，第 9、16 页。
③ 张晓玲：《人权理论基本问题》，中共中央党校出版社 2006 年版，第 31 页。
④ 同上书，第 31、32 页。
⑤ 《马克思恩格斯选集》，第 3 卷，人民出版社 1995 年版，第 305 页。

是全面的，不应仅体现在政治领域，还应扩大到经济和社会生活方面。[①]在建立新民主主义中国的设想中，毛泽东指出人权应实现"全国人民都要有人身自由的权利，参与政治的权利和保护财产的权利。全国人民都要有说话的机会，都要有衣穿，有饭吃，有事做，有书读"。[②]总之人权不应只是表面上的形式的平等，更应是实质上的平等。19世纪末20世纪初广泛兴起的工人运动和社会主义革命也以实践的方式促进了社会、经济和文化权利的发展。1918年1月，苏联发表了由列宁起草的《被剥削劳动人民权利宣言》，这是第一个社会主义人权宣言，也是人权发展史上的重要里程碑，该宣言明确宣布经济、社会、文化权利同公民权利和政治权利一样，都是社会主义人权的内容。[③]"二战"后，一些典型的福利国家，如瑞典、丹麦、芬兰等，为了改善由于资本主义生产方式的固有弊端而导致的社会不平等，为人民提供了优厚的福利待遇，充分保障民众的社会、经济和文化权利。

因此近代人权是以平等为核心的经济、社会和文化权利，它赋予个人从政府获得保护的权利，要求政府承担社会整体状况的义务，主要包括劳动权、同工同酬权、社会保障权、健康权和受教育权等。一般被视为"积极权利"，意指需要国家的积极干预，采取措施通过社会的发展和进步来实现人的经济、社会和文化权利。这类权利的国际保障主要体现在1948年的《世界人权宣言》和1966年的《经济社会文化权利国际公约》中。《世界人权宣言》中共有六条涉及经济、社会和文化权利。其中第22条总括地提出，每个人、作为社会的一员有权享受社会保障，并有权享受他的个人尊严和人格的自由发展所必需的经济、社会和文化方面各种权利的实现，最终将通过国家努力和国际合作并依照各国的组织和资源情况实现。第23—27条，详细阐释了劳动权、同工同酬权、休息权、社会保障权、受教育权以及各种文化权利等。《经济社会文化权利

---

① "无产阶级抓住了资产阶级的话柄：平等应当不仅是表面的，不仅在国家的领域中实行，它还应当是实际的，还应当在社会的、经济的领域中实行。"《马克思恩格斯全集》，第20卷，人民出版社1971年版，第116页。

② 《毛泽东选集》，第3卷，人民出版社1991年版，第808页。

③ 张晓玲：《人权理论基本问题》，中共中央党校出版社2006年版，第42页。

国际公约》被誉为保障富足、有尊严、健康和文明生活的人权宪章，^①它对于经济社会文化方面人权的基本内容均有明确的规定，同时内容具有渐进性、宽泛性和灵活性的特征。^②

（四）当代人权：以博爱为核心的人权主张

第三代人权的概念产生于 20 世纪下半叶，一方面它与"二战"后的非殖民化运动紧密相连，另一方面又与全球化背景下资源的过度开发和环境的严重破坏威胁人类生存的现状息息相关，一般被认为是广大发展中国家对人权内容丰富发展的贡献。提出"三代人权论"的联合国教科文组织前法律顾问卡雷尔·瓦萨克认为第三代人权是通过对人类的博爱及其必不可少的连带而产生的人权。在瓦萨克看来，连带权的特征是这些权利同时既与国家对立，又是国家必须履行的，尤其是它们只能通过社会中的所有参与角色，即个人、公共团体、私有团体和国际社会的共同努力才能实现。连带权的实现需要在国内与国际上存在最低限度的社会认同，在承认某种连带责任的基础上，采取连带负责的行为。^③从内容上讲，第三代人权主要包括发展权、民族自决权、国际和平与安全权、国际人道主义援助权、继承人类共同遗产权、环境权等。

发展权概念是发展中国家在 20 世纪 70 年代初提出的，1986 年联合国通过的《发展权利宣言》正式承认将发展权作为一项人权。《发展权利宣言》指出："发展权利是一项不可剥夺的人权，由于这种权利，每个人和所有各国人民均有权参与、促进并享受经济、社会、文化和政治的发展，在这种发展中，所有人权和基本自由都能获得充分实现。"发展权既是一项个人权利，也是一项集体权利，它的实质是要求每个人、每个民族、每个国家都有权享有社会进步带来的成果。^④发展权的提出极大地丰富了人权的内容。

在 18 世纪的民族独立运动和 20 世纪的反殖民地运动中，民族自决

---

① 李红勃：《〈经济、社会及文化权利国际公约〉：保障富足、有尊严、健康和文明生活的人权宪章》，载《人权》2015 年第 2 期。

② 杨成铭：《人权法学》，中国方正出版社 2004 年版，第 42、43 页。

③ 白桂梅主编：《人权法学（第 3 版）》，北京大学出版社 2023 年版，第 16 页。

④ 张晓玲：《人权理论基本问题》，中共中央党校出版社 2006 年版，第 59 页。

权成为一项重要的权利，《公民及政治权利国际公约》和《经济社会文化权利国际公约》以国际法的形式确立了民族自决权在人权体系中的重要地位。殖民时代结束后，自决权变成了新独立国家进行国家治理的自主权。然而，从 2008 年科索沃单方面宣布独立、2014 年克里米亚宣布独立开始，自决权问题变得具有极强的政治斗争意味。

和平虽然久为国际社会所关切，但长期并没有被作为一项人权来考虑，直到 21 世纪初，和平权问题才进入联合国人权事务的关注范围。在第三代人权中，环境权是认可度最高的一项权利，不仅有国际软法的支持，而且已经形成了一系列的国际实践。

二、人权内容与分类的新兴观点

（一）关于人权内容的不同观点

一些西方学者反对把经济、社会和文化权利作为人权内容的一部分，主要原因是这类权利不具有普适性。英国学者莫里斯·克莱斯顿认为，人权是所有人在任何时候任何情况下都拥有的权利，因此只有公民权利和政治权利才是人权，生命、自由、财产这些公民和政治权利是普遍的、最高的和绝对的道德权利，而经济、社会和文化权利只涉及特定的人们而不是全体人类，既没有普遍性和实践性，也没有最高的重要性。[①] 国际对经济、社会和文化权利的质疑还体现在联合国起草国际人权宪章的过程中，人权委员会在制定《经济社会文化权利国际公约》的一开始，许多国家就表达了不同的看法。起初，人权委员会试图制定一个宣言和一个多边公约作为国际人权宪章，正是由于国家之间产生的分歧，才不得不将原本统一的人权公约草案一分为二，按照两类不同的人权分别起草。不愿意将这类权利纳入人权体系继而拒绝签署此类公约的国家认为，经济、社会和文化权利的保障依赖于一国的经济发展水平而不在于是否签订某项条约。经济、社会和文化权利是需要制定规划逐步实现的，受制于可配置的资源，这也是《经济社会文化权利国际公约》具有

---

① Maurice Cranston, "Human Rights: Real and Supposed," in D. D. Raphael (ed.), *Political Theory and the Rights of Man* (Bloomington and London: Indiana University Press, 1967), pp. 43-53.

渐进性特点的重要原因。

国际社会的理论和实践对于是否认可将第三代（集体）权利作为人权的内容也是存在争议的。反对者主张第三代人权不是真正意义上的法律权利，在他们看来，第三代人权不过是一些政治原则或社会原则，充其量也只能构成道德权利，不具备法律效力。①英国著名人权学者希金斯就认为人权的主体只是个人，不应有"集体人权"之说。②张文显曾提出，在国内法领域，不宜引入"集体人权"的概念，但在国际法领域，"集体人权"则是不能放弃的旗帜。③也有学者指出"集体人权不符合人权前国家性的内在逻辑"，"人权是法律存在的目的，是先于、优于法律的存在，集体的'人格'却是法律拟制的结果，作为法律制度性构造的产物，要主张先于优于法律的权利，显然是不合逻辑的"。④

关于人权的内容，还有一些其他观点。如米尔恩教授认为，不存在超社会、超文化的人权。他努力从最低限度的道德里寻求一种最低限度的人权，最低限度的人权是建立在人类普遍道德原则的基础之上的。这种普遍道德原则不是先验的、抽象的规定，而是现实生活中普通的、具体的要求，并且是最低限度的，不仅是作用在某个共同体上，而且是适用于一切人类，不拘泥于任何特定的生活方式、制度、信仰和价值，为任何形式的社会结合所必需。米尔恩的"最低限度人权"列出了七项具体权利：生命权、公平对待的公正权、获得帮助权、在不受专横干涉这一消极意义上的自由权、诚实对待权、礼貌权以及儿童受照顾权。在他看来，这些低度权利在任何时代、任何国家都可以存在，只有它们才是普遍的权利，才称得上人权。⑤

（二）对于人权分类的不同观点

徐显明认为，研究人权分类的理论意义在于明确主体在多大范围内

---

① 杨成铭：《人权法学》，中国方正出版社2004年版，第44页。

② 李步云：《论人权》，社会科学文献出版社2010年版，第113页。

③ 张文显：《人权·权利·集体人权——答陆德山同志》，载《中国法学》1992年第1期。

④ 华燕：《"集体人权"的虚幻——对"集体人权"概念的检讨》，载《齐齐哈尔大学学报（哲学社会科学版）》2012年第3期。

⑤ 〔英〕A. J. M. 米尔恩：《人的权利与人的多样性》，夏勇、张志铭译，中国大百科全书出版社1995年版，第153—171页。

可以享有和主张人权。①基于此种理解，从学术界关于人权内容的不同争论可以看到，对于人权分类存在不同的观点。

被人权研究者广泛讨论的分类，即前述瓦萨克提出的"三代人权论"。他把"三代人权论"与法国大革命的三个口号进行类比，认为第一代人权指公民权利和政治权利，其核心是自由；第二代人权是经济、社会和文化权利，其核心是要求平等；第三代人权既是个人权利，也是集体权利，涉及人类生存条件面临的各种重大问题，②是对全球化现象的回答，基础是群体的意识，因此核心是博爱。然而，三代人权的划分方法受到了很多挑战。首先，使用代际来划分是否合适。美国学者杰克·唐纳利认为，"代"的比喻是令人困惑的。在生物学上，上一代产生下一代，因此上一代必须先于下一代而存在，这就表明，前一代人权必须确立于后一代人权之前。技术上的"代"的比喻更加令人困惑，新一代的技术取代过时的技术，并执行过时的上一代的功能。就人权的内容来说，这两种解释都是不着边际的。③其次，代际划分标准是否科学。瑞士汉学家胜雅律认为，"三代人权论"是西方偏重"权利"历史发展的重要例证，而事实上"人权"应分为"人"和"权"两个部分，西方以"权利"为中心的研究方式却想当然地把"人"理解为所有的人。④再者，该划分是否全面。有学者认为，三代人权的划分忽略了人权的萌芽阶段，且没有注意到人权的意识形态，是不够完整的。面向未来，人类社会生活在不断发展，人权主张、人权形态也会不断更新。局限于"三代人权"的理念，未必是清晰认知人权体系的明智之举。

另一种被广泛接受的分类方法是传统的两分法，即按照联合国的

---

① 徐显明：《人权的体系与分类》，载张伟主编：《人权论丛（第一辑）》，商务印书馆 2018 年版，第 175 页；另见徐显明：《人权的体系与分类》，载《中国社会科学》2000 年第 6 期。本文论述了人权的不同分类，针对不同分类下的人权作了详细的思考和分析，对于研究人权的内容具有重要意义。

② 张晓玲：《人权理论基本问题》，中共中央党校出版社 2006 年版，第 12 页。

③ 〔美〕杰克·唐纳利：《普遍人权的理论与实践》，王浦劬等译，中国社会科学出版社 2001 年版，第 170 页。

④ 胜雅律：《人权概念在联合国的发展》，载中国人权网，http://www.humanrights.cn/cn/zt/tbbd/zt004/03/t20080610_350882.htm。

"国际人权法案"①把人权的内容划分为两大类，一类是公民权利和政治权利，另一类是经济、社会和文化权利。这种分类方法同样受到越来越多的挑战。如前所述，西方许多保守主义者和自由主义者认为经济、社会和文化权利实际上不是人权。唐纳利对于克莱斯顿的观点作出了有力的反驳。②首先，许多公民权利和政治权利也经不起普遍性的检验，如只有达到法定年龄才享有选举权。其次，就人权的最高性来说，食物权、健康权可以保护生命，怎么又能说它们和公民权利、政治权利不是同等重要的呢？第三，公民权利和政治权利也并不总是消极的，有时也需要国家的积极作为，如训练、监督和控制警察和安全部队等。

人权的分类还存在许多不同的观点，在徐显明教授的文章中有较为详细、全面的介绍。如将人权按照发展演变的历史时期分为自由权本位的人权和生存权本位的人权；又如在解释学上，把人权分为"作为语言的人权""作为思想的人权"和"作为制度的人权"；再如以人权的客体为标准将人权分为"以人格权表现的人权""以物权表现的人权""以请求权表现的人权"和"以知识产权表现的人权"四类等。③

（三）人权分类的复杂性与历史渐进性

对不同主体、不同对象、不同内容的人权进行分类，主要试图揭示人权在不同维度上所体现的相似性和差异性，从而使我们更加清晰地认识人权，更加体系性地掌握人权，对于人权取得更为深刻的了解，在人权维护和实现的实践中提供更为有效的措施。

首先，普通群体的人权和特殊群体的人权。从主体的角度进行区分，可以将人权区分为面向所有民众，也就是普通群体，和仅仅面向一些特殊的群体的权利。前者对社会的所有公众都有效、有意义，所有社会群体都可以主张，是一种普适性的权利；而特殊群体的权利，往往是

---

①　一些学者将《世界人权宣言》《公民及政治权利国际公约》《经济社会文化权利国际公约》《公民及政治权利国际公约第一任择议定书》和《旨在废除死刑的公民及政治权利国际公约第二任择议定书》五个文件合称为"国际人权法案"（international bill of human rights）。

②　参考前文"关于人权内容的不同观点"部分。

③　徐显明：《人权的体系与分类》，载张伟主编：《人权论丛（第一辑）》，商务印书馆2018年版，第175—192页。

针对那些在社会之中占据弱势地位，或者由于某些特别的原因，需要给予特殊注意或关照的群体，例如妇女权利、儿童权利、老年人权利、残障人士权利，有时还会包括在语言、生活、习惯、文化等领域属于少数的群体的权利。区分此种权利的意义在于，一个社会往往会为了保证社会成员的公平发展而赋予那些处于劣势地位的群体或表达机会欠缺的群体以更为优势的权利，从而让他们获得更加积极的国家政策支持，避免在不完全平等的社会环境之中，被社会边缘化，加剧社会的不公平。在中国，对于少数民族在文化上，特别是在考试入学的条件上给予的更优待遇，就是这样一种情况；在美国也有针对非裔美国人在教育上的更优政策。而避免对妇女各方面的歧视，尤其是就业歧视、社会生活歧视，则是对作为弱势群体或者有特殊境况的妇女群体所赋予的人权。对于儿童、残障人士、老年人所赋予的人权，往往是考虑到他们的特殊情况，在社会生活的各个方面给予特别的待遇。

其次，个人人权和集体人权。在西方人权文化刚刚生根发芽的时候，人权首先被视为是属于社会个体的，所以每一个社会个体都有机会、有资格去主张他们的人权，政府或其他的社会机制也要以社会个体为单元，去认真考虑如何赋予这些主张以足够的支持和维护，所以尽管人权是以贵族对国王的斗争、平民对贵族的斗争、殖民地的人民针对宗主国的斗争而呈现出来的，表面上看，似乎是一个群体针对另一个群体的斗争，但最终还是会落到个体的尊严价值、自由上面，所以西方主张的人权，在相当长的历史时期之内都是个人权利。但是随着人权文化向全球普及，非西方文化之中注重社会群体、注重集体利益、注重民族和国家独立自主而有可能给民众带来的积极意义，则对传统的个人权利观念予以补充，由此提出了集体人权的理念。集体人权是个人权利的一种拓展，主要讨论的是通过维护个人权利的方式所无法实现的权利，例如一个地区的权利，一个文化语言群体的权利，甚至一个不发达的国家的权利。其基本逻辑是，当这一集体在更大的社会环境之中，处于代表性不足、主体性不能得到充分认可和保障的情况下，支持集体中的个人单元就无法主张和实现相关的权利，所以集体权利的主张在亚洲、非洲的很多国家都受到了积极的推进和热情的赞同。一般认为，现阶段的集体人权包括和平权、发展权和环境权。这些集体权利并不意味着个人不能享有；而是说，一个集体所享有的此种权利，超越了个体的范畴，并进而塑造了个人权利的格局和框架。

再次，"三代人权"划分的标准非同一性。有很多中国学者会把西方所普遍关注和认可的三代人权的划分方式作为人权的分类，如果把三代人权理解成在认知人权谱系扩展的过程中所呈现的人权内容，似乎比看成人权的类别更为合适。三代人权理论是将人权分为平等、自由和博爱三个主题的权利。第一代人权被视为自由权，也就是人们理解的公民权利和政治权利。第二代人权被理解为平等权及经济、社会、文化权利，第三代人权与博爱的主题相对应，被视为集体人权，即和平权、发展权、环境权。如果仔细分析不难发现，第一代人权和第二代人权所区分的是权利的内容、权利指向的对象，而第三代人权所称的是人权的主体及从个人人权到集体人权。所以，三代人权不是在划分标准上保持一致的一种分类方式，将其视为是一种人权的分类，至少是不科学、不周延的。

值得说明的是，很多中国学者会沿着三代人权的观点，进一步延伸出第四代人权、第五代人权。这种思考的方式，尽管可能对我们思考问题有一定的帮助，但是实际思想与知识效果很可能并不明显。因为这种解说无论是嫁接到西方文化的体系之中，还是在中国文化的框架之内，都不容易被接受。故而，在三代人权的基础上延伸第四代、第五代人权的方式，意味着对西方三代人权理论的全盘接受，也意味着在人权理论的独立思考的维度上，有进一步提升自主性的空间。

最后，积极权利和消极权利划分的意义与局限。一些理论试图将人权分为积极权利和消极权利。消极权利，指称那些政府不需要积极提供资源，仅需限制自身权力的扩张和滥用，避免干扰民众的自由即可实现的权利。很多学者一般将政治权利和公民权，特别是选举权、表达自由、免于酷刑、依法审判等视为消极权利。而积极权利则是指国家必须采取措施、积极行动才能够实现的权利，学者们一般会把劳动权、受教育权置于此种框架体系之中。尽管这种区分方式在表面上看具有一定的说服力，但是从人权维护和实现的事实上看，我们都不难发现，任何权利都需要社会的资源。尽管很多人认为免于酷刑仅需国家避免司法权力的滥用，避免行政机关的手伸得过长；很显然，当政府通过一系列的积极行动，提供有效的技术手段，例如 DNA 检测、个人行动轨迹的有效证明、通过公共场所的高清摄像锁定相关嫌疑人的特征等等，就会大幅度减少刑讯逼供。类似地，选举权也需要良好的社会治理条件，避免大量的时间和精力被浪费。在处理表达自由和界定表达自由的边界之时，社会的技术手段等相关资源也具有至关重要的价值。

三、国家义务层次理论和经济、社会、文化权利的可诉性

在传统的诉讼理论中，公民起诉的条件必须满足以下两点：一是权利属于消极权利而非积极权利；二是主体适格，即本人的权利而非他人权利受到侵害。将权利分为积极权利和消极权利的二分法把公民和政治权利视为一种要求政府进行克制的消极权利，而经济、社会和文化权利则是要求政府采取行动的积极权利。但二者的划分不是绝对的，例如，唐纳利证明公民和政治权利也并不总是消极的。因此，在国家为实现基本权利所须履行的义务上，由这种二分法产生的、将国家义务分为消极义务和积极义务的理论也面临同样难以自洽的问题。在这种情况下，美国学者亨利·舒提出，并没有任何一种权利是与某种特定义务相对应的，实际上任何一种权利都需要多种义务的履行才能得到充分实现。他把每种基本权利所对应的义务分为三类：避免剥夺的义务、保护个人不受剥夺的义务和帮助被剥夺者的义务。[①] 随后，联合国经济、社会及文化权利委员会在 1999 年所发布的关于食物权的第 12 号一般性意见中确认了国家三个类型或层次的义务：尊重的义务（the obligation to respect）、保护的义务（the obligation to protect）和实现的义务（the obligation to fulfill）。实现的义务又包括促进的义务和提供的义务。[②] "尊重的义务"要求国家不能直接或间接干预享受权利；"保护的义务"要求国家采取措施防止第三方干预权利人享受权利；"实现的义务"中的促进义务要求国

---

① Henry Shue, *Basic Rights: Subsistence, Affluence and U.S. Foreign Policy* (2nd ed., Princeton University Press, 1996), pp.52-53.

② Committee on Economic, Social and Cultural Rights, *General Comment No. 12*, 1999, para.15.

家为全面实现权利采取适当的法律、行政、预算、司法等措施，而履行义务则要求国家为实现权利直接提供援助或服务。此理论还可以进一步发展成为：尊重的义务、保护的义务、实现或保证的义务（the duty to fulfill or ensure）、促进的义务（the duty to promote）。[①]

从国家义务层次理论可以看出，公民权利和政治权利与经济、社会和文化权利并非泾渭分明，它们都包含着上述三个层次的国家义务，也就是说两类权利的保障与实现具有一定相似性，经济、社会和文化权利同样具备一定程度的可诉性。1986 年人权专家和学者商讨议定的《林堡原则》指出：两个国际人权公约是相互关联的，尽管可以将大部分权利明确划分为一个公约的范围，但是仍有一些两个文件都提及的权利和条款，无法作出明确的区分。[②] 这就为通过公民和政治权利保护经济、社会和文化权利提供了可能。20 世纪 90 年代以来，经济、社会和文化权利的可诉性逐渐得到认可，具体落实的做法大致有三种。第一，对经济、社会和文化权利进行区分，划定可诉性的权利范围。例如，1990 年联合国经济、社会及文化权利委员会提出了"最低核心义务"的概念，并指出《经济社会文化权利国际公约》第 2 条第 2 款，第 3 条，第 7 条第 1 款第 1 项，第 8 条，第 10 条第 3 款，第 13 条第 2 款第 1、3、4 项，第 15 条第 3 款具有直接可诉性，缔约国负有立即实施的义务；对于其他条款，该委员会认为都具有发展可诉性的可能。[③] 第二，一些国家通过区域性国际条约承认其可诉性。如 1995 年通过的《欧洲社会宪章第二附加议定书》规定，雇主、工会和一些非政府组织可以就缔约国违反《欧洲社会宪章》的行为向欧洲社会权利委员会提交集体申诉。又如 1999 年生效的《美洲人权公约经济和社会权利任择议定书》规定，其第 8 条的工会权利、第 9 条的罢工权利和第 15 条的教育自由权利均适用于《美洲人权公约》的个人申诉程序。此外，联合国大会也已于 2008 年 12 月 10 日通过了关于个人来文制度的《经济社会文化权利国际公约任择议定书》，

---

① 白桂梅主编：《人权法学（第 3 版）》，北京大学出版社 2023 年版，第 19 页。

② 同上。

③ Committee on Economic, Social and Cultural Rights, *General Comment No. 3*, 1990, in HRJ/GEN/I/Rev.6, 12 May, 2003, p. 16.

但目前该议定书尚未生效。[①] 第三，一些国家通过判例确立了"逐案审查原则"。例如，2001年南非宪法法院在格鲁特布姆案中拒绝接受联合国经济、社会及文化权利委员会提出的"最低核心义务"概念，但同时认为，社会经济权利的问题不是根据宪法是否具有可诉性的问题，"而是在具体的案件中应如何实施它们的问题"；可诉性的问题不能抽象予以决定，而只能"在具体个案的基础上仔细探索"。[②]

四、开放的人权体系

辩证唯物史观告诉我们，人权体系不是一成不变的，它具有开放性，会随着时代的变化而不断发展。"三代人权论"已经向我们展示了人权内容发生的几次重要变化。最初的人权主要是人身人格权和政治权利及自由，例如生命权，安全权，人身自由，思想自由，言论、出版、集会、结社、宗教信仰自由等。19世纪末20世纪初，工作权、适当生活水准权、健康权等经济、社会和文化权利开始成为人权的内容。第二次世界大战结束，人权中增加了尊严权的内容，人权是使人成为有尊严的人的权利。[③] 20世纪六七十年代后，随着自决权、发展权、和平权等第三代人权的出现，人们对人权的认识又加深了，即人不仅应该有尊严，而且应该获得全面发展。人权应当是使人有尊严并且获得全面发展的权利。[④] 三代人权的代际更迭，循着特定时代的历史主题，在人类的文明进步史上确立了自由、平等、平等发展三个界碑式的权利理念。但是，三代人权又具有共同的历史局限性。其一是片面性，传统三代人权由人权运动特定的历史背景和历史任务所决定，不同时期有不同的特点，不同国度有不同的侧重，其整体性总是处于被埋没、忽视之中；其二是恢复

[①] 该议定书规定，任何声称《经济社会文化权利国际公约》第二和第三部分所确认之任何权利受到侵犯并且属于缔约国管辖之下的受害者个人或者由个人组成的群体，或者这些个人或群体的代表，均可提出来文。经济、社会及文化权利委员会有受理和审查来文的职权，并可以对相关事项开展调查。

[②] *Government of the Republic of South Africa and Others v. Grootboom*, 2001(1) SA 46(CC), para. 20.

[③] 白桂梅主编:《人权法学（第3版）》，北京大学出版社2023年版，第20页。

[④] 徐显明:《人权研究无穷期》，载《政法论坛》2004年第2期。

性，在权利起源方面，传统人权理论论证主要遵循了"权利固有，但求复兴"的逻辑；其三是对抗性，三代人权在理论论证方面，是建立在人与国家、社会对抗的紧张关系之上的，而在实践方面，三代人权又是在血与火的斗争中开路前行的。[①]如今，随着信息技术、互联网技术和人工智能技术的融合发展，人类已经从工业时代跨入信息时代，这必然会推动人权内容的变化与发展。2018年，联合国社会发展研究所（UNRISD）在其题为《从颠覆到转型？将技术与人权联合起来促进可持续发展》的报告中系统讨论了新技术对于传统三代人权的颠覆，以及面对技术驱动如何在全球范围内革新人权概念和实践。[②]有学者进一步提出，基于第四次工业革命以及生物和数字技术的融合，"第四代人权"的提出时机已经成熟。[③]国内一些学者也对"第四代人权"进行了积极讨论，目前有和谐权、美好［幸福］生活权、数字人权等不同主张。

和谐权的主要倡导者是徐显明教授，他认为和谐权是对传统三代人权的整合与升华。相对于传统三代人权而言，和谐权重在开新，而非复兴；重在超越，而非守成；重在弥合，而非对抗。和谐权的诞生和被凝练，向传统人生理念、现有国家政治理念、当下国际关系理念提出了重构的时代命题。在法律上，和谐权对公共权力的要求超过以往任何时代，不独追求幸福是获得个人身心和谐的权利定在，国家治理中的善政良治更是达致人与人和谐即社会和谐的必要条件。人人被公权力善待是和谐权的价值所在，也是和谐权的法律要素。和谐权将改造民主的内涵，人人被善待，尤其是少数人和弱势人被善待，将是新式民主的标志。[④]

在纪念《世界人权宣言》发表70周年座谈会的致信中，习近平总书记提出"人民幸福生活是最大的人权"，由此人权领域的一个重大概念被提出——作为新型人权的幸福生活权。有学者主张，如果要通过人权

---

① 徐显明：《和谐权：第四代人权》，载《人权》2006年第2期。

② 参见联合国社会发展研究所官网，http://www.unrisd.org/TechAndHumanRights。

③ Changrok Soh, Daniel Connolly, and Seunghyun Nam, *Time for a Fourth Generation of Human Rights?* March 1, 2018, http://www.unrisd.org/TechAndHumanRights-Soh-et-al.

④ 徐显明：《和谐权：第四代人权》，载《人权》2006年第2期。

领域实现合作共赢，必须有一个更能在人权领域作为第四代人权的靶向目标，那这就应该是"享有美好生活的权利"。[①]另外一些学者提出，幸福生活权的价值内核是人类命运共同体理念，公民幸福权和幸福追求权共同构成幸福生活权的完整内容。幸福生活权的内涵和外延要求在认识该权利的过程中，对幸福生活权做义务论解释的基础上，坚持"以人民为中心"并坚持以客观的社会物质文化条件为基础。[②]

技术发展推出的大数据、生成式人工智能给人类带来了新的解放和制度转型，塑造了空前的信息化生存状态，当代的政治、经济和文化也逐渐以一种数据化、信息化的方式更加接近人们的生活。[③]然而数字科技是一把双刃剑，数字化带来的不仅是权利的福音，还伴随着权利的危机。[④]一方面，无处不在、无孔不入的数据分析、数据画像和精准推送，扯开了传统隐秘空间上的面纱，使得民众无隐私可言，[⑤]进而刺激了隐私保护诉求的爆发式增长。另一方面，算法歧视成为社会歧视的一种全新形式，商业精准投放、大数据杀熟等一定程度上限制了人们获得全面信息的途径，其中隐含的规律性很可能就存在某种偏见。在这种情况下，必然会造就新一代的人权形态，于是有学者提出"数字人权"的概念。顾名思义，"数字人权"是以数据和信息为载体，展现着智慧社会中的数字化生存样态和发展需求的基本权利。具体包括数据信息自主权、数据信息知情权、数据信息表达权、数据信息公平利用权、数据信息隐私权、数据信息财产权等。其目标不再局限于以往的反压迫、反特权、反权力控制，而是旨在反技术霸权、反数据信息控制，努力消解和应对信息鸿

---

① 《张永和：享有"美好生活"是第四代人权诉求》，参见 http://www.scio.gov.cn/ztk/dtzt/37868/38725/ 38728/Document/1634026/1634026.htm。

② 参见涂少彬：《论幸福生活权的比例逻辑与传播效能——基于幸福生活权与个人自由权的比较》，载《中南民族大学学报（人文社会科学版）》2022年第8期；刘志强、闫乃鑫：《论作为人权的幸福生活权》，载《人权》2020年第6期；黄爱教：《论幸福生活权的目的论解释》，载《人权》2020年第1期。

③ 如2022年俄乌战争前后，乌克兰借助乌驻华大使馆的官方微博账号发表各项声明，向中国民众公布官方信息和动态等。

④ 张文显：《无数字，不人权》，载《网络信息法学研究》2020年第1期。

⑤ 〔英〕约翰·帕克：《全民监控：大数据时代的安全与隐私困境》，关立深译，金城出版社2015年版，第1页。

沟、侵犯隐私、算法歧视、监控扩张、知情权障碍等诸多人权难题与挑战。[①]"数字人权"要求在价值上申言数字科技必须以人为本，必须把人的权利及尊严作为其最高目的，并以人权作为其根本的划界尺度和评价标准。同时，"数字人权"要求在制度上强调科技企业尊重和保障人权的责任，以及政府尊重、保障和实现"数字人权"的义务。这种责任和义务，既表现为对公民数字化生活中隐私权、数据权、表达权、人格尊严权等权利和自由的尊重与保护，也表现为对互联网基础设施及其他数字化设备的提供。[②]总之，第四次科技革命之后最基本的战略资源是数据，提出"数字人权"的概念有着深刻的现实需求，也是提升中国法学界在国际社会中的话语权所必需的。当然，国内学界也存在不同声音。有学者就认为，从人权的代际划分原理来看，"数字人权"概念即使成立也只属于三代人权范畴的内容，可以在既有人权体系的框架内得到合理解释，没有突破既有的三代人权格局。[③]

数字人权是时代之必然，而将数字人权划入某一"代"则无其必要。在"数字人权"概念的基础上，有学者提出了更具前瞻性、更细致的操作层面的命题，即"数智化社会的法律调控方式"问题。数智化是在信息化、数字化基础上，实现决策自优化和执行自动化，即借助大数据、云计算、物联网、人工智能、区块链、5G 等技术，实现全周期、全领域、全时空的状态感知、数据搜集、同步分析、自我学习、自动决策、精准执行。故数智化逻辑为人机互融、虚实同构、算法主导。应充分认知时代发展对认知和行动的需求，我们不应再把数智化世界仅仅作为传统生活的延伸或者现实世界之外的虚拟世界，数智化生活本身就是现实的生活，数智化世界也是我们赖以生存的客观的世界。面对这种发展态势，法律人必须要追问基于简单社会关系、侧重事后处置、以权利救济为核心策略的传统法律调控方式是否能够应对新的社会形态。学者通过分析数智化社会底层逻辑、主体和关系样态的变化，比对事后处置模式

---

① 马长山：《智慧社会背景下的"第四代人权"及其保障》，载《中国法学》2019 年第 5 期。
② 张文显：《无数字，不人权》，载《网络信息法学研究》2020 年第 1 期。
③ 刘志强：《论"数字人权"不构成第四代人权》，载《法学研究》2021 年第 1 期。

与先行介入模式的优劣，以及阐释法律理念的适应性转变，提出数智化社会法律调控应从"裁断行为后果"转向"塑造行为逻辑"，赋权与救济模式应转向责任与义务的加载与规制模式，也就是转向事前对行为的规训与塑造，以及事前对不法与违法行为的阻却。同时也强调，数智化带来的改变并不一定使世界变得更好，必须时刻关注数智化发展动态，同步为之注入人文价值，为之套牢法律之轭。[①]

诚然，人权的新兴形态尚处于学理讨论阶段，未有官方的结论或制度上的承认。但可以肯定的是，人权体系还没有终结，它仍然是开放的。[②] 同样我们也应意识到，人权的发展符合辩证唯物主义的发展规律，是波浪式前进和螺旋式上升过程。对于不应纳入人权体系的部分甚至是糟粕，要理性分析、谨慎对待、果断摒弃。

五、人权的位阶

关于人权是否存在着位阶，在理论上是有争议的，在实践中也有着不同的体现。依据历史发展的规律和各国治理的现实境况分析，从位阶的角度来理解人权更为合适。

发展中国家和不发达国家广泛认为，在所有人权中生存权是首要的。塞浦路斯总统在 1992 年的第 47 届联合国大会上说："如果地球上的人民处在社会困境、饥饿和不发达的情况下，人权和民主是没有意义的。"1991 年《中国的人权状况》白皮书也指出："对于一个国家和民族来说，人权首先是人民的生存权，没有生存权，其他一切人权均无从谈起。"生存权不仅包括人的生命安全不受非法剥夺和侵害的权利，而且包括每一个人为维持生命的存在所必需的衣、食、住以及其他生活条件获得基本保障的权利，生存权包括了生命权、健康权、基本生活保障权、发展权以及人格权等丰富的内容。[③] 但也有学者认为，只讲人权的阶级性，否认普遍性，只考虑"多数人的人权"而忽视"少数人的人权"，

---

① 齐延平：《数智化社会的法律调控》，载《中国法学》2022 年第 1 期。
② 徐显明：《人权研究无穷期》，载《政法论坛》2004 年第 2 期。
③ 白桂梅主编：《人权法学（第 3 版）》，北京大学出版社 2023 年版，第 20 页。

片面强调"主权高于人权""集体人权高于个人人权";或只讲"生存权是首要人权",忽视政治人权居先的价值地位,这些观点都有失偏颇。一些研究进而提出,生存权是否是"首要人权"要看一个国家、民族或种族的集体生存权是否受到严重侵犯甚至被否定,还要看诸多基本人权中何者是必须首先实现的人权主张,为了保障人民群众的生存权,有赖于首先争得民主与自由等政治人权,从而取得经济人权。民主自由固然不能当饭吃,但历史已经证明没有民主自由就一定没有饭吃,最终得出结论,政治人权仍应是我国现今的首要人权。[1] 这种观点固然很有学术价值,但是与中国的主流认知和实践还是有些距离。

另一种普遍的认识是人权不存在位阶和先后顺序,见于许多国际性的人权文件中。如《世界人权宣言》在其序言中宣称:"鉴于对人类家庭所有成员的固有尊严及其平等的和不移的权利的承认……鉴于各成员国业已誓愿同联合国合作以促进对人权和基本自由的普遍尊重和遵行,鉴于对这些权利和自由的普遍了解对于这个誓愿的充分实现具有很大的重要性,因此现在,大会发布这一世界人权宣言,作为所有人民和所有国家努力实现的共同标准,以期每个人和社会机构经常铭念本宣言,努力通过教诲和教育促进对权利和自由的尊重,并通过国家的和国际的渐进措施,使这些权利和自由在各会员国本身人民及在其管辖下领土的人民中得到普遍和有效的承认和遵行。"可以看出宣言认为人权和基本自由应该得到普遍尊重和遵行,各种人权没有重要性的差别和先后顺序。同时也有人认为人权没有位阶,但有实现上的先后顺序,根据一国状况处于最大的不正义状态的权利应最先得到保护。[2] 1993 年的《维也纳宣言和行动纲领》重申了这一观点。

另外,在国际人权文件和有关著述中,也存在"基本人权""基本自由""基本权利"等不同表述,但这并不意味着一些人权比另一些人权更高级。至少在联合国人权文件的范围内,"人权"与"基本人权""基

---

　① 郭道晖:《人权的本性与价值位阶》,载《政法论坛》2004 年第 2 期。
　② 郭道晖:《人权的本性与价值位阶》,载《政法论坛》2004 年第 2 期;朱林方:《人权司法救济:重要性位阶、公正性评价及其结构性成因》,载《南京社会科学》2016 年第 3 期。

本自由""基本权利"这些表述都是相互混用的。[①]美国学者路易斯·亨金也认为，不存在基本人权与非基本人权之分。[②]

六、人权的形态

李步云依据从道德到法律到事实的三种形态，将人权分为应有权利、法定权利和实有权利，这是国内关于人权形态最主流的学说。日本公法学家佐藤幸治也认为人权存在三种形态，分别为背景权利、法律权利、具体权利，这两种划分方法实异曲同工。张文显将人权分为应有权利、法规权利、习惯权利、现实权利四种形态。杜力夫则认为人权存在形态为四种：人权理想、人权口号、人权制度和人权现实。从本来的意义上讲，人权就是指人的"应有权利"。[③]其范围和内容最为广泛，指道德意义上的人权，往往是法律上的人权的道德依据和理性说明。[④]法定权利是指人们运用法律这一工具使人的"应有权利"法律化、制度化，使其实现能得到最有效的保障，因此法定人权是法制化的人权。实有权利是指人们实际上享有和行使的人权，是人权实现的状态。[⑤]这三种人权范围的差别说明的是一国人权的实际状况，它们的差别越小，说明一国的人权状况越好。当三种人权在形态上相等时，该人权制度就是最理想的。倘若立法远不及观念，现实又远不及立法，此时的人权状况就是令人忧虑的。[⑥]从应有权利转化为法定权利，再从法定权利转化为实有权利，这是人权在社会生活中得以实现的基本形式。但是这并非唯一形式，因为在人权的实现过程中还有其他社会因素在起作用。这三者之间不是平行的关系，而是层次关系，在内容上有很大一部分重叠。随着人类文明的发展，它们之间在外延上逐步接近，重叠部分日益扩大，但应有权利永远大于法定权利，法定权利永远大于实有权利。正是这种矛盾，推动着

---

① 白桂梅主编：《人权法学（第3版）》，北京大学出版社2023年版，第20页。
② 李步云：《论人权》，社会科学文献出版社2010年版，第113页。
③ 同上书，第57页。
④ 徐显明主编：《人权法原理》，中国政法大学出版社2008年版，第133页。
⑤ 李步云：《论人权》，社会科学文献出版社2010年版，第57、63页。
⑥ 徐显明主编：《人权法原理》，中国政法大学出版社2008年版，第133页。

人权不断得到实现。[①]

人权还可以分为规定的人权和推定的人权两种形态。[②]前者指的是纲领性或原则性的规定或对人权的列举性宣告，后者指的是从纲领性或原则性规定中推定出的人权内容。二者有着紧密的逻辑联系，纲领性或原则性的规定是推定人权的基础。在人权有可能被列举宣告的时候，应尽量避免使用推定的方式，因为人权在需要推定的时候，其保护的方式和手段较为薄弱，其影响和力度也不大。要使人权推定有效，必须确立国家义务的推定，即国家权力要干预公民生活时必须负有自证根据的义务，人权推定应与国家的义务推定共同作为制度存在。作为技术意义的人权推定，指的是从人权的原则或某项母体性权利中推演出新的人权或子权利的方法，如从政治权利中推演出知情权，又从知情权中推演出情报自由，再如从人权应当受到普遍的和崇高的尊重原则中推演出人的尊严权，又从人的尊严权推演出隐私权等。[③]从这种角度来说，规定的人权与推定的人权共同组成的是一国人权在内容方面的完整体系，能否理解为人权的形态尚值得商榷。

在解释学上，有研究者将人权分为"作为语言的人权""作为思想的人权"和"作为制度的人权"三种。[④]作为语言的人权，多指人们感受到的和观念上主张的习惯性人权，它在社会学意义上要回答"是谁的——我该不该有""指向谁的——我向谁要""有哪些内容——我能感受到的"等问题，问题的结果是因人而异的。作为思想的人权，指的是人的主体性和对个人的解放，人再也不是供统治者任意驱使的工具，手段性和客体地位的根本性克服是人权思想首先论证的，实质上是设计了如何使国家权力与公民权利和谐相处的各种方案。[⑤]人权保障的最高目标是人权的制度形态，即形成"制度性人权"。[⑥]制度性人权指的是人权从

---

① 李步云：《论人权》，社会科学文献出版社 2010 年版，第 63、64 页。

② 白桂梅主编：《人权法学（第 3 版）》，北京大学出版社 2023 年版，第 21 页。

③ 徐显明主编：《人权法原理》，中国政法大学出版社 2008 年版，第 135、136 页。

④ 〔日〕樋口阳一：《一句话辞典：人权》，三省堂 1996 年版，第 5 页。

⑤ 徐显明：《人权的体系与分类》，载张伟主编：《人权论丛（第一辑）》，商务印书馆 2018 年版，第 182 页。

⑥ 白桂梅主编：《人权法学（第 3 版）》，北京大学出版社 2023 年版，第 22 页。

法定到事实的一整套转换与保障机制，是把人权从人的要求、到思想家的论述、到立法者的设计、到事实上的享有这一全过程用最一般化的方法予以完整表达的概念。人权制度主要包含两大机制，一是人权侵害的预防机制，二是侵害发生后的矫正机制。作为制度的人权，就是通过这两种机制而使人权经历从法有到实有的过程，成为人们在社会生活中可以落实的主张。[①]

第五节　人权的历史地位和世界影响

人权是世界各国人民的共同愿望，[②] 是人类渴望实现的共同梦想。人权发展的历史大趋势说明尊重和保障人权是人类社会的共同追求，代表着人类社会的进步方向。世界各国只有尊重和保障人权，坚持不懈地推进本国和世界人权的发展，人类社会才会有更加美好的明天。

一、人权是人类思想进步的一部分

经过数代人的坚实努力，人权现已成为世界各国人民都共同认可的、在国际法和国内法上都占据重要地位的光辉字眼。[③] 但实践反复证明，在相当长的人类历史时期，不仅没有人权的制度，也没有成体系的人权基本观念和思想理论，只有一些关于人人平等的边缘性主张。[④] 在我国的传统思想中，儒家的仁义礼智信、道家的崇道尚德、墨家的兼爱非攻、法家所提到的以人为本，在传统的思想中闪闪发光，却是遥不可及

---

① 徐显明主编：《人权法原理》，中国政法大学出版社 2008 年版，第 137 页。

② Robert Weatherley, *The Discourse of Human Rights in China: Historical and Ideological Perspectives*, Palgrave Macmillan, 1999, p. 135.

③ Outi Korhonen, "Within and Beyond Interdisciplinarity in International Law and Human Rights," 28 *European Journal of International Law* 625-648 (2017).

④ 对于古希腊、中世纪基督教人权思想萌芽的探讨，参见齐延平等：《人权观念的演进》，山东大学出版社 2015 年版，第 6—20 页、第 23—36 页。

的理想。① 以自由、平等与人道为主要原则的近代意义上的人权是资产阶级革命的产物。②

人权是当代法哲学和政治哲学的核心概念，③ 是一个涵盖观念、理念、思想、意识、理论、制度、实践、权利、价值等各种层次的概念。但是，它的核心是权利，也就是资格、利益要求（主张）——没有这种要求，也就不可能呈现相关的思想、理论和制度。④ 人权作为一种权利，同其他权利一样，有权利就要有救济，没有救济的权利就难以真正实现。因此人权不能只是思想层面的指针，还应将人权作为法治核心的基石。

人权是保证人自由发展和美好生活的制度安排，⑤ 具体而言，人权可以理解为人对于幸福生活的追求在制度上的映射，即身处特定社会场域中的人们对资源掌控者提出的资格、利益要求和主张。"人权"既然用"权利"的话语表达出来，就不同于诉诸"天理""公道"或者"良知"——它不是哭天抢地的哀恸，也不是求告无门的啜泣，而是向当权者（社会资源的控制者）提出的主张，需要社会制度对于这些主张予以回应和救济。所以，人权作为权利，是一个具有强烈制度指向的概念。在当代世界上可能存在一些人权领域的共识，从而形成国际层面的人权法律制度体系，在世界各国协商与分享的基础上，逐渐形成了确认人权、维护人权的共同标准。⑥ 在人权的旗帜引导下，世界各国和人民积极推动政治发展和治理进步，以人的自由解放为目标，在制度完善和设施改进方面取得了可观的成效。

---

① 刘海年：《自然法则与中国传统文化中的人权理念及其影响》，载《人权研究》2020 年第 2 期；张晓玲：《论中国传统文化中的人权理想》，载《理论前沿》2000 年第 19 期；钟家莲：《略论中国传统文化中人权思想的表达特征》，载《江西社会科学》2005 年第 5 期；沙奇光：《中国的传统文化与人权理念》，载《国际政治研究》2003 年第 3 期。

② 李步云：《论人权》，社会科学文献出版社 2010 年版，第 9 页。

③ 熊亚菲：《从自然法到自然权利——论近代自然法转折的意义》，载《学术探索》2014 年第 1 期。

④ 何志鹏：《人权的历史维度与社会维度》，载《人权研究》2021 年第 1 期。

⑤ 王在邦：《人权标准、文明多样性与人类和谐》，载《人权》2009 年第 5 期。

⑥ 何志鹏：《人权的历史维度与社会维度》，载《人权研究》2021 年第 1 期。

二、人权是世界制度进步的一部分

人权这一概念在全世界被广泛接受是人类历史演进进程的组成部分。[①] 从历史发展的角度看，人权是社会进步的结果。只有社会进步到了一定的程度，人们的自我意识才能觉醒，才能认识到人的价值与尊严，才能够不断地为更多的人去争取权利。[②] 人权理念的产生和发展是一个循序渐进的复杂过程，在经过长时间的推理论证且证实可行的情况下形成了系统化的人权理论。人类作为一个整体所具备的反思态度和抗争精神，是人权理念、人权理论和人权相关制度得以产生的重要因素。[③] 人类社会对于神权、君权的质疑和对于暴政的反抗更是人权出现的关键原因。[④] 在西方，各国进入启蒙时代以后，在一些经济力量、政治力量的驱动之下，出现了人权观念以及相关的制度。[⑤] 在亚洲，特别是中国，人权思想深受西方文化的影响，[⑥] 但也结合自身社会环境作出了很多改变。

在西方国家，一系列重要的政治行动催生了一系列里程碑式的人权文件。[⑦] 以宗教改革和文艺复兴为开端，经过欧美资产阶级革命和俄国十月革命的发展，人权领域涌现出英国《大宪章》、美国《独立宣言》、法国《人权宣言》、苏联《被剥削劳动人民权利宣言》和《各民族权利宣言》等文件。这些在特定历史时期提出的人权主张，尽管在今天看来有可能是幼稚的，甚至存在着严重偏差，但只要在当时看起来具有进步意义，就应当被判定为重要的人权发展，甚至历史的跨越。因而，我们都会将这些早期的人权宣言看成是重要的人权制度，是人权领域的巨大进步，

---

① 朱锋：《人权、进步与国际关系理论》，载《世界经济与政治》2005 年第 9 期。

② 何志鹏：《中国人权事业发展的行动逻辑：三个维度》，载《人权》2021 年第 5 期。

③ 何志鹏：《人权的历史维度与社会维度》，载《人权研究》2021 年第 1 期。

④ 关于对抗君权作为人权努力的起源，参见林发新：《人权法论（第二版）》，厦门大学出版社 2017 年版，第 85—93 页。

⑤ 关于西方人权观从古代到近代的发展，参见李步云主编：《人权法学》，高等教育出版社 2005 年版，第 29—30 页。

⑥ 关于近代中国的人权观，参见李步云主编：《人权法学》，高等教育出版社 2005 年版，第 30—31 页。

⑦ 张永和主编：《人权之门》，广西师范大学出版社 2015 年版，第 3—42 页、第 44—61 页。

而不会一味片面地强调其所存在的缺陷，低估或者忽视其进步意义。[①]

在第二次世界大战结束、反法西斯战争取得胜利之后，人们对普遍人权产生了更为迫切的需求，人权成为炙手可热的重要国际议题，国际人权保障话语、原则、制度、体系的建立迫在眉睫，一系列国际或区域人权文书得以形成和签署，其中包括《联合国宪章》《世界人权宣言》《日内瓦公约》《消除一切形式种族歧视国际公约》《公民及政治权利国际公约》《经济社会文化权利国际公约》《德黑兰宣言》《美洲人权公约》《欧洲人权公约》和《非洲人权和民族权宪章》等，人权国际保护的理论和实践广泛而迅速地发展起来。

20世纪80年代以后，和平与发展成为人类社会的主题，联合国通过了一系列国际或区域人权文书，其中包括《人民享有和平权利宣言》《发展权利宣言》《二十一世纪发展议程》《消除对妇女一切形式歧视公约》《儿童权利公约》《维也纳宣言和行动纲领》《残疾人权利公约》以及《曼谷宣言》《突尼斯宣言》《圣约瑟宣言》等。此时国际人权保护体系、人权保护机制得到了进一步的发展，各国对发展与保障人权高度关注和重视，国际上从事人权事务的非政府组织也大量出现。

进入21世纪后，经济全球化加速发展，各国共同应对人类社会发展面临的挑战越发严峻。在中国，构建和谐世界、人类命运共同体的重大理念接续推出；在国际社会，《联合国千年宣言》《世界文化多样性宣言》《2030年可持续发展议程》和《巴黎协定》等有关尊重和保障人权的文件在各国的共同努力下相继出现。此时，世界人权发展进入了"以发展促人权"的全面调整期。[②]

三、当代人权凝聚着中国智慧和中国贡献

尽管人权并不是中华文化中的原生概念，但是近代以来仁人志士接受了人权的思想理念，并与中国传统文化进行对比和融汇，提出了一系列人权主张。在清末民初就引入了人权的概念和制度，不仅进行了理论

---

① 何志鹏：《人权的历史维度与社会维度》，载《人权研究》2021年第1期。
② 鲁广锦：《历史视域中的人权：中国的道路与贡献》，载《红旗文稿》2021年第1期。

探讨，也积极推进中国社会变革；不仅在国内促进人权理念的拓展，也积极参与国际人权文书的创制。

尤其引人注目的是，中国共产党将继受而来的人权思想、人权观念、人权制度有效本土化，与中国的历史文化氛围充分结合，根据中国社会的特点探索出了一条中国人民认可和满意的人权道路。[①] 在反封建主义、反殖民主义、反帝国主义斗争的过程中，中国逐渐锤炼出了自己的人权思想。[②] 中国的先进知识分子以马克思主义基本原理为指导，将人权理念同中国实际结合，发挥了重要的人权思想启蒙作用，极大地普及和提高了中国人民的人权意识，激发了中国人民为争取人权而奋起斗争的勇气和信心。在 20 世纪 80 年代后期以后，马克思主义理论在人权领域赋予了很多新的认知。[③]1991 年，中国发布了第一份人权白皮书，[④] 这份白皮书系统回顾到当时为止中国人权的伟大历程，提出了中国的人权理念，总结了中国的人权特色，表达了中国尊重和保护人权的立场和信心。[⑤] 2004 年，我国宪法修正案将"国家尊重和保障人权"的概括性条款写入宪法，从此我国宪法首次有了对人权的明确宣示。2018 年，习近平在为纪念《世界人权宣言》发表 70 周年座谈会所致的贺信中指出："人民幸福生活是最大的人权。"[⑥] 这里的"幸福生活"已经超越了民生温饱，是从公民与政治权利、经济社会文化权利、和平权、发展权、环境权等各个领域确立了人权的复合指向和多维方位。从实践上看，从脱贫致富到全面小康，从抗击疫情到绿水青山，中国人民的权利在社会生活的宏阔领域全面提升。[⑦] 党的十八届三中全会、二十届三中全会决定

---

① 何志鹏：《中国人权事业发展的行动逻辑：三个维度》，载《人权》2021 年第 5 期。

② 对于中国的人权历程与人权思想的描述，参见朱力宇、叶传星主编：《人权法》，中国人民大学出版社 2017 年版，第 92—112 页。

③ 对于马克思主义人权观的初步阐述，参见朱力宇、叶传星主编：《人权法》，中国人民大学出版社 2017 年版，第 73—85 页。

④ 国务院新闻办公室：《中国的人权状况》，载《中华人民共和国国务院公报》1991 年第 39 期。

⑤ 何志鹏：《中国人权事业发展的行动逻辑：三个维度》，载《人权》2021 年第 5 期。

⑥ 《习近平致信纪念〈世界人权宣言〉发表 70 周年座谈会强调　坚持走符合国情的人权发展道路 促进人的全面发展》，载《人权》2019 年第 1 期。

⑦ 何志鹏：《中国人权事业发展的行动逻辑：三个维度》，载《人权》2021 年第 5 期。

中都专门规划了人权事业的蓝图。党的百年奋斗史，贯穿着党团结带领人民为争取人权、尊重人权、保障人权、发展人权而进行的不懈努力。

当前，世界物质文明与精神文明已发展到一个崭新阶段，国与国之间的经济、政治与文化的联系日益密切，争取人权的斗争已成为全世界人民共同关心的大事，保障人权已成为国际法的一项重要原则。尊重和保障人权，反映了人类在长期的历史进程中反对专制压迫、争取自由平等、爱好和平幸福的正义追求，折射出人类对自身存在的意义与价值认识的日益深化以及对未来的美好憧憬。[①]

思 考 题

● 什么是人权，如何理解人权定义的具体含义？

● 人权具有哪些基本属性？它们分别强调了什么内容？

● 为什么说人权的普遍性和特殊性可以共存？

● 如何看待国际社会中人权的"政治化"与"意识形态化"问题？

● 谁拥有人权？"谁是人"这一问题的讨论具有怎样的历史逻辑？

● 既然有人的权利，那么动物、无生命体是否也拥有权利？如果动物拥有权利，则此权利来自何处？

● 什么是集体人权？集体人权包括哪些领域？

● 产生对于"人权主体"差异理解的原因有哪些？缩小不同人权观"主体"差异的策略有哪些？

● 试梳理人权内容的发展历程。

● 如何理解经济、社会、文化权利的可诉性？

● 人权的体系是开放的，那么这种开放是否存在某种限度或者边界？如果有，边界在哪儿？

● 你是如何看待第四代人权的？在信息时代数字人权是否具有现实意义或特殊性？

● 三代人权是否存在等级上的先后次序？对于此问题存在哪几种观点？你支持哪种观点？为什么？

● 如何看待人权在历史发展过程中的地位？

---

① 鲁广锦：《历史视域中的人权：中国的道路与贡献》，载《红旗文稿》2021 年第 1 期。

延伸阅读

白桂梅主编：《人权法学（第 3 版）》，北京大学出版社 2023 年版。

崔拴林：《动物地位问题的法学与伦理学分析》，法律出版社 2012 年版。

段治文、陈姝娅：《论中美人权观的"主体"差异》，载《广西社会科学》2013 年第 8 期。

郭武、郭少青：《并非虚妄的代际公平——对环境法上"代际公平说"的再思考》，载《法学评论》2012 年第 4 期。

何志鹏：《人权全球化基本理论研究》，科学出版社 2008 年版。

何志鹏：《人权的历史维度与社会维度》，载《人权研究》2021 年第 1 期。

何志鹏：《中国人权事业发展的行动逻辑：三个维度》，载《人权》2021 年第 5 期。

李步云：《论人权》，社会科学文献出版社 2010 年版。

李林：《当代人权理论与实践》，吉林大学出版社 1996 年版。

林发新：《人权法论（第 2 版）》，厦门大学出版社 2017 年版。

刘卫先：《后代人权利理论批判》，载《法学研究》2010 年第 6 期。

刘雪斌：《论未来世代权利的法哲学基础》，载《内蒙古社会科学（汉文版）》2007 年第 1 期。

鲁广锦：《历史视域中的人权：中国的道路与贡献》，载《红旗文稿》2021 年第 1 期。

吕忠梅：《论公民环境权》，载《法学研究》1995 年第 6 期。

齐延平：《数智化社会的法律调控》，载《中国法学》2022 年第 1 期。

曲相霏：《人权离我们有多远》，清华大学出版社 2015 年版。

夏勇：《人权概念起源》，中国政法大学出版社 1992 年版。

徐显明：《人权的体系与分类》，载《中国社会科学》2000 年第 6 期；并见于张伟主编：《人权论丛（第一辑）》，商务印书馆 2018 年版。

徐祥民、刘卫先：《虚妄的代际公平——以对人类概念的辨析为基础驳"代际公平说"》，载《法学评论》2012 年第 2 期。

张文显：《无数字，不人权》，载《网络信息法学研究》2020 年第 1 期。

郑成良：《法律之内的正义》，法律出版社 2002 年版。

〔英〕A.J.M.米尔恩：《人的权利与人的多样性——人权哲学》，夏勇、张志铭译，中国大百科全书出版社 1995 年版。

〔英〕简·汉考克：《环境人权：权力、伦理与法律》，李隼译，重庆出版社 2007 年版。

〔美〕杰克·唐纳利:《普遍人权的理论与实践》，王浦劬等译，中国社会科学出版社 2001 年版。

〔美〕路易斯·亨金:《权利的时代》，信春鹰、吴玉章、李林译，知识出版社 1997 年版。

〔日〕森田明彦:《作为人权主体的"自我"观念及其东西方差异》，吴国邦译，载《人权》2020 年第 3 期。

〔瑞士〕胜雅律:《从有限的人权概念到普遍的人权概念——人权的两个阶段》，王长斌译，载沈宗灵、黄枬森主编:《西方人权学说（下）》，四川人民出版社 1994 年版。

Cranston, Maurice, *What are Human Rights*? (Basic Books, 1962).

Gao, Lijie, "Hermeneutic Thinking on the Subject of Human Rights: Four Perspectives," 20 *Journal of Human Rights* (2021) 333.

Shue, Henry, *Basic Rights: Subsistence, Affluence and U.S. Foreign Policy* (2nd ed., Princeton University Press,1996).

第二章　人权实践的历史发展

　　人权的进步，体现出思想理论的批判、引导与社会实践的探索、革新相互激发、彼此促进的进程。在理论与实践二者之间，实践是前提、基础，为人权理论的萌生、定型、不断完善提供了社会环境、思想土壤。正是因为人类历史的不同时期，人们为了求生存、求发展、求得更好的政治经济社会地位而进行的奋斗和抗争，才导致人权成为人类共同接受的光辉字眼，使得高水平的人权保护成为全球性的人类梦想。到了 21 世纪的今天，人权已经成为各国宪法不可或缺的内容、各国法治体系不可忽视的部分，也成为国际法不断发展的重要领域。

第一节　人权实践的历史遗迹

　　尽管由于各国家、民族、阶级、派别和个人在经济利益、政治立场、文化背景、价值取向和发展水平等方面的不同等复杂的历史和现实，"人权"的概念解读一直比较混乱和模糊，甚至相互矛盾，但不可否认的是，人权不仅是体现人类进步的观念或理念，还是记载于人类文明史的社会现象。马克思主义经典作家曾经对权利作出了"权利永远不能超出社会的经济结构以及经济结构所制约的社会的文化发展"的经典论断。以此检视人权实践的历史发展，这一论断无疑仍在闪烁着真理的光芒。人权具有历史维度，从这一维度出发，人权理论与人权实践相结合方能将人权内化为社会理解的一部分。[1] 人类在不同历史时期、不同的文明

---

　　[1]　何志鹏：《人权的历史维度与社会维度》，载《人权研究》2021 年第 1 期。

传统和不同的国家地区有着不同的人权实践，这共同构成了人类对于实现人权的不懈追求，也充分说明了人权是不断发展的，人权实践是世界历史进程的一部分。人权在人类历史上经历了一个从无到有的发展过程，不同的人权思想引领了东西方社会不同的人权实践，西方社会的人权实践主要是以自由主义和个人主义为文化基础，而以中国为代表的东方社会的人权实践则主要以儒家思想为文化根基，由此，任何相对地超越了"以自然血缘关系和统治服从关系为前提的地方性联系"的权利都可以看作人权的萌芽。① 我们认为由此产生的相关实践都可以被看作人权实践的历史遗迹，人权不论是在西方社会，还是在东方社会都留下了一定的遗迹。

一、西方社会人权实践的遗迹

古希腊、古罗马灿烂的文化为西方社会人权思想的产生提供了丰富的养分，并且这一时期孕育出来的西方古代民主政治制度和权利保护实践直接可以被视为古代西方社会人权实践遗迹的典范。② 古希腊时期，梭伦改革废除了贵族的特权，并扩大公民范围，平民获得了参与政治的权利，而且外邦人也可以获得公民权。古罗马时期，在通过契约关系和权利政治制约血缘关系和王权专制方面存在一定人权实践的遗迹。这与古希腊存在一些相似之处，但特别值得注意的是：（1）罗马人以公民权利侵蚀家长权利，确立了个人相对独立于家长的地位；（2）罗马人创造了"万民法"的概念和原则，承认并保护外邦人的权利，并因此形成了比较成熟的人类共同权利的概念；（3）罗马法确立了一个较为完备的体现私人平等与自由的法律体系。③ 随后，西方进入了中世纪的漫长黑暗之中，神权对人的压制直到近代西方的资产阶级革命方才宣告结束。④

---

① 夏勇：《人权概念起源》，中国政法大学出版社 1992 年版，第 73 页。
② 刘杰：《国际人权体制：历史的逻辑与比较》，上海社会科学院出版社 2000 年版，第 3 页。
③ 夏勇：《人权概念起源》，中国政法大学出版社 1992 年版，第 78—80 页。
④ 王加丰：《西欧中世纪的权利之争与近代人权观的形成》，载《世界历史》2003 年第 5 期。

二、东方社会人权实践的遗迹

人权概念并未发源于东方社会，但这并不意味着东方社会不存在人权的观念和实践。虽然古代中国社会中并没有发展出来类似西方社会那样的个人权利，但"慎刑慎杀""原情当议""尊老扶幼"之类带有人道主义色彩的理念和实践具有保护人权的意蕴。古代中国孕育了十分灿烂的文化和相对发达的经济，深刻影响了东方其他国家，这也就使得古代中国的人权实践在东方社会具有显著的代表性。

民本思想立于中国古代政治思想的核心，从夏商开始一直到近代以来的中国，其内涵经历了从重神到重人的转变。民本思想是中国历史上最具影响力的政治理论，清末民权思想传入中国之后，传统的民本思想逐渐淡化，仅留下了一些古代中国的人权探索遗迹。[①] 因此，东方社会中，民本思想牵引下的含有保护人权意蕴的实践是形成东方社会人权实践遗迹的主要方式。

可以看到，东方社会人权实践的遗迹折射出与西方社会具有迥然差异的人权文化。这一差异也在东方国家近现代的人权实践中得到了印证。例如，日本于 1889 年制定的东亚地区第一部宪法《明治宪法》中，人权的主体用"臣民"的表述，而人权的内容全部被置于"法律范围内"。而晚清政府颁布的《钦定宪法大纲》同样采用了由"君上大权""臣民权利义务"作为主要表述，并且规定的权利大多要受"合于法律命令""法律范围以内""按照法律所定"的限制。由此，东方早期的人权实践遗迹之上逐渐形成了一种具有东方文化特色的人权观，即"人权和自由都是在法律范围之内的，法律之外再无人权"。这是一种反映东方专制特点的让人权服从君权和法律的"有限人权体系"。[②]

第二节　近代西方的人权努力

宗教改革和文艺复兴后，17、18 世纪欧美资产阶级革命随之到来，

---

① 梁治平：《民本思想源流》，载《中国法律评论》2014 年第 3 期。

② 徐显明：《人权的体系与种类》，载《中国社会科学》2000 年第 6 期。

这也开启了近代西方人权奋争的序幕。伏尔泰、孟德斯鸠、卢梭、洛克等启蒙思想家贡献了大量思想资源，有力地推动了近代西方的人权努力。其中，英国、美国和法国出现了里程碑式的人权文件，在近代西方的人权努力中具有相当的代表意义。正是在近代西方各国所做出的人权努力基础上，资产阶级人权思想开始在欧洲孕育，并在经历两次世界大战后逐步发展出了现代的欧洲人权机制。[①]

一、英国的人权探索

17 世纪中期，英国资产阶级革命的爆发揭开了近代英国人权探索的序幕。早在 1215 年，英国国王被迫签署了《自由大宪章》（Magna Carta，以下简称《大宪章》），开始通过限制国王的权力，来保障广大人民的权利。《大宪章》第 12 条规定："除下列三项税金外，设无全国公意许可，将不征收任何免役税与贡金。"第 39 条规定："任何自由人，如未经其同级贵族之依法裁判，或经国法判，皆不得被逮捕，监禁，没收财产，剥夺法律保护权，流放，或加以任何其他损害。"这些条款直接体现了《大宪章》保护个人的财产权、人身自由等多方面的权利。这一历史文献的价值在英国资产阶级革命之后得到了重塑。

1679 年，英国颁布了重要的人身权利保护法律《人身保护法》（Habeas Corpus Act）。这部法律不仅限制了权力机关肆意逮捕公民的行为，还创设了后来被进一步完善的人身保护令状制度，因而在英国享有"自由之基"（foundation of liberty）的盛誉。[②]

1689 年，英国颁布了著名的《权利法案》（全称《国民权利与自由和王位继承宣言》，An Act Declaring the Rights and Liberties of the Subject and Settling the Succession of the Crown），这份法律文件是资产阶级革命的重要成果，也被认为是英国资产阶级革命胜利的标志之一。这份法案可以分为限制国王滥用权力和保证议会的立法权、财政权、司

---

① 参见万鄂湘、陈建德:《〈欧洲人权公约〉与欧洲人权机构》，载《法学评论》1995 年第 5 期。

② Helen A. Nutting, "The Most Wholesome Law—The Habeas Corpus Act of 1679," 65:3 *The American Historical Review* (1960) 527-543.

法权和军权两个方面，确立了议会所拥有的权力高于王权的原则，充分体现了反对权力滥用、保护私人权利的思想。近代，英国的人权探索走在时代前列，对于其他国家和地区的人权探索也起到了一定鼓舞作用。

二、美国的人权探索

美国虽然不是人权理论的发源地，但其率先将人权理论融入实践、形成和发展了人权保障的法律与政治机制。[①] 美国的人权探索始于第一批抵达美洲大陆的欧洲移民。1620 年，前往北美大陆的首批欧洲移民签署了《五月花号公约》（The Mayflower Compact），奠定了美国人权传统。虽然这份文件中没有出现"人权"的字样，但其中体现的自然法、契约思想，以及主权在民、维护公民权利无不体现了追求人权的精神。1776 年，《独立宣言》（The Declaration of Independence）的问世宣告了美国的独立，同时也宣告了近代美国人权探索的开端，被誉为"第一个人权宣言"。[②]《独立宣言》中提出的"我们认为这些真理不言而喻：人人生而平等，造物者赋予他们若干不可剥夺的权利，其中包括生命权、自由权和追求幸福的权利"观念对于人权实践的发展影响深远。这一重要宣言体现了"天赋人权"的三条基本原则：第一，人人生而平等；第二，为了保障这些权利，政府方得以成立；第三，政府的权力是人们赋予的，只能在此范围内行使权力，否则人们便有权利废除它，建立新的政府。[③]

1791 年 12 月 15 日，美国宪法第一至第十条修正案获得通过，即《权利法案》（又译《人权法案》，United States Bill of Rights）。[④] 其中第一条，即美国宪法第一修正案，"国会不得制定关于下列事项的法律：确立国教或禁止信教自由；剥夺言论自由或出版自由；或剥夺人民和平集会和向政府请愿伸冤的权利"，可以被认为是确认了宪法上言论、宗教、

---

① 刘杰：《美国与国际人权法》，上海社会科学院出版社 1996 年版，第 1 页。

② 《马克思恩格斯全集》，第 16 卷，人民出版社 1971 年版，第 20 页。

③ 杨春福主编：《人权法学（第 2 版）》，科学出版社 2010 年版，第 41 页。

④ 参见 "The Bill of Rights: What Does it Say?"，https://www.archives.gov/founding-docs/bill-of-rights/what-does-it-say，最后访问日期：2022 年 3 月 1 日。

和平集会自由的权利。其余诸条包括持有与携带武器的权利，免于民房被军队征用、免于不合理的搜查与扣押、正当程序、一罪不能两判、禁止逼供、禁止剥夺私人财产、未经陪审团不可定罪以及剥夺被控告方的其他权利，民事案件中要求陪审团的权利，禁止过度罚金与酷刑，未被列入的其他权利同样可以受到保护，人民保留未经立法等对于美国人权而言至关重要的权利。

我们应当看到，从美国人权努力的开端就存在其特定的物质和社会条件，美国人权探索中的一个文化基点是"五月花号"精神。所谓"五月花号"精神，主要是指当初搭乘"五月花号"到达美洲大陆的最早的一批移民共同追求和认可的摆脱专制、逃避迫害、追求自由和财富的精神，但同时这一精神又仅能在五月花号船上的六十多人或后来被认为是与他们相同的人之间分享。[①] 这就意味着在相当长的一段时间里，美洲大陆的土著印第安人和后来的黑人、拉美人等都无法分享"五月花号"精神。并且，美国的奴隶制一直存续至 19 世纪 60 年代美国南北战争结束后，前后持续数百年的奴隶制给黑人奴隶带来了极大的伤害，黑人的人权直到现在仍然是美国人权状况需要继续改善的地方。美国社会生活中的种族歧视问题更是一大痼疾，反对歧视的呼声此起彼伏。1963 年，美国黑人民权运动领袖马丁·路德·金发表了著名演讲《我有一个梦想》，追求黑人种族平等的美国民权运动达到了高潮。时至今日，马丁·路德·金的梦想仍未实现。2020 年，因非裔男子乔治·弗洛伊德遭白人警察暴力执法惨死，美国上百个城市爆发了抗议和骚乱，并以"Black Lives Matter"（黑人的命也是命，简称 BLM）为口号，这场声势浩大的运动因此也被称为"黑人的命也是命"运动（BLM 运动）。这场运动的焦点已经不再限于黑人遭警察虐杀，也不再局限于美国国内，而是开始扩展到警察暴力、种族歧视、社会不公等一些长久存在的社会问题，引发美国社会各界对文化和历史的反思。[②]

---

① 王沪宁：《美国反对美国》，上海文艺出版社 1991 年版，第 38—39 页。
② "这次也许真的不一样——外媒资深记者眼中的弗洛伊德事件"，http://m.news.cctv.com/2020/06/13/ARTIOAYYgWhcCHQgo8rAyYBX200613.shtml，最后访问日期：2022 年 2 月 1 日。

三、法国的人权探索

近代法国是人权思想的重要发源地，其人权探索与法国大革命交相辉映，书写出了人类人权探索的浓墨重彩的一页。法国的启蒙思想家们为法国的人权探索进行了充分的思想准备，自由、平等、博爱的理念逐步孕育成熟。伏尔泰对君主专制作了深刻的批判，通过对自由、平等思想的阐释极大地解放了人们的思想。卢梭提出了著名的社会契约论第一次提出了天赋人权和主权在民的思想。1789年，法国国民议会在法国大革命期间通过了《人权宣言》。《人权宣言》是法国大革命的纲领性文件，宣告了人权、法治、自由、分权、平等和保护私有财产等基本原则，它确切表达了法国大革命的宗旨——主权在民。

除此之外，20世纪初俄国十月革命后，苏联公布的《被剥削劳动人民权利宣言》《各民族权利宣言》等文件也标志着社会主义同样在进行着保障人权的探索。此时人权理论和实践基本沿着资产阶级革命和社会主义革命两条线发展，奠定了近现代人权理论基础。[1]

第三节　中国人权实践的发展

人权的概念并非源自中国的文明传统，但人道精神和大同精神在中国古代社会不仅存在，而且相当丰富，只不过中国传统社会缺少的主要是法治精神。[2]中国的人权实践以1949年新中国的成立为分界线，新中国的成立意味着中国的人权事业掀开了新的篇章。

一、民国时期的人权探索

民国时期，我国的人权探索进入了一个新的阶段。这一新阶段的开创在清末的立宪运动时奠定了一定思想基础。晚清时期，立宪派的政治主张中包含了保护人权的内容。1910年，晚清政府大臣奕劻所上的奏折

---

[1]　鲁广锦：《历史视域中的人权：中国的道路与贡献》，载《红旗文稿》2021年第1期。
[2]　夏勇：《人权概念起源》，中国政法大学出版社1992年版，第179页。

中顺应时势提出了"现在朝廷博采各国成法，预备立宪，其要旨重在保护人权，《钦定宪法大纲》所有臣民权利义务均逐一规定，旧律之与立宪制度背驰之处，亦应逐加增损"的主张。1908 年 8 月，晚清政府颁布的中国历史上第一部宪法性文件《钦定宪法大纲》，其中"臣民权利义务"部分共九条，包括臣民担任文武官吏及议员的权利，言论、著作、出版及集会、结社的自由，财产及居住无故不加侵扰等规定。但应当看到，这部分内容在"君上大权"之下，且加之以"法律规定"的限制。虽然其具有限制君权的历史进步意义，[①] 但其存在的"本旨在于巩固君权"、充分表现了"大权统于朝廷"的保守特色、"其不能负全国人民之期"等本质性问题。[②] 由此，清末的人权努力只能是近代中国人权探索的起步阶段，为民国时期的人权探索做了一定准备。

我国当代人权学者徐显明总结认为民国时期最具历史意义的人权运动可以概括为六项：（1）辛亥革命，以制宪的追求开启了近代中国探索制度化保障人权的实践；（2）新文化运动，追求"人民之宪"来实现人权；（3）"省宪运动"，从保障人的劳动权、职业自由的制度层面首次阐释了生存权；（4）"制定约法、保障人权"运动；（5）民权保障运动；（6）冤狱赔偿运动。[③]

孙中山先生领导的辛亥革命推翻了统治中国几千年的君主专制制度，建立了资产阶级民主共和国，并于 1912 年 3 月公布了《中华民国临时约法》（以下简称《约法》），把维护人权摆到突出的位置上。《约法》第二章对于人民权利义务的保障已有详尽的规定，包括人民一律平等，无种族、阶级、宗教之区别；人民享有自由权（身体非依法律，不得逮捕、拘禁、审问、处罚；家宅非依法律不得侵入或搜索；财产及营业自由；言论、著作、刊行及集会结社之自由；书信秘密之自由；居住迁徙之自由；信教之自由）；人民有请愿于议会之权；人民有陈诉于行政官

---

① 马岭：《君权从哪里开始让步？——来自〈钦定宪法大纲〉的启示》，载《法学家》2008 年第 4 期。

② 贺嘉：《评〈钦定宪法大纲〉》，载《比较法研究》1994 年第 1 期。

③ 徐显明：《法治的真谛是人权（代序）》，载《人权研究》（第一卷），山东人民出版社 2001 年版，代序第 2—3 页。

署之权；人民有诉讼于法院受其审判之权；人民对于官吏违法损害权利之行为，有陈诉于平政院之权；人民有应任官考试之权以及法律保留条款（为增进公益、维持治安或非常紧急必要时，得依法律限制之）。然而，孙中山千辛万苦建立起来的南京临时政府很快就被袁世凯篡夺，《约法》中规定的人权保护措施也就失去了施行的机会。

二、革命根据地的人权建设

人民幸福生活是最大的人权。中国共产党从诞生那一天起，就把为人民谋幸福、为民族谋复兴、为人类谋发展作为奋斗目标。在民主革命时期，中国共产党革命坚持马克思主义人权观，制定并实施了一系列保障人权的施政纲领和法律法规，为苦难深重的中国劳苦大众争取人权和自由，开创了一条广泛性、公平性和真实性的中国人权道路。[1]尽管上述努力因为一些政治团体或者人士的偏见而遭到了一些负面的评价，但其取得的历史经验至为宝贵。可以说，中国共产党领导的革命根据地的人权建设是探索马克思主义人权观与中国实际相结合的奠基。

陕甘宁边区的人权建设是中国共产党早期的人权实践，不仅蕴含了早期中国共产党人的人权思想，还开启了中国共产党尊重和保障人权的伟大征程。陕甘宁边区领导人领导广大边区人民群众在推动边区的人权建设方面主要做了以下工作：第一，成立边区革命委员会，民主选举陕甘边区工农兵代表大会和陕甘边区苏维埃政府，保障人民群众的政治权利；第二，贯彻中央苏区《中华苏维埃共和国土地法》和陕甘边区通过的《土地法案》精神，保障人民群众的经济权利；第三，创办各类教育机构，注重提高妇女、孩子的知识水平，保障人民群众的文化权利；第四，重视维护群众的生命和财产安全，保障人民群众的人身权利。[2]

1931 年 11 月，中华工农兵苏维埃第一次全国代表大会在江西瑞金举行，大会正式通过了《中华苏维埃共和国宪法大纲》。这是中国历史

---

① 缪慈潮：《中共在民主革命时期的人权理论与实践》，载《探索》2001 年第 1 期。
② 王欣媛：《陕甘边区习仲勋的人权保障思想与实践》，载《延安大学学报（社会科学版）》2013 年第 2 期。

上第一部由人民代表机关正式通过并公布实施的宪法性文件，是中国共产党领导人民制定宪法实践的源头。这充分体现了中国共产党在其诞生之初，就举起了"争解放、争民主、争自由、争人权"的旗帜，并在其领导的根据地建立民主政府，着手制定由人民当家做主的民主宪法，规定人民民主的制度，保障人民的权利，保证革命在全中国的胜利。[①]《中华苏维埃共和国宪法大纲》共 17 条，其中包含了相当多人权的规定，其第 2 条规定，"苏维埃全政权是属于工人，农民，红军兵士及一切劳苦民众的。在苏维埃政权下，所有工人，农民，红军兵士及一切劳苦民众都有权选派代表掌握政权的管理"。第 4 条规定，"在苏维埃政权领域内的工人，农民，红军兵士及一切劳苦民众和他们的家属，不分男女，种族（汉，满，蒙，回，藏，苗，黎和在中国的台湾，高丽，安南人等），宗教，在苏维埃法律前一律平等"。第 5 条规定，"中国苏维埃政权以澈底的改善工人阶级的生活状况为目的，制定劳动法，宣布八小时工作制，规定最低限度的工资标准，创立社会保险制度与国家的失业津贴，并宣布工人有监督生产之权"。第 6 条规定，"中国苏维埃政权以消灭封建制度及澈底的改善农民生活为目的，颁布土地法，主张没收一切地主阶级的土地，分配给贫农，中农，并以实现土地国有为目的"。第 10 条规定，"中国苏维埃政权以保证工农劳苦民众有言论出版集会结社的自由为目的"。第 12 条规定，"中国苏维埃政权以保证工农劳苦民众有受教育的权利为目的，在进行阶级战争许可的范围内，应开始施行完全免费的普及教育，首先应在青年劳动群众中施行"。以上条款体现了革命根据地人权建设的鲜明实践。[②]

1941 年 11 月，陕甘宁边区第二届参议会正式通过了抗日战争时期陕甘宁边区的宪法性文件，即《陕甘宁边区施政纲领》。这一纲领本着三民主义与抗战建国纲领的原则，根据陕甘宁边区的环境与条件，从民族主义、民权主义、民生主义三方面提出了具体的施政意见。其第 6 条

---

① 王闻翔：《中华苏维埃共和国宪法大纲——中国革命历史上的第一部根本大法》，载《中国人大》2004 年第 15 期。

② 《建党以来重要文献选编》，中央文献出版社 2011 年版，第 11 册，第 157—162 页。

规定，"保证一切抗日人民（地主、资本家、农民、工人等）的人权、政权、财权及言论、出版、集会、结社、信仰、居住、迁徙之自由权"。第7条规定，"改进司法制度，坚决废止肉刑，重证据不重口供"。第14条规定，"继续推行消灭文盲政策，推广新文字教育，健全正规学制，普及国民教育，改善小学教员生活，实施成年补习教育，加强干部教育，推广通俗书报，奖励自由研究，尊重知识分子，提倡科学知识与文艺运动，欢迎科学艺术人才，保护流亡学生与失学青年，允许在学学生以民主自治权利，实施公务人员的两小时学习制"。第19条规定，"给社会游民分子以耕种土地、取得职业与参加教育的机会，纠正公务人员及各业人民中对游民分子加以歧视的不良习惯，对会门组织实行争取、团结与教育的政策"。这一纲领集中体现了陕甘宁边区政府保障边区人权的整体构想的实践，是革命根据地人权建设实践的进一步发展。

三、新中国的人权成就

新中国成立后，通过制定和修订宪法赋予了人民空前广泛的人权。新中国成立后先后颁布的四部宪法中，"五四宪法"有14条人权内容相关的条款、"七五宪法"有2条人权内容相关的条款、"七八宪法"有12条人权内容相关的条款、"八二宪法"有18条人权内容相关的条款。1991年中国政府发表《中国的人权状况》白皮书，强调"生存权是中国人民的首要人权"，把生存权列在中国人权体系之首，这是新中国为世界人权做出的重要贡献。整体来看，新中国成立以来，中国共产党团结带领人民为争取人权、尊重人权、保障人权、发展人权而不懈努力奋斗，取得了举世瞩目的成就。新中国成立以来，中国通过坚定地将人权普遍性原则与中国的实际情况相结合，不断推进更好和更加充分地保障中国最广大人民的基本权利，不断通过扩大对外开放来更加积极地参与国际人权事务，成功走出了一条具有中国特色的人权发展道路。[①]新中国成立后，我国逐步探索出了一条符合我国国情的正确人权发展道路，取得了

---

① 鲁广锦：《历史视域中的人权：中国的道路与贡献》，载《红旗文稿》2021年第1期。

举世瞩目的人权成就。①

（一）新中国的成立奠定了中国人权事业发展的根本政治前提和制度基础

党的百年奋斗史，贯穿着党团结带领人民为争取人权、尊重人权、保障人权、发展人权而进行的不懈努力。②1949 年新中国成立，确立了社会主义基本制度，完成了中国历史上最为广泛而深刻的社会变革，为中国人权事业发展奠定了根本政治前提和制度基础。新中国的成立，实现和捍卫了真正完全的民族解放和国家独立，为中国人民的生命、自由和人身安全提供了根本保障，为中国人民各项权利得到有效保障和不断发展创造了根本条件。新中国建立和巩固了人民民主的政治制度，保障人民当家做主的权利。在新中国成立前夕，通过了具有临时宪法作用的《中国人民政治协商会议共同纲领》，规定人民享有选举权和被选举权以及广泛的政治权利和自由，妇女在政治、经济、文化教育、社会生活各方面均有与男子平等的权利。1954 年，第一届全国人民代表大会第一次会议通过的《中华人民共和国宪法》，确立了人民民主原则和社会主义原则，确立了人民代表大会制度，在制度上保障了国家一切权力属于人民，并设立专章规定了公民的基本权利和义务。新中国开展各项民主改革和社会事业建设，为促进经济社会发展和保障人权创造了条件。土地改革运动废除了地主阶级封建剥削的土地所有制，中国农民真正从经济上翻身做了主人，被束缚的农村生产力获得解放，广大农民的经济地位和生活状况大大改善。从 1950 年起，对国营厂矿交通企业的生产和管理制度进行民主改革，建立工厂管理委员会和职工代表大会，使工人真正成为企业的主人。1950 年颁布实施婚姻法，废除包办强迫、男尊女卑、漠视子女利益的封建婚姻制度，实行婚姻自由、一夫一妻、男女权利平等、保护妇女和子女合法利益的新婚姻制度。促进教育、医疗卫生事业发展，建立劳动保险和社会救济制度，初步形成以单位为组织形式的社

---

① 《为人民谋幸福：新中国人权事业发展 70 年》，载《人民日报》2019 年 9 月 23 日。

② 《习近平在中共中央政治局第三十七次集体学习时强调 坚定不移走中国人权发展道路 更好推动我国人权事业发展》，载《人民日报》2022 年 2 月 27 日。

会保障体系。新中国建设独立完整的国民经济体系，推动经济发展，为保障人权奠定了经济基础。新中国迅速医治战争创伤，仅用三年时间，就使国民经济和人民生活恢复到历史最高水平。并且在此基础上，不失时机地对农业、手工业和资本主义工商业进行社会主义改造，建立了社会主义的基本经济制度，为人民平等参与经济发展和分享劳动成果提供了基本的社会制度保证。新中国彻底否定了民族压迫和民族歧视，发展民族平等、互助、团结关系。民族区域自治制度的成功实行，有效保障了少数民族在祖国大家庭中的平等权利和少数民族管理本民族、本地区事务的自治权利。

（二）改革开放以来，我国的人权事业得到大发展

1978 年开启的改革开放进程，成功开辟了中国特色社会主义道路，极大地解放和发展了社会生产力，人民生存权、发展权和各项基本权利不断得到更好保障，中国人权事业得到大发展。

1991 年 11 月 1 日，国务院新闻办公室发表《中国的人权状况》白皮书，首次在政府文件中正面肯定了"人权"这一概念，这在我国人权历史上具有历史性意义。通过这份白皮书，我国正式向世界表达了中国对于人权问题的观点，梳理出了中国人权事业的特征。中国的人权具有三个显著的特点：一是广泛性。享受人权的主体不是少数人，也不是某些阶级和阶层的一部分人，而是全体中国公民。中国公民享受的人权范围是广泛的，不仅包括生存权、人身权和政治权利，而且包括经济、文化、社会等各方面的权利。国家不仅十分注重保障个人人权，而且注重维护集体人权。二是公平性。中国实行社会主义制度，消灭了剥削制度和剥削阶级，各项公民权利不受金钱和财产状况以及民族、种族、性别、职业、家庭、出身、宗教信仰、教育程度、居住期限的限制，为全社会的公民平等地享有。三是真实性。国家为人权的实现从制度上、法律上、物质上给予保障。宪法和法律中规定的各种公民权利，同人民群众在现实生活中所享有的权利是一致的。中国的人权立法和政策，受到全国各民族各阶层人民和各党派、各团体以及社会各界的拥护和支持。

2004 年 3 月 14 日，十届全国人大二次会议通过了宪法修正案，首次将"人权"概念写入宪法，明确规定"国家尊重和保障人权"，这是中国人权发展的一个重要里程碑。人权写入宪法意味着我国首次将"人权"由一个政治概念提升为法律概念，将尊重和保障人权的主体由党和政府提升为"国家"，从而使尊重和保障人权由党和政府的意志上升为人民和国家的意志，由党和政府执政行政的政治理念和价值上升为国家建设和发展的政治理念和价值，由党和政府文件的政策性规定上升为国家根本大法的一项原则。[①]

2009 年以来，我国已经先后制定、实施或正在实施四期国家人权行动计划，在不断发展中，走出了一条符合自身国情的人权发展道路，成为影响和推进世界人权事业发展的重要力量。

（三）党的十八大以来，我国人权事业取得了历史性成就

2016 年 9 月，中国政府发布了《国家人权行动计划（2016—2020年）》（以下简称《行动计划》），这是中国制定的第三期以人权为主题的国家规划，确定了这一时期我国尊重、保护和促进人权的目标和任务。国家人权行动计划联席会议机制委托第三方做出了《〈国家人权行动计划（2016—2020 年）〉实施情况评估报告》。[②]该报告认为中国政府坚持以人民为中心的发展思想，认真落实"尊重和保障人权"的宪法原则，采取切实措施，积极推动《行动计划》各项目标和任务的落实。中国政府着力解决人民群众最关心、最直接、最现实的权利和利益问题，着力保障和改善民生，重视保障贫困人口、困难群众和弱者权益，努力实现公平正义。中国人民的经济、社会和文化权利保障水平上了一个新台阶；公民权利和政治权利得到了更加有效的保障；少数民族、妇女、儿童、老年人和残疾人权利保障措施充分落实；人权知识普及和人权教育深入人心；国际人权领域的交流与合作成绩斐然。特别是中国完成消除绝对贫困的任务，全面建成小康社会，中国的人权保障水平显著提高，中国人民的获得感、幸福感、安全感显著增强。这一报告得出的最终结论是《行动计划》得到全面实施，168 项目标和任务全部完成，其中很多指标

---

① 董云虎:《"人权"入宪：中国人权发展的重要里程碑》，载《人权》2004 年第 2 期。
② 中国人权研究会、西南政法大学人权研究院:《〈国家人权行动计划（2016—2020 年）〉实施情况评估报告》，人民出版社 2021 年版。

和任务提前或超额完成。

2022 年 2 月 25 日，中共中央政治局就中国人权发展道路进行第三十七次集体学习，中共中央总书记习近平在主持学习时强调，尊重和保障人权是中国共产党人的不懈追求。党的百年奋斗史，贯穿着党团结带领人民为争取人权、尊重人权、保障人权、发展人权而进行的不懈努力。党的十八大以来，我们坚持把尊重和保障人权作为治国理政的一项重要工作，推动我国人权事业取得历史性成就。在推进我国人权事业发展的实践中，我们把马克思主义人权观同中国具体实际相结合、同中华优秀传统文化相结合，总结我们党团结带领人民尊重和保障人权的成功经验，借鉴人类优秀文明成果，走出了一条顺应时代潮流、适合本国国情的人权发展道路。[①]

本着"在人权问题上，没有最好，只有更好"的理念，我国的人权事业仍然在"追求更好"的路上。[②] 2021 年 9 月 9 日，国务院新闻办公室发布了《国家人权行动计划（2021—2025 年）》。这是中国政府制定的第四期国家人权行动计划，确定了 2021—2025 年国家尊重、保护和促进人权的阶段性目标和任务。该行动计划共分导言，经济、社会和文化权利，公民权利和政治权利，环境权利，特定群体权益保障，人权教育和研究，参与全球人权治理，实施、监督和评估 8 个部分。这一计划体现了我国在全面建成小康社会、实现第一个百年奋斗目标之后，乘势而上开启全面建设社会主义现代化国家新征程、向第二个百年奋斗目标进军的第一个五年在人权领域的整体安排，它制定了可行的目标：（1）将促进全体人民的自由全面共同发展作为人权事业发展的总目标。坚持以人民为中心，将满足人民对人权保障的新需求作为奋斗方向。坚持人民主体地位，坚持发展为了人民，发展依靠人民，发展成果由人民共享，增进人民的获得感、幸福感、安全感。（2）充分保障人民的经济社会文化权利，不断实现人民对美好生活的向往，为人的全面发展创造

---

① 《习近平在中共中央政治局第三十七次集体学习时强调 坚定不移走中国人权发展道路 更好推动我国人权事业发展》，载《人民日报》2022 年 2 月 27 日。

② 中共中央党史和文献研究院编：《习近平关于尊重和保障人权论述摘编》，中央文献出版社 2021 年版，第 13 页。

更加有利的经济社会文化条件。（3）切实保障公民权利和政治权利，促进人民有效社会参与，为实现人的全面发展提供更为坚实的民主法治基础。（4）坚持绿水青山就是金山银山理念，坚持尊重自然、顺应自然、保护自然，促进人与自然和谐共生，推进生态文明建设，建设美丽中国，为全人类和子孙后代共享发展创造可持续条件。（5）加强对特定群体权益的平等保护和特殊扶助，促进所有人平等分享发展成果，为实现所有人全面发展提供政策支持。（6）广泛开展人权教育、研究、培训和知识普及，营造全社会尊重和保障人权的文化氛围。（7）积极参与全球人权治理，深度参与联合国人权机制工作，推动建设更加公平公正合理包容的全球人权治理体系，共同构建人类命运共同体。1993 年联合国世界人权大会呼吁各国制定国家人权行动计划，我国自 2009 年以来已连续制定和积极实施了三期计划，并开始实施第四期行动计划，这体现了我国在尊重和保障人权方面坚定的政治意愿和务实的行动作风，也为世界上其他国家在采取具体措施切实促进人权保障方面树立了典范。[①] 2021 年 10 月，全国人大常委会决定批准《关于为盲人、视力障碍者或其他印刷品阅读障碍者获得已出版作品提供便利的马拉喀什条约》，这是世界知识产权组织管理的重要版权条约，是世界上第一部，也是迄今为止唯一一部版权领域的人权条约，体现了我国进一步推进人权建设的决心。可以预见，在为实现"两个一百年"奋斗目标、实现中华民族伟大复兴的中国梦而努力奋斗的伟大征程上，在《国家人权行动计划（2021—2025年）》的整体安排推进中，我国的人权事业仍然在不断进步和完善，将会取得更大的成就。

第四节　人权的国际化

在相当长的历史时期内，人权保护都被认为是一个国家的纯内政事宜。19 世纪以来，国际社会出现了一些保护人权的规范和行动，但作为

---

① 常健：《继往开来的第四期国家人权行动计划》，载《人民日报》2021 年 9 月 13 日。

体系性的进步，直到第二次世界大战之后，人权的国际保护才开始兴起并逐步发展。[①] 20 世纪的两场世界大战给人类造成了巨大的伤害，数以千万计的生命为战火所吞噬。除此之外，有计划的种族灭绝更是造成了惨绝人寰的人间悲剧。这些惨痛的教训使得越来越多的国家和人民开始反思，人权应当被写进宪法或国际条约之中的观念和主张开始出现。由此，第二次世界大战以来，一些权利被视为人权得到了国际社会的普遍认同，并逐步通过国际机制不断加强。[②] 当今中国已发展成为世界上最为重视、尊重和保障人权的国家之一，在参与和推动世界人权发展方面做出了不容忽视的重要贡献，中国致力于在国内人权保障基础上积极参与和推动世界的人权发展。中国坚持人权问题本质上是属于一国内部管辖的问题，尊重国家主权和不干涉内政是公认的国际法准则，适用于国际关系的一切领域，自然也适用于国际人权领域，中国辩证地看待世界人权的发展。[③]

人类进入 21 世纪以后，国际法的发展在处理和关涉的范围上出现了扩张趋势。[④] 传统意义上被视为国家内部事务的人权逐渐向国际化的方向发展，区域性和国际性人权保护制度不断建立即是这一趋势的鲜明体现。社会生活的全球化被认为是导致人权全球化的重要动因。[⑤] 当代国际法以"二战"结束为起点，其特点之一就是国际人权法等国际法新分支的出现。[⑥] 人权全球化在现实中有多层次的表现，包括多方面的人权法律依据、多层次的国际人权负责机构、多角度的人权监督机制以及开放式的人权保护体系。[⑦] 劳伦斯·M. 弗里德曼（Lawrence M. Friedman）以一种批判的眼光重新审视了人权理念在全球范围内逐渐获

① 龚刃韧：《国际人权法与比较宪法：兼论中国宪法和国际社会中的人权事项》，载白桂梅主编：《国际人权与发展》，法律出版社 1998 年版，第 84—85 页。

② 〔美〕迈克尔·佩里：《权利的新生：美国宪法中的人权》，徐爽、王本存译，商务印书馆 2016 年版，第 2 页。

③ 刘杰：《中国参与推动世界人权发展的历史经验》，载《求是》2010 年第 14 期。

④ 梁西：《国际法的发展》，载邵沙平、余敏友主编《国际法问题专论》，武汉大学出版社 2002 年版，第 13—14 页。

⑤ 何志鹏：《人权全球化基本理论研究》，科学出版社 2008 年版，第 65—68 页。

⑥ 杨泽伟：《国际法发展的历史分期》，载《中国社会科学报》2021 年 2 月 24 日。

⑦ 何志鹏：《人权全球化基本理论研究》，科学出版社 2008 年版，第 71—206 页。

得支持并付诸实践的历史。[①]

　　但是，我们也应当注意到人权国际化进程中并不是一帆风顺，不存在争议的。例如，伴随着人权国际化实践的展开，一些学者提出将国际人权法规则融入国际贸易法律体系中的主张，并引发了学术界的激烈争论。[②]

一、禁止奴隶贸易和保护劳工人权的国际条约

　　尽管在"二战"前，人权主要是国家的内部问题，但是人权的国际保护也已经出现了一些早期实践，禁止奴隶贸易的一些国际文件就是其中非常重要的代表。

　　15 世纪以后，随着新航路的开辟和美洲新大陆的发现，为了完成早期资本主义原始积累，欧洲殖民者残酷地从非洲抓捕黑人贩卖到美洲充当奴隶，写下了人类历史上悲惨耻辱的一页。鉴于奴隶贸易的残酷性，呼吁废除奴隶贸易的呼声越来越高。一些国家首先通过国内立法或者双边条约来禁止奴隶贸易。国际社会陆续出现了一系列禁止奴隶贸易的条约。例如 1815 年维也纳会议签署的《关于取缔贩卖黑奴的宣言》，1841 年在伦敦签署的《关于取缔非洲奴隶贸易的条约》，1885 年在柏林会议上通过的《柏林会议关于非洲的总议定书》，以及 1926 年在国际联盟主持下签署的《国际禁奴公约》。其中，《国际禁奴公约》第 3 条规定"缔约各国应相互支援，以便实现消灭奴隶制和奴隶的贩卖"，由此禁止奴隶贸易和废除奴隶制已经随之逐步发展为国际法上的强行法规则。[③]

　　其后的一些重要国际条约也规定了禁止奴隶贸易的相关条款。例如，1958 年《公海公约》第 13 条规定："各国应采取有效措施以防止并惩治准予悬挂其国旗的船舶运输奴隶贩运奴隶，并防止非法使用其国旗从事此种贩运。凡逃避至任何船舶之奴隶，不论船舶悬何国旗，应当

---

① 〔美〕劳伦斯·M. 弗里德曼：《人权文化：一种历史和语境的研究》，郭晓明译，中国政法大学出版社 2018 年版。

② 参见 Philip Alston, "Resisting the Merger and Acquisition of Human Rights by Treaty Law: A Replay to Petersmann," 13: 4 *European Journal of International Law* (2002) 815-844。

③ 白桂梅：《国际法（第 3 版）》，北京大学出版社 2023 年版，第 66 页。

然获得自由。"第 20—22 条规定："逮捕涉有海盗行为嫌疑之船舶或航空器如无充分理由，对于因逮捕而发生之任何损失或损害，逮捕国应向船舶或航空器之隶籍国负赔偿之责。因有海盗行为而须逮捕，惟军舰或军用航空器，或经授予此权之他种政府事务船舶或航空器，始得为之。1. 除干涉行为出于条约授权之情形外，军舰对公海上相遇之外国商船非有适当理由认为有下列嫌疑，不得登临该船：（a）该船从事海盗行为；或（b）该船从事贩卖奴隶……"1982 年《联合国海洋法公约》第 99 条关于"贩运奴隶的禁止"规定："每个国家应采取有效措施，防止和惩罚准予悬挂该国旗帜的船舶贩运奴隶，并防止为此目的而非法使用其旗帜。在任何船舶上避难的任何奴隶、不论该船悬挂何国旗帜，均当然获得自由。"第 110 条关于登临权的规定："除条约授权的干涉行为外，军舰在公海上遇到按照第九十五和第九十六条享有完全豁免权的船舶以外的外国船舶，非有合理根据认为有下列嫌疑，不得登临该船：（a）该船从事海盗行为；（b）该船从事奴隶贩卖……"

随着国际法的发展，保护劳工的规则被融入到自贸协定之中，并被认为代表了高水平国际经贸规则的发展方向。20 世纪 90 年代以来，由发达国家主导谈判达成的区域及双边经贸协定中，显见因贸易竞争而要求给予最低社会保障的"劳工条款"。例如，1994 年生效的《北美自由贸易协定》（NAFTA）不仅列出了保护工作中的人权的最低承诺以及国际劳工组织有关的劳工公约，而且也提供了通过磋商、合作等方法来解决缔约国劳工法之间的冲突。2018 年 11 月 30 日，美国、墨西哥、加拿大共同签署了《美国 - 墨西哥 - 加拿大协定》（USMCA），其中第 23 章为劳工专章，包含了 17 个具体条款。2018 年《全面与进步跨太平洋伙伴关系协定》（CPTPP）正式签署，其专设第 19 章劳工，要求维护劳工的结社自由和有效承认集体谈判权利、消除一切形式的强迫或强制劳动、有效废除童工以及消除就业与职业歧视。

二、国际人道法的萌生和发展

国际人道法（有时也被称为武装冲突法或战争法、战时法）是一系列旨在限制武装冲突所造成之人道后果的规则，其目的在于在任何武装冲突局势中都必须予以尊重的最低人道标准。① 国际人道法和国际人权法是两个相辅相成的国际法体系，二者有着努力保护人的生命、健康和尊严的共同目标。二者之间的区别主要在于：国际人道法适用于武装冲突情境，而人权法原则上不论何时都适用，包括平时和武装冲突期间；规制国际性武装冲突的国际人道法可以域外适用，而人权法只能依据地区性和国际法庭的判决才能域外适用；国际人道法旨在保护没有或不再直接参加敌对行动的，包括平民和丧失战斗力的战斗员，例如伤者、病者、遇船难者或战俘，而主要为平时状态制定的人权法则适用于一国管辖范围内的所有人；国际人道法约束武装冲突所有当事方，人权法只约束国家；国际人道法与国际人权法实质适用范围也存在差异，国际人道法涉及的战斗员和战俘地位、保护红十字和红新月标志以及特定类型武器的合法性等许多问题都不属于人权法的范畴，人权法涉及的新闻自由、集会权、投票权、罢工权以及关于其他事项的权利等方面也不由国际人道法调整。② 国际人道法在近现代的不断编纂和发展对于人权的国际化进程起到了一定程度的促进作用。

　　瑞士商人亨利·杜南与瑞士军官纪尧姆-亨利·杜福尔在现代国际人道法的诞生过程中发挥了关键作用。1864年，日内瓦外交会议通过《日内瓦公约》，编纂并巩固了古老、零碎且分散地保护伤病战斗员及其救治者的战争法规和惯例，通过了《改善战地武装部队伤者境遇的日内瓦公约》。这标志着现代国际人道法的诞生。国际人道法包括两个分支：其一，"日内瓦法"是旨在保护武装冲突受难者的规则体系；其二，"海牙法"是确立交战者从事敌对行动时权利和义务的规则体系，它对作战手段和方法加以限制。1868年通过的《圣彼得堡宣言》，阐明了关于禁止使用徒然加重痛苦的武器的宗旨。

　　1949年8月，通称关于保护战争受难者的日内瓦四公约获得了通过，包括《改善战地武装部队伤者病者境遇的日内瓦公约》（简称1949年日

---

① 〔瑞士〕尼尔斯·梅尔策：《国际人道法导论》，红十字国际委员会北京代表处2019年，第17页。

② 红十字国际委员会：《国际人道法问答》，红十字国际委员会北京代表处2016年，第35—61页。

内瓦第 1 公约）；《改善海上武装部队伤者病者及遇船难者境遇的日内瓦公约》（简称 1949 年日内瓦第 2 公约）；《关于战俘待遇的日内瓦公约》（简称 1949 年日内瓦第 3 公约）和《关于战时保护平民的日内瓦公约》（简称 1949 年日内瓦第 4 公约）。1949 年日内瓦四公约进一步明确了军事需要原则和人道原则在现代国际人道法中的地位，是对国际人道法基本标准的进一步编纂和发展。[①] 为了应对 1949 年日内瓦四公约缔结后的地区战争和国内武装冲突给传统国际人道法带来的新挑战，国际社会在 1977 年缔结了 1949 年日内瓦公约的两个附加议定书，统一了传统战争法中的"海牙法"和"日内瓦法"，完善了对平民的保护，发展了武装冲突和战斗员的概念，制定了适用于非国际武装冲突的专门条约，在全世界范围内重申和发展了国际人道法的原则和规则，实现了国际人道法的现代化。[②] 进入 21 世纪以后，国际人道法在集束弹药、[③] 武器贸易[④] 等领域陆续取得了新的进展，进一步完善了国际人道法体系。

在国际司法实践中，一些国际司法机构试图澄清国际人道法与国际人权法之间的关系。国际法院在 1996 年"关于威胁或使用核武器的合法性"的咨询意见中首次论述了武装冲突局势中适用人权法的问题，并且提出《公民及政治权利国际公约》所提供的保护在战时并不停止，而且原则上不得任意剥夺人的生命权也适用于敌对行动。国际法院还补充说，判断是否构成任意剥夺生命必须依据可适用的特别法，即适用于武装冲突旨在规制敌对行为的法律。这一表述通常被解释为解决了国际人道法和人权法的相互关系问题，且隐含着人权法（在任何时候都适用）构成一般法，而国际人道法（在发生武装冲突时才适用）构成特别法。当然，

---

① 张卫华：《1949 年日内瓦四公约：国际人道法的基本标准的编纂和发展》，载《人权》2016 年第 5 期。

② 张卫华：《国际人道法的现代化——1977 年两个议定书的起源和发展》，载《人权》2018 年第 6 期。

③ 2008 年，《集束弹药公约》获得通过，对使用、生产、转移和贮存集束弹药加以明确禁止，并规定了清理集束弹药遗留爆炸物的国际合作机制和受害人保护机制等内容，反映了国际法人本化趋势的进一步发展，进一步明确了军事必要性原则在国际人道法中的重要地位。参见黄志雄、范琳：《国际法人本化趋势下的 2008 年〈集束弹药公约〉》，载《法学评论》2010 年第 1 期。

④ 2013 年，《武器贸易条约》开放签字，并于次年正式生效。这一条约是国际社会首个关于常规武器贸易的国际条约，也是近年多边军控领域颇具代表性的重要成果。参见李维维、曹慧：《联合国〈武器贸易条约〉及其对中国的影响》，载《现代国际关系》2014 年第 2 期。

学术界对此也有不同的认知。很多国际人道法专家并不认可"战时"是"平时"的特别状态这一观念。

国际人道法是人权国际化的重要途径和成果，但我们也要注意到国际社会中某些大国的行为对于国际人道法带来的挑战。2002年1月，美国开始在古巴关塔那摩湾美国海军基地设立专门监狱，用以关押"9·11"恐怖袭击事件后美军在全球反恐行动中抓获的"嫌疑人"。这一处于美国国土之外的监狱随后曝出了对关押的人员使用非人道的"水刑"等虐囚丑闻，一时在国际社会掀起了轩然大波。美国政府认为这些嫌疑人是美军在反恐行动中抓获的"非法战斗人员"，因此不享有《日内瓦公约》所规定的战俘权利。关塔那摩监狱因多次传出虐囚丑闻而备受谴责。美国这种"不经审判任意拘押并施加酷刑和虐待"的做法招致了国际社会对其违反国际人道法的普遍批评。[1]

三、少数者权利保护的探索和完善

少数者权利保护在人权的国际保护领域通常是指通过条约保护一个国家内在人种、语言、宗教等方面处于少数群体的权利。[2] 保护少数者的历史可以追溯到17、18世纪欧洲保护宗教冲突中处于少数者地位群体的努力。"二战"后，东欧一些新独立的国家在民族、宗教上的状况使得少数者的人权保护问题提上了日程。国际社会开始关注到种族、宗教或语言少数者的群体应当被给予与有关国家内占据多数的民众相同的待遇和同等的公民权利政治权利以及保障这一问题。随着人权法的出现和国际人权保护机制的发展，少数者的权利保护得到了进一步完善。

当前，国际社会在少数者权利保护问题上已经形成了一系列重要国际文件，具体包括《防止及惩治灭绝种族罪公约》《消除一切形式种族歧视国际公约》《禁止并惩治种族隔离罪行国际公约》《公民及政治权利国际公约》《在民族或族裔、宗教和语言上属于少数群体的人的权利宣言》等等对保护少数者权利具有直接意义的国际公约。这些保护少数者权利

---

① 参见"2022年1月12日外交部发言人汪文斌主持例行记者会"，http://infogate.fmprc.gov.cn/web/fyrbt_673021/jzhsl_673025/202201/t20220112_10481425.shtml，最后访问日期：2022年1月13日。

② 张爱宁：《少数者权利的国际保护》，载《外交学院学报》2004年第1期。

的文件大多是在国际社会将人权保护的注意力主要放在普遍性人权保护的背景下形成的，一如《联合国宪章》中"不分种族、性别、语言或宗教，增进并激励对于全体人类之人权及基本自由之尊重"所倡导的那样。

1966 年的《公民及政治权利国际公约》将少数者权利保护重新带回到国际议程中来。该公约第 27 条规定："在那些存在着人种的、宗教的或语言的少数人的国家中，不得否认这种少数人同他们的集团中的其他成员共同享有自己的文化、信仰自己的宗教或使用自己的语言的权利。"2005 年，联合国人权委员会任命了少数群体问题独立专家。2012 年，联合国出版了《促进和保护少数群体权利：倡导者指南》，不仅总结了在这一背景下少数者权利保护的国际法实践，还提出了专门保护少数群体权利的倡议。该指南回顾了"少数者"概念的界定难题，先是回顾了被引用较多的一个来自报告员的定义，"一组在数目上少于一个国家其他人口的群体，它处在非支配地位，其成员作为该国的国民，所具有的种族、宗教或语言特征有别于其他的人口并显示出（即使仅仅是暗示性的）一种团结意识，目的是保持他们的文化、传统、宗教或语言"，随后引用了《关于少数群体的宣言》审议中，朱利·德斯切涅斯（Jules Deschenes）委员提出的"一国的一群公民，构成数字上的少数并在该国处于非支配性地位，在人种、宗教和语言上有别于大多数人口的特征，并受集体性的生存意愿驱动（即使是暗示性的）而有一种团结意识，其目的是在事实上和法律上实现与大多数人的平等"。[1]

少数者权利保护的国际实践正在实践中面临新的挑战。当前，国际法院正在处理冈比亚 2019 年 11 月提起的缅甸对其境内的罗兴亚人采取种族灭绝的指控。[2] 该案中，由于罗兴亚人属于缅甸境内处于少数者地位的穆斯林，缅甸军方领导的"清除行动"导致其境内的约 75 万名罗兴亚人被迫逃亡孟加拉国，这引发了一些国家对于罗兴亚人作为缅甸境内少

---

① 联合国人权事务高级专员办事处：《促进和保护少数群体权利：倡导者指南》，联合国 2013 年版。

② 关于该案的具体进展情况，参见国际法院官方网站公布的最新文件。*Application of the Convention on the Prevention and Punishment of the Crime of Genocide (The Gambia v. Myanmar)*, https://www.icj-cij.org/en/case/178，最后访问日期：2022 年 2 月 28 日。

数民族人权遭受侵犯的担忧。联合国就此成立了专门的调查机构，并在搜集整理一手资料的基础上发布了专门报告，该报告认为该事件构成了严重的人权危机。[①]

四、劳工保护制度的形成与发展

欧洲资产阶级革命后，工人阶级出现，争取维护自身权益的工人运动此起彼伏。在第一次世界大战之前，国际社会便已经出现了一些与劳工问题相关的国际条约和公约，国际社会开始关注劳工保护问题。1919年，国际劳工组织（International Labor Organization，简称"ILO"）根据《凡尔赛和约》作为国际联盟的附属机构正式成立。国际劳工组织的建立对于推动国际社会关注和促进劳工福利无疑具有标志性的重要意义。随着国际联盟的解体，国际劳工组织于1945年、1946年两度修改其宪章，成为了联合国的第一个专门机构。[②]

国际劳工组织推动了一系列具有重要影响力的劳动保护条约的产生，对于国际劳工保护制度的建立发挥了至为关键的作用。国际劳工组织大会先后于1930年6月通过了《强迫劳动公约》，1948年7月通过了《结社自由及保护组织权公约》，1951年6月通过了《对男女工人同等价值的工作付予同等报酬公约》，1957年6月通过了《废止强迫劳动公约》，1958年6月通过了《歧视（就业及职业）公约》，1964年7月通过了《就业政策公约》，1976年6月通过了《准予就业最低年龄公约》，1998年6月通过了《国际劳工组织关于工作中基本原则和权利宣言》等重要国际文件。其中，1998年6月18日，国际劳工组织大会第八十六届会议通过了《国际劳工组织关于工作中基本原则和权利宣言》，重申了结社自由和有效承认集体谈判权利、消除一切形式的强迫或强制劳动、有效废除童工、消除就业与职业歧视等国际劳工公约的基本权利各项原则，并且强调不得将劳工标准用于贸易保护主义之目的。这一宣言虽然不是

① A/HRC/39/64.
② 丘宏达：《现代国际法（修订3版）》，陈纯一修订，三民书局股份有限公司2012年版，第963—964页。

公约，不具有法律约束力，但是它申明的劳工保护原则影响巨大，为后来的许多与劳工相关的贸易协定、投资协定所采用。

五、域外人权问题的出现与外交保护

外交保护在国际关系中有着悠久的历史。伴随着国家之间的交往，国家在其领土范围之外也拥有了越来越多的政治利益、经济利益、军事利益、文化利益，而且海外法人、海外公民这些传统私法意义上的国内主体也成为了海外利益的主体，这就引发了海外利益的外交保护实践。[1]外交保护是国际法下国家最为古老的权利之一，对一国保护其国民合法权益发挥着重要作用。[2]因此，我们可以认为，外交保护制度从一开始就有跨国保护人权的内涵。

传统国际法对于国家进行外交保护有着严格的条件，国家行使外交保护权要符合国际法规定的条件，即保护国的国民或受其保护的其他人遭到所在国的非法侵害，保护国的国民或受该国保护的其他人（无国籍人和难民）的权利遭到所在国家的非法侵害是外交保护的必需条件之一。这就要求必须在有所在国的直接侵害和国家纵容的私人侵害的事实存在的前提下，国家才能进行外交保护。[3]1996年，联合国国际法委员会将"外交保护"确定为编纂和逐渐发展的三项专题之一。由此，外交保护被纳入联合国框架，联合国人权保障的制度体系得到了新的发展。《外交保护条款草案》第1条规定了外交保护的定义："一国针对其国民因另一国国际不法行为而受的损害，以国家的名义为该国民采取外交行动或其他和平解决手段。"这一条规定是对外交保护国际理论和实践的精确总结。

---

① 万霞：《外交保护国际制度的发展及演变》，载《国际观察》2009年第7期。

② 在巴塞罗那电车公司案的裁决中，国际法院认为："在国际法规定的范围内，一国可采用其认为妥当的手段、在其认为妥当的程度上实行外交保护，因为国家维护的是本身的权利。如果它所代表的自然人或法人认为其权利没有得到充分保护，他们在国际法下是无法得到救济的。如有方法，他们也只能诉诸国内法，以期继续争取其利益或得到补救。必须认识到，只有国家可以决定是否提供保护，在何种程度上提供保护，以及何时停止提供保护。在这方面，国家保留裁量权，这种权力的行使可取决于与特定案件无关的政治考虑或其他考虑。"参见 Annemarieke Vermeer-Künzli, "Restricting Discretion: Judicial Review of Diplomatic Protection," 75: 2 *Nordic Journal of International Law* (2006): 279-307。

③ 邵津主编：《国际法（第6版）》，北京大学出版社2024年版，第84—86页。

第 8 条是关于无国籍人和难民的规定："1. 一国可为无国籍人实行外交保护，但该人须在受到损害之时和正式提交求偿之日在该国具有合法的惯常居所。2. 一国可为被该国承认为难民的人实行外交保护，但该人须在受到损害之时和正式提交求偿之日在该国具有合法的惯常居所。3. 第 2 款不适用于该难民的国籍国之国际不法行为造成损害的情况。"这一规定突破了美国－墨西哥索赔委员会 1931 年在迪克森车轮公司诉墨西哥合众国案中确立的外交保护的一般规则，即一国仅可为其国民实行外交保护。在这一案件中，索赔委员会认为"一国〔……〕在对无国籍的个人造成损害时，并没有犯下国际不法行为，因此任何国家均无权在损害发生之前或之后以该个人的名义进行干预或投诉。"而联合国国际法委员会则认为随着 1961 年《减少无国籍状态公约》和 1951 年《关于难民地位的公约》等公约对国际法的发展，上案中的意见已不再反映国际法对无国籍人和难民的准确立场。由此，该草案的第 8 条体现了外交保护的国际法规则逐渐发展，它脱离了只有国民才可享受外交保护的传统规则，而容许一国为属于无国籍人或难民的非本国国民实行外交保护。[①]《外交保护条款草案》对外交保护制度进行了多层次的发展，通过为无国籍人和难民提供外交保护扩大了外交保护的范围，通过密切联系原则的舍弃及用尽当地救济的例外放宽了外交保护的条件，通过对国家自由裁量权的限制发展了外交保护的性质。[②] 这些发展推动了外交保护的人本化进程和人权保护倾向，通过外交保护相关国际规则以及国际法其他分支的共同发展，外交保护进一步推动了人权的国际化进程。[③]

值得注意的是，由于人权意识和领事保护制度的强化，一些国家和地区的外交保护也带来了公民对领事保护的期望与要求提升得过高，造成领事保护资源浪费的客观负面后果。[④] 进入到 21 世纪以来，随着

[①]　参见《国际法委员会第五十六届会议工作报告》，https://legal.un.org/ilc/reports/2004/chinese/chp4.pdf，最后访问日期：2022 年 4 月 25 日。

[②]　贾晓盼：《试析外交保护制度的人本化转向》，载《外交评论》2012 年第 1 期。

[③]　Vasileios Pergantis, "Towards a 'Humanization' of Diplomatic Protection?," *ZaöRV*, Vol. 66, 2006, pp. 352-353.

[④]　黎海波：《人权意识与代理合作：欧盟领事保护的探索及其对中国的启示》，载《德国研究》2017 年第 1 期。

人权全球化的进一步发展，国际关系与国际法领域出现了保护的责任（responsibility to protect）的理论和实践。保护的责任将主权理解为国家保护人民的义务和责任，由此国际社会可以在国家怠于保护之时予以替代，从而要求国际社会主动进行干涉。保护的责任的产生与外交保护的规则的进展具有相同的历史背景，因此需要谨慎地辨别二者的联系和区别。基于合作是实现人权的最佳途径和防范大国霸权的立场，我们现阶段必须谨慎防范保护的责任成为国际法律制度的组成部分。[①]

六、联合国建立、发展与人权事业

联合国与人权具有紧密联系。根据《联合国宪章》（the Charter of the United States，以下简称《宪章》），维护和促进人权与基本自由，是联合国的根本宗旨之一。为贯彻这一宗旨，联合国建立了一系列审议人权问题和监督人权状况的国际机构。《世界人权宣言》《经济社会文化权利国际公约》《公民及政治权利国际公约》被共同称为"国际人权宪章"。

（一）《联合国宪章》具有丰富的人权意蕴

1945 年 6 月 26 日，《宪章》正式签署，联合国正式宣告成立。作为当今世界最重要的国际组织，联合国在其奠基性文件《宪章》中包含了相当多关于人权的条款。尊重人权的原则虽然没有直接被列入《宪章》的七项基本原则[②]之中，但在《宪章》的宗旨、序言和相关条款均有不

---

① 何志鹏：《保护的责任：法治黎明还是暴政重现？》，载《当代法学》2013 年第 1 期。

② 这七项原则详见《联合国宪章》第二条："为求实现第一条所述各宗旨起见，本组织及其会员国应遵行下列原则：

一、本组织系基于各会员国主权平等之原则。

二、各会员国应一秉善意，履行其依本宪章所担负之义务，以保证全体会员国由加入本组织而发生之权益。

三、各会员国应以和平方法解决其国际争端，俾免危及国际和平、安全及正义。

四、各会员国在其国际关系上不得使用威胁或武力，或以与联合国宗旨不符之任何其他方法，侵害任何会员国或国家之领土完整或政治独立。

五、各会员国对于联合国依本宪章规定而采取之行动，应尽力予以协助，联合国对于任何国家正在采取防止或执行行动时，各会员国对该国不得给予协助。

六、本组织在维持国际和平及安全之必要范围内，应保证非联合国会员国遵行上述原则。

七、本宪章不得认为授权联合国干涉在本质上属于任何国家国内管辖之事件，且并不要求会员国将该项事件依本宪章提请解决；但此项原则不妨碍第七章内执行办法之适用。"

同层次的提及。这些与人权相关的重要条款包括：（1）序言部分，"重申基本人权，人格尊严与价值，以及男女与大小各国平等权利之信念"；（2）第1条第3款，"联合国之宗旨为促成国际合作，以解决国际间属于经济、社会、文化及人类福利性质之国际问题，且不分种族、性别、语言或宗教，增进并激励对于全体人类之人权及基本自由之尊重"；（3）第13条第1款，"大会应发动研究，并作成建议……以促进经济、社会、文化、教育及卫生各部门之国际合作，且不分种族、性别、语言或宗教，助成全体人类之人权及基本自由之实现"；（4）第55条第3款，"为造成国际间以尊重人民平等权利及自决原则为根据之和平友好关系所必要之安定及福利条件起见，联合国应促进〔……〕全体人类之人权及基本自由之普遍尊重与遵守，不分种族、性别、语言或宗教"；（5）第56条，"各会员国担允采取共同及个别行动与本组织合作，以达成第五十五条所载之宗旨"；（6）第62条第2款，"本理事会为增进全体人类之人权及基本自由之尊重及维护起见，得作成建议案"；（7）第68条，"经济及社会理事会应设立经济与社会部门及以提倡人权为目的之各种委员会，并得设立于行使职务所必需之其他委员会"。

　　但是，如果我们细致分析《宪章》的这些条款，我们会发现这些条款只是对于"保护人权"提供了一些方向性的指引，并没有提供一份可供操作的保护人权的清单。当时，确实在现实中也不存在一份清楚的、可供《宪章》起草者们参考的国际公认的人权清单。①

（二）《世界人权宣言》翻开了人权国际化历史性的一页

　　1948年12月10日，联合国大会通过第217A（Ⅱ）号决议正式颁布了《世界人权宣言》（Universal Declaration of Human Rights，即"UDHR"，下文简称"《宣言》"），《宣言》是国际社会共同承诺保障人权的第一份历史性文件。②《宣言》对于世界各国尊重和保障人权、各国人民争取自己的人权有着无法估量的巨大意义。中国代表张彭春作为

---

　　①　〔美〕迈克尔·佩里：《权利的新生：美国宪法中的人权》，徐爽、王本存译，商务印书馆2016年版，第5页。

　　②　刘杰：《〈世界人权宣言〉的产生过程及其意义》，载《人权》2018年第5期。

《宣言》的起草委员之一，将中国优秀传统文化中的思想融入到了《宣言》第1条中关于"良心"的表述，对于弥合起草过程中的争执、推进起草活动的顺利进行发挥了积极作用，为《世界人权宣言》的通过做出了历史性的卓越贡献。[①]

（三）联合国框架下人权机制的蓬勃发展

联合国大会是联合国主要的审议、监督和审查机构，由联合国全体会员国组成，它可以讨论《联合国宪章》范围内或依据《联合国宪章》建立的任何机构的任何问题。《联合国宪章》第13条规定，联合国大会应开展研究并提出建议，以便不分种族、性别、语言或宗教，助成全体人类之人权及基本自由之实现。联合国大会设立6个主要委员会。关于人权事务的项目，通常提交第三委员会即社会、人道主义和文化委员会，或提交第六委员会即法律委员会，或不经主要委员会而直接由大会审议。

1. 联合国经济及社会理事会及其下属人权机构。联合国经社理事会成立于1946年，是在联合国大会之下协调联合国及各专门机构的经济和社会工作的机构。经社理事会在促进对人权与基本自由的尊重和遵守方面，主要负责就其职权范围内的事项召开国际会议和起草提交大会的公约草案。经社理事会包括9个职司委员会，它们审议和提供各自职权范围内与其专门知识有关的建议。在经社理事会的附属机构中，与人权问题关系最直接的机构是人权委员会和妇女地位委员会。

2023年10月10日，中国在第78届联合国大会上成功当选2024—2026年度人权理事会成员。中国一贯高度重视促进和保护人权，中国特色人权发展道路取得了巨大成就。中国此前于2006年、2009年、2013年、2016年、2020年五次当选人权理事会成员，是当选次数最多的国家之一。中方将以此为契机，继续坚定支持多边主义，坚定捍卫联合国宪章宗旨和原则，深入参与人权理事会工作，积极推进国际人权交流与合作，旗帜鲜明地反对将人权问题政治化和双重标准的错误做法，为推动国际人权事业健康发展做出更大贡献。

2. 联合国人权中心。联合国人权中心设在联合国日内瓦办事处，在

---

① 朱力宇：《〈世界人权宣言〉是多元文化融通的范本》，载《现代法学》2018年第5期。

纽约联合国总部也设有一个小型办事处。其主要职责是为联合国关注人权的各种机构提供所需的秘书机构和实质性服务；应有关机构的要求就人权问题从事研究工作；密切注意各项人权公约的执行情况并就此编写报告；管理关于人权的咨询服务和技术援助方案；与从事促进与保护人权活动的专门机构、政府间组织、非政府组织和其他组织保持联系；收集和传播情报并编写出版物。

七、人权区域化进程的逐步深化

伴随着人权问题的国际化和区域合作活动的蓬勃开展，人权区域化进程也随之开启。人权区域化进程充分体现了人权具有特殊性的一面。

（一）欧洲人权区域化进程

第二次世界大战酿成了惨痛的人权悲剧，这一悲剧在欧洲地区尤甚。战后，伴随着对人权悲剧的深刻反思，在区域政治、经济一体化启动之前，欧洲的人权区域化保护之路便率先开启。1948 年 5 月，第二次世界大战结束后不久，欧洲召开了海牙大会，起草了《欧洲人权宪章》，成立了以保障人权为主要目的之一的欧洲理事会（The Council of Europe）。欧洲地区的人权区域化进程并非是由一个单一的区域性国际组织创造的，而是由欧洲理事会、欧盟和欧洲安全与合作组织三个区域性国际组织共同发挥作用。[1]

1949 年，欧洲理事会正式成立，其目的在于维护欧洲的人权、民主和法治。[2] 在欧洲理事会成立之后，其致力于维护欧洲的人权、民主和法治，特别是在人权领域取得了重要的成就。在欧洲理事会的推动下，欧洲各国签署了《欧洲人权公约》，并于 1953 年正式生效。目前所有欧洲理事会的成员国均为该公约的缔约国之一，且新加入的成员也将被要求批准这个公约。除了《欧洲人权公约》之外，欧洲理事会还推动制定了《欧洲社会宪章》《欧洲社会安全公约》《欧洲文化公约》《欧洲保护野生动植物和自然环境公约》《制止恐怖主义公约》《欧洲防止酷刑、不人道

---

① 徐显明主编：《国际人权法》，法律出版社 2004 年版，第 127 页。

② 参见 https://www.coe.int/en/web/about-us/who-we-are，最后访问日期：2022 年 3 月 15 日。

和有辱人格的待遇或惩罚公约》等多达一百多个重要的欧洲区域人权公约或协议。

欧洲人权法院是常设的司法性质的区域人权保护机构，于 1959 年根据《欧洲人权公约》成立，对个人或者国家关于违反《欧洲人权公约》的申诉享有管辖权。法院受理标准为用尽国内救济、国内最终司法程序完结起六个月内提出申诉、以《欧洲人权公约》为基础、申诉者受到严重的不利影响。当欧洲人权法院作出有利于申诉人的判决时，它可以命令被申诉国家政府支付申诉人的费用以及损失，并要求被申诉国家修改立法或政策。该公约随后通过了一系列附加议定书，逐步发展和完善了欧洲的人权区域化进程。欧洲人权法院机制仍在不断发展和完善的过程中。通过第 14 议定书，欧洲人权法院进一步优化了申诉之筛选及处理来确保法院之长久效能。该议定书特别规定了建立新的司法组织模式以处理最简单的案件，规定了一个新的可受理性标准（即"重大不利影响"），同时规定扩展法官任期至 9 年，不再允许连选连任。[1] 欧洲通过《欧洲人权公约》及其议定书建立了以欧洲人权法院为突出代表的欧洲区域人权制度，这是世界上最早、最完备和有效的区域人权制度。自欧洲人权法院成立以来，其手里的案件基本涉及了《欧洲人权公约》第 2 章规定的基本权利和基本自由的实质条款。[2]

其中，该条约的第 6 议定书是关于限制实施死刑的规定，第 13 议定书进一步发展了第 6 议定书的规定。进入 19 世纪后，欧洲一些国家尝试在法律上废除死刑：1848 年圣马力诺正式废除普通犯罪的死刑，1865 年全面废除死刑；1852 年葡萄牙最先废除政治犯罪的死刑，1867 年废除普通犯罪的死刑，1911 年全面废除死刑；1870 年荷兰废除普通犯罪死刑；1889 年意大利全面废除死刑。而没有废除死刑的国家，也通过各种手段限制死刑的执行。在英国伦敦，1829 年产生了第一个主张废除死刑的协会，该协会迫使国会逐渐限制死刑的执行范围，将死刑限制在最严重的

---

① "欧洲人权法院 50 问"，https://www.echr.coe.int/Documents/50Questions_ZHO.pdf，最后访问日期：2022 年 3 月 1 日。

② 参见孙世彦：《人权研究的新进展——评〈欧洲人权法院判例评述〉》，载《武汉大学学报（社会科学版）》2002 年第 1 期。

谋杀罪上；而在法国，废止死刑的法案频频被提出，只是一直未获通过；其他欧洲国家虽然没有正式废除死刑，在司法过程中也大都减少了对死刑的判罚。1983年，第6议定书（限制实施死刑）要求各个成员国必须在战时或"逼近战争的状态"下限制死刑的实施。2002年，《欧洲人权公约》第13项议定书规定，在任何情况下均废除死刑。[①]

欧盟的成立开启了欧洲人权区域化的新篇章。在欧盟的前身欧共体时期，人权区域化并非其关注的重点领域。在欧盟制宪过程中，欧洲人权区域化的重要成果《欧洲人权公约》被纳入欧盟的框架，成为《欧盟宪法条约》（草案）基本权利专章的来源之一。

（二）美洲人权区域化进程

美洲人权区域化进程存在与其他区域人权保护不同之处，其建立在《美洲国家组织宪章》和《美洲人权公约》两个区域性国际人权文件之上。[②]

1890年4月14日，美国同拉美17个国家在华盛顿举行第一次美洲会议。1910年在布宜诺斯艾利斯举行的第4次会议上，把"美洲共和国国际联盟"改名为"美洲共和国联盟"，把"商务局"改名为"泛美联盟"。1945年3月，在《联合国宪章》签署之前，美洲21国在墨西哥举行的泛美会议上决定改组和建立一个美洲区域性组织。1948年在波哥大举行的第9次会议上，通过了《美洲国家组织宪章》，宣告成立美洲国家组织，通过了《美洲人的权利和义务宣言》。该宣言具有丰富的人权内涵，在序言部分确认了人人生来自由和平等、义务是一切人的权利的前提、权利和义务相互关联等原则。

1969年11月，美洲国家间人权特别会议通过了《美洲人权公约》（以下简称《公约》）。《公约》由"国家义务和受保护的权利""保护的方式""一般和过渡条款"三部分组成。《公约》所保护的主要是公民权利和政治权利，包括法律人格权、生命权、人道待遇权、不受奴役的自

---

① 如今，欧洲各国家已全部完成死刑的废除。参见邓立峰：《〈论犯罪与刑罚〉与欧洲国家死刑的废止》，载《人民法院报》2016年1月22日。

② 徐显明主编：《国际人权法》，法律出版社2004年版，第149页。

由、人身自由权、公正审判权、不受有追溯力的法律约束的权利、获得赔偿权、隐私权、良心和宗教自由、思想和发表意见的自由、答辩权、集会权、结社权、家庭权、姓名权、儿童权、国籍权、财产权、迁徙和居住的自由、参政权、平等保护权以及司法保护权等。《公约》只规定了一项经济、社会和文化权利，即逐步发展权。该公约是继《欧洲人权公约》之后的第二个区域性人权保障公约，也是 1966 年 12 月联合国大会通过两个国际人权公约后达成的第一个区域性人权保护公约。为便于公约的规定得到实施，公约规定分别设立美洲国家间人权委员会和美洲国家间人权法院。规定了美洲国家间人权委员会的主要职责、美洲国家间人权法院的组成和管辖权、美洲国家间人权委员会和美洲国家间人权法院的程序等。1988 年 11 月，美洲国家组织大会通过了《美洲人权公约补充议定书》，新增了工作权，工会权，有社会保障权利，健康权，有益于健康的环境权，食物权，受教育权和参加文化艺术生活、享有科学进步及其应用所产生的利益等文化利益权，组成家庭权和得到社会、国家保护的权利，以及儿童权利、老年人保障、残疾人保护等经济、社会和文化权利的具体条款。

（三）非洲人权区域化进程

第二次世界大战后，广大非洲国家在争取民族独立的反殖民主义斗争过程中，已经开始萌生了人权意识。1963 年 5 月，31 个非洲国家成立了非洲统一组织，其宗旨在于促进非洲国家的统一与团结，协调和加强非洲国家在各个方面的合作，努力改善非洲各国人民的生活，保卫和巩固非洲各国的独立及主权、领土完整，从非洲根除一切形式的殖民主义以及促进国际合作。[①]

1981 年，非洲统一组织通过了《非洲人权和民族权宪章》(African Charter on Human and Peoples' Rights)，这标志着非洲人权保护制度有了制度化基础。这一宪章将保护的权利分为公民权利和政治权利，经济、社会和文化权利以及集体人权三种，这一安排显示了非洲人权保护制度

---

① 1999 年 9 月 9 日，非洲统一组织第四届特别首脑会议通过《锡尔特宣言》，决定成立非洲联盟。2002 年 7 月，非洲联盟正式取代非洲统一组织。

将非洲特色与普遍性人权相结合的特点，也表现出非洲国家共同价值观与国际人权公约精神的结合。根据该宪章的安排，建立"促进和保护人权及民族权的机构"，非洲人权和民族权委员会随之建立。根据该宪章专门设立非洲人权和民族权委员会作为执行机制与随后引入的个人申诉制度相结合，形成了非洲人权保护的实施机制。为了进一步完善非洲的区域人权保护机制，2004 年 1 月《非洲人权与民族权宪章关于建立非洲人权与民族权法院的议定书》生效，非洲人权与民族权法院正式成立，这是非洲人权保护制度的又一里程碑。

除此之外，非洲地区还制定了其他具有区域特色的人权文件。1969 年 9 月，非洲统一组织国家和政府首脑会议在亚的斯亚贝巴城通过了《非洲难民问题特定方面的公约》。1990 年，在联合国《儿童权利公约》的引领下，《非洲儿童权利和福利宪章》进一步明确了保障非洲地区儿童权利的特别支持和协助。

（四）亚洲人权区域化进程

人权的概念起源于西方，而不是亚洲地区。与世界其他大洲相比，亚洲的人权区域化进程呈现出了相对滞后和缺位的发展状态。近年来，尽管关于建立亚洲区域人权机制的呼声并未消失，亚洲区域性人权机制并未取得实质性的进展。由于区域范围内多元政治、文化和宗教传统并存且共性较差，亚洲无法效仿欧洲走"顶层设计"的路径，至今难以形成区域人权保障机制，而是次级区域人权保障机制竞起反而导致了亚洲人权的"碎片化"。[①]

在人权国际化蓬勃发展的背景下，东盟国家在区域一体化进程中对于人权区域化作出了具有区域特色的进一步实践。1993 年 7 月，第 26 次东盟外长会议通过的会议公报首次将人权作为公报的重要内容。该公报在重申《曼谷宣言》有关保护和促进人权时应考虑具体的文化、社会、经济和政治环境以及反对干涉内政和将人权问题政治化等原则的同时，也"重申东盟对尊重 1993 年 6 月 25 日《维也纳宣言》确认之人权和基

[①]　参见毛俊响、党庶枫:《亚洲区域人权保障宜采内生与外合之路》，载《法学》2014 年第 11 期。

本自由的承诺"，"强调在人权的所有方面加强国际合作的重要性"，并
"一致认为东盟也应考虑建立一个适当的区域性人权机制"。①2008 年 12
月 15 日，东盟特别外长会议在印尼雅加达召开，《东盟宪章》正式生效。
这是东盟推动一体化进程的重要步骤，标志着东盟一体化进程终于有了
法律规范和保障，而人权被纳入《东盟宪章》成为一大亮点，东盟人权
机构专门负责促进和保护人权与基本自由的相关事务。该宪章不仅明确
将"尊重基本自由，促进和保护人权以及促进社会正义"作为东盟及其
成员国应该遵守的基本原则，而且还首次确认"东盟应建立一个东盟人
权机构"。2009 年 10 月，东盟正式成立了由各国政府代表组成的东盟政
府间人权委员会，并且很快就将制定《东盟人权宣言》作为该委员会的
重要使命。2012 年 11 月 18 日，东盟国家领导人在柬埔寨首都金边签署
了《东盟人权宣言》。

《东盟人权宣言》是亚洲地区通过的第一份具有实质意义的区域性、
综合性人权宣言，具有一定的积极意义，但我们也要看到其起草过程中
存在着的激烈争论和国际上的负面评价。该宣言起草机构虽然认识到了
需要考虑"国家和地区的特殊性以及对东盟内部存在之不同政治、历史、
文化和宗教背景的相互尊重，并且考虑权利与责任之间的平衡"，但东
盟国家内部分为倾向普遍人权观、倾向特殊人权观以及中间派三个派
别，在起草过程中进行了激烈的争论。此外，由于起草过程的透明度不
足，一些非政府组织也纷纷提出批评。东盟国家领导人签署《东盟人权
宣言》之后，时任东盟秘书长素林认为这一文件的签署极具象征意义。
也有东盟国家官员认为，《东盟人权宣言》虽称不上完美，但这是保护
及解决地区人权问题的"里程碑"，是保护和解决东盟地区人权问题的
"新起点"。但是，也有批评认为该宣言的签署拉低了国际人权相关法规
的标准。②联合国人权理事会任命的独立专家组成的人权状况协调委员会
2012 年 11 月 16 日呼吁，东盟国家应确保《东盟人权宣言》至少符合国

---

① 1993 Joint Communique of the 26th Asean Ministerial Meeting.

② 参见"东盟人权宣言质疑中通过 被指拉低国际法规标准"，https://world.huanqiu.com/
article/9CaKrnJxNxI，最后访问日期：2022 年 3 月 1 日。

际人权法规标准，并对现有国际准则做出有益补充。该委员会主席米契尔·福斯特（Michel Forst）还明确提及《东盟人权宣言》中的若干不足之处，如过于强调义务、权利限制过于宽泛等。[1]

总之，由于存在政治、经济、历史、文化差异的障碍，冷战的消极影响，跨区域组织的"离心力"，次区域组织的"越位"，统一性、综合性区域组织的缺位等因素的综合作用，亚洲区域性人权机制的实质性制度安排明显弱于其他地区。[2] 这也同时导致了一些对于亚洲地区人权区域化进程的负面评价和认知。此外，在推动亚洲经济一体化的进程中，中国倡议设立了多边投资机构——亚洲基础设施投资银行，《亚洲基础设施投资银行协定》和《环境和社会框架》在人权保护方面也逐步应当有所关注，以防止出现投资项目带来的人权和环境风险，从而促动亚洲人权区域化的进程。[3] 从短期看，亚洲尚不具备建立强有力的区域人权机制的条件。展望亚洲人权区域化的未来发展，有必要从亚洲独特的文化理念出发去设计亚洲区域人权机制。有学者认为儒家所追求的价值与人权并不冲突，反而是以一种与西方自由至上的个人理念不同的路径促进人权，关注在个人权利与社会的正当需求、正当要求之间实现恰当的平衡。[4] 从具体生成路径来看，亚洲区域人权保障机制应通过率先建立以特定权利为保障对象的专门性人权保障机制和功能性合作促进制度性合作，同时还依赖于各国国内人权的一体化保护。[5]

八、非政府组织人权行动的拓展

早在 19 世纪，基于瑞士人亨利·杜南等的倡议而成立的红十字国际委员会就开始促进人道主义行动和人道立法。"二战"以来，人权非政府

---

[1] 毛俊响、党庶枫：《亚洲区域内人权保护的新动向:〈东盟人权宣言〉评析》，载《西部法学评论》2014 年第 3 期。

[2] 参见谷盛开：《亚洲区域性人权机制：理念与构建》，载《现代国际关系》2006 年第 2 期。

[3] 张伟：《亚洲基础设施投资银行与人权保护》，载《中国政法大学学报》2018 年第 2 期。

[4] 参见〔美〕狄百瑞：《亚洲价值与人权：儒家社群主义的视角》，尹钛译，社会科学文献出版社 2012 年版。

[5] 参见毛俊响、党庶枫：《亚洲区域人权保障宜采内生与外合之路》，载《法学》2014 年第 11 期。

组织迅速发展，并积极通过各种方式参与到人权国际化的进程中来。非政府人权组织从最开始的人权保护拓展到参与社会治理的诸多方面，并在社会治理中发挥着独特的作用，这包括它能推动保护人权的国家层面政策、法律、条约的制定，能促进社会层面各社会组织间的多领域、多层次合作，并形成对个人层面全方位的权利关注和保护。非政府人权组织在社会治理中发挥作用的原因是多方面的，具体包括非政府人权组织本身具有独特的优势，政府对非政府人权组织的鼓励和支持，公民权利意识的觉醒和对非政府人权组织的客观需要三个方面，认识到这一点有助于进一步促进其发展。[①]

人权非政府组织积极参与了联合国框架下促进人权的活动。在联合国框架下，非政府组织被认为是在地方、国家或国际级别上组织起来的非营利性的、自愿公民组织。[②]《联合国宪章》第 71 条规定"［……］经济及社会理事会得采取适当办法，俾与各种非政府组织会商本理事会职限范围内之事件。"经社理事会 1968 年 5 月 23 日的第 1296（XLIV）号决议对非政府组织取得经社理事会咨商地位，以及它们与经社理事会秘书处咨商的办法作了规定。1968 年，经济及社会理事会考虑到 1968 年 5 月 23 日第 1296（XLIV）号决议的文字和精神，通过 5 月 27 日的第 1297（XLIV）号决议要求新闻部与非政府组织联系。5 月 23 日的决议称，一个非政府组织"［……］应承诺按照自己的宗旨和目标及权限和活动的性质和范围来支持联合国的工作，并促进对联合国原则和活动的了解"。[③] 这些规定赋予了非政府组织在联合国框架下积极参与国际人权治理的机会，促动了非政府组织积极参与到国际人权保护进程。

非政府组织在创设国际软法中发挥着重要作用。客观地来看，非

---

① 卓力雄、王勇：《非政府人权组织在社会治理中的作用》，载《广州大学学报（社会科学版）》2018 年第 1 期。

② "非政府组织与联合国新闻部：一些问题和回答"，https://www.un.org/chinese/aboutun/ngo/qanda.html，最后访问日期：2022 年 3 月 1 日。

③ Economic and Social Council, Official Records, Forty-fourth Session, 6-31 May, 1968, Resolutions, Supplement, No.1, p.21.

政府组织在国际人权保护中曾发挥过重要的积极作用。"二战"后,美国国内的社会组织通过掀起大规模的游说活动,使得美国政府改变了对人权议题的态度,从而导致了旧金山会议上的美国说服其他大国接受其人权立场和拉美国家的人权提案被否决的结果。① 在积极肯定非政府组织参与国际人权事务所产生正面效果的同时,我们也不能忽视一些人权非政府组织参与国际人权事务的立场及其公正问题。例如,在美国政府以及有政治目的的资本或明或暗的支持下,"人权观察"(Human Rights Watch)以非政府组织的身份,扮演全世界的"人权卫士"和"人权法官",对各国的人权状况进行评判,动不动横加指责。"人权观察"发布的《世界人权报告》也经常无端攻击中国的人权状况。② "人权观察"这一非政府人权组织自成立以来就受到了多方面的质疑,其中既涉及资金来源的问题,又涉及用人不当的问题,更与它片面和政治化的工作作风有关。③

中国的非政府组织在国际场合逐渐发出了自己的声音。中国人权研究会是代表中国人权学者的学术性组织,在联合国具有咨商地位,在诸多国际人权场合发出了中国声音。2022年2月,中国人民对外友好协会、中国人权研究会、中国藏学研究中心、中国少数民族对外交流协会、中国人权发展基金会、友成企业家扶贫基金会、中国西藏文化保护与发展协会等10多家社会组织踊跃参加了联合国人权理事会第49届会议相关议题的讨论,拓宽了我国人权非政府组织在国际场合阐述中国的人权立场、发出中国的人权声音的道路。④ 在中国日益走近全球治理舞台中心位置的时代背景下,中国社会组织的国际化、参与国际人权治理也应当提上日程。目前,已经有部分长期致力于国内灾害救援并多次

---

① 刘祥:《美国社会组织与联合国人权规范的起源》,载《史学集刊》2021年第1期。
② "人权观察"的前身为"赫尔辛基观察",成立于1978年,其职责是监视苏联对赫尔辛基协议的执行情况。后来,该组织又以"观察委员会"的名义将工作扩展到世界其他地区。1998年,所有委员会统合为"人权观察"。
③ 庞西哲:《"人权观察":失信的评论者》,http://www.xinhuanet.com/world/2015-02/02/c_1114224303.htm,最后访问日期:2022年3月1日。
④ "中国社会组织在联合国人权理事会阐述中国主张",http://www.humanrights.cn/html/rqbb/video/gj/2022/0402/9565.html,最后访问日期:2022年3月1日。

试水跨国人道主义援助的中国社会组织，开始谋求加入联合国主导下的全球人道主义援助体系，并尝试在其中发挥建设性作用，这种走向国际化的路径对于其他中国社会组织"走出去"具有典型示范意义。[①]

思 考 题

- 东方存在哪些人权实践的遗迹？
- 西方存在哪些早期人权实践的探索？
- 东方与西方的人权实践存在哪些异同？
- 简述英国、美国、法国人权探索的主要成就。
- 早期资本主义国家的人权探索存在怎样的局限性？
- 民国时期，我国人权实践做了哪些积极探索？又存在哪些不足？
- 革命根据地期间，中国共产党领导人民取得了哪些人权实践方面的成就？
- 新中国的成立对于中国人权实践的发展具有怎样的积极意义？
- 人权的国际化如何理解？主要包括哪些领域？
- 联合国在保护人权上做出了哪些贡献？
- 我国应当持有怎样的人权国际化立场？

延伸阅读

白桂梅主编：《国际人权与发展》，法律出版社 1998 年版。

董云虎：《"人权"入宪：中国人权发展的重要里程碑》，《人权》2004 年第 2 期。

谷盛开：《亚洲区域性人权机制：理念与构建》，《现代国际关系》2006 年第 2 期。

何志鹏：《人权全球化基本理论研究》，科学出版社 2008 年版。

何志鹏：《人权的历史维度与社会维度》，《人权研究》2021 年第 1 期。

李林：《当代人权理论与实践》，吉林大学出版社 1996 年版。

梁治平：《民本思想源流》，《中国法律评论》2014 年第 3 期。

刘杰：《美国与国际人权法》，上海社会科学院出版社 1996 年版。

刘杰：《国际人权体制：历史的逻辑与比较》，上海社会科学院出版社 2000 年版。

---

① 徐莹、钱霄峰：《把握国际政治机会——中国社会组织国际化的路径》，载《文化纵横》2021 年第 6 期。

鲁广锦：《历史视域中的人权：中国的道路与贡献》，《红旗文稿》2021 年第 1 期。

万霞：《外交保护国际制度的发展及演变》，《国际观察》2009 年第 7 期。

王沪宁：《美国反对美国》，上海文艺出版社 1991 年版。

王加丰：《西欧中世纪的权利之争与近代人权观的形成》，《世界历史》2003 年第 5 期。

王闻翔：《中华苏维埃共和国宪法大纲——中国革命历史上的第一部根本大法》，《中国人大》2004 年第 15 期。

王欣媛：《陕甘边区习仲勋的人权保障思想与实践》，《延安大学学报（社会科学版）》2013 年第 2 期。

夏勇：《人权概念起源》，中国政法大学出版社 1992 年版。

徐显明：《人权的体系与种类》，《中国社会科学》2000 年第 6 期。

徐显明：《法治的真谛是人权（代序）》，载《人权研究》（第一卷），山东人民出版社 2001 年版。

徐显明主编：《国际人权法》，法律出版社 2004 年。

杨春福主编：《人权法学（第 2 版）》，科学出版社 2010 年版。

张爱宁：《少数者权利的国际保护》，《外交学院学报》2004 年第 1 期。

中国人权研究会、西南政法大学人权研究院：《〈国家人权行动计划（2016—2020年）〉实施情况评估报告》，人民出版社 2021 年版。

中共中央党史和文献研究院编：《习近平关于尊重和保障人权论述摘编》，中央文献出版社 2021 年版。

〔美〕狄百瑞：《亚洲价值与人权：儒家社群主义的视角》，尹钛译，社会科学文献出版社 2012 年版。

〔美〕劳伦斯·M. 弗里德曼：《人权文化：一种历史和语境的研究》，郭晓明译，中国政法大学出版社 2018 年版。

〔美〕迈克尔·佩里：《权利的新生：美国宪法中的人权》，徐爽、王本存译，商务印书馆 2016 年版。

〔瑞士〕尼尔斯·梅尔策：《国际人道法导论》，红十字国际委员会北京代表处 2019年版。

Alston, Philip, "Resisting the Merger and Acquisition of Human Rights by Treaty Law: A Replay to Petersmann," 13:4 *European Journal of International Law*, (2002).

Nutting, Helen A., "The Most Wholesome Law—The Habeas Corpus Act of 1679," 65:3 *The American Historical Review*, (1960).

Pergantis, Vasileios, "Towards a 'Humanization' of Diplomatic Protection?," *ZaöRV*, Vol. 66 (2006).

第三章　人权理论的产生与演进

人权的观念起于西方。对于人权的正当性与必要性，西方思想家在启蒙时期进行了最早的阐释，成为主流人权学说。但这并不意味着在西方人权就不存在差异的观念认知和学术思想。关于人权的起源、性质，有着不同的学说，各学说之间存在较大分歧。随着共产主义运动的兴起，马克思、恩格斯、列宁等理论家和实践者基于阶级斗争动力和共产主义图景所阐释的人权理论，对西方传统人权理论具有深刻的洞察和有力的批判作用。而随着中国作为当代最大的社会主义国家的发展，中国特色的人权理论迭代升级，既体现出中国人权理论自身的特质，也体现出对全球性人权价值的认可和支持。

第一节　传统的人权理论

翻开人类近代文明的历史，不难发现，无论东西方，人权都曾经且至今发挥着不可替代的作用，是革命的口号，是民众的期待，是时代的强音，是文明的旗帜。时至今日，作为当下国际、国内社会中最具雄辩性、价值性的名词之一，人权已经超越了单一的个体、群体、族裔、民族和国家的层面，对整个人类社会产生了十分重要的影响。与任何思想观念一样，倘若缺乏透彻的理论阐释和系统的理论建构，那么人权就只能停留在标语、口号、倡议的层面，无法成为真正的理论武器来指导实践，更无法及时回应纷繁复杂、瞬息万变的现实。因此，伴随着中西方人权事业的发展和推进，人权理论也在不断地丰富和完善。出于同样的原因，倘若我们不想仅仅停留在表面，而是希望深刻认识什么是人权、为什么需要人权、如何将人权的思想和理念落实到现实生活中、如何以人权为话语进行交流和合作，就必须深入地、系统地学习和掌握人权理论。

尽管人类历史上的多种文明都有关于人的尊严与价值的论述，但"人权"这一概念最初萌芽和成长于西方，是以西方文化、历史、传统和社会为土壤逐渐发展而来的。这意味着，不论我们持何种立场、对人权如何理解、希望表达何种人权理念，如果想要深刻认识人权，就首先需要了解一些源于西方的、在人权发展过程中发挥了重要作用的人权理论。因此，从源头而言，为了更好地理解人权、把握人权，了解中西方在人权问题上的不同立场和主张，扩大在人权领域中合作与交流的平台，我们也需要对西方主要的、传统的人权理论有一个相对清晰的了解。

一、习惯权利说

恩格斯曾指出，在人类社会发展早期，存在着这样的需求：把日常重复的生产、分配、交换产品等行为以一种共同的规则加以概括，并设法使个人服从生产和交换的一般条件。而这种规则，最初体现为习惯，后来形成法律。[1] 从法的渊源出发，经由国家认可的习惯是法的重要渊源之一。在人类社会早期，制定法、判例法等法律形式尚不完善之时，习惯是调整人与人之间关系的主要社会规范，并且随着生产力发展和人类社会进步而逐渐被记载、传播，对法的发展起到了非常重要的作用。[2]

人权同样也受到了习惯的深刻影响，与之最密切相关的理论当属习惯权利说。根本而言，习惯权利说强调习惯对人权形成和发展的重要性；同时，习惯权利说以人类社会存在为理论前设，换言之，习惯是人们在社会生活中所形成的。根据对"习惯究竟在何种程度上推动了人权的形成与发展"的不同认识，可以将习惯权利说大体划分为两类。

（一）对习惯的绝对强调

随着欧洲革命思想和运动浪潮的兴盛，理性主义和自然法学逐渐发

---

① 参见《马克思恩格斯选集》，第 3 卷，人民出版社 2012 年版，第 260 页。

② 参见张文显主编：《法理学（第 5 版）》，高等教育出版社 2018 年版，第 88 页。

展昌盛，强调关注法的目的和宗旨，宣称法所彰显和依托的理性、正义和道德。但与此同时，这一趋势也遭到了来自德国、英国的部分思想家的抵制，这些思想家以一种立足民族历史、主张保守传统的立场，强调法的历史、传统和发展过程，反对从思辨的角度去构建所谓"自然法"。例如，1790 年，英国学者埃德蒙·伯克在其著作《法国大革命的反思》中直接谴责了法国大革命的激进和"鲁莽的变革"，并强调传统和渐进的发展价值，强调习惯对社会活动的指引作用。①

在对自然权利的批判和回应中，以德国法学家萨维尼、英国法学家梅因等学者为代表的历史法学派无疑举足轻重。作为历史法学派最具代表性的学者，萨维尼一贯反对"立法者独断制定的法"，强调法应当是那些内在的、默默发挥作用的力量的产物。法应当深刻植根于一个民族的历史中，并以该民族的普遍信念、习惯和共同意识为源泉。每个民族都会逐渐凝聚自己的习惯、传统，并在这些习惯和传统的运作与推动下，逐步发展并完善法。在萨维尼看来，法律与语言一样，是民族所固有的特征，这些特征不能也无法被刻意设置，只能经过缓慢、渐进的积累逐步实现发展。对法来说，最理想的渊源形式应当是习惯，因为习惯才是真正"活在人类社会中的法"。②

萨维尼对法学的历史研究方法影响了此后很多学者。英国历史法学派主要代表人物梅因对原始社会及社会发展进程中的法进行了广泛的研究，不仅提出了"迄今为止的进步社会运动，乃是一个从身份到契约的运动"这一著名论断，也提出了现象序列理论，将法的发展过程分为五个阶段，其中习惯是法从萌芽阶段转向成熟阶段的关键。③美国学者卡特在萨维尼基本观念的基础上提出，将习惯作为社会规范的核心和判断行

---

① 参见 Edmund Burke, *Reflection on the Revolution in France* (Oxford: Oxford University Press, 2009)。

② 参见何勤华：《西方法学史纲（第 3 版）》，商务印书馆 2016 年版，第 214—221 页。

③ 这五个阶段分别是：（1）以统治者个人命令作为法；（2）习惯法；（3）习惯法的法典化；（4）对过去不完善的法律进行改进修正；（5）以相对科学、成熟的法理学将此前四个阶段进行统筹、融通。当然，梅因也指出，并非所有社会都一定机械地经历上述所有阶段或完全沿循上述发展轨迹；这五个阶段主要描绘了法的发展的一般规律和趋势。参见〔美〕E. 博登海默：《法理学：法律哲学与法律方法》，邓正来译，中国政法大学出版社 2017 年版，第 101—103 页。

为对错的根本标准，而司法判例只是被赋予权威性的习惯，法官并不是在制定法律，而是从习惯等既成的社会事实中发掘法律。[①]

综上所述，历史法学派强调，民族风俗、社会习惯是法的形成与发展的必经阶段，是法最为重要，甚至是唯一的根源。根据其思想、理念及方法论，在历史法学派的框架中得出以下结论：权利和法律都不是"天赋"的，也不是人们基于理性自然而然"发现"的；无论是由法律（包括制定法、习惯法等）规定和保障的法定权利，还是尚未成为法定权利的习惯权利，人权都是由国家、民族的习惯所催生和推动的。可以说，习惯权利说正是沿循了历史法学派的理论建构和逻辑脉络。

不过，也有学者考证，萨维尼对习惯和民族精神的强调，在一定程度上也是因为他是一个"憎恨法国大革命平等理性主义的保守贵族"和"反对法兰西世界主义理论的日耳曼民族主义者"。[②]尽管这些并不会从根本上动摇萨维尼对法学研究的学术贡献，但也提醒我们注意历史法学派的局限性：过于强调习惯和民族信念、精神，不可避免地带有一定偏见色彩，对其他促成人权形成和发展的因素关注不足。

（二）对习惯的相对强调

相比于历史法学派对习惯的绝对强调，也有不少学者在认可习惯对人权形成和发展的重要性时，调整了对习惯的倚重程度。

英国学者米尔恩认为，习惯兼具描述性（descriptive）和规定性（prescriptive）。前者意味着习惯描述了特定社会场合下一直在做的事情，后者意味着习惯规定了这种事情应继续做下去。米尔恩进一步区分了社会规范的"调控性"和"构成性"，前者意味着规范所规定或禁止的行为在逻辑上并不依赖于规范自身，而后者则恰恰相反，其所允许或禁止的事项在逻辑上依赖于规范本身。从这一角度，或许一些习惯本质上是调控性的，这并不影响习惯所反映的设定性事实，习惯仍然可以允许或禁止人们的某些行为。

---

① 参见 James Carter, *Law: Its Origin, Growth and Function* (New York: G. P. Putnam's Sons, 1907)。

② 〔美〕E. 博登海默：《法理学：法律哲学与法律方法》，邓正来译，中国政法大学出版社2017年版，第100页。

米尔恩认为，习惯服务于社会保守，即在整体上维持社会共同体的生活方式的既有形式，人们有义务去遵循习惯以维护社会稳定，这不仅是一种共同的道德义务，也是社会责任的要求。同时，社会保守也必须与社会适应相协调。社会是发展的，而非一成不变的，需要必要的平衡。这便要求，社会共同体的习惯应该保持在"足以提供一种稳定的能够吸收变化的结构"的程度：遵从习惯不需要额外的理由，约定俗成即可；悖离习惯则需要社会适应的要求，需要对新内容进行回应。

基于上述分析，米尔恩认为，习惯足以成为权利的来源，因为习惯本身是一种社会制度，其中所蕴含的构成性规则为社会共同体的所有成员设置了遵从习惯的义务，也赋予每个成员以相应地使习惯得以遵从的权利。但是，"法律能够审慎地创设权利，习惯却不能。因此，习惯仅限于对社会保守有益，法律既有益于社会保守，又有助于社会适应……不可能存在没有习惯的共同体，不过，一个共同体若既有实在法又有习惯，它就能较好地适应新环境，并能有效地协调社会保守和社会适应的要求"。在形成和发展人权的方面，米尔恩肯定习惯的重要性，但同时也将法律置于习惯之上。[①] 不难看出，米尔恩在理论进路上与历史法学派有着明显的差异。

相似地，国内学术界也存在对早期人类社会权利源起的探讨。有学者提出，人类社会发展初期，尚不存在一般意义上的国家和明显的阶级划分，因而自然也就不存在相应的法律。但是，人类的社会生活本身也会存在一定程度的公共意志和强制力量，并为早期社会所形成的道德和习惯提供基础。据此，早期人类社会的个体可以借由道德或习惯来表达其诉求、观念，要求他人作为或不作为，这是一种社会生活原理的体现，并不必然需要由法律来创设和维护。因此，人权本身并非仅限于法律权利，还包括道德权利和习惯权利。道德权利是一种具有正当性的伦理诉求，有社会中相应的道德观念和原则来支撑；习惯权利则是一种制度事实的存在，由约定俗成的生活规则来支持。它们可以随着社会的发展和

[①] 参见〔英〕A. J. M. 米尔恩：《人的权利与人的多样性——人权哲学》，夏勇、张志铭译，中国大百科全书出版社1995年版，第134—143页。

法律的出现，成为法律权利，但它们本身却并不依赖法律而存在。习惯对人权的产生和发展意义重大，但却未必是人权的唯一渊源。[1]

二、自然权利说

自然权利（natural rights/inherent rights）在中国曾长期被称为"天赋人权"。一般认为，"天赋人权"的译法来自 18 世纪以后的日本，不过这种译法目前在日本已经不再流行。如果按照中国传统文化对于"天"的理解，亦即固有的、非由人力所能控制的，"天赋人权"的译法有一定合理性。不过，也有观点认为，"天赋人权"的表达并不能体现出"natural right"的本意。这在一定程度上，也是文化差异的体现。考虑到语言表达的习惯和相关译法的接受程度，本书对"天赋人权"和"自然权利"并不做严格区分。[2]

（一）自然权利说和自然法学派

自然权利说与自然法学派存在着密切的联系，或者可以说，自然权利说本身就是自然法学派权利观念的集中体现。因此，在具体论述自然权利说之前，有必要对自然法学派进行一定的说明。

总括而言，自然法学派认为，存在着独立于实证法的自然法，并以此作为审视法律是否正当的终极标准。这种作为客观存在的自然法最初被视为是对上帝意志的反映，随后在自然法学派的发展之下，逐渐转向了客观的价值、理性或秩序。从根本而言，这种自然法都是独立于人和国家的意志，不受人类干涉的存在。[3]

整体上，自然法学派及其权利观念可以划分为三个发展阶段：

（1）古代和中世纪素朴的自然法权利观以正义为基础，寻求外在于人的正当秩序，这种观念受到古希腊思想家（如柏拉图对正义的探讨）及斯多葛学派的启发，并在随后由阿奎那等学者进一步发展为"权利是正当要求"等主张；

---

[1] 参见夏勇：《人权概念起源——权利的历史哲学》，中国社会科学出版社 2007 年版，第 13—16 页。

[2] 参见何志鹏：《权利基本理论：反思与构建》，北京大学出版社 2012 年版，第 54—55 页。

[3] 参见张文显：《二十世纪西方法哲学思潮研究》，法律出版社 1996 年版，第 37—76 页。

（2）近代出现的严格意义上的自然法权利观以自由为核心，在文艺复兴、宗教改革、启蒙运动等重大社会进程和思想变革的过程中，强调人的自由和发展及免受国家的干涉，并以"天赋人权"或"自然权利"作为人权的起源及论证人权的依据；

（3）现代自然法权利观以平等、理性为内涵，以罗尔斯为代表的学者主张正义、公平和个人权利的优先性，认为社会公正的关键在于其预先在各种对立的目的之间进行选择取舍的权利。

其中，近代以来的自然法权利观念是对当今影响最大的学术理论，也是理解自然权利说的关键。①

（二）自然权利说的历史基础

如前所述，自然权利说并非一蹴而就，而是具有深厚的西方传统思想基础。② 自然权利说的关键在于人作为个体的自我感知和觉醒，由此产生了人对自身状态的关切和主张。促使个人主义成为西方社会主流思想观念的重大社会运动主要是文艺复兴和宗教改革。

文艺复兴运动掀开了反对宗教对社会的控制的时代浪潮，强调以人为本，人是世界的中心、是一切活动的目的和出发点，呼吁在世俗层面对人的价值进行尊重与关怀，从而引发了人文主义（humanism）思潮，促使人们完成从神学到世俗的心理转换，抛弃了中世纪以来教会对人进行限制的清规戒律，倡导个人主体意识的觉醒、理性的复苏、个性的解放与彰显。自此，人的内心想法、感受和现实生活成为了社会关注的重点。③ 文艺复兴运动使人们意识到：既然所有人具有相同的本性，人就是天生平等的；既然人是有理性的，那么人的意志就应当是自由的；既然人是自由的、平等的，那么人就有理由追求个人的利益、满足世

---

① 参见何志鹏：《权利基本理论：反思与构建》，北京大学出版社 2012 年版，第 7—9 页。

② 关于西方思想文化传统的源流，涉及领域甚广，内容十分复杂，本书不细致展开。相关内容可参见：冯俊主编：《西方哲学史（5 卷本）》，人民出版社 2020 年版；刘擎：《刘擎西方现代思想讲义》，新星出版社 2021 年版；〔英〕罗素：《西方哲学史》，何兆武等译，商务印书馆 1976 年版；张乃根：《西方法哲学史纲（增补本）》，中国政法大学出版社 2002 年版；何勤华：《西方法学史纲（第 3 版）》，商务印书馆 2016 年版。

③ 参见〔美〕哈罗德·伯尔曼：《法律与革命·第一卷：西方法律传统的形成》，贺卫方等译，法律出版社 2008 年版。

俗的欲望。①

宗教改革最为突出的贡献是促进政教分离，破除了教会在人与上帝之间设置的障碍。在中世纪，个人和上帝之间必须经由教会作为中介，教会掌握着解释教义的绝对权威，并由此实现了对欧洲的主导。在宗教改革中所发展出的新观念则认为，应允许个人直接面对上帝、直接阅读宗教典籍来衡量是非善恶，从而将人从教会的权威中解放出来，赋予个人以自决和神圣。这种新的宗教伦理基础对此后资本主义精神和人权的发展起到了极为重要的作用。②

在上述社会思潮和理念变革下，越来越多的思想家积极强调理性，反对盲从。同时，自12世纪以来持续数百年的罗马法复兴运动，也为欧洲社会法律的世俗化和世俗社会的法律化奠定了基础，在法律层面为自由、法治等价值提供了检视的基础。③这些历史和社会因素一并促动了社会进程，并在国家层面形成了一系列具有重大影响和意义的人权文件：1628年英国《权利请愿书》、1689年英国《权利法案》、1776年美国《独立宣言》、1789年法国《人权宣言》等。这些重大文件与西方各国资产阶级革命运动密切相关。在这一过程中，西方资产阶级宣称，人的生命、财产、安全、自由和平等应被视为与生俱来的、不可剥夺的、不可转让的权利，国家的合法性源于人们权利让渡之下形成的社会契约。这意味着国家权力来自人民，国家的目的在于保护人权。④

（三）自然权利说的理论证成

自然权利说要求社会承认和保护人的基本利益和自由，因为这些利益和自由源于自然的规定或人性的必然；主张人人生而平等，人权是人的本性的要素，不可剥夺、放弃和转让，并且以人的生命、自由、财产等为基本内容。具体而言，自然权利说包含了四个相互联系的命

---

① 参见夏勇：《人权概念起源——权利的历史哲学》，中国社会科学出版社2007年版，第109—110页。

② 参见〔德〕马克斯·韦伯：《新教伦理与资本主义精神》，王岚释，上海译文出版社2019年版。

③ 参见何勤华：《西方法学史纲（第3版）》，商务印书馆2016年版，第64—89页。

④ 具体论述，可参见张永和主编：《人权之门》，广西师范大学出版社2015年版。

题：（1）人权是人与生俱来的资格，而非事后通过努力或其他途径获得的；（2）人权并非特定群体专享，其主体具有普遍性，任何人得享人权；（3）人权与人和人的本性不可分割；（4）人权由人的理性进行体会和认识。①换言之，人权是人本质的、内在的规定，凡是世界上的人都有这样的要求和意识，因而人权得以超越时空，是普遍而无国界的，是永恒存在的。②而这些自然权利论的观念，基本都是由古典自然法学派所提出、丰富与发展的，并成为此后自然法学派的理论内核。

古典自然法学派所倡导的古典自然权利论对人权产生和发展的论述，主要从自然法理论、自然状态理论、社会契约理论和人性等方面推演：③

其一，超越实在正义的自然法理论。在不同时期，不同学者对"自然法"的观念赋予了不同的称谓，如神法、真正法、永恒法、自然法等，但无论何种称谓，都体现了自然所固有的、冥冥之中存在的、非为人力所能影响的规律。因而，自然法是至高法，可以用于衡量一切人定法，与自然法相悖的人定法会被认定为"恶法"。在自然法学派看来，恶法非法。对于自然法所强调的人权，如果人定法中未能体现，则人定法便需要改变。④

其二，人人自由平等的自然状态。思想家们将自然状态预设为人类社会的原初状态，但却在解释自然状态时存在分歧。例如，普芬道夫预设的自然状态中，人类孤苦无依、资源匮乏、生存艰难；⑤霍布斯预设的自然状态中，人们在绝对平等、自由的基础上，为维护自己的生存和利益，进行着"一切人对一切人的战争"；⑥洛克预设的自然状态中，人们过着自由且富足的生活，并得以遵循自然法自由处置自己的人身、财

---

① 参见〔美〕贝思·辛格：《实用主义、权利和民主》，王守昌等译，上海译文出版社2001年版，第49页。

② 参见〔美〕杰克·唐纳利：《普遍人权的理论与实践》，王浦劬等译，中国社会科学出版社2001年版，第1—2页。

③ 参见何志鹏：《权利基本理论：反思与构建》，北京大学出版社2012年版，第56—63页。

④ 参见李海星：《人权哲学导论》，社会科学文献出版社2012年版，第53—59页。

⑤ 参见〔德〕塞缪尔·普芬道夫：《人和公民的自然法义务》，鞠成伟译，商务印书馆2009年版，第131—135页。

⑥ 参见〔英〕霍布斯：《利维坦》，黎思复、黎廷弼译，商务印书馆1986年版，第92—97页。

产；① 卢梭预设的自然状态中，人们保有自爱与怜悯之心，遵循由内心需求而出现的自然法，自由处置自己的事务。② 姑且不论具体分歧，思想家们至少在一点上达成了共识：自然状态下任何人都是自由、平等的。自由意味着人们可以追求其所需要的利益，平等意味着任何人都有权要求他人作为或不作为、要求他人对自己的尊重。而这恰恰是人权所强调的内容。

其三，作为国家状态与政府构成思想基础的社会契约理论。以前述的自然法和自然状态为基础，思想家们进一步提出，在自然状态中，人们为了应对风险、保障自身利益、维持物质或精神需求、实现更好的发展，需要团结一致，组成一个相对持久、稳定、有序的组织机制——国家。为了建立国家，人们需要让渡自身部分权利，共同缔结一份社会契约，这也使人们脱离了此前的自然状态。③ 组建国家后，人们仍保有其应有的自由、平等，并能够以国家和社会的主人的身份处置相关事务，而国家有职责保障其国民的权利。

其四，作为人权本原的人性。在自然法学派的理念中，人性指人的本质，是自然或上帝赋予每个人的与生俱来的特定品质，并可展开为三个层面：一是理性，人类高于动物的根本原因在于人类在理性的指导下生活，自然法更是需要人们通过理性感悟上帝或自然的意志、启迪，因而理性是自然法和人类社会沟通的桥梁。二是伦理道德尺度，人类能够辨别善恶，而向善是人的内在道德要求。当人类具有相近乃至相同的道德尺度时，就会对善恶、肯定和否定达成相同的理解。三是人的价值，正如康德所言，人应是目的而非手段。④ 从人类社会的角度，人应当被作

---

① 参见〔英〕洛克：《政府论（下篇）》，叶启芳、瞿菊农译，商务印书馆 1964 年版，第5—6 页。

② 参见〔法〕卢梭：《论人类不平等的起源和基础》，李常山译，商务印书馆 1962 年版，第5—6 页。

③ 罗尔斯在论述自然状态时进一步指出，自然状态可以是一种理性假设、理想状态，是分析问题预设的情景，在现实中并不必要一定曾经存在过。参见〔美〕罗尔斯：《正义论》，何怀宏等译，中国社会科学出版社 1988 年版，第 136 页。

④ 参见〔德〕伊曼努尔·康德：《道德形而上学原理》，苗力田译，上海人民出版社 2005 年版，第 53 页。

为世间最高的尺度，是世间最珍贵的。正因为人类如此宝贵，才更应该保障人的正当权利。[①]

相比于古典自然权利说，同样力图证成自然权利的道德权利论进一步提高了道德在论证过程中的重要性，代表人物是康德。

康德指出，人的自由不仅取决于人作为一种直观的自然存在，根本原因在于人能够识别自己的存在。人既是感觉世界中服从自然规律（亦即自然法）的、他律的成员，这种外在律令会使人始终处于受到支配的非自由状态，同时人也是理智世界中服从理性规律、不受自然和经验影响的成员，因而人可以遵循理性法则确保行为具备普遍的道德意义，从而具备意志。而这种意志正是道德律令的体现。只有人自觉遵守道德律令而行动，才是理性的。换言之，被认定为理性的人就必定自觉遵守了道德律令。遵从道德律令，意味着人由此具备了相应的道德义务。在此基础上，康德进一步指出，权利和义务是相互对应的。既然人本质上是自由的、理性的，就应当践行道德法则、对自己行为负责，这意味着人应当被尊重，权利便成为了"把责任加于他人的一种依据"。因此，以道德律令为基础，从义务阐释权利，是康德的道德权利论的显著特征。[②]

在康德看来，人性作为每个人行为最高界限的理性本性，不是源于经验的，而是客观的、来自于纯粹理性，具有普遍性。一切有理性的东西把自我意志普遍立法概念作为立足点，并以此评价自身及其行为，就会产生"目的王国"——由普遍规律约束起来的、不同的有理性的东西的体系。道德是一个有理性的东西能够作为自在目的而存在的唯一条件。鉴于理性和道德的关系，道德和任何立法都是分不开的。立法必须按照

---

① 参见何志鹏：《权利基本理论：反思与构建》，北京大学出版社 2012 年版，第 60—61 页。

② 康德对道德权利论的分析论证，详见〔德〕伊曼努尔·康德：《道德形而上学原理》，苗力田译，上海人民出版社 2005 年版；〔德〕康德：《实践理性批判》，邓晓芒译，人民出版社 2003 年版；〔德〕康德：《法的形而上学原理》，沈叔平译，商务印书馆 1991 年版。相较而言，黑格尔同样也十分强调道德和伦理，并将其作为人权的核心。但黑格尔将人权的本质与市民社会和国家紧密联系起来，故而不再属于自然权利说的范畴。黑格尔人权理论的集中表述，可参见〔德〕黑格尔：《法哲学原理》，范扬、张企泰译，商务印书馆 1961 年版。

与普遍规律相一致的准则进行。[①]

康德将权利分为"自然的权利"和"实在法规定的权利",以及"天赋的权利"和"获得的权利"。自然权利是以先验的纯粹理性为依据,天赋权利是人自然享有的权利,不需要后天获得,也不依赖经验中的法律。而天赋权利有且只有一种,即与生俱来的自由。自由是每个人由于他的本性而具有的独一无二的、原生的、与生俱来的权利。因此,康德并不排斥法定权利的概念,也不否认法律的重要性,只是更加强调道德和理性之下的人的自由,并将自由这种唯一的自然权利、天赋权利作为一切外在的、获得的权利的基础。其他权利或权限,在康德看来,已经全部包括在天赋自由的原则内。[②]

在第二次世界大战后,为了应对各方提出的诘问及早先自然法学派自身的困惑,自然法学的支持者们趋向直接以形而上的形式将自然法归为抽象的理性,发展出了"新自然权利说",认为自然法赋予的人权显然是不言自明的、不需论证的,人之所以拥有权利,只是因为他们是人。[③] 在这一过程中,道德的重要性被进一步彰显,人权被视为"基于人的一切主要需要的有效的道德要求"。[④] 美国学者杰克·唐纳利认为,人因为具有普遍的道德性,因为要过一种有尊严的生活,所以需要人权。[⑤]

(四)小结

自然权利说对西方文明进程、社会发展和对人的尊重、保障有着毋庸置疑的重大贡献和无可动摇的重要地位,同时也绘制出一幅美好的人类图景。但我们同样也应认识到,正如前文所述,从历史发展的角度出发,自然权利说仅着眼于西方社会的有限场景,具有浓厚的"地方特色",尽管具有一定的合理性,也难以具有其所希望达到的普遍性。此

---

① 参见〔德〕伊曼努尔·康德:《道德形而上学原理》,苗力田译,上海人民出版社2005年版,第50—61页。

② 同上书,第49—52页。

③ 相关介绍,参见张文显:《法哲学范畴研究》,中国政法大学出版社2001年版,第401页。

④ 〔美〕J.范伯格:《自由、权利和社会正义》,王守昌等译,贵州人民出版社1998年版,第134页。

⑤ 参见〔美〕杰克·唐纳利:《普遍人权的理论与实践》,王浦劬等译,中国社会科学出版社2001年版,第12—13页。

外，自然权利说也面临着诸多理论上的难题，因而招致了诸多批判，例如自然法与自然正义本质上是无根之木、空中楼阁，过于抽象；自然状态和社会契约理论本身就存在一定的自我矛盾，并且具有非历史性，难以从早期人类社会发展轨迹中探求依据；对人性的探讨和设定过于理所当然，缺乏科学的归纳和推敲等等。[①] 因此，我们应当辩证地、批判地认识自然权利说。

三、法定人权论和功利人权论

法定人权论又被称作"法赋人权"，认为人权由法律赋予，也只有被法律认可的权利才属于人权。不过，倘若仅仅这样简要地解读法定人权论，未免过于浅白。从学术史的角度出发，"法赋人权"是与"天赋人权"针锋相对的。19 世纪以来，以英国学者为主的功利主义思想家对自然法学派及其自然权利说进行了批驳，代表人物包括休谟、边沁和密尔（Mill，也有学者将其姓氏译为"穆勒"）。这些思想家以功利主义理念为依据，在理论建构的过程中，发展和完善了法定权利论。概言之，功利主义强调利益动机对人的驱使。对法定人权论和功利人权论的理解，都离不开功利主义的范畴。

（一）休谟的道德学说

休谟非常强调道德，但否定了理性对道德判断的绝对性。他将哲学区分为"思辨的"和"实践的"。道德属于实践，超出了知性的平静、懒散的判断；而理性则属于思辨，对人的情感和行为并没有影响，其作用在于发现真伪，即对观念的理解是在关系或对实际存在和事实的符合或不符合，因而凡是无法判断真伪或不存在这种符合或不符合的事物，都并非理性的对象。因此，理性的范围是有限的，人的情感、意志和行动是原始的事物，本身并不可能被断定为真的或假的、违反理性或符合理性。而道德准则既然能够影响人的行为或感情，就不能由理性所得出。道德准则刺激着情感，产生或抑制行为，但理性自身在这一点上却完全无能为力。这意味着，道德并不是理性的结论。这便直接证明了，一个

---

① 参见何志鹏：《权利基本理论：反思与构建》，北京大学出版社 2012 年版，第 63—96 页。

行为之所以"有功"并非因为其符合了理性，"有过"也并非因为其违反了理性。同时也间接证明了，理性既然不能借由反对或赞美某种行为而直接引发或阻止该行为，就不可能是道德上善恶的来源——因为道德的善恶显然具有这种影响。①

休谟认为，严格来说，理性是完全没有主动力的，永远不能产生或制止任何情感或行为。而理性影响人类行为的方法只有两种："把成为某种情感的确当的对象的某种东西的存在告诉我们，因而刺激起那种情感来"，以及"发现出因果的联系，因而给我们提供了发挥某种情感的手段"。但是，这些判断却可能是虚妄、错误的：一个人因误认为快乐或痛苦存在于一个对象中而产生情感，或因愚蠢等原因采取错误手段来达成目的，但这些错误本身并不能认为是不道德的来源。相比于上述事实的错误，即使出现一些是非的错误可以成为不道德的来源，但这也仅仅是次生的不道德，并以其此前已经存在的其他的不道德为依据。②

故而，"人性中如果没有独立于道德感的某种产生善良行为的动机，任何行为都不能是善良的或在道德上是善的"。休谟进一步将正义引入论证，认为正义并非自然法意义上的道德，但同时人类心灵中没有任何原则比道德感更自然、没有任何一种道德比正义更自然：正义是人为的，但不是任意的——休谟所谓之"自然"指的是"任何一个物类所共有的东西"或"与那个物类所不能分离的事物"。③

这种自然性成为了休谟论证人权的出发点。他认为，为了生存，人类只有依赖社会才能弥补缺陷并对抗其他动物。人对利益、快乐和幸福的追求，是其永远的动力。而在社会生活中，人类所有福利只有三种：内心的满意、身体的外表的优点、因劳动和幸运的所得。但只有第三类福利既可以被暴力劫掠，又能够轻易转移，并且存在稀缺性。这就要求存在一种道德（正义）来约束人的行为，保障财产，因此需要全体社会成员缔结协议来确保财产占有的稳定。而当人们约定不得随意攫取他人

---

① 参见〔英〕休谟：《人性论》，关文运译，商务印书馆 1996 年版，第 497—498 页。
② 同上书，第 496—501 页。
③ 同上书，第 519—524 页。

财物从而保障财产稳定后，正义和非正义的观念便产生了，财产权、权利和义务的观念也随之形成，不理解前者便无法理解后者。财产只能依靠社会法律（亦即正义的法则、"正义法"）才能确保，因此不说明正义就考虑人权本身就是一种谬误。而正义最初确立就是依靠着不同的利益，源于人的自私、有限的慷慨和资源的稀缺。在休谟看来，这才是人权真正的来源，用以确保人权的法律也并不限于国家制定或认可的实在法。①

（二）边沁的功利主义

边沁主张，"自然把人类置于两位主公——快乐和痛苦——的主宰之下"，它们是人类最根本的尺度。而这也是功利原理的基础：功利意味着按照增大或减小、促进或妨碍有关利益相关者幸福的倾向，来赞成或反对某种行为（包括私人行为和政府措施），其中共同体利益是"若干成员的利益总和"。但不论是个人还是共同体，判断标准都是恒定的：如果某一事项能够给"利益有关者带来实惠、好处、快乐、利益或幸福（所有这些在此含义相同）"，或者能够"防止利益有关者遭受损失、痛苦、祸患或不幸（这些也含义相同）"，那么就是符合功利原理的，就是应该做的，或至少不是不应该做的。换言之，是非判断与功利原理密切相关。功利原理强调最大多数人的最大幸福，并将此作为人类唯一正确适应且普遍期待的目的，是所有情况下人类行动，尤其是政府施政执法的唯一正确适当的目的。人的趋乐避苦和利己的本性，是功利主义的基础。②

立足于功利原理的绝对性，边沁驳斥了与之相反的其他原理：禁欲主义原理和同情与厌恶原理。禁欲主义与功利主义恰恰相反，它在行动趋于减小幸福时予以肯定、趋于增大幸福时予以否定，其支持者被边沁称为"道德家""宗教狂"，前者被希望（即快乐的前景）激发，渴望获得尊崇赞誉，后者被恐惧（即痛苦的前景）激发，唯恐招致神的惩罚。在边沁看来，功利原理是可以被人们一直贯彻的，且贯彻得越彻底，对

---

① 参见〔英〕休谟：《人性论》，关文运译，商务印书馆 1996 年版，第 525—537 页。
② 参见〔英〕边沁：《道德与立法原理导论》，时殷弘译，商务印书馆 2000 年版，第 57—63 页。

人们越有利；而禁欲主义原理则难以被人类坚持，只会"使地球变成地狱"。同情与厌恶原理指的是，在肯定或否定某些行为时，并非依据功利原理，而是"一个人自己感到倾向于赞许之或非难之"，归根结底在于人的自我感受，而无寻求外在理由的必要。但边沁认为这一原理"以众多牵强附会之辞"，目的是"规避诉诸任何客观标准的责任，并诱使读者把作者的情感或观点当作它本身的，而且是充足的原因接受下来"，并在结果上容易失之严苛，难以准确参照。[①]

在功利原理的基础上，边沁驳斥了自然状态和"原始契约"，认为这些概念尽管在特定情境下是有益的，甚至是不可替代的，但"现在已经过时了"。边沁指出，是利益铺平了通往信仰的道路，人民和国王之间缔结契约所要到的结果是，人民许诺全体服从国王，而国王许诺始终以特定（亦即有助于人民幸福）的方式来治理人民；当国王行为与人民幸福相悖，最好的办法便是不再服从国王。遵守承诺便会获得利益、避免损害，而为了整体的利益，每个人的承诺都必须被遵守，不守诺者也必须受到惩罚。由此，国王在治理国家时必须按照已经制定的法律行事，避免使用可能造成人民不幸福的手段；而只要国王遵循了法律，人民就必须服从国王。服从的根本原因，从保障社会利益及个人利益的角度，是因为服从可能造成的损害小于反抗所能造成的损害。[②]

由此不难理解边沁把自然法称为"虚构的""仅仅是一个术语"。[③]边沁所构建的功利主义，以幸福为终极目标，任何对幸福的趋向性都可以被称为功利，而对幸福的背离则是祸害。而法律唯一能使人们认识到自己行为性质的方法，就是指出行为的功利或祸害。这意味着好的法律是遵循功利原理的，而没有禁止祸害行为的法律就是恶劣的法律。[④]在边沁看来，快乐和痛苦通常有四种可辨别的来源：自然的、政治的、道德的、宗教的。任何来源的快乐和痛苦都能产生约束力，亦即"束缚任

---

①　参见〔英〕边沁：《道德与立法原理导论》，时殷弘译，商务印书馆 2000 年版，第 64—80 页。

②　参见〔英〕边沁：《政府片论》，沈叔平等译，商务印书馆 1997 年版，第 150—158 页。

③　同上书，第 200 页。

④　同上书，第 115—117 页。

何法律或行为规则的力量"。追求快乐和避免痛苦是立法者考虑的目的，而且几乎所有苦乐的类型都能被置于法律的考虑范围内。[1]一切法律所具备或通常具有的一般目的，是增长社会幸福的总和，因而首先要尽可能排除每一种趋于减损幸福的东西。[2]

不论对个人还是共同体，符合功利主义的法律对避免失序、增长幸福而言，都是必不可少的。而在这种前提下，法律对个人的影响必然是"受益于法律、受约束于法律，或者被置于受苦状态"。在第一种情况下，个人具有有利的身份，被赋予了一种权利（有时也可以是权力），凭借这种权利（或权力）可以获得其他人的服务；第二种情况和第三种情况下，个人具有不利的身份，其中第二种情况下的个人有义务为他人提供服务，第三种情况下的个人尽管没有被施加第二种情况下的义务，但却可以"不愉快地受到压制"，别人有权利要求他忍受这种状态。[3]总体而言，边沁对人权的态度可总结为：人权是法律的产物，且只是法律的产物；没有法律就没有人权，没有与法律相应的权利，没有先于法律存在的权利。[4]

（三）密尔的自由主义

边沁的功利主义尽管仍属于自由主义范畴，但其对自然法和自然权利的激烈批判，以及对功利的精密计算，很大程度是经验主义路径的，这种"激进"的自由主义有着进步性，但也招致了很多批评。在边沁的基础上，密尔同样反对自然状态、社会契约和自然权利，并基于其对个人自由的崇尚，对功利主义进行了一定的补充和完善。

密尔坚持并重申了功利，将判断行为是非对错的终极道德标准解释为相关行为是否能够增进幸福或造成不幸。幸福指的是快乐和免除痛苦，不幸指的是痛苦和丧失快乐。快乐和痛苦的内容的确是未决的，但不影响得出以下结论：只有快乐和免于痛苦是值得欲求的目的，事物之所以

---

[1] 参见〔英〕边沁：《道德与立法原理导论》，时殷弘译，商务印书馆 2000 年版，第 81—85 页。

[2] 同上书，第 216 页。

[3] 参见〔英〕边沁：《论一般法律》，毛国权译，上海三联书店 2008 年版，第 110 页。

[4] 参见李海星：《人权哲学导论》，社会科学文献出版社 2012 年版，第 77 页。

值得欲求，是因为内在于其中的快乐，或其可作为增进快乐或避免痛苦的手段。密尔回应了将追求快乐简单地作为"猪的学说"的观点，认为人类官能是高于动物欲望的，人所体会的幸福远超于动物，需要更多的东西才能幸福，对苦难的感受也更深切，"做一个不满足的人胜于做一只满足的猪；做不满足的苏格拉底胜于做一个满足的傻瓜"。[①]

进而，密尔阐释了他的功利主义行为标准，亦即最大幸福原理：并不是行为者本人的最大幸福，而是全体相关人员的最大幸福，高尚的人或许未必永远比别人幸福，但一定会使别人更加幸福，世界也会因此更加受益，因此功利主义达成目的，只能依靠高尚品格的普遍培养。人的终极目的在于尽可能免除痛苦，并在质量和数量上尽可能享受快乐，其他一切值得欲求的事物都与这个终极目的有关，也服务于这个终极目的。这一终极目的是全部人类行为的目的，也必然是道德的标准，只要遵守这些行为规则，则所有的人都有最大可能过上上述的生活。[②]

功利主义的道德认为人有力量能够为他人福利而牺牲自己的最大福利，但并非主张牺牲本身就是善的，值得称赞的自我牺牲是为了他人幸福的牺牲，这里的他人既可以是全人类，也可以是为人类集体利益所限定的个人；相反，一项牺牲如果不能或不会增进幸福总量，就是浪费。功利主义要求行为者在自己和他人幸福之间，应当作为一个公正无私的、慈祥的旁观者，做到严格的不偏不倚。"己所欲，施于人"和"爱邻如爱己"是功利主义道德的完美理想。为了实现这一理想，功利主义要求：其一，法律和社会安排应当尽可能使每个人的幸福或利益与社会整体利益和谐；其二，教育和舆论应发挥塑造作用，使每个人内心中把自己的幸福与社会整体福利联系起来。[③]

密尔进一步分析了法律与正义。他追溯了正义一词的词源，并分析了希伯来、古希腊、古罗马的法律和正义理念，认为正义概念的原始要素就是遵从法律，换言之，正义概念起源于法律约束的观念。密尔强

---

① 参见〔英〕约翰·穆勒:《功利主义》，徐大建译，上海人民出版社 2007 年版，第 6—11 页。

② 同上书，第 12 页。

③ 同上书，第 17—18 页。

调，某件事是错的，意味着犯错的人应当被惩罚，包括法律制裁、舆论抨击、个人良心的谴责。这是区分包括正义在内的道德和纯粹利益的关键。进一步，正义和其他道德也存在不同。密尔借用伦理学家和法学家对完全强制性义务和不完全强制性义务的区分，指出正义与完全强制性义务（即，使他人拥有相应权利的义务）相重合，通常包含个人权利的观念，不仅意味着要求做正确的事、不做错误的事，也意味着一个人拥有道德上的权利，可以向另一个人提出正当要求。只要存在权利问题，就是正义、而非其他伦理道德的问题，个人权利的概念是正义观念的本质概念。[1]

密尔并不认为正义观念是上天安排的。他认为，正义的情感包括了想要惩罚侵害者，这源于自卫冲动和同情心，属于或类似于人的本能，但单纯源于个人心意的报复或报仇的自然情感本身无道德成分，要想合乎道德需要完全受社会同情心支配，并朝着符合公众福利的方向起作用，且所有人都应当遵循有益于集体利益的行为规则。因而，正义观念的两个要素分别是为全人类共有、为了全人类利益的行为规则，和赞同行为规则的情感。而如果将某种东西成为一个人的权利，意味着他可以正当地要求社会来确保他能够拥有此物；而社会之所以给予这种保护，原因在于社会功利，尤其在于社会需要让人感受到安全。[2]人在社会中固然是自由的，但如果损害了他人或社会的利益，就应当负责，并承担社会的或法律的惩罚。[3]

按照密尔对功利、正义、利益和法律的观点，可以推理出，人权来自于规则，其中法律是最为重要的规则，也是与正义最密切相关的规则。常见的正义准则大多数都是由法庭实践而被人采用的。[4]实际上，密尔尽管在功利主义框架下强调法律，但并没有过于绝对地排除其他规则的作用。

---

① 参见〔英〕约翰·穆勒：《功利主义》，徐大建译，上海人民出版社2007年版，第47—51页、第60页。

② 同上书，第51—55页。

③ 参见〔英〕约翰·密尔：《论自由》，许宝骙译，商务印书馆1959年版，第61—65页。

④ 参见〔英〕约翰·穆勒：《功利主义》，徐大建译，上海人民出版社2007年版，第62页。

（四）小结

综上所述，休谟、边沁、密尔等人所持人权论的核心是，以经验主义为方法论，通过否定先验的"自然权利"和"道德基础"，将人权建立在社会经验的功利原理，亦即最大多数人的最大幸福之上。因此，功利人权论最鲜明的特征便是对自然权利说的否证。同样，在功利主义的体系中，不论是对道德的一般理解，还是对正义的特殊认识，法律都发挥着重要的作用。而人的权利及权利对应的义务想要真正发挥作用，必须由符合功利原理的社会规则予以规定，并对违反规则的行为予以惩罚。而法律作为功利主义视野中最为主要的规则形式，对人权的产生和发展自然意义深远。因此，功利主义的论证逻辑中，可以将法定人权论视为对功利人权论的另一种表达：前者侧重于形式和结果，后者侧重于实质和过程。对于以边沁为代表的功利主义来说，"权利是法律的产物，而且仅仅是法律的产物，没有法律也就没有权利"，天赋权利并不存在，有的只是法律所允诺的权利。而作为权利唯一来源的法律，以及与法律相关的各项制度，都必须以功利主义的律令来判断。[①]

四、社会人权论

前述的法定人权论和功利人权论，在理论前设和论证过程中，都十分强调以人类社会作为背景或底色。在一定程度上，似乎可以被归类为广义的社会人权论，因为社会人权论最根本的主张就是人权产生于人类社会。但是，也正如前文论述的，法定人权论和功利人权论的核心在于功利原理，在其理论体系中，社会是一个已经存在、重要但无需论证的内容。换言之，社会是功利主义的"培养皿"，因而关键在于"培养皿"之内的事物，而非"培养皿"本身。

也有思想家十分关注社会这一"培养皿"。黑格尔系统阐释了社会及国家对人权产生和发展的重要性。尽管从整体而言，黑格尔对法和权利的认识仍然属于自由主义的范畴，并十分强调道德、伦理、理性等概念，但黑格尔对康德的道德哲学进行了一定的批判和扬弃，并且将国家

[①]　参见叶立煊、李似珍：《人权论》，福建人民出版社 1991 年版，第 122 页。

和社会置于极高的位置。黑格尔的思想也影响了包括马克思在内的很多思想家。人的社会属性及社会对人权形成、发展的重要性，同样也是马克思主义人权理论的重要组成部分。不过鉴于马克思主义和西方自由主义传统理念的根本性区别，且马克思对黑格尔的思想同样进行了诸多批判，因而马克思主义人权理论将在本书此后章节进行专门探讨，在本章节并不过多涉及。

此外，也有观点指出，真正意义的社会人权论是更强调实现经济和社会平等，强调包括劳动权在内的经济、社会等方面的权利。因此，社会人权论也被一些学者称为"第二代人权论"。[①]

（一）黑格尔的理论

黑格尔的哲学体系强调"理念"的地位和作用。所谓理念，指任何一门学问的理性。作为哲学的一个部门的法学必须根据概念来发展理念，也就是必须观察事物本身所固有的内在发展。而"法的基地"一般来说是精神的东西，其确定的地位和出发点是意志。意志是自由的，所以自由就构成法的实体和规定性。从这个角度，黑格尔将法和权利与自由理念紧密连接。[②]

而这种"自在自为的自由意志"存在三个发展阶段：第一阶段，自由意志在概念上就是抽象的人格，"它的定在就是直接的、外在的事物"，属于抽象法或形式法的领域。[③]第二阶段，自由意志"从外部定在出发在自身中反省着，于是被规定为与普遍物对立的主观单一性"。而"普遍物"在内在层面表现为善，在外在层面即为现存世界，这一理念的这两个方面只能相互终结，因此便有了主观意志的法，和世界法及理念

---

① 参见杜钢建、陈壮志：《人权发展的渊源与学说简论》，载《法治湖南与区域治理研究》2011年第4卷。

② 参见〔德〕黑格尔：《法哲学原理》，范扬、张企泰译，商务印书馆1979年版，第1—13页。

③ 这里所谓的"抽象性"，指的是一切规定都包含在概念中，但也仅此而已，仅仅是自在地存在，尚未发展成自身内部的整体。在此情况下，自由意志是否定的实在性、抽象地自我相关的现实性——主体在自身中所具有的单个意志。此时，自由意志唯一的规定性就是抽象的同一性，也就是直接存在的、单纯存在的。因此，意志也就成为单一的意志——人（person，并非自然意义上的人，而是法的意义上的人）。同上书，第44—45页。

的法，这属于道德的领域。第三阶段，则是前两个抽象阶段的"统一和真理"，即"被思考的善的理念在那个在自身中反思着的意志和外部世界中获得了实现"，因而自由意志不仅作为主观意志，也作为现实性和必然性而实存，也就是伦理。换言之，伦理就是内在的善和外在的现存世界在反思着的意志中实现的统一。而伦理同时涉及了家庭、市民社会和国家。①

　　从人权思想发展脉络的角度，本书无须详细论述黑格尔对抽象法和道德的观点。当然，这并不意味着在黑格尔的人权理念中，作为自由意志理念的前两个发展阶段的抽象法和道德是不重要的。相反，这两个阶段是黑格尔论证的关键环节，并且均直接触及了对法和权利的态度。② 只是在黑格尔看来，只有伦理才是主观的善和客观的、自在自为地存在的善的统一，而抽象法和道德均存在片面性，二者均不能自在自为地实施，必须以伦理作为承担者和基础，因为法欠缺主观性的环节，道德则仅仅具有主观性的环节，二者均缺乏现实性。③

　　在社会伦理方面，黑格尔强调自由和义务。其中，义务的内容是实现自由，到达本质、获得肯定的自由，并限制不自由。在这种自由和义务的关系的基础上，个人主观地规定为自由的权利，只有在个人属于伦理性的现实时，才能得以实现，因为只有在这种客观性中，个人对自己自由的确信才具有真理性，也只有在伦理中个人才能实际上占有他本身的实质和他内在的普遍性。黑格尔认为，在抽象法领域，只不过是抽象意义的"我有权利，另一个人负有相应义务"。在道德领域，对自己知识和意志的权利，以及对自己福利的权利，仍未能与义务统一。而只有经过伦理，权利和义务才能实现对应和统一，一个人负有多少义务，就享有多少权利；享有多少权利，也就负有多少义务。如前所述，黑格尔对伦理的分析有着三个递进的阶段：首先，家庭是直接或自然伦理精神的显现；第二，市民社会是各个成员作为独立个人的联合，这是形式普

---

① 参见〔德〕黑格尔:《法哲学原理》，范扬、张企泰译，商务印书馆 1979 年版，第 41 页。
② 关于黑格尔的详细论述，参见上书，第 44—163 页。
③ 同上书，第 162—163 页。

遍性中的联合，基础是成员的需要、保障人身和财产的法律制度、维护特殊利益和公共利益的外部秩序；第三，国家，即以实体性的普遍物中，致力于这种普遍性公共生活所具有的目的和现实中，返回于自身，并在其中统一起来。在黑格尔的社会理论中，国家是社会共同体的最高形态，他甚至明确表示，"个人只有成为良好国家的公民，才能获得权利"。①

具体而言，家庭是一种直接的、实在性的、初级的共同体，家庭成员基于家庭享有一定的权利，但这种权利大多局限于家庭内部，且家庭也往往会随着成员的成长、离散、死亡，或成员之间对支配和管理家庭财富等问题上的矛盾而趋于解体，众多家庭的形成和解体，以及这一过程的反思关系和伦理理念，会构成"伦理性的东西的现象界，即市民社会"。②

市民社会是介于家庭和国家之间的差别的阶段，尽管如此，市民社会的形成晚于国家，且必须以国家为前提和基础，国家是"社会正当防卫调节器"。市民社会是人权得以产生的关键。在这里，黑格尔实际强调了人的社会属性和社会关系对于人权的重要性，并将市民社会细化为三个环节：第一，人的需要以人的劳动为中介，由此实现人的满足，这是"需要"的体系；第二，包含在该体系中的自由作为普遍物的现实性，即通过司法对所有权的保护；第三，通过警察、同业公会等预防"遗留在上述两个体系中的偶然性"，并把特殊利益作为共同利益予以关怀。黑格尔指出，利己的目的是在其受普遍性制约的现实中建立起来一切方面相互依赖的制度，而个人生活、福利及权利的定在，都同众人的生活、福利和利益交织在一起，只有建立在这种制度的基础上，也只有在这种联系中，才是现实的、可靠的。尽管黑格尔没有直接言明，但人类社会、人的社会属性对人权形成和发展的重要性已经得到了显现。③

在此之上，国家则是绝对自在自为的理性东西，在国家之中，自由达到了其最高的权利。需要指明的是，黑格尔所指出的国家并不是世俗

---

① 参见〔德〕黑格尔：《法哲学原理》，范扬、张企泰译，商务印书馆1979年版，第164—174页。

② 同上书，第165—196页。

③ 同上书，第197—252页。

意义上的国家，而是一种伦理观念的现实，本身就是最终目的。相比之下，以保护所有权和个人自由、实现单个人本身利益为目的的市民社会只是实现国家伦理的外在表现，亦即黑格尔所称的"外部国家"。黑格尔的国家理念具有三个层面：首先是直接现实性，体现为国家制度和法律；其次是一国与其他国家的关系，亦即国际法；其三是一种普遍理念和精神，在世界历史的过程中给予自己现实性。国家是私权和私人福利的外在必然性、最高权力和依存的基础，同时也是它们的内在目的。因此，个人对国家尽多少义务，同时也就享有多少权利。"本于他在国家中的地位，他的权利必然产生，由于这种权利，普遍事物就成为他自己的特殊事物。"[1]

黑格尔在肯定人的自由、理性等传统哲学观念和自由主义理念中主要议题的同时，进一步在人类社会和历史的情境及发展中观察人权，这是黑格尔相对于康德的一大突破。但黑格尔将源于社会现实的利益冲突归于主观自由和客观自由的对立，并且为了克服这种对立，又诉诸一个理想化的国家，因此没能进一步深刻挖掘社会现实。马克思后来也是在对此批判的基础上讨论了国家和社会的关系，从而为马克思主义的发展奠定了基础。[2]

（二）黑格尔之后的理论

如前所述，黑格尔并不认可人是简单地从孤立状态转向了相互组合，在分析人的自由及权利时强调社会关系，认为社会成员的需要及满足需要的方式越多，对社会的依赖也就越大。不过，黑格尔之前的学者大多把国家视为社会的一种（高级）类型，而黑格尔却严格区分了国家与社会。只不过黑格尔所论述的"国家"只能算是逻辑上的、理想状态下的国家，是"想出来的国家"，与历史上真正存在的国家难以完全对应。换言之，在黑格尔时代以前，并不存在完整意义上的黑格尔所描述的国家。即使如此，黑格尔对人类社会的分析和阐释仍然是相对完整的，具有较高的代表性。此后，社会状态和人的社会属性也越发得到重视，

---

[1]　参见〔德〕黑格尔：《法哲学原理》，范扬、张企泰译，商务印书馆 1979 年版，第 253 页。
[2]　参见李海星：《人权哲学导论》，社会科学文献出版社 2012 年版，第 122 页。

将人权置于社会发展过程中加以观测的主张也越来越多。

英国学者格林（1836—1882）认为，权利属于作为社会成员的个人，而"个人"指的是"自我决定的主体，该主体意识到自身是其他这种主体的一员，并意识到与他们一道创造了这种主体"，由此实现了权利对个人的依附和权利源于社会的两种理念的融合。国家 ① 以各种权利和各种个人权利为基础，是社会为了维护权利而采取的一种形式。除非在一个人们彼此认识到同样的人拥有同样的权利的社会中，否则，权利就不会存在。格林认为权利是由人们的相互认知构成的，包含两个方面：其一，权利是个人的要求，源于人的理性本能；另一方面，权利是社会对这种要求的许可，亦即社会赋予人以权利。格林更加强调人类社会本身，而非仅仅着眼于历史范畴中的国家。他认为，作为家庭或任何其他形式的人类社会中的一员，而非国家中的一员，人拥有各种权利，即使个别国家甚至所有国家都拒绝承认这些权利，但这些权利仍然存在于人类社会之中。反社会的权利是不可能存在的，而所有人权都来源于某种社会关系。格林认为，权利首先是作为某一特定社会成员的人的权利，是他与社会其他成员之间的权利；随着社会开始认识到共同福利，以安定为条件实现交往，权利就不仅限于社会个体，而是逐渐成为若干家庭、部落等团体交往时，成员所拥有的权利。②

英国学者麦基奇尼同样对自然权利进行了驳斥，并坚持人的社会属性。他将社会契约理论斥为"过时的学说"，同时也批判了密尔的功利主义自由理念。在他看来，首先，很难说什么是良知的权利，所谓的侵犯又指什么；其次，只能由国家而非个人来判断什么是、什么不是这种权利；其三，即使国家承认良知的权利，也不会在任何情况下让权利有可能危及自身，权利本质上就是相对的。凡是认为人权是先于国家存在的，都是站不住脚的。人毫无疑问拥有人权，但应当通过国家并存在于国家内的真实原则，从来不可能是外在于国家并反对国家的。政体的权

---

① 这里的国家并不是黑格尔所预设的理想中的国家，而是历史范畴中曾经存在和现存的国家。

② 参见〔英〕托马斯·希尔·格林：《关于政治义务原理的演讲》，郝涛译，社会科学文献出版社 2018 年版，第八讲、第九讲。

威性基础是权利得以不可动摇的保证。个人和私有权利植根于社会权威，个人拥有人权并不是因为权利的神圣和永恒，而是因为它们是由国家给予并确认的。人并不仅仅因为他是一个人而有人权，还因为他的父辈通过斗争换来的自由。因此，只有与国家、社会相连，才能得到人权；也只有在国家和社会中，人权才能成为现实。①

美国学者杜威（1859—1952）的标志性思想是实用主义，其核心观点是自由的有限性和对个人主义的限制，并强调社会控制是保证个人自由和权利的关键。杜威认为，如果个人自由是无节制的，那将无助于所有人的自由。自由不是，也不应是绝对的，因为"任何时候存在的自由系统总是在那个时候存在着限制或控制系统"。如果没有社会控制，那么社会将会掌握在少数有经济权力的人的手中，大多数人的自由将会被牺牲，"战争就是真正的纪律"。因此，自由应当和平等置于同等地位。杜威的观点本质上仍然是以自由主义作为底色，他更关注社会现实，并进一步指出，当社会关系变得复杂而维持社会秩序的问题变得更加困难的时候，无论是名义上的，还是有理论支持的，单纯的个人要求将让位于社会要求，都是不可避免的。当一个人的要求和社会一般福利相冲突时，单纯的个人要求就会让位。杜威承认法律和理念对权利的重要性，但也指出，"争取自由主义的唯一希望就是要在理论上和实践上放弃这样的主张：即以为只有是独立于社会制度与安排之外的个人所具有的一些发展完备的和现成的东西；并且要明白：社会控制，特别是对经济力量的控制，是保证个人自由所必需的"。②

（三）以经济、社会权利为核心的社会人权论

随着资本主义的发展和扩张，资产阶级和无产阶级的分化日益严重，阶级矛盾也越发尖锐，而以资产阶级价值观为内核的人权思想的局限性也越发显现，底层人民进行的抗争运动也越来越多。在此背景下，要求实现经济和社会平等的人权主张逐渐显现。其中，一些被称为空想社会主义的

---

① 参见黄枬森、沈宗灵主编：《西方人权学说（上）》，四川人民出版社1994年版，第476—487页。

② 参见〔美〕约翰·杜威：《人的问题》，傅统先、邱椿译，上海人民出版社1965年版，第88—101页。

思想家，包括圣西门、傅立叶和欧文，在劳动和生活权利方面（包括工作权、按劳分配、男女平等、尊重妇女等）提出主张，并在继承了此前空想社会主义思想传统的同时，兼采启蒙思想中所倡导的自由、平等、博爱等口号与观念，从理论与实践的角度，开始提出构想。[①]

在对人权相关的问题思考方面，圣西门将劳动作为每个人的权利和义务，人们通过劳动获取发展，而人的权利也应当在劳动中发展而来，因此劳动权是圣西门思想中最为重要的一项人权，而在劳动基础上决定了财产权，应当在劳动权及按劳分配的基础上，对私有财产制度进行改造。傅立叶的理论也被称为"协作主义"或"和谐主义"的理论，并提出了以人性论为基础的劳动权、平等权主张，傅立叶将人性作为分析基础，强调男女平等，反对歧视与压迫妇女，并将妇女解放的程度作为衡量普遍解放的"天然标准"。欧文则强调平等，而实现平等权的关键在于推翻作为不平等根源的私有财产制度，这也是欧文和圣西门、傅立叶等人的最大区别，同时，欧文还强调迁徙自由，反对利己主义、个人主义等思想。他们的共同特点是重视经济、社会权利，而在一定程度上忽视政治权利。[②]

尽管空想社会主义因过于理想化、未能充分考察社会本质、对资产阶级抱有不合理期待等多方面原因而最终宣告失败，但空想社会主义已经包含了一定的科学社会主义萌芽。受制于所处的时代，空想社会主义者"不得不从头脑中构想出新社会的要素"，但是他们"处处突破幻想的外壳而显露出来的天才的思想萌芽和天才的思想"，体现了不少"共产主义思想的微光"。[③]

五、多元人权论

多元人权论是相对于普遍人权论而言的，通过援引当代道德、政

---

① 参见杜钢建、陈壮志:《人权发展的渊源与学说简论》，载《法治湖南与区域治理研究》2011 年第 4 卷。

② 同上。

③ 关于空想社会主义的具体论述及评价，可参见中共中央宣传部理论局:《世界社会主义五百年》，党建读物出版社 2014 年版，第 1 章。

治、文化等范畴的理论资源对普遍人权进行批判，主张把人权观念置于具体的文化历史范围内。多元人权论认为，根本就没有什么不证自明、普遍适用的善的观念，一切善的观念都建立在特定的社会规则、文化结构以及历史情景的基础之上，因而人类的道德价值观念应当是多元的。[①]而作为西方根本价值的自由主义只是世界多元价值的一部分，不应被作为普遍人权的价值标准。"认为普遍权利要求将自由主义价值观念投射到全世界的想法，等于是迫使人权服务于一种自由主义的原教旨主义。"[②]因此，人权不应是西方的专利。对人权的理解，应当从不同的文化背景和多元价值出发。

多元文化主义最初是因多民族国家内部文化和民族多样性而逐渐发展而来的，并随着跨学科发展和全球化进程，逐渐成为一个超越国家边界的概念。在分析人权问题时，批判性多元人权观更加注重人权的文化资源利用、前提价值、实体性基础、程序性基础，认为尽管人权最初发展于欧洲国家，但却并非欧洲的专利，所有文明都有权对人权进行解释，而人权也应当是全人类都能参与的开放资源。[③]

哈贝马斯提出，对人权概念应当进行道德与法的区分，人权是法而非道德的产物，产生于近代权利理念和制度，属于法学范畴。但人权超越民族国家法律秩序的合适存在方式，则赋予了人权以道德权利的外观。人权的普世性需要从道德上寻求依据，而将人权法律化是回避通过道德将人权强制普遍化的方式。[④]持类似思想的还有日本关西大学的市原靖久，他认为尽管道德对人权而言是必要的，但无论何种道德基础都不能够排除人权与其相关的特定文化之前的联系，因此人权的基础应当从相

---

① 冯力:《处在两难中的人权——对普遍人权与多元人权之争的梳理和评析》，载《中共南昌市委党校学报》2005 年第 5 期。

② 〔英〕约翰·格雷:《自由主义的两张面孔》，顾爱彬、李瑞华译，江苏人民出版社 2002 年版，第 113 页。

③ 参见杜钢建、陈壮志:《人权发展的渊源与学说简论》，载《法治湖南与区域治理研究》2011 年第 4 卷。

④ 关于哈贝马斯的具体论述，参见〔德〕尤尔根·哈贝马斯:《包容他者》，曹卫东译，上海人民出版社 2002 年版。

关区域、人权的文化资源和传统中寻找。①

1993 年，维也纳世界人权大会亚洲区域筹备会在泰国曼谷举行，通过了《曼谷宣言》，阐释了冷战以后亚洲国家及广大发展中国家基本的人权立场。在强调《联合国宪章》和《世界人权宣言》等重大与人权相关的文件的基础上，《曼谷宣言》在呼吁"所有人权的普遍性、客观性和不可选择性"的同时，也指出"必须避免在实施人权时采用双重标准，并避免其政治化"。《曼谷宣言》第 6 条指出"国家不论大小，都有权决定它们的政治制度，控制和自由利用其资源，并自由谋求其经济、社会和文化发展"，第 8 条指出"尽管人权具有普遍性，但应铭记各国和各区域的情况各有特点，并有不同的历史、文化和宗教背景，应根据国际准则不断重订的过程来看待人权"。这也被视为亚洲国家基于亚洲价值观对人权的集中阐释，体现出不同于传统西方人权理念的多元要素。

许多非西方学者也从本国具体情况出发，提出了具有本国特色或本区域文化特色的人权理论与思想，如"东亚普通法""儒家人权理论""集体主义人权理论""人权绝对论""人权相对论"等。② 同时，从人类命运共同体的角度，可以提炼出多元人权观念的四个关键词：平等、合作、安全、包容。其中，平等并非所谓西方同质性、排他性的平等，而是求同存异、各美其美、美美与共；合作强调人与人的和谐共存；安全则是多元人权观念的基石和治理底线；包容则要求我们采取尊重和宽容的态度，强调对少数群体和弱势群体保障。③

第二节　社会主义运动与人权理论

马克思和恩格斯是马克思主义的创始人和奠基人。在他们的大量著作中，马克思主义哲学、政治经济学和科学社会主义得到了充分的阐释，

---

① 参见杜钢建、陈壮志：《人权发展的渊源与学说简论》，载《法治湖南与区域治理研究》2011 年第 4 卷。

② 同上。

③ 参见朱颖：《人类命运共同体下的多元人权观》，载《人权》2017 年第 2 期。

并具有继承性和创新性、真理性和时代性、实践性和革命性、开放性和发展性、完整性和体系性、人本性与和谐性、原则性与指导性。① 在马克思和恩格斯去世后，社会主义运动整体上呈现出两种不同的趋势：其一是以列宁为代表的科学社会主义，主张斗争夺取政权，建立社会主义国家，实行无产阶级专政；其二是以伯恩施坦、考茨基等为代表的"第二国际社会民主主义运动"，以社会主义为口号，认可现有资本主义体制，试图以此为基础进行社会改良，从而实现社会主义。② 而在此过程中，人权都是非常主要的议题。

一、马克思、恩格斯的人权理论

尽管马克思和恩格斯并未像著述《资本论》一般，以专门著作对人权进行剖析，但关涉人的自由解放和人的权利与价值的研讨，始终都是马克思主义的重要内容。

社会上曾存在对马克思主义的误解，认为马克思主义是否认人权的。持此观点者往往援引马克思等人的著述，如《德意志意识形态》中的论述："……我们和其他很多人都曾强调指出了共产主义对政治权利、私人权利以及权利的最一般的形式即人权所采取的反对立场……特权、优先权符合于与等级相联系的私有制，而权利符合竞争、自由私有制的状态……人权本身就是特权，而私有制就是垄断。"③

但事实上，倘若据此认为马克思主义否定人权，显然是一种片面的误读。马克思主义否定的并非人权本身，而是资产阶级所提出的所谓天赋人权、普遍人权和普世价值等内容。在马克思主义看来，人权是确实存在的，但却并非资产阶级所宣扬的那般圣洁或不言自明。相反，资产阶级所倡导的人权思想和理论是存在着内在缺陷的。④ 资产阶级一边把人权奉为圭臬，一边却在广大非西方世界进行着殖民掠夺、侵略，这尤其

---

① 参见李慎明主编：《马克思主义国际问题基本原理（上卷）》，社会科学文献出版社 2013 年版，第 3—18 页。

② 参见朱力宇、叶传星主编：《人权法》，中国人民大学出版社版 2017 年版，第 85 页。

③ 参见《马克思恩格斯全集》，第 3 卷，人民出版社 1960 年版，第 228—229 页。

④ 参见朱力宇、叶传星主编：《人权法》，中国人民大学出版社版 2017 年版，第 73—74 页。

让人怀疑其理论的真实性。

（一）人权不是天赋永恒的，而是历史地产生和发展的

前文已述，近代西方人权理论中，"天赋人权"或"自然权利"学说有着非常大的影响力。基于此种观念，人权从何而来似乎是不需证明的问题。然而，在马克思和恩格斯看来，人权并非天赋的，在不同历史阶段，人权总会有着特定的社会属性。因此，马克思和恩格斯在吸收黑格尔理论的基础上，开始延伸出自己对人权的理念："黑格尔曾经说过，'人权'不是天赋的，而是历史地产生的。而'批判'关于人权是不可能说出什么比黑格尔更有批判性的言论的。"①

在马克思和恩格斯看来，现代资本主义国家宣扬人权，某种程度上类似于古代国家承认奴隶制。因为古代国家以奴隶制作为自然基础，而现代资本主义国家则以市民社会和市民社会中的人作为基础。在这个过程中，人与人的联系是通过私人的利益，以及无意识的自然的必要性作为纽带而实现的。某种程度上，人成为了"自己营业的奴隶，自己以及别人的私欲的奴隶"。现代资本主义国家一方面通过普遍人权承认了自己的这种自然基础，另一方面却没能实际创立这种基础。它们因自身发展而必须摆脱旧的政治桎梏的市民社会的产物，因此便以宣布人权的方法，从自身出发，来自我证实自己的来源和基础。②

在生产力水平极为不足的古代国家或原始氏族社会中，人们在参与公共事务、实行血族复仇或为此接受赎罪时，并不会存在"这些究竟是权利还是义务"的问题。在这些人们看来，去思考这种问题，就好比思考吃饭、睡觉、打猎究竟是权利还是义务一样"荒谬"。③彼时的人们即使产生了一些如今看来可以被作为权利或法律"痕迹"的萌芽，也与真正意义的人权存在差异。因此，马克思与恩格斯认为，人权是私有制和阶级产生后才发展而来的。

这也意味着，现代意义的人权首先是资产阶级形成并逐渐占据国家

---

① 参见《马克思恩格斯全集》，第 2 卷，人民出版社 1957 年版，第 146 页。
② 同上书，第 145—146 页。
③ 参见《马克思恩格斯选集》，第 4 卷，人民出版社 2012 年版，第 175 页。

统治阶级地位后发展而来的，因此应当用"政治国家和市民社会的关系、政治解放的本质来解释"。超出这一范围理解人权，必然会导致泛化的问题。正是由于市民社会和民族国家的分离，人的二重属性使人作为市民社会中的成员和政治国家中的公民，并赋予了人权以具体的内涵。在现代国家以前的社会，由于市民社会和政治国家在实际上保持着统一，因此并不存在所谓的人权，而如今人权所对应的一些内容，放在古代国家的时空背景中，实际上都是只有统治阶级才能真正享有的特权。①

随着商品经济发展和资本主义萌芽，资产阶级迫切地需要一个"任意地、同他人无关地、不受社会影响地适用和处理自己财产的权利"，也就是对私有财产的权利。这种权利本身是自私自利的。而这种个人自由和对自由的应用则构成了市民社会的基础。准确地说，这种自由并非是每个人把其他人都看作自己自由的实现，而是看作自己自由的限制。因此，法律上的确权成为必要。可以说，财产权是资产阶级价值理念中最为重要的人权，也是自由最为主要的体现。这是资本主义发展下的生产力和生产关系现实所决定的。②与以往的奴隶制社会、封建制社会中纯粹的不平等和特权不同，资产阶级以人权的概念"替换"了特权。可以说，资产阶级以人权为旗帜，通过斗争推翻了此前的统治阶级，实现了人类文明的进一步发展，具有一定的进步性。因而恩格斯指出："权利的公平和平等，是十八、十九世纪的资产者打算在封建制的不公平、不平等和特权的废墟上建立他们自己的社会大厦的基石。劳动决定商品价值，劳动产品按照这个价值尺度在权利平等的商品所有者之间自由交换，这些——正如马克思已经证明的——就是现代资产阶级全部政治的、法律的和哲学的意识形态建立于其上的现实基础。"③

按照马克思和恩格斯的论述，任何人作为人，都应当享有其生而为人所应享有的权利。然而这并不能作为人权不言自明的来源，反而是因人权的历史发展而导致的结果。因此，人权并非永恒不变的，其具体内

---

① 参见《马克思恩格斯全集》，第 1 卷，人民出版社 1956 年版，第 437—439 页。
② 参见《马克思恩格斯全集》，第 3 卷，人民出版社 2002 年版，第 184 页。
③ 参见《马克思恩格斯全集》，第 21 卷，人民出版社 1965 年版，第 210 页。

容必然是随着历史发展而发展的，如今的财产权和五百年前的财产权必然有着不同的内容。恩格斯指出："平等的观念，无论以资产阶级的形式出现，还是以无产阶级的形式出现，本身就是一种历史的产物，这一观念的形成，需要一定的历史条件，而这种历史条件本身又以长期的以往的历史为前提。所以，这样的平等观念说它是什么都行，就不能说是永恒的真理。"① 正是因为人们不再生活在曾经罗马帝国那样的国家，而是生活在以相互平等地交往为基础的资产阶级发展阶段的国家之中，因此资产阶级所要求的人权很容易就获得了普遍的、超出单一国家性质的承认。自由和平等在古代社会中只不过是少数人的特权，在资本主义国家中，至少在形式上，被宣称为普遍的人权。②

（二）人权不是抽象普遍的，而是受制于具体的社会基础

在资产阶级价值观的渲染下，"历史地产生的人权"被打上"普世价值"的标签，这究竟是否合理？对此，马克思和恩格斯指出，这种所谓的人权并非是所宣称的"普遍人权"，因为任何一种人权都没能超出利己主义的人的范畴，没能超出作为市民社会成员的人的范畴，没能超出封闭于自身、私人利益、私人任性、同时脱离社会整体的个人。在这些权利中，人并不是所谓的"类存在物"，相反，"类生活本身即社会却是个人的外部限制，却是他们原有的独立性的限制"。马克思和恩格斯认为，人是"社会中的人"而非抽象的、无需任何依靠的个体，是社会关系的综合。而纯粹的个人是不存在的，人并非生活在真空之中，而是只有在社会中才能独立的动物。"人并不是抽象的栖息在世界以外的东西。人就是人的世界，就是国家，社会。"③ 人权也必然是具体的而非抽象的，正是因为"把人和社会连接起来的唯一纽带是天然必然性，是需要和私人利益，是对他们财产和利己主义个人的保护"。④

恩格斯指出，"我们的出发点是从事实际活动的人"。这意味着，人权不可能超越人性本身，而是受制于人性。人权只是让人拥有信仰宗教

---

① 参见《马克思恩格斯选集》，第 3 卷，人民出版社 1995 年版，第 448 页。
② 同上书，第 447 页。
③ 参见《马克思恩格斯选集》，第 1 卷，人民出版社 1995 年版，第 1 页。
④ 参见《马克思恩格斯全集》，第 1 卷，人民出版社 1956 年版，第 439 页。

的自由、占有财产的自由、经营的自由，却不可能让人摆脱宗教、财产和追求财富的行为。[①]"在最直接的现实中，在市民社会中，人是世俗存在物。在这里，即人对自己和对别人来说，都是实在的个人的地方。"[②]这意味着，任何人都不能脱离其所存在的社会环境而空谈人权，权利也永远不能超出社会的经济结构以及由经济结构所构成的社会的文化发展。[③]诚如列宁所指出的，《资本论》已经证明了自由平等的思想土壤正是商品生产。[④]

由此可知，马克思、恩格斯并未否定"人权"本身，其所批判的乃是资产阶级所宣扬的人权理念和其人权现实间的差距，是资产阶级人权观念所包含的口惠而实不至，甚至虚伪性。马克思和恩格斯并不否认自由、平等的价值理念，并且也认为，一切人都应当享有平等的政治地位和社会地位。[⑤]但是，马克思和恩格斯在深刻分析资产阶级和资本主义国家的现实后，结合"特权、优先权符合于与等级相联系的私有制，而权利符合于竞争、自由私有制的状态"，认为资产阶级所宣扬的人权正是资产阶级的特权，而私有制本身就是垄断。[⑥]资产阶级为了推翻此前统治阶级，"为自己编造出诸如此类的幻想"，而"18世纪以来的历史编纂学家……必然会碰到这样一种现象：占统治地位的将是越来越抽象的思想，即越来越具有普遍性形式的思想。因为每一个企图取代旧统治阶级的新阶级，为了达到自己的目的不得不把自己的利益说成是社会全体成员的共同利益，就是说，这在观念上的表达就是：赋予自己的思想以普遍性的形式，把它们描述成唯一合乎理性的、具有普遍意义的思想"。[⑦]因此，资产阶级倡导的人权，无论被表述为如何美好的愿景，也无论其在资产阶级发展过程中有着怎样的进步性，都必然要为资产阶级本身所服务。

---

① 参见《马克思恩格斯全集》，第2卷，人民出版社1957年版，第144—145页。
② 参见《马克思恩格斯全集》，第1卷，人民出版社1956年版，第428页。
③ 参见《马克思恩格斯选集》，第3卷，人民出版社1995年版，第305页。
④ 参见《列宁全集》，第1卷，人民出版社1956年版，第428页。
⑤ 参见《马克思恩格斯选集》，第3卷，人民出版社1995年版，第444页。
⑥ 参见《马克思恩格斯全集》，第3卷，人民出版社1960年版，第228—229页。
⑦ 参见《马克思恩格斯选集》，第1卷，人民出版社1995年版，第99—100页。

"平等地剥削劳动力，是资本的首要人权。"① 这是由资本主义社会性质所决定的，也直接表明了资产阶级所宣扬的人权，即使具有进步性，也并非完全如其所描述的那样美好、普遍。而这些现实，却被资产阶级思想家有意无意地忽视了。

因此，马克思和恩格斯反对脱离社会现实地、抽象空洞地赋予人权以普遍性，认为人权应当是具体的、源于社会生活现实的。正是因为广大无产阶级无法真正地享有资产阶级所享有的人权，所以"资产阶级的平等要求也由无产阶级的平等要求伴随着"。② 马克思和恩格斯强调，真正的人权不能停留在抽象层面，平等也不能仅仅停留在形式上、表面上，不仅要在国家的领域中实行，"还应当是实际的，还应当在社会的、经济的领域中实行"。③ 真正的人权应当是所有人都能享有的人权，应当是不满足于形式平等，而追求实质平等的人权。

正是基于对社会现实的深刻理解，恩格斯指出："这个理性的王国不过是资产阶级的理想化的王国，永恒的正义在资产阶级的司法中得到实现，平等归结为法律面前的资产阶级的平等，被宣布为最主要的人权之一的是资产阶级的所有权，而理性的国家、卢梭的社会契约在实践中表现为，而且也只能表现为资产阶级的民主共和国。十八世纪伟大的思想家们也同他们的一切先驱者一样，没有能够超出他们自己的时代使他们受到的限制。"④ 同时，恩格斯也指出："追求幸福的欲望，只有极微小的一部分可以靠观念上的权利来满足，绝大部分却要靠物质的手段来实现，而由于资本主义生产所关心的，是使绝大多数权利平等的人仅有最必需的东西来勉强维持生活，所以资本主义对多数人追求幸福的平等权利所给予的尊重，即使有，也未必比奴隶制或农奴制所给予的多一些。"⑤ 而佐证便是："这种人权的特殊资产阶级性质的典型表现是美国宪法，它最先承认了人权，同时确认了存于美国的有色人种奴隶制：阶级特权不受

---

① 参见《马克思恩格斯全集》，第 44 卷，人民出版社 2001 年版，第 337—338 页。
② 参见《马克思恩格斯选集》，第 3 卷，人民出版社 1995 年版，第 447 页。
③ 同上书，第 448 页。
④ 同上书，第 356 页。
⑤ 参见《马克思恩格斯选集》，第 4 卷，人民出版社 1995 年版，第 239 页。

法律保护，种族特权被神圣化。"①

（三）人权的真正实现手段和价值目标：人的全面解放

马克思和恩格斯揭示了人权的时代状态：一方面，资产阶级所倡导的人权存在着名实相分离、口惠实不至的虚伪性，并且也掩盖了其背后的剥削与压迫。另一方面，人权不是天赋的、永恒的，而是历史地产生和发展的；不是抽象的、普遍的，而是受制于具体的社会基础。两相结合，便自然而然地引向了一个新的问题：如何改变这种不合理的现实，又应该如何真正地实现人权？

马克思与恩格斯在批判"自然权利"等观念时，也没有否认其曾具有的进步性。资产阶级价值观的确批判了在其之前的"迷信、非正义、特权和压迫"，并且以"永恒的真理、永恒的正义、基于自然的平等和不可剥夺的人权"进行取代，②从而通过资产阶级革命，推翻了具有"非政治性质"和"宗教国家性质"的封建专制制度，此后，使更多的人获得了释放。③然而，前两部分已经表明，资产阶级所倡导的价值观念，并非彻底、真实地体现了其所宣扬的普遍性、永恒性和不言自明性。相反，现实中有着非常多的事实，例证了资产阶级的言行不一，在人权方面尤其如此。恩格斯一针见血地指出："正义、人道、自由、平等、博爱、独立——直到现在除了这些或多或少属于道德范畴的字眼外，我们在泛斯拉夫主义的宣言中没有找到任何别的东西。这些字眼固然很好听，但在历史和政治问题上却什么也证明不了……可以一千次提出这种或那种要求，但是，如果某种事情无法实现，那它实际上就不会发生，因此无论如何它只能是一种'虚无缥缈'的幻想……那一套陈词滥调，殊不知由于实行了血腥的反革命，西欧已对这一套陈词滥调的内容绝望了。"④

结合德国的现实，马克思与恩格斯认为："形成一个被彻底的锁链束缚着的阶级，即形成一个非市民社会阶级的市民社会阶级，一个表明一

---

① 参见《马克思恩格斯选集》，第 3 卷，人民出版社 1995 年版，第 447 页。
② 同上书，第 719—720 页。
③ 参见陈波：《马克思主义视野中的人权》，中国社会科学出版社 2004 年版，第 53 页。
④ 参见《马克思恩格斯全集》，第 6 卷，人民出版社 1961 年版，第 325—326 页。

切等级解体的等级，一个由于自己受的普遍苦难而具有普遍性质的领域，这个领域并不要求享有任何一种特殊权利，因为它的痛苦不是特殊的无权，而是一般无权，它不能再求助于历史权利，而只能求助于人权，它不是同德国国家制度的后果发生片面矛盾，而是从它的前提发生全面矛盾，最后它是一个若不从其他一切社会领域解放出来，并同时解放其他一切社会领域，就不能解放自己的领域，总之是这样的一个领域，它本身表现了人的完全丧失，并因而只有通过人的完全恢复才能恢复自己。这个社会解体的结果，作为一个特殊等级来说就是无产阶级。"①

因此，真正实现人权，需要消除特权和垄断，消除不平等，实现人的全面解放。也就是说，以"每个人的自由发展是一切人的自由发展的条件"的"联合体"来代替"存在着阶级和阶级对立的资产阶级旧社会"。②而实现这样的联合体，在马克思看来，"工人阶级的解放应该由工人阶级自己去争取，工人阶级的解放斗争不是争取阶级特权和垄断权，而是争取平等的权利和义务，并消灭任何阶级统治"。③而现代平等要求社会所有成员，而非仅限于资产阶级的部分成员，能够平等地享有政治地位和社会地位。对无产阶级来说，"无产阶级所提出的平等要求有双重意义，或者它是对明显的社会不平等，对穷人和富人之间、主人和奴隶之间、骄奢淫逸者和饥饿者之间的对立的自发反应，特别是在初期，例如在农民战争中情况就是这样，它作为这种自发反应，只是革命本能的表现，它在这里，而且仅仅在这里找到自己被提出的理由；或者它是从对资产阶级平等要求的反应中产生的，它从这种平等要求中吸取了或多或少正当的、可以进一步发展的要求，成了用资本家本身的主张发动工人起来反对资本家的鼓动手段，在这种情况下，它是和资产阶级平等本身共存亡的。在上述的两种情况下，无产阶级平等要求的实际内容都是消灭阶级的要求，任何超出这个范围的平等要求都必然要流于荒谬。"④

平等的要求已经不再限于政治权利方面，它也应当扩大到个人的社

---

① 参见《马克思恩格斯全集》，第1卷，人民出版社1956年版，第466页。
② 参见《马克思恩格斯全集》，第39卷，人民出版社1974年版，第189页。
③ 参见李洙泗主编：《马克思主义人权理论》，四川人民出版社1994年版，第76页。
④ 参见《马克思恩格斯选集》，第3卷，人民出版社1995年版，第448页。

会地位方面，必须加以消灭的不仅是阶级特权，而且是阶级差别本身。^①无产阶级想要真正争取自己的权利，就必须通过斗争实现自我解放，并最终实现共产主义社会，因为只有在共产主义社会中，才能实现真正的平等和自由，才能实现每个人全面自由的发展，才能真正实现人的全面解放。^②同时，也正如恩格斯指出的，我们不能重蹈资产阶级的覆辙，"我们没有最终目标，我们是不断发展论者，我们不打算把什么最终规律强加给人类"。^③因为如前所述，人权是历史的、发展的，是受限于具体社会背景的，马克思主义为研究和分析人权问题提供了方法论指引，但却并未试图给出一个一劳永逸、永恒普遍的答案。

二、列宁的人权理论

列宁在马克思、恩格斯的基础上，结合俄国社会现实进行思考，提出了自己对人权的理解与认识。

（一）真正享有人权需建立社会主义制度

列宁非常赞同马克思的观点："马克思一生中抨击得最多的是小资产阶级民主派的幻想和资产阶级民主制度，马克思讥笑得最厉害的是关于自由平等的空话，因为这些空话掩盖了工人饿死的自由，掩盖了出卖劳动力的人和好像是在自由市场上自由平等地购买工人劳动等等的资产者之间的平等，马克思在他所有的经济学著作中都阐明了这点。"^④在列宁看来，资产阶级民主派经常会犯下将"形式上的平等当作事实上的平等"的错误，但倘若一个阶级剥削另一个阶级的可能性没有完全消灭以前，绝不可能有真正的事实上的平等。在所谓的资产阶级民主下，自由与平等不过是一种形式，现实中，所发生的却是对工人进行的压迫劳动和雇佣奴隶制。^⑤而资产阶级所强调的自由，尤其是所谓出版自由，实际只不过是富人出版的自由，是由资本家霸占报刊。即使在"最自由最民主"

① 参见《马克思恩格斯选集》，第 3 卷，人民出版社 1995 年版，第 356—357 页。
② 参见《马克思恩格斯全集》，第 1 卷，人民出版社 1956 年版，第 582 页。
③ 参见《马克思恩格斯全集》，第 22 卷，人民出版社 1965 年版，第 628—629 页。
④ 参见《列宁全集》，第 35 卷，人民出版社 1985 年版，第 179 页。
⑤ 同上书，第 253—254 页。

的共和国之中，自由和民主也只能表现为，且从来都表现为商品所有者的自由和平等、资本的自由和平等。只要阶级存在，所谓的自由与平等就只能是资产阶级的谎言。在以金钱势力为基础的社会中，在广大劳动者一贫如洗而小撮富人过着寄生生活的社会中，关于绝对自由的言论不过是一种伪善，也不可能有实际和真正的自由。①

因此，列宁指出，现在斗争具有世界规模了，任何一个用自由民主的字眼来反对我们的人，都是站在有产阶级一边，都是欺骗人民，因为他不懂得自由和民主，直到现在都是有产者的自由和民主，对无产者来说不过是残羹剩饭。②现实生活让工人们认识到，只要地主还安安稳稳地占用着宫殿和迷人的城堡，自由就是虚构的，不过是在阴曹地府的自由；一方面答应给工人自由，一方面又让土地、财富乃至工人本身都继续掌握在资本家和地主的手中，这哪里是一点自由和平等的气味呢？因此，必须实现任何一个劳动的人都有权享有生活资料，一切属于工人，一切属于劳动者。③

这就意味着，资产阶级民主由它的本性所决定的一个特点就是抽象的或从形式上提出平等问题，包括民族平等问题，资产阶级民主在个人平等的名义下宣布有产者和无产者、剥削者和被剥削者的形式上或法律上的平等，用这种弥天大谎来欺骗被压迫阶级。平等思想，本身就是商品生产关系的反映，资产阶级借口个人绝对平等，把这种思想变为反对消灭阶级的斗争工具，要求平等的实际含义只能是要求消灭阶级。④因为权利的真正平等在任何一个资产阶级国家都未曾有过。相反，资产阶级国家从来而且都只能是资产阶级镇压劳动者的机器、资本政权的工具、资产阶级的专政。资产阶级民主共和国许诺和宣告政权属于绝大多数人，但从来没有实现过，因为存在着土地和其他生产资料私有制。这种自由只能是富人的自由，在资本主义制度下，劳动群众

---

① 参见《列宁全集》，第 12 卷，人民出版社 1987 年版，第 96 页。
② 参见《列宁选集》，第 3 卷，人民出版社 1995 年版，第 814 页。
③ 参见《列宁全集》，第 35 卷，人民出版社 1985 年版，第 814—815 页。
④ 同上书，第 362 页。

是不能实际享有民主的。①

所以，列宁认为，无产阶级要获得政权，成为统治阶级，建立社会主义制度，粉碎资产阶级的议会制和资产阶级的民主，镇压资产阶级，制止其他的一切阶级想恢复资本主义的一切尝试，给予劳动者以真正的自由和平等，这只是在废除生产资料私有制的条件下才能实现，不仅给他们权利，而且使他们能真正实际享有从资产阶级那里夺来的一切。② 人民需要共和国，为的是教育群众实行民主，不仅仅需要民主形式的代表机构，而且需要建立由群众自己从下面来全面管理国家的制度，让群众有效地参加各方面的生活，让群众在管理国家中起积极的作用，这条道路使国家能够有计划地坚定地走社会主义，不是从上面实施社会主义，而是发动广大的无产者和半无产者群众去掌握管理国家的艺术。③

建立了社会主义制度后，列宁强调了法律对保障人权的重要性。结合俄国现实，列宁指出，俄国并不缺乏法律，但这些法律都只不过是专制的体现。俄国的管理形式是无限君主制，沙皇专制独裁，独自颁布法律，任命全部高级官员，人民和人民代表无权过问。在这种沙皇主宰的专制政府下，要求保障人权是不可能的，因为"专制政府之所以被叫作专制政府，正是由于它不给人民政治权利"。④ 因此，人身不受侵犯和人的自由取决于国家的根本法律。只有当人民的代表能够参与颁布法律和管理整个国家的时候，人的自由和权利才能得到保障。因此，需要以法律保障全体公民直接参加国家管理的权利，保障全体公民的自由和人权。其中，列宁尤其强调了选举权、罢免权、受教育权及其他个人自由权利。⑤

（二）真正享有人权需有物质基础的保障

列宁认同马克思和恩格斯的观点，即人权并非抽象的、人也并非生活在真空之中，这就意味着人权需要有现实的物质基础作为保障。在一

---

① 参见《列宁全集》，第36卷，人民出版社1985年版，第295页。
② 参见《列宁全集》，第37卷，人民出版社1986年版，第101页。
③ 参见《列宁全集》，第32卷，人民出版社1985年版，第160页。
④ 参见《列宁全集》，第4卷，人民出版社1984年版，第330页。
⑤ 参见《列宁全集》，第2卷，人民出版社1984年版，第90页。

般意义上，列宁认为，正如马克思在《政治经济学批判》中的观点，也就是人们在自己生活的社会生产中发生一定的必然的、不以他们意志为转移的关系，即同他们的物质生产力的一定发展阶段相适应的生产关系，这些生产关系的总和构成社会的经济结构，既有法律的和政治的上层建筑竖立其上，并有一定的社会意识形式与之相适应的现实基础，物质生活的生产方式制约着整个社会生活、政治生活和经济生活的过程。不是人们的意识决定他们的存在，相反是人们的社会存在决定人们的意识，社会的物质生产力发展到一定阶段，便同它们一直在其中运动的现存生产关系或财产关系发生矛盾，这些关系便由生产力的发展形式变成生产力的桎梏，那时变革的时代就来临了。①

具体到人权问题，列宁指出，在资本主义国家，平等的民主共和国都是虚伪的和骗人的，并没有实现，也不可能实现平等，而妨碍这种平等的是生产资料、货币和资本的私有制。因此，资本主义私有制是一切不平等的根源。②任何民主，和任何政治上层建筑一样，归根到底都是为生产服务的，并且归根到底是由该社会中的生产关系决定的，所以把生产民主和其他任何民主分割开来，是无法解决问题的。③

所以，列宁认为，只要财产还在资本家手里，民主就不过是掩盖资产阶级专政的十足骗人的幌子，如果不扯掉这个骗人的幌子，就根本谈不上认真解决把劳动从资本压迫下解放出来的问题，我们必须这样提出问题，这是马克思一向教导的，这是无产阶级的日常斗争，每一次斗争所表明的；我们必须这样提出问题，只要财产还在资本家手中，任何民主都不过是披着美丽外衣的资本，资产阶级专政一切关于平等的宣传完全是骗局，因为在剥削者和被剥削者之间，在资本资产的占有者和现在雇佣奴隶制度之间不可能有什么平等。④因此，列宁强调将提高生产水平作为最迫切的任务，"在一个经济遭到破坏的国家里，第一个任务就是拯救劳动者，全人类的首要的生产力就是工人、劳动者，如果他们能活下

---

① 参见《列宁全集》，第 26 卷，人民出版社 1988 年版，第 58 页。
② 参见《列宁全集》，第 36 卷，人民出版社 1985 年版，第 340 页。
③ 参见《列宁全集》，第 40 卷，人民出版社 1986 年版，第 276 页。
④ 参见《列宁全集》，第 35 卷，人民出版社 1985 年版，第 428 页。

去，我们就能拯救一切、恢复一切。"①

（三）民族自决和独立是人权的重要内容

列宁尤其强调民族自决和独立的权利，并将其作为人权的重要内容。列宁谴责了帝国主义和殖民主义给整个世界带来的苦难，并认为在不发达的国家里，也就是整个东欧和一切殖民地和半殖民地，这里的民族通常受到压迫，客观上还存在全民族的任务，即民主的任务，推翻外来的压迫和统治。②但是，在广大殖民地国家中，商品生产和资本主义已经逐渐占据了主导，并且和金融资本有着千丝万缕的联系，在这种情况下，指望帝国主义主动"从殖民地滚出去"是不科学的空想。因而，如果要求殖民者"滚出殖民地——不用鼓动性的空喊，而是用确切的政治语言来说，就是要求它给予殖民地充分的分离自由，真正的自决权，如果我们一旦夺取政权，我们自己一定要让这种权利实现，给予这种自由"。③

列宁主张，在解决一切殖民地和民族问题时，要注重从具体出发，"弄清具体的经济事实，不从抽象的原理出发，而从具体的现实生活中的各种现象出发"。④殖民地的分离，一般来说，只有随着社会主义才能实现，而在资本主义制度下，或者作为例外，或者要付出额外代价——在殖民地和宗主国中进行一系列革命和起义——才能实现。⑤列宁将民族自决界定为"关于民族享有分离和成立独立的民族国家的权利"，⑥并认为，实现民族平等，一方面要给予少数民族足够的尊重，并在政治、经济、文化、教育等方面给予特殊的照顾，另一方面则要求承认享有民族的平等的权利。因此，"在将来的俄国，我们承认一切民族都有自由的自决权利，因为我们只把民族自由看作是整个公民自由的一种形式"。⑦

但同时，列宁也指出："我们向现在的政府要求这一点，而且我们自

---

① 参见《列宁全集》，第 36 卷，人民出版社 1985 年版，第 346 页。

② 参见《列宁全集》，第 27 卷，人民出版社 1990 年版，第 52 页。

③ 参见《列宁全集》，第 28 卷，人民出版社 1990 年版，第 158—160 页。

④ 参见《列宁全集》，第 39 卷，人民出版社 1986 年版，第 229 页。

⑤ 参见《列宁全集》，第 28 卷，人民出版社 1990 年版，第 34 页。

⑥ 参见《列宁选集》，第 2 卷，人民出版社 2012 年版，第 358 页。

⑦ 参见《列宁全集》，第 7 卷，人民出版社 1986 年版，第 89 页。

己在组成政府时做到这一点，这绝不是为了倡导实行分离，相反地，是为了促进和加速各民族的民主的接近和融合……这一点是我们的义务和切身利益所在，否则，欧洲的社会主义就将是不巩固的。我们要尽量给这些比我们更落后和更受压迫的人民以无私的文化援助……帮助他们过渡到使用机器、减轻劳动、实行民主和社会主义。"同时，要求给予殖民地人民自决权，仅仅是因为"我们主张自由的、自愿的接近和融合，但不主张强制的接近和融合"。① 民族自决是为了推翻殖民和压迫，是为了实现民族间的平等和团结，而不能被作为无端分裂国家的借口和手段，"仅仅说明我们无产阶级政党应当永远无条件地反对任何用暴力或非正义的手段从外部影响人民自决的企图"。②

三、民主社会主义的人权纲领

19 世纪末，马克思和恩格斯去世后，社会主义运动整体上呈现出两种不同的趋势，一种是以列宁为代表的科学社会主义，主张斗争夺取政权，建立社会主义国家，实行无产阶级专政；另一种是以伯恩施坦、考茨基等为代表的"第二国际社会民主主义运动"，以社会主义为旗帜，并认可现有的资本主义体制，试图以此为基础进行社会改良，从而实现社会主义。在第一次世界大战后，"第二国际"因支持帝国主义战争而解散。此后在 1951 年，由主张民主社会主义的政党和组织组成的联合体——社会党国际（Socialist International）在德国法兰克福成立。③

民主社会主义与马克思主义相似，对资产阶级人权理念及相关现实提出了批判，因此很多时候会被认为属于"社会主义"的一支。但根本来说，民主社会主义一方面将资产阶级人权理念中的相关价值作为自己的理论内核，并相信其能够成为社会和平发展和演变的工具，因而与马克思主义人权理念存在着一定的分歧；但另一方面，民主社会主义将自己视为与资本主义和共产主义相区别的所谓"第三条道路"，对资本主

---

① 参见《列宁全集》，第 28 卷，人民出版社 1990 年版，第 160—161 页。
② 参见《列宁全集》，第 7 卷，人民出版社 1986 年版，第 89—90 页。
③ 参见朱力宇、叶传星主编：《人权法》，中国人民大学出版社 2017 年版，第 85 页。

义人权理念也进行了批判。因而，实际上，民主社会主义往往与科学社会主义是相对而言的，甚至存在着一定的对立。[①]

人权问题始终被社会党国际作为最主要的议题，在成立时通过的《法兰克福宣言》就强调了"社会党人一贯为人权进行斗争。必须使联合国大会通过的世界人权宣言在每一个国家中生效"和"民主制必须根据保障民族自由与人权的国际法的规定"。在此后社会党国际于 1989 年 6 月在斯德哥尔摩通过的《原则声明》（Declaration of Principles）和 1996 年在纽约通过的《面向 21 世纪的人权议程》（A Human Rights Agenda for the 21st Century）中，较为系统地阐释了其人权纲领。[②]

（一）民主社会主义对人权的基本认识

首先，民主社会主义在《面向 21 世纪的人权议程》中提出，21 世纪的人权议程和此前的人权议程并不应存在根本性的不同，但将会更加"大胆"和"雄心"。人权应当建立在普遍价值的基础上，且任何普遍人权哲学都必须以一些被普遍接受的一般原则作为基础。民主社会主义尤其关注以下与人权相关的议题：

（1）普遍性。民主社会主义认为，人权标准虽然植根于许多文化，但却是普遍的。人权必须通过其普遍性为所有人提供保护，包括妇女、儿童、少数群体、土著居民、工人、少数民族、难民等其他特殊群体、流离失所者、残疾人和老年人。在承认文化多元化的同时，不应容忍背离包括妇女权利在内的普遍接受的人权的文化习俗。由于人权关系到每个人并具有普遍价值，因此，倡导人权不能被视为干涉国家事务。

（2）不可分割和相互依存。民主社会主义认为，所有人权都是个人的、相互依存的。任何一组权利都不能比另一组享有优先权，也不能说一组权利是享受其他权利的前提。这些论点没有法律或经验依据，但很

---

①　参见徐崇温：《评民主社会主义的人权观》，载《哲学研究》1991 年第 12 期。

②　相关文件，可见于社会党国际的官方网站：《原则声明》，https://www.socialistinternational.org/about-us/declaration-of-principles/；《面向 21 世纪的人权议程》，https://www.socialistinternational.org/congresses/xx-congress-of-the-socialist-international-new-york/a-human-rights-agenda-for-the-21st-century/，最后访问日期：2022 年 5 月 30 日。本部分此后内容主要出自这两份文件，不再一一注明。

容易破坏就人权达成国际共识的基础。人权是相互依存的，必须以全面和综合的方式对待人权。

（3）团结互助。民主社会主义认为，人权议程的南北维度至关重要。《发展权利宣言》所定义的团结是"工业化国家及其发展伙伴之间的团结以及每个最贫困国家的团结"，而发展权是普遍的和不可剥夺的。当前，最贫困和绝望的人数将继续增加。与所有国家人民的团结需要一个利益和价值共同体，该共同体不容置疑地应对从环境退化、移民到毒品和流行病的各种问题。国际社会必须支持并增加官方发展援助的数量，以扭转穷人日益边缘化的趋势，并实现以下目标：极大地减少赤贫人口的比例，所有国家的普及初等教育，性别平等，通过基本的卫生保健系统，为所有适当年龄的人提供计划生育服务。贫穷人民和贫穷国家的努力的成败将对二十一世纪以及人权和基本自由将在其中占据的位置产生深远的影响。

（4）一体化。民主社会主义主张，人权活动不应孤立对待或进行，而应与发展、合作、和平和其他形式结合起来。但是，必须在真正的人权研究、监督与咨询服务、技术合作之间进行明确区分。调解努力至关重要，应尽可能反映人权的综合要素，不能将其视为监测人权的替代品。

（5）民主。民主社会主义提出，民主不仅是法律或正式程序，而是要求个人在所有事项上的民主参与。同时，民主不仅是控制政治进程，而且必须触及社会的所有领域。这也是一个动态的概念，必须不断发展，其基础必须不断加强。民主要求有良好的统治，没有腐败，国家和其他当局对人民负有责任，并关注对少数群体的保护。在国际层面，维持国家的民主与发展与国家之间以及国际体系各个层面的关系中的民主扩张紧密相关。国际关系中的民主是在国家之间建立相互支持和尊重的唯一基础。没有国际关系中的真正民主，和平就不会持久，也无法确保令人满意的发展速度。这也是《联合国宪章》的基本原则，意味着在解决常见问题时进行协商和协调，为了发展而合作。

（6）自决。民主社会主义判断，自决权已在国际人权文件和国际法中确立。尽管如此，自决并不一定意味着分裂或建立国家。允许不同群体拥有更大自治权的多元政治结构通常是实现自决的更好方法。至关重要的是，所有人民都有权在联合国相关决议的框架下，在文化、政治、社会、宗教上表达自己的意见。在这方面，联合国似乎更好地建立了一个专门机构，负责审查自决问题，并将制定标准，据此可以根据客观和普遍接受的标准来判断自决要求。

（7）军事化。民主社会主义提出，人们越来越担心许多国家的军事化和为此目的挪用资源。军事化导致社会遭到破坏，破坏了自决权，剥夺了人民解放自己的权利和不惧怕的权利。某些情况下，军事化对土著居民和少数民族、妇女、儿童尤其有害，并导致他们被迫迁移。为了有效解决这一问题，富裕国家在避免出口武器方面应负特别责任。

（8）法治。民主社会主义认为，法治必须建立在一个独立的司法机构的基础上，该司法机构公正、无歧视地对待所有公民。应在公开场合进行审判，并应明确规定公民可享有的权利，以及在这些权利受到威胁时用于寻求补救的手段。在许多国家，酷刑、不人道和有辱人格的待遇的存在令人关切。这些做法必须消除。

（9）废除死刑。民主社会主义主张，人人享有生命权是最基本的人权之一，普遍废除死刑有助于增进人的尊严和人权的逐步发展。任何人都不应被判处这种刑罚或被处决。因此，各国必须根据普遍或区域人权文件废除死刑，任何已经废除死刑的国家均不得恢复死刑。尤其是当剥夺生命是灭绝种族罪的一部分时，将充分适用《防止及惩治灭绝种族罪公约》的规定。

（10）打击种族主义、种族歧视、反犹太主义、仇外心理和种族暴力。民主社会主义认为，种族歧视，特别是其残酷形式的种族歧视，是犯罪行为，必须通过法律措施予以相应处理。与种族主义、种族歧视和反犹太主义的斗争要求采取非常广泛的行动战略，包括在教学、教育、文化和信息领域的法律和政治措施（包括解决冲突和建立信任措施）和政策。

（11）保护少数人权利。民主社会主义认为，种族主义、仇外心理和种族暴力的最常见受害者是少数群体，其权利必须得到特别保护。特别是在发展过程中，必须保证尊重宗教和哲学自由，通过文化交流和结识不同人群，可以实现这一目标。拓宽和深化民主化进程对于少数民族权利，少数民族参与和发展稳定至关重要。这就要求在这个微妙的问题上具有更大的透明度和对话。少数群体权利也必须通过新的国际法来发展，使人们有权主张其作为少数群体成员的权利。促进少数群体权利的重要手段应该是通过真正有效的民主化进程使少数群体参与，还应该有资金支持民间社会，包括非政府组织。

（12）特别保护本土居民。民主社会主义认为，在世界各地有许多土著居民未被政府承认为正式公民，因此被剥夺了自决权。他们在国际人权文件的框架内被剥夺了其特定的文化特性和获得保护的权利。应加紧开展旨在解决土著居民问题的联合国活动，并应加快制定与土著居民权利有关的国际法律文件的努力。

（13）难民和流离失所者。民主社会主义提出，难民和国内流离失所者的问题在世界范围内普遍存在并在不断加剧，正在成为一种永久现象。它与政治镇压、武装冲突、种族不和谐和自然灾害有关。由于缺乏有效的国家和国际机制来保护和援助，他们的立场更加复杂。因此，国际社会必须认真遵守《日内瓦公约》赋予的权利，并应根据最近的经验，包括事实上的难民，因内战、迫害和自然灾害而流离失所的人，通过一系列附加权利。还需要采取措施，确保在外国作为"来宾公民"长期生活的移民及其家庭的数量不断增加。

（14）维护妇女、儿童权利。民主社会主义主张，妇女在公共和私人生活中在承认、享受和行使其个人权利方面继续面临着全世界的歧视，并且是许多形式暴力的受害者。应通过促进和保护人权，更有效地打击侵犯妇女权利的行为，尤其是歧视和不平等。而儿童仍然是世界各地各种虐待和剥削的受害者，诸如身心健康、营养、教育、住房和参与等基本需求往往得不到满足。这些都必须得到改善。

（15）维护同性恋、双性恋权利。民主社会主义认为，这些人群在法律上的不平等仍然存在。"恐同"是造成侵犯人权的原因，这个问题属于犯罪行为，应在法律诉讼中予以相应处理。必须通过制定法律来确保他们在社会、经济和生活等各个领域的平等待遇，从而成为法律制度的组成部分。

（二）民主社会主义的人权评价和建议

基于上述主张和论断，民主社会主义对20世纪的人权状况的评价整体上是负面的。他们的评价包括：缺乏以独立和可及的方式保护人权的区域和国家政府间机制，对少数民族、土著居民的歧视和保护不足，存在破坏人权普遍性和不可分割性的措施，武装冲突的扩散、种族不和等给平民带来危险，侵害工人特别是移徙工人的权利，对难民的保护不力，侵犯人权者不受惩罚，宗教与极端主义以及基于宗教的其他形式的歧视混合在一起，对妇女、儿童、老年人、残疾人等少数群体的保护不力，环境恶化加剧，自然资源减少，资源分配不均，医疗卫生系统不充分，等等。

而对联合国框架下的工作而言，民主社会主义尽管肯定其进展，但同样认为其工作仍有不足：联合国组织完全或多年以来忽视了许多严重局势；专题报告员和国家报告员可用来鼓励或制止具体侵权行为的技术极为有限，已经制定的程序非常不理想；伴随这些程序采取的后续措施常常是无效的，许多有针对性的政府设法忽略了这些措施，或者只是做出了象征性的回应；尽管最近发生了一些重大事态发展，但联合国系统总体上仍将人权问题限制在其活动范围之内；某些问题上，进展甚微，其中首先包括经济、社会、文化权利，少数群体权利和妇女权利；可用于满足各种联合国授权的财政和人力资源严重不足。

基于此，民主社会主义提出以下一般性建议：

（1）促进和保护人权的普遍性和不可分割性，方式包括：确认并保证人权、发展与民主之间的相互关系，保障少数群体、土著居民的权利以及个人权利，消除侵犯人权的根源；

（2）人权和基本自由是不可分割和相互依存的；

（3）评估和改变妨碍人民充分享有人权的法律、政策和做法；

（4）确保发展战略可行、公平、面向个人、与自然环境保持平衡，以确保公正并改善所有人的自由和尊严；

（5）制定准则以评估相关作为和不作为对人权的影响，并建立适当的问责机制；

（6）反对妨碍人权特别是妇女权利的社会文化习俗和极端主义；

（7）消除妨碍政治制度自由化的政策与法律；

（8）解决武装冲突的问题；

（9）减少武器采购，并将军备开支重新分配到发展需求上，禁止向违反人权的国家出口武器；

（10）通过减少购买武器和将用于军事化的资金用于促进和保护人权，以及通过重新分配其他来源，确保人权优先于国家资源；

（11）禁止包括酷刑在内的有辱人格的讯问手段；

（12）尊重人权活动家以及包括非政府组织在内的社会和法律运动的工作；

（13）在维持个人责任的同时，确保司法机关的独立性，通过法律和其他手段为侵犯人权行为提供适当的补救措施，通过有效的法律和其他措施打击罪犯不受惩罚的现象；

（14）促进对人权的全面教育和培训，包括增加信息提供、发展技能；

（15）利用地区的文化丰富性促进和保护普遍人权标准；

（16）确保遵守国际义务，特别是在平等和不歧视标准方面，并按照人权普遍性解决群体、人民和国家间习惯法的冲突，优先考虑符合《世界人权宣言》的法律；

（17）确保保护妇女、儿童、土著居民、少数民族、农民和工人及所有边缘群体的权利；

（18）保证宗教和哲学表达自由；

（19）废除强迫迁移，以保障享有和平与有尊严的住所的基本权利；

（20）制定重返社会准则和基于人权的道德守则，这些准则将在特殊情况下使用；

（21）废除死刑；

（22）立即结束一切形式的镇压，包括有组织的性暴力、酷刑、强迫或非自愿失踪、法外处决和任意拘留；

（23）保护所有侵犯人权行为的受害者，同时也要保证囚犯的权利；

（24）满足政治犯、酷刑受害者、难民和流离失所者的基本需求；

（25）确保反对服兵役的权利；

（26）向受害者、幸存者提供补偿和赔偿以及全面的健康服务；

（27）欢迎各国政府建立保护和增进人权机制的新倡议；

（28）通过国家人权教育和培训政策，为官员、政府雇员和执法人员提供专门的培训；

（29）所有教育机构的议程上都应有正式和非正式的人权计划，政府将对此负主要责任，并需要有效利用媒体；

（30）应特别强调为边缘化社区成员专门设置特殊方案；

（31）学校和学院的课程应包括有关各种宗教和文化的教育；

（32）所有个人都应有平等的受教育机会，包括在当地社区受教育的权利；

（33）教育机构都必须在机会均等、应对种族主义和性别歧视方面制定明确的政策；

（34）必须进行教育交流，增进对其他国家的了解；

（35）所有年轻人在接受部分教育的过程中都应有机会体验另一个国家的生活；

（36）学习另一种语言应该从小学开始，然后在整个学校中继续普及，等等。

更为具体地，民主社会主义提出了以下主张：

（1）加大对国际文件和程序的接受。打击侵犯人权的国际行动的关键应继续是《经济社会文化权利国际公约》《公民及政治权利国际公约》等一系列国际人权公约。应当鼓励尚未加入公约的国家加入公约。

（2）国际标准的定义。许多重要的国际人权文件中，关于标准定义的工作必须继续进行，特别在死刑、难民、恐怖主义、武装冲突、儿童权利、国际人道法等问题上。区域性国际人权条约和文件被证明是有价值的，尤其是因为它们允许采用与联合国案文不同的、更详细和符合文化习惯的方法。在这方面，必须授权联合国人权事务高级专员提出通过新标准的建议。

（3）更好地监督议定原则。需要采取措施来执行商定的标准，支持根据公约设立的监督国家行为的监督机构的努力。联合国人权事务高级专员（与观察员、报告员和工作组）建立的特设监测系统必须采用更加永久和独立的程序来发展。如果所有人权都是不可分割、紧密联系和相互依存的，那么就应当消除各公约的监督程序之间的差异。

（4）设立常设国际人权法庭。在所有侵犯人权的案件中，都应该有一个具有强制管辖权的常设国际人权法庭，以及个人可以直接诉诸刑事制裁并提供针对战争罪和犯罪的民事补救措施的常设国际刑事法庭。鼓励国家和国际层面的互动，国家和非政府组织应与联合国有关委员会和区域人权机制的工作更加紧密地联系在一起。

（5）战时保护人权。在武装冲突期间，必须存在更坚实地执行人道主义原则的机制。现代武装冲突造成巨大的生命损失，这不仅是因为现代战争没有明确的战线，而且还因为平民经常被故意作为目标。尤其应向红十字国际委员会提供财政和其他支持。应在联合国建立人道主义举措相关机制以尊重最基本的人权。

（6）预防种族和族裔冲突与暴力，包括预警和紧急程序。国家和国际机构应更加重视预防措施，并将其放在优先位置，以便在可能发生冲突的情况下尽早识别和作出有效反应。必须引入问题的判明、斡旋、调解、咨询、提供专门信息、长期监测、促进对话、紧急救济措施和保护人权的其他手段，应鼓励诸如消除种族歧视委员会之类的监督机构参与其中。

（7）国家机构和非政府组织。国家机构是在打击种族主义、种族歧视、反犹太主义、仇外心理和种族暴力领域中促进和保护人权的有效论坛和手段。应尽一切努力加强国家机构，并建立尚不存在的国家机构。非政府组织应在与国家机构的合作中发挥重要作用，特别是鼓励国家和国际各级之间的互动。

（8）法律适用。无论国家是否通过了相关人权公约，它们都应采取必要措施来打击侵犯人权和消除种族歧视，包括针对侵犯人权行为的更严厉的刑法规定，以及严厉的司法和执法政策，需要使执法人员了解不同种族和文化群体的社会和心理状况，避免执法过程中过度使用武力。

（9）对受害者的有效补救和赔偿。必须为侵犯人权行为的受害者提供有效的保护和补救措施，包括为因侵犯人权行为而遭受的损害寻求并获得公正和适当赔偿的权利。

（10）将人权问题纳入全球化议程。在全球化过程中，提高透明度和加强问责制，以人权和基本自由为荣并使其成为国家在经济和社会生活中的努力的一部分。在保护工人方面尤其如此，对体面和国际公认的劳工标准的尊重应该是高度优先的。

（11）扩大联合国在人权技术援助中的作用。联合国必须扩大其在技术援助领域的主要全球机构的作用，以促进人权，包括一项全面的联合国发展方案基于人权的合作。作为该计划的一部分，应提供技术和财政援助，以建立和巩固负责保护人权的国家机构和民主制度。

（12）人权教育与培训。应鼓励开展反对侵犯人权行为的教学、培训和教育活动，特别是为了消除导致种族主义、种族歧视、仇外心理和反犹太主义的偏见。应特别注意教师的多元文化教育。教师必须了解与人权有关的法律，并知道如何应对社会中不同种族和文化群体的孩子之间的关系。

（13）信息媒体。媒体可以影响许多人的意见，必须让媒体人员意识到他们在消除侵犯人权行为中的作用的重要性。此外，应当鼓励新闻记者和人权支持者参与大众媒体中的少数群体活动，以及媒体的多元文化活动，因为它们可以有助于消除种族和族裔偏见和仇外心理。

第三节　中国的人权思想发展历程

在思考人权问题时，需要从历史维度和社会维度出发，实现人权的普遍性与特殊性的结合，认识到每一个国家都可以根据本国独特的历史背景、文化传统和社会现实，发展出自己独特的人权理论。因此，在了解西方人权理论的同时，我们更有必要遵循马克思主义的世界观、认识论和方法论，结合中国独特的历史文化传统，汲取中华优秀传统文化，避免对西方理论的盲目追随，提炼出具有中国特色、符合中国国情与现实的人权理论。

一、中国人权思想的萌生

以史料分析，可以被视为"人权思想"的思考可以追溯到春秋战国时期，①并一直延续发展到清末。在这两千余年期间，中国人权理念的"痕迹"在内容上主要表现为：君轻民重的民本思想、②礼法结合的法治思想、先义后利的价值思想、以和为贵的中和思想、经国济民的经济思想、天下为公的大同思想等。③

（一）先秦时期与人权相关的代表性思想

先秦时期存在着民本思想。"天子作民父母以为天下王"，天子作为"天的代理人"，在"天"的监督下以行政治。在先秦观念的理想状态下，天意以民意为体现，则君主应当对民负责，此亦为对天负责，君主不能践行责任，则人民得以起而易之。"皇天上帝，改厥元子"，因此人人皆可为天子。④故而，梁启超将其视为后世民本主义的"总根芽"，体现了天治主义和民本主义的结合。⑤

孔子及儒家之初期，重周礼、尊传统，追寻"天下有道"和自上而下地"拨乱世而反之正"的"正名主义"，故而以述为作，提倡直、仁、忠、恕，重视义利及性，注重人之性情之自由，因此人权的"痕迹"体现在"仁爱"的思想之中。⑥此外，孔子还倡导"德政"，一是"足食、足兵"，使国富民强；二是"正"，让政治公正廉直。孔子强调以人为本，认为"天地之性，人为贵"，人是万物之首，原因在于人有"礼""义"而动物没有。⑦

---

① 并非东周之前缺乏相应观念，相反，当时已经逐渐存在一些"人本主义"的萌芽。原因主要有以下三点：其一，周时仍施行奴隶制；其二，周之文化、典章制度（即"文"与"礼"）纵然可观但缺乏著述，"孔子之前无系统化的哲学思想"；其三，面对贵族政治崩坏和社会阶层的动荡，学术之兴、风起云涌，诸子百家的泛论子学时期对中国古代文化、哲学思想史的影响是深远的。参见冯友兰：《中国哲学史（上）》，中华书局 2014 年版，第 32—40 页、第 54—63 页。

② 如《国语》中就提到"大事之必以众济"。该书中《内史过论晋惠公必无后》及《单穆公谏景王铸大钱》等文十分强调民众的力量。参见［战国］左丘明：《国语》，［三国］韦昭注，上海古籍出版社 2015 年版，第 23—27 页、第 78—81 页。

③ 参见吴忠希：《中国人权思想史略：文化传统和当代实践》，学林出版社 2004 年版，第 21—38 页。

④ 参见《尚书》，慕平译注，中华书局 2009 年版，第 125—142 页、第 197—209 页。

⑤ 参见梁启超：《先秦政治思想史》，东方出版社 1996 年版，第 36—37 页。

⑥ 同上书，第 81—103 页；冯友兰：《中国哲学史（上）》，中华书局 2014 年版，第 64—94 页；蔡元培：《中国伦理学史》，东方出版社 1996 年版，第 10—13 页。

⑦ 参见夏勇：《民本与民权——中国权力话语的历史基础》，载徐显明主编：《人权研究》（第四卷），山东人民出版社 2004 年版，第 8—9 页；吕世伦、周世忠主编：《以人为本与社会主义法治》，西安交通大学出版社 2016 年版，第 6—9 页。

墨子及前期墨家、战国时《墨经》及后期墨家以团体组织行动，表现出类似功利主义的倾向，表现为对人民富庶的主张与追求。国家百姓人民之利是墨子评定一切价值的标准，而对于无直接用处或有害者主张废弃。类似人权的观念体现在"兼爱"的思想之中。①墨子的天法学说和兼相爱、交相利的学说为来自民众的诉求提供了论据：墨子创设了类似西方自然法的"天法"来论证交利的正当性，人有私心而天无私心，所以天法面前人人平等，天法中"兼相爱、交相利"则是"一同天下之义"的凭据，被视为一种对"个人权利"论证的启蒙。②

孟子及儒家中期的孟学继承孔子的思想，主张仁政与性善、天、性及浩然之气，反对功利，认为一切政治经济制度皆为民设，治人者存在的理由完全在于能"得乎丘民"，反之则"非君矣"。因此类似人权的观念体现在"民为贵"的思想之中。③孟子主张的"民为贵、社稷次之、君为轻"中民之高贵，并非在于作为统治者的社会基础或群众基础，而是人自身就是最高位、君主就是最次位的；人的尊严和不可侵犯来源于天意，违背民意便是违背天意，人民便可以推翻统治者；但孟子认为只有"天选之人"才能行使讨伐暴君的权利，"匹夫而有天下……非人所能也"。④

在杨朱及道家之初、老子及道家之老学之后，庄子及道家中的庄学开始思考人的幸福、自由与平等，主张顺从人性而避免"络马首、穿牛鼻"般强行以种种制度治之，主张唯有人们都享有绝对的自由，才能顺其自然地获得幸福，而追求绝对自由就必须坚持绝对的平等，人权的

---

① 参见梁启超:《先秦政治思想史》，东方出版社 1996 年版，第 145—167 页；冯友兰:《中国哲学史（上）》，中华书局 2014 年版，第 95—122 页、第 257—295 页；蔡元培:《中国伦理学史》，东方出版社 1996 年版，第 36—41 页。

② 夏勇:《人权概念起源——权利的历史哲学（修订版）》，中国政法大学出版社 2001 年版，第 31 页、第 272—273 页。

③ 参见梁启超:《先秦政治思想史》，东方出版社 1996 年版，第 103—113 页；冯友兰:《中国哲学史（上）》，中华书局 2014 年版，第 123—145 页；蔡元培:《中国伦理学史》，东方出版社 1996 年版，第 15—19 页。

④ 参见夏勇:《民本与民权——中国权利话语的历史基础》，载徐显明主编:《人权研究》（第四卷），山东人民出版社 2004 年版，第 9—10 页。

"痕迹"体现在对"道"的探索与追求之中。[①]

荀子及儒家中之荀学继承前学，讲究天、性、心理，从人性本恶，但人人可以为善出发，从功利主义探究社会国家的起源，将礼作为外部行为规范，探寻"正名"及圣王王政之道，主张"制天命而用之"，类似人权的观念体现在"制天命"的思想之中。[②]

法家从社会政治经济各方面现实入手，拥护变古，其中韩非将势、术、法三派糅合，从人性本恶的角度出发，正名实、严赏罚，提出明主制法以治国，君臣上下贵贱皆从法，主张打击旧贵族势力，以"立法术、设度数"来"利民萌、便众庶"，类似人权的观念体现在以律法形式明确和促进一般民众权益的"明法"思想与实践之中。[③]

（二）汉朝至明中期的代表性思想

中华文明绵延数千载，历朝历代都有无数名家才俊、先哲圣贤，留下了无数理论和学说。故而此处必然无法完全例述，只能将特定阶段的代表性人物及观点予以列举。

董仲舒承继先秦儒家观念，提倡天人感应，注重元、天、阴阳、五行、四时，[④]并在此基础上探究人之性情，认为"情之表现为贪，性之表现为仁"，故而人性中有善端不能谓之全善，需要王治。王者受命于天，法天以治人，应当均贫富、塞并兼之路，不与民争利。类似人权的观念体现在其"爱民、安民、重民、富民"等一系列思想之中。[⑤]

[①] 参见梁启超：《先秦政治思想史》，东方出版社 1996 年版，第 122—145 页；冯友兰：《中国哲学史（上）》，中华书局 2014 年版，第 147—156 页、第 181—203 页；蔡元培：《中国伦理学史》，东方出版社 1996 年版，第 23—34 页。

[②] 参见梁启超：《先秦政治思想史》，东方出版社 1996 年版，第 113—122 页；冯友兰：《中国哲学史（上）》，中华书局 2014 年版，第 296—323 页；蔡元培：《中国伦理学史》，东方出版社 1996 年版，第 19—23 页。

[③] 参见梁启超：《先秦政治思想史》，东方出版社 1996 年版，第 167—197 页；冯友兰：《中国哲学史（上）》，中华书局 2014 年版，第 324—345 页；蔡元培：《中国伦理学史》，东方出版社 1996 年版，第 41—54 页。

[④] 参见冯友兰：《中国哲学史（下）》，中华书局 2014 年版，第 425—432 页。

[⑤] 参见［汉］班固：《汉书》，中华书局 2007 年版，第 561—571 页；冯友兰：《中国哲学史（下）》，中华书局 2014 年版，第 420—461 页；蔡元培：《中国伦理学史》，东方出版社 1996 年版，第 61—64 页。

王充沿袭道家的自然主义，并对孟子、荀子、扬雄的人性论予以折中，认为应当区分"中人""中人以上者"及"中人以下者"，因而人是可教的。而面对社会现实，王充提出了"饥寒致乱"的观点：人的行为善恶不在于所谓人的本质，而在于"岁穰"还是"岁饥"；面对饥寒困境，即使圣贤也难以恪守礼让。因此，类似人权的观念体现在其把人民的生存环境、状态和人的善恶、社会秩序等联系在一起。①

向秀、郭象、何晏、王弼等人以宇宙论为基本，主张"越名教而任自然"的放任主义，但其中也涉及一些可被视为"呼唤人权"的痕迹。例如，在涉及典制与道德的时候，向秀、郭象等人主张，"夫先王典礼，所以适时用也。时过而不弃，即为民妖，所以兴矫效之端也"，因此，不能用现实中已经过时、违背自然的典制和道德来约束人们，为人们增加不必要的负担。②

尽管佛教的起源并非在中国，但经过中国思想家的发展，其与原本起源的印度佛学也产生不同之处，"中国佛学"是与中国哲学思想相结合、考虑中国社会现实之后的产物。③其中最为典型的便是：印度因其社会种姓和阶级森严，曾讲究并非所有人都有佛性，无佛性则不可成佛；相比之下，正如《孟子·告子章句下》所言，"人皆可以为尧舜"，中国佛学认为人人皆有佛性，无论何人，"一念相应，便成正觉"，人人皆可成佛。④其中，晋、（刘）宋时期的高僧道生持"顿悟成佛"的观念，主张"一切众生，莫不是佛，亦皆涅槃"。⑤而这种区别不仅反映了中国佛学"众生平等"的观念，也体现了中国哲学思想中对人的平等的追求。这便是最普遍意义上体现在佛学之中的类人权思想。

---

① 参见［宋］范晔：《后汉书》，中华书局2007年版，第479页；冯友兰：《中国哲学史（下）》，中华书局2014年版，第495—506页；蔡元培：《中国伦理学史》，东方出版社1996年版，第66—68页。

② 参见［唐］房玄龄等：《晋书》，国家图书馆出版社2014年版，卷四十九、卷五十，第345—358页；冯友兰：《中国哲学简史》，赵复三译，世界图书出版公司2010年版，第190页；冯友兰：《中国哲学史（下）》，中华书局2014年版，第507—508页、第556—558页。

③ 参见冯友兰：《中国哲学简史》，赵复三译，世界图书出版公司2010年版，第208—209页。

④ 参见冯友兰：《中国哲学史（下）》，中华书局2014年版，第507—508页、第581页。

⑤ 同上书，第600—609页。

　　周敦颐在《太极图说》和《通书》中提倡宇宙论的思想，认为"天以阳生万物，以阴成万物"。在涉及对人的思考时，周敦颐认为：所谓圣人，应得以"立人极"，即树立为人的准则；而"圣人之道"则体现为"仁义中正"，而"生，仁也；成，义也"，因此圣人"以仁育万物，以义正万民"，"与天地合其德，至公而已"。这种民本思想，无不是关涉人权观念的体现，[①]并且对随后的理学与心学都产生着影响。

　　程颐认为，"理"意味着凡事皆有，且仅有一个不随外物变动、得以反映本质的"准则"，而一物之理即为"一物之所应该"；与"理"相对的是"气"；万物之始有，皆由气化；具体的物的成毁，皆因气的聚散。类比西方哲学，"气"可被看作是与"理"相应的质料。在程颐看来，理与事物是分离的，"形而下者为器"，即时空中具体的事物（包括气），"形而上者为道"，即超时空而永存之抽象的理。因此"有物必有则……君止于仁，臣止于敬……圣人所以能使万物顺治，非能为物作则也，惟止之各于其所而已"。[②]

　　朱熹继承了关于"理与气"和"道与器"等观念，并进一步认为，理在事物之前，是事物的最完全形式、最高标准，谓之"极"，而太极则是天地万物之理。理本应完全至善，但因体现于气中，受气所累而不能完全。"性"即是"理"，"心"则是"理"在"气"中的具体表现。反映在人性中时亦是如此，故而会有善恶圣愚之分；反映到国家社会组织，则以理治理国家，则国家治，反之则乱。类似孟子将治国之道区分为王道和霸道，朱熹同样将不同类型的君主在治国之法上进行了区分：英豪之君所行之政治为霸政，圣贤之君所行之政治为王政。[③]在朱熹及其他新儒家看来，汉唐以来的历代政权的执政者都是谋私利而非为了大众；故而其统治只能是霸道而非王道。[④]

---

　　① 参见蔡元培：《中国伦理学史》，东方出版社1996年版，第87—90页；冯友兰：《中国哲学史（下）》，中华书局2014年版，第711—718页。

　　② 参见蔡元培：《中国伦理学史》，东方出版社1996年版，第96—99页、第117—118页；冯友兰：《中国哲学史（下）》，中华书局2014年版，第245页、第747—769页。

　　③ 参见蔡元培：《中国伦理学史》，东方出版社1996年版，第100—104页；冯友兰：《中国哲学史（下）》，中华书局2014年版，第770—796页。

　　④ 参见冯友兰：《中国哲学简史》，赵复三译，世界图书出版公司2010年版，第259页。

联系到国家治理，此种主张意味着君主不能肆意妄为，应当顺应而非强制或违背人的"理"，在一定程度上反映了君主与人民并非附庸与奴役的关系，而是共同顺应于整个"天理"。因而可被视为人权的痕迹。

程颢认为，理应当是具体事物的发展趋势，不应当脱离事物而存在，因此对"形而上""形而下"并不必刻意区分，"器亦道，道亦器"。在此前提下，程颢对人性的观点是，"性即人所得于道"，亦即由天赋予，与理相关，"就其为天所赋与者而言，则谓之曰命；就其为人所得于天而得以生者，则谓之曰性"。[①] 故而，国家治理、社会发展需要顺应其自身趋势，需要考虑人的需求；而人则能从"天理"得到"性"，这在一定程度上和西方早期人权观念中的"天赋人权"有着一定近似性。

陆九渊在程颢的基础上更进了一步。陆九渊对"理""性""心"等本身并无疑问，[②] 但认为这些概念间的关系并非如理学所述，而应当是："心"即为"理"，即为"性"。[③] 但陆九渊的体系并非完善，真正完善心学的是王守仁。王守仁主张"心"即是"理"。理并非独立存在，没有心便没有理；心为宇宙立法，理是由心而立。由此，王守仁在其著述《大学问》中归纳了"三纲领"："大学之道，在明明德，在亲民，在止于至善。""在明明德"意指"大人者，以天地万物为一体者也。其视天下犹一家，中国犹一人焉……明明德者，立其天地万物一体之体也"；相应地，"在亲民"则指"达其天地万物一体之用也。故明明德必在于亲民，而亲民乃所以明其明德也"；"止于至善"则表明"至善者，明德、亲民之极则也"，但倘若不知止于至善，则会"骛其私心于过高，是以失之虚罔空寂""溺其私心于卑琐，是以失之权谋智术"。然而仅仅认识到这些还不够，王守仁主张知行合一，即"良知是知，致良知是行"。[④] 从统治阶级的角度，王守仁实际上对君主提出了治理国家的建议和纲领，

① 参见冯友兰：《中国哲学史（下）》，中华书局 2014 年版，第 747—769 页；蔡元培：《中国伦理学史》，东方出版社 1996 年版，第 92—96 页。

② 参见蔡元培：《中国伦理学史》，东方出版社 1996 年版，第 104—108 页；冯友兰：《中国哲学史（下）》，中华书局 2014 年版，第 807 页。

③ 参见冯友兰：《中国哲学简史》，赵复三译，世界图书出版公司 2010 年版，第 262 页。

④ 参见蔡元培：《中国伦理学史》，东方出版社 1996 年版，第 109—113 页；冯友兰：《中国哲学史（下）》，中华书局 2014 年版，第 813—818 页。

并以亲民、爱民的"知与行"为出发点和落脚点，可被视为人权在心学中的思想所在。

（三）明末和清朝前中期的代表性思想

明、清之际的中国对内经历着资本主义萌芽和新兴市民阶层的产生，对外则存在着思想、经济乃至军事方面的压力，当时的中国可谓矛盾重重。[①] 只是，与鸦片战争之后中国革命家、活动家和思想家开始逐渐吸纳西方人权观念不同，明末清初到清朝中期的思想家们仍主要着眼于中国传统观念中君主治国或君民关系。但尽管如此，这些明、清之际的思想家对中国人权理念的启蒙仍有着极为卓越的贡献。其中，代表人物有黄宗羲、顾炎武、王夫之、唐甄等。

黄宗羲提出"以天下为主，君为客"的思想，将秦汉以来皇权高度膨胀的历代君主和上古时期贤明君主进行对比，并对那些将天下视为自己私有物、视权力重于人民的君主进行了抨击，主张君主本只是天下的公仆。[②] 在前述框架之下，君主应当以天下万民为事；相应地，臣子也不应当专为君主服务，而应当为天下万民服务，万民之忧乐才是衡量"天下治乱"的标准。[③] 从制度方面，黄宗羲主张应当废除作为"无法之法""非法之法"的"一人之法"，建立属于万民的"天下之法"，从而排除君主垄断天下，去除"非法之法之桎梏"，从而"有治法而后有治人"。[④] 为了确保相应制度的建立和运行，黄宗羲提出以"学校"来作为议政机构的思想；而"学校"的本质是"用以养士"，通过书院等形式集中天下精英参政议政、体现民意、限制君权。[⑤] 既然要选取天下英才进入"学校"，黄宗羲对当时"取士"予以批判；科举制度已经腐朽不堪、禁锢思维，因此需要革新人才选拔的方法，一方面采用多种模式，另一

---

① 相关论述，可参见吕思勉：《中国通史》，中华书局 2016 年版，第 300—302 页、第 443—447 页；〔加〕卜正民：《挣扎的帝国：元与明》（《哈佛中国史（第 5 卷）》），潘玮琳译，中信出版社 2016 年版；〔美〕罗威廉：《最后的中华帝国：大清》（《哈佛中国史（第 6 卷）》），李仁渊、张远译，中信出版社 2016 年版。

② 参见〔明〕黄宗羲：《明夷待访录》，《原君》篇，中华书局 2011 年版，第 6—13 页。

③ 同上书，《原臣》篇，第 14—20 页。

④ 同上书，《原法》篇，第 21—26 页。

⑤ 同上书，《学校》篇，第 37—54 页。

方面需要解放思想、实现自由，鼓励不同的见解。① 除此之外，黄宗羲还批判了中国传统经济制度：在财产关系方面，黄宗羲反对君主的"以我之大私为天下之大公"，认为治理天下的要义是使人民富足。② 在此指导思想之下，黄宗羲肯定了人的私欲和追求财富的合理性，认为在保证富有者占有土地的同时，也应在一定程度上实现贫苦农民的"均田"；同时不应打压工商业，而应把工商业作为根本，兼以货币制度、市场体系、贸易制度、物价制度、土地制度等一系列改革，满足人们的经济需求，并实现"常有千万财用流转无穷"的繁荣局面。③ 可以说，作为首倡"天下为主"思想、被称为"中国人权思想启蒙第一人"的黄宗羲从国家和社会的顶层设计到具体规划层面都进行了细致的分析和思考，其思想"超过了王朝更替的中古君臣之义，去寻求新的制度"，④ 并对后世具有重大引导作用，被誉为"人类文化之一高贵产品"，是对"三千年专制政治思想极大胆的反抗"，⑤ 是"自由的先声"。⑥

顾炎武的思想集中体现在其著作《日知录》《天下郡国利病书》及《亭林诗文集》之中，可被概括为"众治"。顾炎武和黄宗羲的出发点大体一致，都肯定了人在自我需求和自身欲望方面的合理性，即"天下之人各怀其家，各私其子，其常情也"。因此，统治者如果能正确认识这种"私欲"，并妥善应对，"因而用之，用天下之私，以成一人之公而天下治"。⑦ 在此基础上，顾炎武重新论证了"君主"的性质，认为君主即使"执天下之大权"，但一方面从古至今并非帝王才能称"君"，另一方面各级官吏"莫不分天子之权"，由此得出君主之权并非神圣不可分割、君主专制值得批判质疑的结论。⑧ 因此，应当进行"权力分治"，而分治

① 参见［明］黄宗羲:《明夷待访录》,《取士》篇，中华书局 2011 年版，第 55—78 页。
② 同上书,《原君》篇，第 6—13 页。
③ 同上书,《田制》篇，第 92—116 页;《财计》篇，第 139—162 页。
④ 参见侯外庐主编:《中国思想通史（第 5 卷）》，人民出版社 1956 年版，第 155—157 页。
⑤ 参见梁启超:《中国近三百年学术史》，东方出版社 2004 年版，第 49—54 页。
⑥ 参见蔡元培:《中国伦理学史》，东方出版社 1996 年版，第 117—118 页。
⑦ 参见［清］顾炎武:《亭林诗文集 诗律蒙告》,《郡县论·五》，上海古籍出版社 2012 年版，第 60—61 页。
⑧ 参见［清］顾炎武:《日知录集释》，卷二十四，上海古籍出版社 2014 年版，第 528—549 页。

的核心在于郡县而非专权："封建之失，其专在下；郡县之失，其专在上"，[①] 故而需"寓封建之意于郡县之中"，使得国家的各种事务得到自上而下的分工，从而确保整个国家的治理。[②] 与这种"郡县分治"的政治制度相匹配的是立足于"民富"的经济制度，包括鼓励与发展农业、实现土地均衡分配、以"恒产"保民之"恒心"等，[③] 以及保护人民私有财产、反对有公无私的观念。[④] 从现代的眼光分析顾炎武的思想，可以发现其与近代西方民主政治理念有着较为相近之处，其思想极大激励了清末民初的救国图存，并为梁启超等人所敬仰。[⑤]

王夫之关于国家治理和君民关系的思想主要体现在其《读通鉴论》之中。他提出，对于君主首先需要尊重和维护，因为"天子绝乎臣民而尊者"，倘若对天子"置之废止、奉之夺之，易如反掌"，则注定成为"致祸之源"，并会引发社会、国家动乱。[⑥] 维护君主的目的在于定国安邦而非君主私欲，"以天下论者，必循天下之公，天下……非一姓之私也"。[⑦] 如若不然，横征暴敛、实施暴政只会迫使天下举兵。因此，民心向背至关重要，"人之所同然者即为天"，以天下为私的君主必然无法长久延续其王朝。[⑧] 由此，王夫之主张，"一姓之兴亡，私也；而生民之生死，公也"，为了实现天下为公，必须限制君权，避免国家治理的全部权力归于君主一人，实现君主与百官、中央与地方的分权。同时，在分权之后，获得权力的地方官员需要足够了解民情、接近民众。[⑨] 可以说，这种反对中央集权、支持权力分配、以人民为核心的"天下为公"思想，激发和引导了后世民主、平等、尊重人权的社会理念。

---

① 参见［清］顾炎武：《亭林诗文集 诗律蒙告》，《郡县论·一》，上海古籍出版社 2012 年版，第 57—58 页。

② 参见［清］顾炎武：《日知录集释》，卷八，上海古籍出版社 2014 年版，第 181—203 页。

③ 同上书，卷十，第 229—244 页。

④ 同上书，卷十三，第 295—322 页；［清］顾炎武：《亭林诗文集 诗律蒙告》，《郡县论·一》，上海古籍出版社 2012 年版，第 61—62 页。

⑤ 参见梁启超：《中国近三百年学术史》，东方出版社 2004 年版，第 60—74 页。

⑥ 参见［清］王夫之：《读通鉴论》，卷二十九，中华书局 1975 年版，第 1040—1066 页。

⑦ 同上书，卷末·叙论一，第 1106—1108 页。

⑧ 同上书，卷十九、卷二十七，第 625—661 页、第 954—1009 页。

⑨ 同上书，卷十六、卷十七，第 528—551 页、第 552—598 页。

　　唐甄提出："人之生也，身为重"，而"圣人好生之德，保人之身"，因此，社会发展无不是以人和人的生活为中心；① 从政治存续的角度，国有四政：兵、食、度、赏罚，但若为政者"见政不见民"，则"四海穷困，未有不亡者"，"国之无民，岂有四政"？ 因此，需"以身喻民，以心喻君；身有疾，则心岂得安？ 身无疾，则心岂得不安？"② 唐甄的"以民为本"思想还体现在他对人民生存权的呼吁：他强烈批判屠戮百姓的行径，认为这种为了荣华富贵、一己私欲而剥夺人民生存权的行径有违天道，③ 而"天地虽大，其道唯人"。④ 同时，唐甄认为人不应以出身而分贵贱，亦不应以"贫贱出身"为耻，"皂人、丐人、蛮人皆可以为圣人"，⑤ 且"天地之道故平，平则万物各得其所"，"人之生也，无不同也"，人人应生而平等。⑥ 人与人之间的平等包括君民平等和男女平等的观念。君民平等意指包括君主在内的统治阶级和平民之间的平等，唐甄批判统治阶级的奢靡腐败，认为只有"去奢守朴"才能"不令而行、不赏而劝、不刑而革"，才能天下大治；而树立俭朴风气的方法则是"先贵人、去败类"，在生活、人格等方面平等地看待统治阶级和平民，即"古之贤君，虽贵为天子，富有四海，存心如赤子，处身如农夫，殿陛如田舍，衣食如贫士，海内如室家"。⑦ 而"人君能俭，则百官化之，庶民化之，于是官不扰民，民不伤财"。⑧ 唐甄同时批判统治阶级的特权，认为"自秦以来，凡为帝王者皆为贼也"，⑨ "乱天下者唯君"，因此君主需要平等地看待自己与人民，"庶人有身，天子有天下；庶人自养其身，天子以天下为生，兼天下以养身"。⑩ 相应地，男女平等，即"父母，一也；父之父母，母之父母，亦一也"，"男女，一也；男之子，女之子，亦一

---

① 参见［清］唐甄：《潜书注》，《有归》篇，四川人民出版社 1984 年版，第 542—546 页。
② 同上书，《明鉴》篇，第 315—319 页。
③ 同上书，《止杀》篇，第 533—537 页。
④ 同上书，《尚治》篇，第 304 页。
⑤ 同上书，《格定》篇，第 172—182 页。
⑥ 同上书，《大命》篇，第 284—287 页。
⑦ 同上书，《尚治》篇，第 299—309 页。
⑧ 同上书，《富民》篇，第 313 页。
⑨ 同上书，《室语》篇，第 530 页。
⑩ 同上书，《格君》篇，第 344 页。

也"，"人之于父母，一也；女子在室于父母，出嫁于父母，岂有异乎"，由此观之，唐甄的男女平等观念不仅局限于子女，还包括夫妻，乃至整个家族中的男性、女性成员，即"以言乎所生，男女一也"。① 在这种平等的观念之下，唐甄提出"富民"的经济主张："立国之道无他，唯在于富……富在编户，不在府库。若编户空虚，虽府库之财积如丘山，实为贫国。"② 同时，民富则礼义可兴、风教可施、赏罚可行；③ 再者，富民也是衡量国家治理的标准，作为"贫富之源，治乱之分"，④ 而为政者，"不以富民为功，而欲幸致太平，是适燕而马首南指也"，而富民的关键在于"养民"，"古之贤君，举贤以图治，论功以举贤，养民以论功，足食以养民。虽官有百职，职有百务，要归于养民"，而"天下之官皆养民之官，天下之事皆养民之事……欲不治得乎！"⑤

（四）小结

尽管我们对中国古代人权思想进行了一定程度的梳理，但也正如梁启超所指出的："民权之说，中国古无有也。法家尊权而不尊民，儒家重民而不重权，道墨两家此问题置之度外，故皆无称焉。"因此，在当时中国封建时期的时代背景及观念之下，自诸子百家起至明、清的思想家，其所体现的"人权"观念，从现在意义的人权来看，都只能称之为"萌芽的痕迹"。例如，道家以自由为教，从根本上认为政府是不必要的，并不主张人民参与政治治理；墨家以平等为教，注重整体，主张"智者为政乎愚者"；法家通过对民众地位与重要性的阐述，打破了传统贵族政治的壁障，但本意在于君主统治，认为"民智不可用"；即使是重视民意的儒家在面对人民是否可以参与政治时也认为，"成人"的确得以参政，但所谓"成人"非生理意义而是儒家观念上人格意义的成人。⑥ 实际上，不仅仅是先秦的诸多著述乃至律法文书，中国历代政治家、思想家

---

① 参见［清］唐甄：《潜书注》，《备孝》篇，四川人民出版社 1984 年版，第 230—232 页。

② 同上书，《存言》篇，第 332 页。

③ 同上书，《宗孟》篇，第 20—26 页。

④ 同上书，《富民》篇，第 310 页。

⑤ 同上书，《考功》篇，第 319—325 页。

⑥ 参见梁启超：《先秦政治思想史》，东方出版社 1996 年版，第 228—234 页。

大都会提出相应的德治、爱民思想，但这些主张更多是在考虑如何治理国家与人民。[1] 故而，我们在汲取中国古代思想精髓的同时也要明确认识到，相应理念也只能视为"早期中国人权理念的痕迹"，而不能将其等同于现代意义上的人权理论。

综观中国制度史，中国传统政治追求的是礼法政治，而不是约法统治。礼法政治的三点精髓：一是内圣外王，解决"政治秩序靠什么"；二是循礼守义，解决"政治秩序用什么"；三是立人达人，解决"政治秩序为什么"。这种治国主张强调的是掌权者对社会对民众的义务，履行这些义务并不是法律的要求，而依赖掌权者内心自发或自我完善，也是掌权者能够完善的最重要内容；同时，人与人的关系不应该是一种相争相索的利害关系，而应该是一种互爱互助的道德关系，人和人要以心换心、以德相合，不要以利换利、得得相计。可以说，中国文化里的个体人是内省的、让与的、利他的、与人和谐的道德主体，而不是外制的、索取的、利己的、与人争斗的利益主体。这种主体容易成为普遍的义务主体，但不太可能成为普遍的权利主体。相比之下，西方历史上除了经济生活、政治生活中人我对立的紧张关系外，还有文化上的人与自然、人与上帝以及经验和超验、社会正义与自然正义上的二元对立的紧张关系；在这种对立关系中，个人得以借助超验的权威获得某种绝对的、孤立的抽象规定，这种绝对的、先验的个人要捍卫自己的抽象存在，就必须享有同样绝对的、先验的、抽象的权能和禀赋，这就是所谓的自然权利，即人权。自然权利是人们反抗现实的依托；人越孤立，越是反抗社会；越是与他人对立，他的权利就越绝对，越有保障，就越要讲人权。这是权利本位，设置义务是为了保障权利，义务是权利的推衍；履行义务，不是靠发自内心的仁爱，而是迫于超验权威所支持的，并为法律所确认的对方的要求。[2]

但这并不意味着，我们要从非黑即白的角度彻底否定中国古代的人

---

[1]　参见何勤华：《中国法学史纲》，商务印书馆 2012 年版，第 32—48 页。

[2]　参见夏勇：《人权概念起源——权利的历史哲学（修订版）》，中国政法大学出版社 2001 年版，第 187—193 页。

权理论，认为中国古代就是"不讲人权"的，因为如果我们从关心人、爱护人、彰显人的价值等多重维度出发，去看待中国古代的思想，就会发现，这些内容从来都是不缺乏的。也就是说，或许"人权"的字眼，或者现代意义的法律和权利，在中国古代并未出现，但广义上的"为生民立命"和"为民请命"的思想和主张，却贯串了中华历史。

二、中国人权思想的初步发展

如上所言，自春秋战国起，直到鸦片战争，中国的各种接近人权的理念和观点都只能属于人权理论的萌芽阶段。正如恩格斯所言："社会的经济进步一旦把摆脱封建桎梏和通过消除封建不平等来确立权利平等的要求提上日程……这种要求很自然地获得了普遍的、超出个别国家范围的性质，而自由和平等也很自然地被宣布为人权。"① 而在鸦片战争以后，经历了重大的社会形势变革和国内外各种严迫的压力，中国人开始从不同于传统中国思维的角度思考人权。

（一）学者的代表性思想

作为身处中国封建社会转向半封建半殖民社会时期、被誉为"近代思想自由之向导"的思想家，② 龚自珍已经认识到中国正处于"日之将夕、悲风骤至"的局面。因此，他首先抨击了清政府的腐朽、落后和凋敝，指出其贫富对立、两极分化的社会情势和迂腐死板的人才选任制度，并认为根本问题在于专制的封建君主制度。要想改变中国内外交困的状况，唯一出路便是"更法"，亦即进行大规模的变革：统治制度不能一成不变，民众议论不能置之不理。其中，更法的动力在于"千夫之议"，要想改变社会现状、振兴中华，唯有发挥众人的自我意识和主体精神："天地，人所造，众人自造，非圣人所造。"这可以视为对民众参与政治、参与国家和社会治理的呼唤。不过鉴于时代局限性，龚自珍的思路并非从根本上改变封建社会，而是寄希望于出现一个明君，从而实现君

---

① 参见《马克思恩格斯选集》，第 3 卷，人民出版社 1995 年版，第 447 页。
② 参见梁启超：《论中国学术思想变迁之大势》，上海古籍出版社 2006 年版，第 103 页。

臣共治的制度。[1]

康有为的早期论著中，多用"民权"一词。他在孔孟儒学的基础上发展自己的理念，主张从解放人类、拯救人类的角度倡导人权，并揭露专制制度之下对人的压迫和残酷。他主张一种"天赋人权"的观念，重视独立和平等；其中独立指"各有自立自主自由之人权"，自由便是独立的核心，而大同理想的基础在于自由。人权的基本特征就在于权利的平等性，人权的核心内容就是基本自由权。[2]基于天赋人权的思想，康有为对封建纲常进行了批判："君为臣纲、父为子纲、夫为妻纲"违背了天赋人权的平等性，"人皆天所生也、人人均为天子""人……天所生也……非父母所得专也""以公共平等论，则君与民且当平，况男子之与女子乎？"种种言论，无不反映出天赋人权、人人平等思想的影子。此外，康有为的"天赋人权"并非以天为主，"天"只是一个借用的概念，用以证明人权。因此其思想根源还是在于人，强调人性与人道。[3]在其著作《大同书》中，康有为描述了一个类似于"共产主义社会"或一直被中华文明追求的"大同社会"。在其中，他提出破除封建阶层和桎梏、采用民主政治体制、反对种族压迫、主张人类平等、强调男女平等、尊重人的权利等一系列主张。[4]然而，我们也必须看到，康有为关于人权的思想并未能继续发展，其后期在参与政治活动的过程中，倒退倾向日益明显，并最终放弃人权独立自由平等的主张，转而赞成集权专制。因此，有学者指出："康有为的人权思想是近代人权思想的缩影，既标志着近代中国人权思想的形成，也预示着它的结束。"[5]究其原因，除了康有为自身的政治经历和所置身的环境外，还在于康有为后期对普通百姓的智慧缺乏信心、对"人"的态度趋于悲观。[6]

---

[1]　参见吴忠希：《中国人权思想史略：文化传统和当代实践》，学林出版社2004年版，第102—106页。

[2]　参见杜钢建：《中国近百年人权思想》，汕头大学出版社2007年版，第33—35页。

[3]　同上书，第35—40页。

[4]　参见萧公权：《康有为思想研究》，中国人民大学出版社2014年版，第255—318页；吴忠希：《中国人权思想史略：文化传统和当代实践》，学林出版社2004年版，第112—114页。

[5]　参见杜钢建：《中国近百年人权思想》，汕头大学出版社2007年版，第33页。

[6]　参见萧公权：《康有为思想研究》，中国人民大学出版社2014年版，第263—265页。

戊戌变法虽然失败，却为中国带来了新的曙光，使得清政府不得不考虑进行制度调整和变革。其中，由沈家本所主持的清末修法运动，实际上也继承了戊戌变法中相应的思想。以沈家本为代表的法学家们纷纷提出"保护人权，乃立宪之始基""预备立宪，其要旨在保卫人权"的观念，并与保守派之间进行了论战。尽管这场法制改革的本质仍在于巩固君权和封建统治，但在沈家本等人的争取下，许多包含近代人权思想的主张和观念都或多或少地融入到清末修订的诸多部门法中，如：民法中的契约自由原则、私有财产所有权原则，刑法中的反对封建重刑主义原则、罪刑法定原则、罪刑相应原则，诉讼法中的公开审判原则、法庭辩论原则、证据原则，以及其他法律制度和原则，如陪审员制度、律师制度、破产制度、审判机构独立行使职权原则、公司制度、票据制度，等等。客观来说，沈家本的人权观念还属于传统向现代的过渡阶段，很多思想直接源于中国传统观念，其核心仍在于巩固皇权；尽管融入了很多西方人权和法律的思想，但沈家本的人权观念仍处于初步和分散的状态，这体现在沈家本没有从理论上界定人权，也没有认识到人权与政治之间的密切联系。这种在强调人权的同时巩固皇权的尝试，使得沈家本的很多主张前后矛盾，且在一些情况下存在着不得已而为之的"难言之隐"。[①]但尽管受制于时代，这些法律文件中所蕴含的近代人权和法律的观念和主张，的确为中国近代人权理论的发展提供了巨大助力。[②]

严复的人权理念以自由为核心，所强调者莫过于自由与人的尊严。[③]他将西方自然法与实证法、公法与私法等观念和中国的"理""礼""法""制"等联系起来，并结合卢梭"社会契约"的思想后提出：公权的确立在于保障私权，如果国家尊重和保护私权，则个人便会为国家而奋斗，因为人们知道自己都在为自由权利而斗争。[④]在严复

---

① 参见冯江峰：《清末民初人权思想的肇始与嬗变（1840—1912）》，社会科学文献出版社2011年版，第121—152页。

② 参见杜钢建：《中国近百年人权思想》，汕头大学出版社2007年版，第6—7页。

③ 参见黄克武：《自由的所以然：严复对约翰弥尔自由思想的认识与批判》，上海书店出版社2000年版，第201—218页。

④ 参见杜钢建：《中国近百年人权思想》，汕头大学出版社2007年版，第47—50页。

看来，人权是人性、人格的自我发展在法律关系上的必然要求，人性、人格是明确人权的前提。这里严复的思想受到了进化论和功利主义的影响。他认为，物竞天择、适者生存；但对于人来说，求生乃人之天性，"天赋之人性"决定了人生而有欲、生而求利；而从功利主义的角度，只有将利人、利己相结合，才能促进社会的发展，才能让每个人更好地发展。因此，人的自由权利本质上是自私的，而法律需要保护这种具有自利性的权利。①此外，严复并不认同当时洋务派"中学为体、西学为用"的主张。他认为，应当"以自由为体、以民主为用""身贵自由、国贵自主"。②严复同样提出了法治的思想，认为自由只有在法治的状态下才能获得，能否实现取决于"恃人"还是"恃制"，取决于依靠"制仁"还是"君仁"。在此基础上，严复对孟德斯鸠"三权分立"的思想表示认同，认为法治的核心在于国家权力的合理配置。③总体来说，严复早期宣扬西学西法的自由人权民主法治精神，同时并未彻底否定中学中法的传统；后期强调中学中法的王道一统、任法任术的思想，同时并未否定西学西法的精神，只是认为共和不适应中国国情。④但与康有为相似，在经历了诸多社会剧烈动荡、面对中国内忧外患之后，严复的思想趋于保守，以至后来主动协助袁世凯称帝。⑤

梁启超提出，人权是人人生而应有的权利，应当法定化和实有化。他高扬人权的平等性和注重人权的对应性，并开创了团体主义和国家主义的思想路线，将人权、民权、国权纳入团体主义和国家主义的框架中。

---

① 参见黄克武：《自由的所以然：严复对约翰弥尔自由思想的认识与批判》，上海书店出版社 2000 年版，第 220—221 页；杜钢建：《中国近百年人权思想》，汕头大学出版社 2007 年版，第 50—54 页。

② 黄克武：《自由的所以然：严复对约翰弥尔自由思想的认识与批判》，上海书店出版社 2000 年版，第 250—255 页；杜钢建：《中国近百年人权思想》，汕头大学出版社 2007 年版，第 55—59 页；吴忠希：《中国人权思想史略：文化传统和当代实践》，学林出版社 2004 年版，第 118—119 页。

③ 参见杜钢建：《中国近百年人权思想》，汕头大学出版社 2007 年版，第 59—65 页。

④ 同上书，第 80 页。

⑤ 参见黄克武：《自由的所以然：严复对约翰弥尔自由思想的认识与批判》，上海书店出版社 2000 年版，第 247—248 页。

梁启超认为，从应然性的角度，人应当享有人权；[1] 从现实性的角度，人权如欲具备现实性，则需要转化为法定权利，但法定权利并不是重点，只有作为法定权利的人权能够在现实生活中实现，才能使人权真正具有现实性，否则法律和人权也毫无意义。[2] 在人权、民权和国权、君权的关系上，梁启超认定人权具有对应性。人权问题只有人类社会形成之后才会出现；当个人在其所组成的共同体中受到强大公共权力的现实或可能的威胁时，人权问题便会出现。因此，人权在本质上和一定形式的契约论是分不开的。从契约论的角度出发，人权应当得到公共权力的保护而非压迫，否则公共权力就是异化的，不符合原本构想。[3] 梁启超认为"国家至上"，其所设想的"国家"是一种理想中的、完美、自律、全心全意服务人民的存在。但现实中，以清政府和其后的北洋政府、国民政府为例，这种国家及政府都无法满足梁启超对"国家"的预期。因此，梁启超"本想中庸平和，但却陷入不利于自由人权发展的理论黑洞之中"。[4]

孙中山的人权理念集中体现在其倡导的三民主义之中：（1）民族主义，即反对封建专制和列强的侵略，打倒与帝国主义相勾结之军阀，求得国内各民族之平等，承认民族自决权。（2）民权主义，即实行为一般平民所共有的民主政治，而防止欧美现行制度之流弊，人民有选举、罢免、创制、复决四权（政权）以管理政府，政府则有立法、司法、行政、考试、监察五权（治权）以治理国家。其核心观念强调直接民权与权能区分，亦即政府拥有治权，人民则拥有政权。（3）民生主义，其最重要之原则有两个，一为平均地权（实行耕者有其田），二为节制资本（私人不能操纵国民生计）。这些思想在《中华民国临时约法》中体现为规定了人民的自由、权利、义务等内容。孙中山关于三民主义的讲授被后人编纂成为《三民主义》一书，并按照授课的时间顺序，将不同的内容

---

[1] 参见杜钢建：《中国近百年人权思想》，汕头大学出版社 2007 年版，第 83—89 页。

[2] 同上书，第 89—90 页。

[3] 同上书，第 90—97 页。

[4] 同上书，第 112 页。

对应着不同的课时。①其中可明显看到"扬西抑中"的态度。1924年1月23日通过的《中国国民党第一次全国代表大会宣言》中，孙中山对三民主义进行了系统的表述：其一，民族主义，"国民党之民族主义，有两方面之意义：一则中国民族自求解放；二则中国境内各民族一律平等"。其二，民权主义，"国民党之民权主义，于间接民权之外，复行直接民权，即为国民者不但拥有选举权，且兼有创制、复决、罢官诸权也"，但民国之权应当只有民国的国民才享有，要避免那些反对民国、破坏民国的人借此实施颠覆行为。其三，民生主义，大体和前述内容相同。此外，在《中华民国临时约法》中，孙中山所倡导的很多内容都以法律的形式被确定，并被作为人民的权利。②

马叙伦的人权理念体现了反对独裁专政、反对官僚政治的民主主义和自由主义精神。马叙伦认同孙中山的三民主义，他最关心的是民权。在他看来，民族主义的目的是得到人类地位的平等，民生主义的目的在于实现生活权的平等，而民权主义的目的在于得到一切权利的平等，因此"实现民族主义和民生主义，非先达到民权主义的目的不可"。对于人的权利，马叙伦认同天赋人权的观念，并指出"天赋人权"观念所带来的气氛和热潮对于革命和维护人权是非常有益的。马叙伦主张人权的普遍性，反对特权及特权阶级的存在，如果自由被剥削，那么就应为自由、为人权而斗争。③马叙伦提倡民主权利，认为政治自由和民主权利都是基本人权的重要组成部分，而国民党专制则破坏了人权最基本的层面。马叙伦反对国民党独裁统治，强调主权在民，所以称为"民权"，民权的目的在于自由，为民权奋斗，则是为自由奋斗。④

胡适的自由主义人权观在其所处的时期产生了较大的影响。早期，胡适并不认同国家主义，认为中国的统治者总是将国家主义强加给个人，但实际却是以国家利益为借口压迫个人自由、剥削个人利益。可以说，

---

① 参见孙中山：《三民主义》，黄彦编注，广东人民出版社2007年版。

② 参见吴忠希：《中国人权思想史略：文化传统和当代实践》，学林出版社2004年版，第126—127页。

③ 参见杜钢建：《中国近百年人权思想》，汕头大学出版社2007年版，第149—153页。

④ 同上书，第158—163页。

胡适不仅反对国家主义，同时也反对狭隘的民族主义。不过，胡适倡导的独立自由人格的个人主义是为了造就负责任的个人：个人之于人类，即"小我"之于"大我"，"小我"总会灭亡，但是"大我"却会永远存在。因此胡适的个人主义实际是"对大我负责"的个人主义，即个人必须对人类社会负责。胡适考虑了人权与法治的关系。他于 1929 年发表在《新月》杂志上的《人权与约法》一文引发了当时中国社会关于人权最为深入和广泛的讨论。[①] 由此延伸出的胡适的人权思想包括主张人权和提倡法治两大类。不过，胡适并没有对人权理论进行系统分析；他的很多评论主要是基于时事而发，但鉴于他本人的影响力和对人权理念的阐述，同样引起了很大的社会影响。在胡适看来，革命斗争是不可取的，尽管他一直批评当时的社会现状，但又认为改造社会、创造新世界的理性道路只有一条，就是呼唤民众的和平抵制。[②] 然而，此后胡适在政治上与国民党越来越近，在思想上也放弃了自己的自由主义人权观。[③]

罗隆基从"功用"（function）的角度界定人权，认为凡具有必要功用，并作为做人必要条件的，都是人权；必要功用和条件是指：维持生命；发展个性；培养人格；达到人群最大多数的最大幸福的目的。[④] 而罗隆基的这种观念也被称为人权概念的"条件说"。[⑤] 在此，"功用"是指功能、用途，强调作用和用途；相比之下，"功利"（utility）本意在功效和利益。罗隆基也强调了他的理论基础并不是功利主义（utilitarian）。不过在一些学者看来，尽管罗隆基一直表示并不认同功利主义，也不认同"天赋人权"和"自然状态"的论断，但罗隆基思想中仍带有这些要素的痕迹。[⑥] 罗隆基的人权理念存在着四层含义：第一层含义是人生存的

[①] 参见胡适：《人权与约法》，载胡适、梁实秋、罗隆基：《人权论集》，中国长安出版社 2013 年版，第 1—8 页。

[②] 参见杜钢建：《中国近百年人权思想》，汕头大学出版社 2007 年版，第 165—174 页。

[③] 同上书，第 165 页。

[④] 参见罗隆基：《论人权》，载胡适、梁实秋、罗隆基：《人权论集》，中国长安出版社 2013 年版，第 28 页。

[⑤] 参见徐显明主编：《人权法原理》，中国政法大学出版社 2008 年版，第 47 页。

[⑥] 参见罗隆基：《人权、法治、民主》，法律出版社 2013 年版，第 54—60 页；刘志强：《人权史稿——兼论罗隆基人权思想》，中国民主法制出版社 2014 年版，第 66—67 页。

最基本权利，即衣、食、住的权利；第二层含义是身体安全的保障；第三层含义是人养成"至善之我"、享受人生命上的幸福；第四层含义是达到"完成人群至善"、享受最大幸福的必需条件。可以说，这是一种从低级到高级、从个人到群体、从政治到经济社会文化等多领域的层层演进的过程。其中功用和做人在人权理论上的关系是，功用是效应、基石、手段，做人是人权的归宿、定在、目的。① 在罗隆基看来，人权应先于国家而存在，国家只能承认人权，而不能产生人权；判断国家的优劣，只能"以人权得到承认的标准为标准"。② 在人权与法律的关系上，罗隆基和边沁的功利主义及实证法学派的观点相反，法律为保障人权而产生，这是法律的功用；法律由人权所产生，这是法律的来源。罗隆基还认为人权具有时间性和空间性。人权是人生活上所必要的条件，但在不同的时间、地点，人们的生活上的条件的具体情况不同；而人类为之奋斗的内容和趋势也不能不受到环境的支配。③

钱端升④ 基于宪法学和人权之间的关系考虑人权问题。他从历史主义的角度出发，主张历史地考察人权问题，因此对"天赋人权"及自然法中关于人权的理论并不完全认同。⑤ 在钱端升看来，关于"何种权利是个人的基本权利"的回答，应当随着时代的变化而变化。从整体上，人权分为积极的基本权利、消极的基本权利、参政权。⑥ 在对个人自由观念的考察上，钱端升主要注重两点：其一是考察普通人群的认识，其二是将人权理解为个人对抗国家的基本权利；在此基础上，钱端升关注的

---

① 参见罗隆基：《论人权》，载胡适、梁实秋、罗隆基：《人权论集》，中国长安出版社 2013 年版，第 25—29 页。

② 同上书，第 29—33 页。

③ 同上书，第 36—40 页。

④ 钱端升先生是在现当代中国影响卓著的宪法学家。相关评论，参见吴家麟：《关于批判资产阶级宪法的一些问题——评钱端升、楼邦彦著："资产阶级宪法的反动本质"》，载《教学与研究》1956 年第 11 期；沈宗灵：《再看〈比较宪法〉一书——为纪念钱端升先生百岁冥诞而作》，载《中外法学》1999 年第 5 期；熊继宁：《钱端升及其〈比较宪法〉》，载《比较法研究》2008 年第 2 期；刘桂新、江国华：《钱端升政治思想述评》，载《河北法学》2015 年第 4 期。

⑤ 参见杜钢建：《中国近百年人权思想》，汕头大学出版社 2007 年版，第 178—179 页、第 182—183 页。

⑥ 同上书，第 175—177 页。

是宪法和法律中是否规定、何时规定了人权，而非思想层面上人权观念、自由观念究竟能追溯到哪里。这种观念其实是狭义的、源于制度层面的，而非如前述其他思想家所注重的广义的、源于思想层面的人权理念。[①] 基于对基本权利和个人自由的认识，钱端升反对极权主义，认为这是对人权的否定。[②] 钱端升认为平等权有两层含义：法律上的平等和经济上的平等。经济上的平等体现为财产分配等问题，法律上的平等体现为法律对人民的惩罚和保护的平等。[③] 钱端升还探讨了人身自由的意义和保障。他认为人身自由的目的在于给予个人以发展其个性的优点，因此既不能随便割让与他人，也不能滥用自己自由妨害他人自由。[④]

马哲民持一种相对个人主义的人权观：他不赞同天赋人权的观念，不认为人权先于社会、先于国家而存在；与此同时，他所认同的"相对个人主义"中的"个人"是社会、国家中的个人而非"自然状态"之中的个人。因此，马哲民主张在个人、集体和国家中寻求平衡。因此，人权应当是人为的、社会的权利。[⑤] 马哲民探讨了思想启蒙运动和民主宪政建设，认为人权意识的提高和人权建设的发展离不开思想启蒙和制度建设。在思想启蒙方面，提高人权意识需要进行个人主义的启蒙和人道主义的启蒙。马哲民认为，加强民主宪政建设是改善人权状况和增强人权意识的根本途径。此外，马哲民还强调思想言论自由等政治自由的重要意义，强调民主党派应当发挥作用。[⑥]

（二）中国共产党早期代表性人权思想及观念

在马克思主义中国化过程中，中国共产党在人权理论上也有着独特和创新之处：首先，坚持将马克思主义人权学说与中国具体的民主革命相结合，体现了理论创新。其次，坚持将中国人民的人权要求和中国共产党的纲领相结合，在实践中形成了始终代表最广大人民群众根本利益

---

① 参见杜钢建：《中国近百年人权思想》，汕头大学出版社 2007 年版，第 177—178 页。

② 同上书，第 180—181 页。

③ 同上书，第 181—182 页。

④ 同上书，第 183—187 页。

⑤ 同上书，第 191—194 页。

⑥ 同上书，第 198—202 页。

的原则，并对指导思想进行创新。从指导思想来看，建党初期，共产党就把自己的纲领与争取和保障人权、反帝反封建民族独立、解放劳动人民等人权要求结合起来；中共第一次全国代表大会通过的第一个纲领就确立了"推翻资本家阶级的政权""消灭社会的阶级区分"等目标；中共二大首倡最高纲领和最低纲领，其中涉及"消除内乱、打倒军阀、建设国内和平"与"推翻国际帝国主义的压迫，达到中华民族完全独立"，以及实现工人、农民的平等、自由和人权保障等。此后，这些思想也一直在保持和发展。其三，坚持将保障人民权利与加强革命根据地的民主政权建设相结合，在实践中不断完善人权法制体系，实现共产党民主体制的建设和创新。其四，坚持将争取人权的斗争与建立最广泛的革命统一战线相结合，在实践中形成中国共产党特有的统一战线的政策和策略，实现人权主体创新。[①]

　　陈独秀的人权思想形成于马克思主义开始在中国传播之际。他主张个人本位主义人权观，主张追求人权，以自由主义来破除帝国主义，最终实现宪政，并主张以自身为本位，完善自主自由之人格；将人权理解为"自主之权"，人权的基础在于人格的平等，人格的平等表现为自主与独立。陈独秀创造性地提出了"科学与人权"并重的口号，并试图将人权与其他社会科学联系起来，以寻求人权发展的科学法则，其涉及范围包括社会学、生物学，以及马克思主义和社会主义理论。[②]陈独秀同样也认同抵抗权的观念，人民是国家的主人，反抗贪官污吏、专制暴政是人民当家做主的权利；在这一过程中，陈独秀并不赞同暗杀和暴动等偏激手段，但却积极主张有规模、有组织的暴力手段。然而，抵抗权本身无法解决问题，陈独秀在其晚年时认识到，只有把抵抗权和民主宪政相结合，才能有最终的出路。否则只能打倒旧的腐朽制度，却无法创立新的社会制度。[③]除了个人的人权，陈独秀还分析了集体人权，主要体现在他对自治权和自决权的分析；广义层面上，这也是他抵抗权思想的体现：

---

① 参见吴忠希：《中国人权思想史略：文化传统和当代实践》，学林出版社 2004 年版，第142—145 页。

② 参见杜钢建：《中国近百年人权思想》，汕头大学出版社 2007 年版，第 113—118 页。

③ 同上书，第 123—127 页。

当面对帝国主义列强的侵犯时，人人都应当奋起反抗；当本国政府卖国求荣罔顾人民利益时，对这一政府的反抗也自然延伸出自决权，并进一步在自决后涉及自治。[①]

李大钊的人权理念主要体现于他力图将个人主义人权观同社会主义人权观相结合，形成了一种解放个性、实现自我的社会主义人权理论。李大钊看到了当时人民精神萎靡的现状，认为其原因在于缺乏对自我的追求；因此他倡导解放个性、树立自我，主张制定解放人权的宪法，提倡宪政观念。李大钊认为，个人和社会并不冲突，个人主义和社会主义并非矛盾；关键在于两者不能走向极端，而是应当寻找"合理的个人主义和社会主义"。在政治制度和形式方面，李大钊主张推行"人人都得以自由公平的态度，为充分的讨论，详确的商榷，求一个公同的认可"的"自由政治"，反对"以多数强制少数"的"多数政治"。但总体分析，李大钊对个人主义和社会主义结合而形成的人权观念认识并不彻底，其一在于没有正确认识到经济上自由和政治上自由的关系，其二在于没有正确认识到阶级和个人的关系。[②]李大钊认为生命权属于自由权的范畴，生存权属于社会权的范畴，只有在互助生存的世界中，生存权才能依靠互助而实现；个人主义在此便不是目标，目标是协作的社会主义，而达到协作的社会目标，必须经过阶级斗争的过程；在此，李大钊把生存权的互助理论和马克思的阶级斗争理论相结合。[③]李大钊同时也非常关注女性解放和女权运动，他并不认同将女权排除在外的人权运动。而当时的西方很多国家都将女性排除在政治生活和民主制度之外，因此李大钊认为这种民主仍不是真正的民主。李大钊批判男性本位的西方人权观念，并倡导当时中国的妇女联合起来，组成有力的团体，并积极参与各种社会活动。[④]

毛泽东的人权思想是中国新民主主义时期的代表性人权思想，并成为毛泽东思想的重要组成部分。首先，反对帝国主义侵略、维护中华民

---

① 参见杜钢建：《中国近百年人权思想》，汕头大学出版社 2007 年版，第 127—131 页。
② 同上书，第 132—137 页。
③ 同上书，第 142—145 页。
④ 同上书，第 146—148 页。

族的生存权与发展权、彻底推翻封建专制制度、反对法西斯独裁政权、维护人民自由权利，是毛泽东人权思想的基本内容；其次，以武装割据方式建立革命根据地民主政权、进行土地改革、实行充分保障人民权利的人民民主专政，是毛泽东新民主主义人权思想的基本实践形式；其三，坚持群众观点和群众路线，维护最广大人民群众的根本利益，树立全心全意为人民服务的宗旨，是毛泽东新民主主义人权思想的内在本质；其四，始终坚持从中国的实际情况出发，把马克思主义原理和中国革命实际相结合，在实践中继承和发展先人们的人权思想理论，是毛泽东新民主主义人权思想的优秀品质；其五，维护国家主权和坚持民族自决权，坚持国家不分大小一律平等，反对任何霸权的观点，是毛泽东新民主主义人权思想对国际人权理论的贡献。[①]毛泽东指出，世界上只有具体的自由和民主，没有抽象的自由和民主；自由和民主属于上层建筑，是政治的范畴，归根结底应当服务于经济基础。[②]

还有学者将毛泽东的人权观念做出了如下总结：

（1）人权的取得在人不在天，毛泽东并不认同天赋人权的观念，认为应当是"人赋人权"。他的思想以马克思主义人权理论为基础，认为"只有人民才是创造世界历史的动力"。

（2）在阶级社会人权只能靠斗争获取，毛泽东看到了20世纪初中国人民争取权利的全过程，认为温和的方法难以实现人权，因此需要以马克思主义阶级斗争的手段，"历史上世界各国民权、人权之取得，未有不从积极之奋斗与运动而来者也"，并指出资本主义国家的民主是"资产阶级内部的民主，对人民则是独裁的"。

（3）首先需要捍卫最广大人民的集体人权，"人民"具有历史性和阶级性，并占据中国人口的大多数，因此共产党首先要确保全国人民的生活水平和权利、自由，为人民大众争取利益。

（4）必须追求人的个性解放和全面发展，人的个性应当从政治解

---

① 参见吴忠希：《中国人权思想史略：文化传统和当代实践》，学林出版社2004年版，第184—199页。

② 参见《建国以来毛泽东文稿》，第6册，中央文献出版社1992年版，第321页。

放、经济解放、思想解放的层面进行，而人的全面发展需要普及文化教育、注重人民卫生健康、艺术、体育事业，并从人的全面发展的角度考虑其实现路径。

（5）毛泽东认为管理权是人权的重要内容，管理权即劳动者所享有的管理国家、社会的权利，一方面共产党的管理权是人民赋予的，因此需履行为人民服务的义务，具体包括：把符合人民利益作为最高的价值标准、作为共产党员的道德标准和判断工作是否正确的最高标准，在此基础上毛泽东提出了"革命功利主义"，即"无产阶级革命是以最广大群众的目前利益和将来利益为出发点"；另一方面，毛泽东认为保障人民群众对管理权的监督是保证人民群众人权的重要内容，"共产党本身决无私利可图，应当受人民监督，而不应该违背人民的意旨"。①

三、新中国人权思想的发展

中国是有五千多年历史的文明古国。但人们真正当家做主，成为国家、社会和自己命运的主人，只是在新中国成立以后才成为现实。这是中国人民政治地位的根本变化。②尤其在中国共产党十一届三中全会后，中国人权思想开始有着重大的理论飞跃。③

（一）中国共产党的人权理念

1. 邓小平的人权观点

除了此前已经介绍的毛泽东的人权理念，邓小平等中国共产党人也不断发展着人权理念。邓小平对人权的论述更多彰显于党的十一届三中全会之后的改革开放时期。具体体现为以下几点：

第一，在《结束严峻的中美关系要由美国采取主动》《国家的主权和安全要始终放在第一位》《中国永远不允许别国干涉内政》等文章或讲

---

① 参见谷春德：《中国特色人权理论与实践研究》，中国人民大学出版社 2013 年版，第 83—89 页；戴立兴：《论毛泽东的人权思想》，载《马克思主义研究》2014 年第 2 期。

② 参见《江泽民论有中国特色社会主义（专题摘编）》，中央文献出版社 2002 年版，第 303 页。

③ 参见谷春德：《中国特色人权理论与实践研究》，中国人民大学出版社 2013 年版，第 70—72 页、第 105—109 页。

话中，强调"国权比人权重要得多"，批判以人权为幌子侵犯主权的行为，认为不应该干涉别国内政和社会制度，不能要求全世界都照搬英美法等国的模式。

第二，人权是多数人的人权，是广大人民群众所享有的，是社会主义法律保障的人权，人权受社会主义的经济文化条件制约，并随着社会主义经济和文化的发展而不断丰富和完善；只有广大人民群众才是社会主义人权保障的主体。因此，邓小平如是批评美国的人权外交："现在中国搞改革开放，致力于发展经济和摆脱贫困，美国却提出人权问题，这是什么道理？无法理解，可见人权问题是个借口。"①

第三，"发展才是硬道理"，保障社会主义人权实现的最根本途径，就是要解放生产力，发展生产力，消灭剥削，消除两极分化，最终达到共同富裕。因此社会主义的本质要求与社会主义人权保障的目标是高度统一的，这也奠定了生存权和发展权的重要地位，这在《中国永远不允许别国干涉内政》《政治上发展民主，经济上实行改革》等文章中都有所体现。

第四，"必须使民主制度化、法制化"，人权是法制的重要价值基础和取向，法制是人权的重要保证和前提，民主就是人权和法制的高度统一，这些体现在《党和国家领导制度的改革》《贯彻调整方针，保证安定团结》《民主和法制两手都不能削弱》等文章中。②

有学者将邓小平的人权理念总结为五点：保障全体人民真正享有公民权利和民主权利；当代中国人权同西方世界的人权有着不同的观点；国权比人权重要得多；搞强权政治的国家根本就没有资格讲人权；和平、发展与人权。③以邓小平为代表的第二代领导集体的治国特点是，特别注重制度建设，而制度建设的思想也是邓小平理论中的瑰宝。④

也有学者将邓小平的人权观总结为以下五下方面：

---

① 参见吴忠希：《中国人权思想史略：文化传统和当代实践》，学林出版社 2004 年版，第 233 页。

② 同上书，第 235 页。

③ 参见谷春德：《中国特色人权理论与实践研究》，中国人民大学出版社 2013 年版，第 83—89 页。

④ 参见徐显明主编：《人权研究》，山东人民出版社 2001 年版，序言第 3 页。

（1）从人权本源的物质性这一马克思主义原理出发，论证了人权与发展、生产力的辩证关系：发展才是硬道理、关键在于经济发展，以及三个"有利于"标准（是否有利于发展社会主义社会的生产力、是否有利于增强社会主义国家的综合国力、是否有利于提高人民的生活水平）。

（2）从人权主体的社会性这一马克思主义原理出发，指明了个人权以及人权、少数人的人权与全国人民的人权的辩证关系。

（3）从人权的特殊性与普遍性相统一这一马克思主义原理出发，阐释了国权（主权）与人权的辩证关系。

（4）从人权的法制保障的有关马克思主义原理出发，揭示了人权与法制的辩证关系。

（5）从人权标准的马克思主义原理出发，揭示了人权的国内保护和人权国际保护的辩证关系。[①]

2. 江泽民的人权观点

江泽民在继承了毛泽东、邓小平的人权理论的基础上，进行了拓展和创新：

（1）在《在美中协会等六团体举行的午餐会上的演讲》《在接受美国〈华盛顿时报〉原主编博奇格雷夫采访时的谈话》《全党全社会进一步动员起来，夺取八七扶贫攻坚决战阶段的胜利》等讲话中，强调了生存权和发展权是发展中国家的首要人权。

（2）在《外交工作要坚定不移地维护国家和民族的最高利益》等讲话中，强调人权是一国主权范围内的事项，反对一些西方国家把他们的人权观强加于人的做法，更反对以人权为借口干涉别国内政。

（3）在1999年3月与奥地利总统克莱斯蒂尔共同会见中外记者时的讲话，以及1999年10月22日在剑桥大学的演讲中，强调在人权问题上应当进行平等对话而非对抗，应当加强国际合作。

（4）人权具有普遍性和特殊性，由多种不可分割的权利构成，人权的实现需要靠各个国家的努力，这也就意味着人权要在国家主权范围之内，但各个国家的具体国情不同，因此保护人权的具体措施和民主表现

---

① 汪习根：《论邓小平的人权观》，载《社会科学》1997年第3期，第8—11页。

形式也应当不同，这体现了特殊性。

（5）在《高举邓小平理论伟大旗帜，把建设有中国特色社会主义事业全面推向 21 世纪》《阔步前进的中国与世界》等文章中，提出政治体制改革的目标，建立人民当家做主的民主政治。

（6）指出人权是具体的、丰富的，既要保障人民享受经济、社会、文化权利，也要保障人民享受公民权利和政治权利。

（7）在《在全国宣传部长会议上的讲话》《高举邓小平理论伟大旗帜，把建设有中国特色社会主义事业全面推向 21 世纪》《在党的十五届二中全会上的讲话》等文章或讲话中，提出依法治国、以德治国，保障人民享有民主、自由权利。

（8）强调对残疾人、妇女、儿童、下岗工人等贫困人口和社会困难群体的权利进行特别保障。

（9）形成"三个代表"重要思想和党的执政为民指导思想。

（10）提出了全面建设小康社会，实现更高层次和更广泛人权的观点。在中国共产党第十六次全国代表大会中，江泽民在报告中明确提出"保证人民享有广泛的权利和自由，尊重和保障人权"。[①]

有学者认为，江泽民的贡献在于提出建设社会主义法治国家和人权的普遍性，认为人权是人类文明的共同结晶，敢于与西方交流、合作与对话，推动人权全面进步变成了国家民主建设的主线。[②]

3. 胡锦涛的人权观点

从党的十六大到党的十八大期间，以胡锦涛同志为总书记的党中央，坚持以人为本的科学发展观，把"国家尊重和保障人权"提升为宪法原则和执政理念并写进党章，提出公民幸福权、社会和谐权、生态文明权等崭新内容，把尊重和保障人权，同全面建设小康社会、推进中国特色社会主义事业的宏伟目标，同立党为公、执政为民的本质要求，同构建社会主义和谐社会，共建和谐世界的重大战略决策紧密联系，共同

---

① 参见吴忠希：《中国人权思想史略：文化传统和当代实践》，学林出版社 2004 年版，第 239—244 页。

② 参见徐显明主编：《人权研究》，山东人民出版社 2001 年版，序言第 3 页。

构成有机的统一整体。① 主要包括：

（1）以科学发展观为统领，促进中国人权事业全面协调和可持续发展。关键要牢固树立以人为本的观念，以维护人民群众的根本利益为出发点，一切为了人民，为了人民的全面发展。

（2）按照构建社会主义和谐社会的总需求，加快建立健全社会保障制度，切实尊重和保障人民的社会权利。

（3）全面推进民主政治建设，完善民主权利保障制度，切实尊重和保障人民的民主权利。包括积极稳妥地推进政治体制改革、坚持和完善我国的基本政治制度、完善民主权利保障制度。

（4）健全法律制度和完善司法体制机制，强化社会和谐和人权的法治保障力度。首先，要推进科学立法、民主立法，加快构建与社会主义市场经济体制相适应的中国特色社会主义法律体系，树立社会主义法治权威，强化社会和谐和人权的立法保障；第二，要严格执法，不断加大执法力度，进一步强化社会和谐和人权的执法保障；第三，要继续推进司法体制和工作机制的改革，建立公正、高效、权威的社会主义司法制度，发挥司法维护公平正义的重要作用，强化社会和谐和人权的司法保障；第四，要完善权力制约和监督机制，建立健全人权保障和监督机制。②

4.习近平的人权观念

2015年，习近平在《习近平致"2015·北京人权论坛"的贺信》中集中表达了他的人权观念，③ 体现为：走中国特色人权发展道路、注重和平发展的权利；④ 强调党和国家对人权的重视，强调人权的普遍性和特殊性，强调多方面促进人权，所关注的人权包括经济、社会、文

---

① 参见鲜开林、汪祥：《习近平对马克思主义人权理论的创新发展》，载《毛泽东研究》2016年第6期。

② 参见谷春德：《中国特色人权理论与实践研究》，中国人民大学出版社2013年版，第96—101页。

③ 《习近平致"2015·北京人权论坛"的贺信》，载《人权》2015年第5期。

④ 相关原文为："近代以后，中国人民历经苦难，深知人的价值、基本人权、人格尊严对社会发展进步的重大意义，倍加珍惜来之不易的和平发展环境，将坚定不移走和平发展道路、坚定不移推进中国人权事业和世界人权事业。"

化权利，公民、政治权利，生存权，发展权；[①] 强调各国人权的交流合作。[②] 结合习近平对人权的相关论述，可以归纳出以下主要观点：

（1）把中国梦和保障人民的权利紧密结合。将人民的利益、人民的权利、人民的"呼声"、人民的"梦"等概念密切联系，表达了中国人民的权利需求，通俗易懂，便于人民接受，极具凝聚力和感染力。这就深刻揭示了中国梦与个人权利、个人追求的一致性，强调每个人为实现中国梦应尽的责任。这说明实现和保障人权与中华民族伟大复兴中国梦不可分割；中国梦，在一定意义上说，就是中国人民的权利梦，中国梦的实现必然把我国人权事业推向新的水平。[③]

（2）关注人民的新期待，坚持问题导向，对人权的基本内涵做出新阐发。随着改革的深化、各种利益关系的调整，人民对美好生活的新期盼越来越迫切，人民的权利诉求越来越高、越来越多样化。关注人民新期待，坚持问题导向，对人权的基本内涵做出新阐发，从理论与实践、理论与政策的结合中，拓展、深化和丰富了我们对当今中国人民生存权和发展权的认识。[④]

（3）维护宪法、实施宪法，为尊重和保障人权提供最根本的保障。在宪法实施时，把尊重和保障人权原则，作为宪法确立的原则，要求长

[①] 相关原文为："中国共产党和中国政府始终尊重和保障人权。长期以来，中国坚持把人权的普遍性原则同中国实际相结合，不断推动经济社会发展，增进人民福祉，促进社会公平正义，加强人权法治保障，努力促进经济、社会、文化权利和公民、政治权利全面协调发展，显著提高了人民生存权、发展权的保障水平，走出了一条适合中国国情的人权发展道路。"

[②] 相关原文为：

"实现人民充分享有人权是人类社会的共同奋斗目标。人权保障没有最好，只有更好。国际社会应该积极推进世界人权事业，尤其是要关注广大发展中国家民众的生存权和发展权。中国人民正在为实现中华民族伟大复兴的中国梦而奋斗，这将在更高水平上保障中国人民的人权，促进人的全面发展。

"中国主张加强不同文明交流互鉴、促进各国人权交流合作，推动各国人权事业更好发展。希望各方嘉宾积极探讨、集思广益，为促进世界人权事业健康发展作出贡献。"

[③] 张晓玲：《当代中国人权观的新发展——学习领会习近平总书记关于人权的重要论述》，载《北京日报》2016年3月28日；刘海年：《中国人民享有充分人权和全面发展的梦——读习近平总书记关于中国梦论述》，载《中国党政干部论坛》2014年第9期。

[④] 张晓玲：《当代中国人权观的新发展——学习领会习近平总书记关于人权的重要论述》，载《北京日报》2016年3月28日。

期坚持、全面贯彻、不断发展。[①]

（4）坚持司法公正，严守维护社会公平正义的最后一道防线。司法权在人权保护方面发挥着至关重要的作用，人权司法保障制度是社会公平正义的最后一道防线，是人权的最终保护者，人权司法保障的状况直接反映一个国家的法治水平和人权保障程度。[②]

（5）法治的根本目的是保障人权。对于人民的每一成员而言，人民幸福最根本的体现，就是每一个人民群众的每一项权利和基本自由都得到切实尊重和有效保障。保障和实现人权已经成为中华人民共和国的立国之本、中国共产党的执政之基、全国人民的主体之魂，因此要依法保障全体公民享有广泛的权利，保障公民的人身权、财产权、基本政治权利等各项权利不受侵犯，保证公民的经济、文化、社会等各方面权利得到落实，努力维护最广大人民的根本利益，保障人民群众对美好生活的向往和追求。[③]正因为保障和实现人权与执政党的宗旨和国家职能直接相关，与全面建成小康社会、全面深化改革和全面依法治国的战略部署内在相融合，因此党的十八大把"人权得到切实尊重和保障"明确规定为全面建成小康社会的目标之一，三中全会提出要"完善人权司法保障制度"，四中全会提出要"加强人权司法保障"，五中全会强调要使"人权得到切实保障，产权得到有效保护"，公权得到有效规范。这些关于保障人权的重要理念、政策和改革举措，使人民民主的一般政治原则得以具体化和法治化，使执政党关于"权为民所用、利为民所谋、情为民所系"的政治理念得以法律化和权利化，使人民关于平安幸福、自由平等的抽象概念得以具体操作和贯彻落实，从而具体落实了人民主体地位，夯实了党治国理政的民意基础，强化了党领导执政的权威性，体现了全面依法治国的人民性。

（6）中国特色社会主义人权观念包括：第一，中国社会主义人权观

---

① 张晓玲:《当代中国人权观的新发展——学习领会习近平总书记关于人权的重要论述》，载《北京日报》2016年3月28日。

② 同上。

③ 李林:《习近平全面依法治国思想的理论逻辑与创新发展》，载《法学研究》2016年第2期。

的形成背景与发展趋势在于和平、发展与人权。第二，中国社会主义人权观以生存权和发展权为首要的基本人权：提高人民生存权和发展权是中国人权发展道路的首要目标；为了提高人民生存权和发展权，经济、社会、文化权利和公民、政治权利需要全面发展，不能将生存权和发展权仅仅理解为经济、社会权利；法治是人权的重要保障；不断推动经济社会发展是增进人民福祉、实现人权的基础，这种发展是以人为本、兼顾和追求社会公平正义的发展；中国长期以来坚持的人权事业是将人权的普遍性原则与中国实际相结合做出的正确选择。第三，社会主义法治是中国人权事业的基本保障。第四，以国际法治为基础，在联合国框架下促进人权领域的国际交流与合作。①

2021 年，中共中央党史和文献研究院编辑出版了《习近平关于尊重和保障人权论述摘编》，对习近平近年来关于人权的重要论述进行了整理，包括以下九个部分：（1）中国共产党和中国政府始终尊重和保障人权；（2）走适合中国国情的人权发展道路；（3）奉行以人民为中心的人权理念；（4）坚持生存权和发展权是首要的基本人权，逐步实现全体人民共同富裕；（5）把人民群众生命安全和身体健康放在第一位；（6）协调增进全体人民的经济、政治、社会、文化、环境权利，促进人的全面发展；（7）保障少数民族、妇女儿童、老年人、残疾人等特殊群体权益；（8）加强人权法治保障，保证人民依法享有广泛权利和自由；（9）为丰富人类文明多样性、推进世界人权事业发展作出更大贡献。②

（二）学者的理论阐述

新中国成立至今，我国学者从理论层面对人权主体、属性、内容及相关概念进行了丰富的阐述。

1. 人权的属性和内涵

就属性与内涵而言，人权被理解为属于人的或关于人的权利，即人应当享有的、不可非法无理剥夺或转让的权利。从实体内容上，

---

① 参见柳华文：《中国特色社会主义人权观——结合习近平致"2015·北京人权论坛"贺信的解读》，载《国际法研究》2016 年第 5 期。

② 参见中共中央党史和文献研究院编译：《习近平关于尊重和保障人权论述摘编：英汉对照》，中央编译出版社 2022 年版。

人权大致分为三类：（1）生存权利、人身人格权利；（2）政治权利和自由；（3）经济、社会和文化权利。从重要程度和对人的影响，还可以分为基本人权和非基本人权。此外，人权还是权利和义务的统一：（1）任何权利都是或应当是与义务相互依存的，而且权利的实现往往是以义务的履行为条件的；（2）每个主体的人权是平等的；（3）人权同时具有法律性质和道德性质，人权既是法律权利也是道德权利。[①]

人权与法律有着十分密切的联系。没有法律对人权的确认、宣布和保护，人权要么只能停留在道德权利的应有状态，要么经常面临受侵害的危险而无法救济。人权的法律保护首先表现为国内法的保护，其次表现为国际法的保护。[②]

人权通常在三种意义上使用：（1）描述一种制度安排，其中，利益得到法律保护，选择受到法律效力的保证，商品和机遇在有保障的基础上提供给个人；（2）表达一种正当合理的要求，即上述制度安排应当能建立，并得到尊重和维护；（3）表达这种要求的特定正当理由，即基本道德原则，该原则赋予诸如平等、自由或道德力量等某些基本的个人价值以重要意义。第一种意义的人权是法定人权，第二种意义的人权是道德权利或应有权利，第三种意义的人权实际是人权存在的理由或人权的证成。作为应有权利，人权是与法律权利这种实在权利相对的。法律权利的特征是人们真正、实际拥有，实在权利的问题可以归结为实证法的问题，从实证法中得到证明（例如，一个人不能确定他是否享有某项权利，可以查阅文件或请教律师；如果两个人就一项实在权利发生争议，可以诉诸法院）。[③]因此，人权既是美好的理想，又是政府行动的底线标准；人权规范政府，但并不削弱权威；人权张扬个性，但不鼓励放纵；人权尊重理性，但并不拒绝传统；人权尊重普适价值，但并不排斥特殊国情。[④]

[①]　参见张文显：《张文显法学文选（卷三）：权利与人权》，法律出版社2011年版，第141—143页。

[②]　同上书，第235页。

[③]　同上书，第320—321页。

[④]　参见徐显明主编：《人权研究（第八卷）》，山东人民出版社2009年版，序言。

2. 人权的普遍性与特殊性

人权的普遍性作为人权的应然属性，作为应然人权的本质属性，它的含义可以揭示为以下两个判断：其一，从权利的角度考察，则人权的普遍性意味着任何人的人权与任何人的人权其内容的统一；其二，从主体的角度考察，则人权的普遍性意味着任何一项人权与任何一项人权其所属的统一。进而言之，人权的普遍性首先是人权主体的普遍性，是每一项人权都应当属于无一例外的每一个人的普遍性。因此，人权的普遍性至少包括三层含义：人权要及于所有人，人权要不需附带任何外在条件地及于所有人，人权要在任何情况下不受剥夺地及于所有人。普遍性是人权的属性，人权的普遍性与人权的被普遍承认是不同的两个概念。普遍人权大致以三种形态与人们的认识产生着联系。一是已获得普遍认同的人权，如生命权与尊严权；二是目前只获得部分认同的人权；三是尚未被认识到的人权。人权的普遍性作为人权内在的规定性，并不受人们目前对它认识程度的影响。那种被世界普遍认可的人权是普遍性人权，它适用于全人类，而在普遍性人权之外又存在着特殊性人权，它适用于不同的国家和地区。而人权的特殊性具有两层含义：第一是指特殊的人权主体其人权的特殊性；第二层含义是，不同的国家和地区由于历史传统、文化、宗教、价值观念、资源和经济等因素的差别，在追求人权的充分实现的过程中其具体的方法手段和模式可以是多种多样的，只要不违背保障人权的基本原则，就不该强求一致。[①]

3. 人权与主权

人权和主权的关系在一定程度上取决于如何看待人权的普遍性。主权与人权一样，都是历史的产物。主权与人权关系密切，人权要靠主权的运行予以保障；主权是人们享有人权的前提和保障，两者互相依存、互相促进、辩证统一。失去了主权，就谈不上人权。"人权高于主权"是错误的谬论。[②]尊重国家主权与加强人权的国际保护，都是现代国际法的

---

①　参见徐显明：《对人权的普遍性与人权文化之解析》，载《法学评论》1999 年第 6 期；李步云：《论人权》，社会科学文献出版社 2010 年版，第 121—142 页。

②　参见谷春德：《中国特色人权理论与实践研究》，中国人民大学出版社 2013 年版，第 15—25 页。

重要原则。不能把二者割裂和对立，必须强调二者的协调和统一。尊重国家主权，是在国际范围内进行政治、经济、文化合作的基础，是维护国际和平与安全的前提，是建立公正合理的国际经济新秩序的保障，也是有效地实现人权国内保护与国际保护的根本条件。^①"人权高于主权"是一种"理性的异化"，其逻辑思路存在着割裂，并在实践中形成"强权高于主权"的情况，而强权的"善意、自觉"是不可靠的；人权的普遍理性应当是协调的而非独断的。因此，人权与主权之间并不是如某些自然法学者所断定的那种泾渭分明的断裂且相互冲突的关系，而是一种以集体为中介的连续、协调或成一体的关系。②

4. 人权的主体

这里主要涉及集体人权与个人人权的问题。个人人权与集体人权相互依存、紧密联系：个人人权是集体人权的基础，集体人权是个人人权的保障。③个人是人权主要的主体，也就是马克思所言的"有感觉的、有个性的、直接存在的人""从事实际活动的人""可以通过经验观察到的发展过程的人"；社会群体，是人作为人权主体的延伸，包括妇女、儿童、残疾人、少数民族、消费者、失业者等，甚至包括犯罪嫌疑人以及罪犯。在一国范围内，群体权利也可以称为集体人权；而在国际层面，民族、国家的全体人民或国家可以成为集体人权的主体，主要包括：人民自决权、自由处置天然财产和资源权、发展权、和平与安全权、环境权等。④

5. 人权的谱系

张文显认为，人权的实体内容包括生存权利、人身人格权利，政治权利和自由，经济、社会和文化权利。三者的关系是，生存权利和人身人格权利是最低限度的权利或首要权利，是人权的逻辑起点；政治权利和自由是核心权利；经济、社会和文化权利是基础权利。人权还分为基本人权、非基本人权。基本人权是那些源于人的自然本性和社会本性，

① 参见李步云：《论人权》，社会科学文献出版社2010年版，第30—31页。
② 参见汪习根、涂少彬：《人权法治全球化法理分析》，载《法律科学》2006年第3期。
③ 参见谷春德：《中国特色人权理论与实践研究》，中国人民大学出版社2013年版，第5—6页。
④ 参见李步云：《论人权》，社会科学文献出版社2010年版，第40—47页、第96—107页。

与人的生存发展和主体地位直接相关的，人生而应当享有的，不可非法无理剥夺的，且为社会所公认的权利。①

张文显提出，参照国际人权法中的三代人权体系：第一代人权是自由权（公民权利和政治权利），第二代人权是社会权（经济、社会、文化权利），第三代人权是发展权（包括发展权在内的集体人权）。社会权与自由权的区别在于：（1）从权利主体上，自由权主体是全体公民；而社会权虽然也以全体公民为主体，但实际上是以社会弱势群体为主体。（2）在权利内容上，自由权主要保障全体公民在私法领域中有最广泛的自治和自由，因此国家权力处于消极的不作为状态，是消极权利；社会权是社会上对经济弱者进行保护和帮助，是需要国家作为的权利，因此是积极权利。（3）在价值基础和价值目标上，自由权是一种与守夜人国家和自由国家的国家观相对应的人权，以自由为追求的价值目标；社会权是一种与福利国家、积极性的国家观相对应的基本人权，以社会整体的安全和谐为价值目标。以社会权为基础，形成的第三代人权，即发展权；发展权将人权主体扩展至国家和民族，从而形成集体人权；发展权以社会连带为基础，以博爱为价值归依。②

徐显明提出了多种人权体系的划分标准。其一，按照人权与国家是否有关系进行划分。如果人不与国家发生关系，也能够享有的那些人权，叫作"自然人的权利"，它们不依赖国家而存在；如果人与国家发生关系，才能够享有的那些人权，就叫作"公民的权利"。其二，按照宣告人权还是推定人权进行划分。人权需要国家的法律法规给予界定和公布；但当面对新情况而法律规定不足时，就必须根据新的情况，在已有的法律法规和司法判例的基础上，推定出新的人权。其三，按照人权形态进行划分。首先是人的应然权利，这类人权具有广泛的道德涵义，因而适用范围最为宽泛；其次是人的法定权利，这类人权是由法律法规一项一项地规定和宣示出来的；再次是人的实有权利，这类人权是最为真实的

---

① 参见张文显：《张文显法学文选（卷三）：权利与人权》，法律出版社 2011 年版，第 141—143 页。

② 同上书，第 265—266 页。

和现实的，即正在实现的或者已经实现的。其四，按照国家责任介入人权进行划分。首先是国家对人权抑制消极作为，即国家自己不去侵犯人权，进而保障人的自由；其次是国家对人权开展积极作为，即国家自己创造条件促成实现人权，进而保护人的利益。其五，按照人权作用于国家进行划分。国民或者公民通过国家生活彰显自己的人权地位，形成与国家的人权关系。一是服从国家依法管理的人权关系。国民或者公民从中获得的是义务。二是排拒国家非法干预的人权关系。国民或者公民从中获得的是自由。公权力与私权利由此明确分开。三是参与国家政治生活和政府公共管理的人权关系。它更多地表现为公民权。四是请求国家服务和援助的人权关系。国民或者公民有权利要求国家满足自己的合法要求，国家有义务满足国民或者公民的合法要求。这两者是相辅相成的。[①]

四、当代中国人权观念的时空定位

随着人权思想的不断深化发展，当下中国的主流人权思想逐渐强调从历史维度和社会维度对人权进行分析。具体而言，人权可以理解为人对于幸福生活的追求在制度上的映射，即身处特定社会场域中的人们对资源掌控者提出的资格、利益要求和主张。由此可见，作为社会对上述要求予以支持、认可和尊重的文化和制度，人权具有显著的时空条件特点。只有形成了这样的基本认识，才能够在跨文化的维度下更好地促进人权的发展。这也正是马克思主义对我们理解人权的指导意义的体现。[②]

（一）人权的历史维度

人权的历史维度，与那些以"直观""抽象""超历史""非历史"的方式看待人与世界关系的立场有显著差异。以"历史"即"现实的人及其历史发展"的观点理解人与世界的关系，注重并倡导从历史发展的角度认识人权。[③]质言之，认识和理解人权，首先应当尊重人权的历史性；

---

① 参见徐显明：《世界人权的发展与中国人权的进步——关于人权法律史的理论思考》，载《中共中央党校学报》第 12 卷第 2 期（2008 年）。

② 参见何志鹏：《人的历史维度与社会维度》，载《人权研究》2021 年第 1 期。

③ 孙正聿：《为历史服务的哲学》，中央编译出版社 2018 年版，第 70 页。

思考人权的理论与制度，探寻人权的起源与发展，必须结合历史事实。①

　　首先，人权发端于人类历史进程之中。作为人类社会中的一项制度，人权不可能，也不应当脱离人类的社会生活史。人权有其思想发端的历史、理论成长的历史、制度发展的历史、观念拓展的历史，经历了一个从无到有、从少到多的过程。②人权既非出现于人类社会之前，也非出现于人类社会之外。人类采集狩猎，在大自然中疲于奔命，充满着绝望和失落。在这样的情况下，主张何种生活不仅在主观上不具有现实性，在客观上也没有条件。在漫长的人类发展阶段，人类没有可能、没有资格提出值得拥有何种生活的主张。③实践反复证明，在相当长的人类历史时期，不仅没有人权的制度，也没有成体系的人权基本观念和思想理论，只有一些关于人人平等的边缘性主张。无论在东方还是西方，君权神授、安分守己的观点都以各种各样的形式流传着，人的服从、牺牲、奉献曾经是人类文明中很长历史时期的主流价值。只有在西方进入启蒙时代以后，在一些经济力量、政治力量的驱动之下，才出现了人权观念以及相关的制度。④此后，人权的主体不断拓展，人权的内容也不断丰富。

　　其次，人权的出现有其自身的历史原因。人权是在一定历史发展条件下的产物，是人类历史上的观念发明和制度创造，是人类文明的建设成就。⑤其既不是先验地存在于人的头脑之中和社会关系之内的思想与制度，也不是某种外在于人类社会的力量植入人类头脑的芯片，换言之，人权是工程意义上的思想与制度建构，而非科学意义上的规律发现。如果人们无论是在自然面前，还是在人类社会内部某些群体面前，只是一味地采取顺从的态度，那么就很难想象会有人的尊严和人权制度的产生，也很难想象会有诸如宪法或者诉讼制度的出现。正是人类不断地反思和

---

　　① 参见 Samuel Moyn, *Human Rights and the Uses of History* (2nd ed., Verso Books, 2014), pp. 58-68。

　　② 参见朱锋：《人权、进步与国际关系理论》，载《世界经济与政治》2005 年第 9 期。

　　③ 参见陈林林：《从自然法到自然权利——历史视野中的西方人权》，载《浙江大学学报（人文社会科学版）》2003 年第 2 期。

　　④ 关于西方人权观从古代到近代的发展，参见李步云主编：《人权法学》，高等教育出版社2005 年版，第 29—30 页。

　　⑤ 参见 Lynn Hunt, *Inventing Human Rights: A History* (W. W. Norton & Co., 2007), pp. 15-30。

抗争，相关的制度才得以萌芽、起源、成长、完善，并彼此交流、相互借鉴。由此可见，人的尊严与价值都不是人类先定、内生的。人类的抗争精神与知识探索一样，都是使得人类有资格要求尊严的因素。[①]

其三，人权的发展存在不同的历史轨迹。人权在不同历史时期的文明体系之中，有着不同的进程。西方的人权故事固然精彩，但它不是全球共同的人权脚步。在很大程度上，人权思想与理论都有着思想家和社会活动的历史个案色彩。[②] 尽管世界范围内存在着对人权的共识，但这种共识仅仅是各种文明可以通约的认知，而并不是西方当代人权观的全球辐射，更不能将具有鲜明历史烙印的观点作为超越历史、超越地理、超越经验的普世真理。只有建立在文明和经验的基础上，才能对这个问题有明确的认识。[③] 人权的历史维度意味着，人权是人类历史的一部分，而不能超越历史。人类在地球上出现之时并不存在人权的观念和制度；随着人类发展达到某个历史阶段，特别是在社会矛盾相当尖锐，而被压制的阶层又有可能奋力一搏的时候，才产生了人权的思想意识、制度要求，进而逐渐形成了完善的理论。[④]

（二）人权的社会维度

人权的社会维度意味着人是社会的存在，人权不可能超越具体的社会关系而形成和演进。[⑤] 就人权出现的基础而言，如果没有社会动力，人权是不可能呈现在人类生活之中的。无论是西方的人权制度起源，还是中国的人权制度引入，都有着自身的充分社会力量促动。[⑥] 一些社会阶层会不满足于原有的社会地位、社会结构、社会秩序，他们选择了用人权

---

① 参见 Patrick Capps, *Human Dignity and the Foundations of International Law* (Hart Publishing, 2009), pp. 104-126。

② 参见李季璇：《从权利到权力：洛克自然法思想研究》，江苏人民出版社 2017 年版，第 76—85 页。

③ 参见郭曰君：《论国际人权法的产生和历史分期》，载《广州大学学报（社会科学版）》2017 年第 5 期。

④ 何志鹏：《人权的来源与基础探究》，载《法制与社会发展》2006 年第 3 期。

⑤ 参见〔奥〕汉斯·兰克：《具体人性——人权与宽容的新维度》，王宏译，载《西安交通大学学报（社会科学版）》2007 年第 3 期。

⑥ 参见张静：《中国人权发展的自主性》，载齐延平主编：《人权研究（第 20 卷）》，社会科学文献出版社 2018 年版，第 58—80 页。

的话语来表述自己的诉求。

首先，人权形成、存在、发展的事实不能脱离于具体生活条件。[①] 人权的社会逻辑意味着人权与社会生活的具体条件密切相关。理解人权，不应脱离社会，不应不顾人民的生活条件和生存需求。人权出现于社会、属于社会，人权的进步也依赖于各种社会条件。人权是一个与文化、文明直接相关的思想制度、实践体系，是一套以历史状况、社会环境为基本背景的思想和制度，而不能超越人类自身的思想观念和生活状态。[②] 一个合理的方法必须是在社会和历史背景下承认人权。只有当我们对人类生活的基本条件有清楚的认识时，我们才能对人权作出正确的判断。[③] 人权应该被视为人类社会在某个历史时期为实现人们的幸福生活而发明的术语。如果有人试图超越人类的历史环境和社会环境来看待人权保护，那就不合理，也不正确。

其次，人权在不同的社会群体中表现各异。人权是基于每个个人的特别体验，并在此基础上抽象为群体体验（甚至人类体验）而设计的制度。制度的核心在于尊重和保护人们关于自由平等和幸福生活的要求。人权的社会逻辑必然意味着人权思想、人权制度在不同的文化场域有不同的表现方式。尽管人权经常被认为具有普遍性，但是其根基却是特别的。[④] 也就是说，每一个个人、每一个地区、每一个民族、每一个种族按照自己的文化背景和社会发展历程来理解自己所需要的自由、自己所向往的社会秩序、自己所界定的幸福生活。[⑤] 从而，不同的地区就会提出不同的权利位阶体系，形成不同的权利优先排序。由此就会出现"中国人权观""东亚人权观"这样的概念。[⑥] 也不难推论，对于权利的理解和认

---

① 李林：《论马克思主义人权观》，载《昆明理工大学学报（社会科学版）》2008 年第 7 期。

② Evadné Grant, "Human Rights, Cultural Diversity and Customary Law in South Africa," 50 *Journal of African Law* 2, 2-23 (2006).

③ 参见唐颖侠：《新中国人权发展道路的历史条件与经验总结》，载《人权》2019 年第 3 期。

④ 参见齐延平：《文化多元中的普遍人权》，载何勤华主编：《多元的法律文化》，法律出版社 2007 年版，第 574—576 页。

⑤ 参见陈媛：《权利、自由、理性的发生学：中西观念的一个比较性考察》，载齐延平主编：《人权研究（第 22 卷）》，社会科学文献出版社 2020 年版，第 30—55 页。

⑥ 参见万千慧：《中国特色人权观的历史发展与内在逻辑》，载《人权》2017 年第 5 期。

识，并不轻易能够在同一时间框架下进行空间的通约。

其三，人权的保护程度依社会形式而改变。人权发展的过程中，由于社会情势的变化，人权尊重保障的具体方式也会有所变化。人权的具体指向和保护方法都不能以超验的方式理解，而必须基于社会现实予以判断和衡量。据此，我们应该反对将人权与社会分离的理论和主张。当前人类社会的实践也表明，不同文明中的人权存在着不同的表现形式。故而，人权发展既可以归结为一条宏观的上升线，也可以在更为微观的维度上看到很多权利保护状态的曲线跌落情形。其关键原因就在于，人权是一个经验的事实，不能脱离外在的社会条件而耽于想象；人权是社会制度的实践，依赖于人们的认知，更依赖于物质生活条件。在进行理论研究的时候，有必要抱持更加宽容的心态，应当具备充分的文明多元意识，避免人权思想上的文化中心论、文化霸权主义或者文明冲突论。[①]

（三）人权历史维度与社会维度的意义

目前仍有一些观点和做法将人权视为统一的真理，以及通过单一的标准来评判人权。由此，我们特别需要强调当下中国主流的人权思想，也就是重申人权的历史维度和社会维度。重申人权的历史维度与社会维度，意味着廓清人权观，意味着厘定人权的方法论，[②]也在一定程度上可以视为人权研究与实践的一种宣言。确定人权的历史逻辑和社会逻辑的基本思路，就等于接受了开放地看待人权、客观务实地评价人权、动态地观察人权的可能性，也就为跨文化的人权交流与对话打开了思路。人权观与人权方法的确立有助于看清不同的立场体系与观察方式，有助于高质量地进行人权理论与实践的交流。[③]

首先，当代中国主流人权观念强调人权文化之间的宽容。对来自不同文化的人权概念和做法抱持平等视角和容忍心态非常重要。从社会文

---

① 参见茹莹：《从宗教宽容到人权保护——国际法中关于少数群体保护规定的演变》，载《世界经济与政治》2006年第3期。

② 参见周世兴、张文生：《人权理论研究的方法问题探析》，载《延安大学学报（社会科学版）》2004年第1期；刘玉生、周世兴：《马克思主义人权理论的两个基本方法问题》，载《中共福建省委党校学报》2008年第5期。

③ 参见 Damian Gonzalez-Salzberg & Loveday Hodson, *Research Methods for International Human Rights Law: Beyond the Traditional Paradigm* (Routledge, 2020), pp. 1-10。

化对于权利这个概念的接受程度开始，不同文化之间就存在差异。当我们论断人权是具有历史属性和社会属性的时候，就意味着我们并不认同将人权的思想、理论和实践进行超越历史、超越社会、超越经验分析的逻辑。因此，即使在某个历史时期，某些人权观点、人权主张曾经具有重要的意义，但其并不一定是对于真理的论述，更未必是真理的传递。人权是文明的一部分，而不是文明之外的思想植入、神的启示或人类理性的感悟。只有懂得了这种思想观念的局限性，才有可能更有效地认识人权，在更为坚实的基础上实现人权。

其二，当代中国主流人权观念强调避免人权理论与实践中的傲慢与偏见。现今的人权制度与实践以西方为先导，所以西方文化占据着主动权和话语优势。长期的人权传统既是财富，也是负担。正是由于传统的力量，很多人不愿意承认国际社会以及相关国家在政治权利与公民权利之外的其他人权。但是，就像当代物理学没有必要首先理解亚里士多德看待这个世界的立场再去予以批评一样，中国学者也并不完全需要彻底进入西方学术的语境中，去接受西方的观念。一些西方政客和智库躺在传统的基础上，充满成见与傲慢，错把地方性的认知和实践理解成普世性原则的做法，充满了风险和困难。[①] 它不仅无助于推进人权分析的透彻和深入，反而可能以偏概全，从而使得人权理论由探寻真理走向坚持谬误，由追求善治走向强求一致。

其三，当代中国主流人权观念强调认可人权评价的公正合理性。只有将地域的理解归于地域，历史的认知归于历史，人权理论与实践才能面向未来。这意味着从一个动态和发展的视角去理解人权的思想和制度，基于时空条件的背景来看待人权的思想与制度，充分肯定某种人权思想与实践的时空地位和意义，认可其应有的历史进步性。同时，也应清醒地认识到，任何一项人权的理念和实践都必然是有局限性的，这些思想和做法不直接具有普遍适用的性质。认为一项人权能够不考虑任何外在条件而超越时空、跨越文明，认为人类所发明的观念理论、规范实践在

---

① 参见王逸舟：《世纪末的警示："人权高于主权"的霸权主义》，载《瞭望》新闻周刊1999年第21期。

广泛和普遍的意义上适用，在经验上是不可能的。

其四，当代中国主流人权观念强调促进不同区域间的人权对话。人权作为解决问题和挑战的方案，在条件相似的前提下，可以跨文化交流和借鉴。① 不同历史地理背景、文化传统背景之下的人权经验可以相互参照，也可以相互学习。当人类面临越来越多类似的问题时，人类社会就出现了共同的人权要求。人权概念之所以在全球范围内得到承认和尊重，正是由于人类社会的沟通水平已经升级到全球化的新阶段。人类面临着类似的挑战和问题，因为任何人权制度都是人类面对客观现实环境所作出的选择和对策，所以借鉴经验和相互交流是整体提升和改进的重要途径。② 对于某种人权立场的执拗坚持，以及反对其他国家的人权立场，甚至对于其他国家进行打压，就不符合人权健康发展的要求。

基于以上分析可知，尽管总体上中国传统文化中并没有现代意义上的人权理念，③ 但还是存在着一些与人权相关、相合的思想观念。④ 从历史的角度，中国古代哲学家和思想家并不仅满足于"学以致知"，而是倾向"学以致用"，比起"为知识而求知"，更追求"为解决问题而求知"。在思考"增进人的幸福"时，也倾向于"实行之而非空言讨论"。在追求"内圣外王"之道时注重"人事"，不可避免地会在古代伦理纲常之下思考人与人、人与社会、人与国家之间关系，考虑君王的治国之道，并强调现实中的具体应用。⑤ 受制于时代和环境，中国古代涉及人民与人权的思想主要从君臣父子、社会联结的角度出发，考虑人与人之间的政治、经济、伦理关系，整体方向体现为自上而下；也正因如此，中国传统思想和文化中对人的价值的思考与现代意义上的人权理念和人权概念存在着一定的区别。但尽管如此，对人的关怀仍融入到了中华文明的传统之中，并在不断发展之下历久弥新，对当下人权理论的发展大有裨益。

---

① 马朝旭：《促进文明交流互鉴，完善全球人权治理》，载《环球时报》2019年12月16日。

② Claudio Corradetti, *Relativism and Human Rights: A Theory of Pluralistic Universalism* (Springer, 2009), pp. 106-107.

③ 袁兵喜：《中国古代人权精神缺失之分析》，载《社科纵横》2007年第1期。

④ 参见赵建文：《儒家自由思想：〈世界人权宣言〉与中华传统文化的汇通》，载《人权》2020年第1期；《中国古代、近现代的人权思想是怎样的》，载《人民日报》2005年1月26日。

⑤ 参见冯友兰：《中国哲学史（上）》，中华书局2014年版，第17—20页。

第四节　中国人权理论体现的全球共识和文化特质

中国学术界在人权的地位、意义、价值上与世界各国的理论研究者不存在争论，都认为人权是人类文明进步的成果，认可人权对于社会的发展进步、国家的政治文明具有不可忽视的意义。在此基础上，中国理论家和西方学者在人权的具体表现、保护方式、制度设计等方面存在一些差异。中国受传统文化、当代中国马克思主义理论和自近代以来思想文化进步的影响，具有自身的文化特质。中国与西方最大的不同在于，当前中国主流的人权思想坚持从历史维度和社会维度看待人权结构、发展人权理论、落实人权实践，从而能够更加现实地尊重、保障和实现人权。也正是在此根本性差异之下，中西方在一些重要的人权理念上存在着不同主张。倘若细致铺陈开来，我们也能够总结出很多具体要点。本节主要从表现形式上对比中西方人权思想的重大差异。

一、人权的普遍性与特殊性

西方长期以来坚持"一元论"，凡"真正"的问题，都有且只有一个"正确"的答案，其他答案都是错误的。给一切真问题提供正确答案的这种理性主义的观点，可以适用于一切领域，这些解答不论是否已经被发现，都有着普遍性、永恒性和一成不变的正确性，不分时间、无所不在、普遍适用。在此种情况下，西方国家普遍存在着这样的观念：只有西方人权理论、观念、模式才是正确的、正统的，是其他非西方国家和地区必须学习的。然而，现实证明，西方国家在人权问题上具有严重的双重标准倾向，其对人权的主张，不过是试图以人权为借口干涉乃至颠覆他国主权，而原本具有崇高理想和价值旨向的人权，也沦为了政治的工具。[1]

---

[1]　参见何志鹏、魏晓旭：《开放包容：新时代中国国际法愿景的文化层面》，载《国际法研究》2019 年第 5 期。

与此不同，中国以历史维度和社会维度看待人权，强调文化多元主义，认为西方人权观在理论基础和实践经验等方面固然有值得借鉴之处，但不同国家历史与社会的现实并非计算机程序，只要"格式化"曾经的内容就可以安装、兼容西方人权观。历史演进的复杂性和由此带来的独特社会状况决定了最合适的人权观只能是植根于本国历史与社会现实的人权观。正如孟德斯鸠在《论法的精神》中指出，良法会因不同地区的地理因素、人文因素而异，生搬硬套只会带来麻烦。人权亦是如此。一国的人权理念源于其历史演进的自然流淌，植根于独特的社会现实。这种进路差异必然会导致彼此区别但各自合理的人权观。

前文已述，人权存在着一定的普遍性，体现在人权作为权利的主体普遍性、内容普遍性及价值和目标的普遍性。人权作为世界各国、各民族所共同努力和追求的事项，对人权的尊重和促进都是普遍的；人权这一概念得以在世界范围内存在，实际已经表明人类在相互认同和行为准则等方面存在着一定的共识。但无论中西方的学者都指出，人权并非是纯粹法律或学术概念，而是涉及政治、经济、文化等诸多层面。在这些层面上，不同国家和民族存在着不同的情况，因此对普遍性的理解必须结合特殊性。整体判断，人权的普遍性是存在限度的，否则很多问题无法解释。人权的特殊性并不会否认普遍性，也不会减损人权的价值与对人权的尊重、保障。结合人权理论，这种特殊性的基础在于：其一，人类尽管在利益和道德上存在一致性，但这种一致往往具有高度抽象性，具体到每个细节时，则难免存在价值冲突和差异；其二，人权并非孤立的现象，而是存活于不同的社会关系之中，因而不同的经济与文化发展水平、不同的政治与经济制度、不同的民族与宗教特点都会影响人权的生长状态。因此，人权的普遍性与特殊性相结合的根本在于，鉴于历史与现实的差异，在追求人权的充分实现的过程中，其具体的方法手段和模式可以是多种多样的，只要不违背保障人权的基本原则，就不该强求一致。

当人类物质文明和精神文明发展到一定程度，尤其是跨地域、跨文明交往的增加，人权在普遍性方面的范围会逐步扩大，特殊性的范围会逐步减小。但目前，国际社会仍未能消除贫困、战争等诸多问题，而各国的差异仍十分明显。因此，人权的普遍性和特殊性仍应当彼此结合、相互平衡。否则，非但不能巩固人类现有的人权成果，反而会加大分歧、挑起纷争。因此，人权应当是普遍性和特殊性的统一，正如习近平总书记在关于"人类命运共同体"的论述中所提到的，应当做到开放包容，各美其美、美美与共。因此，各个国家都应当能够结合自己国家的历史发展和社会现实，发展体现本国特色的人权理念，而非生搬硬套或必须刻板地遵循西方国家的人权理念。2019 年《为人民谋幸福：新中国人权事业发展 70 年》白皮书也指出："人权是历史的、发展的。人权是一定历史条件下的产物，也会随着历史条件的发展而发展。各国发展阶段、经济发展水平、文化传统、社会结构不同，所面临的人权发展任务和应采取的人权保障方式也会有所不同。应当尊重人权发展道路的多样性。只有将人权的普遍性原则同各国实际相结合，才能有效地促进人权的实现。世界各国在人权保障上没有最好，只有更好；世界上没有放之四海而皆准的人权发展道路和保障模式，人权事业发展必须也只能按照本国国情和人民需要加以推进。"[1]

二、人权与中国文明

毫无疑问，"人权"这一概念的确是在西方文化背景中提出、发展的，并且也的确具有一定进步性和对文明的促进作用。但也正因此，一些西方国家长期以人权"教师爷"自居，认为中国不应当存在关于人权的不同理论和主张。例如，杰克·唐纳利认为"不同文明可以有不同的人权态度"的观点是"严重误导性的"（significantly misleading），如果没有人权的概念，就不可能有对人权的态度。而中国传统文化中对人的关怀，被唐纳利视为"社会正义或人类福祉的路径"而非"人权路径"，且权利（right）和受益（benefit）是不同的。[2]

不过，本书前文的论述已经表明，人权理念和制度尽管萌芽于西

---

[1] 参见中华人民共和国国务院新闻办公室：《为人民谋幸福：新中国人权事业发展 70 年》，人民出版社 2019 年版；网络文献见于 http://www.scio.gov.cn/zfbps/ndhf/39911/Document/1665100/1665100.htm，最后访问日期：2023 年 3 月 30 日。

[2] 参见 Jack Donnelly, *Universal Human Rights in Theory and Practice* (New York: Cornell University Press, 2013), p. 77。

方，却并不意味着，人权如同发明专利一样，只存在一个标准。中国古代的确不存在"人权"的字眼，也的确并非以"权利"作为本位；如果从狭义上，亦即以"人权"为名的角度去考虑，中国古代可能确实没有称之为"人权"的概念。但是，如果从广义上，我们把所谓的人权看成是注重人的价值和尊严，是关心人、爱护人、对人的未来和发展付出努力，从历史的、社会的、发展的角度去审视中国古代思想和实践，那在中国文明中显然是认可"人权"的。对此，前文已初步系统地阐述了自春秋战国至明清时期的类人权思想，这已经可以表明，人权与中国文明间是相互融洽的。

三、生存权、发展权是首要的基本人权

西方国家并非没有关于生存权和发展权的讨论，但重视程度却远远不足。一方面，在以自由权为核心的传统西方人权理论中，公民权利和政治权利往往是关注的重点，除此之外的其他人权，包括生存权和发展权在内，其权利属性往往被质疑。对生存权来说，有观点认为中国不过是在"以吃饱穿暖代替人权"，[①] 且生存权在目前具有代表性的"三代人权理论"中并未能获得一席之地；而发展权尽管在国际层面有着比生存权更多的讨论，但仍有观点认为，发展权只不过是"人权就应如此"的感性主张，缺乏理论化、体系化的分析，发展权并无独立存在价值，而是"认识新人权的一个步骤"，[②] 是"迷人的错觉和对人权体系的威胁"，并应被剔除出人权体系。[③]

与之不同的是，一直以来，无论是官方表述还是学界研究，中国始终坚持将生存权、发展权作为首要的基本人权，并以生存权、发展权为中心，构建中国特色人权体系。

就生存权而言，正如 1991 年中国第一份官方发布的人权白皮书《中国的人权状况》中强调的："对于一个国家和民族来说，人权首先是人民

---

① 参见杨成铭主编：《人权法学》，中国方正出版社 2003 年版，第 115 页。

② 参见 Oscar Schachter, *Implementing the Right to Development: Programme of Action* (Dordrecht: Martinus Nijhoff Publishers, 1992), p. 27.

③ 参见 Jack Donnelly, "In Search of the Unicorn the Jurisprudence and Politics of the Right to Development," 15 *California Western International Law Journal* (1985) 482-509。

的生存权。没有生存权，其他一切人权均无从谈起。《世界人权宣言》确认，人人有权享有生命、自由和人身安全。在旧中国，由于帝国主义的侵略，封建主义和官僚资本主义的压迫，人民的生命毫无保障，因战乱饥寒而死者不计其数。争取生存权利历史地成为中国人民必须首先要解决的人权问题。"生存权包括两个向度，首先是国际向度，强调国家的独立、统一，"国家不能独立，人民的生命就没有保障。危害中国人民生存最严重的是帝国主义的侵略。因此，争取生存权首先要争取国家独立权"。这是中国人民和中华民族在近代以来惨痛和屈辱的经历中深切认识到的，"覆巢之下安有完卵"，倘若国家不能获得独立、统一，而是任由外敌列强践踏，那么人民无论如何只能任人宰割，毫无尊严和权利可言。其次是国内向度，"国家的独立虽然使中国人民的生命不再遭受外国侵略者的践踏，但是，还必须在此基础上使人民享有基本的生活保障，才能真正解决生存权问题"。因此，生存权的真正落实，还需要所有人民、每一个具体的个人都能够真切地感受到生存权，能够确实地实现生存权所提供的保障，也就是在最低生活标准上能够得到满足。所以，"在中国，维护人民的生存权利，改善人民的生存条件，至今仍然是一个首要问题。虽然中国已取得了独立，但中国仍然是发展中国家，国力有限，维护中国的独立与主权，保证中国不再受到帝国主义的欺凌，仍然是中国人民生存和发展的基本条件。虽然中国已经基本解决了温饱问题，但是，经济发展水平还比较低，人民的生活水平与发达国家相比还有较大的差距，人口的压力和人均资源的相对贫乏还将制约着社会经济的发展和人民生活的改善。一旦发生动乱或其他灾难，人民的生存权还会受到威胁。所以，保持国家稳定，沿着已取得成功的路线，集中精力发展生产力，坚持改革开放，努力把国民经济搞上去，增强国力，使全国人民的生活在温饱的基础上进一步达到小康水平，从而使人民的生存权不致受到威胁，这是中国人民最根本的愿望和要求，也是中国政府一项长期而紧迫的任务。"[1]

---

① 参见中华人民共和国国务院新闻办公室：《中国的人权状况》，中央文献出版社 1991 年版。网络资源见于 http://www.scio.gov.cn/zfbps/ndhf/1991/index.htm，最后访问日期：2023 年 3 月 30 日。

在发展权方面，中国始终强调，"贫穷是实现人权的最大障碍。没有物质资料的生产和供给，人类其他一切权利的实现都是非常困难或不可能的。发展既是消除贫困的手段，也为实现其他人权提供了条件，还是人实现自身潜能的过程。发展权贯穿于其他各项人权之中，其他人权为人的发展和发展权的实现创造条件。发展权的保障，既表现在经济、文化、社会、环境权利的实现之中，又表现在公民权利与政治权利的获得之中。中国赞赏联合国《发展权利宣言》所强调的表述——发展权是一项不可剥夺的人权，由于这种权利，每个人和所有各国人民均有权参与、促进并享受经济、社会、文化和政治发展，在这种发展中，所有人权和基本自由都能获得充分实现。"具体来说，中国始终强调，发展权的主体是人民，中国奉行人民至上的价值取向，视人民为推动发展的根本力量，努力做到发展为了人民、发展依靠人民、发展成果由人民共享。发展权是个人人权与集体人权的统一。中国既重视个人发展权，又重视集体发展权，努力使二者相互协调、相互促进。"每个人的自由发展是一切人的自由发展的条件"，没有个人的发展，就没有集体的发展；同时，也只有在集体中，个人才能获得全面发展。发展权的实现是一个历史过程，发展永无止境，发展权的实现没有终点。在实现发展权问题上，没有完成时，只有进行时，没有最好，只有更好。发展权的保障必须是可持续的。可持续发展是发展权的应有之义，体现着代际公平。发展权应为各国人民共有共享。实现发展权既是各国的责任，也是国际社会的共同义务。发展权的实现既需要各国政府根据各自国情制定符合本国实际的发展战略和发展政策，也需要国际社会的共同努力。①

承续 1991 年人权白皮书的立场，2019 年《为人民谋幸福：新中国人权事业发展 70 年》白皮书中指出："生存权、发展权是首要的基本人权。贫穷是实现人权的最大障碍。没有物质资料的生产和供给，人类其他一切权利的实现都是非常困难或不可能的。生存权利的有效保障、生

---

① 参见中华人民共和国国务院新闻办公室：《发展权：中国的理念、实践与贡献》，人民出版社 2016 年版。网络资源见于 http://www.scio.gov.cn/zfbps/ndhf/34120/Document/1532313/1532313.htm，最后访问日期：2023 年 3 月 30 日。

活质量的不断提高，是享有和发展其他人权的前提和基础。近代中国长期遭受外来侵略，国家贫穷落后，人民困苦不堪，毫无权利可言。中国人民深知免于贫困、免于饥饿为生存之本。多年来，中国始终把解决人民的生存权、实现人民的发展权作为第一要务，不断解放和发展生产力，致力于消除贫困，提高发展水平，为保障人民各项权利的实现创造了基础条件。"[①]

四、人权与主权的关系

人权与主权的关系，与人权的普遍性和特殊性息息相关。如果坚持人权是永恒的、普遍的，是高于人类社会的，并且只存在一套全人类都必须接受的标准，那么人权可能会被认为是高于国家主权的。但前文已经多次表明，既然每个国家都能够发展出体现本国具体国情的人权理论和主张，既然也只有在国家独立、安全的基础上，人民才能真正地享有人权，那么人权就并非高于主权和国家的事情，西方关于"人权高于主权"的观点，显然是有失偏颇的。

人权和主权在一定程度上是可以相互促进的，人权必须得到有组织社会内其他人和机构的承认和尊重，尤其需要得到权威的认可；而迄今为止，有组织社会的最高、最佳形态是国家，有组织社会权威的最佳、最全面表现是主权者。所以，主权是承认和尊重人权的最佳权威。实践也证明，独立的国家往往会采取有力措施保护人权，而无主权的土地上的人权容易受到侵犯。与此平行的是，如果能够充分实现人权，主权运作的阻力将减小，实施起来会更加顺畅。主权体现为"对内最高"和"对外独立"两个方面，对内的基本要求是人民的服从，对外的基本要求是其他国际法主体的尊重。这两个方面都与人权有密切的联系。一个尊重人权的社会中，主权者会受到人民的拥戴，主权也就更加稳固，实行起来也会更加顺畅；在世界各国都将人权列为日程表中的重要事项的当

[①] 参见中华人民共和国国务院新闻办公室：《为人民谋幸福：新中国人权事业发展 70 年》，人民出版社 2019 年版。网络资源见于 http://www.scio.gov.cn/zfbps/ndhf/39911/Document/1665100/1665100.htm，最后访问日期：2023 年 3 月 30 日。

代国际社会，充分尊重人权、努力实现人权的主权者也会在国际社会受到广泛的尊重，在国际事务中也容易顺利地实现主权。因此，主权和人权在价值上应当是同等的，要判断人权和主权何者更高，就意味着要在二者之间进行称量，在价值上进行比较和选择，应当找到一个高于人权和主权的概念，做出裁断，并使所有的主体都能接受。这种比较和选择是很难的。因为人权与主权从主体上看并无优劣之分。在人类的世界上，没有任何目的比人本身还要高尚，没有任何财富比人本身还要珍贵，没有任何东西比人本身还要神圣，没有任何理念比人本身还要重要，没有任何制度比人本身还要坚实。任何制度、任何理论、任何方法都是服务于人的。所以，人权和主权本身都不是目的，都是为人的利益、期待、希求而服务的。人权和主权虽然可能会归属于不同的人，但归根结底他们都是没有优劣之分的人。所以不能从主体上分辨二者的优先性。同样，人权的目标与主权的目标本身也没有高下之别。人权和主权实际上都是追求人的利益，区别之处仅在于，人权所追求的一般是社会之中一些被认为是弱者的基本的利益，通过这些利益的保证，达到一种社会上的基本平等；主权主张的则是国家（以政府或者其他的统治者为代表）在国内被承认和遵循、在国际上被视为平等的谈判者、合作者的基本地位。个体的利益与群体的利益从哲学上各有依据。[①]

五、人权的集体属性和个体属性

前文阐释西方人权理论时已经说明，基于西方自由主义传统而发展至今的西方人权观尤其强调个人。在自由主义政治理论和社会意识中，以个人为出发点，国家和个人的关系被一分为二，形成了"公领域"和"私领域"的划分。由此形成的传统西方人权观所着重考虑的，是如何划分公私领域和明确二者边界、如何对公领域中的国家进行限制、如何对私领域中的个人权利进行保障等。这种人权观强调，国家应当尊重并保障个人自由，避免对个人施加不合理限制；在不妨碍他人权利的情况下，

---

① 参见何志鹏：《人权全球化基本理论研究》，科学出版社 2008 年版，第 207—258 页；何志鹏：《权利基本理论：反思与构建》，北京大学出版社 2012 年版，第 275—309 页。

个人在私领域中应拥有绝对自由。因而，自由权才是真正意义的人权。在此种观念下，倘若将集体作为人权的主体，不仅和前述公私领域的划分存在冲突，更削弱了个体的重要性。在这种基于自由主义传统的人权理念下，西方人权观呈现出重个体、轻集体的特点便不奇怪了。

这种人权观有其合理性和一定的理论自洽性，但在处理复杂的社会现实时，则往往难以灵活应对、妥善解释。例如，在新冠疫情全球大流行的时期，西方国家大都经历了难以处理个人自由和统一防疫措施的难题，并因此引发了大规模的国内动荡或骚乱，这反而进一步加剧了疫情的扩散和负面影响。

与此相对，中国往往从事物普遍联系的角度去认识人权的集体属性和个人属性。中国主张，个人人权是集体人权的基础，集体人权是个人人权的保障。没有个人则不会有集体、集体的出现也顺应了个人追求人权的需求。因此，不存在谁高谁低的问题；个人人权、集体人权和个人主义、集体主义并不相同。① 正如 2019 年《为人民谋幸福：新中国人权事业发展 70 年》白皮书中所指出的："人权是个人人权与集体人权的有机统一。没有个人的发展，就没有集体的发展；同时，也只有在集体中，个人才能获得全面发展。在当代中国的人权实践中，既重视集体人权的发展，又重视个人人权的保障，努力使二者相互统一、相互协调、相互促进。个人权利只有与集体权利统一起来，才能实现人权的最大化。中国在国家富强、民族振兴和人民幸福融为一体的发展中，努力保障每一个人和全体人民的各项权利。"②

思 考 题

- 在人权领域中，有哪些经典的传统理论？它们分别强调了什么内容？
- 如何看待传统人权理论？它们有什么进步之处，又有什么不足？

---

① 参见李步云：《论人权》，社会科学文献出版社 2010 年版，第 40—47 页、第 96—107 页。
② 参见中华人民共和国国务院新闻办公室：《为人民谋幸福：新中国人权事业发展 70 年》，人民出版社 2019 年版。网络资源见于 http://www.scio.gov.cn/zfbps/ndhf/39911/Document/1665100/1665100.htm，最后访问日期：2022 年 5 月 30 日。

● 作为最受关注的传统人权理论，自然权利说的主要观点是什么？又为什么引发诸多批判？

● 马克思主义者如何看待人权？马克思和恩格斯对人权的理解是怎样的？在此基础上，列宁有怎样的发展？

● 尽管同样被归属于社会主义运动，民主社会主义和马克思主义有怎样的不同？这种不同在对人权的态度和论述中，有什么样的体现？

● 中国古代究竟是否存在人权？如果存在，有哪些思想能够体现出人权？

● 在萌芽和初步发展阶段的中国人权思想，对今天我们的人权理论与实践，有着什么样的影响？

● 中国人权理论在新中国成立前后，有着怎样的不同？为什么会有这种不同？

● 如何理解当代中国人权的主流思想？这与马克思主义有着怎样的联系？

● 中国与西方国家在人权思想上存在着怎样的差异？为什么会存在这种差异？

延伸阅读

陈波：《马克思主义视野中的人权》，中国社会科学出版社 2004 年版。

杜钢建：《中国近百年人权思想》，汕头大学出版社 2007 年版。

冯江峰：《清末民初人权思想的肇始与嬗变（1840—1912）》，社会科学文献出版社 2011 年版。

冯友兰：《中国哲学史》，中华书局 2014 年版。

何勤华：《西方法学史纲（第 3 版）》，商务印书馆 2016 年版。

何志鹏：《人权全球化基本理论研究》，科学出版社 2008 年版。

何志鹏：《权利基本理论：反思与构建》，北京大学出版社 2012 年版。

李步云：《论人权》，社会科学文献出版社 2010 年版。

徐显明主编：《人权法原理》，中国政法大学出版社 2008 年版。

张乃根：《西方法哲学史纲（增补本）》，中国政法大学出版社 2002 年版。

张文显：《二十世纪西方方法哲学思潮研究》，法律出版社 1996 年版。

张文显：《法哲学范畴研究》，中国政法大学出版社 2001 年版。

张永和主编：《人权之门》，广西师范大学出版社 2015 年版。

Capps, Patrick, *Human Dignity and the Foundations of International Law* (Hart Publishing, 2009).

Carter, James, *Law: Its Origin, Growth and Function* (G. P. Putnam's Sons, 1907).

Corradetti, Claudio, *Relativism and Human Rights: A Theory of Pluralistic Universalism* (Springer, 2009).

Donnelly, Jack, *Universal Human Rights in Theory and Practice* (Cornell University Press, 2013).

Hunt, Lynn, *Inventing Human Rights: A History* (W. W. Norton & Co., 2007).

Moyn, Samuel, *Human Rights and the Uses of History* (2nd ed., Verso Books, 2014).

第四章　现代人权谱系

作为人的基本需求和社会可供资源之间的契合，人权的认可、确定和保护随着人们的认知升级而不断改变，同时也随着社会的进步而不断拓展。这两方面的因素导致了人权的主体、人权的内容在历史发展进步的过程中不断拓展。当前，人权已经可以从个体权利和集体权利、普通民众的权利和特殊群体的权利、基本生存、政治生活（公民权利和政治权利）、社会生活（经济社会文化权利）等角度进行分类，形成了一个复杂的现代人权谱系。人们一般会从人权发展的历史时期对人权进行认识，也会从个人权利和集体权利的角度看待人权的制度系统。

第一节　公民权利和政治权利

公民权利和政治权利作为基本人权的核心部分，只有在创造了使人人可以享有其公民权利和政治权利，正如享有其经济、社会和文化权利一样的条件的情况下，才能实现自由人类享有公民及政治自由和免于恐惧和匮乏的自由的理想。[①] 本章所涉及的公民权利和政治权利包括生命权与生存权，人格权，迁徙自由和择居自由，免受酷刑的权利，公正审判权主张、表达和意见自由，思想、良心和宗教自由，参与公共事务、选举与被选举及接受公共服务的权利。

---

① 《公民及政治权利国际公约》序言。

一、生命权与生存权

（一）生命权、生存权的概念

1. 生命权的概念

生命权是各项人权的基础，《世界人权宣言》首次规定了生命权。第3条明确规定："人人有权享有生命、自由和人身安全。"《公民及政治权利国际公约》第6条第1款规定，"人人皆有天赋之生存权。此种权利应受法律保障。任何人之生命不得无理剥夺"。第一，生命权是人固有的权利，这种权利不能被任意剥夺。对于公约中所使用的"任意"一词，一个广为接受的观点是不仅包括违法和不可预见性，还应包括不合理性和不相称性，这一观点也为第6号一般性意见所支持。①第二，生命权是所有人权的基础，是最基本的一项人权。无论是否主张人的权利有重要性之分，生命权都被认为是最重要的人权，生命不可代替、不可逆转，对生命权的侵犯是不能够补救的。②生命权是其他人权的前提，是最高和最重要的权利。相对于生命权，公民的其他权利均处于从属地位，政治权利、经济权利、文化权利等均为派生权利。③第三，生命权不得克减。人权事务委员会在第6号一般性意见中指出，生命权是最重要的权利，即使在威胁到国家存亡的社会紧急状态存在的情况下，也绝不允许克减。

生命的开始和终止是界定生命权时间范围的重要因素。事实上，由于在界定生命权范围时存在着问题，因而生命权也是具有争议性的权利之一。关于生命权的争议主要集中于有关于生命开始的争议，胎儿是否享有生命权同时涉及道德和伦理问题，不同国家和地区在这一问题上持不同的观点，无法达成一致。虽然在《世界人权宣言》的起草阶段就对保护生命权的起点进行了讨论，黎巴嫩代表和智利代表提出将禁止堕胎

---

① 国际人权法教程项目组：《国际人权法教程（第一卷）》，中国政法大学出版社2002年版，第84—85页。

② Rhona K. M. Smith, *International Human Rights Law* (8th ed., Oxford: Oxford University Press, 2018), p.219.

③ 肖君拥：《国际人权法讲义》，知识产权出版社2013年版，第183页。

> 我国民法未明确规定胎儿是否享有生命权的问题，但是在《民法典》继承编中规定了预留胎儿的继承份额。以下是我国《民法典》关于生命权及胎儿遗产继承的相关规定：
>
> 第1002条："自然人享有生命权。自然人的生命安全和生命尊严受法律保护。任何组织或者个人不得侵害他人的生命权。"
>
> 第1155条："遗产分割时，应当保留胎儿的继承份额。胎儿娩出时是死体的，保留的份额按照法定继承办理。"

作为生命权条款的附加部分，但是因多数人反对而被驳回，[①]在其最终文本中并未涉及胎儿生命权保护的问题。《公民及政治权利国际公约》中也没有对生命的开始做明确的界定，但该公约第6条第5款规定不得对孕妇判处死刑，有观点认为这是对胎儿的生命权的倾斜性规定。[②]而在《儿童权利宣言》序言中虽然明确指出，"儿童因身心尚未成熟，在其出生以前和以后均需要特殊的保护和照料，包括法律上的适当保护"，但在《儿童权利公约》第1条有关儿童的定义中则回避了这一问题，将儿童定义为"18岁以下任何人，除非对其适用之法律规定成年年龄低于18岁"。只有1969年《美洲人权公约》明确规定胎儿的生命权也受到保护，其第4条规定："每一个人都有使其生命受到尊重的权利。这种权利一般从胚胎时起就应受到法律保护。不得任意剥夺任何人的生命。"胎儿是否能够享有生命权目前仍然是一个存在着争议的问题。生命的终止在时间上一般不存在争议，对于生命是否在一定情况下可以被合法地剥夺的问题，目前不同国家和地区持不同的观点，主要涉及的有死刑及安乐死的问题。

2. 生存权的概念

生存权与生命权相联系，但指向不同。马克思指出，我们首先应当确定一切人类生存的第一个前提也就是一切历史的第一个前提，这个前提就是：人们能够创造历史，必须能够生活。但是为了生活，首先就需

---

① 参见〔瑞典〕格德门德尔·阿尔弗雷德松、〔挪威〕阿斯布佐恩·艾德编：《〈世界人权宣言〉：努力实现的共同标准》，中国人权研究会组织翻译，四川人民出版社1999年版，第13页。

② Rhona K. M. Smith, *International Human Rights Law* (8th ed., Oxford: Oxford University Press, 2018), p. 222.

要衣、食、住以及其他东西。①生存是人类进行一切活动的首要前提，为了保障生存，需要衣、食、住及其他必需条件。生存权最早见于奥地利具有空想社会主义思想倾向的法学家安东·门格尔1886年写成的《全部劳动权史论》一书，该书认为，劳动权、劳动收益权、生存权是造成新一代人权群——经济基本权的基础。②德国1919年《魏玛宪法》首次在宪法上对生存权给予了保障，在其第二篇第五章《经济生活》第151条第1款中规定了对生存权的保障："经济生活之组织，应与公平之原则及人类生存维持之目的相适应。"虽然不能明确称之为权利，但它却明示了生存权是一种靠国家的积极干预来实现"像人那样生存"的权利。第二次世界大战以后，有许多国家通过宪法保障了公民的生存权，③与此同时，在一些国际法文件中也体现了对生存权的保障。《联合国宪章》在序言中宣称把促进社会进步及较善之民生当作联合国的目的，并通过第55条具体化，规定联合国应促进较高之生活程度，全民就业，以及经济与社会的进步与发展。

《世界人权宣言》被认为是最早对生存权作出规定的国际人权文件，其第22条规定："每个人，作为社会的一员，有权享受社会保障，并有权享受他的个人尊严和人格的自由发展所必需的经济、社会和文化方面各种权利的实现"，同时通过第25条规定公民享有保持和保障充分的生活水准之权利，以此保障生存权。④《经济社会文化权利国际公约》第11条第1款也规定："本公约缔约国确认人人有权享受其本人及家属所需之适当生活程度，包括适当之衣食住及不断改善之生活环境。缔约国将采取适当步骤确保此种权利之实现，同时确认在此方面基于自由同意之国际合作极为重要。"毫无疑问，生存权是一种重要人权，对于生存权应予以保障。然而，目前对于生存权的含义没有权威的统一界定，对于生存

---

① 《马克思恩格斯全集》，第3卷，人民出版社2001年版，第31页。

② 徐显明：《生存权论》，载《中国社会科学》1992年第5期。

③ 〔日〕大须贺明：《生存权论》，林浩译，法律出版社2001年版，第3—5页。

④ 《世界人权宣言》第25条第1款规定："人人有权享受为维持他本人和家属的健康和福利所需的生活水准，包括食物、衣着、住房、医疗和必要的社会服务；在遭到失业、疾病、残废、守寡、衰老或在其他不能控制的情况下丧失谋生能力时，有权享受保障。"

权的含义存在着不同的理解。

对于生存权概念的界定，目前国内外学者的分歧较大。有观点认为，生存权有广义、中义和狭义之分。广义的生存权是指包括生命在内的诸权利的总称；中义的生存权是指解决丰衣足食的问题，即解决贫困人口的温饱问题；狭义的生存权是指社会弱者的请求权，生存权应具有法律上的可诉性。[①] 可以说，对于生存权的概念的分歧主要集中在以下几方面：生存权是"权利群"还是一项具体的权利；生存权包括哪些内容；生存权的主体是否仅仅限于"弱者"。第一，生存权与生命权既密切联系，又有所区别。生命权是生存权的基础，但是生存权有其独立存在的价值。生存权强调在保障生命的基础之上，维持必需的生活水准，同时也强调人的尊严和人格的自由发展。正如前人权事务委员会甘吉（Ganji）先生所认为的："为了行使人权事务委员会所关注的任何权利，一个人必须生存，而且为了生存，他既不应该在出生之前，也不得在出生之后死亡。他还必须能够接受最低限度的食物、教育、医疗卫生、住房和衣物。毫无疑问，在生命权及维持生命所必需的物质要求和行使所有其他自由的权利之间存在着密不可分的联系。"[②] 然而，生存权与生命权性质不同，生存权是要求国家提供对公民最低限度的、合于人性尊严的生活，并积极促成及提供相应服务的权利，生存权的实现主要依赖于国家积极作为；而生命权则是要求国家尊重人的生命，是侧重于要求国家消极不作为的权利。[③] 第二，生存权与其他相关的各项权利不是包含与被包含的关系，生存权所包括的内容是与维持一定的生活水准相适应的，而非诸如劳动权、社会保障权所包含的全部内容，其内容范围并不完全

---

① 参见徐显明：《人权建设三愿》（代序），载徐显明主编：《人权研究（第二卷）》，山东人民出版社 2002 年版。国内学界对于生存权的概念也有诸多讨论，比如，生命权是否是生存权的一部分，生存权是否只有温饱权一种含义等。参见李龙：《论生存权》，法学评论 1992 年第 2 期；徐显明：《生存权论》，载《中国社会科学》1992 年第 5 期；上官丕亮：《究竟什么是生存权》，载《江苏警官学院学报》2006 年第 6 期；汪进元：《论生存权的保护领域和实现途径》，载《法学评论》2010 年第 5 期；龚向和：《生存权概念的批判与重建》，载《学习与探索》2011 年第 1 期。

② 国际人权法教程项目组：《国际人权法教程（第一卷）》，中国政法大学出版社 2002 年版，第 89—90 页。

③ 龚向和：《生存权概念的批判与重建》，载《学习与探索》2011 年第 1 期。

等同。因此，基于生存权与生命权及其他相关权利的关系来说，生存权不是所谓的"权利群"。第三，对生存权的界定应充分考虑当前社会和经济发展状况。第四，生存权不仅是个人的生存，也是国家和民族的生存。[①]正如习近平总书记所指出的："每个人的前途命运都与国家和民族的前途命运相连。国家好，民族好，大家才会好。"[②]

对于生存权的含义，中国人权研究会概括如下："生存权是指在一定社会关系中和历史条件下，人们应当享有的维持正常生活所必需的基本条件的权利。它不仅指个人的生命在生理意义上得到延续的权利，而且指一个国家、民族及其人民在社会意义上的生存得到保障的权利；不仅包含人们的生命安全和基本自由不受侵犯、人格尊严不受凌辱，还包括人们赖以生存的财产不遭掠夺、人们的基本生活水平和健康水平得到保障和不断提高。"生存权是首要人权，也是享有其他人权的基础；没有生存权，其他一切人权均无从谈起。[③]

（二）生存权的性质与内容

1. 生存权的性质

生存权是现代人权的标识，其性质不同于自由权。自由权强调人的个性的充分实现，而生存权强调所有人共性的一般实现，生存权为自由设置最合理的界限，国家对于生存权的实现具有决定性意义。[④]生存权是积极权利，主要依赖于国家的积极作为，要求国家提供对公民最低限度的、合于人性尊严的生活，并积极促成及提供相应服务。

关于生存权的属性，国内外理论界也有诸多讨论。目前主要有方针条款说、抽象权利说、具体权利说以及法定权利说等。方针条款说的代表人物为德国的安许茨、日本的伊藤正己等。他们认为，宪法关于生存权的规定仅具有纲领性和宣告性，不具有法的规范效力，不能作为司法裁判的依据，对宪法生存权的纲领性规定是否制定法律应由立法机关

---

① 刘海年:《习近平法治思想与人权保障制度建设》，载《人权研究》2021 年第 1 期。

② 《习近平谈治国理政（第一卷）》，外文出版社 2014 年版，第 36 页。

③ 中国人权研究会:《生存权和发展权是首要的基本人权》，载《人民日报》2005 年 6 月 27 日。

④ 徐显明:《生存权论》，载《中国社会科学》1992 年第 5 期。

自由裁量，国民对国家的立法不作为和行政给付不作为不享有法上请求权。[①] 抽象权利说的持有者桥本公亘等认为生存权具有权利的属性，但其是一种抽象权利，明确否认了方针条款说关于生存权之纲领性的主张，并认为宪法关于生存权的规定对立法机关有法的拘束效力，国民可以要求立法机关制定相应的法律以保障国民最低限度生活的权利。[②] 具体权利说为日本学者大须贺明首创，他认为宪法关于生存权的规定赋予了生存权以具体权利的属性，生存权是一项具体的权利，立法机关有义务制定法律以确认和形成生存权保障的具体内容、方法和程序，行政机关有义务采取措施促使国民生存权的实现；当国民的生存权遭受侵害并诉请司法审查时，司法机关有义务依据宪法的相关规定给予司法救济。[③] 法定权利说比具体权利说更加现实化，其核心观点为，生存权只有成为决定当事人利益的审判规范时才是在终极意义上能够实现的人权，其法定权利的表现形态是在司法上获得救济。

2. 生存权的内容

生存权的内容随着人权发展的阶段而不断演进，同时要与经济社会发展状况相适应。生存权不仅要求对生命安全、物质生活的保障，同时强调维护人的尊严。有观点认为目前存在着三种保护内涵不同的代际形态，即生命价值本位的生存权、尊严价值本位的生存权和安全价值

中国在生存权问题上有着独特的贡献，1991年《中国的人权状况》白皮书强调："生存权是中国人民的首要人权。"2016年习近平总书记在致纪念《发展权利宣言》通过三十周年研讨会的贺信中指出："中国坚持把人权的普遍性原则同本国实际相结合，坚持生存权和发展权是首要的基本人权。"2019年《为人民谋幸福：新中国人权事业发展70年》白皮书指出："奉行以人民为中心的人权理念，始终把生存权、发展权作为首要的基本人权，协调增进全体人民的各项权利，努力促进人的全面发展。历史和现实都证明，中国成功地走出了一条符合国情的人权发展道路，丰富了人类文明多样性。"

① 〔日〕大须贺明：《生存权论》，林浩译，法律出版社2001年版，第91页。

② 〔日〕阿部照哉等：《宪法（下）——基本人权篇》，周宗宪译，中国政法大学出版社2006年版，第236页。

③ 〔日〕大须贺明：《生存权论》，林浩译，法律出版社2001年版，第117—129页。

本位的生存权。^①在现阶段，生存权不仅包括对生命的保障，也包含对合乎人尊严的、安全的生活条件的保障。同时，人的文化欲求与生物式生存有着相互渗透的关联性，^②基本的文化生活保障也应是生存权的内容之一。正如徐显明教授所认为的，生存权有着以下几方面的通解："生命是生存权的自然形式，财产是生存权实现的物质条件，劳动是实现生存权的一般手段，社会保障是生存权的救济方式，发展是生存权的必然要求，环境、健康、和平是生存权的当代内容。"^③我国也有学者将生存权划分为本源性权域、派生性权域以及关联性权域，通过此种划分方式来界定生存权的内容。^④

（三）国家保障生命权、生存权的义务

国家有义务保障公民的生命权，《公民及政治权利国际公约》以及许多国际文件都明确阐明了国家保护生命权的义务。虽然生命权侧重于消极意义上对生命的保障，但是也有积极意义上的保护，生命权强调全面保障，国家应对生命权予以法律保障。根据《公民及政治权利国际公约》，缔约国有义务不去任意地剥夺任何人的生命。人权事务委员会在1982年发布的第6号一般性意见中指出，缔约国应采取措施，不仅防止和惩罚剥夺生命的犯罪行为，也要对国家当局剥夺人民生命的各种可能情况加以约束和限制。缔约国应当采取具体的有效措施，防止个人失踪。缔约国须采取一切可能措施，减少婴儿死亡率和提高估计寿命，特别是采取措施消灭营养不良和流行病。对生命权的保护要求缔约国对死亡、强迫失踪、战争、灭种、大规模暴力等现象加以禁止。各国有防止战争的重大责任。人权事务委员会在第14号一般性意见中指出，设计、试

---

① 汪进元：《论生存权的保护领域和实现途径》，载《法学评论》2010年第5期。

② 徐显明：《生存权论》，载《中国社会科学》1992年第5期。

③ 同上。

④ 生存权的本源性权域指的是最低生活水准权，具体包括生命体的维护、有尊严的生活和安全的生活。生存权的派生性权域是在生存权的本源性权域的基础之上形成的，指的是生存请求权。生存权的关联性权域是指那些对人的生命之维护以及有尊严的生活和安全的生活等具有内在决定性的权利及相关领域。主要包括自由权中的人身人格权和隐私权，财产权中作为谋生工具的财产和基础维生物品等等。参见汪进元：《论生存权的保护领域和实现途径》，载《法学评论》2010年第5期。

验、制造、拥有和部署核武器是当今对人类生命权利的最大威胁，不仅在战时可能实际使用这种武器，甚至因人为过失或机械故障均可能面临触发这种武器的危险，使得核武器的威胁倍增。人权事务委员会呼吁各国，不论是否为《公民及政治权利国际公约》的缔约国，都以单独和签订协定方式采取紧急步骤消除这一威胁。关于国家对生命权的保障，一个重要问题是，是否存在合法的剥夺人生命的情况，主要包括安乐死和死刑的问题。

安乐死（euthanasia）源于希腊文 εὐθανασία，原意是"快乐的死亡"或"有尊严的死亡"。[1] 各国法律对安乐死的态度差异很大，学界也有诸多讨论。由于生命的重要性，绝大部分国家对安乐死都持反对态度。对安乐死持反对态度的人认为承认安乐死合法会出现难以控制的负面效应，除无法有效保护弱势人群的生命权外，重病患者的精神负担也会加重。[2] 也有学者主张安乐死应当成为一种权利，荷兰著名人道主义学者简·格拉斯特·范隆认为："延续一个人的生命与结束一个人的生命之间的选择与这种自我决定的权利紧密相关。所有的人都必须被允许自我决定自己的生与死，应当有成文的法律规定保证和保护人们对自己生命做决定的权利，对于死亡不可避免而又遭受极大痛苦的病人来说，满足他们人生最后一个要求是人道的，他们应当有这个权利。"[3] 目前，在荷兰等国家，安乐死已经合法化，成为法律上的权利。1996 年澳大利亚北部地区会议通过了世界上第一部安乐死法《垂死病人权利法》，规定了严格的安乐死条件：接受安乐死的病人必须年满 18 岁以上且患有不治之症，无法忍受痛苦，由本人递交要求安乐死的申请书，要有本人签字；同时该法对医生履行安乐死作了详细规定，并规定在病人提出安乐死要求并且获得医生签字同意后，分别要有 7 天以上的"冷却期"和 48 小时以上的"等待期"。该法在实施半年后被废止，其间实施合法安乐死的只有 4 人。[4]

---

① 白桂梅主编：《人权法学（第 3 版）》，北京大学出版社 2023 年版，第 95 页。

② 参见同上书，第 95 页。

③ 转引自〔美〕保罗·库尔兹：《21 世纪的人道主义》，肖峰等译，东方出版社 1998 年版，第 359 页。

④ 王红漫：《安乐死问题立法进展比较》，载《现代法学》2001 年第 4 期。

2001 年荷兰通过了《安乐死法令》，成为世界上第一个把安乐死合法化的国家。这项法律在承认安乐死可以成为一种患者解脱痛苦的手段的同时，施加了三个条件，包括病人的病情是不可治愈的、病人必须在清醒的情况下完全自愿接受安乐死，以及病人所遭受的痛苦被认为是难以忍受的。当前，加拿大、日本等国均确定了安乐死合法化的条件，我国学者的讨论也在逐步深入。

关于死刑的问题，目前一般认为，限制死刑是国际上的发展趋势。《公民及政治权利国际公约》规定国家应尽量废除死刑，不得已保留死刑的也应对死刑的适用作出限制。其第 6 条规定：

一、人人皆有天赋之生存权。此种权利应受法律保障。任何人之生命不得无理剥夺。

二、凡未废除死刑之国家，非犯情节最重大之罪，且依照犯罪时有效并与本公约规定及防止及惩治残害人群罪公约不抵触之法律，不得科处死刑。死刑非依管辖法院终局判决，不得执行。

三、生命之剥夺构成残害人群罪时，本公约缔约国公认本条不得认为授权任何缔约国以任何方式减免其依防止及惩治残害人群罪公约规定所负之任何义务。

四、受死刑宣告者，有请求特赦或减刑之权。一切判处死刑之案件均得邀大赦、特赦或减刑。

五、未满十八岁之人犯罪，不得判处死刑，怀胎妇女被判死刑，不得执行其刑。

六、本公约缔约国不得援引本条，而延缓或阻止死刑之废除。

根据上述规定，虽然《公民及政治权利国际公约》的缔约国没有义务彻底废除死刑，但是人权事务委员会认为最严重罪行应被限定，缔约国有义务限制死刑的执行。并且，死刑的判处只能按照犯罪时有效且不违反该公约规定的法律，遵守该公约规定的程序，包括有权由一个独立的法庭进行公正的审讯、无罪假定原则、对被告方的最低限度保证和由较高级法庭审查的权利。①

联合国大会 1989 年 12 月 15 日第 44/128 号决议通过了《旨在废除死刑的公民及政治权利国际公约第二项任择议定书》，强调"废除死刑的所有措施应被视为是在享受生命权方面的进步"，其第 1 条规定："在本议定书缔约国管辖范围内，任何人不得被处死刑；每一缔约国应采取一切必要措施在其管辖范围内废除死刑。"同时，该议定书在序言中认为，公约第 6 条"已经提到废除死刑，并以强烈的措辞暗示废除死刑是可取的"。

在西方许多国家，死刑已经被废除。1950 年《欧洲人权公约》第 2 条规定："任何人的生命均应受到法律保护，任何人的生命不得被随意剥夺。"《〈欧洲人权公约〉关于废除死刑的第六议定书》1985 年生效，几乎所有欧洲理事会成员国都批准了该项议定书。②在没有废除死刑的情况下，对死刑的适用进行限制也体现了对生命权的保护。各国在刑法中对死刑进行了限制，包括死刑适用范围、适用对象、实际执行、判决程序、执行方法等。《美洲人权公约》规定，已废除死刑的国家不得恢复死刑，对政治犯不得处以死刑，对犯罪时超过 70 岁的人不得处以死刑。

中国没有废除死刑，但是对死刑的适用有着严格的限制。根据我国刑法的规定，死刑只适用于罪行极其严重的犯罪分子，对于应当判处死刑的，如果不是必须立即执行，可以判处死刑同时宣告缓期二年执行。同时，对死刑的适用对象、适用程序都有着严格的限制。③

对于生存权的保障，更多的是依靠国家的积极作为。日本学者我妻荣在 1946 年发表的《基本的人权》一文中提出，生存权的思想基础是将国家作为一个协同体，即国家和个人是内在地、有机地结合在一起，被确认和保障的基本人权应由国家积极照顾和国民积极努力相互协力来实

---

① 《公民及政治权利国际公约》中有关生命权的条款与公约第 7 条、第 9 条、第 10 条、第 14 条和第 20 条有着联系。比如，第 14 条即规定了公开审判。人权事务委员会指出，不符合第 14 条要求的司法程序而实行的死刑侵犯了生命权。

② W. A. Schabas, *The Abolition of the Death Penalty in International Law* (3rd ed., Cambridge: Cambridge University Press, 2002), p. 14.

③ 《中华人民共和国刑法》第 48—50 条。

现。[1]国家有义务通过发展经济、社会、文化事业，不断改善人民的生活条件。[2]我国《未成年人保护法》对生存权保障问题有着明确的规定，国家保障未成年人的生存权、发展权、受保护权、参与权等权利。

2003年，家住新疆乌鲁木齐市南湖二区旭东小区的居民姚某认为物业公司计算电费错误，不肯缴纳多算的电费，物业公司便将姚某家断电。之后，姚某一家度过了4年"暗无天日"的生活。2008年，姚某以所在小区物业公司——乌鲁木齐安居物业管理服务中心侵害她本人及其儿子的生存权和发展权为由，将该物业公司诉至法院。2008年10月30日，该案在乌鲁木齐市水磨沟区人民法院公开审理。本案审判长认为，虽然我国宪法和未成年人保护法对公民的人权、生存权和发展权有明确的规定，可是未成年人的生存权和发展权将在哪个层面进行保护，如何在司法实践中对此实施法律救济，目前在法律中仍然是空白，我国的公民生存权和发展权司法救济制度还有待建立。法院将此案立案并开庭审理，并不能代表法院认为我国公民可以就生存权和发展权被侵犯提起民事诉讼，需要合议后才能明确。姚某的代理律师认为，电涉及人民群众生活的方方面面，已经成为社会生活的基本需要。所以，法律明确规定，不得以任何理由中断供电。一个家庭用电的权利受到侵害，就是侵害了生存权和发展权。

二、人格权

（一）人格权的概念

人格，指在法律上自然人处于独立状态下应具有的精神的和物质的内容，是被认识的人之为人的那些属性或性质，比如生命、健康、身体、名誉等。人格权在民法上被用来概括自然人对自己人格的权利，因出生而取得，属于支配权和绝对权范畴，[3]所有的人格权都属于人权。[4]人格

---

[1]　凌维慈：《历史视角下的生存权——以日本生存权理论的发展变革为视角》，载《当代法学》2010年第5期。

[2]　杨庚：《论生存权和发展权是首要的人权》，载《首都师范大学学报（社会科学版）》1994年第4期。

[3]　龙卫球：《民法总论（第二版）》，中国法制出版社2002年，第264页。

[4]　石佳友：《人格与人格权的关系——从人格权的独立成编出发》，载《法学评论》2017年第6期。

权以人的尊严为价值基础，是人格尊严价值的具体彰显，是以维护和实现人格尊严为目的的权利。[①] 我国《民法典》第 990 条对人格权进行了界定："人格权是民事主体享有的生命权、身体权、健康权、姓名权、名称权、肖像权、名誉权、荣誉权、隐私权等权利。除前款规定的人格权外，自然人享有基于人身自由、人格尊严产生的其他人格权益。"

（二）人身自由和安全保障的原则

人身自由与安全是最古老的基本权利之一，各国法律和各类人权公约都一致确认了这项权利。《世界人权宣言》强调人人都有权享有自由和人身安全，并通过第 9 条规定："任何人不得加以任意逮捕、拘禁或放逐。"《公民及政治权利国际公约》也在第 9 条中规定了人身自由和安全权：

一、人人有权享有身体自由及人身安全。任何人不得无理予以逮捕或拘禁。非依法定理由及程序，不得剥夺任何人之自由。

二、执行逮捕时，应当场向被捕人宣告逮捕原因，并应随即告知被控案由。

三、因刑事罪名而被逮捕或拘禁之人，应迅即解送法官或依法执行司法权力之其他官员，并应于合理期间内审讯或释放。候讯人通常不得加以羁押，但释放得令具保，于审讯时、于司法程序之任何其他阶段，并于一旦执行判决时，候传到场。

四、任何人因逮捕或拘禁而被剥夺自由时，有权声请法院提审，以迅速决定其拘禁是否合法，如属非法，应即令释放。

五、任何人受非法逮捕或拘禁者，有权要求执行损害赔偿。

对于人身自由和安全的保障使人们免于任意的、非法的和不合理的逮捕，同时为被剥夺人身自由的人提供程序上的保护。值得注意的是，对于人身自由和安全的保障并非是要禁止逮捕或拘禁等剥夺自由的行为，而是对这种行为施加限制。通过对国家的逮捕或拘禁行为的规范，使其力求公正并符合人类固有的尊严。同时，该原则隐含的

---

① 王利明：《论人格权的定义》，载《华中科技大学学报（社会科学版）》2020 年第 1 期。

"横向效力"，要求国家承担义务，保护个人免受他人剥夺自由的侵害，比如禁止和惩治非法拘禁、私设私刑等。[①]逮捕指剥夺人身自由的行为，一般它涵盖该人被带到一个主管当局前的这段时间，比如监禁和审前拘禁。拘禁是指剥夺自由的状态，不管它是否出自逮捕、定罪、绑架或其他行为。[②]

人权事务委员会有关人身自由和安全的第 8 号一般性意见认为，《公民及政治权利国际公约》第 9 条规定范围广泛。第 1 款适用于剥夺自由的一切情况，不论它涉及刑事案件或者涉及诸如精神病、游荡、吸毒成瘾、教育目的、管制移民等其他情况。诚然，该条的某些规定（第 2 款的第一部分所要求的宣告逮捕原因和第 3 款全部）仅适用于受到刑事控诉的人。然而，其他的规定，特别是第 4 款阐明的重要保证，即有权由法庭决定拘禁是否合法，适用于因逮捕或拘禁而被剥夺自由的任何人。此外，按照该公约第 2 条第 3 款的规定，缔约国必须保证，在个人声称被剥夺自由，因而违反公约规定的其他情况下，向其提供有效的补救办法。因刑事案件被逮捕或拘禁的人，应被迅即解送法官或依法执行司法权力之其他官员。人权事务委员会认为，此种延迟不得超过几天，候审期限也应尽可能缩短。而被非法剥夺人身自由的人，有得到赔偿的权利。

对于人身自由和安全的保障强调合法性原则和禁止任意性的原则，只有符合合法性原则和禁止任意性原则的逮捕和拘禁的行为可以剥夺人身自由。

合法性原则，是指只有"依照法律所确定的根据和程序"，方能剥夺个人人身自由。比如，《欧洲人权公约》第 5 条第 1 款规定了合法剥夺人身自由的情形，包括："（1）由具有管辖权的法院作出有罪判决对某人予以合法拘留；（2）由于不遵守法院合法的命令或者为了保证履行法律所规定的任何义务对某人予以合法拘留；（3）如果有理由足以怀疑某人

---

① 朱晓青、柳华文：《〈公民权利和政治权利国际公约〉及其实施机制》，社会科学文献出版社 2019 年版，第 45 页。
② 国际人权法教程项目组：《国际人权法教程（第一卷）》，中国政法大学出版社 2002 年版，第 125 页。

221

实施了犯罪行为或者如果合理地认为有必要防止某人犯罪或者是在某人犯罪后防止其脱逃，为了将其送交有关的法律当局而对其实施的合法的逮捕或者拘留；（4）基于实行教育性监督的目的而根据合法命令拘留一个未成年人或者为了将其送交有关的法律当局而对其予以合法的拘留；（5）基于防止传染病蔓延的目的而对某人予以合法的拘留以及对精神失常者、酗酒者或者是吸毒者或者流氓予以合法的拘留；（6）为防止某人未经许可进入国境或者为押送出境或者是引渡而对某人采取行动并予以合法的逮捕或拘留。"

禁止任意性原则，既针对立法机关，也针对执法机关。对于禁止任意性原则应作宽泛解释，实施逮捕的具体行为方式不得带有歧视性，必须根据案件的情况来适当地确定。[①]

此外，人权事务委员会认为，即使是出于公共安全的理由，采用所谓防范性拘留措施，也必须受到约束，不应随意行之。必须根据法律规定的根据和程序，告知理由、由法庭管制拘禁措施以及在违反规定时加以赔偿。

我国保障公民的人身自由与安全。《宪法》第37条规定："中华人民共和国公民的人身自由不受侵犯。任何公民，非经人民检察院批准或者决定或者人民法院决定，并由公安机关执行，不受逮捕。禁止非法拘禁和以其他方法非法剥夺或者限制公民的人身自由，禁止非法搜查公民的身体。"在刑法方面，《刑法》分则第四章专门规定了"侵犯公民人身权利、民主权利"的犯罪，其中涉及侵犯人身安全与自由的罪名，包括故意杀人罪、强奸罪、非法拘禁罪、绑架罪、拐卖妇女儿童罪、强迫职工劳动罪、侵入住宅罪等。有观点认为，刑法将侵犯公民基本人权的犯罪置于第四章的位置，与刑法强调人权保障的机能不甚吻合。[②]对于逮捕及拘留的条件及程序性要求，则在刑事诉讼法中予以规定。同时，通过国家赔偿法对被侵犯人身自由的公民予以救济。

---

① 国际人权法教程项目组：《国际人权法教程（第一卷）》，中国政法大学出版社2002年版，第126页。

② 参见白桂梅主编：《人权法学（第3版）》，北京大学出版社2023年版，第99页。

我国《刑事诉讼法》对逮捕条件的规定

第八十一条 对有证据证明有犯罪事实，可能判处徒刑以上刑罚的犯罪嫌疑人、被告人，采取取保候审尚不足以防止发生下列社会危险性的，应当予以逮捕：

（一）可能实施新的犯罪的；

（二）有危害国家安全、公共安全或者社会秩序的现实危险的；

（三）可能毁灭、伪造证据，干扰证人作证或者串供的；

（四）可能对被害人、举报人、控告人实施打击报复的；

（五）企图自杀或者逃跑的。

批准或者决定逮捕，应当将犯罪嫌疑人、被告人涉嫌犯罪的性质、情节，认罪认罚等情况，作为是否可能发生社会危险性的考虑因素。

对有证据证明有犯罪事实，可能判处十年有期徒刑以上刑罚的，或者有证据证明有犯罪事实，可能判处徒刑以上刑罚，曾经故意犯罪或者身份不明的，应当予以逮捕。

被取保候审、监视居住的犯罪嫌疑人、被告人违反取保候审、监视居住规定，情节严重的，可以予以逮捕。

（三）个人尊严与隐私权

人的尊严被视为人权的伦理基础。人权根植于人的尊严，人格尊严是体现人之为人的价值和尊严的内核，在此意义上，隐私权是人格尊严的重要组成部分，体现了人作为目的受到国家、社会和他人尊重的权利。[1]《世界人权宣言》《公民及政治权利国际公约》等国际人权文件都强调对个人尊严的维护。中国也通过法律来保障公民的个人尊严不受侵犯，《宪法》第38条规定："中华人民共和国公民的人格尊严不受侵犯。禁止用任何方法对公民进行侮辱、诽谤和诬告陷害。"本部分主要涵盖被剥夺自由的人的个人尊严及隐私权两部分内容。

1. 被剥夺自由的人的个人尊严

个人尊严体现了人之为人的价值，被剥夺自由的人应享有人道待遇，人格尊严应得到保障。《公民及政治权利国际公约》第10条规定：

---

[1] 朱力宇、叶传星主编：《人权法》，中国人民大学出版社2017年版，第128页。

一、自由被剥夺之人，应受合于人道及尊重其天赋人格尊严之处遇。

二、（子）除特殊情形外，被告应与判决有罪之人分别羁押，且应另予与其未经判决有罪之身分相称之处遇；

（丑）少年被告应与成年被告分别羁押，并应尽速即予判决。

三、监狱制度所定监犯之处遇，应以使其悛悔自新，重适社会生活为基本目的。少年犯人应与成年犯人分别拘禁，且其处遇应与其年龄及法律身分相称。

人权事务委员会在第 9 号一般性意见中强调，对所有被剥夺自由的人给予人道待遇及尊重其尊严，是普遍适用的基本标准，不得完全视物质资源多少而定。虽然委员会知道，在其他方面，拘禁的方式和情况可能会随可用的资源而不同，但如同该公约第 2 条第 1 款的规定，一概不得有歧视待遇。必须不加区别地应用这项规则，不论种族、肤色、性别、语言、宗教、政治或其他见解、民族或社会本源、财产、出生或其他状况。对于违反人犯意愿，依法拘禁人犯的机构，不仅指监狱，也包括医院、拘留营或改造所等。

2. 隐私权

《世界人权宣言》是对隐私权保护的重要国际法渊源，第 12 条规定："任何人之私生活、家庭、住所或通讯不容无理侵犯，其荣誉及信用亦不容侵害。人人为防止此种侵犯或侵害有权受法律保护。"《公民及政治权利国际公约》第 17 条规定："任何人的私生活、家庭、住宅或通信不得加以任意或非法干涉，他的荣誉和名誉不得加以非法攻击。人人有权享受法律保护，以免受这种干涉或攻击。"从这两个国际人权文件的条文内容上来看，对于隐私权的保护强调不受任意或非法干涉。人权事务委员会在第 16 号一般性意见中认为，"非法"一词的意思是除法律所设想的个案以外不得有干涉情事，国家授权的干涉必须根据法律，法律本身也须符合对隐私权的保护的规定和目标。同时，人权事务委员会亦强调，对于隐私权的保护，不论干涉和攻击是来自政府当局或自然人或法人，政府应采取立法及其他措施，以禁止这种干涉和攻击，并保护这种权利。从条文内容来看，国际法对于隐私权的保护内容主要包括私生活、家庭、住宅、通信以及荣誉和名誉。具体包括：

第一，私生活可被理解为《欧洲人权公约》第 8 条所提及的"私人生活"的同义词，人权事务委员会和欧洲人权法院在私生活一词下，确立了几个不同的问题，包括：一个人的身份（包括姓名）；一个人的外表；性的选择权和身体权；身体完整权；未经本人同意的医学治疗以及个人资料的保护。[①] 对于个人资料的保护，人权事务委员会强调以电脑、资料库及其他仪器收集或储存私人资料——不管是由公共当局或民间个人或机构——必须由法律加以规定。各国必须采取有效措施来确保有关个人私生活的资料不会落到法律未授权接受、处理和使用的人手里。为了使私生活受到最切实的保护，人人都应有权以明白易解的方式确定是否个人资料存放在自动资料档案中，也有权确定哪些公共当局或民间个人或机构控制或可以控制其档案。人人都有权要求改正或消除不正确的个人资料或以违法方式收集、处理的私人资料。第二，家庭一词应作广泛解释，包括所有有关缔约国社会中所理解的家庭的所有成员。应保护家庭成员团聚、保持家庭完整性以及正常的家庭生活不被外界干涉、破坏的权利。[②] 第三，通信在新的时代可能会有更丰富的内容，人权事务委员会认为，必须在法律上和实际上保障通信的完整和机密。信件应送达收信人，不得拦截、启开或拆读，应禁止监察、拦截电话、电报和其他通信方式、窃听和记录谈话。第四，人权事务委员会在其一般性意见中指出，在合法的情况下，搜查一个人的住宅时应仅限于搜查必要的证据，不应有骚扰；对于个人或人身的搜查，应有切实的措施来确保进行这种搜查时会尊重被搜查者的尊严；政府官员对一个人进行人身搜查或医疗人员应政府要求这样做时应只限于搜查同一性别的人。第五，保护个人名誉和荣誉免受非法攻击。值得注意的是，对于隐私权的保护是相对性的，但是有关当局只有在知道有关一个人私生活的这种资料为依据该公约所了解的社会利益必不可少时才可要求提供这种资料。

---

① 国际人权法教程项目组：《国际人权法教程（第一卷）》，中国政法大学出版社 2002 年版，第 200 页。

② 朱力宇、叶传星主编：《人权法》，中国人民大学出版社 2017 年版，第 139 页。

《民法典》第四编第六章对隐私权提供了法律保护：

第一千零三十二条　自然人享有隐私权。任何组织或者个人不得以刺探、侵扰、泄露、公开等方式侵害他人的隐私权。隐私是自然人的私人生活安宁和不愿为他人知晓的私密空间、私密活动、私密信息。

第一千零三十三条　除法律另有规定或者权利人明确同意外，任何组织或个人不得实施下列行为：（一）以电话、短信、即时通讯工具、电子邮件、传单等方式侵扰他人的私人生活安宁；（二）进入、拍摄、窥探他人的住宅、宾馆房间等私密空间；（三）拍摄、窥视、窃听、公开他人的私密活动；（四）拍摄、窥视他人的私密部位；（五）处理他人的私密信息；（六）以其他方式侵害他人的隐私权。

第一千零三十四条　自然人的个人信息受法律保护。个人信息是以电子或者其他方式记录的能够单独或者与其他信息结合识别特定自然人的各种信息，包括自然人的姓名、出生日期、身份证号码、生物识别信息、住址、电话号码、电子邮箱、健康信息、行踪信息等。个人信息中的私密信息，适用有关隐私权的规定；没有规定的，适用有关个人信息保护的规定。

《民法典》第四编第五章对名誉权和荣誉权提供了法律保护：

第一千零二十四条　民事主体享有名誉权。任何组织或者个人不得以侮辱、诽谤等方式侵害他人的名誉权。名誉是对民事主体的品德、声望、才能、信用等的社会评价。

第一千零二十五条　行为人为公共利益实施新闻报道、舆论监督等行为，影响他人名誉的，不承担民事责任，但是有下列情形之一的除外：（一）捏造、歪曲事实；（二）对他人提供的严重失实内容未尽到合理核实义务；（三）使用侮辱性言辞等贬损他人名誉。

第一千零二十六条　认定行为人是否尽到前条第二项规定的合理核实义务，应当考虑下列因素：（一）内容来源的可信度；（二）对明显可能引发争议的内容是否进行了必要的调查；（三）内容的时限性；（四）内容与公序良俗的关联性；（五）受害人名誉受贬损的可能性；（六）核实能力和核实成本。

第一千零二十七条　行为人发表的文学、艺术作品以真人真事或者特定人为描述对象，含有侮辱、诽谤内容，侵害他人名誉权的，受害人有权依法请求该行为人承担民事责任。行为人发表的文学、艺术作品不以特定人为描述对象，仅其中的情节与该特定人情况相似的，不承担民事责任。

第一千零二十八条 民事主体有证据证明报刊、网络等媒体报道的内容失实，侵害其名誉权的，有权请求该媒体及时采取更正或者删除等必要措施。

第一千零三十一条 民事主体享有荣誉权。任何组织或者个人不得非法剥夺他人的荣誉称号，不得诋毁、贬损他人的荣誉。获得的荣誉称号应当记载而没有记载的，民事主体可以请求记载；获得的荣誉称号记载错误的，民事主体可以请求更正。

三、迁徙自由和择居自由

（一）迁徙自由的概念和意义

迁徙自由是个人自由发展不可缺少的条件，《世界人权宣言》和《公民及政治权利国际公约》都对此种权利进行了规定，《公民及政治权利国际公约》第 12 条规定：

一、在一国领土内合法居留之人，在该国领土内有迁徙往来之自由及择居之自由。

二、人人应有自由离去任何国家，连其本国在内。

三、上列权利不得限制，但法律所规定、保护国家安全、公共秩序、公共卫生或风化，或他人权利与自由所必要，且与本公约所确认之其他权利不抵触之限制，不在此限。

四、人人进入其本国之权，不得无理褫夺。

从《公民及政治权利国际公约》的条文来看，迁徙自由包括国内的迁徙自由和国际的迁徙自由，是一种选择住所和行动的自由。公民有离开和进入本国的自由和权利，这意味着基于主权的属人管辖权不是任意的，国家不可以不加理由地限制在其领土的人，包括本国公民出境和入境的自由。[①] 然而，迁徙自由不是绝对的，国家可以做出相应的限制，但

---

① 朱晓青、柳华文:《〈公民权利和政治权利国际公约〉及其实施机制》，社会科学文献出版社 2019 年版，第 45 页。

是可能做出的限制不能否定迁徙自由的原则，同时还应符合必要性的要求，且不能与《公民及政治权利国际公约》所规定的其他权利相冲突。

国内的迁徙自由意味着合法处在一国领土的人在该国领土内享有迁徙和选择住所的自由。人权事务委员会在第27号一般性意见中认为，迁徙自由涉及国家的整个领土，享受这一权利不取决于欲意迁徙或居住某地的人的目的或理由。并且，在一国领土内选择住所的权利包括防止各种形式的强迫国内迁移，也包括不得禁止进入和定居于领土的特定部分。对于外侨的迁徙自由问题，人权事务委员会在一般性意见中认为，一个外侨是否合法处于某一国家领土内是一个由国内法规定的问题，国内法可对外侨进入国境施加限制，条件是应遵守该国的国际义务。对于非法进入一国的侨民，如其地位已经合法化，则认为其已经合法处于领土内。

迁徙自由也包含国际的迁徙自由，即自由离开包括本国在内的任何国家以及进入本国的权利。第一，人权事务委员会在一般性意见中强调，自由离开一个国家领土不取决于去外国的人的具体目的或特定时期，到国外旅行及开始长期移居国外也属此类，前提是征得该国家的同意。同时，由于国际旅行需要适当的文件，离开一个国家的权利就包括获得此种文件的权利，因此，发放护照一般是原籍国的责任。国家拒绝发放护照或拒绝延长境外国民护照的有效期就会剥夺其离开居住国旅行到别处去的权利。第二，人人都有进入其本国的权利。人权事务委员会认为，本国的范围大于原籍国，其不局限于形式上的国籍，还包括因与某国的特殊联系和具有的特殊权利而不能被仅仅视为外侨的那些人。比如，被违反国际法剥夺国籍的人和原籍国被并入或转移到另一国家实体的人。

对迁徙自由的限制应符合必要性的要求，只有在为了保护国家安全、公共秩序、公共卫生或道德或他人的权利或自由时才能对这些权利加以限制，而且这种限制必须在法律上有所体现，而且必须与《公民及政治权利国际公约》中规定的其他权利一致。同时，人权事务委员会认为，限制必须符合相称原则，适合于实现保护功能，是可用来实现预期结果的诸种手段中侵犯性最小的一个，与所要保护的利益相称，要积极符合平等和不歧视的原则。

与迁徙自由这一重要人权密切相关的是移徙工人及其家庭成员的权

利。移徙工人是在其非国民的国家将要、正在或者已经从事有报酬的活动的人，属于关涉迁徙自由的一个重要的特定群体。联合国各机关致力于对移徙工人及其家庭成员的权利的保护，特别是在人权委员会和社会发展委员会，在联合国粮食和农业组织，联合国教育、科学及文化组织和世界卫生组织以及在其他国际组织内开展的有关工作对于保障迁徙自由起到了推动作用。《保护所有移徙工人及其家庭成员权利国际公约》是对移徙工人及其家庭成员的权利提供保护的条约，该公约适用于整个移徙的过程，包括移徙的准备、出发、过境以及整个逗留期间和在雇佣国家的有报酬的活动以及回到原籍国或习惯居住国。多数权利是与接受国相关的，虽然也有些义务是具体规定为派遣国的。该公约对移徙工人及其家庭成员的迁徙自由提供了法律上的保护，第 8 条规定："移徙工人及其家庭成员应可自由离开任何国家，包括其原籍国在内。除法律规定，为保护国家安全、公共秩序、公共卫生或道德或他人的权利和自由，并且不违反本公约部分所承认的其他权利的限制外，此项权利不受任何限制。移徙工人及其家庭成员应有权随时进入其原籍国并在其原籍国停留。"第 39 条规定："移徙工人及其家庭成员有权在就业国领土内自由迁移和在当地自由选择住所。"

迁徙自由最初是适应资本主义社会化大生产的需要而发展起来的，促进了人类的沟通交流，使得生产力得到极大发展。[①] 从宪法上看，迁徙自由兼具人身自由和平等权的双重属性。[②] 世界主要国家的宪法和司法实践都确认了这项基本人权。根据荷兰学者马尔赛文对 142 部成文宪法的统计，有 81 部宪法规定了迁徙自由，占总数的 57%。另外，有些国家的宪法虽然未规定迁徙自由，但作为一项自然权利在司法中予以保护。[③]

（二）我国迁徙自由权的立法变迁

新中国成立前，迁徙自由权在我国就得到了承认。1912 年《中华民国临时约法》是我国最早承认迁徙自由权的文件，其在第二章第 6 条

---

① 肖君拥：《国际人权法讲义》，知识产权出版社 2013 年版，第 205 页。
② 朱全宝：《论我国迁徙自由的宪法保障和法律实施》，载《政治与法律》2015 年第 11 期。
③ 焦洪昌：《迁徙自由权，何日纳入宪法》，载《人民法院报》2001 年 11 月 14 日。

第 6 款规定，"人民有居住迁徙之自由"。此后，袁世凯、曹锟的军阀政府和国民党政府制定的宪法性文件，都承认公民有迁徙自由。1941 年中国共产党领导的根据地制定的《陕甘宁边区施政纲领》是根据地法律最早明文规定迁徙自由权的法律。新中国成立以后，在《中国人民政治协商会议共同纲领》第 5 条中明确规定："中华人民共和国人民有思想、言论、出版、集会、结社、通讯、人身、居住、迁徙、宗教信仰及示威游行的自由权。"此后，在 1954 年宪法中承认和保障公民的迁徙自由，第 90 条规定，"中华人民共和国公民有居住和迁徙的自由"。1975 年宪法取消了对迁徙自由的规定，此后，我国宪法都没有规定公民的迁徙自由权。但这并不意味着我国法律对迁徙自由持反对态度。

与公民迁徙自由权相关的法律制度有户籍制度、医疗制度、社会保障制度和教育制度等。从户籍制度来看，1949 年新中国成立以后，鉴于国内外政治环境的严峻形势，为了巩固新生政权、维护社会治安，公安部于 1950 年制定了《关于特种人口管理的暂行办法（草案）》，随后，1951 年，公安部颁布了《城市户口管理暂行条例》，规定了公民的迁徙自由权。1955 年国务院通过了《关于建立经常户口登记制度的指示》[①]，保障了公民的自由迁徙。而在 1953 年，政务院发出了《关于劝止农民盲目流入城市的指示》，规定未经劳动部门许可或介绍，不得擅自去农村招收工人。1954 年 3 月，内务部和劳动部发文《关于防止农村人口盲目外流的补充指示》，1957 年 12 月 18 日，中共中央和国务院联合发文《关于制止农村人口盲目外流的指示》。在 1958 年 1 月 9 日，全国人大常委会第 91 次会议通过了《中华人民共和国户口登记条例》，将剥夺迁徙自由的户籍管理手段以法律形式确定，从此农村人口流向城市的流动自由被严格限制了。改革开放以后，在 1980 年 9 月，公安部、粮食部、国家人事局联合颁布了《关于解决部分专业技术干部的农村家属迁往城镇由国家供应粮食问题的规定》，该规定明确指出，凡是符合规定的专业技术干部，其配偶从农村迁往城市时，不占公安部正常审批的控制比例，这就是所谓的"农转非"政策。虽然该政策放宽了对农村迁往城市的限

---

① 《人民日报》，1953 年 4 月 18 日，第 1 版。

制，但是其适用对象仅限于"符合规定的专业技术干部"，适用范围较为狭窄。^①温家宝总理在第十二届全国人民代表大会第一次会议上所作的政府工作报告中提出："加快推进户籍制度、社会管理体制和相关制度改革，有序推进农业转移人口市民化，逐步实现城镇基本公共服务覆盖常住人口，为人们自由迁徙、安居乐业创造公平的制度环境。"^②2015 年，李克强总理在 6 月 4 日主持的国务院常务会议上提出，取消妨碍人才自由流动的户籍、学历等限制，营造创业创新便利条件。^③

我国对于公民的迁徙自由权，从起初的承认和保护，到 1975 年取消宪法中关于迁徙自由的规定，直至现在，现行宪法也未对迁徙自由权作出规定。而在户籍制度方面，对于农村人口流向城市，我国从 20 世纪 50 年代末至 60 年代初适当控制，70 年代进行严格控制。

我国对于公民迁徙自由态度的变迁与当时中国在计划经济条件下的重工业优先发展战略有着密切联系，它通过将农民束缚在农村发展农业，为工业化提供资金，因而，对迁徙自由的限制乃至禁止是国家实行计划经济体制的需要。^④自 1978 年实行改革开放政策以来，尤其是自 20 世纪 90 年代以来，随着国家对户籍政策和出入境政策的不断调整，在 21 世纪国家鼓励在城市可承载能力范围内适度松动，人们在一定程度上和一定范围内已经实际享有迁徙自由的权利。^⑤但是，由于我国城乡二元结构体制，农民迁往城市仍然存在着户籍、医疗保障、社会保障、子女受教育权利保障等方面的问题，这在实际上限制了迁徙自由权。从总体上说，对于农村公民自由迁徙权是逐步放开限制的态势。

（三）国家保障迁徙自由权的义务

国家有义务保障公民的迁徙自由权，只有在为了保护国家安全、

---

① 金雪花：《我国公民迁徙自由法律制度研究》，载《江苏社会科学》2009 年第 4 期。

② 《政府工作报告——在十二届全国人大一次会议上》，载中国政府网，http://www.gov.cn/2013zfbgjjd/content_2363807.htm，最后访问日期：2021 年 5 月 30 日。

③ 《李克强主持召开国务院常务会议（2015 年 6 月 4 日）》，载中国政府网，http://www.gov.cn/guowuyuan/2015-06/04/content_2873336.htm，最后访问日期：2021 年 5 月 30 日。

④ 殷啸虎、陈春雷：《迁徙自由的现实困境及实现路径分析》，载《法学》2013 年第 6 期。

⑤ 李雪平：《国际人权法上的迁徙自由和移徙公认的权利保护——以中国农民工为例》，载《法律科学》2004 年第 3 期。

公共秩序、公共卫生或道德或他人的权利或自由时才能对迁徙自由权施加限制，而且这种限制是平等且不歧视的，必须在法律上有所体现，而且必须与《公民及政治权利国际公约》中规定的其他权利一致。目前，有一些国家在宪法中规定了迁徙自由权。比如，《日本宪法》第22条规定：

> 在不违反公共福利的范围内，任何人都有居住、迁移以及选择职业的自由。
>
> 不得侵犯任何人移往国外或脱离国籍的自由。

同时，国家保障公民的迁徙自由权还体现在原籍国对公民护照的发放。

很多学者已经指出，改革开放四十多年来，我国所面临的国际国内形势已经发生了巨大的变化，当年直接导致取消公民居住和迁徙自由权利的主要因素已经不复存在。作为文明水平的标志，迁徙自由是人类文明发展到一定阶段的必然要求。[①] 对于迁徙自由重新入宪的问题，学界已有诸多讨论。[②] 但是从我国的实际情况来看，由于长期的城乡二元格局造成了城乡之间的巨大差别，长期以来的计划经济也造成了沿海经济发达地区与内地城市的巨大差别。从理论上来说，保障迁徙自由是公民的权利，从实践来看，保障迁徙自由也是社会主义市场经济发展的必然要求，但是从客观上看，人口的自由流动会影响城市经济的发展。因此，如何看待迁徙自由背后所涉及的是资源分配上的矛盾以及资源与需求之间的矛盾应该如何平衡的问题。[③] 但是毫无疑问的是，迁徙自由权作为人权的实现形式，是应当从应有权利转化为法定权利，再从法定权利转化为实有权利的。

---

① 白桂梅主编：《人权法学（第3版）》，北京大学出版社2023年版，第104页。

② 参见殷啸虎、林彦：《我国法律关于迁徙自由规定的变化及其思考》，载《法学》2001年第6期；曾祥华：《对迁徙自由的宪法学思考》，载《政法论丛》2003年第6期；朱全宝：《论我国迁徙自由的宪法保障和法律实施》，载《政治与法律》2015年第11期。

③ 殷啸虎、陈春雷：《迁徙自由的现实困境及实现路径分析》，载《法学》2013年第6期。

四、免受酷刑的权利

（一）酷刑与免受酷刑权的概念

《公民及政治权利国际公约》第7条对免受酷刑权做了规定："任何人均不得加以酷刑或施以残忍的、不人道的或侮辱性的待遇或刑罚。特别是对任何人均不得未经其同意而施以医药或科学试验。"这条规定是对《世界人权宣言》第5条的呼应，其规定："任何人不得加以酷刑，或施以残忍的、不人道的、侮辱性的待遇或惩罚。"值得注意的是，无论在《世界人权宣言》中，还是在《公民及政治权利国际公约》中都没有对酷刑这一术语作出界定。

最先给"酷刑"下定义的是1975年联合国大会通过的《保护人人不受酷刑和其他残忍、不人道或有辱人格待遇或处罚宣言》，其第1条指出："酷刑是指政府官员，或在他怂恿之下，对一个人故意施加的任何使他在肉体上或精神上极度痛苦或苦难，以谋从他或第三者取得情报或供状，或对他做过的或涉嫌做过的事加以处罚，或对他或别的人施加恐吓的行为。按照囚犯待遇最低限度标准规则施行合法处罚而引起的、必然产生的或随之而来的痛苦或苦难不在此列。酷刑是过分严厉的、故意施加的、残忍、不人道或有辱人格的待遇或处罚。"之后，在1984年12月10日，联合国大会通过了《禁止酷刑和其他残忍、不人道或有辱人格的待遇或处罚公约》（简称《禁止酷刑公约》），该公约在第1条中界定了酷刑的概念，对宣言中酷刑的概念做了扩充及发展：

　　一、就本公约而言，"酷刑"系指为了向某人或第三者取得情报或供状，为了他或第三者所作或被怀疑所作的行为对他加以处罚，或为了恐吓或威胁他或第三者，或为了基于任何一种歧视的任何理由，蓄意使某人在肉体或精神上遭受剧烈疼痛或痛苦的任何行为，而这种疼痛或痛苦又是公职人员或官方身份行使职权的其他人所造成或在其唆使、同意或默许下造成的。纯因法律制裁而引起或法律制裁所固有或随附的疼痛或痛苦则不包括在内。

　　二、本条规定并不妨碍会有或可能会有适用范围更广的规定的任何国际文书或国家法律。

据此，酷刑的定义包含以下要素：

第一，在行为上，它是施加痛苦或损害的行为。人权事务委员会在第 20 号一般性意见中认为，所施加的痛苦或损害不仅包括身体上的，也包括使受害者遭受精神痛苦的行为。人权事务委员会认为需要提供保护的范围很广，远远超过一般所知的酷刑，不必要明确区分各种被禁止的待遇或惩罚，这些差别视某一种特定待遇的种类，其范围还应扩及体罚，包括以毒打作为教训和罚戒措施。免受酷刑权不仅保护被逮捕或被监禁的人，而且也保护教育和医疗机构内的学生和病人。这些禁例同时扩及未经有关个人自由同意而施加的医学或科学实验。

第二，在目的上，酷刑有施加痛苦或损害的目的，具体动机包括获取情报或者使他人招供、惩罚、胁迫、歧视等。

第三，在主体上，是由公共官员或者以官员身份行事的人或由其同意而施加的。

第四，在法律上，具有违法性，这也意味着合法的制裁是被允许的。

禁止酷刑是保持身体和精神完整的权利，其宗旨是保护个人的人格尊严和完整，它是一种不可克减的权利。《禁止酷刑公约》第 2 条规定：

> 每一缔约国应采取有效的立法、司法或其他措施，防止在其管辖的任何领土内出现酷刑的行为。任何特殊情况，不论为战争状态、战争威胁、国内政局动荡或任何其他社会紧急状态，均不得援引为施加酷刑的理由。上级政府或政府当局的命令不得援引为施加酷刑的理由。

根据国际人权法和国际人道法，免受酷刑是一项在所有情况下，包括国内和国际发生动乱或武装冲突之时，都必须予以保护的权利。[①]

目前，国际社会已经建立起反酷刑的制度体系，包括《关于难民地

---

① 张爱宁：《国际人权法专论》，法律出版社 2006 年版，第 302—303 页。

位的公约》《囚犯待遇最低限度标准规则》《消除一切形式种族歧视公约》《消除对妇女一切形式歧视公约》《执法人员守则》《医务人员特别是医生在保护被监禁和被拘留的人不受酷刑和其他残忍、不人道或有辱人格的待遇或处罚方面的任务的医疗道德原则》《联合国少年司法最低限度标准规则》《保护所有遭受拘留或监禁的人的原则》《儿童权利公约》《保护被剥夺自由少年规则》《保护精神病患者和改善精神保健的原则》，是对《公民及政治权利国际公约》及《禁止酷刑公约》的补充和细化。其中，《儿童权利公约》强调对儿童免受酷刑权的保护，在该公约第37条第1款中规定："任何儿童不受酷刑或其他形式的残忍、不人道或有辱人格的待遇或处罚。"《保护精神病患者和改善精神保健的原则》通过对精神病患者或作为精神病患者治疗的人的基本自由和基本权利的规定，强调："所有精神病患者或作为精神病患者治疗的人均应有权受到保护，不受经济、性行为或其他形式的剥削、肉体虐待或其他方式的虐待和有辱人格的待遇。"

（二）我国法律中的免受酷刑权

我国是《禁止酷刑公约》的缔约国，虽然我国宪法未规定免受酷刑的权利，也未在刑法中直接设置酷刑罪的罪名，但是宪法确立了保障人权的基本原则，同时通过刑法、监察法、刑事诉讼法等相关法律，确立了对免受酷刑权的法律保障。

我国《宪法》第33条规定："国家尊重和保障人权。"该条概括性确立了人权立场。刑法通过将酷刑行为包含在刑讯逼供罪、暴力取证罪、虐待被监管人罪等犯罪之中，对免受酷刑权施加法律保障。

《刑法》第247条规定了刑讯逼供罪和暴力取证罪："司法工作人员对犯罪嫌疑人、被告人实行刑讯逼供或者使用暴力逼取证人证言的，处三年以下有期徒刑或者拘役。致人伤残、死亡的，依照本法第二百三十四条、第二百三十二条的规定定罪从重处罚。"第248条规定了虐待被监管人罪："监狱、拘留所、看守所等监管机构的监管人员对被监管人进行殴打或者体罚虐待，情节严重的，处三年以下有期徒刑或者拘役；情节特别严重的，处三年以上十年以下有期徒刑。致人伤残、死亡的，依照本法第二百三十四条、第二百三十二条的规定定罪从重处罚。

监管人员指使被监管人殴打或者体罚虐待其他被监管人的，依照前款的规定处罚。"除司法工作人员外，监察机关、警察也不得通过刑讯逼供或暴力方式取证。

《监察法》对于监察机关处理的案件，作了禁止刑讯逼供和暴力取证的规定，该法第 40 条规定："监察机关对职务违法和职务犯罪案件，应当进行调查，收集被调查人有无违法犯罪以及情节轻重的证据，查明违法犯罪事实，形成相互印证、完整稳定的证据链。严禁以威胁、引诱、欺骗及其他非法方式收集证据，严禁侮辱、打骂、虐待、体罚或者变相体罚被调查人和涉案人员。"

《监狱法》第 14 条规定："监狱的人民警察不得有以下行为：……（3）刑讯逼供或者体罚、虐待罪犯；（4）侮辱罪犯的人格；（5）殴打或者纵容他人殴打罪犯……监狱的人民警察有前款所列行为，构成犯罪的，依法追究刑事责任；尚未构成犯罪的，应当予以行政处分。"

《人民武装警察法》第 29 条第（四）项规定，人民武装警察不得"体罚、虐待、殴打监管羁押、控制的对象"。

在程序法方面，我国建立了对通过刑讯逼供、暴力等方式收集的证据予以排除的非法证据排除规则，通过对非法证据的排除保障公民免受酷刑的权利。《刑事诉讼法》第 52 条规定："审判人员、检察人员、侦查人员必须依照法定程序，收集能够证实犯罪嫌疑人、被告人有罪或无罪，犯罪情节轻重的各种证据。严禁刑讯逼供和以威胁、引诱、欺骗以及其他非法方法收集证据，不得强迫任何人证实自己有罪。必须保证一切与案件有关或者了解案情的公民，有客观地充分地提供证据的条件，除特殊情况外，可以吸收他们协助调查。"第 56 条规定："采用刑讯逼供等非法方法收集的犯罪嫌疑人、被告人供述和采用暴力、威胁等非法方法收集的证人证言、被害人陈述，应当予以排除。收集物证、书证不符合法定程序，可能严重影响司法公正的，应当予以补正或者作出合理解释；不能补正或者作出合理解释的，对该证据应当予以排除。在侦查、审查起诉、审判时发现有应当排除的证据的，应当依法予以排除，不得作为起诉意见、起诉决定和判决的依据。"第 57 条规定："人民检察院接到报案、控告、举报或者发现侦查人员以非法方法收集证据的，应当进行调查核实。对于确有以非法方法收集证据情形的，应当提出纠正意见；构成犯罪的，依法追究刑事责任。"

1998 年《关于执行〈中华人民共和国刑事诉讼法〉若干问题的解释》确认以酷刑方法取得的口供和证据无效，其第 61 条规定："严禁以非法的方法收集证据。凡经查证确实属于采用刑讯逼供或者威胁、引诱、欺骗等非法方法取得的证人证言、被害人陈述、被告人供述，不能作为定案的根据。"

2019 年 12 月 30 日施行的《人民检察院刑事诉讼规则》第 66 条规定："对采用刑讯逼供等非法方法收集的犯罪嫌疑人供述和采用暴力、威胁等非法方法收集的证人证言、被害人陈述，不得作为移送审查逮捕、批准或者决定逮捕、移送起诉以及提起公诉的依据。"第 67 条规定："对采用下列方法收集的犯罪嫌疑人供述，应当予以排除：（1）采用殴打、违法使用戒具等暴力方法或者变相肉刑的恶劣手段，使犯罪嫌疑人遭受难以忍受的痛苦而违背意愿作出的供述；（2）采用以暴力或者严重损害本人及其近亲属合法权益等进行威胁的方法，使犯罪嫌疑人遭受难以忍受的痛苦而违背意愿作出的供述。"第 69 条规定："采用暴力、威胁以及非法限制人身自由等非法方法收集的证人证言、被害人陈述，应当予以排除。"

2021 年 3 月 1 日施行的《最高人民法院关于适用〈中华人民共和国刑事诉讼法〉的解释》也做了一致的规定，第 87 条和第 93 条分别规定了对证人证言、被告人的供述和辩解的审查应询问有无以暴力、威胁等非法方法收集的情形。同时通过第 123 条和第 125 条确立了非法证据排除的规定，第 123 条规定："采用下列非法方法收集的被告人供述，应当予以排除：（1）采用殴打、违法使用戒具等暴力方法或者变相肉刑的恶劣手段，使被告人遭受难以忍受的痛苦而违背意愿作出的供述；（2）采用以暴力或者严重损害本人及其近亲属合法权益等相威胁的方法，使被告人遭受难以忍受的痛苦而违背意愿作出的供述。"第 125 条规定："采用暴力、威胁以及非法限制人身自由等非法方法收集的证人证言、被害人陈述，应当予以排除。"

对于受到酷刑侵害的受害人的救济，国家赔偿法作出了规定。根据《国家赔偿法》第 3 条第 3 款的规定，行政机关及其工作人员在行使职权时，以殴打、虐待等行为或者唆使、放纵他人以殴打、虐待等行为造成公民身体伤害或者死亡的，受害人有取得赔偿的权利。

此外，根据人权事务委员会的意见，免受酷刑权的权利主体包括教育机构的学生。我国对学生的此种权利的保护也有相应的法律依据。《未成年人保护法》第 27 条规定："学校、幼儿园的教职员工应当尊重未成年人人格尊严，不得对未成年人实施体罚、变相体罚或者其他侮辱人格尊严的行为。"

（三）我国学者对于刑法禁止酷刑完善的研讨

中国是《禁止酷刑公约》的缔约国，根据《禁止酷刑公约》第 4 条的规定，缔约国有义务保证将一切酷刑行为定为刑事罪行，包括施行酷刑的企图以及任何人合谋或参与酷刑的行为，同时，应根据此种罪行的严重程度，规定适当的惩罚。学者讨论认为，我国对于公民免受酷刑权的保护和相关的国际公约的精神一致，在具体规定上，也基本体现了国际公约的内容，但是仍然存在以下问题：

第一，我国刑法未设置酷刑罪，而按照《刑法》第 247 条和刑事诉讼法的相关规定，酷刑一般被表述为"刑讯逼供"以及"暴力取证"，保护的范围还不够宽泛。但是对于酷刑罪的设置与否，理论界和实务界还存在争议，争议的焦点在于我国刑法有关酷刑的罪名是否完全符合国际公约对酷刑罪犯罪构成的规定。[1]

第二，从我国现有的法律规定来看，对于酷刑的定义，我国刑法没有明确的规定。对于刑法所规定的刑讯逼供和暴力取证，法律上也没有明确的定义。[2]根据 2013 年 10 月 9 日《关于建立健全防范刑事冤假错案工作机制的意见》第 8 条所述，"采用刑讯逼供或者冻、饿、晒、烤、疲劳审讯等非法方法收集的被告人供述，应当排除"。按照现有规定来看，在主体方面，我国刑法现有的规制主体范围远远小于国际上的酷刑罪。比如，政府部门工作人员或者履行公职的其他人员所实施的此种行为，刑法无法规制。在行为层面，我国刑法的规定不包含精神上遭受的

---

① 白桂梅主编：《人权法学（第 3 版）》，北京大学出版社 2023 年版，第 111 页。
② 龚刃韧：《〈禁止酷刑公约〉在中国的实施问题》，载《中外法学》2016 年第 4 期。

极度疼痛和苦难。对于中国立法上缺乏酷刑定义的情况，禁止酷刑委员会反复建议中国将《禁止酷刑公约》第 1 条所规定的完整的酷刑定义纳入法律。[①]

五、公正审判权

《世界人权宣言》最早规定了公正审判权，其第 10 条规定："人人完全平等地有权由一个独立而无偏袒的法庭进行公正和公开的审判，以确定他的权利和义务并判定对他提出的任何刑事指控。"

《公民及政治权利国际公约》第 14 条对公正审判权做了详细的规定：

一、人人在法院或法庭之前，悉属平等。任何人受刑事控告或因其权利义务涉讼须予判定时，应有权受独立无私之法定管辖法庭公正公开审问。法院得因民主社会之风化、公共秩序或国家安全关系，或于保护当事人私生活有此必要时，或因情形特殊公开审判势必影响司法而在其认为绝对必要之限度内，禁止新闻界及公众旁听审判程序之全部或一部；但除保护少年有此必要，或事关婚姻争执或子女监护问题外，刑事民事之判决应一律公开宣示。

二、受刑事控告之人，未经依法确定有罪以前，应假定其无罪。

三、审判被控刑事罪时，被告一律有权平等享受下列最低限度之保障：

（子）迅即以其通晓之语言，详细告知被控罪名及案由；

（丑）给予充分之时间及便利，准备答辩并与其选任之辩护人联络；

（寅）立即受审，不得无故稽延；

（卯）到庭受审，及亲自答辩或由其选任辩护人答辩；未经选任辩护人者，应告以有此权利；法院认为审判有此必要时，应为其指定公设辩护人，如被告无资力酬偿，得免付之；

（辰）得亲自或间接诘问他造证人，并得声请法院传唤其证人

① 龚刃韧：《〈禁止酷刑公约〉在中国的实施问题》，载《中外法学》2016 年第 4 期。

在与他造证人同等条件下出庭作证；

（巳）如不通晓或不能使用法院所用之语言，应免费为备通译协助之；

（午）不得强迫被告自供或认罪。

四、少年之审判，应顾念被告年龄及宜使其重适社会生活，而酌定程序。

五、经判定犯罪者，有权声请上级法院依法覆判其有罪判决及所科刑罚。

六、经终局判决判定犯罪，如后因提出新证据或因发见新证据，确实证明原判错误而经撤销原判或免刑者，除经证明有关证据之未能及时披露，应由其本人全部或局部负责者外，因此判决而服刑之人应依法受损害赔偿。

七、任何人依一国法律及刑事程序经终局判决判定有罪或无罪开释者，不得就同一罪名再予审判或科刑。

《公民及政治权利国际公约》第 14 条的规定确认了一系列的个人权利，其目的是保证司法公正。这条规定的前提是基于对分权和司法权独立于行政权这一自由原则的普遍同意。[①] 第 14 条包括了维护刑事案件和民事案件中的公正审判权的程序保障，适用于缔约国范围内所有的法庭。第 1 款规定了公开审判的要求，有助于司法活动透明化，是对个人利益和整个社会利益的重要保障。人权事务委员会在第 13 号一般性意见中认为，除例外情况，审讯应开放给一般民众包括新闻界参加，而不应仅限于某几种人。第 3 款详细说明了对刑事指控进行"公正审判"的条件，这些条件对公正审判的保障。第 14 条就刑事审判中对被告最低限度的保证作出了规定，包括无罪推定、被告知指控的权利、关于辩护的准备、要求无不合理地拖延地受审、辩护权、免费获得译员援助的权利、禁止自我归罪、误判的赔偿以及禁止双重危险原则等。同时，对少年的

---

① 国际人权法教程项目组：《国际人权法教程（第一卷）》，中国政法大学出版社 2002 年版，第 155 页。

公正审判权予以法律上的保证，在程序上应考虑到他们的年龄和帮助他们重新做人的需要。除该公约外，《欧洲人权公约》《美洲人权公约》以及《非洲人权和民族权宪章》都对公正审判权进行了类似的规定，公正审判权已经成为了国际社会公认的基本人权。[①] 根据该条款及《世界人权宣言》的相关规定，对于刑事案件的公正审判主要包含无罪推定、罪刑法定、禁止双重危险等原则。

（一）无罪推定原则

无罪推定原则是现代法治文明的重要刑事司法原则，起源于古罗马，确立于近代，现已为国际人权公约和法治国家宪法所接受，并逐渐为世界各国刑事诉讼法典所规定。[②] 贝卡里亚在《论犯罪与刑罚》中提出："在法官判决之前，一个人是不能被称为罪犯的。只要还不能断定他已经侵犯了给予他公共保护的契约，社会就不能取消对他的公共保护。"[③]《世界人权宣言》第11条规定："凡刑事控告者，在未经获得辩护上所需的一切保证的公开审判而依法证实有罪以前，有权被视为无罪。"《公民及政治权利国际公约》第14条第2款规定了无罪推定这一公正审判的基本原则，它可以被表述为被假定为无罪的权利。对该权利的主体应做广义的理解，一个人在被依法证实有罪前，直到最后的上诉之后，定罪判决生效之前，都有此项权利。[④] 人权事务委员会强调，所有公共机关有义务不得预先判定审判结果，法官或陪审团不得在对被告有罪或无罪预先形成看法的条件下从事刑事审判。同样地，所有公共当局，如部长或其他有影响的政府官员，有义务避免对于审判结果作出预先的判断。假定被指控的人无罪，证明指控的责任将落在原告身上。此外，它还包含获得该原则规定的待遇的权利。这就意味着，指控的举证责任在控方，如果证据存疑，应作有利于被告的认定。只有在对被告的罪行不存在任

① 朱力宇、叶传星主编：《人权法》，中国人民大学出版社2017年版，第147页。
② 陈光中、张佳华、肖沛权：《论无罪推定原则及其在中国的适用》，载《法学杂志》2013年第10期。
③ 〔意〕贝卡里亚：《论犯罪与刑罚》，黄风译，中国法制出版社2005年版，第37页。
④ 朱晓青、柳华文：《〈公民权利和政治权利国际公约〉及其实施机制》，社会科学文献出版社2019年版，第55页。

何合理怀疑之时，法官或陪审团才可以对被告定罪。

近代无罪推定原则注重的是诉讼程序上一系列有利于被告的原则，如被告人享有辩护权、正当法律程序原则、禁止刑讯逼供原则、控方举证责任原则、与罪犯隔离原则等。[①] 尽管无罪推定原则没有出现在我国宪法的规定之中，但是自 20 世纪 90 年代以来，这一思想即成为诉讼制度的指导思想。1996 年修正的《刑事诉讼法》第 12 条规定："未经人民法院依法判决，对任何人都不得确定有罪。"第 162 条第 3 款规定："证据不足，不能认定被告人有罪的，应当作出证据不足、指控的犯罪不能成立的无罪判决。"这是我国法律对无罪推定原则的明确规定。在 2018 年修订的《刑事诉讼法》第 12 条和第 200 条第 3 款中重申了这一规定。[②]

（二）罪刑法定原则

罪刑法定原则由古典派刑法学家贝卡里亚首先提出，通常被理解为法无明文规定不为罪，法无明文规定不处罚。《公民及政治权利国际公约》对罪刑法定原则作了明文规定，通过第 15 条禁止溯及既往的刑法原则的规定进一步完善。"一、任何人之行为或不行为，于发生当时依内国法及国际法均不成罪者，不为罪。刑罚不得重于犯罪时法律所规定。犯罪后之法律规定减科刑罚者，从有利于行为人之法律。二、任何人之行为或不行为，于发生当时依各国公认之一般法律原则为有罪者，其审判与刑罚不受本条规定之影响。"该条款规定了禁止刑罚溯及既往的原则，体现了法无明文规定不为罪，法无明文规定不处罚的思想。同时，也体现了在时间效力上的从新兼从轻的原则，即依法对犯罪决定刑罚时，如果新法比犯罪当时的立法更为严厉，则适用当时的法律，而在相反的情况下，则适用新法，从轻判定或者给予减刑。

罪刑法定是我国刑法所确认的基本原则。《刑法》第 3 条规定："法

---

① 白桂梅主编：《人权法学（第 3 版）》，北京大学出版社 2023 年版，第 115 页。

② 也有观点认为，我国"存疑有利于被指控人"原则贯彻得并不彻底。此种证据不足的疑案无罪判决是有所保留的结果，根据我国《刑事诉讼法》第 162 条第 3 款的规定，证据不足，不能认定被告人有罪的，应当作出证据不足、指控的犯罪不能成立的无罪判决。《关于适用〈中华人民共和国刑事诉讼法〉的解释》第 181 条明确规定，对于这类无罪判决，即便已经生效，如果出现新的证据证明被告人有罪，在不撤销原有无罪判决的情况下也可以重新提起诉讼。陈光中、张佳华、肖沛权：《论无罪推定原则及其在中国的适用》，载《法学杂志》2013 年第 10 期。

律明文规定为犯罪行为的，依照法律定罪处刑；法律没有明文规定为犯罪行为的，不得定罪处刑。"值得注意的是，我国刑法对罪刑法定原则的规定与公约内容存在一定差距，根据公约的精神，当事人在刑罚执行时，如果出现更轻的刑法规定，应当予以减刑。

最高人民检察院第二十四批指导性案例：许某某、包某某串通投标立案监督

江苏省连云港市海州区锦屏磷矿"尾矿坝"系江苏海州发展集团有限公司（以下简称海发集团，系国有独资）的项目资产，该"尾矿坝"是应急管理部要求整改的重大危险源，曾两次发生泄漏事故，长期以来维护难度大、资金要求高，国家曾拨付专项资金 5000 万元用于安全维护。2016—2017 年间，经多次对外招商，均未能吸引到合作企业投资开发。2017 年 4 月 10 日，海州区政府批复同意海发集团对该项目进行拍卖。同年 5 月 26 日，海发集团委托江苏省大众拍卖有限公司进行拍卖，并主动联系许某某参加竞拍。之后，许某某联系包某某，二人分别与江苏甲建设集团有限公司、江苏乙工程集团有限公司合作参与竞拍，武汉丙置业发展有限公司也报名参加竞拍。2017 年 7 月 26 日，甲公司、乙公司、丙公司三家单位经两次举牌竞价，乙公司以高于底价竞拍成功。2019 年 4 月 26 日，连云港市海州公安分局根据举报，以涉嫌串通投标罪对许某某、包某某立案侦查。2019 年 6 月 19 日，许某某、包某某向连云港市海州区人民检察院提出监督申请，认为海州公安分局立案不当，严重影响企业经营生产，请求检察机关监督撤销案件。经调查核实后，海州区人民检察院认为，投标与拍卖行为不同，分别受招标投标法和拍卖法规范，串通拍卖行为不能类推为传统投标行为，并向海州公安分局发出《通知撤销案件书》。

最高人民检察院将本案作为指导性案例，认为应严格遵循罪刑法定原则，法律没有明文规定为犯罪行为的，不得予以追究。拍卖与投标虽然都是竞争性的交易方式，形式上具有一定的相似性，但二者行为性质不同，分别受不同法律规范调整。刑法未规定串通拍卖行为构成犯罪，拍卖法亦未规定串通拍卖行为可以追究刑事责任，公安机关将串通拍卖行为类推为串通投标行为予以刑事立案的，检察机关应当通过立案监督，通知公安机关撤销案件。

（三）一罪不二罚原则

一罪不二罚原则起源于英国，在 12 世纪英国教会法与国家争夺审判权的过程中产生，但是直到 17 世纪才形成一种司法制度得到重视，同时在美国得到了进一步发展，1791 年载入美国宪法修正案第五条。[①]一罪不二罚原则，也称为禁止双重危险原则，其实质是禁止同一犯罪受到多次追究。《公民及政治权利国际公约》规定了一罪不二罚的刑法基本原则，也就是禁止双重危险原则，该公约第 14 条第 7 款规定："任何人已依一国的法律及刑事程序被最后定罪或宣告无罪者，不得就同一罪名再予审判或惩罚。"这意味着不因为一个犯罪而接受两次审判的权利。即任何人已依一国的法律及刑事程序被最后定罪或宣告无罪者，不得就同一罪名再予以审判或惩罚。但是，被定罪或宣告无罪的要求只与按照一国的法律及刑事程序而定罪或宣告无罪的情况相联系。这意味着，虽然在一个国家被宣告无罪，但是如果涉及其他法律制度不同的国家，则不会导致这一原则的适用。

从我国刑事法律的规定来看，目前尚无一罪不二罚原则的明确规定。我国《刑法》第 10 条规定："凡在中华人民共和国领域外犯罪，依照本法应当负刑事责任的，虽然经过外国审判，仍然可以依照本法追究，但是在外国已经受过刑罚处罚的，可以免除或者减轻处罚。"这一条文表面上与一罪不二罚的原则相矛盾。然而，我国在参与国际刑事司法协助时，接纳了这一原则。在与一些国家签订的刑事司法协助条约，特别是引渡条约中，明确规定了相关内容。比如，我国同泰国、俄罗斯等国家签订的引渡条约中均规定，如果被请求国司法机关已对被请求引渡人就引渡所涉及的犯罪，做出了终审判决或终止诉讼程序，或正在对有关犯罪进行审理时，被请求国均应以此作为拒绝引渡的事由。[②]而在我国刑事诉讼法中，规定了两案终审制及审判监督程序。我国的再审程序是基于"纠正法律错误"而设置，在实践中存在"双重危险"的可能。[③]

（四）依法独立行使审判权

司法机关根据法律不受其他因素干扰独立行使审判权是现代法治的一项基本原则，源于孟德斯鸠关于政府权力分置和制衡的学说。《世界

---

① 白桂梅主编：《人权法学（第 3 版）》，北京大学出版社 2023 年版，第 116 页。
② 张旭：《关于"一事不再理"原则的再思考》，载《法学评论》2003 年第 4 期。
③ 白桂梅主编：《人权法学（第 3 版）》，北京大学出版社 2023 年版，第 116 页。

人权宣言》第 10 条肯定了独立行使审判权的原则，其规定："人人于其权利与义务受判定时及被刑事控告时，有权享受独立无私法庭之绝对平等不偏且公开之庭审。"《公民及政治权利国际公约》第 14 条第 1 款也规定："人人在法院或法庭之前，悉属平等。任何人受刑事控告或因其权利义务涉讼须予判定时，应有权受独立无私之法定管辖法庭公正公开审问。"该条款的规定是基于司法职权独立于行政权这一原则的普遍同意。人权事务委员会在第 13 号一般性意见中强调，法律诉讼或刑事指控中的权利和义务，不是由政治机关或奉命行事的行政当局来决定的。相反，它们是由依法设立的主管的、独立的和公正的裁判所和法庭来决定的。裁判所或法庭的管辖权必须是一般的并且独立于特定案件来确定。联合国《关于司法机关独立的基本原则》也强调，"司法机关应不偏不倚，以事实为根据并依法律规定来裁决其所受理的案件，而不应有任何约束，也不应为任何直接间接不当影响、怂恿、压力、威胁、或干涉左右，不论其来自何方或出于何种理由"。

我国宪法对依法独立行使审判权的原则作了明确规定，公正司法也是我国司法改革的重要目标之一。《宪法》第 126 条规定："人民法院依照法律规定独立行使审判权，不受行政机关、社会团体和个人的干涉。"同时，在 131 条中对我国检察机关独立行使检察权作出了规定。

六、主张、表达和意见自由

（一）见解和表达自由权的概念与意义

见解和表达自由权是公民的一项基本人权，是民主的重要组成部分，是个人全面发展不可或缺的条件。这些自由在任何社会都是必要的，它们是充分自由和民主社会的奠基石。马克思曾经指出："发表意见的自由是一切自由中最神圣的，因为它是一切的基础。"① 人权事务委员会在第 34 号一般性意见中认为，见解和表达自由是实现透明和问责原则的必要条件，这些原则又是增进和保护人权的基础。《世界人权宣言》第 19 条规定："人人有权享有主张和发表意见的自由；此项权利包括有主张而

---

① 《马克思恩格斯全集》，第 11 卷，人民出版社 1996 年版，第 555 页。

不受干涉的自由和通过任何媒介和不论国界寻求、接受和传递消息和思想的自由。"《公民及政治权利国际公约》第 19 条也规定了见解和表达自由权：

一、人人有保持意见不受干预之权利。

二、人人有发表自由之权利；此种权利包括以语言、文字或出版物、艺术或自己选择之其他方式，不分国界，寻求、接受及传播各种消息及思想之自由。

三、本条第二项所载权利之行使，附有特别责任及义务，故得予以某种限制，但此种限制以经法律规定，且为下列各项所必要者为限：

（子）尊重他人权利或名誉；

（丑）保障国家安全或公共秩序、或公共卫生或风化。

在区域层面，《美洲人权公约》借鉴并进一步发展了见解和表达自由的权利，对于此种权利的限制规定更为具体。其第 13 条规定：

2. 前款规定的权利的行使不应受到事先审查，但随后应受到法律明确规定的义务的限制，其程度保证达到下列条件所必需：

（1）尊重他人的权利或名誉；或者

（2）保护国家安全、公共秩序、公共卫生或道德。

3. 发表意见的权利不得以间接的方法或手段加以限制，如滥用政府或私人对新闻、广播频率或对用于传播消息的设备的控制，或者采取任何其他有助于阻止各种思想和意见的联系和流传的手段。

4. 尽管有上述第 2 款的规定，但依照法律仍可事先审查公开的文娱节目，其唯一的目的是对儿童和未成年人进行道德上的保护而控制观看这些节目。

5. 任何战争宣传和任何鼓吹民族、种族或宗教仇恨，构成煽动非法暴力行为，或以任何其他理由，包括以种族、肤色、宗教、语言或国籍为理由，对任何人或一群人煽动任何其他类似的非法活动，都应视为法律应予惩罚的犯罪行为。

《公民及政治权利国际公约》第 19 条第 1 款的表述可以追溯到 1950 年中国在人权委员会的提议。该款是长时间讨论的结果，在讨论的过程中占上风的观点是，见解自由和发表自由是两种不同的权利，因此应当分别制定规定。[①]同时，见解和表达自由的权利是密切相关的，前者是表达自由的基础，后者则是外化形式。两者的一个显著区别是，前者更为主观，属于思想的范畴，通常是一个思维过程的产物，因而被认为完全是个人的事情，是绝对的、不可被限制的，公共权利或他人不得加以干涉。[②]

人权事务委员会强调，要保护"持有主张，不受干涉的权利"，不得对此项权利做出例外或限制。见解自由还扩展至个人自由选择任何实际或出于任何理由改变见解的权利。不得以其实际、被别人认为或者假定的见解为由，侵犯他人权利。应保护一切形式的见解，包括政治、科学、历史等。同时，也禁止以任何形式强迫持有或者不持有任何见解的行为。而表达自由必须保护对民主的积极参与，是一项公共事务。表达自由指寻求、接受和传递信息和思想的自由。个人有寻求、接受和传递各种信息和思想的自由，除受到特定限制外，任何一种主观的思想意见、价值中立的新闻信息、商业广告、艺术作品、批评性政治评论、匿名出版物、情感表达、通信、电话等均受到保护。

值得注意的是，该公约第 19 条的规定不适用于超出观点和信息传播以外的行为。表达自由同时也包括不表达个人见解的自由。一切言论表达形式及传播途径都被保护，包括口头、书面形式和手语，以及图像和艺术品等非言语表达；表达途径包括书籍、报纸、小册子、海报、标语等，包括所有影音形式，以及电子和以互联网为基础的言论表达模式。此外，对于见解和表达自由权的行使带有特殊的义务和责任，因此受到

---

① 国际人权法教程项目组：《国际人权法教程（第一卷）》，中国政法大学出版社 2002 年版，第 238 页。

② 朱晓青、柳华文：《〈公民权利和政治权利国际公约〉及其实施机制》，社会科学文献出版社 2019 年版，第 66 页。

了某些限制，这些限制关系到他人利益或集体利益。人权事务委员会强调此种限制不得有害于权利本身，实行限制也必须符合第 3 款所规定的条件。这意味着，对于见解和表达自由权的限制应由法律予以规定，同时，其理由必须符合尊重他人的权利或名誉、保障国家安全或公共秩序，或公共卫生或道德的目的。

见解和表达自由权的权利主体也包括儿童。《儿童权利公约》对此进行了具体而详尽的规定。《儿童权利公约》第 12 条第 1 款规定："缔约国应确保有主见能力的儿童有权对影响到其本人的一切事项自由发表自己的意见，对儿童的意见应按照其年龄和成熟程度给以适当地看待。"第 13 条第 1 款规定："儿童应有自由发表言论的权利；此项权利应包括通过口头、书面或印刷、艺术形式或儿童所选择的任何其他媒介，寻求、接受和传递各种信息和思想的自由，而不论国界。"另外，《儿童权利公约》对儿童的见解和表达自由权的限制与《公民及政治权利国际公约》作了一致性规定。

对于表达自由的范畴，有观点认为表达自由分为三种：微观层次的表达自由仅指言论、讲学、著作、出版、艺术、绘画等自由的合称；中观层次的表达自由不仅包括微观层次的以言论为主要内容的表达自由，而且还包括集会、游行、示威、结社自由等这样一些激烈表达自己意见的形式；宏观层次的表达自由除以上两个层次的表达自由之外，还把政党和政党活动的自由、投票选举的自由也包括进来。① 中国学者多支持中观层次的表达自由，即除以言论为主要内容的表达自由，还包括集会、游行、示威等激烈地表达意见的形式。② 根据人权事务委员会的观点，见解和表达自由为充分享有广泛的其他人权奠定了基础，包括集会和结社自由的权利。集会与结社的权利与表达自由有关，可以理解为表达自由的一种制度化形式。③《公民及政治权利国际公约》第 21 条、第 22 条分别规定了对集会自由和结社自由的保护。

① 杜承铭：《论表达自由》，载《中国法学》2001 年第 3 期。
② 参见同上；白桂梅主编《人权法学（第 3 版）》，北京大学出版社 2023 年版，第 120 页。
③ 朱晓青、柳华文：《〈公民权利和政治权利国际公约〉及其实施机制》，社会科学文献出版社 2019 年版，第 70 页。

（二）国家对公民表达和意见自由的保障义务

国家负有保障公民表达和意见自由的义务。根据人权事务委员会的意见，缔约国有尊重见解和表达自由的义务。此种义务主要包括两方面，第一，是对国家自身行为的规制，包括立法、执法和司法部门在内的国家所有部门以及国家、区域或地方各级的公共或者政府机构均应当承担此种责任。对于某些情况下的半国家实体行为，缔约国也需承担责任。第二，国家的这种义务具有横向效力，缔约国除保证自身不干预个人表达和意见自由以外，还要积极承担义务，保护存在于私人之间的言论自由问题。国家应确保个人免遭私人或私营实体采取的将妨碍此种权利的行为。

许多国家通过宪法对表达自由的权利予以保障，比如，美国宪法修正案第 1 条规定，国会不得制订剥夺人民言论自由和出版自由的法律。德国基本法第 5 条规定："人人有口头、书面和图画自由表达和散布自己的观点，以及自由地从一般可允许的来源获得消息的权利。"[①] 我国宪法也对表达自由作了原则性规定，《宪法》第 35 条规定："中华人民共和国公民有言论、出版、集会、结社、游行、示威的自由。"而对于集会、游行、示威的权利，我国也通过相关的法律规范予以保障。[②]

（三）禁止鼓吹战争和仇恨

《公民及政治权利国际公约》第 20 条规定禁止战争宣传和仇恨的鼓动：

一、任何鼓吹战争的宣传，应以法律禁止之。

二、任何鼓吹民族、种族或宗教仇恨之主张，构成煽动歧视、敌视或强暴者，应以法律禁止之。

这是对该公约第 19 条见解和表达自由权的保护的例外规定。人权事

---

① 杜承铭：《论表达自由》，载《中国法学》2001 年第 3 期。

② 《中华人民共和国集会游行示威法》（1989 年 10 月 31 日第七届全国人民代表大会常务委员会第十次会议通过）；《中华人民共和国集会游行示威法实施条例》（1992 年 5 月 12 日国务院批准，1992 年 6 月 16 日公安部令第 8 号发布，根据 2011 年 1 月 8 日《国务院关于废止和修改部分行政法规的决定》修订）。

务委员会在第 11 号一般性意见中认为，缔约国必须采取立法措施，禁止第 20 条所涉行动。第一，对于鼓吹战争的宣传，包括可能导致或实际导致侵略行动、破坏《联合国宪章》所主张的和平的一切形式的宣传，而对战争宣传的禁止必须依公约目的和宗旨予以解释。此种规定并不禁止关于自卫的主权或符合《联合国宪章》的人民自决和独立权利的主张。禁止战争的宣传，不仅包括禁止以报纸、电台、电视台、电影等形式，也包括禁止公开演说和其他公然号召进攻他国或鼓吹战争的形式。1947 年 11 月联合国大会通过了《对宣传及煽动新战争者将采取的措施》的决议，指出："1. 谴责所有各种意图或足以煽动或鼓激任何和平之威胁，和平之破坏，或侵略行为之宣传，亦无论其由何国主动者；2. 每一会员国政府于其宪法范围内采取适宜之步骤（1）借所有各种文告及宣传方法，提倡各国间遵依宪章宗旨及原则之友善关系；（2）鼓励散播所有以表示举世人民渴望和平为目的之宣传资料。"第二，对于鼓吹民族、种族或宗教仇恨的主张，不问此类宣传或主张的目的是针对国家内部还是外部。并且，对于仇恨鼓吹的禁止，《公民及政治权利国际公约》认为对仇恨的鼓吹应当构成"煽动"，并没有禁止私下鼓吹仇恨。《防止及惩治灭绝种族罪公约》第 3 条第 3 款也作了类似规定，其规定对直接公然煽动灭绝种族的行为予以惩治，亦强调"公然煽动"。另外，对于禁止鼓吹战争和仇恨要充分有效，就必须由法律明确规定所列宣传和主张均违反公共政策，并规定在出现违反情况时适当的制裁措施。

七、思想、良心和宗教自由

思想、良心和宗教自由是一项重要人权，包括有关所有事项的思想自由、个人的信念和无论是单独或与别人一起表明的、为宗教或信仰承担的义务。思想、良心和宗教自由同生命权一样，是不可克减的权利，即使在社会紧急状态，国家都应承担保障相应权利的义务。《世界人权宣言》第 18 条规定："人人有思想、良心和宗教自由的权利；此项权利包括改变他宗教或信仰的自由，以及单独或集体、公开或秘密地以教义、实践、礼拜和戒律表示他的宗教或信仰的自由。"

与此相对应，《公民及政治权利国际公约》第 18 条规定了对思想、良心、宗教和信仰自由的保护：

> 一、人人有思想、信念及宗教之自由。此种权利包括保有或采奉自择之宗教或信仰之自由，及单独或集体、公开或私自以礼拜、戒律、躬行及讲授表示其宗教或信仰之自由。
>
> 二、任何人所享保有或采奉自择之宗教或信仰之自由，不得以胁迫侵害之。
>
> 三、人人表示其宗教或信仰之自由，非依法律，不受限制，此项限制以保障公共安全、秩序、卫生或风化或他人之基本权利自由所必要者为限。
>
> 四、本公约缔约国承允尊重父母或法定监护人确保子女接受符合其本人信仰之宗教及道德教育之自由。

儿童的思想、信仰和宗教自由权利受到《儿童权利公约》的保护，其第 14 条规定：

> 1. 缔约国应尊重儿童享有思想、信仰和宗教自由的权利。
>
> 2. 缔约国应尊重父母并于适时尊重法定监护人以符合儿童不同阶段接受能力的方式指导儿童行使其权利和义务。
>
> 3. 表明个人宗教或信仰的自由，仅受法律所规定并为保护公共安全、秩序、卫生或道德或他人之基本权利和自由所必需的这类限制约束。

这一条文赋予了儿童比《公民及政治权利国际公约》更为独立的主体地位和考量价值，父母在相关领域对于儿童有更广泛的告知并保护儿童的思想、宗教和信仰自由的权利和义务。[①]

[①]　朱晓青、柳华文：《〈公民权利和政治权利国际公约〉及其实施机制》，社会科学文献出版社 2019 年版，第 65 页。

（一）思想自由

思想自由的提出是资本主义对封建专制主义钳制人们的思想的反抗，是公民享有各项权利的前提。欧洲中世纪的宗教法庭、中国汉武帝开设的"腹诽罪""思想犯"都是对人们思想的禁锢。[①] 马克思认为，只有行为才是法律调整的对象："法律调整的直接对象是人的外在行为，而不应惩罚人的内在思想方式，惩罚思想方式的法律是恐怖主义的法律。"[②] 国家权力和法律不能以特定的思想为惩罚对象，禁止思想或压迫思想的做法只会导致社会愚昧无知。[③]《中国人权百科全书》认为，思想自由是指进行思考，形成一定主张、意见和想法的权利，强调个人内心活动的自主性，它是保证公民依照自己的世界观和思维能力进行独立思考和独立判断，做出各种自主性行为的基础。[④] 思想自由是一切自由的出发点和基本前提，是确立个人的主体性价值和人性尊严的基点。[⑤] 人人都有权自主发展思想。思想自由与见解自由的权利密切相关，持有个人观点的权利是绝对的，思想自由不得受到限制。

国家有义务避免干预一个人的精神和道德存在，不得通过教化、"洗脑"、以刺激心理的药物以及其他的操纵手段对显意识和下意识心理施加影响，并且，在任何情况下，当影响是违背有关人的意愿或至少是未经其默示同意而以强制、威胁或其他不被准许的方式实施时，是不可允许的，[⑥] 但是此种影响与人们日常所受的媒体、私人广告或者国家宣传的影响之间的划分，是不容易做出的。

我国 1949 年《中国人民政治协商会议共同纲领》第 5 条规定："中华人民共和国人民有思想、言论、出版、集会、结社、通讯、人身、居住、迁徙、宗教信仰及示威游行的自由权。"我国宪法并未规定思想自由

---

① 肖君拥：《国际人权法讲义》，知识产权出版社 2013 年版，第 211 页。

② 《马克思恩格斯全集》，第 1 卷，人民出版社 1996 年版，第 16—17 页。

③ 白桂梅主编：《人权法学（第 3 版）》，北京大学出版社 2023 年版，第 124 页。

④ 王家福、刘海年：《中国人权百科全书》，中国大百科全书出版社 1998 年版，第 551 页。

⑤ 朱力宇、叶传星主编：《人权法》，中国人民大学出版社 2017 年版，第 179 页。

⑥ 国际人权法教程项目组：《国际人权法教程（第一卷）》，中国政法大学出版社 2002 年版，第 213 页。

权，理论界对此问题多有探讨。①

（二）良心自由

每个人都有权自主发展良心，有与其良心和谐一致地生活和行为的自由，只要这些行为不影响他人的权利，每个人都享有对良心自由的绝对保护。②最早使用良心自由概念的是《魏玛宪法》，如今，良心自由在许多国家受到了宪法的保障，《日本国宪法》第 19 条规定："思想及良心的自由，不得侵犯。"《大韩民国宪法》第 19 条也规定："任何国民有凭良心处事自由。"③《联邦德国基本法》第 4 条规定："信仰和良心自由、宗教和世界观信奉自由不可侵犯。"并"在良知自由的基础上，保障了一项权利，即可以用违反良知自由的理由，拒服使用武器的兵役"。此种规定涉及了良心抵触问题。在实践中曾有这样一个例子，在一些国家，政府要求其公民服兵役，但一些宗教禁止使用任何暴力。在一些情况下，一个人会有入伍是错误的个人"信念"或"信仰"。对于此种情况，人权事务委员会认为，虽然《公民及政治权利国际公约》未提及依良心拒绝服兵役的行为，但就使用致死力量的服兵役义务可能严重抵触良心自由和表示自己宗教或信仰的权利来说，依良心拒服兵役的权利是有依据的。

良心自由与思想自由有着密切的联系，但又有所区别。思想自由强调公民有依照一定的世界观进行思考，包括学说、主张、发明、创造等的自由，而良心自由则强调公民拥有依照一定的道德准则对是非善恶进行独立的道德判断并作出相应结论的自由。④与思想自由相同，良心自由不得受到限制，国家也不得干预公民个人的良心自由。

中国传统文化中良心意识深厚，讲求良心是传统社会人们追求正义、维护人格的表现形式。但是中国宪法中未对良心自由作出规定，中

---

① 参见戴涛、陆永胜：《论思想自由权的宪政保护》，载《法律科学》2004 年第 2 期；白桂梅主编：《人权法学（第 2 版）》，北京大学出版社 2015 年版，第 128 页。

② 国际人权法教程项目组：《国际人权法教程（第一卷）》，中国政法大学出版社 2002 年版，第 213 页。

③ 杜文勇：《认真对待"良心自由"》，载《河北法学》2010 年第 5 期。

④ 戴涛：《论思想自由的基本理念》，载《法学》2004 年第 12 期。

国如何在法律层面继承和发扬优秀传统文化、保障良心自由，已经成为思想界和学术界所关注的一项重大课题。[①]

（三）宗教和信仰自由

宗教和信仰自由是人的一项基本自由。对于此项自由，宜按以下四方面理解：

第一，它既包括信仰宗教的自由，也包括不信仰宗教的自由。人权事务委员会在第 22 号一般性意见中认为，宗教和信仰自由保护有神论的、非神论的和无神论的信仰，也保护不信奉任何宗教和信仰的权利。宗教和信仰应做广义解释，不限于传统的宗教，或带有体制性的宗教和信仰，或类比于传统宗教实践的崇奉方式。这意味着宗教和信仰自由既包含积极的自由，也涵盖消极的自由。

第二，宗教和信仰自由既包括维持或改变宗教信仰的自由，也包括改变目前的宗教或信仰而改持无神论的权利，以及保留宗教或信仰的权利。

第三，宗教和信仰的自由也包含表明宗教或信仰的方式的自由。表明宗教或信仰，可以通过单独或集体、公开或秘密的方式。而以礼拜、戒律、实践和教义来表明宗教或信仰的自由则包括很多行为。人权事务委员会认为，礼拜的概念扩及直接表明信仰的仪式和典礼，以及作为这些行为的一个整体之组成部分的若干实践，包括建筑礼拜场所、仪礼和器物的使用、陈列象征物和过节假日和休息日。对宗教或信仰的信守和崇奉可能不仅包括典礼，也包括遵守饮食规定等习惯，穿戴不同的服饰或头巾，参加与若干生活状况有关的仪式，以及使用某种为某一团体所惯用的语言。此外，还包括宗教或信仰的实践与教义与宗教团体进行其基本事务不可分割的行为，例如选择宗教领袖、牧师和教师的自由，开设神学院或宗教学校的自由，以及编制和分发宗教文章或刊物的自由。

第四，不得基于宗教原因歧视公民个人，例如，如果某一宗教在某一国家被确认为国教，或被建立为正式宗教或传统宗教，或其信仰包含全体居民中的大多数，也不应对公民的宗教或信仰自由造成损害，不应

---

① 白桂梅主编：《人权法学（第 3 版）》，北京大学出版社 2023 年版，第 126 页。

对非信仰该宗教的人造成歧视。此外,《公民及政治权利国际公约》允许学童在公立学校接受有关宗教和道德一般的历史教育,但应采取中立和客观的教育方式。关于教导教义或信念自由的保证,人权事务委员会指出,包括特定宗教或信仰在内的公共教育,除非规定了能够符合父母和法定监护人愿望的不歧视例外办法或备选办法,即不符合该条款规定。

宗教和信仰自由被认为属于不可克减的权利。对于宗教和信仰自由的限制只能施加于宗教或信仰的表达方式,而不能施加于宗教或信仰自由自身。不能限制任何人维持或改变其宗教或信仰的自由,也不能限制父母和法定监护人保证宗教和道德教育的自由。并且,施加限制的不得基于歧视性的目的或采取歧视性的做法,限制的目的也仅限于明文规定的,并且必须同所指特定需要直接有关或者相称。需要注意的是,极端主义倾向以一种初看属于宗教的思想为基础,利用宗教来达到与普遍人权,特别是与宗教或信仰自由权相去甚远的目的。任何以宗教和信仰自由为幌子进行恐怖活动的事都是不能容忍的。[①]

中国肯定宗教和信仰自由的基本权利地位,通过宪法保护公民的宗教信仰自由,《宪法》第 36 条规定:"中华人民共和国有宗教信仰自由。任何国家、社会团体和个人不得强制公民信仰宗教或者不信仰宗教,不得歧视信仰宗教的公民和不信仰宗教的公民。国家保护正常的宗教活动。任何人不得利用宗教进行破坏社会秩序、损害公民身体健康、妨碍国家教育制度的活动。宗教团体和宗教事务不受外国势力的支配。"同时,通过《宗教事务条例》(2017 年修订)规范宗教事务管理,具体地保障了公民宗教信仰自由。

八、参与公共事务、选举与被选举及接受公共服务的权利

《公民及政治权利国际公约》第 25 条规定了公民参与公共事务的权利、选举和被选举权,以及平等接受公共服务的权利,可以简称为狭义的政治权利,是重要的基本人权,它与公民权利并称为"第一代人权"。《公民及政治权利国际公约》第 25 条的政治哲学内涵是,在人民同意的

[①]　白桂梅主编:《人权法学(第 3 版)》,北京大学出版社 2023 年版,第 128 页。

基础上建立政府是民主的核心。进而，相关权利在民主社会的公共利益中可以得到比较完全的保护。[1]公民政治权利的重点是保护公民对公共事务的参与权，公民的公共参与包括直接或间接参与公共事务的权利、平等地参加本国公务的权利以及选举权和被选举权。此外，本部分内容还包括知情权、政治监督权和请愿权。公民的政治权利需要国家采取一定措施予以保障，根据人权事务委员会的意见，公民在享受这些权利方面，不得受到基于种族、肤色、性别、语言、宗教、政治或其他见解、国籍或社会出身、财产、出生或其他身份等任何理由的歧视。

（一）参与公共事务、本国公务权

《世界人权宣言》规定了参加公共事务和本国公务的一般性权利，在《公民及政治权利国际公约》第 25 条中也有照应性规定：

> 一、凡属公民，无分第二条所列之任何区别，不受无理限制，均应有权利及机会：
>
> （子）直接或经由自由选择之代表参与政事；
>
> （丑）在真正、定期之选举中投票及被选。选举权必须普及而平等，选举应以无记名投票法行之，以保证选民意志之自由表现；
>
> （寅）以一般平等之条件，服本国公职。

这是一个笼统的原则性条款，便于缔约国建立起与其国内的民主制度相一致的民主参与的基本权利。根据人权事务委员会的解释，公共事务包括行使行政、立法和管理权的活动，也包括公共行政的各个方面和国际、国家、区域和地方各级政策的拟定和执行。此种由个人行使的参与公共事务的权利必须由宪法或其他法律予以规定。

参与公共事务有直接和间接之分，人权事务委员会认为，当公民作为立法机构的成员或因担任行政职务而行使权力时，他们直接参与公共事务。公民还通过公民投票或其他选举程序选择或修改其宪法或决定公

---

[1]　朱晓青、柳华文：《〈公民权利和政治权利国际公约〉及其实施机制》，社会科学文献出版社 2019 年版，第 81 页。

共问题来直接参与公共事务。公民可通过下列途径实现直接参与权：参加人民议会；参加代表公民与政府进行协商的机构。直接民主与间接民主是两种相互内在联系的重要民主形式，相互补充、相互支持。此外，公民还通过与其代表公开辩论和对话或通过他们组织自己的能力来施加影响而参与公共事务，而保障言论、集会和结社自由可支持这种参与。参与本国公务权是指，每一国家的公民都有权根据自己的意愿依照法定标准并经法定程序，使自身成为公共权力的行使者，从而参与国家权力的运行，参与对公共事务的处理。[①]公民享有在一般的平等条件下担任公职的权利和机会。人权事务委员会认为，为了保证在一般的平等条件下的机会，任命、晋升、停职和解职的标准和程序必须客观合理。

中国宪法认可人民主权原则，保障公民参与公共事务和本国公务的权利，《宪法》第 2 条第 3 款规定："人民依照法律规定，通过各种途径和形式，管理国家事务，管理经济和文化事业，管理社会事务。"

（二）选举权与被选举权

选举权是指选民依法选举代议机构代表和特定国家机关公职人员的权利，被选举权则是指选民依法被选举为代议机构代表和特定国家机关公职人员的权利。《公民及政治权利国际公约》保障公民的选举权和被选举权，根据公约第 25 条第 2 款，公民有权在真正、定期的选举中投票选举及作为被选举人被推选；选举权应当普及而平等，选举应以无记名投票方式进行，以保证选民意志得到自由表现。

人权事务委员会在第 25 号一般性意见中认为，对于选举权与被选举权的规定的关键词包括"真正的""定期的""普遍的和平等的""无记名投票"以及"选举人意志的自由表达"。此种规定是原则性的，需要在不同国家和地区，不同场合下进行具体的适用。根据人权事务委员会第 25 号一般性意见，选举权与被选举权应当通过以下方面予以保障：

第一，选举是普遍的，意味着选举权不可以被限制在一些群体或等级中进行，而应该是所有个人的一项基本的权利。人权事务委员会认为，

---

① 白桂梅主编：《人权法学（第 3 版）》，北京大学出版社 2023 年版，第 130 页。

政党党员的身份不应是获得选举资格的一个条件，也不能成为不具备选举资格的一个原因。

第二，平等的投票权是指一人一票，是法律面前人人平等的体现。选举不得歧视任何群体，或使投票人的分布不公平。

第三，选举必须采用秘密投票的方式进行。应该成立选务当局，监督选举程序以及确保选举以公平、不偏不倚的方式和根据与公约相一致的法律进行。国家应采取措施，保证选举期间投票保密的要求，并在有缺席投票制度的情况下，也对其进行保密。投票箱的安全必须得到保证，清点选票时应有候选人或其代理在场。应制定投票和计票方法的独立审查程序以及司法审查或其他相当的程序，以便选举人能相信投票的安全和选票的统计。给残疾人、盲人或文盲提供的协助应独立。

第四，选举是定期的，这意味着选举在定期的、间隔期不得过长的期间内举行，并且保证政府当局一直建立在选民自由意志表达的基础上。投票人可以独立形成见解，不受任何类型的暴力或暴力威胁、强迫、引诱或操纵影响。刑法应禁止对登记或投票的任何侵权性干涉以及对投票人进行恫吓或胁迫，应该严格执行这些法律。

选举权与被选举权应当由法律规定，并且仅接受合理的限制。比如，为投票权规定的最低年龄限制，但是必须以客观合理标准为依据。以身体残疾为由或强加识字、教育或财产要求来限制选举权都是不合理的，国家应该积极采取措施，克服各种困难，如文盲、语言障碍、贫困和妨碍迁徙自由等。应该用少数人的语言发表有关投票的信息和材料，应该采取具体办法，如图片和标记来确保文盲投票人在做出其选择之前获得充分的信息。为了保证充分享受选举和被选举权，公民、候选人和当选代表之间就公共和政治问题自由交流信息和交换意见至关重要。这意味着新闻或其他媒介的自由，可以对公共问题发表意见而不受新闻检查或限制，和发表公众意见。

对公民投票权的剥夺应该客观合理，且有法律规定。如果因某一罪行而被判罪是丧失投票权的依据，丧失投票权的期限应该与所犯罪行和刑期相称。被剥夺自由但没有被判罪的人应有权行使投票权。

中国的选举制度自 1953 年颁布《中华人民共和国全国人民代表大会

及地方各级人民代表大会选举法》①始，随后，1954年宪法肯定了公民的选举权。现行《宪法》第34条规定："中华人民共和国年满十八周岁的公民，不分民族、种族、性别、职业、家庭出身、宗教信仰、教育程度、财产状况、居住期限，都有选举权和被选举权；但是依照法律被剥夺政治权利的人除外。"同时，通过《中华人民共和国全国人民代表大会和地方各级人民代表大会选举法》②规定了选举机构、少数民族选举、选举程序等内容保障公民的选举与被选举的权利。值得注意的是，经过修订的选举法实现了城乡按相同人口比例选举人大代表，同时对体现选举权平等的人大代表名额分配原则进行了形式新颖且更为丰富的概括，即"三个平等"——"人人平等、地区平等和民族平等"，③真正地保障了平等选举。此外，刑法中对剥夺政治权利的罪名进行了规定，包括危害国家安

---

① 该法于1953年2月11日由中央人民政府委员会第22次会议审议通过，同年3月1日公布实施。该法分10章66条，对各级人大代表的选举原则、组织机构、选举方式和程序、选区划分、选民登记、代表候选人的提出、代表名额、选举经费、违法行为的制裁等问题作出明确规定。其主要特点是显示普遍性和平等性。它以一定人口的比例为基础，适当照顾地区和单位，在城市与乡村间、少数民族与汉族间，作了不同比例的规定，使全国各阶层、各民族在各级人民代表大会中都有相应的代表。这是我国历史上第一部比较完备的社会主义类型的选举法，其公布施行标志着我国迈入了人民民主政治发展的新阶段。

② 1979年7月1日第五届全国人民代表大会第二次会议通过，根据1982年12月10日第五届全国人民代表大会第五次会议《关于修改〈中华人民共和国全国人民代表大会和地方各级人民代表大会选举法〉的若干规定的决议》第一次修正，根据1986年12月2日第六届全国人民代表大会常务委员会第十八次会议《关于修改〈中华人民共和国全国人民代表大会和地方各级人民代表大会选举法〉的决定》第二次修正，根据1995年2月28日第八届全国人民代表大会常务委员会第十二次会议《关于修改〈中华人民共和国全国人民代表大会和地方各级人民代表大会选举法〉的决定》第三次修正，根据2004年10月27日第十届全国人民代表大会常务委员会第十二次会议《关于修改〈中华人民共和国全国人民代表大会和地方各级人民代表大会选举法〉的决定》第四次修正，根据2010年3月14日第十一届全国人民代表大会第三次会议《关于修改〈中华人民共和国全国人民代表大会和地方各级人民代表大会选举法〉的决定》第五次修正，根据2015年8月29日第十二届全国人民代表大会常务委员会第十六次会议《关于修改〈中华人民共和国地方各级人民代表大会和地方各级人民政府组织法〉、〈中华人民共和国全国人民代表大会和地方各级人民代表大会选举法〉、〈中华人民共和国全国人民代表大会和地方各级人民代表大会代表法〉的决定》第六次修正，根据2020年10月17日第十三届全国人民代表大会常务委员会第二十二次会议《关于修改〈中华人民共和国全国人民代表大会和地方各级人民代表大会选举法〉的决定》第七次修正。

③ 胡健：《我国选举权平等的实现路径及其完善建议——以选举法和全国人大代表名额分配为主线》，载《华东政法大学学报》2012年第6期。

全以及故意杀人、强奸、爆炸、贩毒、抢劫等严重破坏社会秩序的犯罪。

（三）知情权

将知情权作为一项基本人权，是由美国的一位编辑肯特·库珀（Kent Copper）在 1945 年 1 月的一次演讲中首先提出来的，他从民主政治的角度，呼吁官方"尊重公众的知情权"，并建议将知情权推升为一项宪法权利。[①] 知情权，在我国通常称为知悉权、了解权或者得知权，是指依法享有的知悉、获取与法律赋予该主体的权利相关的各种信息的自由和权利。[②] 1946 年联合国大会通过的《国际情报自由会议的召集》决议中肯定了知情权的基本人权地位，该决议宣称："情报自由原为基本人权之一，且属联合国所致力维护之一切自由之关键。"随后，《世界人权宣言》也肯定了知情权的人权地位，其第 19 条规定："主张和发表意见的自由包括通过任何媒介和不论国界寻求、接受和传递消息和思想的自由。"这里的消息自由，就是获取信息的自由。[③]《公民及政治权利国际公约》也对知情权作了类似的规定。在国家层面，1949 年实施的德意志联邦共和国基本法将知情权作为一项基本人权来保护，其第 5 条第 1 款规定，任何人享有自一般情报来源接受报道获取情报而不受阻碍之自由。从而在宪法制度上明确认可知情权是一项基本人权。[④] 美国 1966 年颁布了情报自由法，确立了有关知情权法律规范的总体原则，即除涉及国家防务、外交政策的文件，根据法律执行的调查档案、私人信息、贸易秘密及由其他法规保护的秘密外，凡联邦政府掌握的档案可以供任何人检查和抄录，如果拒绝公开某一份文件，可以向联邦法院起诉。

中国宪法没有直接规定知情权，但是它被确认于地方政府规章以及党和国家的重要文件中，可以说，知情权的理念和精神在法律中有所体

---

① 宋小卫：《略论我国公民的知情权》，载《法律科学》1994 年第 5 期。

② 汪习根、陈焱光：《论知情权》，载《法制与社会发展》2003 年第 2 期。

③ 杜钢建：《知情权制度比较研究——当代国外权利立法的新动向》，载《中国法学》1993 年第 2 期。

④ 同上。

现。^①在实践中，政务公开的制度推进始于 1987 年党的十三大，在 20 世纪 90 年代初，开始全面推行村务公开，检察院、法院、公安、海关等国家机关推行检务公开、审判公开、警务公开和海关公开等措施。同时，涉及人民重大切身利益的重大政府行为逐渐实行听证制度。直至 21 世纪，政务公开管理制度渐趋成熟，多个中央部委制发了政务公开规范性文件，政府信息公开的具体制度也在不断地落实过程中。2008 年实施、2019 年修订的《政府信息公开条例》对信息公开的主体、范围、监督、保障等内容做了详细而具体的规定，保障了公民知情权的享有。但是《政府信息公开条例》就法律位阶而言，属于行政法规，在实施过程中仍然面临着较多的问题。就此，有学者呼吁应尽早将知情权列入宪法。^②

（四）政治监督权

对国家权力进行监督是公民参与国家事务的管理、表达政见，行使民主权利的重要方式，是一种重要的政治权利，具有广泛性、强制性、公共性及参与性的特征。在我国，监督权包括批评权、建议权、检举权和罢免权。^③监督权的主体范围广泛，可以一人提出，也可以多人提出；可以针对已经发生的国家事务和公共事务提出，也可以针对未来的国家或公共事务提出建议；可以针对国家机关具体行为提出，也可以对立法、政策等抽象行为提出。^④

我国公民的政治监督权包括批评建议权、控告检举权、申诉权、罢免权等方面。第一，批评权是指公民有向国家机关和公职人员就其工作上的缺点错误提出批评意见的权利，建议权是指公民有向国家机关和公职人员就其工作提出建议的权利。^⑤批评建议权在 1982 年写入宪法，成为公民的一项基本权利。《宪法》第 41 条规定："中华人民共和国公民对于任何国家机关和国家工作人员，有提出批评和建议的权利。"第二，检

---

① 参见汪习根、陈焱光：《论知情权》，载《法制与社会发展》2003 年第 2 期。
② 章剑生：《知情权及其保障——以〈政府信息公开条例〉为例》，载《中国法学》2008 年第 4 期。
③ 朱力宇、叶传星主编：《人权法》，中国人民大学出版社 2017 年版，第 216—218 页。
④ 杨海坤、章志远：《公民请愿权基本问题研究》，载《现代法学》2004 年第 8 期。
⑤ 蔡定剑：《宪法精解》，法律出版社 2006 年版，第 267 页。

举权是公民对国家机关及其工作人员实施的损害他人合法权益或社会公共利益的违法失职行为向有关机关揭发事实真相，请求依法处理的权利。根据《宪法》第41条的规定，公民对于任何国家机关和国家工作人员的违法失职行为，有向有关国家机关提出检举的权利，但是不得捏造或者歪曲事实进行诬告陷害。对于公民的检举，有关国家机关必须查清事实，负责处理。任何人不得压制和打击报复。同时，我国刑法也规定了对打击报复检举人的刑事责任，更好地对公民的检举权予以保障。第三，罢免权是指选民或者原选举单位依法罢免自己选出的代表或其他国家公职人员的权利。[①] 我国宪法和法律关于全国和地方各级人民代表大会受原选区选民或原选举单位罢免的一系列法律规范组成了代表罢免制度的相对完整的规则系统。[②] 根据我国《宪法》第77条和第102条的规定，全国人民代表大会代表受原选举单位的监督。原选举单位有权依照法律规定的程序罢免本单位选出的代表。地方各级人民代表大会的选举单位和选民有权依照法律规定的程序罢免他们选出的代表。在直接选举中，选民是罢免权的主体。同时，我国通过选举法详尽地规定了罢免程序。

（五）请愿权

请愿权，又称诉愿权、请求权，作为一种公民权利，被《世界人权宣言》所规定。《世界人权宣言》第8条规定："任何人当宪法或法律赋予他的基本权利遭受侵害时，都有权受到合格的国家法庭对这种侵害行为的有效救济。"《消除一切形式种族歧视国际公约》第14条对此也有规定："一、缔约国得随时声明承认委员会有权接受并审查在其管辖下自称为该缔约国侵犯本公约所载任何权利行为受害者的个人或联名提出的来文。本文所指为未曾发表此种声明的缔约国时，委员会不得接受。二、凡发表本条第一款所规定的声明的缔约国得在其本国法律制度内设立或指定一主管机关，负责接收并审查在其管辖下自称为侵犯本公约所载之任何权利行为受害者并已用尽其他可用的地方补救办法的个人或个人联名提出之请愿书……五、遇未能从依本条第二款所设立或指定的机关取

---

① 朱力宇、叶传星主编：《人权法》，中国人民大学出版社2017年版，第217页。

② 胡位钧：《论我国选民罢免权行使方式之转变》，载《江苏社会科学》2000年第2期。

得补偿时，请愿人有权于六个月内将此事通知委员会。"

请愿权是指公民权益受到国家机关的违法或不当处分侵害时，或者是公民为了获得某项权益，而依法向有关机关或法院提出审查处理的权利。在我国，请愿权包括申诉权、控告权和取得赔偿权。[①]《宪法》第41条规定："中华人民共和国公民……对于任何国家机关和国家工作人员的违法失职行为，有向有关国家机关提出申诉、控告或者检举的权利，但是不得捏造或歪曲事实进行诬告陷害。对于公民的申诉、控告，有关国家机关必须查清事实，负责处理。任何人不得压制和打击报复。由于国家机关和国家工作人员侵犯公民权利而受到损失的人，有依照法律规定取得赔偿的权利。"一般认为，这就是我国宪法文本中的请愿权规范。[②]根据我国宪法的规定，行使请愿权的前提是公民权益受到了违法或不当处分的侵害，致使其合法权益受到了损害。申诉权是指公民因合法权益受到行政机关或司法机关的违法或不当的决定或裁判，有权向有关机关申诉，要求重新处理的权利。而控告权则支持公民向有关机关揭发和指控国家机关及其工作人员实施的侵害自己合法权益的违法失职行为，要求处理的权利。申诉权与控告权不同，控告权针对的是国家机关及其工作人员侵犯自己权益的行为，而申诉权则针对国家机关做出的侵犯自己权益的决定。[③]我国《刑事诉讼法》第49条规定："辩护人、诉讼代理人认为公安机关、人民检察院、人民法院及其工作人员阻碍其依法行使诉讼权利的，有权向同级或者上一级人民检察院申诉或者控告。人民检察院对申诉或者控告应该及时进行审查，情况属实的，通知有关机关予以纠正。"对于国家机关和国家机关工作人员行使职权，侵犯了公民合法权益的情形，造成损害的，受害人有取得国家赔偿的权利。我国《国家赔偿法》保障了公民依法取得国家赔偿的权利，促进国家机关依法行使职权。国家赔偿包括行政赔偿和刑事赔偿两类。[④]

[①]　朱力宇、叶传星主编：《人权法》，中国人民大学出版社2017年版，第218—220页。
[②]　刘连泰：《针对请愿权的国家义务》，载《法商研究》2011年第4期。
[③]　朱力宇、叶传星主编：《人权法》，中国人民大学出版社2017年版，第219页。
[④]　胡锦光、韩大元：《中国宪法（第5版）》，法律出版社2024年版，第259—261页。

第二节　经济、社会和文化权利

两次世界大战对全人类造成了沉重的打击，"二战"后，人权理念被纳入国际秩序构建之中，进入了国际人权法发展的全盛时代，《世界人权宣言》同《公民及政治权利国际公约》和《经济社会文化权利国际公约》相继应运而生，一道成为人权国际保护体系之基。其中，《经济社会文化权利国际公约》系统性地宣示并构建着经济、社会及文化权利"大厦"，是保护和增进各项具体权利之权威渊源。1993 年 6 月 25 日世界人权大会通过《维也纳宣言和行动纲领》，可谓发展经济、社会和文化权利的里程碑事件，《宣言》敦促对权利的承认和认可，众多国家将权利写入本国宪法和法律之中。[1]

在理解经济、社会和文化权利时，往往存在一些误解，需要澄清：第一，经济、社会和文化权利不是必须居于公民权利和政治权利之后方才被考虑的；第二，经济增长和民主是经济、社会和文化权利充分实现的有利条件，但是经济增长和民主本身不足以使权利获得充分实现，还有赖于人民的积极争取和国家具体采取行动；第三，经济、社会和文化权利不理所当然地因灾难、武装冲突等紧急情况而克减。[2]

经济、社会和文化权利从前近代的理念萌芽期历经近代对权利思想展开讨论和立法确权，随即在理论争鸣、政法实践、社会条件的逐渐累积中进行着量变到质变的转换，持续演进发展。[3]在人权谱系中，经济、社会和文化权利直接关乎人民的幸福生活。

---

[1] 联合国人权事务高级专员办事处，《国家人权机构手册：经济、社会、文化权利》，U.N. Doc. HR/P/PT/12，2004，第 1 页。

[2] 联合国人权事务高级专员办事处，《对经济、社会和文化权利的误解和错误观念》，https://www.ohchr.org/CH/Issues/ESCR/Pages/MythsandmisconceptionsonESCR.aspx。

[3] 龚向和：《经济、社会和文化权利的历史演变》，载李步云、龚向和等：《人权法的若干理论问题》，湖南人民出版社 2007 年版，第 253—275 页。

一、工作权

近年来，"996""007"等工作制受到热议和声讨，有企业高管发声提出"福报"一说，人民网、人民日报评论"崇尚奋斗，不等于强制996"，认为此种要求"是病态的'加班文化'"，在发展模式上"不可持续"等等，工作权利的保障问题被推至风口浪尖，成为热点话题。

在工作权方面，需要注意以下概念性问题：第一，工作权和劳动权的含义和关系辨析。工作和广义的劳动非同义，二者内容范畴不完全重合，因而二者用法不可画等号。工作权和广义劳动权不是对等或替代关系。广义劳动权包容工作权、团结权、社会保障权等多项具体权利。然而，也有学者以狭义的劳动权指代工作权。第二，关于工作权本身的范畴和内容，学界存有争议，采取包容工作中权利和工作相关权利的宽概念理解工作权是较为普遍的做法。

（一）工作权产生的背景及其价值

1. 权利起源和发展脉络

工作权利的提出是伴随社会经济发展而出现的，可以追溯至西方的工业革命。工业革命不只是一场技术革命，更是一场社会革命，资产阶级和工人阶级产生且立场对立，面对资本主义的剥削，工人阶级通过斗争方式争取权利。

在人类发展史上，劳动者曾一度被强加奴隶身份且被视作商品，工作以义务形式存在。18世纪后半期，英国工厂的工作时间已经严重超出了一般人所能负荷的时长，在工人群体的不满和抗议中，英国于1802年颁布《学徒健康与道德法》对学徒的年龄和劳动时间作具体而明确的规定从而保护他们的权益，成为工厂立法的里程碑事件，其他西方国家随后也制定了有关立法。伴随生产力水平的提升，在资产阶级和工人阶级的发展壮大过程中，国家调和并调整着劳资矛盾关系，法律便是手段之一。进入19世纪，在法国大革命的背景下，"工作权"（right to work）这一表达被创造并流传开来，法国空想社会主义者查尔斯·傅立叶（Charles

Fourier）和路易·勃朗（Louis Blanc）对此功不可没。[①] 资产阶级也迅速接受了工作权的说法，不同于社会主义者出于权利属性的认知，即对工人权利的关切，资产阶级看到了由工作权利带来的劳动力的获得、促进生产力的提升和生产资料的累积，概言之，工作权在社会主义和资本主义世界分别表现为"就业保障"和"劳动力市场扩大就业机会"。[②]

究其工作权利在国际层面的全面确立和推广，1948 年《世界人权宣言》第 22 条强调人的经济、社会和文化方面的权利，第 23 条和第 24 条规定工作方面的权利："人人有权工作、自由选择职业、享受公正和合适的工作条件并享受免于失业的保障。人人有同工同酬的权利，不受任何歧视。每一个工作的人，有权享受公正和合适的报酬，保证使他本人和家属有一个符合人的生活条件，必要时并辅以其他方式的社会保障。人人有为维护其利益而组织和参加工会的权利。人人有享有休息和闲暇的权利，包括工作时间有合理限制和定期给薪休假的权利。"

工作权利保护上取得的进展离不开联合国、国际劳工组织等国际组织的努力，它们通过制定国际标准等方法推进对权利全层级、全方位的保护。不少国家也视国情以适合的方法提供着权利保障。

国际劳工组织（International Labour Organization，简称 ILO）

"作为结束第一次世界大战的《凡尔赛条约》的一部分"，[1] 在 1919 年第一次世界大战结束后的和平大会上国际劳工组织正式成立。1946 年国际劳工组织成为首个联合国专门机构，专注于处理劳工问题，也是联合国唯一一个三方机构，汇聚的三方分别是国家政府、雇主和工人代表。

国际劳工组织章程的序言写道"鉴于只有以社会正义为基础，才能建立世界持久和平；鉴于现有的劳动条件使很多人遭受不公正、苦难和贫困，以致产生如此巨大的动荡，使世界和平与和谐遭受危害；改善此种条件是当务之急……"，[2] 显示了成立国际劳工组织的信念和宗旨，指明了国际劳工组织的工作方向和使命。

---

① Nicolas Bueno, "From the Right to Work to Freedom from Work," 33: 4 *International Journal of Comparative Labour Law and Industrial Relations* (2017) 470.

② 参见 Nicolas Bueno, "From the Right to Work to Freedom from Work," 33: 4 *International Journal of Comparative Labour Law and Industrial Relations* (2017) 472-474。

自该组织成立以来，先后通过多项条约、宣言、建议等文件，制定并改进着国际劳工标准。1944年《费城宣言》明确劳动者非商品，其人权应获得捍卫。在迎接新世纪到来之际，1998年《国际劳工组织关于工作中基本原则和权利宣言》明确了结社自由和有效地承认集体谈判权利、消灭一切形式的强迫或强迫性劳动、有效废除童工劳动和消灭就业和工作中的歧视四项基本内容。[3] 联合国发展峰会达成的成果性文件《改变我们的世界——2030年可持续发展议程》设有17项目标，其中，目标8定位"促进持久、包容和可持续经济增长，促进充分的生产性就业和人人获得体面工作"，[4] 劳工组织以此为工作重心方向并积极助力该项目标的实现。实际上，劳工组织早在2005年已经启动和发展了一代"体面工作国家计划（Decent Work Country Programmes，简称DWCPs）"，分别为成员国各国定制体面工作国别方案，同各国开展合作，向三方提供支持和援助以实现体面工作目标。[5] 劳工组织先后制定近200项公约及相关议定书，可大体分为基本核心性公约、治理性公约和技术性公约三大类，主题涵盖结社自由、集体谈判和劳资关系，强迫劳动，消除童工和儿童及青少年的保护，机会和待遇平等，三方磋商，劳动管理和监察，就业政策和推广，职业指导和培训，雇佣保障，工资待遇，工作时间，职业安全和健康，社会保障，孕妇的保护，社会政策，包括移徙工人、海员、渔民、码头工人、土著和部落人民、特别类别的工人在内的具体群体的权利保护等内容。[6] 国际劳工组织在其专业领域为全人类的权利保护和发展做出了卓越的贡献。

有关国际劳工组织的更多内容参见国际劳工组织官方网站：https://www.ilo.org/global/lang--en/index.htm。

1　History of the ILO, https://www.ilo.org/global/about-the-ilo/history/lang--en/index.htm.

2　国际劳工局，国际劳工组织章程和国际劳工大会议事规则，2012年。

3　国际劳工局，工作中基本原则和权利宣言，http://www.ilo.org/wcmsp5/groups/public/—asia/—ro-bangkok/—ilo-beijing/documents/publication/wcms_142899.pdf。

4　联合国，可持续发展目标，https://www.un.org/sustainabledevelopment/zh/economic-growth/。

5　ILO, ILO Decent Work Country Programmes, A Guidebook, Version 2, Geneva, International Labour Office, 2008, pp.iii-3.

6　有关国际劳工组织制定的公约及相关议定书，参见国际劳工组织官方网站数据统计，https://www.ilo.org/dyn/normlex/en/f?p=1000:12000:7764504731111::::P12000_INSTRUMENT_SORT:2。

2. 工作权的价值

（1）工作权可以满足人的生存之所需，提供人的发展之可能。生存是人追求发展与幸福的先决条件和根本前提。工作的意义首先指向生存，人具有工作的权利首要直接指向凭借知识、能力、技术等在社会生活中谋生。工作权的有力保障是生存权保障的一个重要基础而非绝对基础，因为并非所有人都如必须实现生存权一般实现工作权，从事劳动或者参与工作。在实现生存权的基础上，工作可以进一步实现个人的全面发展，无论是在工作中谋求发展，或是于工作之外以工作所得为基础而发展。这一权利有助于个人获得他人和所在团体和社会的承认。[①] 工作权是个人通往自我价值和社会价值实现的一种途径（方法）。[②]

（2）工作权可联系人的多项权利共进发展。生存权和发展权对于全人类而言是重要的人权，于很多国家而言是首要人权。人权谱系中的各项权利既是独立的权利，也有机地密切联系在一起。人权体系中，具体权利在满足和实现中互为奠基、便利和共同演进发展，工作权也不例外，例如，实现工作权从个人层面表现为获取工作报酬，从社会层面表现为社会经济基础的累积，有益于适当生活水准权的满足和标准提升。

（3）有益于自由、秩序等价值的追寻和社会的和谐及进步。马斯洛的需求层次理论对人的需求作了优先性排序，在满足最低层次生理需求后的下一目标是安全需求的满足，有个体自我安全和集体社会安全之分。工作权利的保障和实现不仅可以给人带来一定程度的经济和精神自由，而且社会经济水平在生产力的提升和生产资料的累积中获得提升，人人物质和精神的富足利于社会维系有序和稳定的状态，更容易实现社会的和谐。而这种社会状态也有利于个人对更高层次需求的追寻。

（二）工作权的法律渊源

工作权的法律渊源包括国际法渊源和国内法渊源两个方面。

在国际法渊源层面，工作权主要规定于国际劳动立法和国际人权法

---

① 参见 CESCR, *General Comment No. 18: The Right to Work, Article 6 of the International Covenant on Economic, Social and Cultural Rights*, U.N. Doc. E/C.12/GC/18, 2006, p. 2。

② 参见杨春福主编：《人权法学（第 2 版）》，科学出版社 2010 年版，第 150 页。

中，这是由权利属性和权利内容所决定的。[①]国际劳工组织始终致力于劳工工作权利的保护，其制定的国际标准载于组织成立以来陆续发布的公约及有关议定书和建议文件中，迄今为止，公约及议定书的数量规模已接近 200 项，并且逐渐系统化，在国际社会和国家间的影响力不容小觑。其中，1948 年《结社自由和保护组织权公约》（第 87 号）、1949 年《组织权和集体谈判权公约》（第 98 号）、1930 年《强迫劳动公约》（第 29 号）及其 2014 年议定书、1957 年《废止强迫劳动公约》（第 105 号）、1973 年《准予就业最低年龄公约》（第 138 号）、1999 年《消除最恶劣形式童工劳动公约》（第 182 号）、1951 年《对男女工人同等价值的工作付予同等报酬公约》（第 100 号）、1958 年《歧视（就业及职业）公约》（第 111 号）八项公约被称为劳工组织的核心公约。

在国际人权法方面，除上文提到的《世界人权宣言》的表述，1966 年《经济社会文化权利国际公约》第 6 条至第 8 条规定了工作的权利、享有公正和良好的工作条件的权利、组织和参加工会的权利。具体条文如下：

第 6 条

一、本公约缔约国确认人人有工作之权利，包括人人应有机会凭本人自由选择或接受之工作谋生之权利，并将采取适当步骤保障之。

二、本公约缔约国为求完全实现此种权利而须采取之步骤，应包括技术与职业指导及训练方案、政策与方法，以便在保障个人基本政治与经济自由之条件下，造成经济、社会及文化之稳步发展以及充分之生产性就业。

第 7 条

本公约缔约国确认人人有权享受公平与良好之工作条件，尤须确保：

---

① 参见 K. 德罗兹维基：《工作权和就业中的权利》，载〔挪〕艾德等：《经济、社会和文化的权利》，黄列译，中国社会科学出版社 2003 年版，第 255—256 页。

（子）所有工作者之报酬使其最低限度均能：

（一）获得公允之工资，工作价值相等者享受同等报酬，不得有任何区别，尤须保证妇女之工作条件不得次于男子，且应同工同酬；

（二）维持本人及家属符合本公约规定之合理生活水平；

（丑）安全卫生之工作环境；

（寅）人人有平等机会于所就职业升至适当之较高等级，不受年资才能以外其他考虑之限制；

（卯）休息、闲暇、工作时间之合理限制与照给薪资之定期休假，公共假日亦须给酬。

第 8 条

一、本公约缔约国承允确保：

（子）人人有权为促进及保障其经济及社会利益而组织工会及加入其自身选择之工会，仅受关系组织规章之限制。除依法律之规定，且为民主社会维护国家安全或公共秩序、或保障他人权利自由所必要者外，不得限制此项权利之行使；

（丑）工会有权成立全国联合会或同盟，后者有权组织或参加国际工会组织；

（寅）工会有权自由行使职权，除依法律之规定，且为民主社会维护国家安全或公共秩序、或保障他人权利自由所必要者外，不得限制此种权利之行使；

（卯）罢工权利，但以其行使符合国家法律为限。

二、本条并不禁止对军警或国家行政机关人员行使此种权利，加以合法限制。

三、关于结社自由及保障组织权利之国际劳工组织一九四八年公约缔约国，不得依据本条采取立法措施或应用法律，妨碍该公约所规定之保证。

1966 年《公民及政治权利国际公约》第 8 条和第 22 条分别规定了禁止奴役和强迫劳动、个人组织和参加工会的权利自由。1965 年《消除一切形式种族歧视国际公约》第 5 条（辰）款规定经济、社会及文化权利，其中，第（1）项规定了"工作、自由选择职业、享受公平优裕的工作条件、免于失业的保障、同工同酬、获得公平优裕报酬的权利"，第（2）项规定了"组织与参加工会的权利"。在关于特定群体人权保护的国际公约中，也针对性地就特定群体容易面临的工作方面的问题作出了具体规定，见于 1979 年《消除对妇女一切形式歧视公约》第 11 条、第 14 条第 2 款（e）项，1989 年《儿童权利公约》第 32 条，2006 年《残疾人权利公约》第 27 条"工作和就业"，以及 1990 年《保护所有移徙工人及其家庭成员权利国际公约》多项相关规定。

　　工作权的内容还见于区域人权文件中，《欧洲保护人权和基本自由公约》明文规定了禁止奴役和强迫劳动，以及组织和参加工会的自由。[1]经修正的《欧洲社会宪章》第一部分和第二部分中，工作权的内容占据大量段落和条款。[2]《欧盟基本权利宪章》则围绕工作权制定了明确且细致的规则，第 5 条规定"禁止奴役和强迫劳动"、第 12 条规定"结社和集会的自由"、第 14 条规定接受职业和继续培训的权利、第 15 条规定"选择职业的自由和从事工作的权利"、第 16 条规定"营业自由"、第 23 条"男女平等"中规定在"包括雇用、劳动和报酬在内的所有领域的平等"，第四部分"团结"章节第 27 条至第 34 条分别就"劳工于工作中获得信息和咨商的权利""集体谈判和行动的权利""获得就业服务的权利""不当解雇情况的保护""公平合理的工作条件""禁止雇佣童工和保护工作中的青少年""家庭与职业生活""社会保障和社会救助"作出明确规定。[3]再如，1981 年《非洲人权和民族权宪章》第 15 条作出了工作条件和同工同酬的要求，[4]1969 年《美洲人权公约》规定有免于奴役和强迫劳动等相关内容，其涉及经济、社会和文化权利的补充议定书《圣萨尔瓦多议定书》在第 6 条至第 9 条就工作权利、工作条件、工会权利、

---

[1]　European Convention on Human Rights, as amended by Protocols Nos. 11 and 14.

[2]　European Social Charter (Revised).

[3]　《欧盟基本权利宪章》问世于 2000 年 12 月 7 日，2012 年欧盟改编该宪章措辞。Charter of Fundamental Rights of the European Union, 2012.

[4]　African Charter on Human and Peoples' Rights.

社会保障权作出了详细规定。[1]

在国内法渊源方面，很多国家的国内法为工作权的保护提供了依据，如前文提及早期由英国揭开工厂立法的序幕，再例如日本、德国、美国、俄罗斯、中国等多国先后视国情制定了促进就业方面的法律法规或（和）条款，对从事工作的权利提供保障。通过法律途径促进权利实现，首先直接寄望于法律于国内层面的落实，国家保护是第一位的、最直接的权利保护方式。

此外，判例作为法律渊源之一也在潜移默化地影响着判例法国家的行为。欧洲人权法院及其判决在欧洲有着重大的影响力，法院的公开资料载明"欧洲人权法院的一个判决可以影响一个国家的所有人"，能够为一些国家带去人权方面的些许改变，"加入工会在丹麦不再是一项义务"即为一项具体实例。[2]

（三）工作权的内容

国家承认工作权，人人有权利获得工作、自由地选择职业、享受免于失业的保障、获得报酬从而保证本人及其家庭的人格尊严。

关于工作权的具体内容，联合国人权高级专员办事处的早年文件中提出工人享有"不受强迫劳动的自由、自由决定接受或选择工作的权利、公平工资和同工同酬的权利、休闲和合理工作时间的权利、安全和健康工作条件的权利、加入和组织工会的权利以及罢工的权利"。[3]

工作权可作狭义、广义之划分，狭义概念指向工作的权利（right to work），若作宽泛理解，则涵盖"工作中的权利"（right in/at work）和"与工作有关的权利"（work-related rights）。[4] 广义理解下的工作权是一系列工

---

① Additional Protocol to the American Convention on Human Rights in the Area of Economic, Social and Cultural Rights "Protocol of San Salvador".

② European Court of Human Rights, *The European Convention on Human Rights—A living instrument*, 2020, pp. 6-7.

③ 联合国人权事务高级专员办事处：《经济、社会和文化权利常见问题解答》，概况介绍第33号，第2页。

④ Krzysztof Drzewicki, "The Right to Work and Rights in Work," in Asbjørn Eide, Catarina Krause and Allan Rosas (eds.), *Economic, Social and Cultural Rights: A Textbook* (2nd Revised Edition, Leiden, Boston: Brill Nijhoff, 2001), pp. 223-243.

作方面具体权利的统称，这些具体权利构成了一个工作主题的权利体系。

克日什托夫·德罗兹维基将与工作有关的权利具体划分为四类，即"与就业有关的权利"(employment-related rights)、"就业派生的权利"(employment-derivative rights)、"平等待遇和非歧视的权利"(equality of treatment and non-discrimination rights) 和"辅助性（工具性）权利"(instrumental rights)。[①] 这一分类法为一些人权教材所采纳，进而在四类权利项下进行权利的次级划分和归类：第一，与就业相关的权利，由一系列具体权利组成，诸如就业自由权、就业保护权、就业服务权、免于失业保障权等；第二，就业派生的权利，包容公正的工作条件权、安全和卫生的工作条件权、获得公正合理的报酬权、职业培训权、社会保障权等；第三，平等与非歧视的权利，是贯穿工作权权利体系、社会权利法律体系的一项指导原则；第四，组织和参加工会权、集体谈判权、罢工权等具体权利归入辅助性权利一类。[②]

1. 就业相关的权利

获得和从事工作的权利是工作权体系的中心性权利，也被视为狭义的工作权。经济、社会及文化权利委员会关于《经济社会文化权利国际公约》第 6 条工作权利的第 18 号一般性意见中解释了公约制定之初关于工作权的规定意图和安排，第 6 条是权利的总括式界定，第 7 条和第 8 条展现工作权利的"个人内涵"和"集体内涵"，该权利既是"个人权利"，也是"集体权利"。[③]一般性意见还道明第 6 条之规定"……意味着不以任何方式被强迫作出或从事就业，并有权加入一种保障每个工人就业的制度。它还意味着不被不公平地剥夺就业的权利。……工作必须是体面的工作。这种工作尊重人的基本人权以及工人在工作安全和报酬条件方面的权利。……这些基本权利还包括尊重工人在从事就业时的身

---

① Krzysztof Drzewicki, "The Right to Work and Rights in Work," in Asbjørn Eide, Catarina Krause and Allan Rosas (eds.), *Economic, Social and Cultural Rights: A Textbook* (2nd Revised Edition, Leiden, Boston: Brill Nijhoff, 2001), pp. 223-243.

② 参见龚向和主编：《人权法学》，北京大学出版社 2019 年版，第 135—155 页；朱力宇、叶传星主编：《人权法》，中国人民大学出版社 2017 年版，第 227—229 页。

③ 经济及社会理事会：《第 18 号一般性意见：工作权利（〈经济、社会及文化权利国际公约〉第六条）》，U.N. Doc. E/C.12/GC/18, 2006 年，第 2—3 页。

体和心理健康"。①

就业自由、免于奴役和强迫劳动、就业保护和失业保障均属于就业相关的权利。歧视问题在很大程度上影响着就业权利的享有。

就业自由权是指劳动者能够依自由意志自由选择职业的一项权利，此处劳动者的择业自由体现为对于从事劳动与否，职业工种，具体用人单位，预期劳动时间、地点和薪酬等事项依个人自身条件、兴趣爱好、发展规划等自由意志为据自主决定。②

免于奴役和强迫劳动是国际社会公认的权利，同劳动者就业自由权利的享有目标部分重合，有些学者将它作为一项消极自由列为就业自由权利的一个方面。虽然世界版图上的多个区域一度如火如荼地进行过废奴运动，但系统性侵犯劳工权利、强迫劳动的状况在一些国家仍屡屡上演，奴隶制变换了奴役方式成为现代奴隶制，奴役的本质未曾改变。

歧视会阻碍劳动者就业，1958 年国际劳工组织《歧视（就业及职业）公约》第 1 条明确了"歧视"的内涵："基于种族、肤色、性别、宗教、政治见解、民族血统或社会出身的任何区别、排斥或优惠……有关会员国经与有代表性的雇主组织和工人组织（如存在此种组织）以及其他适当机构协商后可能确定的其他此类区别、排斥或优惠，其效果会取消或损害就业或职业机会均等或待遇平等"。同时公约第 1 条、第 4 条和第 5 条也明确了不被视作构成歧视的情况，依次为特定职业需要、对损害国家安全的个人采取的措施、针对人员特殊需要的特殊保护或援助措施。

就业自由不是没有权利边界的，我国法律法规认定的限制理由主要归纳为：③

第一，特定职业和特殊工作需要。例如《法官法》和《检察官法》规定"因犯罪受过刑事处罚的；被开除公职的；被吊销律师、公证员执业证书或者被仲裁委员会除名的；有法律规定的其他情形的"不得担任

---

① 经济及社会理事会：《第 18 号一般性意见：工作权利（〈经济、社会及文化权利国际公约〉第六条）》，U.N. Doc. E/C.12/GC/18, 2006 年，第 3 页。

② 参见王全兴：《劳动法》，法律出版社 2004 年版，第 288 页；朱力宇、叶传星主编：《人权法》，中国人民大学出版社 2017 年版，第 227 页。

③ 参见龚向和主编：《人权法学》，北京大学出版社 2019 年版，第 138—140 页。

职务的限制情形。①

第二，维护国家安全、利益和公共利益。就业范围受国家安全与公共利益的限制。例如《中华人民共和国香港特别行政区维护国家安全法》第 35 条规定："任何人经法院判决犯危害国家安全罪行的，即丧失作为候选人参加香港特别行政区举行的立法会、区议会选举或者出任香港特别行政区任何公职或者行政长官选举委员会委员的资格……"又如《公务员法》第 59 条明确公务员不得"违反有关规定从事或者参与营利性活动，在企业或者其他营利性组织中兼任职务"。

第三，保护或援助特殊群体。就业权应考虑特殊群体的特殊情况。例如《劳动法》规定"对女职工和未成年工实行特殊劳动保护"。②出于对女职工健康的保护，《女职工劳动保护特别规定》规定了女职工禁忌从事的劳动范围，"矿山井下作业；体力劳动强度分级标准中规定的第四级体力劳动强度的作业；每小时负重 6 次以上、每次负重超过 20 公斤的作业，或者间断负重、每次负重超过 25 公斤的作业"，还列有女职工在"经期""孕期""哺乳期"禁忌从事的劳动范围。③

第四，劳动者负有保密义务。例如《劳动合同法》规定"对负有保密义务的劳动者，用人单位可以在劳动合同或保密协议中与劳动者约定竞业限制条款"。④值得注意的是，保密不局限于《劳动合同法》第 23 条规定的"用人单位的商业秘密和知识产权相关保密事项"，除商业层面外，还包括较为特殊的情形即国家秘密，可能与其他限制理由相结合，也丰富了其他限制理由的内涵。

就业保护是对处在劳动关系中的劳动者提供维持关系稳定性的一种保护制度，劳动者不得被任意解雇，劳动关系的结束应当符合正当程序。劳动者同用人单位经常处在并不平衡的地位关系里，国家的介入旨在保护劳动者的工作权利、用人单位的合法权益和维护社会公平正义，当然，劳动者和用人单位不平等的地位并不绝对地是用人单位占上风。国家的

---

① 《中华人民共和国法官法》第 13 条；《中华人民共和国检察官法》第 13 条。
② 《劳动法》第七章（第 58—65 条）聚焦于"女职工和未成年工特殊保护"。
③ 《女职工劳动保护特别规定》，中华人民共和国国务院令第 619 号，附录部分。
④ 《中华人民共和国劳动合同法》第 23、24 条。

就业状态直接影响着社会的秩序状态，稳定的就业环境能够有效助益避免社会动荡失序。我国《劳动合同法》规定有劳动合同解除和终止的具体情形及相应的法定程序，包括用人单位立即解除合同；"提前三十日书面形式通知劳动者本人或者额外支付劳动者一个月工资"；裁员人数达到一定数目或比例，"提前三十日向工会或者全体职工说明情况"，听取意见后向劳动行政部门提交方案报告。①

《劳动合同法》第42条还规定了用人单位不得解除劳动合同的六种情形："从事接触职业病危害作业的劳动者未进行离岗前职业健康检查，或者疑似职业病病人在诊断或者医学观察期间的；在本单位患职业病或者因工负伤并被确认丧失或者部分丧失劳动能力的；患病或者非因工负伤，在规定的医疗期内的；女职工在孕期、产期、哺乳期的；在本单位连续工作满十五年，且距法定退休年龄不足五年的；法律、行政法规规定的其他情形。"

失业保障作为一项权利，可以从国家促进就业和保障失业期间基本生活两个方面理解。"失业是和就业相对应而存在的概念。"②一方面，各国通过就业立法和多举措促进就业，例如，西班牙根据职业教育计划新推出了职业技术认证，并扩容职业教育招生；日本一方面利用雇佣调整补贴制度帮扶不裁员的企业对抗疫情冲击，另一方面尝试探索并应用"共享用工"模式；马来西亚推进零工经济，鼓励多元渠道灵活就业；俄罗斯劳动部搭建寻找实习和工作机会的集信息发布、劳动者和用人单位对接、手续办理多功能的平台。③我国的《就业促进法》规定，国家引导和扶持产业和企业发展，拓宽就业渠道，增加就业岗位，完善就业服务体系，提供就业服务，通过监管等手段维护就业公平。2021年国务院印发《"十四五"就业促进规划》，以"坚持就业导向、政策协同，坚持扩容提质、优化结构，坚持市场主导、政府调控，坚持聚焦重点、守住底线"为基本原则，明确了接下来的一系列工作任务："坚持经济发展就业

---

① 《中华人民共和国劳动合同法》第36—41条。

② 《中华人民共和国社会保险法释义》，第44条。

③ 姜波、刘军国、林芮、屈佩：《为保就业，各国采取了哪些措施》，载《人民日报》2020年8月26日。

导向，不断扩大就业容量；强化创业带动作用，放大就业倍增效应；完善重点群体就业支持体系，增强就业保障能力；提升劳动者技能素质，缓解结构性就业矛盾；推进人力资源市场体系建设，健全公共就业服务体系；优化劳动者就业环境，提升劳动者收入和权益保障水平；妥善应对潜在影响，防范化解规模性失业风险"。① 另一方面，失业救济制度是社会救助与福利的重要方面。从新中国成立，我国建立失业救济制度历经 20 世纪 80—90 年代建立待业保险制度逐步发展至 1999 年发布《失业保险条例》建立失业保险制度并延续至今。② 失业有自愿和非自愿之分，国家为享有失业保险待遇者在失业一定期间内提供失业保险金维持基本生活。③

2. 工作中的权利

从作为一项个人权利的视角出发，《经济社会文化权利国际公约》第 7 条规定了工作条件。工作条件内容见于很多人权条约和文件中，总体标准是，工作条件应当公平公正、良好、让人满意，而且权利属于每个人。具体而言，其要求包括：

第一，在劳动报酬方面，最低标准的工资报酬应当保证劳动者及其家庭有尊严的、体面的生活。而且，在工作条件和工资报酬方面禁止歧视，要求同工同酬，特别是女性和男性待遇平等。

第二，强调工作条件和环境的卫生和安全。"防止工伤事故和疾病是享受公正和良好工作条件的权利的一个重要方面，并与《公约》所载的其他权利密切相关，特别是能达到的最高标准身心健康权。"④ 从预防的角度，国家、雇主应当采取预防措施避免或尽量减少工作环境中的危害和潜在危害威胁，为劳动者的安全和健康负责。⑤ 然而，现实情况是，

---

① 参见国务院印发的《"十四五"就业促进规划》，国发〔2021〕14 号。

② 《中华人民共和国社会保险法》第 44 条。

③ 《中华人民共和国社会保险法》第 45—52 条。

④ 经济及社会理事会：《第 23 号一般性意见：关于享受公正和良好的工作条件的权利（〈经济、社会及文化权利国际公约〉第七条）》，U.N. Doc. E/C.12/GC/23，2016 年，第 7 页。

⑤ Virginia Brás Gomes, Chapter 12: The Right to Work and Rights at Work, in Jackie Dugard, Bruce Porter, Daniela Ikawa and Lilian Chenwi (eds.), *Research Handbook on Economic, Social and Cultural Rights as Human Rights* (Cheltenham: Edward Elgar Publishing Limited), 2020, pp. 236-237.

不少坚守在基层工作的劳动者的实际工作条件堪忧。

第三，工作时间的合理限制和休息、休假的权利。经济、社会及文化权利委员会关于公约的第 23 号一般性意见中提出，缔约国制定的相关法律法规和政策中应当包括"每日工作时限、每周工作时限、每日休息时间、每周休息时间、带薪年假、带薪节假日、灵活工作安排"多项要素。[①] 8 小时工作制是工人阶级同资产阶级斗争取得的劳动者的权利，为世界各国普遍遵行。每周工作时限定为 40 小时是许多缔约国制定的标准。即便是弹性工作制和工作时间的灵活安排，适当的休息也是劳动者的权利之一。在休假方面，有些国家在休产假和育婴假问题上力求平等，女性休产假，男性休陪产假。在带薪休假的问题上，公约规定了"定期给薪休假以及公共假日报酬"。

《公约》第 2 条规定的不歧视贯穿于公约本身，消除歧视和奉行平等贯穿于工作权的内容和权利保护中。两性歧视是最经常被聚焦的歧视问题，遏制劳动力市场的两性歧视，为女性提供就业、职场晋升等职业发展机会任重而道远。值得注意的是，两性歧视不专指女性歧视，例如男性在休陪产假和育儿假方面可能遭遇的歧视。

除性别歧视外，还禁止以《公约》第 2 条第 2 款规定的"例如种族、肤色、语言、宗教、政治或其他见解、国籍或社会出身、财产、出生或其他身份等任何区分"为理由歧视劳动者。[②] 第 18 号一般性意见还强调对妇女、年轻人、儿童、老年人、残疾人和移徙工人等特定群体工作权利之保护。一方面，歧视的"重灾区"往往容易落于特定群体；另一方面，基于特定群体的特征，往往在某些方面需要对其格外关注并采取一定措施助力其工作权利的实现。[③] 第 23 号一般性意见也提出了特定类型

---

① 经济及社会理事会：《第 23 号一般性意见：关于享受公正和良好的工作条件的权利（〈经济、社会及文化权利国际公约〉第七条）》，U.N. Doc. E/C.12/GC/23，2016 年，第 9—11 页。

② Virginia Brás Gomes, Chapter12: The Right to Work and Rights at Work, in Jackie Dugard, Bruce Porter, Daniela Ikawa and Lilian Chenwi (eds.), *Research Handbook on Economic, Social and Cultural Rights as Human Rights* (Cheltenham: Edward Elgar Publishing Limited), 2020, p. 229.

③ 经济及社会理事会：《第 18 号一般性意见：工作权利（〈经济、社会及文化权利国际公约〉第六条）》，U.N. Doc. E/C.12/GC/18, 2006 年，第 5—7 页。

工人享有公正和良好工作条件的特殊情况、需求和国家措施建议。[①] 此外，职场上的年龄歧视问题日渐突显，多米诺骨牌效应在用人单位间传递，一些用人单位设置"35 岁以下""30 岁以下"等求职门槛，以年龄限制要求将不少求职者挡在门外。新的歧视理由随时可能从时代、社会变革中产生并固定下来。

从集体权利视角来看，《公约》第 8 条规定了组织和参与工会的自由、罢工的权利，结社与集会自由也是与之相关的权利，它们也属于辅助性权利。

（四）国家保障工作权的义务 [②]

由于经济、社会及文化权利的实现相较于公民权利及政治权利的实现所耗费的经济资源量更巨大，更依赖于国家付出及社会部门努力，又因为国家间经济、社会和文化发展水平及国情的差异和差距，各国可用资源情况不尽相同，《经济社会文化权利国际公约》对经济、社会和文化权利的实现作出规定，缔约国应当尽最大能力，可以分步骤或经由"国际援助和合作""逐渐达到"各项权利的充分实现，也呈现出了该公约和《公民及政治权利国际公约》实施的不同之处。[③] 国家有义务尽快、有效达成设置的目标，而且原则上不允许保障权利水平上的倒退。而不歧视是对缔约国立即生效的义务，无逐步达成一说。

工作权作为一项具体的人权，同人权实现的要求相同，国际共识普遍认同人权条约缔约国具有的三层级义务，即尊重、保护和履行。尊重义务要求国家不妨碍个人的工作权和工作中权利的享有并予以充分的尊重。保护义务则要求国家采取行动和措施，一方面提供权利保障促使个人能够获得平等的就业机会和从事体面的工作，另一方面防止第三方对

---

① 经济及社会理事会：《第 23 号一般性意见：关于享受公正和良好的工作条件的权利（〈经济、社会及文化权利国际公约〉第七条）》，U.N. Doc. E/C.12/GC/23，2016 年，第 11—14 页。

② 参见经济及社会理事会：《第 18 号一般性意见：工作权（〈经济、社会及文化权利国际公约〉第六条）》，U.N. Doc. E/C.12/GC/18，2006 年，第 6—12 页；经济及社会理事会：《第 23 号一般性意见：关于享受公正和良好的工作条件的权利（〈经济、社会及文化权利国际公约〉第七条）》，U.N. Doc. E/C.12/GC/23，2016 年，第 14—21 页。

③ 〔美〕托马斯·伯根索尔、黛娜·谢尔顿、戴维·斯图尔特：《国际人权法精要（第 4 版）》，黎作恒译，法律出版社 2010 年版，第 47—48 页。

权利实现和享有的干扰和妨碍。履行义务包括提供、便利和促进三个具体方面，重心在于以实际行动促进工作权利体系中各具体权利的全面充分实现。

在国家具体义务方面，以工作条件为例，国家应当最大限度地利用现有资源，积极采取有计划、有针对性的措施，通过立法和司法等逐步实现公正和良好的工作条件要求。一方面，国家有义务正向继续完善国家标准要求和保障制度；另一方面，政府各职能部门应当认真履行其义务，尤其是监管义务，监督企业、雇主等遵守法律规定义务、保障劳动者工作条件权利的享有，对违法违规企业和雇主依法惩治，对权利受侵犯者提供救济和补救。当前，在我国出现的"996"工作制等导致劳动者超负荷工作的现象背后，显示出政府监管和法律监管的乏力和失效；进而，守法及保障劳动者合法权益的企业和违法违规及损害劳动者权益的企业之间形成了不公平竞争，后者较前者收获更多利益，形成了劣币驱逐良币的态势。长此以往，未尝不会有守法及保障劳动者合法权益的企业效仿后者。这一问题的解决需要捍卫企业间的公平竞争，需要激活政府监管和法律监管以形成有效监管。同时，工会应当更好地履行保护劳动者合法权益的职责。国家应当尽可能促进职场环境中不良因素的清除，为劳动者创造良好的工作和社会环境。

在我国，涉及工作权利、频繁使用的术语还有"劳动权"。我国《宪法》第 42 条确认了公民的劳动权利和义务。该条规定载有国家义务，"通过各种途径，创造劳动就业条件，加强劳动保护，改善劳动条件，并在发展生产的基础上，提高劳动报酬和福利待遇。……对就业前的公民进行必要的劳动就业训练"。《宪法》第 43、44、45、47 和 48 条分别确认了劳动者休息的权利，退休人员、年老、疾病或丧失劳动能力的情况享受社会保障和获得物质帮助的权利，提倡公民从事有益于人民的创造性工作，女性同男性平等的权利。这些条款还对国家义务作出了相应规定："发展劳动者休息和休养的设施，规定职工的工作时间和休假制度"；国家实现退休制度并为退休人员提供保障；"发展为公民享受这些权利所需要的社会保险、社会救济和医疗卫生事业"，对残废军人、烈士家属、军人家属、残疾公民提供多方面的帮助和保障；"保护妇女的权利和利益，实行男女同工同酬，培养和选拔妇女干部"。

《宪法》对劳动权的宣示具有权威性，《劳动法》对劳动权进一步作出了专门性、全方位的法律阐释，劳动者的权利和义务、用人单位的义务和国家的义务被明确载入法律条文中。《劳动法》第 5 条是国家义务的总括，"采取各种措施，促进劳动就业，发展职业教育，制定劳动标准，调节社会收入，完善社会保险，协调劳动关系，逐步提高劳动者的生活水平"。

我国工作权领域法治建设的成就与展望

改革开放以来，我国已建立起较为完备的工作权保障法律制度。全国人大及其常委会颁布了劳动法、工会法、劳动合同法、劳动争议调解仲裁法、就业促进法、安全生产法、职业病防治法等多部劳动法律，国务院及其行政部门也颁布了一系列劳动行政法规和规章，建立起较为完备的劳动法律体系，在调整劳动关系双方的当事人权利义务、保护劳动者合法权益、构建和谐劳动关系等方面发挥了重要作用。

➤ 中华人民共和国劳动法（1994 年 7 月 5 日第八届全国人民代表大会常务委员会第八次会议通过，根据 2009 年 8 月 27 日第十一届全国人民代表大会常务委员会第十次会议《关于修改部分法律的决定》第一次修正，根据 2018 年 12 月 29 日第十三届全国人民代表大会常务委员会第七次会议《关于修改〈中华人民共和国劳动法〉等七部法律的决定》第二次修正）

➤ 中华人民共和国工会法（1992 年 4 月 3 日第七届全国人民代表大会第五次会议通过，根据 2001 年 10 月 27 日第九届全国人民代表大会常务委员会第二十四次会议《关于修改〈中华人民共和国工会法〉的决定》第一次修正，根据 2009 年 8 月 27 日第十一届全国人民代表大会常务委员会第十次会议《关于修改部分法律的决定》第二次修正，根据 2021 年 12 月 24 日第十三届全国人民代表大会常务委员会第三十二次会议《关于修改〈中华人民共和国工会法〉的决定》第三次修正）

➤ 中华人民共和国劳动合同法（2007 年 6 月 29 日第十届全国人民代表大会常务委员会第二十八次会议通过，根据 2012 年 12 月 28 日《全国人民代表大会常务委员会关于修改〈中华人民共和国劳动合同法〉的决定》修订）

➢ 中华人民共和国劳动争议调解仲裁法（2007 年 12 月 29 日第十届全国人民代表大会常务委员会第三十一次会议通过）

➢ 中华人民共和国就业促进法（2007 年 8 月 30 日第十届全国人民代表大会常务委员会第二十九次会议通过，2015 年 4 月 24 日第十二届全国人民代表大会常务委员会第十四次会议修订）

➢ 中华人民共和国安全生产法（2002 年 6 月 29 日第九届全国人民代表大会常务委员会第二十八次会议通过，根据 2009 年 8 月 27 日第十一届全国人民代表大会常务委员会第十次会议《关于修改部分法律的决定》第一次修正，根据 2014 年 8 月 31 日第十二届全国人民代表大会常务委员会第十次会议《关于修改〈中华人民共和国安全生产法〉的决定》第二次修正，根据 2021 年 6 月 10 日第十三届全国人民代表大会常务委员会第二十九次会议《关于修改〈中华人民共和国安全生产法〉的决定》第三次修正）

➢ 中华人民共和国职业病防治法（2001 年 10 月 27 日第九届全国人民代表大会常务委员会第二十四次会议通过，根据 2011 年 12 月 31 日第十一届全国人民代表大会常务委员会第二十四次会议《关于修改〈中华人民共和国职业病防治法〉的决定》第一次修正，根据 2016 年 7 月 2 日第十二届全国人民代表大会常务委员会第二十一次会议《关于修改〈中华人民共和国节约能源法〉等六部法律的决定》第二次修正，根据 2017 年 11 月 4 日第十二届全国人民代表大会常务委员会第三十次会议《关于修改〈中华人民共和国会计法〉等十一部法律的决定》第三次修正，根据 2018 年 12 月 29 日第十三届全国人民代表大会常务委员会第七次会议《关于修改〈中华人民共和国劳动法〉等七部法律的决定》第四次修正）

➢ 中华人民共和国社会保险法（2010 年 10 月 28 日第十一届全国人民代表大会常务委员会第十七次会议通过，根据 2018 年 12 月 29 日第十三届全国人民代表大会常务委员会第七次会议《关于修改〈中华人民共和国社会保险法〉的决定》修正）

➢ 中华人民共和国国家勋章和国家荣誉称号法（2015 年 12 月 27 日第十二届全国人民代表大会常务委员会第十八次会议通过）

➢ 中华人民共和国军人保险法（2012 年 4 月 27 日第十一届全国人民代表大会常务委员会第二十六次会议通过）

随着经济社会的发展，我国工作权领域出现了许多新情况，给工作权法治带来了新挑战。其中最为主要的是互联网科技革命的发展给工作权保障法律制度带来的影响和挑战，经济增速放缓、产业结构调整、国际经贸形势复杂多变给工作权保障法律制度带来的影响和挑战，人口老龄化的加快和生育政策调整对工作权保障法律制度的影响，以及工作权保障法律制度实施中出现的远程办公和居家工作中的工作时间和休息时间如何计算、居家办公能否主张加班工资、劳动报酬可否调整、居家办公期间受伤能否认定工伤；如何在《民法典》框架里更好保护工作场所劳动者人格权，包括职场性骚扰的认定、劳动者隐私权、个人信息保护问题等，需要在法律规范及司法实践中进一步明晰。

面向社会需求，我国工作权领域立法的重点任务包括：（1）加快制定劳动基准法，即各项劳动条件最低标准的法律规范，主要内容包括最低工资和工资支付、工作时间和休息休假、职业安全卫生、女职工和未成年工特殊保护等。（2）制定职工民主管理法和集体合同法。我国当前需要进一步健全以职工代表大会为基本形式的企事业单位民主管理制度，维护职工合法权益。制定职工民主管理法和集体合同法，能够更好地保障劳动者参与企业民主管理的权利，发挥集体协商、集体合同的功能和作用，推动构建和谐劳动关系。（3）修改劳动合同法。劳动合同法的一些法律条文应结合法律适用中出现的问题做出适时修改，如法律适用的主体和范围、劳动合同订立规则和履行规则的完善、服务期、竞业限制和违约金条款、未订立劳动合同的双倍工资和经济补偿金规定等，以更好维护工作权益。（4）制定新就业形态劳动者职业伤害保险规定。在国家层面建立新就业形态劳动者职业伤害保险制度，将平台劳动者职业伤害保障总体纳入现行工伤保险体系，并在费率计算、缴费方式、待遇支付、经办管理等方面创新模式，建立适合平台企业特点的职业伤害保险制度。[1]

1 参见林嘉：《加快劳动领域重点立法 不断完善我国劳动法律制度》，载《工人日报》2023年2月6日。

在工作权领域，国家的具体义务包括：第一，促进就业。国家促进经济和社会发展创造就业条件，带动就业，扩增就业岗位和机会；地方各级政府采取措施提供就业服务。第二，劳动标准、制度、实施办法等法律和政策的制定。例如，《劳动法》指明国务院规定带薪年休假制度的具体办法，国家宏观调控工资总量，省、自治区、直辖市人民政府规定最低工资的具体标准并报国务院备案。再如，劳动安全卫生方面严格执行国家规程和标准，显示国家制定相关标准的工作。"伤亡事故和职业病统计报告和处理制度"由国家建立，地方县级以上政府相关部门有"统计、报告和处理"的职责。第三，女职工和未成年工的特殊保护是国家的职责。第四，国家和各级人民政府"发展职业培训事业"。国家分类职业、制定技能标准，由各考核鉴定机构考核鉴定。第五，一方面，国家发展、建立和设立社会保险的事业、制度和基金。社会保险基金由国家指定相关职能机构经办和监督；另一方面，"国家发展社会福利事业，兴建公共福利设施"。第六，劳动争议经由争议仲裁委员会和法院的处理。第七，县级以上各级人民政府对守法情况的监督检查。第八，相关职能部门对存在违法行为的用人单位的整治处罚和法律责任追究。

我国陆续发布了 2002 年《中国的劳动和社会保障状况》、2004 年《中国的就业状况和政策》、2004 年《中国的社会保障状况和政策》、2010 年《中国的人力资源状况》等劳动就业方面的白皮书，以人口众多、一穷二白的国情为起点，在建立和完善社会主义市场经济体制过程中克服发展劳动和社会保障事业面临的重重困难，在经济发展、社会和谐、民生事业上取得了长足进步和巨大成就，中国政府坚持以人为本，首先解决旧中国遗留的失业问题保障人民的基本生活，随后实现改革开放走上社会主义市场经济道路，制定《劳动法》等法律法规文件，改革和建设劳动和社会保障制度，采取有效措施提高管理服务水平，完善公共就业服务体系，以就业为民生之本，建立市场导向的就业机制，政府积极促进就业，关注和重视农村就业问题，妇女、青年和残疾人就业问题，2007 年国家颁布《就业促进法》，完善社会保障体系，建立并加强基本养老保险制度、失业保险制度、基本医疗保险制度、工伤保险制度、生育保险制度、社会福利事业、优抚安置制度、社会救助制度、住房保障制度等，国家还着力于法律建设，先后颁布《劳动保障监察条例》《劳动合同法》《劳动争议调解仲裁法》《劳动合同法实施条例》和《社会保障法》等法律法规规范对劳动者的权利保护和维护劳动者的合法权益。①

---

① 参见《中国的劳动和社会保障状况》白皮书；《中国的就业状况和政策》白皮书；《中国的社会保障状况和政策》白皮书。

2020 年，我国发布了《新疆的劳动就业保障》白皮书，既是对他国拿新疆"做文章"、指责中国人权状况作讲事实、摆理据的回应，也是对促进新疆劳动就业取得成果的阶段性总结。中国秉承劳动创造美好生活的信念，在尊重并考虑劳动者就业意愿的基础上，全力全面促进劳动就业政策的实施，坚持法治理念捍卫劳动者的权利，确保新疆人民同全国人民一道过上幸福的生活。同时，作为部分国际劳工组织公约和国际人权公约的缔约国，中国认真履行着公约义务，为让所有劳动者体面劳动而努力。

2021 年，《妇女权益保障法》修订草案开启，并且在同年和次年提请全国人大常委会会议审议，2022 年 10 月 30 日通过修正案，新增"法律政策男女平等评估机制"助力消除妇女歧视，在就业中歧视妇女的问题上，着力"保护妇女的就业平等权"，在歧视前预防上，修订后的法律明令禁止用人单位进行生育歧视限制女职工的事业发展；在歧视后处理上，法律以非封闭式负面清单方法列举歧视情形，消除识别上的模糊点，得以进一步进行处罚，还进一步"完善了救济渠道"。①

二、适当生活水准权

1941 年 1 月 6 日，时任美国总统富兰克林·罗斯福在华盛顿国会大厦发表演讲，他在演讲中提出"四项人类基本自由"，又被称为罗斯福的"四大自由"，即"言论和表达自由""宗教信仰自由""免于匮乏的自由"和"免于恐惧的自由"。

适当生活水准权瞄准"免于匮乏的自由"，多项国际人权文件对这一权利的界定和表达不尽相同，所列内容范畴也不统一，但是仍然可以从其中锁定一些基本福利和权利要素，即食物权和住房权。

"适当性"是衡量权利内容应达标准水平的标尺。对于不同国家而言，适当的标准水平是有差异的，主要受制于一国经济发展水平，其确定方法也各异，恩格尔系数是经常被运用的计算方法之一。② 人权没有最

---

① 陆海娜：《妇女权益保障法修订——中国妇女人权事业的新起点》，载《人民日报》2022 年 5 月 6 日。

② 参见郑智航：《论适当生活水准权的救济》，载《政治与法律》2009 年第 9 期。

好，只有更好。适当生活水准权的"适当性"要求不是一成不变的，当国家经济和社会发展水平大幅提升，应考虑标准要求的同步提高。

（一）适当生活水准权的法律渊源

1. 国际人权文件中的具体规定

《世界人权宣言》和《经济社会文化权利国际公约》将适当生活水准权确立为一项基本人权。

《世界人权宣言》序言部分吸纳了罗斯福的"四大自由"并明确四项权利的普适性。其第 25 条规定："（1）人人有权享受为维持他本人和家属的健康和福利所需的生活水准，包括食物、衣着、住房、医疗和必要的社会服务；在遭到失业、疾病、残废、守寡、衰老或在其他不能控制的情况下丧失谋生能力时，有权享受保障。（2）母亲和儿童有权享受特别照顾和协助。一切儿童，无论婚生或非婚生，都应享受同样的社会保护。"

《经济社会文化权利国际公约》的第 11 条表述生活水准权，内容包括食物、衣着和住房，以及生活条件的改善。

　　一、本公约缔约国确认人人有权享受其本人及家属所需之适当生活程度，包括适当之衣食住及不断改善之生活环境。缔约国将采取适当步骤确保此种权利之实现，同时确认在此方面基于自由同意之国际合作极为重要。

　　二、本公约缔约国既确认人人有免受饥饿之基本权利，应个别及经由国际合作，采取为下列目的所需之措施，包括特定方案在内：

　　（子）充分利用技术与科学知识、传布营养原则之知识、及发展或改革土地制度而使天然资源获得最有效之开发与利用，以改进粮食生产、保贮及分配之方法；

　　（丑）计及粮食输入及输出国家双方问题，确保世界粮食供应按照需要，公平分配。

为进一步明确公约的解释和适用，经济、社会及文化权利委员会通过了一系列一般性意见，其中的第 4 号和第 7 号涉及适足住房权、第 12

号涉及食物权、第 15 号涉及水权。①

其他核心人权公约对此种权利也做出了规定。例如,《儿童权利公约》第 16 条第 1 款提及住宅内容,第 27 条规定 "每个儿童均有权享有足以促进其生理、心理、精神、道德和社会发展的生活水平……确保儿童发展所需生活条件……特别是在营养、衣着和住房方面……",第 24 条的规定也与之相关。再如,《消除对妇女一切形式歧视公约》第 14 条鉴于农村妇女面临有特殊问题,有针对性地就其权利作出特别规定,其中第 2 款(h)项规定 "享受适当的生活条件,特别是在住房、卫生、水电供应、交通和通讯方面"。所有妇女均享有享受适当生活条件的权利。同样地,《残疾人权利公约》第 28 条为 "适足的生活水平和社会保护",该公约多条规定还涉及住房和居住内容。《消除一切形式种族歧视国际公约》第 5 条(辰)款(3)项规定了住宅权。《保护所有移徙工人及其家庭成员权利国际公约》第 43 条 1 款(d)项涉及住房权利。在对该项权利的具体表述上,除直接使用 "生活水准" 这一措辞外,"生活水平""生活条件" 等也经常用以表述该项权利。

此外,《公民及政治权利国际公约》序言部分提及 "无所恐惧不虞匮乏之理想" 之追求。其他的国际文件,诸如《发展权利宣言》第 8 条规定 "各国应在国家一级采取一切必要措施实现发展权利,并确保除其他事项外所有人在获得基本资源、教育、保健服务、粮食、住房、就业、收入公平分配等方面机会均等……" 也涉及该项权利内容。《关于难民地位的公约》第 21 条、ILO 多项公约和文件的规定和《联合国土著人民权利宣言》多条规定关涉住房权内容。国际人道法《关于战时保护平民之日内瓦公约》的多项规定表达了权利内容。

---

① 经济及社会理事会:《第 4 号一般性意见:适足住房权(〈经济、社会及文化权利国际公约〉第十一条第一款)》,U.N. Doc. E/1992/23,1991 年;经济及社会理事会:《第 7 号一般性意见:适足住房权(〈经济、社会及文化权利国际公约〉第十一条第一款):强迫驱逐》,U.N. Doc. E/1998/22 附件四,1997 年;经济及社会理事会:《第 12 号一般性意见:〈经济、社会及文化权利国际公约〉的执行方面出现的实质性问题》,U.N. Doc. E/C.12/1999/5,1999 年;经济及社会理事会:《第 15 号一般性意见:水权(〈经济、社会及文化权利国际公约〉第十一条和第十二条)》,U.N. Doc. E/C. 12/2002/11,2003 年。

2. 区域性国际人权文件中的规定

经修正的《欧洲社会宪章》序言写道"……欧洲理事会成员国同意确保其人民享有《欧洲社会宪章》及其议定书规定的社会权利，以提高他们的生活水准和社会福祉"；第 4 条规定劳工享有获得公平报酬的权利，并具体地列明若干要求，提供"他们及其家庭体面的生活水准"赫然在列；第 12—14 条依次规定"社会保障权""获得社会和医疗援助的权利"和"受益于社会福利服务的权利"；住房权规定于第 31 条，第 15、16、23、30 条是关于残疾人、家庭、老人的权利保护和免受贫困及社会排斥的权利，具体规定中有包括住房问题。《美洲人权公约》的《圣萨尔瓦多议定书》第 12 条对作为适当生活水准权主要权利组成之一的食物权作出明确规定。可见，国际人权文件对适当生活水准权的确认和规定，既包括对该项权利整体性的直接表述，即使用"生活水准"等词汇语言直接表述，还包括对权利内容之若干具体权利要素进行规定之表达。

3. 国家层级立法对此项权利的规定

上述生效的国际人权条约经缔约方国内批准或核准对缔约方产生约束效力，对应权利的国际法渊源，适当生活水准权还见于诸多国家的国内法中。

我国《宪法》规定了特殊情况下获得物质帮助的权利和社会保障权，部分法律法规与之相关联，例如，社会保障方面的法律法规、《食品安全法》、各地发布的最低生活保障办法等。再如，《巴基斯坦宪法》第 38 条"促进人民的社会和经济福祉"中（a）项载有"……通过提升他们的生活水准……"，（d）项写明"为所有因体弱、疾病或失业长期或暂时无法谋生的公民，不论其性别、种姓、信仰或种族，提供诸如食物、衣服、住房、教育和医疗救济等基本生活必需品"。再比如《瑞士联邦宪法》第 12 条"需要时获得援助的权利"规定旨在帮助有需求的人达到"体面的生活水平"。第 104a 条"食品安全"、第八部分的第 108 条"住房建造和房屋所有权"和第 109 条"房东和房客"的规定主要是从国家保障权利的角度规定国家的义务和责任，食品和住房的权利属性被证明，反映公民的适当生活水准权。

在国家宪法中规定基本权利或（和）经济、社会和文化权利内容并非定式，虽然不少国家的宪法以或多或少的篇幅载入了经社文权利的内容，但也有国家未在或未完全在宪法中写入权利内容。即使适当生活水准权或（和）其他权利未写入国家宪法，也不意味着国家对此项权利不予认同、不予保护。有的国家在宪法中规定有国际法一般性规则、原则、国际条约的地位和效力，诸如德国、法国、日本、俄罗斯，国际法依国家宪法具体规定直接适用或转化为国内法适用，如此，国家在国际人权法方面的义务和责任明朗化。

（二）适当生活水准权的主要内容

联合国人权事务高级专员办事处在解答有关经济、社会和文化权利常见问题中，将适当生活水准权的基本内容概括为"包括享有食物和免受饥饿的权利，享有适足住房的权利，享有水和衣物的权利"。①

1. 充足食物权和基本要素

经济、社会及文化权利委员会关于食物权的第 12 号一般性意见文件中提出："当每个男子、女子、儿童，单独或同他人一道在任何时候都具备取得足够食物的实际和经济条件或获取食物的手段时，取得足够食物的权利就实现了。"②

根据第 12 号一般性意见和联合国人权事务高级专员办事处确定的食物权的关键要素及其所发布的其他文件，食物权的基本要素包括：③

（1）可提供性（可用性）：能够从生产性土地或其他自然资源获取食物，通过粮食生产，如土地耕种或畜牧业获取，或通过捕鱼、狩猎或采集等其他办法获取。食物能够从生产地点运至所需要的地点，食品应在市场和商店有售。

（2）可获取性（可及性）：第一，经济条件上，食物必须经济上可负担。个人获取食物、适足饮食有关的开支水平应和满足如支付学费、医疗费或房租等基本需求互不影响或损害。对于社会中易受伤害群体，如无土地者和极为贫困者，需要社会方案的照顾。第二，实际条件上，

---

① 联合国人权事务高级专员办事处：《经济、社会和文化权利常见问题解答》，概况介绍第 33 号，第 2 页。

② 经济及社会理事会：《第 12 号一般性意见：〈经济、社会及文化权利国际公约〉的执行方面出现的实质性问题》，U.N. Doc. E/C.12/1999/5，1999 年。

③ 同上；联合国人权事务高级专员办事处：《经济、社会和文化权利常见问题解答》，概况介绍第 33 号，第 3—4 页；联合国人权高专办与食物权，https://ohchr.org/CH/Issues/ESCR/Pages/Food.aspx。结合权利实践对原文内容进行了一定整合及调整。

人人能够实际获取食物，包括儿童、老年人、残疾人、病人在内的身体脆弱人群等。偏远地区的人、武装冲突或自然灾害的受害者以及其他处于特别不利地位群体的食物权也应得以保障，而且需要受到特别重视，受到优先照顾。土著居民群体尤易遭受影响。

（3）适足性（充足性）：很大程度上由社会、文化、气候、生态等条件决定。食物在数量和质量上都满足个人的饮食需要，含有与生命周期各阶段生理需求相匹配的各种营养物，满足成长发育期、维持身体机能和活动的需要，考虑个人的年龄、生活条件、健康、职业、性别等。食物应该无有害物质，可供安全食用。食物在某一文化中可以接受。食物能够以不妨碍其他人权的方式可持续性地获取。

（4）持久性（可持续性）：强调可持续性地供给和获取，后代也应能够获取食物。

粮食安全是世界上任何一个国家都应高度关注的国家安全问题。

2. 适足住房权和基本标准

充足食物权和适足住房权同每个人有尊严地生活息息相关。联合国人权事务高级专员办事处（以下或简称为联合国人权高办处）和人类住区规划署（以下或简称为人居署）联合编制的文件显示，所有国家均批准了一项以上（包括一项）的涉及适足住房权的国际条约。[①]

经济、社会及文化权利委员会认为，该项权利的解释不应是狭义的。第一，它由多项自由和权利集合而成；第二，住房权区别于住房，它远不只是头顶有遮瓦、四面有墙壁的住处或被视作商品，它是"安全、和平和尊严地居住某处的权利"，换言之，住房和"安全、和平和尊严"的居住环境条件共同构成了适足住房权的核心内容；第三，免遭强迫驱逐也是适足住房权的重要内容[②]。[③]

---

① 联合国人权事务高级专员办事处、联合国人类住区规划署：《适足住房权，概况介绍第21号（第一次修订版）》，2014年，第1页。

② 经济、社会及文化权利委员会的第7号一般性意见专门就此方面内容作有详细阐述。参见经济及社会理事会：《第7号一般性意见：适足住房权（〈经济、社会及文化权利国际公约〉第十一条第一款）：强迫驱逐》，U.N. Doc. E/1998/22 附件四，1997年。

③ 经济及社会理事会：《第4号一般性意见：适足住房权（〈经济、社会及文化权利国际公约〉第十一条第一款）》，U.N. Doc. E/1992/23，1991年，第18页；联合国人权事务高级专员办事处、联合国人类住区规划署：《适足住房权，概况介绍第21号（第一次修订版）》，2014年，第3页。

国际法禁止强迫迁离，强迫迁离通常是歧视性的，不仅侵犯适足住房权，而且直接或间接造成对多项人权的侵犯，甚至会违反国际人道法、构成国际犯罪。而且，它还对多类群体的权利造成侵犯和严重影响，土地同土著人民的生存直接"挂钩"，强迫迁离侵犯土著人民的土地权，连锁反应下他们的食物权和生存权也会受到侵犯，境内流离失所者、难民、妇女、儿童和人权维护者的权利享有也将受到冲击和重创。①

> **适足住房权包含的自由和权利[1]**
>
> 这些自由是：受到保护，以免遭受强迫驱逐以及任意破坏和拆除个人住宅；个人住宅、隐私和家庭免受任意干涉的权利；以及选择住所、决定生活地区和自由行动的权利。
>
> 这些权利是：住房权保障；住房、土地和财产归还；平等和非歧视地获得适足住房；在国家和社区一级参与与住房有关的决策。
>
> 1 联合国人权事务高级专员办事处、联合国人类住区规划署：《适足住房权，概况介绍第 21 号（第一次修订版）》，2014 年，第 3 页。

至于住房"适足"与否，受到社会、经济、文化、气候、生态及其他因素的影响。具体地，该项权利的实现必须考虑满足一系列标准，对此，联合国经济、社会及文化权利委员会、人权事务高级专员办事处和联合国人类住区规划署作有明确阐释：②

（1）法律保障住房使用权：不论使用形式为何，包括但不限于租用住宿设施、租赁、自住、应急住房和非正规住区，所有人都应得到一定程度的使用保障，法律提供保护，以免遭强迫驱逐、骚扰和其他威胁。

（2）必需服务、材料、设备和基础设施供应：合适的住房应该拥有卫生、安全、舒适和营养必需之设备，居住者能够持久地取得安全饮用水、取暖和照明能源、卫生设施、食物储藏设施，进行适当的烹调、垃

---

① 联合国人居署、联合国人权事务高级专员办事处：《强迫迁离，概况介绍第 25 号（第一次修订版）》，2014 年，第 5—18 页。

② 经济及社会理事会：《第 4 号一般性意见：适足住房权（〈经济、社会及文化权利国际公约〉第十一条第一款）》，U.N. Doc. E/1992/23, 1991 年，第 18—20 页；联合国人权事务高级专员办事处、联合国人类住区规划署：《适足住房权，概况介绍第 21 号（第一次修订版）》，2014 年，第 3—4 页。结合权利实践对原文内容进行了一定整合及调整。

圾处理。

（3）可负担性（力所能及）：住房成本不会危及或损害其他人权的享有。与住房有关的个人或家庭费用保持在不对满足其他基本需要减损的水平。各缔约国应采取措施控制住房相关费用和收入水平相称，设置住房补助制度，力所能及地保护租户免受不合理租金的影响。

（4）宜居程度（乐舍安居）：居住者的人身安全应能够得到保障。适足的住房必须是适于居住的，体现在空间的充足和必要的保护使居住者免受寒冷、潮湿、炎热、风雨、其他健康威胁、建筑危险和传病媒介。

（5）住房机会和无障碍：向一切适足住房资格享有者提供适足的住房。使弱势群体、边缘化群体、处境不利的群体，如老年人、儿童、残疾人、晚期患者、人体免疫缺陷病毒阳性反应的人、身患痼疾者、精神病患者、自然灾害受害者、易受灾地区人民及其他群体等能够充分获得适足的住房。适当优先考虑他们，而且充分考虑他们的特殊需求。

（6）居住地点：无论在城市或是农村地区，剥夺就业机会、保健服务、学校、保育中心和其他社会设施之地点的住房不符合"适足"要求，受污染或危险地区、直接邻近污染的发源处同理。

（7）文化环境：尊重和考虑文化特性的表达，诸如建造方式、建筑材料和政策上多样化的表达。

2019年，适当生活水准权所含适足住房及在此方面不受歧视权问题特别报告员莉拉妮·法尔哈在报告中表示，"住房危机是一种人权危机"，当前面临的全球住房危机不同于以往，经济增长正在打破缩短贫富差距拉锯的努力，不平等问题日益突出，持有住房者和无房产者的财富积累和生活水平向极端化趋势发展。[①] 因此，为达成保障住房权切实实现而采取有效行动，根据国际人权法适足住房权体系基准，考虑本主题特别报告员的意见，经同多国及利益攸关方进行磋商，特别报告员提出了适足住房权实施准则。[②]

---

① 联合国大会：《适足住房权实施准则，适当生活水准权所含适足住房及在此方面不受歧视权问题特别报告员的报告》，U.N. Doc. A/HRC/43/43，2019年，第1—4页。

② 同上。

适足住房权实施准则

准则 1：作为一项关乎尊严和生命权的基本人权，保障住房权

准则 2：立即采取步骤，确保按照合理性标准逐步实现适足住房权

准则 3：确保切实参与住房政策和决定的设计、实施和监测

准则 4：实施综合战略，以实现住房权

准则 5：在可能的最短时间内消除无家可归现象，并停止将无家可归者刑罪化

准则 6：禁止强行驱逐，且只要有可能须防止驱逐

准则 7：采纳人权为本方针，对非正规居住点进行升级改造

准则 8：解决歧视并确保平等

准则 9：确保住房和土地方面的性别平等

准则 10：确保移民和境内流离失所者享有适足住房权

准则 11：确保地方政府和地区政府有能力实现适足住房权并担负起实现适足住房权的责任

准则 12：确保以符合国家义务的方式对企业进行监管，并解决住房金融化问题

准则 13：确保住房权能启示气候变化相关工作且能对气候变化作出反应，并解决气候危机对住房权的影响

准则 14：参与国际合作，以确保实现适足住房权

准则 15：确保建立有效的监测和问责机制

准则 16：确保可就住房权的所有方面诉诸司法

3. 享有饮水和卫生设施的权利

享有安全饮用水和卫生设施的人权来源于享有适当生活水准的权利，与享有能达到的最高标准身心健康权以及生命和人的尊严权密切相连。

——人权理事会

虽然《经济社会文化权利国际公约》第 11 条第 1 款列举的衍生权利中未见水权，但公约条款的措辞表明列举未穷尽所有的具体权利内容，而诸如联合国经济、社会及文化权利委员会和人权事务高级专员办事处

等组织机构均确认水权包含在权利之中，水权对全人类的重要性不言而喻。《儿童权利公约》第 24 条第 2 款、《消除对妇女一切形式歧视公约》第 14 条第 2 款、《残疾人权利公约》第 28 条第 2 款均承认水权。再如《非洲人权和民族权宪章关于非洲妇女权利的议定书》第 15 条、2004 年《阿拉伯人权宪章》第 39 条等条款载有相关义务。除国际人权法文件外，国际环境法和国际人道法部分文件中也载有该项权利。

联合国经济、社会及文化权利委员会第 15 号一般性意见将水权界定为"人人能为个人和家庭生活得到充足、安全、可接受、便于汲取、价格合理的供水"。① 第 15 号一般性意见和由联合国人权高专办、人居署以及世界卫生组织联合编制的文件阐明了权利的主要方面：②

第一，自由和资格是水权的两项内容。自由指获取享受水权所必需的现有供水的权利，不受干预如供水不被任意切断或污染的权利。资格则指利用供水和管水系统的权利，为人们享有水权提供平等机会。

第二，所必需足够数量的水权享有须考虑如下具体标准或称因素：

（1）具备：必须为每个人提供充足和连续的个人和家庭生活用水，用途包括饮用水、洗衣、做饭以及个人和家庭卫生用水。可用水量应符合世界卫生组织的准则，部分个人和群体因健康、气候或工作条件等原因对水量的需求可能更大。游泳池、园艺用水等其他家庭用水不属于水权的范畴。

（2）质量：个人和家庭用水必须是安全的，不得有微生物、寄生生物、化学物质和威胁个人健康的放射性危险。个人和家庭用水的颜色及味道还应是可接受的。自来水、受保护的井水等所有来源的供水应达标两项要求。

（3）可获取性（实际可及性）：水、供水设施和设备不加歧视地向

---

① 经济及社会理事会：《第 15 号一般性意见：水权（〈经济、社会及文化权利国际公约〉第十一条和第十二条）》，U.N. Doc. E/C. 12/2002/11，2003 年，第 106 页。

② 经济及社会理事会：《第 15 号一般性意见：水权（〈经济、社会及文化权利国际公约〉第十一条和第十二条）》，U.N. Doc. E/C. 12/2002/11，2003 年，第 108—109 页；联合国人权事务高级专员办事处、联合国人类住区规划署、世界卫生组织：《水权》，概况介绍第 35 号，第 8—12 页。结合权利实践对原文内容进行了一定整合及调整。

所有人开放。以下是四层具体含义：

（a）便利获取：水、水设施和设备（包括卫生设施）在各阶层人口安全可及的距离内。每一家庭、学校等教育机构、医院、工作场所等在住所（场所）内或就近合理的距离范围内能够获取足够数量、安全和可接受的水。考虑残疾人、妇女、儿童和老年人等特殊群体的需求。利用水设施和设备时，人身安全不应受到威胁。

（b）经济可行性：水、水设施和设备的费用应为所有人所能负担。任何个人或群体不应因为不能负担费用而被剥夺享有安全饮用水和卫生设施的权利。用水的直接和间接成本及费用必须适中，也不应损害或威胁其他人权的实现。

（c）不歧视：包括弱势群体、边缘群体等在内的所有人能够不受任何理由歧视地利用水、水设施和设备。

（d）信息可得性：获得和发送关于水的信息的权利。

以上标准为权利的充分实现与否提供了判断依据。此外，条件差异影响着水权的享有。

4. 其他权利

《经济社会文化权利国际公约》第 11 条第 1 款规定适当生活水准权时使用"包括"一词表明适当生活水准权的权利内容并不限于公约本条款明确列举出的几项衍生权利。除充足食物权、适足住房权和享有饮水和卫生设施的权利，衣着权等也是适当生活水准权的具体内容。

经济、社会及文化权利委员会在早年向世界人权会议提出的一份文件中指出，"在享有经济、社会和文化权利方面，对妇女、老年人、残疾人和其他脆弱群体及贫困阶层根深蒂固的歧视，则常常被作为不幸的现实而被人们容忍"。[①]注意到不乏国际人权公约文件和国家国内法在对上述特殊群体的权利保护中提出对他们生活水准的关切，强调他们对此项权利的享有，时任联合国人权事务高级专员路易斯·阿尔布尔指出"如

[①]　世界人权会议的出版物、研究报告和文件的准备情况，经济、社会及文化权利委员会提出的文件，U.N. Doc. A/CONF.157/PC/62/Add.5。

何强调经济、社会及文化权利的重要性都不过分"，^①特殊群体的经济、社会和文化权利需要格外受到关注，特别是健康权和适当生活水准权，同人民的基本生存问题和追求幸福生活息息相关。

人权谱系中，权利相互关联的现象极为普遍，以食物权、住房权、水权等具体权利形态表达和呈示出的适当生活水准权，与工作权、财产权、社会保障权、健康权等权利存在着明显的强关联性。^②

（三）国家保障适当生活水准权的义务

前文在阐释适当生活水准权的主要内容时指出食物权的"充足"、住房权的"适足"和水权达标"所必需足够数量"与否因总的社会、文化、地缘、气候、生态条件及其他条件而异，发达国家和发展中国家，高收入、中等收入和低收入国家等不同国家划分标准突出了国家间经济发展水平之间的差异和差距，直接同国家为公民提供适当生活水准权的保障有着密切联系。同时，国家间的差异和差距并非仅仅体现在经济方面，虽然权利的充分实现有国际标准用以衡量，鉴于国家间的能力和观念等差异，国家有着以国际标准为基准的，或高于、低于、等于它的一套自己的标准。概言之，生活水准权"适当"标准的达成程度很大程度上受各国国情状况左右，不只是客观条件，还包括主观意愿。而适当生活水准权是典型的积极权利，权利的充分实现有赖于国家积极付诸努力。

显然，无论是出于国家对国际法义务的遵行、对国民承担的义务，还是出于人道主义考虑，国家都有保障适当生活水准权的义务，也是较国际层面的全球努力而言提供权利保障最直接的义务和责任的承担方。国家义务的识别可以从两种角度出发，一方面是不同法律文书所作之明确规定，另一方面是按照传统的人权之国家义务的划分标准，即尊重、保护和落实义务进行归类。^③其实各项权利充分实现所需达到的要素或标准已经直接指明和提示了国家应尽的义务和责任。按照构成适当生活水

---

① 联合国人权事务高级专员办事处：《经济、社会和文化权利常见问题解答》，概况介绍第33号，第5页。
② 参见徐显明主编：《国际人权法》，法律出版社2004年版，第328—329页。
③ 采此分类标准进行国家义务和责任的阐释，参见白桂梅主编：《人权法学（第2版）》，北京大学出版社2015年版，第157—163页。

准权的主要权利内容，国家义务可分列如次：

1. 食物权的国家义务

联合国经济、社会及文化权利委员会、人权事务高级专员办事处联合联合国粮农组织对食物权的国家义务有所归结：[①]

（1）尊重食物权的义务

国家必须尊重人民获得食物的权利和方法，不采取妨碍食物获得的措施，确保国企、军队等公共机构不妨碍人民食物权的实现。除非有充足理由，国家维持社会福利法、与营养有关的方案等保障人民食物权的相关法律法规和政策，并进行自我监督，确保人人平等享有权利。

（2）保护食物权的义务

国家必须保护个人的食物权不受第三方侵犯。例如，国家应当防止第三方破坏粮食来源，防止工、农业污染对权利实现造成负面影响。国家还必须担当起监管职责，制定并负责任地监督个人、企业严格执行食物质量和安全标准，维护市场公平、防止垄断、拒绝劣币驱逐良币，确保上市食物的安全和营养达标。国家还应当采取适当的立法和措施，保护人民免受质量和安全不达标不利于健康的食品广告和推销之害。

（3）落实食物权的义务

落实的义务包含促进义务和提供义务。促进义务是指国家积极开展行动，加强人民获得和利用确保生计的资源和手段，例如推行农业改革方案或最低收入条例。各国必须充分履行保障人民食物权实现所需承担的义务，积极行动保障粮食安全，预防、缓解粮食危机，同时也尊重其他领土居住者的食物权。提供义务是指当个人或群体由于自身不能控制的原因不能谋生以享有食物权，国家就具有落实权利之义务。

（4）逐步和即刻履行的义务

根据《经济社会文化权利国际公约》之规定，受资源制约因素和受能力限制的国家应逐渐达到食物权的充分实现。这是一个循序渐进逐步

[①]　联合国人权事务高级专员办事处、联合国粮农组织：《充足食物权》，概况介绍第 34 号，第 20—28 页；经济及社会理事会：《第 12 号一般性意见：〈经济、社会及文化权利国际公约〉的执行方面出现的实质性问题》，U.N. Doc. E/C.12/1999/5，1999 年，第 4—6 页。结合权利实践对原文内容进行了一定整合及调整。

达到权利全面实现的过程。国家必须立即制定通往食物权全面实现的规划方案，表现出国家尽最大努力利用一切可利用资源和采用适当方法争取更好地保障食物权。

国家立即履行的义务包括消除基于种族、宗教、性别、肤色、语言、政治或其他见解、出生、财产或其他地位等理由的歧视；在合理时间内为逐步达到食物权的充分实现采取措施的义务；除非有重大理由，否则禁止采取倒退措施的义务；履行保证最低限度水平食物权的最低核心义务。

此外，除了保障其境内人民的食物权，一个负责任的国家还应当认真履行包括涉食物权在内的国际义务、兑现其所作之承诺。

2. 适足住房权的国家义务

联合国人类住区规划署和人权事务高级专员办事处于 2004 年联合发布联合国住房权方案，人居署拟订了国家对住房权的具体义务，如表 4.1 所示：[①]

表 4.1　住房权的国家义务

尊重	保护	促进	履行
防止非法驱逐和强迫迁出	防止侵犯住房权	保障住房占用权	消除、防止和消灭无家可归现象
防止一切形式的歧视	国内补救和国际法的国内适用	立法审查确认住房权	增加住房公共支出并恰当确定支出对象
防止任何倒退措施	确保所有群体权利平等	制订标志充分实现的基准	人人都有适足可居住房
各种基于住房的自由	人人有机会获得承受得起的住房，制订承受力基准	制订国家住房权战略	制订实际住房最低标准
隐私权和对住宅的尊重	需要特别措施扶持的处境不利群体获得住房的机会	注重脆弱群体的权利	提供一切必要的服务和基础设施
大众参与住房决策	对住房实行民主管理	获得住房信息的机会	大众住房融资和储蓄计划
尊重住房的文化标志	房租水平和私营住房部门活动的节制	确保承受得起的土地的充足供应	社会住房的建造

① 联合国人权事务高级专员办事处：《国家人权机构手册：经济、社会、文化权利》，U.N. Doc. HR/P/PT/12，2004 年，第 29 页。

2014年，二者再次联合发布关于适足住房权的文件，建议如下：[1]

第一，国家的一般义务，包括对已批准条约和国际法之义务、开展国际合作之义务、立即生效的义务和可以逐步实现的义务，同样适用于适足住房权国家义务的确定。

第二，国家具有尊重、保护和履行适足住房权的义务。

"尊重义务要求各国不直接或间接干扰适足住房权的享有。"

"保护义务要求各国防止第三方干涉适当住房权。各国应采用立法或其他措施，以确保私人行为遵守与适足住房权相关的人权标准。"

"履行义务要求各国采取适当的立法、行政、预算、司法、宣传和其他措施，以全面实现适足住房权……各国也必须在其现有资源允许的范围内逐步防止和解决无家可归现象；提供可称为适足住房所必需的物质基础设施；或确保向那些由于自己无法控制的原因而不能享有适足住房权的个人或团体提供适足住房，尤其是通过住房补贴和其他措施。"

在强调国家保护人权义务的同时，其他行为体在人权事务中的义务和责任逐渐成为热议的话题。

3. 水权的国家义务

由联合国人权高专办、人居署和世界卫生组织联合制定的以水权为主题的介绍性文件中规定了国家尊重、保护和履行之义务内容。[2]

维护水权是国家职责所在。作为一项具体的人权，水权的保护不仅有赖于国家一类行为体，以联合国为典型代表的国际组织、个人和工商业私营部门在人权的增进和保护方面负有一定限度的责任，实践显示他们确实通过诸如"千年发展目标"、全球契约等项目进程自愿承诺以实际行动利好于权利的保障。[3]

---

[1] 联合国人权事务高级专员办事处、联合国人类住区规划署：《适足住房权，概况介绍第21号（第一次修订版）》，2014年，第30—39页。

[2] 联合国人权事务高级专员办事处、联合国人类住区规划署、世界卫生组织：《水权》，概况介绍第35号，第30—31页。

[3] 联合国人权事务高级专员办事处、联合国人类住区规划署、世界卫生组织：《水权》，概况介绍第35号，第31—34页。

国家尊重、保护和履行水权的义务

尊重的义务要求缔约国不直接或间接干涉水权的享有。

例如，缔约国应避免：污染水资源，任意或非法切断供水和卫生服务，为满足富裕地区的用量而减少对贫民区的安全饮用水供应，在武装冲突期间破坏供水服务和基础设施作为惩罚手段，或耗尽土著人民赖以作为饮用水的水资源。

保护的义务要求各国防止第三方以任何方式干预水权。

国家应当通过立法或其他措施确保私人行为体——例如工业、水供应商或个人——遵守与水权有关的人权标准。例如，国家应当采取必要的立法或其他措施，确保第三方不会任意和非法切断供水和卫生服务；保护社区赖以饮用的水资源，不让第三方以不可持续的方式加以抽取；确保妇女和儿童外出取水或使用卫生设施时人身安全不受威胁；确保关于土地所有权的法律和实践不会导致个人及社区无法获得安全饮用水；确保管理或提供水服务的第三方不妨碍人们以平等、可负担和实际可得的方式获取足够的安全饮用水。

履行的义务要求国家采取适当的立法、行政、预算、司法、宣传和其他措施来充分落实水权。

除其他外，国家必须通过一项水政策，这项政策应当：在水资源管理中优先照顾基本的个人和家庭用途；界定扩展供水服务的目标，以弱势和边缘群体为重点；为达到这些目标确定可用的资源；明确使用资源的最具成本效益的方式；列出实施必要措施的职责和时间表；监测结果和成果；包括确保对违反行为作出充分的补救。

按照履行的义务，国家还必须逐渐地在可用资源允许的范围内向弱势和边缘群体扩大供水和卫生服务；提供更加平价的供水和卫生服务；确保提供适当的关于如何恰当使用水和卫生设施、保护水资源以及尽可能减少浪费的方法的教育。

值得注意的是，特别需要关注特殊群体此项权利的行使和落实，城市典型实例贫民窟和农村的部分贫困人群在享有安全的饮用水和卫生设施方面面临诸多困难，妇女、儿童和残疾人等弱势群体往往容易遭受歧视，不乏在水资源和卫生设施紧张的国家和地区，取水和运水的重担落在妇女和儿童身上，这也连锁性地引发了教育权等权利受损的不良后果，同时不洁净的饮用水和不足够的卫生设施对儿童、土著群体健康造成巨大威胁，残疾人边缘化地位使之面临诸多不便之处，难民、境内流离失

所者和土著民族等群体在遭遇战争等人为灾难和自然灾害中该项权利的实现与否同生存权直接紧密相连，由此，以财政和资源分配的合理倾斜保证权利享有的平等是至关重要的。[①]

（四）社会保障的具体措施

"社会保障被广泛确认为一项减轻贫困和促进社会包容的基本手段"，[②] 有助于保障和提升人民生存和生活的质量和促进社会和谐发展。中国社会保障体系的建成和发展就是一个能够展现社会保障服务于促进中国人民充分享有适当生活水准权的鲜活实例。

2004 年《中国的社会保障状况和政策》白皮书发布，这是中国首次发布社会保障主题的白皮书。认识到社会保障于人民、社会和国家发展的基石和动力作用，中国政府考虑自身国情，逐步建立和完善社会保障的具体制度内容和体系建设。白皮书显示，中国的社会保障体系由包括养老、失业、医疗、工伤和生育保险为体系核心的社会保险、社会福利、优抚安置、社会救助和住房保障等内容建构而成。[③]

在社会保险方面，中国政府在 1997 年统一全国城镇企业职工基本养老保险制度实施改革，逐渐扩大保险覆盖人群范围，并探索机关和事业单位退休制度的改革，对基本养老保险基金以多渠道筹措、增加财政补助和建立全国社会保障基金三管齐下；于 1999 年颁布《失业保险条例》规范和完善失业保险制度，同时积极开展就业技能培训和就业服务促进再就业；在全国范围内推进城镇职工基本医疗保险制度改革，加强服务管理，逐渐扩大保险覆盖人员范围，建立健全多层次保障体系惠及于民，逐渐减轻参保人员个人负担；政府通过生育保险制度改革，以及建立集预防、鉴定补偿、康复内容于一体的工伤保险制度在一定程度上减缓了所需群体后顾之忧。[④] 2010 年通过的《社会保险法》对基本养老保险、基本

---

① 联合国人权事务高级专员办事处、联合国人类住区规划署、世界卫生组织:《水权》，概况介绍第 35 号，第 19—27 页。

② 经济及社会理事会:《紧缩措施对经济、社会和文化权利的影响》，联合国人权事务高级专员的报告，U.N. Doc. E/2013/82，2013 年，第 8 页。

③ 参见国务院新闻办公室:《中国的社会保障状况和政策》，人民出版社 2004 年版。

④ 同上。

医疗保险、工伤保险、失业保险、生育保险等进行了明确的制度规定。

在社会福利事业的发展上，中国政府重视诸如老年人、儿童和残疾人等弱势群体的福祉，制定《老年人权益保障法》《未成年人保护法》《教育法》和《残疾人保障法》等法律规范，采取措施不断改善老年人健康、日常生活和社会参与的条件，例如以国家和社会力量兴办老年社会福利机构、提升社区老年人福利服务水平；有针对性地为儿童康复、教育和生活构建良好的环境和提供支持，义务教育、计划免疫等福利项目是典型实例；在康复、教育、劳动就业、生活等方面照顾残疾人群体，为其提供便利和必要的救济和支援，诸如就业帮扶和发放专项补助等形式工作的开展。[①] 部分省级行政区根据自身情况形成了更为具体的制度。2018 年北京出台的《关于加强老年人照顾服务完善养老体系的实施意见》基于该市当前经济社会发展改革老年人社会福利制度，在补贴津贴方面作出更加合情合理的调整，同时，该文件提出将该市 65 周岁及以上常住老年人口享受免费乘车、逛公园等社会优待服务政策调整至该市 60 周岁及以上常住老年人口，此外，文件还聚焦家庭养老支持政策的完善，鼓励对养老服务领域的投资以促进该市场发展。[②]

在优抚安置方面，政府动员全社会各方力量保障优抚对象和退役军人的权益和生活，优抚安置制度规定有国家抚恤，一次性经济补助，定期发放生活补助，在医疗、住房、交通、教育、就业方面给予优待等待遇安排。[③]

此外，政府推进住房公积金制度、廉租住房制度等保障住房的权利。中国政府做人民的坚实后盾还体现在城市居民最低生活保障和灾害救助等内容构成的社会救助制度方面，以及聚焦农村，探索和建设新型农村合作医疗制度等针对农村的社会保障办法。[④]

中国政府高度重视社会保障这一"民生安全网""社会稳定器"，社

---

① 参见国务院新闻办公室：《中国的社会保障状况和政策》，人民出版社 2004 年版。

② 安娜：《北京养老新政进一步全面拉升老年人幸福指数》，载中国社会报，http://www.mca. gov.cn/article/xw/mtbd/201811/20181100012686.shtml，最后访问日期：2024 年 4 月 8 日。

③ 参见国务院新闻办公室：《中国的社会保障状况和政策》，人民出版社 2004 年版。

④ 同上。

会保障制度的深化改革持续推进，社会保险事业改革发展成绩斐然。在养老保险制度方面，2015 年国务院印发文件全面部署改革机关事业单位养老保险制度，截至 2017 年 5 月城镇职工基本养老保险基本实现省级统筹，继 2012 年实现新型农村基本养老保险制度和城镇居民基本养老保险制度的全国全覆盖，2014 年两项制度合并实施，2015 年底实现整合，解决了基本养老保险关系转移接续引发的现实问题，鼓励企业（职业）年金政策，以多层次体系建设更好地为人民提供保障；在医疗保险制度方面，2016 年国务院要求建立统一的城乡居民基本医疗保险制度并持续整合，自 2012 年开展城乡居民大病保险试点后，2015 年国务院印发文件启动全面实施城乡居民大病保险，并相继开展长期护理保险制度试点工作，继覆盖人员范围持续扩大，2017 年印发新版国家基本医疗保险、工伤保险和生育保险药品目录，保障范围也逐步扩大，复合式医保付费方式建立，实现医保关系转接和异地就医结算，服务监管持续加码强化，在服务于民中便民化；在失业保险制度方面，应对产业结构调整、经济转型升级，以失业保险基金"稳企业、稳岗位、稳人心"，失业保险费率多次向下调整；在工伤保险制度方面，2015 年启动"同舟计划"，关注工伤事故频发易发的建筑行业，实现全员参保，下调保险费率，减轻企业压力，为实现从预防到补偿再到康复的全面性保障，继续开展预防和康复试点工作并逐渐扩大覆盖范围，同时，发挥社会保险法和新修订的《工伤保险条例》等法律法规的积极作用依法行政；在生育保险制度方面，与基本医疗保险整合的试点工作在开展，改革还体现在覆盖范围的扩大和保险费率的降低上。除了具体的保险制度的建设和完善工作，社保基金规模在扩大，监管同步在强化，保险待遇水平在提升，此外，社保配套的服务水平和信息化建设也在稳步向好发展中。[①]

究其国家的社会保障体系好不好、到不到位，生活水准高不高，人民最具有发言权。

中国社会保障学会每年发布当年专家学者评选出的"中国社会保障

[①] 参见中华人民共和国人力资源和社会保障部：《我国社会保险事业改革发展成就举世瞩目》，http://www.mohrss.gov.cn/SYrlzyhshbzb/dongtaixinwen/buneiyaowen/201705/t20170525_271399.html，最后访问日期：2024 年 4 月 18 日。

十大事件"，近年来评选出的中国社会保障大事件成果呈示了国家在社会保障方面持之以恒所做的具体工作。

2013 年中国社会保障十大事件

1. 中共中央公布《关于全面深化改革若干重大问题的决定》，明确了深化社会保障改革的目标任务。

2. 国务院印发《关于加快发展养老服务业的若干意见》。

3. 财政部首次向十二届全国人大一次会议报送社会保险基金预算。

4. 新修订的《老年人权益保障法》正式实施。

5. 国务院决定《社会救助暂行办法（草案）》公开征求意见。

6. 人力资源和社会保障部等委托研究机构开展养老保险制度顶层设计。

7. 民政部出台系列儿童福利政策。

8. 全国人大常委会通过调整完善生育政策的决议，单独两孩政策启动。

9. 人力资源和社会保障部、民政部、财政部、国家税务总局等出台企业（职业）年金新政。

10. 住建部宣布廉租房和公租房并轨试点启动。

2014 年中国社会保障十大事件

1. 国务院公布并实施《社会救助暂行办法》。

2. 国务院下发《关于建立统一的城乡居民基本养老保险制度的意见》。

3. 国务院下发《关于促进慈善事业发展的指导意见》。

4. 人社部、财政部印发《城乡养老保险制度衔接暂行办法》。

5. 三部委联合印发《关于进一步做好基本医疗保险异地就医疗费用结算工作的指导意见》。

6. 民政部印发《关于进一步开展适度普惠型儿童福利制度建设试点工作的通知》。

7. 财政部等 6 部门联合印发《关于做好政府购买残疾人服务试点工作的意见》。

8. 国务院印发《关于加快发展现代保险服务业的若干意见》。

9. 全国人大常委会专题询问统筹推进城乡社会保障体系建设工作。

10. 全国人大常委会发布《关于〈中华人民共和国刑法〉第二百六十六条解释》的公告。

2015 年中国社会保障十大事件

1. 机关事业单位工作人员养老保险制度建立。

2.《中华人民共和国慈善法》制定提速、升级。

3. 国务院决定降低失业、工伤、生育保险三险费率。

4. 中国社会保障学会在北京成立。

5. 临时救助制度在全国范围内全面实施。

6. 国务院办公厅发布《关于全面实施城乡居民大病保险的意见》。

7. 国务院颁布《基本养老保险基金投资管理办法》。

8. 中国宣布 2020 年实现农村贫困人口全面脱贫。

9. 国务院决定全面建立残疾人两项福利补贴制度。

10. 国家审计署公布彩票资金审计结果。

2016 年中国社会保障十大事件

1. 十二届全国人大四次会议通过《中华人民共和国慈善法》。

2. 中共中央、国务院印发《"健康中国 2030"规划纲要》。

3. 国际社会保障协会（ISSA）第 32 届全球大会将"社会保障杰出成就奖"（2014—2016）授予中华人民共和国政府。

4. 国务院印发《关于整合城乡居民基本医疗保险制度的意见》。

5. 通过《关于授权国务院在河北邯郸市等 12 个生育保险和基本医疗保险合并实施试点城市行政区域暂时调整适用〈中华人民共和国社会保险法〉有关规定的决定》。

6. 国务院颁布行政法规《全国社会保障基金条例》。

7. 国务院印发《"十三五"加快残疾人小康进程规划纲要》。

8. 国务院印发《关于进一步健全特困人员救助供养制度的意见》。

9. 国务院印发《关于加强农村留守儿童关爱保护工作的意见》和《关于加强困境儿童保障工作的意见》。

10. 人力资源和社会保障部发布《关于开展长期护理保险制度试点的指导意见》。

2017 年中国社会保障十大事件

1. 党的十九大确定了以人民为中心的发展思想、走共同富裕的发展道路、增进民生福祉的发展目的，并对全面建成中国特色社会保障体系做出了总体部署，从而为我国社会保障制度改革与体系建设提供了最高理论指引。

2. 国务院制定《"十三五"国家老龄事业发展和养老体系建设规划》，卫计委等 13 部门制定《"十三五"健康老龄化规划》。

3. 国务院公布《划转部分国有资本充实社保基金实施方案》。

4. 首本社会保障高端理论学术期刊《社会保障评论》创办，并成为全国唯一进入 CSSCI 源刊的社会保障期刊。

5. 民政部、财政部、人社部、卫计委、保监会、国务院扶贫办发布《关于进一步加强医疗救助与城乡居民大病保险有效衔接的通知》。

6. 人社部、财政部联合印发《企业年金办法》。

7. 国务院办公厅印发《关于进一步深化基本医疗保险支付方式改革的指导意见》。

8. 国务院颁布修订后的《残疾人教育条例》和《残疾预防和残疾人康复条例》。

9. 国务院通过《志愿服务条例》。

10. 国务院办公厅发布《关于加快发展商业养老保险的若干意见》。

2018 年中国社会保障十大事件

1. 职工基本养老保险中央调剂金制度建立，迈出全国统筹的第一步。

2. 退役军人事务部成立，中国建立统一的军人保障管理体制。

3. 国家医疗保障局成立，中国医疗保障管理体制得以统一。

4. 社会保险费统一由税务部门征收，多年形成的分割征收管理体制得以理顺。

5. 国家建立居民基本养老保险待遇确定和基础养老金正常调整机制。

6. 生育保险与医疗保险正式合并实施，标志着社会保险制度结构正在发生变化。

7. 国家建立健全基本公共服务标准体系，为全面推进基本公共服务均等化提供了基本依据。

8. 个人税收递延型商业养老保险试点正式实施，多层次养老保险体系建设有了重要的政策支持。

9. 民政部出台《慈善组织信息公开办法》，标志着我国慈善事业发展将进入更加透明的时代。

10. 国家建立残疾儿童康复救助制度，标志着残疾人福利事业将以更加积极的姿态向前发展。

2019 年中国社会保障十大事件

1. 民生保障制度概念首次提出。

2. 降低社会保险费率综合方案实施。

3. 促进 3 岁以下婴幼儿照护服务发展政策出台。

4. 《国家积极应对人口老龄化中长期规划》发布。

5. 民政部设置儿童福利司与养老服务司。

6. 全面取消城乡居民医疗保险个人账户。

7. 国务院办公厅发布《关于推进养老服务发展的意见》。

8. 国家医疗保障标准化建设全面启动。

9. 中办、国办出台退役士兵社会保险转移接续新政。

10.2019 年 11 月 29 日，人力资源社会保障部等发布《香港澳门台湾居民在内地（大陆）参加社会保险暂行办法》，为港澳台居民在内地参加社会保险制度提供了依据。

<h2 style="text-align:center">2020 年中国社会保障十大事件</h2>

1. 中共中央、国务院发布《关于深化医疗保障制度改革的意见》。

2. 全国人大常委会制定《中华人民共和国退役军人保障法》。

3. 中央防疫领导小组和人社、民政、医保、财政、税务等部门为抗击疫情及时出台包括医疗保障、社会救助、工伤认定、失业保险、减免社会保险缴费等一系列社会保障新政。

4. 中共中央办公厅、国务院办公厅印发《关于改革完善社会救助制度的意见》。

5. 国务院办公厅先后发布《关于建立健全养老服务综合监管制度促进养老服务高质量发展的意见》《关于促进养老托育服务健康发展的意见》。

6. 国家医保局、财政部发布《关于扩大长期护理保险制度试点的指导意见》。

7. 全国人大常委会审议《中华人民共和国慈善法》实施情况的执法检查报告。

8. 民政部、财政部和国家医保局、国务院扶贫办分别联合发布《社会救助兜底脱贫行动方案》《关于高质量打赢医疗保障脱贫攻坚战的通知》。

9. 国务院办公厅发布《关于推进医疗保障基金监管制度体系改革的指导意见》。

10. 人力资源社会保障部、财政部发布《关于扩大失业保险保障范围的通知》。

<h2 style="text-align:center">2021 年中国社会保障十大事件</h2>

1. 中共中央政治局就完善覆盖全民的社会保障体系进行第二十八次集体学习，习近平总书记发表重要讲话，阐明了我国社会保障制度的建设目标与发展方向。

2. 中共中央、国务院发布《关于优化生育政策促进人口长期均衡发展的决定》。

3. 中共中央、国务院发布《关于加强新时代老龄工作的意见》。

4. 国务院发布《医疗保障基金使用监督管理条例》。

5. 国务院办公厅发布《关于加快发展保障性租赁住房的意见》。

6. 全国人大常委会制定《中华人民共和国军人地位和权益保障法》。

7. 国务院印发《中国妇女发展纲要（2021—2030 年）》和《中国儿童发展纲要（2021—2030 年）》。

8. 人力资源和社会保障部等八部门共同印发《关于维护新就业形态劳动者劳动保障权益的指导意见》。

9. 国务院办公厅发布《关于建立健全职工基本医疗保险门诊共济保障机制的指导意见》。

10. 国家医保局和财政部印发《关于建立医疗保障待遇清单制度的意见》。

2022 年中国社会保障十大事件

1. 党的二十大报告对以共同富裕为基本特征的中国式现代化和健全社会保障体系做出了完整阐述。

2. 习近平总书记在《求是》杂志发表重要文章《促进我国社会保障事业高质量发展、可持续发展》。

3. 国家建立个人养老金制度并付诸实施。

4. 国务院办公厅发布《"十四五"退役军人服务和保障规划》，并建立专门的残疾退役军人与优抚对象医疗保障制度。

5. 全国人大常委会修订《慈善法》。

6. 国务院办公厅发布《"十四五"国民健康规划》。

7. 人力资源社会保障部、财政部启动实施企业职工养老保险全国统筹方案。

8. 国家卫生健康委等部门联合发布完善和落实积极生育支持措施指导意见。

9. 全国统一医保信息平台建成。

10. 民政部等出台保障特困老年人与低保对象新政。

2023 年中国社会保障十大事件

1. 中共中央办公厅、国务院办公厅印发《关于推进基本养老服务体系建设的意见》。

2. 十四届全国人大常委会第七次会议通过《中华人民共和国慈善法》修正案。

3. 国务院颁布《社会保险经办条例》。

4. 中共中央办公厅、国务院办公厅印发《关于进一步深化改革促进乡村医疗卫生体系健康发展的意见》。

5. 十四届全国人大常委会第三次会议表决通过《无障碍环境建设法》。

6. 中共中央办公厅、国务院办公厅印发《关于构建优质均衡的基本公共教育服务体系的意见》。

7. 国务院办公厅发布《关于加强医疗保障基金使用常态化监管的实施意见》。

8. 国家发展改革委等 10 部门发布《国家基本公共服务标准（2023 年版）》。

9. 民政部等 10 部门发布《关于加强低收入人口动态监测做好分层分类社会救助工作的意见》。

10. 民政部等 5 部门发布《关于加强困境儿童心理健康关爱服务工作的指导意见》。

三、受教育权

受教育权是人人享有的一项人权，不以国籍、性别、种族、宗教、政治信仰、经济和社会条件等因素为区格。国家为公民积极提供均等的机会和条件接受教育，发展其个性和心智，增强其社会属性的获得。同时，这一权利因国家立法取向有差异或具有义务属性。

（一）受教育权的目的和价值、历史和属性

1. 受教育权的目的和价值

《世界人权宣言》第 26 条第（2）款诠释了教育的目的和价值："教

育的目的在于充分发展人的个性并加强对人权和基本自由的尊重。教育
应促进各国、各种族或各宗教集团间的了解、容忍和友谊，并应促进联
合国维护和平的各项活动。"

　　从个人的角度出发，教育使人得以自由发展，引领塑造和形成思
想和价值观，助力在一定程度上捍卫人的尊严。教育对个人尊重人权
发挥积极效应，《儿童权利宣言》第29条提出对不同民族、国家、群
体，不同文化文明和自然环境的尊重。该条款规定有缔约国一致认同
的"教育儿童的目的"，凸显"发展""尊重"和"团结"三个关键词，
发展儿童的"个性、才智和身心能力"，培养他们尊重"人权和基本自
由以及《联合国宪章》所载各项原则"，尊重父母、自身"文化认同、
语言和价值观、儿童所居住国家的民族价值观、其原籍国以及不同于
其本国的文明"，尊重"自然环境"，团结"各国人民、族裔、民族和
宗教群体以及原为土著居民的人"，本着互相"谅解、和平、宽容、男
女平等和友好的精神"，"在自由社会里过有责任感的生活"。① 受教育
权发挥使人摆脱贫困境遇的作用，帮助个人获得谋生技能和发展机遇。
针对性别不平等和歧视处境，受教育权对女性施加积极影响，通过教
育汲取知识和文化能够使女性树立独立的精神人格，或将改变她们的
人生命运。

　　从集体、国家和社会存在的视角，教育能够在一定程度上提升人的
思辨力和容忍力，使人具备宽容、明事理等道德品质和思维逻辑，是文
明社会建设的重要条件，助益彼此间相互尊重、理解和体谅，从而形成
和谐的社会交往氛围和秩序，有助于人与人、与社会、与自然的和谐，
达到和平状态。科教兴国，国家教育发达水平同国家综合国力正向相关，
而且国兴则教育兴，二者相辅相成。

　　受教育权不仅本身是一种普世性的人权，而且还作为一种途径方式
促进人权本身获得尊重和遵行。人权教育与培训是一项未雨绸缪的长期
性工程，防止侵犯人权现象，建构人人受尊重的社会。1994年联合国大
会决议宣布"联合国人权教育十年"计划，2004年又再次通过世界人权

---

　　① 《儿童权利宣言》第29条第1款。

教育方案（2005 年至今）。2011 年 12 月 19 日联合国大会通过《联合国人权教育和培训宣言》，宣言重申人人享有受教育的权利，宣言还重申和确认通过讲授和教育增进对人权和自由的尊重、保护、兑现和发展。[①]教育权对人权和基本自由方面的信息和知识的传播，对人权文化理念和权利的捍卫与保护均有益。

教育权为更全面地获得和实现多项权利打下基础，义务教育的重要意义就在于保证个人达到最低限度的文化水平和素养，以能够在生活和生计中追求权利的真正实现，无论是公民权利和政治权利，抑或是经济、社会和文化权利。受教育权同多项人权有着密切的联系，在权利实现上互为助力。教育产生深远影响，惠及民主促进、环境保护、发展与可持续发展等，简言之，教育促动现代文明社会的进步。

2. 受教育权的历史

教育贯穿于人类史。在西方世界，受教育权概念未被确认之前，父母和教会担负并从事着教育行为，在历史进程的发展中，教育逐渐被认可为公共事业，18 世纪一场反封建、反教会的启蒙运动席卷了欧洲，教会在教育方面的介入被法律所约束，强制学生入学接受教育等措施在欧洲范围内的多个国家实行，教育载入国家法律之中。[②]德国是相对较早认

> 受教育本身就是一项人权，也是实现其他人权不可或缺的手段。作为一项增长才能的权利，教育是一个基本工具，在经济上和在社会上处于边缘地位的成人和儿童受了教育以后，就能够脱离贫困，取得充分参与社会生活的手段。教育具有重大的作用，能使妇女增长才能，保护儿童使他们不致从事剥削性的危险工作或者受到性剥削，能够增进人权与民主、保护环境、控制人口增长。人们日益确认，教育是各国所能作的最佳投资。但是，教育的重要性并不只是限于实用的层面：有一颗受过良好教育、能够自由广博思考的开悟而且活跃的心灵，是人生在世的赏心乐事。
>
> ——《经济社会文化权利国际公约》第 13 号一般性意见

---

① General Assembly, *United Nations Declaration on Human Rights Education and Training*, U.N. Doc. A/RES/66/137, 2012.

② 参见徐显明主编：《国际人权法》，法律出版社 2004 年版，第 308 页。

识到教育的重要性并给予足够重视将其规定于国内法的国家。义务教育源起于德国，马丁·路德提出普及义务教育，1619 年德意志魏玛邦颁布学校法令规定父母应送 6—12 岁子女入学。再如，1717 年《普鲁士义务教育令》颁布，1872 年德国颁布《普通学校法》载有 6—14 岁的 8 年义务教育规定。法国、英国等国家相继颁布教育相关法案。在宪法中规定受教育权可上溯至法国 1793 年《雅各宾宪法》，随后受教育权作为一项宪法规定权利相继写入 1849 年《德意志帝国宪法》、1918 年《苏俄宪法》、1919 年《魏玛宪法》等多部宪法。

在中国，教育理念先行于教育权概念的出现，史料记载，孔子弟子三千、贤人七十二，私塾办学、科举制度均佐证了教育行为的存在。受封建思想和森严的等级制度影响，穷人难得教、女子不得教等现象和规定致使教育在很长一段时期并不是普及性的、平等性的。在现代法治社会，宪法是公民权利的保障书。民国时期，《天坛宪草》规定了公民受教育的义务，《湖南省宪法》提出义务教育的要求。1946 年《中华民国宪法》对受教育权的确权，标志着受教育真正地从一项义务转向一项基本权利。新中国成立后，《共同纲领》中虽然未明确规定受教育权，但第五章规定了文化教育政策，提出普及、加强和注重多类教育之要求。此后，1954 年《宪法》写入受教育权，在历经"文化大革命"的洗礼致使文化教育陷入停滞后，1982 年《宪法》再次确认公民受教育的权利。

受教育权发展的国内层面和国际层面相互交织。受教育理念的萌生和早先发展根植于国家内部，在第二次世界大战后，受教育权进入国际法视野，国际法承认受教育的人权本质，《联合国宪章》提及文化及教育合作，《世界人权宣言》宣示受教育权，《经济社会文化权利国际公约》系统性规定了受教育的权利内涵。该项权利在国际层面的推进又反馈至国家层面，从而促动权利的国家保护和国内相关法律的新发展。教育权利理念的国际传播尤其对于开化稍晚的国家和地区，殖民地国家和地区，因传统文化、宗教等原因不重视教育或教育歧视问题严重的国家和地区具有重要意义。

3. 受教育权的属性

（1）权利义务复合

起初，受教育是一项义务，父母和国家承担教育义务，受教育人具有受教育义务，多国教育或学校相关法令规定强制性的义务教育。在逐渐认识到其权利属性后，受教育被确认为一项基本的具体人权载入国际人权文件和多国宪法。不是任何教育阶段接受教育都是一项义务。义务教育阶段权利和义务相复合，国家负有保障公民受教育权的义务和责任。受教育作为权利和义务的双重性体现于多国国家明文规定之中。

关于"教育"的规定在各国宪法中广泛存在。除了对受教育进行确权的方式，有的国家宪法也明确了受教育的义务。如1946年《日本国宪法》明确受教育的权利和义务，"一切国民，按照法律规定，都负有使其保护的子女接受普通教育的义务"；也有国家在宪法中明确将教育定位为国家职能，或在国家职能条款中阐明教育，如1967年《玻利维亚共和国宪法》和1986年《尼加拉瓜共和国宪法》；还有国家的宪法中包括教育相关的政策性条款，如1992年《保加利亚人民共和国宪法》"推动教育事业的发展"和1990年《匈牙利宪法》"对青年的……教育和培养予以特别关注……"，实际上，将推进教育列作国家政策也体现了对国家教育职能的表达。①

（2）受教育权在属性上具有复合性

受教育权具有经济社会文化权利的属性，同时，因为涉及人的认知与能力，故而与整个社会的文明程度、全体社会成员的人权水平直接相关。教育自由和教育公平是自由权和平等权的部分内蕴。受教育权及权利成果是多项其他人权的具体权利之全面、充分实现的重要促进条件。从这个意义上看，教育权也具有公民权利和政治权利的属性。②集体权利主张的支持者首先是发展中国家，教育普及和促进发展权是实现集体人权的题中应有之义。

（二）受教育权的国际法渊源

受教育权的国际标准首见于国际人权法案。《世界人权宣言》第26条规定人人享有受教育的权利，至少初级和基本阶段的教育应当免费，

---

① 参见王广辉主编：《人权法学》，清华大学出版社2015年版，第386—387页。

② Economic and Social Council, *General Comment 11 (1999), Plans of Action for Primary Education (Article 14 of the International Covenant on Economic, Social and Cultural Rights)*, U.N. Doc. E/C.12/1999/4, 1999, p. 1.

初级教育是义务性的。此外，教育体系还应包含对一切人机会平等的高等教育，以及技术和职业教育。父母对子女所受教育种类行使优先选择权。《公民及政治权利国际公约》第 18 条第 4 款载明："本盟约缔约国承允尊重父母或法定监护人确保子女接受符合其本人信仰之宗教及道德教育之自由。"《经济社会文化权利国际公约》第 13 条和第 14 条对受教育权的规定更为全面和具体。

第 13 条

一、本公约缔约国确认人人有受教育之权。缔约国公认教育应谋人格及人格尊严意识之充分发展，增强对人权与基本自由之尊重。缔约国又公认教育应使人人均能参加自由社会积极贡献，应促进各民族间及各种族、人种或宗教团体间之了解、容恕友好关系，并应推进联合国维持和平之工作。

二、本公约缔约国为求充分实现此种权利起见，确认：

（子）初等教育应属强迫性质，免费普及全民；

（丑）各种中等教育，包括技术及职业中等教育在内，应以一切适当方法，特别应逐渐采行免费教育制度，广行举办，庶使人人均有接受机会；

（寅）高等教育应根据能力，以一切适当方法，特别应逐渐采行免费教育制度，使人人有平等接受机会；

（卯）基本教育应尽量予以鼓励或加紧办理，以利未受初等教育或未能完成初等教育之人；

（辰）各级学校完备之制度应予积极发展，适当之奖学金制度应予设置，教育人员之物质条件亦应不断改善。

三、本公约缔约国承允尊重父母或法定监护人为子女选择符合国家所规定或认可最低教育标准之非公立学校，及确保子女接受符合其本人信仰之宗教及道德教育之自由。

四、本条任何部分不得解释为干涉个人或团体设立及管理教育机构之自由，但以遵守本条第一项所载原则及此等机构所施教育符合国家所定最低标准为限。

第 14 条

本公约缔约国倘成为缔约国时尚未能在其本土或其所管辖之其他领土内推行免费强迫初等教育，承允在两年内订定周详行动计划，庶期在计划所订之合理年限内，逐渐实施普遍免费强迫教育之原则。

《儿童权利公约》第 28 条、第 29 条和《消除对妇女一切形式歧视公约》第 10 条均确认受教育权作为公约主体的一项重要权利。

此外，《欧洲保护人权和基本自由公约》第一号议定书第 2 条确认受教育的权利，联合国教科文组织《反对教育歧视公约》更加专注教育领域的歧视问题。

（三）受教育权的内容及相关权利

1. 教育权利的基本特征

经济、社会及文化权利委员会认为能够识别出一套适用于各级教育的特征，而且这些特征之间是相互联系的，并在第 13 号一般性意见中详述：[①]

（1）可提供性。在缔约国管辖范围内设置足够数量的教育机构和方案，并且为之配备能够运作所需的发展配套，如建筑物、教学材料、卫生设施等，图书馆、信息技术、网络覆盖、数字基础设施、计算机等同样可能需要的配备。

（2）可获取性。在缔约国管辖范围内人人能够不受歧视地利用教育机构和方案，此处应有之意即，受教育是不歧视性的，任何理由均不能被援引为歧视理由；受教育是实际可获取性的，教育在安全的现实物质空间和网络虚拟空间环境中进行，学生可以在便利的地点上学或通过现代技术设备接受教育；受教育是经济可获取性的，教育费用人人能够负担，初等教育免费。

（3）可接受性。教育的形式和内容适宜，例如尊重学生人格尊严，又如包容多元文化、尊重多样文明，得到学生的接受，适当情况下得到

---

① 经济及社会理事会：《〈经济、社会及文化权利国际公约〉执行情况》，第 13 号总评论，U.N. Doc. E/C.12/1999/10，1999 年，第 3 页。本书结合权利实践对原文内容进行了整合及调整。

家长的接受，不与公约第 13 条规定之教育目标和缔约国所定最低标准相违背。

（4）可调适性。教育应具备灵活性，针对不同的和变动的社区和社会之需求调适以符合处在多样文化和社会中不同学生之需求。

此外，以学生的最佳利益为首要优先考虑。

2. 受教育权的国际保护标准

根据联合国人权事务高级专员办事处发布的文件，"受教育权，包括享有免费义务小学教育与逐渐免费地上中学和获得高等教育的权利；以及父母为子女选择学校的自由"。①

（1）受教育的权利

《经济社会文化权利国际公约》对各阶段性教育权利的享有作不同要求和具体规定：②

（a）受初等教育的权利。经济、社会及文化权利委员会采纳《世界全民教育宣言》③有关初等学校教育的阐述："使儿童在家庭以外受基本教育的主要施行系统是初等学校教育。初等教育必须普遍施行，确保所有儿童的基本学习需要得到满足，同时应考虑到社区的文化、需求和机会。"④根据《经济社会文化权利国际公约》第 13 条之规定，强制义务性和一律免费是初等教育区别于其他阶段教育的两个鲜明特征。

（b）受中等教育，包括技术及职业中等教育的权利。

首先，技术及职业中等教育是中等教育的组成部分。公约第 6 条之

---

① 联合国人权事务高级专员办事处：《经济、社会和文化权利常见问题解答》，概况介绍第 33 号，第 2 页。

② 经济及社会理事会：《〈经济、社会及文化权利国际公约〉执行情况》，第 13 号总评论，U.N. Doc. E/C.12/1999/10，1999 年，第 4—7 页。

③ 在作为国际扫盲年的 1990 年，来自 155 个国家的约 1500 名代表和约 150 个政府、非政府组织和政府间组织的代表在泰国宗甸举行的世界全民教育大会上，呼吁所有国家普及适当的基础教育。与会者通过了《世界全民教育宣言》和《行动框架：满足基本学习需求》。宣言首先指出，每个儿童、青年和成年人都应能够受益于旨在满足其基本学习需求的教育机会。全民教育是一个扩展的愿景，包括公共和私营部门的方案、活动和服务，旨在满足儿童、青年和成年人在校内外的基本需求。

④ World Declaration on Education for All (Adopted by the World Conference on Education for All, Jomtien, Thailand, 5- 9 March 1990).

规定涉猎技术和职业教育，因此，它还是工作权的部分内容。

其次，鉴于中等教育承接初等教育、接续高等教育，故而中等教育的内容应当符合个人在该阶段学习和发展之需求，课程应当足够灵活以符合各种文化和社会中学生之需求。

最后，根据公约表述，"应以一切适当方法，普遍设立"彰显灵活性的赋予，缔约国施行中等教育的方法不受限；"对一切人开放"限定缔约国教育保障范畴为人人，而且强调人人机会的平等；"逐渐做到免费……"要求缔约国在保证初等教育免费优先达标基础上分步骤逐渐实现免费的中等教育。

（c）受高等教育的权利。从公约文本看，高等教育在方法、费用和使用人群及平等性上同中等教育有着极大的相似性，也因侧重不同而有所差异。第一，虽然此处未限定高等教育的形式多样性，不意味着教育施行方式不要求多样性，实则暗含多形式的必要性。第二，虽然此处未提及技术和职业教育，技术及职业高等教育在高等教育范畴之内。可见，技术和职业教育横跨中等和高等教育。第三，不同于中等教育设立的普遍性逻辑，高等教育的提供以"成绩"为依据。

（d）受基本教育的权利。公约规定"未受初等教育或未能完成初等教育之人"接受基本教育，经济、社会及文化权利委员会则根据《世界全民教育宣言》中"基本学习需要"坚持人人有权接受基本教育，不受公约权利所属群体范畴限制。公约中的基本教育对应宣言中的基本教育。委员会还着重指出此项权利不受年龄或性别限制。

概念的甄别还存在于初等教育和基本教育之间，二者是两个不同的概念。至于二者的关系，委员会秉持儿童基金会对此问题的立场，"初等教育是基本教育中最重要的组成部分"。①

（2）选择教育的自由②

父母和法定监护人享有为他们的孩子选择非公立学校的自由。公约

---

① 经济及社会理事会：《〈经济、社会及文化权利国际公约〉执行情况》，第13号总评论，U.N. Doc. E/C.12/1999/10，1999年，第4页。
② 《经济社会文化权利国际公约》第13条。

第 13 条第 3 款对非公立学校的限定条件是"符合国家所规定或认可最低教育标准之非公立学校"。同时，本条款要求缔约国保证尊重父母和法定监护人的自由以保证他们的孩子能按照他们自己的信仰接受宗教和道德教育。这也意味着提出了不歧视的要求。

除了选择教育的自由，公约第 13 条第 4 款确认个人或团体设立及管理教育机构的自由。就此项自由而言：第一，以第 13 条第 1 款规定的教育原则为限；第二，结合第 13 条第 3 款限定条件来看，以国家可能规定之最低标准为限。

与教育权相关的自由还涉及大学自治自由和学术自由。世界多国各具特色的现代大学制度和高等教育发展反映着各国政府对待教育的理念和态度。自治不同于自由，却在一定程度上赋予了自由产生的空间。大学自治概念的通常意义在于大学实行内部的自我管理，政府不介入或不直接介入管治。中国的大学和科研机构在一定程度上自治。学术自由旨在强调大学及科研机构和大学教师、大学生及科研机构研究员等科研工作者从事教学活动和科学研究不受限制的自由。学术自由的内容顾名思义是"学术"的自由而非"学者"的自由，具体涵盖教学自由和研究自由，研究自由可进一步区分研究的自由和研究发表的自由。对于学术自由的权利主体，各国学界认识不统一，认识差异首先集中在学术自由是一项主体限定的权利还是一项基本公民权利？若为一项主体限定的权利，大学教师包括在主体范畴内毋庸置疑，进而问题聚焦于大学生、研究机构和研究人员、中初级教育机构教师是否分别包括在内？各国学者们的答案则是见仁见智的。① 经济、社会及文化权利委员会根据对缔约国报告的审查，就学术自由和机构自主指出破坏学术自由的政治等其他压力的伤害多发于高等教育中的教员和学生身上，"学术界的成员都能够个别地或集体地通过研究、教学、调查、讨论、编制文件、印发文件、创造或写作，从事发展和传播知识与思想。学术自由包括个人对自己当前从事工作的机构或系统自由表示意见的自由，以便在不受歧视或不担心国家人员或任何其他人员压制的情形下履行其职务，参加专业或有代表性

---

① 相关讨论，参见王广辉主编：《人权法学》，清华大学出版社 2015 年版，第 396—402 页。

的机构，在同一个国家管辖范围内享受别人能够享受到的国际公认的人权"。也要承担尊重他人学术自由等义务。① 委员会相信实现高等教育机构的自主是享受学术自由的前提，而且还需要注意自治同公共责任制度的挂钩关联。②

3. 受教育权的国内保护标准

在国际人权法权利划分标准外，我国法学界部分学者沿着受教育对象享有受教育权的全过程，归纳和提炼了一系列受教育对象享有的具体子权利。

学习机会权，即人人依法律规定享有受教育机会的权利。我国法律规定，人人依法律规定享有以学生身份接受义务教育和非义务教育阶段获取升学入学学习的机会。③ 这一"子权利"派生出入学升学机会权、受教育选择权和学生身份权（学籍权）三项"孙权利"。④ 受教育"机会"的获得机制（包括实质条件和形式程序）由国家自行法定。⑤ 获得机会的具体名额通常通过竞争和选拔确定，国家应设置公平合理的竞争和选拔机制，捍卫教育的平等和公平，守住选拔和任用人才的底线。⑥ 我国《教育法》第 37 条规定"受教育者在入学、升学、就业等方面依法享有平等权利"。义务教育阶段入学机会权对所有公民的平等是"实质上平等"，非义务教育阶段入学机会权的平等是"法律形式上的平等"，不是所有公民均能获取非义务教育阶段有限的教育资源，而在受教育选择权方面，义务教育阶段选择权内容范畴小于非义务教育阶段。⑦ 我国《义务教育法》第 12 条规定了"适龄儿童、少年在户籍所在地学校就近入学"。受教育选择权对应前述选择教育的自由。学生身份权的丧失有自愿放弃

---

① 经济及社会理事会：《〈经济、社会及文化权利国际公约〉执行情况》，第 13 号总评论，U.N. Doc. E/C.12/1999/10，1999 年，第 9—10 页。

② 经济及社会理事会：《〈经济、社会及文化权利国际公约〉执行情况》，第 13 号总评论，U.N. Doc. E/C.12/1999/10，1999 年，第 10 页。

③ 参见朱力宇、叶传星主编：《人权法》，中国人民大学出版社 2017 年版，第 242—243 页。

④ 李步云主编：《人权法学》，高等教育出版社 2005 年版，第 264—270 页。

⑤ 杨成铭主编：《人权法学》，中国方正出版社 2004 年版，第 290 页。

⑥ 参见朱力宇、叶传星主编：《人权法》，中国人民大学出版社 2017 年版，第 243 页。

⑦ 李步云主编：《人权法学》，高等教育出版社 2005 年版，第 266、268 页。

和非自愿被剥夺之分。前者是基于学生自愿退学，后者是学校及教育机构据自行制定的符合国家现行法律法规的规章制度对受教育者进行严重处分和学籍管理的结果。关于对学生的处理和处分决定，教育部 2017 年《普通高等学校学生管理规定》第 51 条规定，处分方式包括"警告、严重警告、记过、留校察看和开除学籍"，第 56 条提及"取消入学资格、取消学籍、退学、开除学籍或者其他涉及学生重大利益的处理或处分决定"，一部分处理和处分方式将剥夺学生身份权。退学需要区分自愿和非自愿两种具体情形。同时，《未成年人保护法》第 28 条规定学校"不得违反国家规定开除、变相开除未成年学生"，而且"应当对尚未完成义务教育的辍学未成年学生进行登记并劝返复学"。因此，学生身份权的剥夺不是任意性的，受法律规定约束，在不同的教育阶段，法律规定对剥夺学生身份权的限制程度是有区别的。此外，也有学者按照受教育者接受教育过程的时间脉络提出学习（受教育）机会权的具体内容包括入学机会权、在学机会权、选学机会权和升学机会权。[①]

学习条件权，顾名思义，受教育者有向国家提出提供学习条件的请求权。权利项下又分为教育条件建设请求权、教育条件利用权、获得教育资助权。我国《教育法》第 43 条规定了受教育者享有"参加教育教学计划安排的各种活动，使用教育教学设施、设备、图书资料"的权利，也享有"按照国家有关规定获得奖学金、贷学金、助学金"的权利。本条规定明确了后两项权利，前一项权利暗含在本条规定之中。各级学校完备之制度、非公立学校和教育机构符合国家认定教育标准、具备资质的教育人员及相关制度合力保障受教育权高质量地得以实现。教育条件建设请求权请求的建设对象不局限于教育基础设施、设备，还包括师资配备和财政投入，《教育法》第七章专章规定了"教育投入与条件保障"。[②]《教育法》第 38 条规定"国家、社会对符合入学条件、家庭经济困难的儿童、少年、青年，提供各种形式的资助"。获得教育资助权是

---

① 王广辉主编：《人权法学》，清华大学出版社 2015 年版，第 381—382 页。

② 朱力宇、叶传星主编：《人权法》，中国人民大学出版社 2017 年版，第 243 页；龚向和主编：《人权法学》，北京大学出版社 2019 年版，第 203—205 页。

需要在受教育者中加大传播力度的一项具体权利，尤其是国家向家庭经济困难的学生提供国家助学贷款的政策，助力完成学业所需基本物质条件从而顺利完成学业，助力受教育者享有受教育的权利。

学习成果评价权，即对于教育效果请求认定的权利。又可派生出公正评价权和获得学业证书学位证书权。国家教育主管部门同各级学校等设置学位学业、教学和考评的大纲和细则，形成配套体系，受教育者按照国家统一的要求标准和所在学校的具体要求标准完成指定课程，经客观考核合格通过获得学业证明和证书，是受教育者学习经历和能力水平的有力凭证，供受教育者继续深造、求职就业等所用。《教育法》第43条还规定受教育者享有权利"在学业成绩和品行上获得公正评价，完成规定的学业后获得相应的学业证书、学位证书"。

学习机会权、学习条件权和学习成果评价权组成的权利体系被广泛接受。实际上，《教育法》第43条也规定受教育者有"对学校给予的处分不服向有关部门提出申诉，对学校、教师侵犯其人身权、财产权等合法权益，提出申诉或者依法提起诉讼"的权利，可以概括为学习保护请求权，并入权利体系中，和《教育法》规定的受教育者权利相匹配，和法律规定保持同步性。

（四）国家保障受教育权的义务与责任[1]

1. 一般法律义务

（1）立即履行的义务和逐步实现的义务

同其他经济、社会和文化权利一般，缔约国既负有立即履行的有关义务，也负有逐步充分落实受教育权利的义务，并且倒退措施是不被允许的，除非缔约国证明正当措施的作出已经充分考虑所有可行的替代方法和利用一国一切可利用的资源。

（2）尊重、保护和履行的义务[2]

从尊重、保护和履行的三层级义务分析，缔约国尊重人人的受教育

---

[1] 经济及社会理事会：《〈经济、社会及文化权利国际公约〉执行情况》，第13号总评论，U.N. Doc. E/C.12/1999/10，1999年，第10—14页。

[2] 经济及社会理事会：《〈经济、社会及文化权利国际公约〉执行情况》，第13号总评论，U.N. Doc. E/C.12/1999/10，1999年，第11页。

权，不采取任何妨碍或阻止受教育权享有和实现的举措。保护义务要求缔约国为防止第三方对受教育权利的享有和实现进行干扰和妨碍而采取措施。履行义务要求缔约国主动采取积极措施，一方面，"便利"人人对该项权利的享有；另一方面，"提供"该项权利以供人人享有。经济、社会及文化权利委员会在此处强调公约第 13 条规定的两个特点，一是受教育权提供和落实的主要责任和义务由国家肩负，二是义务范围因各级教育规定之不同而不完全相同。

2. 具体法律义务

根据经济、社会及文化权利委员会第 13 号一般性意见，具体国家义务如下：①

根据公约第 13 条的规定，第一，缔约国应当确保设置和建设的教育系统的课程和制度契合于第一款所载的教育目标的实现，尤其包括用以核检目标实现与否的透明的、有效的制度。第二，关于第二款之规定，着眼于教育权利的基本特征，国家尊重教育的可提供性，不随意关闭非公立学校；保护教育的可获得性，防止包括父母在内的第三方阻止儿童，尤其是女童入学接受教育；便利、提供、保障以履行教育的可接受性、可调适性和可提供性，国家应该积极采取措施确保提供的教育在文化上能够满足少数民族和土著居民的需要，课程设置和设计应与时俱进，提供课程所需必要的资源，建立一套包容建造校舍设施、提供教学大纲和基础教材、师资队伍培训和建设等在内的完整的教育体系，并持续完善之。第三，缔约国在初等、中等、高等和基本教育方面的义务不同。为人人提供初等教育是缔约国必须立即履行的义务。缔约国应当采取步骤或经由国际援助和合作采取步骤以便用一切适当方法逐渐达到中等、高等和基本教育方面权利的充分实现，至少必须通过并执行一项涵盖提供这些教育的国家教育战略。第四，缔约国对确保受教育权的直接提供负有主要责任，公约提出积极发展各级学校的制度和建立奖学金制度的要求。缔约国还必须制定学校和教育机构的"最低教育标准"，并建立相

---

① 经济及社会理事会：《〈经济、社会及文化权利国际公约〉执行情况》，第 13 号总评论，U.N. Doc. E/C.12/1999/10，1999 年，第 12—14 页。

应的监督机制。第五，缔约国负有消除童工现象，消除女童、妇女及其他处在不利地位的群体在教育方面受到性别上的成见和其他成见的义务。

全球性贫富差距的加剧，对教育公平构成了严重的破坏。为此，在教育的私营化和商业化问题上、在教育政策制定上、在教育资源分配上，各国应当认真对待、严谨决策，负责任地履行监管、调控职责，同时加大对公立学校及其设施等教育建设的投入，防止个人的受教育权遭受损害和威胁，促进教育机会平等，捍卫教育公平。数字鸿沟也在破坏教育公平，需国家助推教育事业尤其是信息化、数字化教育平台等基础设施的建设和发展，消除鸿沟，从而营造公平的教育环境。

突发国际公共卫生事件、环境变化、武装冲突和战争等国际情势给不少国家的经济和社会造成了冲击，教育权利保障方面也受到影响。国家需要采用多样创新灵活的调整方式尽可能为教育权利提供应有保障。

3. 中国受教育权保障状况

中国现代教育的起点可溯至 1904 年颁布癸卯学制和 1905 年废除科举制。中国当代教育的振兴以"文化大革命"结束后、1977 年恢复全国统一高考为起点。数十年间，中国的教育事业已取得巨大发展和成就。

《宪法》第 46 条明确规定公民的受教育权利和义务，第 19、20、22、23、24 条与教育及文化相关。

第 19 条

国家发展社会主义的教育事业，提高全国人民的科学文化水平。

国家举办各种学校，普及初等义务教育，发展中等教育、职业教育和高等教育，并且发展学前教育。

国家发展各种教育设施，扫除文盲，对工人、农民、国家工作人员和其他劳动者进行政治、文化、科学、技术、业务的教育，鼓励自学成才。

国家鼓励集体经济组织、国家企业事业组织和其他社会力量依照法律规定举办各种教育事业。

国家推广全国通用的普通话。

第 20 条

国家发展自然科学和社会科学事业，普及科学和技术知识，奖励科学研究成果和技术发明创造。

第 22 条

国家发展为人民服务、为社会主义服务的文学艺术事业、新闻广播电视事业、出版发行事业、图书馆博物馆文化馆和其他文化事业，开展群众性的文化活动。

国家保护名胜古迹、珍贵文物和其他重要历史文化遗产。

第 23 条

国家培养为社会主义服务的各种专业人才，扩大知识分子的队伍，创造条件，充分发挥他们在社会主义现代化建设中的作用。

第 24 条

国家通过普及理想教育、道德教育、文化教育、纪律和法制教育，通过在城乡不同范围的群众中制定和执行各种守则、公约，加强社会主义精神文明的建设。

国家倡导社会主义核心价值观，提倡爱祖国、爱人民、爱劳动、爱科学、爱社会主义的公德，在人民中进行爱国主义、集体主义和国际主义、共产主义的教育，进行辩证唯物主义和历史唯物主义的教育，反对资本主义的、封建主义的和其他的腐朽思想。

通过 2018 年修正《义务教育法》和《高等教育法》，2021 年修正《教育法》，我国先后制定并实施多部教育方面的法律并持续跟进完善，在《未成年人保护法》《妇女权益保障法》等法律中也不乏教育相关规定。

教育兴则国家兴，教育强则国家强。"教育是提高人民综合素质、促进人的全面发展的重要途径，是民族振兴、社会进步的重要基石，是对中华民族伟大复兴具有决定性意义的事业。"① 国家重视并大力投入到教育事业的建设中。2019 年教育部统计数据报告全国教育事业发展情况显示"全国共有各级各类学校 53.0 万所，全国各级各类学历教育在校生 2.82 亿人，各级各类学校专任教师 1732.0 万人，各级各类学校共拥有校舍建筑面积 37.4 亿平方米，各级各类学校教学、科研仪器设备资产总值为 11211.1 亿元……义务教育普及水平持续保持高位，正在向优质均衡阶段迈进……教育部进一步完善综合控辍保学机制，健全辍学高发区重点监测制度……"，其他各级各类教育有条不紊地取得进展并持续发展。② 2019 年 8 月，《新疆的职业技能教育培训工作》白皮书正式发布，新疆开展教育培训工作，开设国家通用语言文字培训、法律知识课堂、职业技能培训和去极端化为主要内容的课程，从源头上消灭恐怖主义、宗教极端主义，尊重和保障人民的多项人权，受教育权便是其中一项。

中国教育事业历经多次改革和持续发展，已经在整体上摆脱了教育极度短缺和贫困的状态。当然，在看到辉煌成就的同时，不应忽视依然存在的问题。实现教育公平，是相对严重且受关注度颇高的难题之一。推进教育公平"努力让每个孩子都能享有公平而有质量的教育"任重而道远。③

四、健康权

（一）健康权的历史发展和国际法渊源

健康权源起于欧洲，而拉丁美洲经济社会权利的创造基于甚至超越对欧洲民主政治和人权理念的借鉴，萌生于当地现实需求境遇之中，既是对人民的人性和人权诉求的回应，也是革命领导人塑造的权利形态，成为美好愿景的精神寄托。④19 世纪西方工业革命如火如荼，只顾追求

---

① 习近平：《做党和人民满意的好老师——同北京师范大学师生代表座谈时的讲话（2014年 9 月 9 日）》，人民出版社 2014 年版，第 2 页。

② 教育部：《中国教育概况——2019 年全国教育事业发展情况》，http://www.moe.gov.cn/jyb_sjzl/s5990/202008/t20200831_483697.html。

③ 习近平在中国共产党第十九次全国代表大会上的报告（2017 年 10 月 18 日）。

④ 李广德：《健康作为权利的法理展开》，载《法制与社会发展》2019 年第 3 期。

经济迅猛发展的代价是层出不穷的社会问题和危机：一方面，严重剥削和压榨下的工人面临健康问题；另一方面，工业化大发展的背后是牺牲环境，污染严重，公共卫生条件差，流行病和传染病肆虐，对人民生命健康造成威胁。严峻的社会现实迫使英国于 1848 年通过《公共卫生法案》。19 世纪后半叶，商业和交通的发展交织带动了国际交往的加深，欧洲在此阶段组织召开了众多国际卫生会议，意在阻滞外来疾病入侵欧洲。[①]

第二次世界大战后，国际人权事业蓬勃发展，健康权随即正式作为一项人权收获认可。1945 年《联合国宪章》第 55 条提及卫生问题。1946 年 6 月 19 日—7 月 22 日举办国际卫生大会，7 月 22 日 61 个国家代表签署《世界卫生组织宪章》，序言将健康界定为"是一种完全的身体、精神和社会福祉状态，不仅仅是没有疾病或体弱"，确认"享有可获得的最高标准的健康是每个人的基本权利之一，不分种族、宗教、政治信仰、经济或社会条件"。[②]

随后，健康权被纳入多部国际人权文件。《世界人权宣言》第 25 条第 1 款规定健康权和适当生活水准权。《消除一切形式种族歧视国际公约》第 5 条（辰）款（4）项规定享受公共卫生的权利。《经济社会文化权利国际公约》第 12 条承认"能达到的最高的体质和心理健康的标准"的权利。《消除对妇女一切形式歧视公约》第 11 条 1 款（f）项、第 12 条、第 14 条 2 款（b）项和《儿童权利公约》第 24 条分别就特殊群体健康和保健权利内容作出明确规定。《保护所有移徙工人及其家庭成员权利国际公约》中也包含以移徙工人及其家庭成员为权利享有对象、以健康和保健为权利内容的有关规定，见于第 28 条、第 43 条（e）款和第 45 条（c）款。《残疾人权利公约》第 25 条的主题为"健康"。

在区域层级，健康权同样被纳入文书中获得承认并被阐释。诸如1996 年修订的《欧洲社会宪章》第 11 条、《美洲人权公约》涉及经济、社会和文化权利的补充议定书《圣萨尔瓦多议定书》第 10 条和《非洲人

---

① B. 托比斯：《健康权》，载〔挪〕艾德等：《经济、社会和文化的权利》，黄列译，中国社会科学出版社 2003 年版，第 196 页。

② Constitution of the World Health Organization.

权和民族权宪章》第 16 条，均有专门条款对健康权作出规定。同时，也不乏一些人权文件中规定同健康权相关的生命权、禁止酷刑和其他残忍、不人道或有辱人格的待遇等权利内容。① 健康权同生命权不能混为一谈，但有着密切联系。

在国家宪法层面，1925 年智利的宪法是极早将健康作为国家义务内容载入国家宪法的代表。根据早年联合国人权事务高级专员办事处和世界卫生组织的统计，"健康权或保健权在至少 115 部《宪法》中得到承认。另有至少六部《宪法》规定了有关健康的责任"。②

（二）健康权的内容

《经济社会文化权利国际公约》第 12 条第 1 款将健康权界定为："人人有权享有能达到的最高的体质和心理健康的标准"。社会工作和生活重压之下，具有心理健康隐患的群体数量不少，心理健康问题已然成为一项形势严峻的社会问题。"能达到的最高的……健康的标准"措辞表明健康权的实际保障是有限度的。一方面，受国家资源能力所限，诸如在新冠疫情席卷全球之际，国家间医学发达水准、医疗资源、管理能力水平等差异对人的健康具有直接影响，属于外因；另一方面，个人生理和经济社会条件作为内因同样直接同健康标准的达到程度"挂钩"，因此，国家保障健康权但"不能保证健康"。③

联合国大会第三委员会在起草《经济社会文化权利国际公约》第 12 条健康权条款时未采纳《世界卫生组织宪章》的健康概念，联合国人权事务高级专员办事处和世界卫生组织编制的健康权概况介绍第 31 号文件指出，健康权包容广泛的内容，不仅包含卫生保健权利，还涵盖经济社会因素。④ 经济、社会及文化权利委员会监督公约的实施，将"安全的

---

① 联合国人权事务高级专员办事处、世界卫生组织：《健康权》，概况介绍第 31 号，2008 年，第 11 页。

② 同上。

③ 经济及社会理事会：《第 14 号一般性意见：〈经济、社会及文化权利国际公约〉执行过程中出现的实质性问题》，U.N. Doc. E/C.12/2000/4，2000 年，第 3 页。

④ 经济及社会理事会：《第 14 号一般性意见：〈经济、社会及文化权利国际公约〉执行过程中出现的实质性问题》，U.N. Doc. E/C.12/2000/4，2000 年，第 2 页；联合国人权事务高级专员办事处：《经济、社会和文化权利常见问题解答》，概况介绍第 33 号，第 3 页。

饮用水和适当的卫生设备、安全的食物、适当的营养和住房、健康的工作和环境条件、健康相关的教育和信息以及两性平等"列为"健康的基本决定因素",包括于健康权之中。①"包括享有卫生设施、商品和服务的权利,享有健康的职业和环境条件的权利,受保护免患流行病的权利,以及有关性卫生和生殖卫生的权利"是联合国人权事务高级专员办事处对健康权基本内容的界定。②

健康权集自由和权利于一体,自由包括对自己的健康和身体掌握作主,性方面和生育方面的自由,不受干扰的自由,如免遭未经同意的医疗、医学实验与研究、强迫绝育,免遭酷刑和其他残忍、不人道或有辱人格的待遇;权利包括"获得提供人人享有最佳健康平等机会的健康保护系统的权利,预防、治疗和控制疾病的权利,获得基本药物,妇幼保健和生殖保健,平等和及时地获得基础的医疗,提供健康相关的教育和信息,大众在国家和社区层面参与健康相关决策"。③

根据公约第 14 号一般性意见、健康权概况介绍第 31 号文件,健康权的基本要素如下:④

(1)可用性。供应足够数量的、行之有效的公共卫生保健和医疗设施、物品和服务以及卫生计划。缔约国发展水平等因素会对它们产生影响,但是诸如安全、清洁的饮用水和卫生设施、符合资质的医务人员、世界卫生组织规定的必需药品等基本卫生要素应当满足。

(2)可获取性。卫生设施、物品和服务面向所有人不得歧视,安全、实际可得,特别是弱势群体和边缘群体。可获取性也包括信息的可

---

① 联合国人权事务高级专员办事处、世界卫生组织:《健康权》,概况介绍第 31 号,2008 年,第 3 页。

② 联合国人权事务高级专员办事处:《经济、社会和文化权利常见问题解答》,概况介绍第 33 号,第 2 页。

③ 联合国人权事务高级专员办事处、世界卫生组织:《健康权》,概况介绍第 31 号,2008 年,第 3—4 页;经济及社会理事会:《第 14 号一般性意见:〈经济、社会及文化权利国际公约〉执行过程中出现的实质性问题》,U.N. Doc. E/C.12/2000/4, 2000 年,第 3 页。

④ 经济及社会理事会:《第 14 号一般性意见:〈经济、社会及文化权利国际公约〉执行过程中出现的实质性问题》,U. N. Doc. E/C.12/2000/4, 2000 年,第 3—5 页;联合国人权事务高级专员办事处、世界卫生组织:《健康权》,概况介绍第 31 号,第 4 页。正文结合权利实践对原文内容进行了一定整合及调整。

获得，同时要求对公共卫生信息的查询、接受和传播以不损害个人隐私权为底线。可获取性还指向经济上的可获得，是所有人能够负担的，收费秉承平等原则，实质公平表现为经济拮据家庭在此方面的开支负担不应过重。

（3）可接受性。卫生设施、物品和服务的提供恪守职业道德、在性别问题上有敏感认识和在文化上具有适当性。

（4）高质量、高水平。这是指医疗卫生设施、物品、人员和服务在科学和医学上的适当性和高质量、高水平。

联合国人权事务高级专员办事处也将"参与"和"问责"列入基本要素中。①

公约第12条第2款列举了达到第1款所述健康最高标准的目标和举措，需要注意的是，该条款的列举属于非封闭清单式的不完全列举。"（甲）减低死胎率和婴儿死亡率，和使儿童得到健康的发育；（乙）改善环境卫生和工业卫生的各个方面；（丙）预防、治疗和控制传染病、风土病、职业病以及其他的疾病；（丁）创造保证人人在患病时能得到医疗照顾的条件。"

第14号一般性意见对每个项目作了广义的扩展解读：②

（甲）项是产妇、儿童和生育卫生权利，采取措施以改善儿童和母亲的健康和生育的卫生服务，诸如产前和产后保健等。（乙）项为享有健康的自然和工作场所环境的权利，具体而言：确保适当安全、住房、食物营养、饮水、卫生条件；采取预防措施避免职业事故和疾病，减少工作环境中危害健康的原因；防止和减少人们接触有害物质和有害环境。（丙）项是预防、治疗和控制疾病的权利，要求建立行为方面的预防和教育计划，保障得到治疗的权利，在疾病控制问题上各国需要单独和共同努力，合法合理发展并运用科学技术手段，合法合理开展流行病监督

---

① 参见"联合国人权高专办与健康权"，联合国人权事务高级专员办事处网站，https://www.ohchr.org/zh/health。

② 经济及社会理事会：《第14号一般性意见：〈经济、社会及文化权利国际公约〉执行过程中出现的实质性问题》，U.N. Doc. E/C.12/2000/4，2000年，第5—6页。结合权利实践对原文内容进行了一定整合及调整。

和数据收集等工作，合法合理制定、执行和强化免疫计划和控制计划。（丁）项是享有卫生设施、物品和服务的权利，恢复健康包括身体和精神的健康两个方面，预防、治疗和康复的卫生保健服务的供给应是平等、及时和适当的。民众对有关健康权的政治决定的参与需要进一步加强。

此外，在健康权的实现方面，同其他权利一样，强调不歧视且公平地使人人获得卫生保健和服务。在性别和少数群体问题上，各群体对健康权实现上的卫生设施、商品和服务存在特殊需求，应当针对性满足其需要，最大限度上提供权利保障。

伴随人类认知、科技水平和医疗技术的探索和提升，健康权的内涵和要素或将持续扩容。

2022 年 7 月，联合国大会通过第 A/RES/76/300 号决议确认"享有清洁、健康和可持续环境的权利"是一项人权，并呼吁国家等利益攸关方积极行动确保权利的实际享有。[①] 这一项环境权利同包括健康权、食物权、水权和享有卫生设施的权利等具体人权的充分实现息息相关。

（三）国家保障健康权的义务和责任

1. 一般法律义务

通观上述工作权、适当生活水准权、受教育权和本节的健康权，经济、社会及文化权利的实现均有两个方面的义务，即立即履行的义务和逐步实现的义务，且义务的履行是不倒退的。经济、社会及文化权利委员会还强调缔约国在逐步实现权利的过程中至少应该通过一项国家战略，同时不歧视义务普遍适用于经济、社会及文化权利，这些义务的渊源出自《经济社会文化权利国际公约》的第 2 条和第 3 条之规定。此外，公约所指"国际援助和合作"的必要性体现于缔约国以一国之力无法兑现权利的保障义务，从而同其他缔约国一道努力履行权利保护之义务。

第 2 条

一、本公约缔约国承允尽其资源能力所及，各自并藉国际协助

---

① 联合国大会：《享有清洁、健康和可持续环境的人权》，U.N. Doc. A/76/L.75 & Add.1，2022 年。

与合作，特别在经济与技术方面之协助与合作，采取种种步骤，务期以所有适当方法，尤其包括通过立法措施，逐渐使本公约所确认之各种权利完全实现。

二、本公约缔约国承允保证人人行使本公约所载之各种权利，不因种族、肤色、性别、语言、家教、政见或其他主张、民族本源或社会阶级、财产、出生或其他身分等等而受歧视。

三、发展中国家在适当顾及人权及国民经济之情形下，得决定保证非本国国民享受本公约所确认经济权利之程度。

第3条

本公约缔约国承允确保本公约所载一切经济社会文化权利之享受，男女权利一律平等。

权利的充分实现是缔约国的不懈追求，权利的实现没有上限却不无底线。委员会在其文件中列明了健康权的核心最低义务，依次为在不歧视的基础上供给卫生健康设施、物品和服务并且公平地进行分配，营养适足和安全的基本食物，充足的安全的饮用水及卫生设施，庇护和住所，必需的药品。[1]

2.尊重、保护和履行的义务

公约第14号一般性意见对该三项义务均作出了具体阐释：[2]

不对健康权进行干涉是缔约国必须履行的尊重义务，例如不剥夺或限制就医、保健服务的享有，不施加有关妇女健康状况和需求的歧视性做法，不限制获得避孕药具等。委员会在此处还特别强调缔约方间对健康权享有的彼此尊重。

缔约国应以立法配套其他措施预防和阻止个人健康权受第三方干

---

[1]　联合国人权事务高级专员办事处、世界卫生组织:《健康权》，概况介绍第31号，2008年，第28页。

[2]　同上，第28—31页；经济及社会理事会:《第14号一般性意见:〈经济、社会及文化权利国际公约〉执行过程中出现的实质性问题》，U.N. Doc. E/C.12/2000/4，2000年，第9—14页。正文结合权利实践对原文内容进行了一定整合及调整。

涉、限制和侵害，包括第三方于他国对权利的侵害，监管私有化和私人行为者。缔约国还应当保障平等之机会获得第三方提供的卫生保健设施、物品和服务。缔约国在国际缔约方面应充分考虑健康权因素并适时采取有效措施防止对权利产生不利影响后果。食品安全问题频频发生，屡禁不止，食物安全直接关系到百姓的身体健康，国家还需积极查处食品安全隐患，各相关职能部门应认真履行监管义务。

履行的义务要求缔约国积极行动采取措施全面实现权利。在法律运行程序之立法、行政、执法、司法各个阶级，以及宣传、预算、政策等方面下功夫，多举措并行筑牢健康权保障体系。从国家卫生保健系统的具体构建出发，缔约国应当拟定并通过一项国家卫生健康政策或计划，在健康方面投入足够预算，确保对主要传染病的免疫计划，确保对健康的基本决定因素的保障，安全有效的水、食物以及患病群体所需药物等对于人的生命和健康的维系不可或缺，从人的角度考虑需要足够数量的具备资质和经验的医务人员等专业人士。开展卫生健康教育和宣传活动传播有利于健康的信息、扫盲有关健康知识、树立全民健康理念，关注和重视流行病、环境和职业带来的健康威胁风险。监督、问责机制和司法机制发挥威慑作用，也服务于对政策和行为的动态、及时调整，同样不可或缺。此外，当个人或群体因自身不可控因素无法实现健康权时，国家作为后盾保障提供公约所载之权利。

医疗保障是维护公民健康权的基石。放眼全球，可看到多样化的医疗保障制度图景：很多欧洲国家实行全民医疗服务制度，政府财政包揽民众医疗费用的支付，由国家全面提供保障。德国是世界上率先建起社会医疗保险制度的国家，奉行互助共济原则，历经发展与改革，形成了以法定医疗保险为绝对主导结合私人医疗保险的制度格局，实行全民强制参保、家庭联保，治理模式以社会自治为主，政府治理指向法律制定、执行和社会监管。[①] 美国以商业医疗保险为主要模式，以由"医疗照顾计

---

① 陈晨、黄万丁：《德国法定医疗保险的成功经验及启示——基于参保机制视角》，载《社会保障研究》2022年第2期；李珍、赵青：《德国社会医疗保险治理体制机制的经验与启示》，载《德国研究》2015年第2期。

划"（Medicare）、"医疗救助计划"（Medicaid）、"儿童健康保险计划"（Children's Health Insurance Program，CHIP）和"基本健康计划"（Basic Health Program，BHP）四部分组成的公共医疗保障制度托底弱势群体的健康权利保护。[1] 新加坡在探索国家发展道路的过程中从起初的英式国家医疗保险模式转型为储蓄医疗保险模式，由"3M 计划"，即"保健储蓄计划"（Medisave）、"健保双全计划"（MediShield）和"保健基金计划"（Medifund）组织构成医疗保障制度体系，其中，以保健储蓄计划为基础，由国家强制所有在职人员在个人中央公积金中开设"保健储蓄账户"，由劳动者和用人单位或雇主依国家设定规则缴费，新加坡政府则拨款面向特定人群向其账户"充值"提供补贴。[2]

3. 中国健康事业进展状况

2017 年，《中国健康事业的发展与人权进步》白皮书发布，反映了被誉为"发展中国家典范"的中国多年来在提升人民健康水平方面的不懈努力和显著成效。白皮书强调"健康是人类生存和社会发展的基本条件……是人类有尊严地生活的基本保证……"，进而，"没有全民健康，就没有全面小康"。[3] 白皮书从多个方面讲述了中国健康事业发展的故事：[4]

第一，作为一个拥有十几亿人口的发展中大国，中国寻得了符合国情的权利保障模式。新中国成立初期，人均预期寿命仅有 35 岁，国家大力开展医药卫生事业，在技术上寻求突破，完成了第一例断肢再植手术、研制出抗疟新药青蒿素等，在弥补资源不足、能力不足的短板方面，多举措并行鼓励多形式办医、放开和发展医药产业、大力动员和培训专业医院人员，自 1998 年起先后建立社会医疗保险制度、城镇医药卫生体制，改革农村卫生体制机制。2003 年全国人民万众一心应对"非典"挑战取得胜利。此后，国家先后完成多轮医药卫生体制改革，城乡全民基

---

[1] 胡宏伟、王红波：《美国托底性医疗保障：体系阐释、制度评估与经验启示》，载《经济社会体制比较》2021 年第 5 期。

[2] 李竞平：《新加坡医疗保障制度及其高效运行》，载《中国社会科学报》2022 年 2 月 21 日。

[3] 中华人民共和国国务院新闻办公室：《中国健康事业的发展与人权进步》，人民出版社2017 年版。

[4] 同上。

本医疗网络覆盖形成，大病保险制度、疾病应急救助制度、医疗救助制度的建立健全加固了对人民健康权的全面保障，健康被置于优先发展的战略地位，统计显示我国人均预期寿命已经提高到 2019 年的 77.3 岁。[①]

　　第二，国家从生产、生活、生态和社会环境着手提升和改善，为个人权利实现创造了良好条件。自 2007 年起，国家先后在全国范围内推广全民健康生活方式行动，发布《中国居民膳食指南（2016）》，监测居民营养与健康状况并及时发布有关信息，在饮食习惯减盐方面、在生活习惯控烟问题上推广健康理念，积极采取措施推动践行。国家开展全面健身运动，将健身事业提升至国家战略位置，陆续建成一系列全民健身活动中心、社区多功能运动场、体育公园、健身广场、室外健身器械、各级各类青少年体育俱乐部。同时，健康教育事业也在有条不紊地持续推进。国家还在环境治理、城乡环境卫生综合整治方面下功夫，各项指标数据的变化证实工作的卓有成效，环境同公民的身心健康息息相关。2011 年国家修订《中华人民共和国职业病防治法》，国家加大监督检查力度，处罚和整治了一批工作场所环境和条件不达标的企业，强化职业健康方面的管理。2015 年国家修订《中华人民共和国食品安全法》，加大对食品生产环节、销售环节检查力度，对食品生产企业、经营主体的资质和规范经营严格监督，从源头处避免食品安全事件的发生。

　　第三，公共卫生服务能力在稳步提升中。基本公共卫生服务的覆盖率和惠及面均有所增扩，国家将成人纳入免费提供疫苗及接种服务范畴，建立基本覆盖居民生命全过程的健康档案等服务项目，截至 2016 年，全国居民电子健康档案建档率超过七成，流动人口基本公共卫生服务利用状况改善，制定和实施指向重大疾病和重点人群健康问题的公共服务项目等。国家应对传染病能力和疫情控制水平大幅提升，已经建成全球最大规模的法定传染病疫情和突发公共卫生事件的网络直报系统；国家也建有慢性病和慢性病危险因素监测网络以针对慢性病防控；国家还在地

---

　　① 中华人民共和国国家卫生健康委员会规划发展与信息化司：《2019 年卫生健康事业发展统计公报发布——2019 年人均预期寿命提高到 77.3 岁公立医院床位使用率上升基层服务能力稳步提高》，http://www.nhc.gov.cn/guihuaxxs/s10742/202006/632278fb44a34bcfbb440a7dd5642c1d.shtml，最后访问日期：2024 年 4 月 8 日。

方病流行趋势控制方面有所作为。在忧患意识的驱动下，在一次次经历公共卫生事件的经验教训中，公共卫生服务能力的考验体现在应对突发公共卫生事件危机上，国家在全国分区域设置多类多级卫生应急处置队伍，加速建设卫生应急体系，在 H7N9 禽流感、四川汶川地震等突发传染病疫情和事故中表现出了极强的应急能力和水平。此外，国家同等重视公民精神心理方面的健康，设置精神卫生服务机构、制定有关法律、将严重精神障碍纳入医保范围、进行精神障碍和心理行为问题的及时干预、推进社区康复服务等。

第四，国家持续完善全面医疗保障体系，努力提供更高水平的医疗卫生服务。国家加大医疗卫生方面的投入，截至 2020 年 8 月底，全国医疗卫生机构数达 102 万个。医院 3.5 万个，其中，公立医院 1.2 万个，民营医院 2.3 万个。基层医疗卫生机构 96.7 万个，其中，社区卫生服务中心（站）3.5 万个，乡镇卫生院 3.6 万个，村卫生室 61.6 万个，诊所（医务室）25.2 万个。专业公共卫生机构 1.6 万个，其中，疾病预防控制中心 3413 个，卫生监督所（中心）3002 个。[1] 国家始终重视医药卫生人才队伍的建设和优化，医教协同推进医学教育改革，自 2016 年起，42 所高校开设本科儿科学专业，61 所高校开设本科麻醉学专业，29 所高校开设本科精神医学专业，加紧紧缺专业人才培养。[2] 基层和农村的医疗条件在改善，医疗卫生服务层次化日渐明晰，专业公共卫生机构、综合和专科医院、基层医疗卫生机构"三位一体"的重大疾病防控机制和分级诊疗机制的建立使公民的就医感和服务体验更佳，药品价格的下降进一步减轻患者经济负担，新药创新研发、生产水平提高，新药产品顺利获批上市流通，药品供应保障方面不断取得突破惠及于民。

第五，中国重视对妇女、儿童、老年人、残疾人等特定群体权利的保障，有针对性地满足其特殊需求。国家制定并实施妇女健康普惠政

---

① 中华人民共和国国家卫生健康委员会：《2020 年 8 月底全国医疗卫生机构数》，http://www.nhc.gov.cn/cms-search/xxgk/getManuscriptXxgk.htm?id=9b959949c11746d6a448cfe9712074e0，最后访问日期：2024 年 4 月 8 日。

② 中华人民共和国国家卫生健康委员会：《对十三届全国人大二次会议第 6744 号建议的答复》，http://www.nhc.gov.cn/wjw/jiany/202007/67b56ce0a70d47b7a40eed99a6e628ab.shtml，最后访问日期：2024 年 4 月 8 日。

策，2009 年以来将开展农村妇女"两癌"检查列入重大公共卫生服务项目中，截至 2018 年已为超过 8000 万名农村妇女进行宫颈癌检查，为近 2000 万名农村妇女进行乳腺癌检查。①农村孕产妇住院分娩率提升，农村孕产妇死亡率和婴儿死亡率继续降低。2019 年，对 2011 年颁布的《中国妇女发展纲要（2011—2020 年）》监测报告显示《纲要》实施进展总体顺利，很多项目已达标，但是也不乏部分指标仍需加强工作以缩短差距，其中就包括地区间孕产妇死亡率的显著差距有待消除。②

在儿童健康权利保护方面，母乳喂养率提高，婴儿死亡率、5 岁以下儿童死亡率、5 岁以下儿童低体重率、生长迟缓率、贫血患病率均呈下降趋势，《中国儿童发展纲要（2011—2020 年）》的多项目标已提前达标，调查数据显示中国 7 岁以下儿童体格发育水平已赶超世界卫生组织的儿童生长发育标准。儿童疾病防治也为重点开展的工作，健康检查、疾病筛查和防控工作持续开展，免疫规划疫苗接种率保持在 99% 以上，如肺结核等多种疾病发病率呈下降趋势或保持在较低水平，国家始终在为每一个儿童的健康成长保驾护航。老年人的健康服务和残疾人的康复服务工作同样有针对性地持续开展，并且更有效地为他们权利的充分实现提供更优质的保障。

第六，中国积极参与全球健康治理和医疗卫生领域国际合作，展现大国担当。中国积极参与医疗卫生法律体系建设，《世界卫生组织组织法》和《阿拉木图宣言》等国际条约、宣言的缔约方均有中国身影。中国坚持同其他国家、国际组织就国际医疗卫生开展深度交流和合作，对外提供医疗卫生援助。在和世界卫生组织合作方面，于 2016 年签发《中国－世界卫生组织国家合作战略（2016—2020）》。中国多次同他国开展医疗卫生方面的对话和国际研讨会。自 1963 年以来中国已先后向 69 国派遣医疗队，累计派遣 2.5 万人次。中国多次在国际场合宣布提供医疗

---

① 中华人民共和国国家卫生健康委员会，《关于政协十三届全国委员会第二次会议第 2376 号（医疗体育类 251 号）提案答复的函》，http://www.nhc.gov.cn/wjw/tia/202009/9950a692769f44a7816883da2bc0145a.shtml，最后访问日期：2024 年 4 月 8 日。

② 国家统计局：《2019 年〈中国妇女发展纲要（2011—2020 年）〉统计监测报告》，http://www.gov.cn/xinwen/2020-12/19/content_5571135.htm，最后访问日期：2024 年 4 月 8 日。

卫生方面的援助举措，2020 年习主席在第 73 届世界卫生大会上宣布两年内提供 20 亿美元国际援助、在新冠疫苗研发完成并投入使用后将其作为全球公共产品和建立 30 个中非对口医院合作机制等举措。[①]

在健康权立法上，《中华人民共和国基本医疗卫生与健康促进法》于 2019 年经十三届全国人大常委会第十五次会议审议通过，2020 年《中华人民共和国民法典》经表决通过，第四编第二章规定生命权、身体权和健康权。2016 年国务院印发《"健康中国 2030"规划纲要》，国家将继续坚持以人民为中心的发展思想，在现阶段基础上继续推进更高水平健康权的享有，以"共建共享"达成"全民健康"。[②]

第三节　特殊群体的人权：少数人的人权

特殊群体是相对于普通群体而言，由于生理特征与体能状态上的不利，权利更易受到侵犯，应当受到特殊保护与特殊对待的群体。[③] 保障特殊群体的权利既是平衡人权保护的需要也是保障人类社会永续发展的需要。[④]

"人权建立在对每个人的尊严与价值的尊重的基础上，它符合所有人的利益和要求，它应当平等而无差别地适用于所有人。"[⑤] 平等与不歧

---

① 新华网：《习近平在第 73 届世界卫生大会视频会议开幕式上致辞》，https://baijiahao. baidu.com/s?id=1667037350286712375&wfr=spider&for=pc，最后访问日期：2024 年 4 月 8 日。

② 新华社：中共中央　国务院印发《"健康中国 2030"规划纲要》，http://www.gov.cn/ xinwen/2016-10/25/content_5124174.htm，最后访问日期：2024 年 4 月 8 日。

③ 关于特殊群体的定义，国内学者通常强调该群体在生理特征、体能状态等方面的不利地位，在形式上受到法律的特殊保护。例如，余少祥认为，特殊群体是指"公民中由于生理或体能原因，其权利和一切合法权益受到特殊保护与特殊对待的一部分人"；常健等认为，"特殊群体一般是指那些由于特殊的状态、处境、身份而特别容易遭受权利侵犯的主体，需要被给予特殊的保护"；朱力宇等认为，"特殊群体，是相对于普通群体而言的一些特定群体，有时也被称为弱势群体、特定群体，是指基于种种原因在社会中处于弱势地位的人所构成的群体"。参见余少祥：《法律语境中弱势群体概念建构分析》，载《中国法学》2009 年第 3 期；常健、陈振功：《人权知识公民读本》，湖南大学出版社 2012 年版，第 143 页；朱力宇、叶传星主编：《人权法》，中国人民大学出版社 2017 年版，第 245 页。

④ 参见朱力宇、叶传星主编：《人权法》，中国人民大学出版社 2017 年版，第 246—247 页。

⑤ 徐显明主编：《国际人权法》，法律出版社 2004 年版，第 10 页。

视原则是国际人权法的基本原则。有人认为，为特殊群体提供特殊保护将与人权保护的"平等与不歧视"原则冲突，只要为每个人的权利提供平等的、不加歧视的保护，就不会存在少数人的人权问题。诚如柏拉图所言，"对一切人的不加区别的平等就等于不平等"。上述观点的错误之处在于，没有正确区分法律上的、形式上的平等与事实上的、实质上的平等，没有意识到给予特殊群体的特殊保护与平等与不歧视原则并非是对立关系，而是互相促进的。表面上看，向特殊群体提供特殊保护是对法律的普遍适用性的挑战，但法律寻求普遍性与特殊性之间的平衡的过程实质上体现了对公平与正义的追求。① 给予特殊群体倾斜性保护才能实现整个社会平衡、有效的人权保障。为保障特殊群体享有普遍性人权，需要向其提供平等保护；为了让特殊群体享有特殊权利，就要为其提供特殊保护。② 本节述及的特殊群体包括妇女、儿童、老年人、残疾人这些传统的生理意义上的弱势群体。

一、妇女权利

（一）概述

1993 年《维也纳宣言和行动纲领》正式提出"妇女人权"（women's human rights）这一概念，宣告"妇女的人权应成为联合国人权活动、包括促进有关妇女的所有人权文书的工作的一个组成部分"。③ 妇女权利是人权，性别平等是所有可持续发展目标的核心。④ 妇女地位的提升是人类文明进步的标志。对妇女的歧视违反权利平等和尊重人格尊严原则。⑤ 消除对妇女的歧视、实现性别平等是世界各国的共识。⑥ 尽管妇女的生存发

---

① 参见白桂梅主编：《人权法学（第 3 版）》，北京大学出版社 2023 年版，第 188 页。
② 参见吴双全：《少数人权利的国际保护》，中国社会科学出版社 2010 年版，第 85 页。
③ 《维也纳宣言和行动纲领》第二部分"B.平等、尊严和容忍"的第三节规定了"妇女的平等地位和人权"。
④ 参见联合国新闻网：《妇女地位委员会通过〈政治宣言〉联合国秘书长强调"妇女权利是人权""性别平等是可持续发展目标之核心"》，https://news.un.org/zh/story/2020/03/1052401，最后访问日期：2021 年 5 月 10 日。
⑤ 《消除对妇女一切形式歧视国际公约》，序言。
⑥ 联合国：《对妇女的歧视问题：公约和委员会》，第 22 号人权概况介绍，1999 年，第 4 页。

展环境不断优化，妇女权利的保护依然任重而道远。在几乎所有社会和所有活动领域，妇女常常在法律上和事实上遭到不平等对待。"虽然，国与国相比，原因和后果可能皆有不同，但妇女受到歧视是普遍现象，传统观念以及对妇女有害的传统文化和宗教习俗的延绵不绝，是这种歧视现象长期存在的原因。"①

在人权形成与发展的相当长的历史时期内，妇女被西方国家排除在人权主体之外。以男性为中心的政治、经济、社会制度限制了妇女的能力与发展机会。②西方资产阶级革命爆发之后的法律文件同样没有体现妇女与男子同等的地位。1776 年的美国《独立宣言》宣示了"人人生而平等"，却并没有赋予妇女与男性平等的地位。1804 年的《法国民法典》虽然规定了天赋人权，提出了在法律上人人平等，但此处的"平等"却并不包括妇女，甚至明确歧视妇女，规定"夫应保护妻，妻应顺从夫"。

随着西方工业文明的逐渐发展，封建社会文化对人类精神的束缚逐渐松动，妇女人权意识逐渐觉醒，女权运动开始萌芽。19 世纪中叶，英国出现了女权运动的高潮，开展了争夺女性参政权的斗争。随着妇女运动的开展，"女权即是人权"的观念深入人心。女权运动的深入开展开启了男女平等的社会进程，进入 20 世纪以后，妇女人权的内容在国际法与国内法两个方向逐渐成形。③特别是第二次世界大战之后，国际社会对人权的呼声日益高涨，出现了一系列对妇女人权予以关注的法律文件，妇女权利的保障逐渐得到国际社会的重视。

（二）妇女人权的主要方面

妇女人权就是作为"女性"应当享有的权利。④"妇女人权是建立在与普遍性人权体系一而非对立的基础上，要求的并非妇女的特权而是人权。"⑤妇女人权的概念具有两方面的内涵。其一，妇女人权建立在男女平等主体的基础之上，强调妇女与男子同为人类主体，享有平等的权

---

① 联合国：《对妇女的歧视问题：公约和委员会》，第 22 号人权概况介绍，1999 年，第 1 页。
② 参见白桂梅主编：《人权法学（第 3 版）》，北京大学出版社 2023 年版，第 191 页。
③ 参见王广辉主编：《人权法学》，清华大学出版社 2015 年版，第 418 页。
④ 徐显明主编：《国际人权法》，法律出版社 2004 年版，第 363 页。
⑤ 同上。

利。妇女人权是普遍性人权中不可剥夺和不可分割的一个组成部分,[①]普遍性人权的所有内容也都适用于妇女。其二,仅仅从妇女是人类的一部分这一点出发,不足以保证妇女的权利得到保护,由于女性特殊的生理条件及所承担的人类自身再生产的任务,妇女人权又具有特殊内容。[②]例如,妇女在经期、孕期、产期、哺乳期应享有特殊权利,这些特殊权利的享有是维护妇女作为人的尊严与价值的要求。[③]也就是说,妇女人权的主要方面,既包括全人类共同享有的权利,又包括妇女作为特殊人群所专享的某些特殊权利。[④]

第一,政治权利。历史上,无论是在国际层面还是在国内层面,政治舞台几乎为男性所长期独占,女性的政治权利并未得到充分认可和保障。《消除对妇女一切形式歧视公约》第二部分规定了妇女与男子具有平等参与国内、国际政治和公共生活的权利。"在国家一级,缔约国特别应保证妇女在与男子平等的条件下:(1)在一切选举和公民投票中有选举权,并在一切民选机构有被选举权;(2)参加政府政策的制订及其执行,并担任各级政府公职,执行一切公务;(3)参加有关本国公共和政治等科学研究的非政府组织和协会。"[⑤]消除对妇女歧视委员会强调,缔约国应当保证妇女在参与国家政治和公共生活的所有领域都与男子具有平等的权利,而不局限于公约的列举。公约对妇女的代表权问题予以关注,"缔约各国应采取一切适当措施,保证妇女在与男子平等不受任何歧视的条件下,有机会在国际上代表本国政府参加各国际组织的工作"。[⑥]此外,1952年联合国大会通过的《妇女参政权公约》、1966年《公民及政治权利国际公约》等亦对妇女的参政权做出了规定。

我国《宪法》第48条规定,"中华人民共和国妇女在政治的、经济的、文化的、社会的和家庭的生活等各方面享有同男子平等的权利"。[⑦]

---

① 《维也纳宣言和行动纲领》,第一部分,第三章,第18段。

② 龚向和主编:《人权法学》,北京大学出版社2019年版,第215页。

③ 徐显明主编:《国际人权法》,法律出版社2004年版,第363页。

④ 参见杨春福主编:《人权法学》,科学出版社2019年版,第149页。

⑤ 《消除对妇女一切形式歧视公约》,第7条。

⑥ 《消除对妇女一切形式歧视公约》,第8条。

⑦ 2018年《宪法》第48条保留了这一规定。

《妇女权益保障法》不仅重申了上述规定，更进一步强调"国家保障妇女享有与男子平等的政治权利"，^① 具体规定了"妇女有权通过各种途径和形式，依法参与管理国家事务，管理经济和文化事业，管理社会事务"；"妇女享有与男子平等的选举权和被选举权"；"国家积极培养和选拔女干部"，并对有关部门应如何处理涉及妇女权益保障的建议和申诉、控告和检举做出规制。^② 在政策层面，我国同样对妇女政治权利予以关注。从1995 年开始，我国先后制定实施了四个中国妇女发展纲要，^③ 均强调保障妇女的政治权利，促进妇女参与决策与管理。2009 年，国务院新闻办公室发布第一个国家人权行动计划——《国家人权行动计划（2009—2010年）》，制定了提高妇女参与管理国家和社会事务的水平的目标。此后三个周期的国家人权行动计划同样强调促进妇女平等参与管理国家和社会事务。^④

第二，经济权利。对于妇女经济权利的保障，主要涉及劳动与社会保障权利和财产权利。《经济社会文化权利国际公约》第 6—8 条规定了人人享有自由选择职业、享受公正或良好的工作条件、享有参与工会的相关权利等。《消除对妇女一切形式歧视公约》第 11 条规定了各缔约国应当采取适当措施消除在就业方面对妇女的歧视，保障其与男子在就业方面的平等权利，并强调保障妇女不至因结婚或生育而受到歧视。公约第 13 条强调消除在经济和社会生活的其他方面对妇女的歧视，具体涉及（1）领取家属津贴的权利；（2）银行贷款、抵押和其他形式的金融信贷的权利；（3）参与娱乐生活、运动和文化生活各个方面的权利。除此之外，在国际层面，涉及妇女劳动权的文件还包括 1951 年《男女工人同工同酬公约》、1958 年《禁止职业歧视公约》、1965 年《具有家庭责任的妇

---

① 《妇女权益保障法》第 12 条。

② 《妇女权益保障法》第 13—17 条。

③ 截至目前，我国制定实施的四个妇女发展纲要分别是：《中国妇女发展纲要（1995—2000 年）》《中国妇女发展纲要（2001—2010 年）》《中国妇女发展纲要（2011—2020 年）》《中国妇女发展纲要（2021—2030 年）》。

④ 截至目前，我国制定实施的四个国家人权行动计划分别是：《国家人权行动计划（2009—2010 年）》《国家人权行动计划（2012—2015 年）》《国家人权行动计划 2016—2020 年》《国家人权行动计划 2021—2025 年》。

女雇佣劝告》、1994 年《兼职劳动者公约》、1996 年《家庭工作公约》等。

我国《妇女权益保障法》第五章、第六章分别对妇女有与男子平等的劳动权利和社会保障权利以及财产权利做出了规定。《民法典》坚持夫妻婚后所得共同制，将夫妻共同财产的范围扩大，规定夫妻在婚姻关系存续期间所得工资、奖金、劳务报酬，生产、经营、投资的收益，知识产权的收益，继承或者受赠的财产（遗嘱或者赠与合同中确定只归一方的财产除外）等规定为夫妻共同财产，有利于保障广大妇女，特别是农村妇女的财产权益。[①] 其第 1087 条与《婚姻法》第 39 条一脉相承，规定了离婚时夫妻共同财产依据"照顾子女和女方权益的原则"进行分割。在政策层面，中国妇女发展纲要确定了保障妇女获得经济资源的平等权利和机会、消除就业性别歧视、促进妇女享有与男子平等的社会保障权利、特殊劳动保护、缓解妇女贫困程度的目标。目前正在实施的《中国妇女发展纲要（2021—2030 年）》提出了"鼓励支持妇女为经济高质量发展贡献力量；妇女平等参与经济发展的权利和机会得到保障"的目标。[②]《国家人权行动计划（2009—2010 年）》提出保障妇女工作权利和获得经济资源的平等权利。《国家人权行动计划（2012—2015 年）》提出努力消除就业性别歧视。落实男女同工同酬。加强女职工劳动保护，适时修改女职工特殊劳动保护标准。推进已建工会的企业签订并履行女职工权益保护专项集体合同，并保障妇女平等获得经济资源和参与经济发展的权利。确保农村妇女享有与男子平等的土地承包经营权、宅基地使用权和集体收益分配权。《国家人权行动计划（2016—2020 年）》呼吁消除在就业、薪酬、职业发展方面的性别歧视，并提出将女职工特殊劳动保护作为劳动保障监察和劳动安全监督的重要内容。《国家人权行动计划（2021—2025 年）》强调保障妇女在家庭关系中的财产所有权和继

[①] 参见马忆南：《民法典时代妇女权益保障的进展与挑战》，载《中华女子学院学报》2021年第 1 期。

[②] 国务院新闻办公室：《国务院关于印发中国妇女发展纲要和中国儿童发展纲要的通知》，http://www.scio.gov.cn/xwfbh/xwbfbh/wqfbh/44687/47020/xgzc47026/Document/1713741/1713741.htm，最后访问日期：2023 年 3 月 30 日。

承权，保障妇女对婚姻家庭关系中共有财产享有知情权和平等处理权。①

第三，文化教育权利。缩小男女受教育差距、提高妇女的科学文化素质是妇女发展的决定性因素。妇女在教育方面的平等权可以从三个方面来理解：其一，受教育的机会平等；其二，消除教育制度中有关男女角色的陈腐观念；其三，缩短男女之间在教育水平上的现有差距。②《经济社会文化权利国际公约》第13条指出，"人人有受教育之权"。文化教育权的享有是妇女在其他经济社会文化领域享有及实现其他人权的前提条件。③受教育的情况会直接影响妇女的社会竞争力。《消除对妇女一切形式歧视公约》对妇女的文化教育权做出了较为细致的规定，强调："缔约各国应采取一切适当措施以消除对妇女的歧视，以保证妇女在教育方面享有与男子平等的权利，特别是在男女平等的基础上保证：（1）在各类教育机构，不论是在城市或农村，在专业和职业辅导、取得学习机会和文凭等方面都有相同的条件，在学前教育，普遍教育，技术、专业和高等技术教育以及各种职业培训方面，都应保证这种平等；（2）课程、考试、师资的标准，校舍和设备的质量一律相同；（3）为消除在各级和各种方式的教育中对男女任务的任何定型观念，应鼓励实行男女同校和其他有助于实现这个目的的教育形式，并特别应修订教科书和课程以及相应地修改教学方法；（4）领受奖学金和其他研究补助金的机会相同；（5）接受成人教育，包括成人识字和实用读写能力的教育的机会相同，特别是为了尽早缩短男女之间存在的教育水平上的一切差距；（6）减少女生退学率，并为离校过早的少女和妇女安排各种方案；（7）积极参加运动和体育的机会相同；（8）有接受特殊知识辅导的机会，以有助于保障家庭健康和幸福，包括关于计划生育的知识和辅导在内。"④

在国内法律和政策层面，我国对妇女的文化教育权利予以了充分关

---

① 国务院新闻办公室：《国家人权行动计划（2021—2025年）》，http://www.scio.gov.cn/xwfbh/xwbfbh/wqfbh/47673/47965/xgzc47971/Document/1721102/1721102.htm，最后访问日期：2023年3月30日。

② 徐显明主编：《国际人权法》，法律出版社2004年版，第368—369页。

③ 参见朱力宇、叶传星主编：《人权法》，中国人民大学出版社2017年版，第252页。

④ 《消除对妇女一切形式歧视公约》，第10条。

注。我国《妇女权益保障法》第 35 条规定："国家保障妇女享有与男子平等的文化教育权利。"《国家人权行动计划（2021—2025 年）》提出"提高女性科学素养，培养女性科技人才，为女性终身学习提供支持"。①中国妇女发展纲要将"妇女与教育"作为优先发展的领域，《中国妇女发展纲要（2021—2030 年）》提出"引领妇女做伟大事业的建设者、文明风尚的倡导者、敢于追梦的奋斗者"。②

第四，人身权利。人身权往往是个体享有其他权利的前提。由于妇女在社会生活中的不利地位，妇女的人身权利更易遭到侵害，如对妇女的性侵犯、拐卖、虐待等。《消除对妇女一切形式歧视公约》第 6 条规定，缔约国应当采取一切适当措施，包括制定法律，以禁止一切形式贩卖妇女及意图营利使妇女卖淫的行为。

我国《宪法》第 49 条中规定了禁止虐待妇女。《妇女权益保障法》第三章规定了妇女的人身权利，妇女享有与男子平等的人身权利，具体包括妇女的人身自由、生命健康权不受侵犯，肖像权、名誉权和人格尊严受法律保护，禁止拐卖、绑架妇女，禁止对妇女实施性骚扰，禁止卖淫、嫖娼。我国刑事法律也体现了对于妇女人身权利的关切。我国《刑法》第 49 条规定，犯罪的时候不满十八周岁的人和审判的时候怀孕的妇女，不适用死刑。《刑事诉讼法》第 67 条、第 74 条、第 265 条、第 427 条、第 514 条都对处于孕期、哺乳期的妇女给予特殊关照。

第五，婚姻家庭权利。《消除对妇女一切形式歧视公约》第 16 条规定了妇女与男性在婚姻家庭方面的平等权，具体规定了男女有相同的缔结婚姻的权利；有相同的自由选择配偶和非经本人自由表示、完全同意不缔结婚姻的权利；在婚姻存续期间以及解除婚姻关系时，有相同的权利和义务；不论婚姻状况如何，在有关子女的事务上，作为父母亲有相

---

① 国务院新闻办公室：《国家人权行动计划（2021 — 2025 年）》，http://www.scio.gov.cn/xwfbh/xwbfbh/wqfbh/47673/47965/xgzc47971/Document/1721102/1721102.htm，最后访问日期：2023 年 3 月 30 日。

② 国务院新闻办公室：《国务院关于印发中国妇女发展纲要和中国儿童发展纲要的通知》，http://www.scio.gov.cn/xwfbh/xwbfbh/wqfbh/44687/47020/xgzc47026/Document/1713741/1713741.htm，最后访问日期：2023 年 3 月 30 日。

同的权利和义务；有相同的权利自由负责地决定子女人数和生育间隔，并有机会使妇女获得行使这种权利的知识、教育和方法；在监护、看管、受托和收养子女或类似的制度方面，如果国家法规有这些观念的话，有相同的权利和义务；夫妻有相同的个人权利，包括选择姓氏、专业和职业的权利；配偶双方在财产的所有、取得、经营、管理、享有、处置方面，不论是无偿的或是收取价值酬报的，都具有相同的权利。

我国《妇女权益保障法》第 60 条规定了妇女享有与男子平等的婚姻家庭权利。具体包括婚姻自主权、生育自主权、平等地享有夫妻共同财产权利、对未成年子女平等的监护权。

（三）妇女人权的保护方式

1. 妇女人权的国际保护

（1）妇女人权的法律保护

保障妇女权利的国际文件包括综合性人权公约、专门性国际人权公约以及其他文书。

第一，妇女人权也是普遍人权的一部分，综合性人权公约的内容也当然适用于妇女。1945 年的《联合国宪章》是第一个提出禁止性别歧视的国际法文件，《宪章》序言部分规定了"男女……平等权利之信念"；第 1 条规定了"……不分种族、性别、语言或宗教，增进并激励对于全体人类之人权及基本自由之尊重"。人权两公约，即 1966 年的《公民及政治权利国际公约》和《经济社会文化权利国际公约》也强调性别的平等。《公民及政治权利国际公约》第 3 条规定，"缔约各国承担保证男子和妇女在享有本公约所载一切公民和政治权利方面有平等的权利"；第 26 条规定，"所有人在法律面前平等，并有权受法律的平等保护，无所歧视"。《经济社会文化权利国际公约》第 3 条规定，"缔约各国承担保证男子和妇女在本公约所载一切经济、社会及文化权利方面有平等的权利"。上述条款都体现了平等与非歧视的精神。

此外，在区域层面也有几份重要的人权公约规定了男女平等。《欧洲人权公约》第 14 条规定了禁止歧视，"人人对本公约所载的权利和自由的享受，应予保证，不得因性别、种族、肤色、语言、宗教、政治或其他见解、民族或社会出身、与少数民族的联系、财产、出生或其他身份而有所歧视"。《美洲人权公约》第 1 条概括规定了男女平等权利。《非洲人权和民族权宪章》也规定人人享有宪章下的权利和自由，不因任何其他条件而受到歧视。

第二，与综合性人权公约相比，保障妇女人权的专门国际文件针对一些"专属性领域"为妇女人权提供了更加具体的保障。联合国专门机构制定了一系列有关妇女权利保护的公约，包括：国际劳工组织 1919 年制定的《关于在企业中妇女不得从事夜班工作公约》、1935 年制定的《禁止妇女从事各类矿井下工作公约》、1919 年制定的《保护生育公约》，联合国教科文组织 1960 年制定的《取缔教育歧视公约》，1953 年的《妇女政治权利公约》、1957 年的《已婚妇女国籍公约》、1962 年的《关于婚姻同意、最低婚龄和结婚登记公约》、1979 年《消除对妇女一切形式歧视公约》。其中，《消除对妇女一切形式歧视公约》被称为"国际妇女权利法案"。该公约针对过去与现在阻碍妇女享受人权和基本自由的社会和文化上的歧视，其目标是消除对妇女的一切形式歧视，包括消除事实上的或实际上不平等的根源和后果。[1] 该公约是第一个把性别平等和非歧视要求法律化的国际条约，[2] 在享有人权和基本自由方面实现法律上和事实上的男女平等。1999 年联合国大会通过了《消除对妇女一切形式歧视公约任择议定书》，确立了个人申诉机制，进一步强化对妇女权利的保障。

第三，国际社会也通过了大量与妇女人权保护相关的宣言、决议。1948 年的《世界人权宣言》第 1 条规定了"人人生而自由，在尊严和权利上一律平等"；第 2 条规定"人人有资格享有本宣言所载一切权利和自由，不分种族、肤色、性别……"；第 16 条规定在婚姻家庭权利方面男女的平等地位；第 25 条规定了"母亲和儿童有权享受特别待遇或协助"。此外，1967 年的《消除对妇女一切形式歧视宣言》、1974 年的《在非常状态和武装冲突中保护妇女和儿童宣言》、1975 年第一次世界妇女大会《关于妇女平等地位的宣言》、1980 年第二次世界妇女大会《联合

---

[1]　消除对妇女歧视委员会：《关于〈消除对妇女一切形式歧视公约〉涉及暂行特别措施的第 4 条第 1 款的一般性建议 25》，第 14 段。

[2]　参见全国妇联国际联络部：《〈消除对妇女一切形式歧视公约〉简介》，载《中国妇女》2008 年第 9 期。

国妇女十年：平等、发展与和平后半期行动纲领》、1985 年第三次世界妇女大会《到 2000 年为提高妇女地位前瞻性战略》、1993 年《消除对妇女暴力宣言》、1995 年第四次世界妇女大会《北京宣言》和《行动纲领》等也对妇女权利予以了关注。2000 年，联合国千年首脑会议签署了《千年宣言》与《千年发展目标》，性别问题被纳入了《千年发展目标》中，目标 3 规定"促进性别平等并赋予妇女权利"；目标 5 规定"改善妇女健康"。

1995 年第四次世界妇女大会通过《北京宣言》与《行动纲领》

世界妇女大会（World Women Conference），迄今已召开过四次世界妇女大会。第四次世界妇女大会于 1995 年在中国首都北京举行，来自世界近 200 个国家和地区的 3 万名妇女就世界上重大问题特别是涉及妇女自身利益的各种问题阐述了自己的观点，推动了世界妇女事业的发展。

会议制订并通过了《北京宣言》和《行动纲领》，对此后五年世界妇女运动的任务、目标做了明确的规定，是团结全世界妇女为实现自身解放而奋斗的宣言书和行动纲领。《北京宣言》以为全人类的利益，为世界各地的所有妇女促进平等、发展和和平为目标，毫无保留地致力于解决对妇女权利的限制条件和障碍，从而进一步提高世界各地妇女的地位并赋予妇女权力。《行动纲领》是一项赋予妇女权力的纲领。其目的在于通过充分而平等地参加经济、社会、文化和政治决策，加速执行《提高妇女地位内罗毕前瞻性战略》，并移除妇女积极参与公共和私人生活所有领域的障碍。

北京世界妇女大会不仅是中国妇女事业的里程碑，也是全球妇女事业的里程碑。大会为中国性别平等事业的进步提供了新的契机，推动中国妇女发展走上了"快车道"，同时对全球妇女事业产生了深远影响。

（2）保护妇女人权的机构与程序

全球性的妇女人权保护机构可以分为两类：宪章机构（Charter-based bodies）与条约机构（treaty-based bodies）。前者是指以联合国宪章中的人权保障规定设立的机构，后者是指依据联合国主持制定的多边国际人权公约建立的机构。

2010 年 7 月，联合国大会决定建立联合国促进两性平等和妇女赋权实体（UN Entity for Gender Equality and the Empowerment of Women），
又称"妇女署"（UN Women）①，妇女署整合了原有的秘书处的两性平等
问题和提高妇女地位问题特别顾问办公室、提高妇女地位司、联合国妇
女发展基金和提高妇女地位国际研究训练所这四个机构的任务与职能。
该实体将履行秘书处的职能，同时在国家一级开展业务活动。妇女署根
据普遍性原则，在接获会员国要求时，通过开展支助规范制订工作和业
务活动，为所有区域发展程度不同的所有会员国提供关于两性平等、妇
女赋权和妇女权利以及两性平等主流化的指导和技术支助。

　　妇女地位委员会于 1946 年依据安理会第十一号决议决定成立，作为
经社理事会的执行机构，委员会就妇女在政治、经济、公民、社会和教
育等领域的权利的改善，提出建议和报告。②委员会就妇女权利方面迫切
需要解决的一系列问题，向理事会提出建议。委员会以推进男女权利平
等原则的贯彻落实为目标，自成立以来，开展了一系列旨在提高妇女地
位，保障妇女各项权益的活动。1987 年经社理事会第 22（1987）号决
定扩大了对委员会的授权。1995 年第四次世界妇女大会过后，联合国大
会授权该委员会将大会的随后进程并入其工作日程，定期检查行动宣言
中普遍关注的关键领域，并在联合国活动中就社会性别主流化的问题发
挥主导和促进作用。经社理事会在 1996 年第 6（1996）号决定中修改了
委员会的受权调查范围。2000 年，联合国大会为纪念北京会议五周年而
举行的第二十三次特别会议接受了对行动纲领执行过程中所取得的进展
的综合回顾和评价，标题为"2000 年妇女：二十一世纪两性平等、发展
与和平"。大会通过了一个政治宣言和落实北京宣言和行动纲领的进一
步行动和倡议（最终结果文件）。委员会 2002—2006 年度的工作计划所
确定的目前和未来的工作，与两个方面密切相关：行动纲领和最终文献，
确保它们的有效执行。

　　联合国经济和社会理事会成立的提高妇女地位国际研究训练所是

① 参见联合国网站，https://www.un.org/zh/aboutun/structure/unwomen/，最后访问日期：2021 年 5 月 20 日。

② 参见联合国网站，https://www.un.org/chinese/esa/women/csw.htm，最后访问日期：2021 年 5 月 20 日。

依据 1975 年在墨西哥城举行的"国际妇女年"世界会议提议创立的，在国际范围内致力于开展和促进研究训练项目、提高世界妇女地位和实现世界性别平等的方法型机构。[①] 研究所通过激励和协助政府间、政府和非政府组织的工作，推动全球性别平等、发展与和平议程的实现。1999 年，该机构接受任务，利用新信息和通信技术开展活动。因此，研究训练所开发了新的工作方法，产生、管理和传播与性别相关的知识和信息。

两性平等问题和提高妇女地位问题特别顾问办公室是监控和报道性别主流化问题的重要机构。在促进、便利和支持社会性别主流化的实施过程中，两性平等问题和提高妇女地位问题特别顾问办公室与许多不同的联合国部门的高层一起，开展关于社会性别主流化咨询，开发方法、工具和信息材料。办公室意在建立在整个联合国范围内包括秘书处各部门，对有关性别项目产出利益的共识。这些努力的目的并不是为联合国系统的其他部门"进行"社会性别主流化，而是激励联合国内部的各个实体把男女平等问题纳入工作规程。[②]

联合国妇女发展基金是为促进妇女人权、政治权利和经济保障的创新项目和政策提供经济和技术资助的机构。在联合国体系内，该基金通过在将性别观点纳入主流和增强妇女力量政策方面促进合作、提供技术知识，推动性别平等，把妇女问题与国家的、区域的和全球的议事日程相结合。联合国妇女发展基金的任务包括：在符合国家和区域利益的前提下援助有利于妇女的创新和实验性活动；为了保证妇女合理地、在投资前期尽可能经常参与主流发展活动起催化剂的作用；在有关联合国发展合作体系方面起创新和催化剂的作用。[③]

消除对妇女歧视委员会（Committee on the Elimination of Discrimination

[①] 参见联合国网站：《提高妇女地位国际研究训练所》，https://www.un.org/chinese/esa/women/instraw.htm，最后访问日期：2021 年 5 月 20 日。

[②] 参见联合国网站：《两性平等问题和提高妇女地位问题特别顾问办公室》，https://www.un.org/chinese/esa/women/osagi.htm，最后访问日期：2021 年 5 月 20 日。

[③] 参见联合国网站：《联合国妇女发展基金》，https://www.un.org/chinese/esa/women/unifem.htm，最后访问日期：2021 年 5 月 20 日。

Against Women, CEDAW）是根据《消除对妇女一切形式歧视公约》第17条设定的、负责监督缔约国落实情况的独立专家机构。缔约国应该定期向委员会提交关于公约规定权利落实情况的报告。委员会在每次届会上审议各个缔约国的报告，并以结论性意见的形式向缔约国提出委员会关注的问题及建议。根据《消除对妇女一切形式歧视公约的任择议定书》，委员会有权接收向委员会投诉公约规定权利被侵犯的个人或个人团体的来文，对妇女权利遭受严重或系统性的侵犯状况展开调查。该程序为任择程序，只在相关国家接受的情况下方可适用。

2. 妇女人权的国内保护

（1）我国妇女人权的立法保障

男女平等的实现程度是衡量社会文明进步的重要标志。妇女占全国人口的半数，是经济社会发展的重要力量。中国始终积极参与妇女人权保障活动，主动承担保障妇女人权的责任。我国把妇女权益保障纳入法律法规，上升为国家意志，内化为行为规范。目前，我国已经形成了以《宪法》为基础，以《妇女权益保障法》为核心和主体，包含《中华人民共和国民法典》及相关司法解释、地方性法规和政府各部门行政规章在内的较完整的保障妇女权益的法律体系。

1992年4月3日，第七届全国人民代表大会第五次会议通过的《妇女权益保障法》，是中国第一部专门性的、综合性的、系统性的全面保障妇女权益的基本法。该法以《宪法》为依据，从我国的实际情况出发，保障妇女的合法权益，促进男女平等和妇女全面发展，充分发挥妇女在社会主义现代化建设中的作用。[1] 该法从政治权利、文化教育权益、劳动和社会保障权益、财产权益、人身权利、婚姻家庭权益几方面对妇女人权作出了规定，贯穿着三项基本原则：第一，男女平等；第二，对妇女权益实行特殊保护，逐步建立对妇女的社会保障制度；第三，禁止歧视、虐待、残害妇女。[2] 2005年8月28日第十届全国人民代表大会常务委员

---

① 《妇女权益保障法（2022年修正）》，第1条。
② 参见关涛：《〈妇女权益保障法〉的指导思想、基本原则和主要内容》，载《妇女研究论丛》1992年第2期。

会第十七次会议进一步决定对《妇女权益保障法》进行修订。《妇女权益保障法》经过 2015 年、2018 年、2022 年三次修订，日趋完善。其中最重要的突破是规定了"实行男女平等是国家的基本国策"①，从而将男女平等这项基本国策以法律的形式固定下来。

随着我国的社会发展，妇女权利的法律保障日臻充分。②1954 年第一部《宪法》规定了妇女在政治、经济、文化、社会和家庭生活各方面享有同男子平等的权利，并在历次修改中一以贯之。2004 年，"国家尊重和保障人权"写入宪法修正案，奠定了妇女人权保障基石。1950 年，新中国第一部法律——《中华人民共和国婚姻法》确立了婚姻自由、一夫一妻、男女权利平等的婚姻制度。改革开放以来，伴随着中国特色社会主义法治进程的加快，颁布的许多法律法规都体现了对妇女权益的保障。如，1994 年颁布的《母婴保健法》将保障母亲和婴儿健康作为宗旨；2001 年《人口与计划生育法》第 3 条明确规定"人口与计划生育工作应当与增加妇女受教育和就业机会、增进妇女健康、提高妇女地位相结合"；2015 年《反家庭暴力法》第 5 条规定"为孕期和哺乳期的妇女提供特殊保护"；同年，刑法修正案（九）废除嫖宿幼女罪，加大保护幼女人身权利；为保障妇女的选举权，《选举法》规定，在各级人大代表中，"应当有适当数量的妇女代表，并逐步提高妇女代表的比例"；《农村土地承包法》第 6 条规定"农村土地承包，妇女与男子享有平等的权利。承包中应当保护妇女的合法权益，任何组织和个人不得剥夺、侵害妇女应当享有的土地承包经营权"。2020 年 5 月 28 日，《中华人民共和国民法典》通过，总则编、婚姻家庭编、物权编、人格权编等的制度构建都对妇女合法权益予以关注，体现了对于妇女在发展中的主体性地位的尊重、对于男女两性权利和机会平等的尊重以及对于推进实施效果平等的追求。③

---

① 《妇女权益保障法（2018 年修正）》，第 2 条。

② 参见柳华文：《中国妇女权利发展 100 年：从强烈的政治担当到日臻完善的法律保障》，载《人权》2021 年第 5 期。

③ 参见马忆南：《民法典时代妇女权益保障的进展与挑战》，载《中华女子学院学报》2021 年第 1 期。

（2）我国妇女人权的政策保障

1995 年，我国发布了第一个《中国妇女发展纲要（1995—2000年）》，纲要将妇女发展与全球政治、经济发展和消除歧视与不平等结合起来，纳入政府的重要议程，是我国妇女发展的重要里程碑。2001 年，《中国妇女发展纲要（2001—2010 年）》发布，为推进新时期妇女工作的开展，确定了妇女与经济、妇女参与决策与管理、妇女与教育、妇女与健康、妇女与法律、妇女与环境 6 项优先发展的领域。《中国妇女发展纲要（2011—2020 年）》确立了消除性别歧视，改善妇女发展环境，保障妇女合法权益的目标。《中国妇女发展纲要（2021—2030 年）》将深入贯彻落实男女平等基本国策，促进男女平等和妇女全面发展，为新发展阶段有效保障妇女权利指明了方向。

此外，迄今为止我国颁布实施的四个国家人权行动计划都对妇女的权利进行了专门规定。目前正在实施的《国家人权行动计划（2021—2025 年）》，强调贯彻落实男女平等的基本国策，全面实现《中国妇女发展纲要（2021—2030 年）》的目标，持续改善妇女发展环境，促进妇女依法平等行使权利、参与经济社会发展，共享发展成果。[①]

（3）我国妇女人权的组织保障

为切实保护妇女权益，中国政府各有关部门以及社会团体都建立了相应的组织，确立了相关机制，包括国务院妇女儿童工作委员会、全国人民代表大会内务司法委员会妇女儿童专门小组、中华全国妇女联合会、全国政治协商会议妇女青年委员会等。[②]

1990 年 2 月 22 日国务院妇女儿童工作委员会的前身——国务院妇女儿童工作协调委员会正式成立，成为国务院负责妇女儿童工作的议事协调机构。1993 年 8 月 4 日，国务院妇女儿童工作协调委员会更名为国务院妇女儿童工作委员会（简称"国务院妇儿工委"），负责协调和推动政府有关部门执行妇女儿童的各项法律法规和政策措施，发展妇女儿童

---

① 国务院新闻办公室:《国家人权行动计划（2021 — 2025 年）》，http://www.scio.gov.cn/xwfbh/xwbfbh/wqfbh/47673/47965/xgzc47971/Document/1721102/1721102.htm，最后访问日期：2021 年 10 月 15 日。

② 参见柳华文:《中国的人权发展道路》，中国社会科学出版社 2018 年版，第 126 页。

事业。^①为切实保障妇女儿童权益，全国人民代表大会内务司法委员会及16个省、自治区、直辖市的人民代表大会常委会成立了妇女儿童专门小组，负责办理有关事务。中国人民政治协商会议的各级委员会对有关妇女权益保障的立法及其实施情况进行民主监督、政治协商，就有关妇女的重大问题进行调查研究，提出意见和建议。全国政协及部分省、市政协设立了妇女青年委员会。^②中华全国妇女联合会（简称"全国妇联"）是最大的妇女组织，是维护妇女权益的重要力量。全国妇联由中国各族各界妇女联合组织而成，具有广泛的代表性和群众性，拥有健全的工作网络，其基层组织遍布城市的街道和农村的乡村。全国妇联以代表和维护广大妇女利益为基本宗旨，致力于促进男女平等，提高妇女地位。由于各级妇联在团结妇女参与社会发展和维护妇女权益方面的努力与政府的目标一致，妇联的工作也得到了各级政府的积极支持和鼓励。中国的八个民主党派均设立了妇委会，它们在维护妇女权益方面做了切实有效的工作。^③

二、儿童、老年人权利

（一）概述

人权覆盖所有年龄段的人群，儿童与老年人自然应当享有人权。儿童是人类的未来和希望，而老年人的生活境况则代表了社会文明的水平。"在按年龄区分的社会群体中，脆弱的老年人与幼稚的少年儿童容易因社会震荡而遭到损害。"^④儿童是社会的未来，保护儿童的人权是实现人类社会可持续发展的重任。随着人权主流化的深入，儿童权利日益得到国际社会与各国的重视，无论是国际层面还是国内层面，都出现了大量的

---

① 参见国务院妇女儿童工作委员会:《国务院妇女儿童工作委员会简介》, http://nwccw.gov.cn/node_2660.htm#:~:text=1993%E5%B9%B48%E6%9C%884,%E5%B1%95%E5%A6%87%E5%A5%B3%E5%84%BF%E7%AB%A5%E4%BA%8B%E4%B8%9A%E3%80%82, 最后访问日期: 2021年5月2日。

② 参见国务院新闻办公室:《中国妇女的状况》白皮书第七部分, http://www.scio.gov.cn/ztk/xwfb/46/11/Document/975920/975920_5.htm, 最后访问日期: 2021年5月26日。

③ 同上。

④ 杨春福主编:《人权法学》, 科学出版社2019年版, 第189页。

保护儿童权利的文件。①

　　与儿童权利相比，老年人的人权在过去很长时间内都被忽视。随着社会物质水平、医疗水平的发展进步，全球人口寿命延长，世界各国都面临着人口老龄化的现实挑战，开始积极关注老年人权利保障的问题。老年人由于年龄的增长，满足自身需求的能力降低，利益与需求容易被忽视，这使得老年人成为社会的弱势群体中最易受到侵害的对象。② 随着联合国《老年人权利公约》的制定工作逐渐提上日程，国际社会与国内社会都出现了加强老年人权利保障的趋势。

（二）儿童权利的主要内容

　　1. 儿童权利的主要方面

　　《儿童权利公约》规定，儿童的具体权利包括生存权、发展权、参与权和受保护权。

　　第一，生存权。生存权是指儿童生命健康受到特殊保护，生活受到特殊保障的权利。生存权是享有其他权利的基础。生存权主要体现在儿童享有生命权（第 6 条）；残疾儿童具有获得特殊照顾的权利（第 23 条），儿童享有获得健康和保健服务的权利（第 24 条），获得适当生活水准的权利（第 27 条）等基本健康和福利权；对未满 18 岁的人所犯罪行不得判定死刑（第 37 条）。

　　第二，发展权。"发展"一词应当作广义理解，不仅仅局限于身体健康方面的发展，而是保障儿童在身体、智力、精神、道德、个性和社会等方面均得到充分的发展。发展权主要体现在公约第 6 条第 2 款，具体包括医疗及保健措施（第 24 条），社会保障（第 26 条），受教育权（第 28 条），教育目标的保障（第 29 条），休闲、娱乐和文化活动的权利（第 31 条）等。

　　第三，参与权。参与权指的是儿童参与家庭、文化和社会生活的权利。参与权不仅仅是儿童的基本权利，也是儿童成长和发展的基本需要。尽管儿童的参与权由于其年龄会受到一定的限制，如选举法方面的

---

① 参见王祎茗、田禾：《中国儿童权利保护状况评价体系的构建》，载《人权》2018 年第 2 期。
② 杨春福主编：《人权法学》，科学出版社 2019 年版，第 189—190 页。

限制，但在有关儿童自身的事项上他们应当获得发表意见的权利。其中，最重要的就是尊重儿童意见原则（第 12 条），此外儿童的参与权还包括拥有姓名和国籍（第 7 条），维护身份的权利（第 8 条），表达自由（第 13 条），思想、信仰和宗教自由（第 14 条），结社自由及和平集会自由（第 15 条），获得信息与资料（第 17 条）。

第四，受保护权。受保护权是指儿童享有获得国家、社会和家庭特别关爱和保护的权利。由于儿童身心发育并不健全，更不懂得如何维护自己的权利，儿童的权利需要特殊的保护。公约中对儿童的受保护权作出了较为细致的规定，例如，保护儿童不与父母分离（第 9 条），保护儿童的隐私（第 16 条），保护儿童免受虐待或剥削（第 19 条），为脱离家庭环境的儿童提供特别保护（第 20 条），为童工提供特别保护（第 32 条），保护儿童免受包括性剥削在内的一切形式的剥削（第 34、36 条），保护儿童免受酷刑、有辱人格的待遇或处罚和剥夺自由（第 37 条），保护儿童远离武装冲突（第 38 条）。

2. 儿童权利保护的一般原则

儿童权利委员会将《儿童权利公约》的四个条文确定为四项原则，旨在为公约提供解释，从而指导缔约国的行动。这四项原则分别是第 2 条"不歧视原则"，第 3 条第 1 款"儿童最大利益原则"，第 6 条"保障儿童的生命权、生存权和发展权原则"和第 12 条"尊重儿童意见原则"。[①]

第一，不歧视原则。不歧视原则强调缔约国必须确保为其管辖范围内的所有儿童的权利提供平等保护。这包括了两方面的内涵：第一，从主体上看，儿童权利的主体是"所有儿童"；第二，从权利内容来看，所有儿童应享有平等的保护。[②]儿童权利保护的"不歧视原则"既体现在普遍性人权公约中，又体现在专门性的国际儿童人权文件之中。首先，普遍性人权公约所体现的不歧视原则也当然可适用于儿童，如《世界人权宣言》第 2 条，《公民和政治权利国际公约》第 24 条，《经济社会文

---

① UNCRC, *Revised Guidelines regarding Initial Reports to be Submitted by States Parties under Article 12*, Paragraph 1, of the Optional Protocol to the Convention on the Rights of the Child on the Sale of Children, Child Prostitution and Child Pornography, UN Doc CRC/C/ OPSC/Rev.1, 2005.

② 参见白桂梅主编：《人权法学（第 3 版）》，北京大学出版社 2023 年版，第 208 页。

化权利国际公约》第 10 条第 3 款。其次，专门性的国际儿童人权文件对"不歧视原则"亦有规定。1959 年的《儿童权利宣言》原则一规定："儿童应享有本宣言中所列举的一切权利。一切儿童毫无任何例外均得享有这些权利，不因其本人的或家族的种族、肤色、性别、语言、宗教、政见或其它意见、国籍或社会成分、财产、出身或其它身份而受到差别对待或歧视。"《儿童权利公约》第 2 条第 1 款强调："缔约国应尊重本公约所载列的权利，并确保其管辖范围内的每一儿童均享受此种权利，不因儿童或其父母或法定监护人的种族、肤色、性别、语言、宗教、政治或其他见解、民族、族裔或社会出身、财产、伤残、出生或其他身份而有任何差别。"特别地，儿童权利委员会指出，该条中列举的歧视理由并非是穷尽的。

第二，儿童最大利益原则。儿童最大利益原则是儿童权利保护的纲领性原则。儿童权利委员会强调，"儿童最大利益"不仅仅应当是"基本考量"（a primary consideration），而应当是"至要考量"（the paramount consideration）。①《儿童权利宣言》的原则二最早将"儿童最大利益原则"确定为儿童权利保护的指导性原则。《儿童权利公约》第 3 条第 1 款又对这一原则进行了重申，"关于儿童的一切行动，不论是由公私社会福利机构、法院、行政当局或立法机构执行，均应以儿童的最大利益为一种首要考虑"。该原则内涵有三：其一，儿童最大利益原则是各国立法、行政与司法的纲领性基础；其二，儿童最大利益原则是处理儿童事务的准则；其三，儿童最大利益原则是儿童个体权利的最大化。②儿童最大利益原则被认为是公约最具挑战性的规则之一，原因在于其含义模糊。何谓"儿童的最大利益"并没有一个定义，为各国根据自身发展情况在尊重公约的目的与宗旨的前提下解释这一原则留下了空间。

第三，保障儿童的生命权、生存权和发展权原则。《儿童权利公约》第 6 条规定"缔约国确认每个儿童均有固有的生命权"，"缔约国应最大

---

① UNCRC, *General Comment no 14 (2013) on the right of the child to have his or her best interests taken as a primary consideration* (art. 3, para. 1), 29 May 2013, UN Doc CRC/C/GC/14, p. 5, para .12.

② 参见王勇民:《儿童权利的国际法保护》，法律出版社 2010 年版，第 97—100 页。

限度地确保儿童的存活与发展"。生命权是享有其他人权的基础。公约关于此原则的创新之处在于，将儿童的"生存权"与"发展权"规定在生命权条款中，而其他的联合国人权条约中都没有对这两种权利予以承认。[①] 该条所规定的"生命权"不仅仅指儿童享有不被杀害的权利，"存活"不仅仅强调"活着"的状态，还强调个人的欢乐、健康、与他人及周围环境的和谐共处，以及生命在某些时刻受恶劣环境威胁时获得生存。"发展权"要求国家提供必要的资源和适当的社会条件，保证儿童在身体、精神、情感、认知、社会、文化等方面的全面发展。由于各国发展水平不同，条文中使用了"最大限度"一词，旨在使各国根据自身现实资源掌握情况执行该原则。这也与公约第4条对于缔约国履行义务的要求是一致的。

第四，尊重儿童意见原则。尊重儿童的意见，即尊重儿童参与权（right to participation），是指在儿童有能力形成自己的意见的范围内，在所有影响儿童的事项上，必须认真倾听儿童的意见，不得对其进行压制。尊重儿童的意见是儿童行使其他权利的基础。《儿童权利公约》第12条规定："缔约国应确保有主见能力的儿童有权对影响到其本人的一切事项自由发表自己的意见，对儿童的意见应按照其年龄和成熟程度给以适当的看待。"《公约》第12条与第3条之间存在着密切的联系，为实现儿童的最大利益，就要尊重儿童的意见。

（三）儿童权利保护的主要方式

1. 儿童权利的国际保护

（1）儿童权利的国际立法保护

1966年人权两公约均对儿童的权利提供了保护。《经济社会文化权利国际公约》第10条第3款规定："应为一切儿童和少年采取特殊的保护和协助措施，不得因出身或其他条件而有任何歧视。儿童和少年应予保护免受经济和社会的剥削。强迫雇佣儿童做对他们的道德或健康有害或对生命有危险的工作或做足以妨害他们正常发育的工作，依法应受惩

[①] Ursula Kilkelly and Ton Liefaard (eds.), *International Human Rights of Children* (Springer, 2019), p. 146.

罚。各国亦应规定限定的年龄，凡雇佣这个年龄以下的童工，应予禁止和依法应受惩罚。"《公民及政治权利国际公约》第24条规定："每一儿童应有权享受家庭、社会和国家为其未成年地位给予的必要保护措施，不因种族、肤色、性别、语言、宗教、国籍或社会出身、财产或出生而受任何歧视。"

1989年联合国通过的《儿童权利公约》是最为全面地规定了儿童人权的国际公约，虽然在国际人权体系中出现较晚，却获得了普遍支持。《儿童权利公约》在历史上第一次提出了"儿童人权"的概念，将儿童权利保护置于国际人权保护的核心。公约将儿童作为权利的主体而非受到成人保护的对象，是儿童及儿童权利保护的里程碑。《儿童权利公约》共有54项条文，其中41项反映了儿童权利，公约因其规定范围的全面而被广为赞扬并成为批准国家最多的人权公约。为促进对于《儿童权利公约》的理解，公约中的内容被分为"3P"，即 protection，provision 和 participation。[1]"保护"（protection）是指获得免受有害行为或行动的保护的权利；"供应"（provision）是指获得满足个人基本需要的权利；"参与"（participation）是指对影响自己生活的决定发表意见的权利。

2000年，公约得到了进一步发展，联合国大会通过了公约的两个任择议定书。其中，《〈儿童权利公约〉关于买卖儿童、儿童卖淫和儿童色情制品问题的任择议定书》强化了《儿童权利公约》中关于儿童免遭性剥削的规定。《〈儿童权利公约〉关于儿童卷入武装冲突问题的任择议定书》强调需要加强保护儿童，使其不卷入武装冲突。2011年，公约的第三个任择议定书《〈儿童权利公约〉关于设定来文程序的任择议定书》通过，加强并补充国内和区域的机制，使儿童能够就侵犯其权利的行为提出申诉。[2]三个任择议定书补充发展了公约的内容，拓展了缔约国的义务范围，使得儿童的权利得到更加细致、充分的保障。

---

[1]　Thomas Hammarberg, "The UN Convention on the Rights of the Child – and How to Make it Work," 12(1) *Human Rights Quarterly* (1990) 97, 100. Ailing Parkes, *Children and International Human Rights Law: The Right of the Child to be Heard* (Routledge, 2013), p. 6.

[2]　Optional Protocol to the Convention on the Rights of the Child on Communications Procedure (2011), preamble.

此外，1924 年的《日内瓦儿童权利宣言》，1948 年的《世界人权宣言》，1959 年的《儿童权利宣言》，1990 年的《儿童生存、保护和发展世界宣言》《执行九十年代儿童生存、保护和发展世界宣言行动计划》《关于儿童保护和儿童福利、特别是国内和国际寄养和收养办法的社会和法律原则宣言》以及《在非常状态和武装冲突状态中保护妇女和儿童宣言》，2000 年的《联合国打击跨国有组织犯罪公约关于预防禁止和惩治贩运人口特别是妇女和儿童行为的任择议定书》（又称《巴勒莫议定书》）等国际法律文件均对儿童权利的保护做出了规定。

（2）儿童权利的国际机制保护

儿童权利委员会是依据《儿童权利公约》第 43 条设立、由 18 名独立专家组成的，负责监督审查缔约国履行公约及其两个附加议定书执行情况的机构。[①]2011 年，联合国批准了关于来文程序的第三项任择议定书，允许儿童个人提交具体侵犯公约以及前两项任择议定书所载权利行为的投诉。委员会旨在组织报告程序以及与缔约国的对话，以便关注的主要议题能够有条理地予以处理，并能够提供相应的信息。根据《儿童权利公约》第 44 条，缔约国具有向委员会定期提交落实儿童权利的报告的义务。第一次执行报告必须在批准或加入《儿童权利公约》后两年内提交，此后每五年提交一次。在 1991 年 10 月第一届会议上，儿童权利委员会通过了协助缔约国编写和安排其初次报告结构的准则。准则建议各国政府根据这些准则编写报告，准则强调报告应指出各国在执行公约时所遇到的"各种因素和困难"，也就是说，报告应针对问题并侧重自我批评，各国需具体说明"执行的优先顺序"和"将来的特定目标"，此外报告需附带提交有关的法律文本和统计资料。委员会审查各项报告，以"结论性意见"的形式向缔约国转达关注和建议。

联合国儿童基金会（United Nations Children's Fund, 简称儿基会或UNICEF）是开展儿童权利保护的重要人道主义机构。"儿基会"以关爱、尊重、正直、信任和责任为五项核心价值，致力于促进世界各国儿

---

① 参见联合国人权事务高级专员办事处网站，https://www.ohchr.org/en/treaty-bodies/crc, 最后访问日期：2021 年 6 月 15 日。

童的福祉。^①1990 年，在"儿基会"的推动之下，世界儿童问题首脑会议在联合国召开，通过了《儿童生存、保护和发展世界宣言》和《执行九十年代儿童生存、保护和发展世界宣言行动计划》，为儿童问题制定了新的全球战略。

除儿童权利委员会和"儿基会"外，联合国系统之内的许多组织、机构都承担了保护儿童权利的工作，努力促进儿童生存状况的改善。例如，联合国教科文组织致力于确保每个儿童都接受优质教育；^②国际劳工组织致力于废除童工；世界粮食计划署努力为母亲和幼儿提供营养服务。^③此外，许多非政府组织也为改善儿童的生存条件、保障儿童权利做出了不懈努力。如，儿童权利联通（Child Rights Connect）以确保儿童充分享有《儿童权利公约》中的权利为使命，致力于捍卫儿童权利；^④救助儿童（Save the Children）致力于创造一个所有儿童都能够生存、学习、被保护的世界；^⑤国际保护儿童组织（Defence for Children International）以确保《儿童权利公约》的有效实施为主要任务。^⑥

2. 儿童权利的国内保护

切实保护儿童合法权益，促进儿童健康成长是我们的党与政府长期努力的目标。我国已经形成了以宪法为核心，以《刑法》《民法典》等基本法和《未成年人保护法》《预防未成年人犯罪法》《义务教育法》和《母婴保健法》等单行法律为主干，以相关法律、行政法规、司法解释、部门规章和各地方性法规为配套和补充的儿童权利保护框架。我国《宪法》第 46 条第 2 款规定，"国家培养青年、少年、儿童在品德、智力、

---

①　参见联合国网站，https://www.un.org/zh/conferences/children，最后访问日期：2021 年 6 月 15 日。

②　参见联合国教科文组织网站，https://zh.unesco.org/about-us/introducing-unesco，最后访问日期：2021 年 6 月 15 日。

③　参见世界粮食计划署网站，https://zh.wfp.org/who-we-are，最后访问日期：2021 年 6 月 15 日。

④　参见"儿童权利联通"网站，https://childrightsconnect.org/，最后访问日期：2021 年 6 月 15 日。

⑤　参见"救助儿童"网站，https://www.savethechildren.org/us/about-us/why-save-the-children，最后访问日期：2021 年 6 月 15 日。

⑥　参见国际保护儿童组织网站，https://defenceforchildren.org/，最后访问日期：2021 年 6 月 15 日。

体质等方面全面发展"，第 49 条规定，"儿童受国家的保护"，"禁止虐待儿童"。1991 年通过，经 2006、2012、2020、2024 年修订、修正的《未成年人保护法》是我国对未成年人权利做了最重要、最集中的规定的法律。该法第 1 条对立法宗旨进行了规定，提出"保护未成年人的身心健康，保障未成年人的合法权益，促进未成年人在品德、智力、体质等方面全面发展，培养有理想、有道德、有文化、有纪律的社会主义建设者和接班人"。《未成年人保护法》为儿童权利确定了家庭保护、学校保护、社会保护和司法保护。2006 年，我国对该法进行了大幅度修订，规定了未成年人享有生存权、发展权、受保护权、参与权等权利。2020 年我国对该法进行了第二次大规模修订，增加、完善多项规定，着力解决社会关注的涉未成年人侵害问题，包括监护人监护不力、学生欺凌、性侵害未成年人、未成年人沉迷网络等问题。为了保障未成年人身心健康，培养未成年人良好品行，有效预防未成年人违法犯罪，1999 年，我国制定《预防未成年人犯罪法》作为《未成年人保护法》的补充，2012 年通过了修改《预防未成年人犯罪法》的决定，2020 年经修订的《预防未成年人犯罪法》通过。

儿童权利保障也是国家发展规划的重要环节。早在 1992 年，我国就参照 1990 年世界儿童问题首脑会议提出的关于儿童发展的全球 24 项指标，制定并颁布了第一个儿童发展纲要，即《九十年代中国儿童发展规划纲要》。2001 年，按照《中华人民共和国国民经济和社会发展第十个五年计划纲要》的总体要求，根据我国儿童发展的实际情况，我国颁布了《中国儿童发展纲要（2001—2010 年）》，作为新世纪开展儿童工作的行动纲领，从儿童与健康、儿童与教育、儿童与法律保护、儿童与环境四个领域，提出了新世纪第一个十年儿童事业的目标和策略措施。2011 年，国务院发布《中国儿童发展纲要（2011—2020 年）》，提出了儿童在健康、教育、福利、社会环境和法律保护五个领域到 2020 年应实现的一系列目标。目前，正在实施的《中国儿童发展纲要（2021—2030 年）》提出"站在新的历史起点上，需要进一步落实儿童优先原则，全面提高儿童综合素质，培养造就德智体美劳全面发展的社会主义建设者和接班人，引领亿万儿童勇担新使命、建功新时代"。① 此外，我国迄今为止颁布的《国家人权行动计划》均对儿童权利做出了规定。最新的《国家人权行动计划（2021—2025年）》提出"坚持儿童优先原则，全面落实《中国儿童发展纲要（2021—2030年）》，保障儿童生存、发展、受保护和参与的权利，缩小儿童发展的城乡、区域和群体差距，促进儿童健康、全面发展"的目标。

中国的儿童权利保障事业不仅仅有法律与政策支撑，也有实施机制上的支持。在国家层面，国务院妇儿工委坚持儿童优先原则，致力于协调和推动有关妇女儿童权利保护的法律法规的履行，推动我国妇女儿童权利的保护和发展。② 在地方层面，未成年人保护委员会或青少年教育保护委员会的设置有效处理未成年或青少年问题，促进其健康成长。为监督、实施与促进儿童的保护工作，中央和地方政府的教育、民政、卫生、文化、公安、体育、劳动保障等部门下都设立了负责儿童工作的机构。除政府各部门之外，妇联、工会、科协等社会团体也积极承担儿童权利保护的责任。我国上下衔接贯通、部门协调联动的儿童权利保护机制逐渐走向成熟。

（四）老年人权利保障的基础和依据

人权普遍性的一个方面是指人权主体的普遍性，③ 毫无疑问，老年人应当成为享有人权的主体。同时，老年人处于权益易被侵害的不利地位，其权益应当受到特殊保护。老年人的权益保障具有扎实的现实基础，具备法律与政策依据，老年人权益保障问题日益得到国际、国内社会的重视。

1. 老年人权利保障的现实基础

第一，全球老龄化趋势的深入发展与现有老年人保护机制不足之间的矛盾，要求加强对于老年人权利的保护。在人口老龄化的进程中，老年人的人口数目逐渐形成群体规模，保障其权益是当代人权发展的必然

---

① 国务院新闻办公室：《国务院关于印发中国妇女发展纲要和中国儿童发展纲要的通知》，http://www.scio.gov.cn/xwfbh/xwbfbh/wqfbh/44687/47020/xgzc47026/Document/1713741/1713741. htm，最后访问日期：2021年10月15日。

② 参见国务院妇女儿童工作委员会网站，https://www.nwccw.gov.cn/node_2660.htm，最后访问日期：2021年10月15日。

③ 参见柳华文：《关于制定联合国〈老年人权利公约〉的初步研究》，载《中国国际法年刊（2012）》。

要求。① 国际社会在妇女、儿童和残疾人等特殊群体的保护方面取得了显著成就，而老年人权利保障长期以来却仅仅依靠碎片化的、不均衡的国际法律制度。随着人口老龄化的加速发展，国际社会在老年人权益保障方面面临更大的挑战。这种挑战呼吁建立一套能够使老年人充满活力地参与社会、分享成果的国际法律框架，以解决老年人受到排斥、虐待、歧视以及基本需求无法得到满足的问题。②

第二，老年人因身体退行性改变而成为社会弱势群体，需要法律的倾斜保护。③ 老年人群体的弱势特征主要表现为：其一，老年人的社会地位低。随着身体各项机能的退化，老年人更新信息和知识的能力减弱，逐渐被排除在政治生活、经济生产乃至社会生活领域之外。其二，老年人的行为能力弱化。由于年龄的增长，老年人的身体各项机能呈弱化态势，满足自身需求的能力受到限制。劳动能力乃至自理能力的丧失使老年人失去了自我照顾的能力，从而必须得到社会和家庭成员的照顾。其三，老年人缺乏应有的财产收入能力与财产支配能力。这使得老年人生存的维系需要家庭成员的赡养、国家与社会的资助。由于老年人群体具有显著的弱势特征，为实现人权保护的实质平等，促进人人享有充分、有效的人权保障，应对老年人的权益予以特殊保护。

2. 老年人权利保障的法律与政策依据

首先，在国际层面，目前并没有一项专门的保障老年人权利的公约，老年人权利保障更多的是得到了政策文件的关注。1982 年 7 月，在维也纳举行的第一届老龄问题大会上通过的《老龄问题国际行动计划》是联合国有关老龄问题的第一个国际性文件，提出"制定及执行国际、区域和国家各级的政策，以充实老年人作为个人的生活，并让他们在和平、健康和有保障的情况下身心都充分、自由地安享他们的晚年；研究人口老龄化对发展以及发展对老龄化的影响，以便使老年人的潜力能够得到充分发挥并采取适当措施减轻由此带来的任何消极影响"。1991 年

---

① 参见黄振威：《老年人权利国际法保护的困境与应对》，载《理论月刊》2020 年第 2 期。
② 参见何燕华：《联合国国际人权法框架下老年人权利保护》，载《人权》2019 年第 4 期。
③ 龚向和主编：《人权法学》，北京大学出版社 2019 年版，第 223—224 页。

联合国大会通过的《联合国老年人原则》讨论了老年人的人权问题，提出了独立、参与、照顾、自我实现和尊严五大原则，倡导各国政府尽可能将这些原则纳入本国国家方案。1992 年，《2001 年全球老龄目标》和《老龄问题宣言》通过，进一步加深了国际社会对老年人基本福祉要求的理解。

2002 年，第二届世界老龄大会在西班牙召开，大会通过了《马德里政治宣言》和《2002 年国际老龄问题行动计划》。宣言指出，为应对 21 世纪人口老龄化所带来的机会和挑战，并促进发展一个不分年龄人人共享的社会，决定通过《2002 年国际老龄问题行动计划》，在"老年人与发展""提高老龄健康和福祉""确保有利和支助性的环境"三个方向优先采取行动。贯穿其中的中心主题包括：（1）充分实现所有老年人的所有人权和基本自由；（2）使老年生活安全无虞，这涉及重申消除老年贫穷的目标以及在《联合国老年人原则》的基础上作进一步发展；（3）使老年人能够除其他外，通过赚取收入的工作和志愿工作，充分和有效地参与其经济、政治和社会生活；（4）通过诸如终身学习的机会和参与社区生活，为整个一生和晚年的个人发展、自我实现和幸福提供各种机会，但同时认识到，老年人并不是一个没有差异的群体；（4）确保老年人充分享有经济、社会和文化权利，以及公民和政治权利，并消除对老年人的一切形式的暴力和歧视；（5）通过消除性别等方面的歧视来确保老年人的性别平等；（6）认识到家庭、世代相互依存、团结和互惠对于促进社会发展极为重要；（7）提供老年人所需的保健和支助，并对其提供社会保护，包括预防和康复性保健；（8）促进各级政府、民间社会、私营部门和老年人本身各方间的合作，把《国际行动计划》变为实际行动；（9）特别是在发展中国家内，利用科学研究和专门知识，并发挥技术的潜力，集中注意老龄化所涉及的个人、社会和保健等问题；（10）认识到老年土著人的境况，其独特的处境，并认识到有必要设法使其对直接影响到自己的决定有实际的发言权。2010 年，老龄问题不限成员名额工作组成立。工作组致力于消除现有国际框架中的差距，制定一项具有法律拘束力的文书，加强老年人的人权。2012 年，联大通过决议，决定"订立一项全面综合的国际法律文书以促进和保护老年人权利与尊严"，^①起草与制定一份专门保障老年人权益的《老年人权利公约》被提上了联合国的议事议程。

其次，在国内层面，我国对于老年人的权益保障已经形成以《宪法》为依据，以《老年人权益保障法》为基础，辅之以《民法典》等相关法律的较完备的保障体系。

我国《宪法》为老年人权益提供了根本法层面的保障。《宪法》第二章"公民的基本权利和义务"中涉及的，如男女平等、宗教自由、出版自由等规定都与老年人相关。特别是，第 33 条第 3 款规定"国家尊重和保障人权"；第 45 条规定"中华人民共和国公民在年老、疾病或者丧失劳动能力的情况下，有从国家和社会获得物质帮助的权利。国家发展为公民享受这些权利所需要的社会保险、社会救济和医疗卫生事业"。1996 年我国《老年人权益保障法》通过，经过 2009、2015、2018 年三次修正，为老年人权益提供了逐渐充分的保障。第 1 条规定了该法的立法宗旨，即"保障老年人合法权益，发展老龄事业，弘扬中华民族敬老、养老、助老的美德"。第 3 条强调"国家保障老年人依法享有的权益。老年人有从国家和社会获得物质帮助的权利，有享受社会服务和社会优待的权利，有参与社会发展和共享发展成果的权利。禁止歧视、侮辱、虐待或者遗弃老年人"。第 4 条规定了老年人的"五有"权利，指出"国家和社会应当采取措施，健全保障老年人权益的各项制度，逐步改善保障老年人生活、健康、安全以及参与社会发展的条件，实现老有所养、老有所医、老有所为、老有所学、老有所乐"。在政策层面，我国也对老年人的权益保障予以了关注，出台了《国家老龄事业发展和养老体系建设规划》《国家积极应对人口老龄化中长期规划》等一系列政策文件。国务院新闻办公室发布的四个国家人权行动计划都对老年人的权利保障做了专门规定，强调提高老年人权益保障水平，切实维护老年人合法权益。目前正在实施的《国家人权行动计划（2021—2025 年）》提出从健全老年人福利保障、健全养老服务体系、实施适老化改造、提供适老智

———

① 联合国大会：《订立一项全面综合的国际法律文书以促进和保护老年人权利与尊严》，A/RES/67/139，2012 年 12 月 20 日。

慧服务等方面提升老年人权益保障水平。①

（五）老年人权利保障的主要方式

对老年人权利的保障分为国家保障、社会保障、家庭保障和自我保障四种。②《老年人权益保障法》第 5 条指出，"国家建立和完善以居家为基础、社区为依托、机构为支撑的社会养老服务体系"。第 7 条指出，"保障老年人合法权益是全社会的共同责任"。

1. 国家保障。在立法层面，我国《宪法》《老年人权益保障法》③ 等都包含有关于老年人权益保障的内容。在政策层面，积极应对人口老龄化上升为国家战略，在《中华人民共和国国民经济和社会发展第十四个五年规划和 2035 年远景目标纲要》中作了专门部署。④ 在机构层面，1995 年国务院批准成立中国老龄协会，负责对我国老龄事业发展的方针、政策、规划等重大问题和老龄工作中的问题，进行调查研究，提出建议；开展信息交流、咨询服务等与老龄问题有关的社会活动，参与有关国际活动；承办国务院交办的其他事项和有关部门委托的工作。⑤1999 年，国务院建立了全国老龄工作委员会，负责研究、制定老龄事业发展战略及重大政策，协调和推动有关部门实施老龄事业发展规划；协调和推动有关部门做好维护老年人权益的保障工作；协调和推动有关部门加强对老龄工作的宏观指导和综合管理，推动开展有利于老年人身心健康的各种活动；指导、督促和检查各省、自治区、直辖市的老龄工作；组织、协调联合国及其他国际组织有关老龄事务在国内的重大活动。

2. 社会保障。加强老年人权利的社会保障有利于在全社会形成敬老

---

① 参见国务院新闻办公室：《国家人权行动计划（2021 — 2025 年）》，http://www.scio.gov.cn/xwfbh/xwbfbh/wqfbh/47673/47965/xgzc47971/Document/1721102/1721102.htm，最后访问日期：2021 年 10 月 15 日。

② 杨春福主编：《人权法学》，科学出版社 2019 年版，第 193—194 页。

③ 本章中，若无特别说明，《老年人权益保障法》系指《老年人权益保障法（2018 年修正本）》。

④ 中华人民共和国中央人民政府网站：《"十四五"国家老龄事业发展和养老服务体系规划》，http://www.gov.cn/zhengce/content/2022-02/21/content_5674844.htm，最后访问日期：2023 年 3 月 3 日。

⑤ 中国老龄协会网站，http://www.cncaprc.gov.cn/jgjs.jhtml，最后访问日期：2023 年 3 月 15 日。

养老助老的社会风尚。《老年人权益保障法》设置了"社会保障""社会服务""社会优待"三个专门章节，强调通过基本养老保险制度保障老年人的基本生活（第28条）；逐步开展长期护理保障工作，保障老年人的护理需求（第30条）；给予老年人基本生活、医疗、居住或其他救助（第31条）；建立和完善老年人福利制度（第33条）；为老年人提供生活照料、紧急救援、医疗护理、精神慰藉、心理咨询等多种形式的社会服务（第37条）；根据经济社会发展情况和老年人的特殊需要，制定老年人优待办法提高老年人优待水平（第53条）。

3. 家庭保障。基于中华文化传统，家庭养老是我国赡养老人的主要方式。家庭保障是老年人权益保障的基础，国家保障与社会保障都要通过家庭保障来落实。[①]《老年人权益保障法》设"家庭赡养与扶养"一章，专门规定家庭成员对老年人保护的责任。具体而言，赡养人应当对老年人进行经济上的供养、生活上的照料和精神上的慰藉（第14条）；及时救助与护理患病的老年人（第15条）；妥善安排老年人的住房（第16条）；耕种或委托他人耕种老年人承包的田地，照管或委托照管老年人的林木和牲畜等（第17条）；关注老年人的精神需求（第18条）；履行赡养义务（第19条）；赡养协议的签订不得违背老年人意愿（第20条）；尊重老年人婚姻自由（第21条）；不得侵犯老年人财产权益（第22条）；老年人与配偶具有相互扶养的义务（第23条）；督促履行赡养、扶养义务（第24条）；禁止家庭暴力（第25条）；监护人的确定（第26条）；国家建立健全家庭养老支持政策（第27条）。

4. 自我保障。除国家保障、社会保障、家庭保障外，老年人权益的自我保障同样重要。一方面，老年人应当提升自我权利维护意识，积极学法、守法、用法，维护好自身的合法权益。另一方面，老年人应当树立主动健康和终身发展理论，积极提升自身素质，根据自身情况参与公益服务、文明实践、科教文卫等事业，不断丰富精神世界。

---

① 杨春福主编：《人权法学》，科学出版社2019年版，第193页。

"常回家看看"案

《老年人权益保障法》第 18 条第 2 款特别规定，"与老年人分开居住的家庭成员，应当经常看望或者问候老年人"。

2013 年 12 月，北京首起老人诉子女"常回家看看"案宣判，北京昌平法院一审判决两被告每人每月支付老人养老费、医药费、生活费等上千元，两名被告每月看望老人尹某一次。

原告尹某已经 81 岁高龄，因为赡养问题，他将 6 个子女告上法庭，要求儿女"常回家看看"。该案于 2013 年 10 月开庭审理，老人当庭变更诉讼请求，仅诉他的两个女儿未付赡养费。

老人称，来京近 20 年，一大家子（除二女儿外）都租住在昌平区的一个大杂院。以前孩子们还经常看看他，老伴去世后 4 个儿子尚且有所表示。但 2019 年来，两个女儿从未给过他赡养费用。尹某要求法院判决两闺女支付他 2019 年来的赡养费以及将来的养老费，还要两被告每人每星期看望他一次。

尹某的两个女儿分别于 1955 年和 1961 年出生，答辩称可以负担赡养费，但"常回家看看"确实难。大女儿表示，如果老人在京生活，她愿意看他。但如果老人回河北老家，她就不能保证一星期看望一次了。二女儿则表示，如果老父亲打电话给她，她会去看望，但自己的孙子才一周岁，她需要帮儿女照顾孩子，经常去看望老人的确有点远。

庭审中，两个女儿均表示，2019 年来一直对老爷子尽赡养义务，也给了赡养费，但未能提供证据。

经审理，对于原告要求支付 2019 年来的赡养费，法院认为赡养费是保障被赡养人目前及今后生活的费用，除非有协议约定，否则不存在拖欠问题，因此不予支持。但老人要求被告负担赡养费和医疗费，理由充分，予以支持。对于老人要求两被告每人每周看望一次的请求，法院认为，因二被告现居住地距离原告居住地远近不同，可由二被告每月自行安排时间到原告住处看望一次。

三、残疾人权利

（一）概述

残疾人，现一般称为"残联人士"。联合国《残疾人权利宣言》第 1 条规定，"残疾人是由于先天性或非先天性的身心缺陷而不能保证自己可以取得正常的个人生活和（或）社会生活上一切或部分必需品的人"。世界卫生组织统计数据显示，逾 10 亿人患有某种形式的残疾，且这个数字仍在急剧增加。① 残疾人这类庞大的特殊群体，长期遭到国家和社会的忽视，同时被边缘化。② 残疾人的身心缺陷，既有先天性的，又有后天性的。无论残疾人致残原因为何，残疾人都处在不利的社会地位。

传统观念中，残疾人被认为是社会的弱者而不是社会的贡献者。因此，残疾人的权利与需求往往被社会忽略。然而，残疾人保障是人权保障的重要内容，社会理应对残疾人予以特殊关怀，承认残疾人的能力和存在的意义。随着人类文明的进步，残疾人权利逐渐得到国际社会的广泛关注。1975 年《残疾人权利宣言》确定了"残疾者享有人格尊严受到尊重的权利"。1979 年联合国通过了关于 1981 年为"国际残疾人年"的决议和相应的行动计划。"国际残疾人年"以"充分参与和平等"为主题，强调残疾人在个人条件允许下尽可能充分地参加社会生活，并享有与正常人完全平等的权利，主要目标是促使人们关注残疾人的生活和工作境况，消除对他们的偏见和歧视，确保他们尽可能生活在正常社会之中。2006 年的《残疾人权利公约》指出，"确认残疾是一个演变中的概念，残疾是伤残者和阻碍他们在与其他人平等的基础上充分和切实地参与社会的各种态度和环境障碍相互作用所产生的结果"。③《残疾人权利公约》第 1 条指出"残疾人包括肢体、精神、智力或感官有长期损伤的人，这些损伤与各种障碍相互作用，可能阻碍残疾人在与他人平等的基础上充分和切实地参与社会"。该条确认了"残疾"是一个演进概念，从机能障碍和社会障碍双重角度对"残疾人"做出了定义，强调社会障碍对残疾人作为权利主体平等参与社会生活的影响，体现了以权利为本的残障观。④

---

① 参见世界卫生组织网站，https://www.who.int/news-room/fact-sheets/detail/disability-and-health，最后访问日期：2021 年 6 月 15 日。
② 联合国人权事务高级专员办事处、世界卫生组织：《健康权》，概况介绍第 31 号，2008 年，第 18 页。
③ 《残疾人权利公约》，序言。
④ 参见白桂梅主编：《人权法学（第 3 版）》，北京大学出版社 2023 年版，第 213 页。

（二）残疾人权利的基本框架

1.残疾人权利保障的一般原则

《残疾人权利公约》以"促进、保护和确保所有残疾人充分和平等地享有一切人权和基本自由，并促进对残疾人固有尊严的尊重"为宗旨。为此，第3条规定了残疾人保障的八项一般原则，包括"尊重固有尊严和个人自主，包括自由作出自己的选择，以及个人的自立；不歧视；充分和切实地参与和融入社会；尊重差异，接受残疾人是人的多样性的一部分和人类的一分子；机会均等；无障碍；男女平等；尊重残疾儿童逐渐发展的能力并尊重残疾儿童保持其身份特性的权利"。

2.残疾人权利的内容

残疾人享有健全人所享有的一切权利，但由于其身体和生理缺陷，残疾人权利的行使面临着更大的障碍。以下是对于残疾人群体具有特殊意义的几种权利。

第一，平等和不受歧视的权利。《残疾人权利公约》第5条强调残疾人有权不受任何歧视地享有法律给予的平等保护和平等权益。缔约国应当禁止一切基于残疾的歧视，保证残疾人获得平等和有效的法律保护，使其不受基于任何原因的歧视。为促进平等和消除歧视，缔约国应当采取一切适当步骤，确保提供合理便利。为加速或实现残疾人事实上的平等而必须采取的具体措施，不得视为公约所指的歧视。我国《残疾人保障法》第3条规定，"残疾人在政治、经济、文化、社会和家庭生活等方面享有同其他公民平等的权利"。

第二，无障碍生活的权利。《残疾人权利公约》第9条对残疾人无障碍生活的权利作出了规定，公约强调，"为了使残疾人能够独立生活和充分参与生活的各个方面，缔约国应当采取适当措施，确保残疾人在与其他人平等的基础上，无障碍地进出物质环境，使用交通工具，利用信息和通信，包括信息和通信技术和系统，以及享用在城市和农村地区向公众开放或提供的其他设施和服务"。我国《残疾人保障法》第七章以"无障碍环境"一词为标题，对为残疾人的生存与发展提供无障碍环境作出了规定。其中，第52条规定："国家和社会应当采取措施，逐步完善无障碍设施，推进信息交流无障碍，为残疾人平等参与社会生活创造无障碍环境。各级人民政府应当对无障碍环境建设进行统筹规划，综合协调，加强监督管理。"第54条规定："国家采取措施，为残疾人信息交流无障碍创造条件。各级人民政府和有关部门应当采取措施，为残疾人获取公共信息提供便利。国家和社会研制、开发适合残疾人使用的信息交流技术和产品。国家举办的各类升学考试、职业资格考试和任职考试，有盲人参加的，应当为盲人提供盲文试卷、电子试卷或者由专门的工作人员予以协助。"

第三，受教育权。残疾人受教育权规定于《残疾人权利公约》第24条："缔约国确认残疾人享有受教育的权利。为了在不受歧视和机会均等的情况下实现这一权利，缔约国应当确保在各级教育实行包容性教育制度和终身学习，以便充分开发人的潜力，培养自尊自重精神，加强对人权、基本自由和人的多样性的尊重；最充分地发展残疾人的个性、才华和创造力以及智能和体能；使所有残疾人能切实参与一个自由的社会。"我国《残疾人保障法》第三章对残疾人的受教育权做了规定，确认了国家保障残疾人享有受教育的权利。

第四，健康权。残疾人在健康权方面面临着各种挑战。经济、社会及文化权利委员会指出，"健康是行使其他人权不可或缺的一项基本人权，每个人都有权享有能够达到的有益于体面生活的最高标准的健康"。[1]《残疾人权利公约》第25条规定："残疾人有权享有可达到的最高健康标准，不受基于残疾的歧视。缔约国应当采取一切适当措施，确保残疾人获得考虑到性别因素的医疗卫生服务，包括与健康有关的康复服务。"残疾人的健康权不能孤立实现，它与残疾人保护的原则紧密相关。我国《残疾人保障法》第二章规定了国家保障残疾人的康复权。第15条指出，"各级人民政府和有关部门应当采取措施……帮助残疾人恢复或者补偿功能，增强其参与社会生活的能力"。

第五，工作和就业权。《残疾人权利公约》第27条规定："缔约国确认残疾人在与其他人平等的基础上享有工作权，包括有机会在开放、具

---

[1] 经济、社会及文化权利委员会：《第3号一般性意见：缔约国义务的性质》，1990年，第4条。

有包容性和对残疾人不构成障碍的劳动力市场和工作环境中，为谋生自由选择或接受工作的权利。"我国《残疾人保障法》第四章以"劳动就业"为题，明确了国家保障残疾人劳动的权利。

（三）残疾人权利的保护方式

1. 残疾人权利的国际保护

（1）残疾人保护的国际法律文件

1969 年，联合国颁布了旨在保护残疾人权利的《禁止一切无视残疾人的社会条件的公约》；1971 年，在国际智力迟钝者联盟的推动下，联合国通过了《智力迟钝者权利宣言》，首次提出"残疾人权利"的概念，对残疾人权利保护问题予以关注；1975 年，联合国经济与社会理事会（以下简称经社理事会）通过了《关于预防伤残和伤残复健的第 1921（LVIII）号决议》；同年，联合国大会通过了《残疾人权利宣言》，确认了残疾人与健全人享有完全平等的权利；1982 年联合国大会通过了《关于残疾人的世界行动纲领》；1993 年，联合国大会通过《残疾人机会均等标准规则》（第 48196 号决议），将"平等、参与、共享"作为总的奋斗目标；2006 年，第 61 届联合国大会审议通过了《残疾人权利公约》及《残疾人权利公约任择议定书》。《残疾人权利公约》是国际社会在 21 世纪通过的第一个综合性人权公约，是缔约国数量较大、影响较为全面的人权条约，该公约是残疾人权利保障事业的里程碑。

（2）残疾人保护的国际机制

残疾人权利委员会是监督缔约国落实《残疾人权利公约》的独立专家机构。委员会接受并审查缔约国提交的关于公约所载权利落实情况的报告。委员会在审查报告后会对报告提出意见和一般性建议，并以结论性意见的形式向当事缔约国转交建议。《残疾人权利公约任择议定书》为残疾人权利委员会规定两项任务：接受和审查个人来文；当有可靠证据表明存在严重而系统性地违反公约的情况时启动调查程序。国际劳工组织、联合国教科文组织等机构分别在促进残疾人体面地工作、接受教育等方面保障残疾人权利。此外，联合国系统内部设置了残疾问题自愿基金，旨在为残疾人组织的活动提供资助，支助具有催化作用的创新行动。①

2. 残疾人权利的国内保护

残疾人的保障水平彰显了一个国家的人权保障水平。中国作为人口众多的发展中国家，残疾人人口数量大。作为《残疾人权利公约》的起草国和首批签署国之一，中国积极履行公约下的义务，不断健全和完善有关残疾人人权事业的体制机制，在残疾人权利保障方面不断取得新进展，残疾人状况不断改善。

第一，残疾人权利保障具有坚实的法律依据。目前，我国已经形成了以《宪法》为依据，以《刑法》《民法典》等基本法为基础，以《残疾人保障法》为主导，以《残疾人教育条例》《残疾人就业条例》《无障碍环境建设条例》等行政法规为支撑，以优惠和扶助残疾人的地方性法规为补充，全面保障残疾人权利和促进残疾人事业发展的法律体系。

我国《宪法》第 45 条对残疾人权利的保障作出了基础性的规定："中华人民共和国公民在年老、疾病或者丧失劳动能力的情况下，有从国家和社会获得物质帮助的权利。国家发展为公民享受这些权利所需要的社会保险、社会救济和医疗卫生事业。国家和社会保障残废军人的生活，抚恤烈士家属，优待军人家属。国家和社会帮助安排盲、聋、哑和其他有残疾的公民的劳动、生活和教育。"1990 年《残疾人保障法》通过，这是我国第一部保障残疾人权利的法律，标志着我国残疾人保障制度的重心逐步从福利救济向权利保障转变。随着社会的发展，残疾人权益保障出现了新问题、新情况，2008 年，中国对《残疾人保障法》进行修订，第一次引入了"禁止基于残疾的歧视"的概念，突出了以"残疾人权利"为本的理念，明确提出了国家保障残疾人享有康复服务、平等接受教育、劳动、平等参与文化生活、各项社会保障等权利，充实了为残疾人平等参与社会生活创造无障碍环境的内容，强化了侵害残疾人的权益所应承

---

① 参见联合国网站，https://www.un.org/development/desa/disabilities-zh/%E8%81%94%E5%90%88%E5%9B%BD%E6%AE%8B%E7%96%BE%E9%97%AE%E9%A2%98%E8%87%AA%E6%84%BF%E5%9F%BA%E9%87%91.html，最后访问日期：2023 年 3 月 30 日。

担的法律责任。①1994 年，国务院颁布《残疾人教育条例》，针对残疾人的受教育权利进行规定；2007 年《残疾人就业条例》通过，旨在促进残疾人就业，保障残疾人的劳动权利；② 2017 年，为预防残疾的发生、减轻残疾程度，帮助残疾人恢复或者补偿功能，促进残疾人平等、充分地参与社会生活，发展残疾预防和残疾人康复事业，国务院通过了《残疾预防和残疾人康复条例》；2012 年《无障碍环境建设条例》通过，该条例设立了"创造无障碍环境，保障残疾人等社会成员平等参与社会生活"的目标。

第二，残疾人权利保障是国家人权事业与国家发展战略的重要组成部分。2009 年起国务院新闻办公室颁布的四个国家人权行动计划均对残疾人权利保障做了专门规定。其中，目前正在实施的《国家人权行动计划（2021—2025 年）》提出"促进残疾人的平等参与和社会融入，加强对困难和重度残疾人帮扶力度，保障残疾人共享社会发展成果"。③ 2019年，国务院新闻办公室发布的《平等、参与、共享：新中国残疾人权益保障 70 年》白皮书指出："残疾人是人类大家庭的平等成员。尊重和保障残疾人的人权和人格尊严，使他们能以平等的地位和均等的机会充分参与社会生活，共享物质文明和精神文明成果，是国家义不容辞的责任，也是中国特色社会主义制度的必然要求。"④ 2022 年，《中国残疾人体育事业发展和权利保障》白皮书指出，"残疾人体育重在参与，这是残疾人的一项重要权利，是人权保障的重要内容"。⑤ 此外，"十一五"至"十四五"国民经济和社会发展规划中纳入了残疾人事业发展的有关内容。2021 年 7 月 8 日，国务院印发《"十四五"残疾人保障和发展规划》，

---

① 中华人民共和国中央人民政府网站：《中国认真履行〈残疾人权利公约〉改善残疾人状况》，http://www.gov.cn/govweb/fwxx/cjr/content_1740464.htm，最后访问日期：2023 年 3 月 2 日。

② 《残疾人就业条例》，第 1 条。

③ 国务院新闻办公室：《国家人权行动计划（2021—2025 年）》，http://www.scio.gov.cn/xwfbh/xwbfbh/wqfbh/47673/47965/xgzc47971/Document/1721102/1721102.htm，最后访问日期：2023 年 3 月 15 日。

④ 国务院新闻办公室：《平等、参与、共享：新中国残疾人权益保障 70 年》白皮书，http://www.scio.gov.cn/ztk/dtzt/39912/41159/index.htm，最后访问日期：2023 年 6 月 15 日。

⑤ 国务院新闻办公室：《中国残疾人体育事业发展和权利保障》白皮书，http://www.scio.gov.cn/ztk/dtzt/47678/47973/index.htm，最后访问日期：2022 年 8 月 3 日。

提出"继续加快发展残疾人事业，团结带领残疾人和全国人民一道，积极投身全面建设社会主义现代化国家的伟大实践，共建共享更加幸福美好的生活"。[①]《国务院关于加快推进残疾人小康进程的意见》《国家残疾预防行动计划（2021—2025年）》等专项计划也对残疾人权利保障工作做出了细致的部署。

第三，随着社会思想和物质的进步，我国残疾人权利保障工作的机制逐步走向健全，形成了党委领导、政府负责、社会参与、残疾人组织充分发挥作用的工作体制。[②] 在国家层面，国务院设立了专门的残疾人工作委员会（简称"国务院残工委"），负责协调国务院有关残疾人事业方针、政策、法规、规划的制定与实施工作；协调解决残疾人工作中的重大问题；组织协调联合国有关残疾人事务在中国的重要活动。[③] 在地方层面，全国县级以上人民政府成立了残疾人工作委员会，负责残疾人教育、就业等方面的工作。此外，中国残疾人联合会（简称"残联"）在中国残疾人事业中承担了重要角色。中国残联是国家法律确认、国务院批准的由残疾人及其亲友和残疾人工作者组成的人民团体，它代表残疾人共同利益，维护残疾人合法权益；团结帮助残疾人，为残疾人服务；履行法律赋予的职责，承担政府委托的任务，管理和发展残疾人事业。[④] 妇联、工会、共青团等人民团体也为维护残疾人合法权益贡献了积极力量。

第四节　集体人权

集体人权包括自决权、发展权、和平权、环境权等，其产生与民族

① 中华人民共和国中央人民政府网站：《"十四五"残疾人保障和发展规划》，http://www.gov.cn/zhengce/content/2021-07/21/content_5626391.htm，最后访问日期：2023年10月15日。

② 国务院新闻办公室：《平等、参与、共享：新中国残疾人权益保障70年》白皮书，http://www.scio.gov.cn/ztk/dtzt/39912/41159/index.htm，最后访问日期：2023年6月15日。

③ 参见中国残疾人联合会网站，https://www.cdpf.org.cn/zzjg/jggk/gwycjrgzwyh/index.htm，最后访问日期：2023年3月15日。

④ 参见中国残疾人联合会网站，https://www.cdpf.net.cn/zzjg/jggk/zgcjrlhh/index.htm，最后访问日期：2023年3月15日。

解放运动紧密联系，形成于"二战"后兴起的非殖民化运动，一般认为是第三世界国家对于人权内容发展的贡献。

一、集体人权概述

（一）集体人权的含义

集体人权是为弥补个体人权在保障全球人民生存状况方面的不足而出现的，以一定社会群体、一国人民、全人类等集体为权利主体，以集体利益为权利客体的人权。作为人权体系中较为特殊的一个部分，集体人权具有以集体为主体的特征，这使其在一众个体权利之间格外引人瞩目，但同时也让集体人权饱受争议。

一些学者认可集体人权的存在，认为其有重要意义。拉兹认为集体利益为集体权利提供了存在基础，[1] 这一理论成为此后众多学者论证集体人权正当性基础的必经之路。尤拉姆·丁斯坦认为，某些情况下，除非实行集体人权，否则个体人权的享有是不可能的。[2] 迈克尔·弗里曼认为集体权利对于保护个人权利是必要的，而且集体权利不能被分解为个人权利。[3] 威廉·菲利斯支持集体人权的存在，认为个人权利不足以保障人的尊严，在经济、社会、文化权利领域，个人权利理论没有认识到阻碍权利实现的结构性障碍。而集体人权概念则解决了大多数现代民族国家中缺乏"公平竞争环境"的问题。[4] 彼得·琼斯认为，考虑集体权利是否属于人权，需要先区分相关权利是集合的权利还是共同的权利。[5] 琼斯认为共同的权利不属于人权范畴，而在各类集合的权利中，具有普遍性的

---

[1]　Joseph Raz, *The Morality of Freedom* (Oxford: Clarendon Press, 1986), p. 208.

[2]　Yoram Dinstein, "Collective Human Rights of Peoples and Minorities," 25 *International and Comparative Law Quarterly* (1976) 102, at 103.

[3]　Michael Freeman, "Are There Collective Human Rights," 43 *Political Studies* (1995) 25, at 30.

[4]　William F. Felice, "The Case for Collective Human Rights: The Reality of Group Suffering," 10 *Ethics & International Affairs* (1996) 47, at 59, 60.

[5]　集合的权利，即原文提到的 collective right，意指某个集体中每个个人都有的权利；共同的权利，即原文提到的 corporate right，指集体作为独立主体享有的权利。Peter Jones, "Human Rights, Group Rights, and Peoples' Rights," 21: 1 *Human Rights Quarterly* (1999) 80, at 86.

集合权利属于人权。① 学者们支持集体人权概念的理由可以被归纳为集体人权对于人权实现具有重要作用。

一些学者对集体人权持否定态度。杰克·唐纳利反对集体人权的概念，他认为集体人权的思想代表了一种重要的和至少是混乱的概念性偏差，包括国家在内的集体可以而且的确拥有各种权利，但这些权利并不是人权，必须对人权和集体的权利予以区分。② 迈克尔·哈特尼认为不存在那种由集体拥有而又脱离了其成员，并且能够产生权利的集体利益，因此在道德层面上不存在集体权利。③ 曲相霏认为集体只是手段，现有的集体人权是个人人权共同行使的结果，并不存在真正的集体人权，且集体成为人权主体可能助长国家对个人的压迫。④ 反对集体人权的学者所提供的理由可以被归纳为三类：第一，人权概念或源头角度，即以个人是人权起源的中心为由，来否定集体作为主体存在的可能性；第二，风险角度，即以风险的存在来削弱集体作为主体的正当性；第三，同质化或无差异角度，即否定集体人权与相关个人权利的区别，从而否定其存在。

（二）集体人权的存在基础

集体人权的出现是为了应对个人权利难以解决的利益保障问题，基于不同的具体情况，这一权利要求有不同的表现。最初是为了解决基于集体身份的个体歧视，后发展为对集体命运不公的应对，最后扩展至对全人类存在与发展的保障。

自 20 世纪下半叶始，社会碎片化和全球化都在努力侵蚀主权国家，要么从内部将其拉开，要么从外部超越它。世界面临着一系列的新问题，这些问题也超越了国家权力。环境污染、毒品交易、人口流动和艾滋病等疾病的传播都表明，国家的边界是多孔的。民族国家自身无法解决这些问题，为了避免给人类带来毁灭性的后果，必须达致全新的合作状态。

---

① Peter Jones, "Human Rights, Group Rights, and Peoples' Rights," 21: 1 *Human Rights Quarterly* (1999) 80, at 101.

② 〔美〕杰克·唐纳利：《普遍人权的理论与实践》，王浦劬等译，中国社会科学出版社2001 年版，第 171 页。

③ Michael Hartney, "Some Confusions Concerning Collective Rights," in Will Kymlicka (ed.), *The Rights of Minority Cultures* (New York: Oxford University Press, 1995), p. 217.

④ 曲相霏：《人权离我们有多远》，清华大学出版社 2015 年版，第 132 页。

尽管如此，国家仍然是国际事务中的基本组织单位。集体人权概念，试图通过提出一个规范性的价值框架，将世界各地的个人和团体的关切联系起来，从而解决分裂和全球化问题。集体人权并不依赖于民族国家精英的批准。相反，这些权利旨在对现有的民族国家施加压力，使其改变对某些群体的做法，就像个人人权有助于缓和国家对人的行为一样。此外，这样一个框架旨在建议如何组织社会以克服未来的痛苦。①

阿尔斯顿指出，人权的"代"概念反映了人权话语的"本质上的动态特征"。②第一代"洛克"权利试图保护个人不受新兴公共权力的影响，而第二代经济、社会和文化权利则对工业资本主义对个人满足基本需求的能力（即公共和私人权力的相互作用）的毁灭性影响作出了反应。第三代集体权利是对老龄资本主义对人类生存本身构成的威胁的回应：巨大的物质差距、大规模环境退化和全球战争——所有人类共同经历并必须共同面对的条件。③

集体权利和义务的概念为个人与其共同体之间的共同利益赋予了意义。更重要的是，若将集体要求边缘化，则权利话语不能保持连贯性或相关性，因为在全球战争、大规模毁灭性武器和大规模环境退化的时代，集体要求已经与人类生存本身密不可分。④第三代权利是后殖民时代新国家对建立新的国际经济秩序的平等要求的产物。当这些公正的再分配要求在政治舞台上遭到挫败时，支持者用权利的语言重新提出了这些要求。权利表述反映了社会价值观，是社会斗争的产物。⑤如果没有集体人权，

---

① William F. Felice, "The Case for Collective Human Rights: The Reality of Group Suffering," 10 *Ethics & International Affairs* (1996) 47, at 61.

② Phillip Alston, "A Third Generation of Solidarity Rights: Progressive Development or Obfuscation of International Human Rights Law," 29 *Netherlands International Law Review* (1982) 307, at 321.

③ Jeanne M. Woods, "Theorizing Peace as a Human Right," 7: 2 *Human Rights & International Legal Discourse* (2013) 178, at 193.

④ Phillip Alston, "A Third Generation of Solidarity Rights: Progressive Development or Obfuscation of International Human Rights Law," 29 *Netherlands International Law Review* (1982) 307, at. 314.

⑤ Jeanne M. Woods, "Theorizing Peace as a Human Right," 7: 2 *Human Rights & International Legal Discourse* (2013) 178, at 201.

所有群体的成员都不能从平等机会的承诺中受益。这些权利的实现取决于所有人民之间的全球团结。要使世界上许多受压迫群体的个人权利成为现实，就必须解决群体对正义的要求。[①]

（三）集体人权的类型与特点

从国际实践看，目前得到广泛承认的集体人权主要包括自决权、发展权、和平权与环境权四类。丁斯坦将现代国际法中的集体人权分为三类：物质生存权、自决权和利用自然资源的权利。[②]这体现出各类集体人权间存在着紧密的联系。自决权在现阶段的主要内容之一是经济自决，而经济自决正是发展权实现的条件之一，同时与环境权相关的一系列国际软法所提出的利用本国自然资源的权利也为经济自决提供了依据。

目前，各项集体人权在其人权属性和权利内容的确认上都存在争议。自决权得到了国际社会较为广泛的承认，也被写入 1966 年人权两公约之中，但随着殖民时代结束，其内容及行使方式的发展方向存疑；发展权的性质、内容广受争议，一些发达国家将其视为政策，并不认可其人权属性；和平权则是在 21 世纪初才进入联合国人权事务的关注范围，在此之前，和平虽久为国际社会关切但长期未被作为一项人权考虑，且目前和平权的主体、客体、义务承担者等内容还不明确；环境权是受认可度最高的一项集体人权，不仅有国际软法的支持，还形成了一系列的国际实践，[③]但目前尚无对其有系统性规定及阐释的国际法律文书。

相比于个体人权，集体权利具有以下特点：第一，集体人权最明显的特点在于其集体属性。集体人权由集体拥有，有时还涉及集体行使。第二，集体人权较个体人权具有更强的模糊性。各类集体人权的地位、内容、实现方式，都有不同程度的模糊性。第三，集体人权具有超越国界的特点，与个体人权存在差异。集体人权所涉及的社会关系，不再局限于国家内部，同时权利的实现也需要国际社会相互协作、共同努力。

---

① William F. Felice, "The Case for Collective Human Rights: The Reality of Group Suffering," 10 *Ethics & International Affairs* (1996) 47, at 60.

② Yoram Dinstein, "Collective Human Rights of Peoples and Minorities," 25 *International and Comparative Law Quarterly* (1976) 105.

③ 何志鹏、孙璐、王彦志、姚莹：《国际法原理》，高等教育出版社 2017 年版，第 303 页。

　　集体人权的出现和发展促进了人权范围的拓宽，体现了人权理念发展在主体、空间、时间三个维度上的突破。第一，集体人权概念的出现，体现出了人权理念在主体范围上的突破，人权主体从个体扩展至集体，使人权中"人"的内涵更为丰富。第二，发展权、自决权、和平权等集体人权体现了人权理念在空间范围上的突破，人权不再仅涉及国内事务并运行于主权国家内部，也开始调整国际事务。第三，环境权等权利的发展使得人权理念在时间范围上得到了突破，人权不仅有助于保障当代人的利益，还能够惠及后代人。这些理念突破使得更多人能够受惠于人权体系，让人权进一步立体、完整。

　　集体人权的发展意味着，人权从最初产生时的私人在国内维度上对抗公权的手段，逐步发展为在全球维度上维护机会平等、分配正义的手段，是人权顺应时代背景变化而发展的表现之一。

二、自决权

（一）发展历程

　　国际法中的自决权是"人民"从主权国家获得一定程度自治的法律权利。自决权是西方历史发展的一个产物。美国 1776 年的独立宣言和法国大革命的实践初步奠定了人民自决的理念基础。[①]第一次世界大战后，弗拉基米尔·列宁和伍德罗·威尔逊等政治领袖提出了自决权概念，前者基于暴力分裂，要将人民从资产阶级政府的统治中解放出来，后者则基于人民通过民主进程的自由意志。[②]20 世纪前半叶的自决权是指殖民地人民寻求独立的权利，而随着全球各地的殖民地陆续独立，自决权中的分离自决内容完成了其历史使命，目前的自决权主要包括一国人民决定自身政治、经济、社会及文化等领域的发展方向的权利，不再包括分离自决权利。

　　在第一次世界大战之前，国际法不涉及任何有关少数群体自决的

[①]　何志鹏：《国际法上的自决迷题》，载《武大国际法评论》2015 年第 2 期。

[②]　Milena Sterio, *The Right to Self-determination under International Law: Selfistans, Secession, and the Rule of the Great Powers* (Abingdon: Routledge, 2013), p. 9.

讨论。相反，一旦一个群体或一个民族运动成功地摆脱其母国统治、获得独立，其他国家就会简单地承认其国家地位。第一次世界大战后，在巴黎和平会议上，这种情况发生了变化。基于新出现的国际政治伦理观念，自决"是重新绘制中欧和东欧地图的政治家的指导原则"。[①]自决权概念在历史上的产生与"一战"结束时欧洲主要强国奥匈帝国的解体密不可分。作为一个构成较为复杂的国家，奥匈帝国由许多不同的民族组成，所有民族都生活在一个庞大的欧洲帝国的统治下。虽然奥匈帝国内的不同族群并不是生活在真正意义上的殖民地中，但是他们的地位和权利完全取决于奥匈帝国皇帝，他可以单方面决定剥夺一个群体的权利或者偏袒一个群体。随着第一次世界大战中同盟国最终失利，奥匈帝国分裂成为奥地利、匈牙利、捷克斯洛伐克、南斯拉夫等一系列民族国家，伍德罗·威尔逊和弗拉基米尔·列宁等思想家由此提出了自决权的理念。但在巴黎和会中，伍德罗·威尔逊关于在国际联盟盟约中纳入自决原则的提议被否决，关于自决权的国际法一般规范并没有从此次和平会议中发展出来。[②]此外，国际联盟就阿兰群岛地位争端任命的两个委员会认定，在不存在少数群体被剥夺任何基本权利的极端情况时，国际法不承认一般的自决权。

第二次世界大战后，自决权获得了法律权利的地位，但这项权利主要产生于非殖民化的理念中：自决意味着被殖民地人民有权自由决定自己的政治命运。在非殖民化模式之外，任何普遍自决权的存在都是有争议的。随着《联合国宪章》的通过，自决原则首次被载入一项重要条约中。《联合国宪章》第 1 条第 2 项规定，本组织的宗旨之一是"在尊重人民平等权利和自决原则的基础上发展国家间的友好关系"。由此可见，《联合国宪章》规定了自决权，但没有界定自决的概念，也没有区分各种形式的自决。《联合国宪章》没有对成员国施加直接的法律义务，相反，它设想成员国应尽可能允许少数群体自治。根据《联

---

① Diane Orentlicher, "International Responses to Separatist Claims: Are Democratic Principles Relevant," in Stephen Macedo and Allen Buchanan (eds.), *Secession and Self-Determination* (New York: New York University Press, 2003), p. 21.

② 同上。

合国宪章》，自决并没有转化为少数群体脱离其母国的权利，也没有转化为殖民地人民实现独立的权利。尽管存在这些限制，"但事实仍然是，这是第一次在多边条约中规定自决权"，而且"《联合国宪章》的通过标志着一个重要的转折点；它标志着自决的政治假设已成熟为一种法律行为标准"。[①]

20世纪60年代，自决权在《公民及政治权利国际公约》和《经济社会文化权利国际公约》中得到了规定。根据人权两公约，自决权获得了新的含义，成为了一项持续的权利，向条约成员国施加了尊重人民某种形式民主自治权利的义务。此外，自决权包括两种不同形式的表达，一种是非殖民地人民的自决权，另一种是殖民地人民的自决权。首先，生活在较大母国内的非殖民民族有权在其母国内享有某种形式的内部自治权利。然而，非殖民地人民没有获得脱离母国寻求独立的权利。第二，两个公约赋予了附属领土（即殖民地和托管领土）人民自由决定其国际地位的权利。因此，被殖民地人民获得了决定其政治命运的权利，如组成一个独立的国家，或继续作为其"宗主国"的一部分，或与另一个国家合并等等。与非殖民地人民不同，殖民地人民可以依靠两公约行使其自决权，并通过补救性分离寻求与殖民者的合法分离。

在20世纪末和21世纪初，由于前南斯拉夫和前苏联等欧洲国家的解体，以及全球其他一些有着分离主义倾向的地缘政治变化事例，如高加索地区的南奥塞梯、阿布哈兹以及非洲的苏丹等等，自决权再次陷入争议之中。[②]

（二）内容与特点

1. 权利内容

1920—1921年国际联盟处理的阿兰群岛归属问题是较早进入国际社会视野的自决问题。而1945年的《联合国宪章》和1966年的《公民

---

① Antonio Cassese, *Self-Determination of Peoples: A Legal Reappraisal* (Cambridge, New York: Cambridge University Press, 1995), p. 43.

② Milena Sterio, *The Right to Self-determination under International Law: Selfistans, Secession, and the Rule of the Great Powers* (Abingdon: Routledge, 2013), p. 15.

及政治权利国际公约》与《经济社会文化权利国际公约》则是具有较普遍约束力的、规定了自决权的国际法文件。其他可以作为辅助性证明的则包括一系列联大决议、国际裁判机构的裁决，以及国际会议的决议等。这些文件表明了自决权在国际关系中的不同形态与指向，也表明了国际法对于分离自决的约束和防范。

一些学者认为，自决权包含两方面内容，即"外部自决"和"内部自决"。殖民地摆脱宗主国的殖民统治、取得独立的自决权被视为"外部自决"，一个国家内部的人民、种族所主张的自决则可被视为"内部自决"。同时，观察国际法相关文件，不难看出，从殖民时代到后殖民时代，自决权的内容发生了变化。也就是从原来的"国家独立、民族解放"发展到"自主决策、经济发展"。[①] 如《联合国宪章》第一条提到："联合国之宗旨为：……二、在尊重人民平等权利和自决原则的基础上发展国家间的友好关系，并采取其他适当办法，以增强普遍和平。"通过人民自决原则来发展国际友好关系、增强普遍和平，显然意味着是国家作为国际关系的行为体来参与国际活动，这里的自决，主要是国家不受外来干扰和干预地决定自己的政治、经济、文化制度，而绝不是一国之内人民的分离。

这是因为，20 世纪前半叶的去殖民化浪潮已经结束，当殖民地在政治上独立的目标在世界上已经基本达成的时候，国际法上的自决权在国家资格取得上的意义基本消除；进而转换到了经济领域，也就是对形形色色的"后殖民主义"进行抵制和反抗，具体体现为新生国家经济政治制度的独立选择。治理自决在一系列国际文件中被确认和重申，并被广泛地视为重要的集体人权，特别被广大发展中国家所支持。发展中国家更倾向于自主决定其发展道路与生活模式，用这个意义上的人民自决权来反对一些发达国家的"干涉"。[②]

安东尼奥·卡塞斯、伊恩·布朗利和马培德等著名国际法学者也指出，在 1970 年代，似乎没有任何国际法惯例规范授权非殖民地人民自

---

① 何志鹏：《国际法上的自决迷题》，载《武大国际法评论》2015 年第 2 期。
② 同上。

决。① 国际法学者詹姆斯·克劳福德在 1998 年得出结论："1945 年以来的国家实践非常清楚地表明，各国极不愿意承认或接受殖民地背景之外的单方面分裂。"② 克劳福德认为，孟加拉国是一个成功的脱离国家的例子，因为这是"在特殊情况下外国军事援助造成的既成事实"。对于克劳福德来说，厄立特里亚和波罗的海国家等其他例子涉及相互同意。因此，每当中央政府反对分裂时，分离主义者都无法成功，索马里北部就是如此，南奥塞梯和阿布哈兹肯定也是如此。克劳福德认为，根据国际法，不存在单方面的脱离权利，人民的任何自决"都要通过参与其母国的宪法制度，并在尊重其领土完整的基础上实现"。③

2. 权利主体

作为人民自由选择政治、经济制度的权利，当今国际法上自决权的主体是一国人民，而非一国内部的民族或者族群。这些民族或者族群是人民的一部分，却不是一个可以独立行使自决权的行为体。威尔逊所理解的自决就是在民主政府的体系中参与决策的权利。这一国际法立场可以从一系列国际法文件中推断出来。例如，《公民及政治权利国际公约》与《经济社会文化权利国际公约》的共同第 1 条规定：（1）所有民族均享有自决权，根据此种权利、自由决定其政治地位并自由从事其经济、社会与文化之发展。（2）所有民族得为本身之目的，自由处置其天然财富及资源，但不得妨害因基于互惠原则之国际经济合作及因国际法而生之任何义务。无论在何种情形下，民族之生计，不容剥夺。（3）本公约缔约国、包括负责管理非自治及托管领土之国家在内，均应遵照联合国宪章规定，促进自决权之实现，并尊重此种权利。

由公约文本可知，此处的自决权主要指政治、经济制度的治理自

---

① Antonio Cassese, *Self-Determination of Peoples: A Legal Reappraisal*, (Cambridge, New York: Cambridge University Press, 1995), pp. 123–124; Ian Brownlie, *Principles of Public International Law* (7th ed., New York: Oxford University Press, 2008), pp. 601–602; Peter Malanczuk, *Akehurst's Modern Introduction to International Law* (7th ed., London: Routledge, 1997), pp. 334, 339–340.

② James Crawford, "State Practice and International Law in Relation to Secession," 69: 1 *British Yearbook of International Law* (1998) 86, at 114.

③ James Crawford, "State Practice and International Law in Relation to Secession," 69: 1 *British Yearbook of International Law* (1998) 86, at 116.

决，同时"遵照联合国宪章规定"显然包括尊重国家的主权平等（第2条第1款）、领土完整和政治独立（第2条第4款）。所以，此种自决权的实现必须以全国人民作为一个整体的方式实现。1996年，消除种族歧视委员会第48届会议关于自决权的一般性建议（第21号）阐述得更加清晰：

> 关于人民自决权，必须对两个方面加以区别。人民自决权具有内在方面，即所有人民有权在不受外来干预的情况下自由实现其经济、社会和文化发展。在这方面，自决权与《消除一切形式种族歧视国际公约》第5条（寅）项提到的每个公民参加各级公共事务管理的权利是相联系的。因此，政府应代表全体人民，而不分种族、肤色、出身或民族或族裔。自决的外在方面意味着所有人民有权根据权利平等的原则自由决定其政治地位和其在国际社会中的地位。体现这一方面的具体实例是人民摆脱殖民主义而获得解放和禁止将人民置于外国征服、统治和剥削之下。

绝大多数国际法学者都将内部自决的萌生理解成一种治理结构的问题，一国政府代表全体人民在国际法上谋求政治地位与经济发展方式的自由，国内部分地区和族裔的民众则通过提升国家的治理民主程度、提升公众参与的机会来实现其自决权。民族、区域的自决具体体现为国家之内较大的"自治权"，却不能认为包含着脱离主权国家而独立的意味。因而，迄今为止，国际法也没有确立起一国内部区域或者族群以自决的方式分裂或者分离的权利。[①]

三、发展权

（一）发展历程

追溯发展权观念产生和发展的历史，不难看出，发展权这一概念是在发达国家和发展中国家存在着巨大的经济发展程度差异的背景下出现

[①] 赵建文：《人民自决权与国家领土完整的关系》，载《法学研究》2009年第6期。

的。第二次世界大战的结束是发展问题和国际发展权得以提出的重要起点。正是在这一时刻，资本主义世界体系的中心远离欧洲大陆转移到美国。美国成为继荷兰和英国之后的第三个世界霸权国家。与此同时，延续了300多年的欧洲殖民体系分崩离析，各殖民地成为具有独立主权的国家。脱离了殖民体系的这些国家开始了艰难的独立之路。此种独立不仅仅是要求在政治上具有独立的主权，更要求在经济上真正独立于以往的宗主国。此种新的世界格局使得发展问题成为最为核心的问题。在长期的西欧殖民体系之下，殖民地和宗主国之间形成了经济上的依赖关系，由于宗主国在重商主义基础上形成的整体战略，殖民地的经济体系不健全，具有强烈的单一生产或片面生产的倾向。由此导致的结果则是财富由殖民地向宗主国的单向流动。由殖民地而独立出来的各个国家在发展程度上明显低于原来的殖民国家，即宗主国。这些发展中国家力图改变这一困境，而国际政治民主化的事实为改变提供了机遇。基于联合国体系而形成的国家之间在政治上形式基本平等的格局，发展中国家越来越深切地感受到国际经济体制存在的严峻挑战和深刻问题，这就演化出了对于发展问题和发展权的深切关注。由此可见，在政治独立与法律平等的基础上提出的"国际经济新秩序"主张是发展权在国际社会出现的关键因素。[①]

20世纪70年代初，发展权的概念作为一项人权走入国际研讨的平台。它最初是由发展中国家在新的国际经济秩序的背景下提出的，后来被专家、学者和非政府组织认为是公民权利和政治权利以及经济、社会和文化权利的统一。在整个20世纪70年代，国际社会对发展权的不同方面予以了反复考查和探讨。人权委员会1979年3月2日第4（XXXV）号决议明确承认发展权是一项人权，并请秘书长研究所有人民和个人切实享有这项权利所需的条件。随后，一系列对发展权进行考查的报告以及在人权委员会和联合国大会中的广泛讨论，促成了发展权宣言草案的拟订。联合国大会于1986年12月正式通过《发展权利宣言》。发展权将公民权利和政治权利与经济、社会和文化权利统一为一套不可分割、

---

① 何志鹏：《以人权看待发展》，载《法制与社会发展》2009年第4期。

相互依存的人权和基本自由，所有人都能享有，"不分种族、性别、语言或宗教"，从而结束了这两大类权利之间在早些时候发生的分裂。①《发展权利宣言》原则性地阐释了发展权的主体、内涵、地位、保护方式和实现途径等基本问题。

1993 年，第二次联合国世界人权会议在维也纳举行，会上达成了一项关于发展权的新共识。会议通过了《维也纳宣言和行动纲领》，曾对《发展权利宣言》投出反对票的美国都对此表示了支持。《维也纳宣言》重申："宣言确立的发展权是一项普遍和不可剥夺的权利，是基本人权的组成部分。"它还规定国际社会有义务进行合作，以实现这些权利。因此，发展权被认为是一项人权，它以"二战"后人权运动开始时设想的方式，将经济、社会和文化权利与公民权利和政治权利结合起来，受冷战国际政治影响而偏移的人权运动主流重新回归。国际社会关于发展权的共识使得不同种类人权间的对立局面被打破，例如经济和社会权利，与公民权利和政治权利之间在实现上不再存在冲突。所有权利都必须一起实现，而且无论哪种权利受侵犯都同样不可接受。相反，国际社会已经开始审查这些权利作为发展权一部分的落实问题，确保实现发展权已成为联合国会员国政府的一个主要关切。联合国设立了一些专家工作组，以查明落实发展权的障碍，并就实现这项权利的方式方法提出建议。他们还提出了一项涉及联合国及其机构、缔约国和民间社会的全球战略。②

从这些国际性法律文件可以看出，国际社会在道义上对于发展权的认可和支持已成为主流。③

（二）内容及特点

1. 权利

发展权的权利内容存在着争议，其关键原因是发展权具有狭义和广

---

① Arjun Sengupta, "On the Theory and Practice of the Right to Development," 24: 4 *Human Rights Quarterly* (2002) 837, at 840.

② Reports of the Working Group on the Right to Development, Report on its 1st session, U.N. Doc. E/CN.4/1994/21, Report on its 2nd session, U.N. Doc. E/CN.4/1995/11, Report on its 3rd session, U.N. Doc. E/CN.4/1995/27, Report on its 4th session, U.N. Doc. E/CN.4/1996/10, Report on its 5th session, U.N. Doc. E/CN.4/1996/24.

③ 何志鹏：《以人权看待发展》，载《法制与社会发展》2009 年第 4 期。

义两个层次的含义。狭义的发展权是发展中国家在争取发展机会的过程中的一件武器，是为国家争取经济利益和机会，要求发达国家和国际组织承担义务，主要用于国际法领域，可以理解为一种单项的权利主张。而广义的发展权主要在人权法理论的角度被提出并论证，本质上是一个权利束。目前，狭义的发展权概念已经被大多数学者所接受，而广义的发展权概念在自身的论证方面还有待于进一步细化、完善。①

广义发展权的内容可以根据《发展权利宣言》的文本进行分析。宣言第 1 条第 1 款规定："发展权是一项不可剥夺的人权，根据这项权利，每个人和所有人民都有权参与、促进和享受经济、社会、文化和政治发展，在这些发展中，所有人权和基本自由都能得到充分实现。"该条款阐明了三项原则：第一，有一项不可剥夺的人权，称为发展权；第二，有一个特定的经济、社会、文化和政治发展进程，在这个进程中，所有人权和基本自由都能得到充分实现；第三，发展权是一项人权，根据这项人权，每个人和所有人民都有权参与、促进和享受这一特定的发展进程。第一项原则确认发展权是一项不可剥夺的人权，因此，这项权利不能被剥夺。第二项原则从实现《世界人权宣言》以及联合国和区域机构通过的其他人权文书中列举的"人权"的角度定义了发展进程。第三项原则根据权利持有人的要求或权利界定了这一发展过程的权利，责任承担者必须保护和促进这一权利。

因此，广义的发展权指的是推进每项人权的实现和所有人权共同实现的一个发展过程，这一过程必须按照国际人权标准以基于权利的方式进行，而且应当是一个在决策和分享过程成果方面具有公平性的参与性、非歧视性、负责任和透明的过程。这决定了发展权应有三方面要求。第一，公平是这一进程的基础。公平是任何人权概念的基本要素，它源于所有人在权利、尊严和机会方面的平等观念，并与公平或公正社会的原则相联系。第二，发展的目标应该以权利持有人的要求或权利来表达，责任承担者必须保护和促进这些权利。在国家和国际一级确定相应的义务对于基于权利的做法至关重要。正如《发展权利宣言》本身指出的那

---

① 何志鹏：《以人权看待发展》，载《法制与社会发展》2009 年第 4 期。

样，落实发展权的主要责任属于国家，受益人是个人。国际社会有责任进行合作，使各国能够履行其义务。第三，为了使发展权成为一项有效、具体的权利，必须制定履行义务的程序，以便通过适当的社会安排实现这些权利。[①]

为进一步确定发展权的具体内容，有必要从发展的角度来对人权进行重新的分类。借鉴心理学家马斯洛的需求层次理论，从人权角度考虑人的需求可以分为四个层次，即生存、安全、相互关系和自我实现。与之相应，人权可以分为生命权、安全权、基本平等与尊严、发展权四个范畴，这里的发展权对应于自我实现，属于广义的发展权概念。基于此，我们可以确定发展权的具体权利内容。第一，从不同主体角度看，发展权包括儿童发展、妇女发展、种族发展、移徙工人的发展权以及残疾人的发展权等等。第二，从不同领域看，发展权包括政治、经济、文化以及社会等领域发展。政治领域的发展权包括政治平等、民主权、结社集会游行自由，以及思想、良心、宗教、表达自由等等；经济领域的发展权包括经济平等、工作权；文化领域的发展权包括少数者的文化宗教信仰权、文化生活权、受教育权；社会领域的发展权包括家庭与婚姻保障、社会保障权、适当生活水准权、身心健康权等等。[②]

2. 义务

《发展权利宣言》第2条第2款规定，所有人，无论是个人还是集体，都有责任在充分尊重人权和基本自由的情况下，确保发展权"以及他们对社会的义务"。根据第3条，国家"对创造有利于实现发展权的国家和国际条件负有首要责任"。国家的责任与个人的责任相辅相成，基本上是为实现发展权创造条件，而不一定是为实际实现发展创造条件。各国为创造这种条件而需要采取的行动，在不同的条款中从国家和国际行动的角度加以阐述。在国家一级，第2条第3款指出："国家有权利和义务制定适当的国家发展政策。"根据第8条，"各国应在国家一级采取

[①]　Arjun Sengupta, "On the Theory and Practice of the Right to Development," 24: 4 *Human Rights Quarterly* (2002) 837, at 847.

[②]　何志鹏：《以人权看待发展》，载《法制与社会发展》2009年第4期。

一切必要措施，实现发展权"，并"应鼓励民众参与所有领域"。此外，第6条要求各国采取步骤，"消除因未能遵守公民权利和政治权利以及经济、社会和文化权利而造成的发展障碍"，因为落实、促进和保护这些权利对实现发展权至关重要。

第2条第3款规定，各国制定国家发展政策应呈现两个特点：一是参与性（"在积极、自由和有意义地参与的基础上"），二是公平性（"利益的公平分配"）。此外，各国有权采取这些政策，这意味着，如果各国在一个全球化和相互依存的世界上无法自行制定和执行这些政策，它们有权要求其他国家和国际机构给予合作和帮助。第3条和第4条阐述了这种国际合作的性质。第6条、第9条和第10条明确规定，落实发展权涉及落实所有公民、政治、经济、社会和文化权利，因为它们是不可分割和相互依存的，加强发展权意味着通过和实施政策，国家和国际一级的立法和其他措施。这意味着两项国际人权公约对各国和国际社会规定的所有义务都适用于与落实发展权有关的所有措施。

关于在国际层级开展活动的国家的义务，宣言强调了国际合作的极端重要性。根据第3条第3款，各国有义务"在确保发展和消除发展障碍方面相互合作"，并应以促进基于主权平等、相互依存和共同利益的国际经济新秩序的方式履行其义务。第6条重申了这一点，该条规定："所有国家都应进行合作，以促进、鼓励和加强对所有人权和基本自由的普遍尊重和遵守。"根据第7条，所有国家都应促进国际和平与安全以及彻底裁军，确保由此释放的资源用于全面发展，特别是发展中国家的全面发展。第4条明确宣布："各国有义务单独和集体地制定国际发展政策，以促进发展权的实现。"它认识到，需要采取持续的行动来促进发展中国家的快速发展，并且作为对发展中国家努力的补充，"有效的国际合作对于为这些国家提供促进其全面发展的适当手段和设施至关重要"。

1993年的《维也纳宣言和行动纲领》重申，所有国家都庄严承诺根据《联合国宪章》（第一款）履行这些义务，其中规定：各国应相互合作，确保发展和消除发展障碍，国际社会应促进有效的国际合作，以实现发展权；在落实发展权方面取得进展需要在国家一级采取有效的发展政策，并在国际一级创造有利和公平的经济环境，国际社会应尽一切努力减轻发展中国家的外债负担等具体问题，以补充这些国家政府的努力。

总之，正如宣言明确指出的那样，落实发展权的主要责任将属于各国。受益者将是个人。国际社会有责任进行合作，使缔约国能够履行这些义务。但是，当实现发展权不被视为孤立地实现个别权利，而被视为有计划地实现全部或大部分权利，同时伴随着经济的适当高速和可持续增长及其结构的变化时，国际合作的重要性就变得更加明显。一个缔约国可以通过对法律框架进行一些修改和重新分配国内现有资源来实施一项或两项单独考虑的权利，例如受教育权或初级保健权；然而，如果没有国际社会的实质性帮助或合作，个别民族国家可能不可能实施一项有根本性体制改革的发展计划。

施泰纳和阿尔斯顿列举了国家的五项义务：第一，尊重他人的权利；第二，建立对实现权利至关重要的机制；第三，保障权利并防止侵权行为；第四，提供商品和服务以满足权利；第五，促进权利。[1]《马斯特里赫特经济、社会和文化权利准则》规定了尊重、保护和履行义务，并规定了可执行的补救措施。斯蒂芬·马克斯分析了四种义务，第一类是可诉的，第二类不可诉。第一类包括尊重义务（即防止国家代理人否认权利并惩罚代理人的作为和不作为）和保护义务（即防止第三方侵犯权利），可以通过司法程序强制执行。第二类是履行的义务，包括促进和提供的义务，是"追求特定政策或实现特定结果的一般承诺"，这些不可由法院审理，因为"通过法院的直接个人补救措施通常是不可接受的"。[2]

四、和平权

（一）发展历程

自古以来，和平一直是世界各国人民的愿望，无数理论著作、文学作品都表达了对和平的构想和憧憬。康德在《论永久和平》中，从国家

---

[1] Henry J. Steiner and Philip Alston, *International Human Rights in Context: Law, Politics, Morals* (2nd ed., Oxford: Oxford University Press, 2000), pp. 182-184.

[2] Stephen P. Marks, "The Human Rights Framework for Development: Five Approaches," 6 *FXB Working Paper* Series (2000) 12, at 14.

间关系的角度分析了世界达致永久和平的方式，从形式上开启了国际法关注和平问题的先河。[①]

第一次世界大战后，大规模战争的巨大危害让国际社会开始反思战争的合法性。世界各国做出了召开"巴黎和会"、签订《凯洛格－白里安公约》等一系列努力，收效不多，但也为和平权的产生奠定了基础。"二战""后，随着《联合国宪章》的通过，以及纽伦堡审判和东京审判的进行，和平权在联合国框架下逐渐发展。

《纽伦堡宪章》将侵略战争定为刑事犯罪，《联合国宪章》明确拒绝非防卫性使用武力，为和平权的产生和发展提供了基础。在纽伦堡审判中对纳粹德国领导人的"危害和平罪"起诉和定罪，以及在东京审判中的定罪将这一新概念提升至国际法规范的地位，危害和平罪被宣布为"最高国际罪行"。纽伦堡法庭引用了"一般条约法"，包括所有轴心国在 1928 年签署的《巴黎非战公约》，驳回了对危害和平罪的指控有违"法无明文规定不为罪"原则的说法。法庭认定，该协议使签署国发动战争成为非法，违反这一规定是一种根据国际法应受惩罚的罪行。纽伦堡法庭通过恢复 19 世纪前对个人国际法律人格的承认，含蓄地否定了法律实证主义。重要的是，法庭发现，国家不是危害和平罪的唯一责任人。它裁定"国际法对个人和国家规定了义务和责任"，并且这些义务超越了个别国家规定的服从国家义务。因此，《纽伦堡宪章》和法庭确定了个人责任规范，禁止策划或参与侵略战争。更重要的是，这一义务产生了一种相关的和平权利——免于战争——这是个人和人民固有的权利。布朗利将纽伦堡的法律遗产总结如下："无论 1945 年的法律状况如何，《纽伦堡宪章》第 6 条（在起诉书中列出危害和平罪）从此代表了一般国际法。"[②]

通过将大国的战后议程与世界各国人民的愿望结合起来，国际社会设法建立了一个以促进基本人权与和平为明确目的的法律制度。以《联

---

① 何志鹏：《和平权的愿望、现实与困境》，载《人权》2015 年第 5 期。

② Ian Brownlie, *Principles of Public International Law* (4th ed., Oxford: Clarendon Press, 1990), p. 562.

合国宪章》第 2 条第 4 款对使用或威胁使用武力的禁止为和平权的产生奠定了基础，并创造了一种"反战权"（*jus contra bellum*）。正如联合国教科文组织所承认的那样，这些条款的结合使得和平成为了"每个人的基本权利之一"。①

尽管随后的冷战给世界蒙上了战争阴影，但和平规范的理念在人民运动的斗争、联合国各机构的工作以及其他政府间和非政府组织的倡导下继续发展。在联合国民主机构最早的法律决定中，和平与平等的相互关联的宗旨得到了重申和阐述。如联合国 1946 年的决议和随后的禁止种族灭绝公约以及《世界人权宣言》等法律文书，连同在纽伦堡提出的刑事侵略和危害人类罪的概念，界定了新的国际公共价值观，确认了各国人民的生存权与和平生活权。②

1955 年在印度尼西亚万隆召开的亚非会议进一步推动了战后世界和平计划。新独立国家的领导人试图实现国际法的民主潜力，因为非殖民化承诺了国际社会的真正普遍化。随着冷战的加剧，29 个新兴国家宣布不与相互竞争的军事集团结盟，强调自由与和平之间的相互关系，并呼吁核裁军。万隆会议之后，该组织扩大了规模，正式合并为不结盟运动。不结盟的意识形态基础中最突出的是非殖民化与和平。在不结盟运动的推动下，联合国大会通过了《殖民地人民独立宣言》，建议"立即、无条件、彻底和最终废除殖民主义"，1978 年联合国大会在不结盟运动国家的倡议下召开了裁军特别会议。虽然不结盟运动无法阻止大国干预越南内战，但这场不受欢迎的战争辩证地催生了它的对立面——一场大规模的全球和平运动。在之前多次试图给侵略下定义失败后，联合国大会对这一运动作出了回应，宣布侵略是"在各种大规模毁灭性武器的存在所造成的条件下，最严重和最危险的非法使用武力形式，令人担忧，世界冲突的可能威胁及其灾难性后果"。后来，侵略罪被编入《国际刑事

---

① P. O'Brien, UNESCO, *Final Report, UNESCO Expert Meeting on Human Rights, Human Needs and the Establishment of a New International Economic Order* (1978).

② Jeanne M. Woods, "Theorizing Peace as a Human Right," 7: 2 *Human Rights & International Legal Discourse* (2013) 178, at 219.

法院罗马规约》。①

　　越南战争之后，和平权进一步发展。1976 年，联合国人权委员会（现为人权理事会）明确承认和平权，主张"人人有权在国际和平与安全的条件下生活"。委员会指出，和平对促进人权至关重要。1978 年 12 月，联合国大会通过了《为和平生活的社会做好准备宣言》的决议。1984 年，大会通过了《各国人民享有和平权利宣言》，确认"各国人民维持和平生活是每个国家的神圣职责"。大会"深信没有战争的生活是各国物质福祉、发展和进步的首要国际先决条件"。随着冷战的结束，大会通过了《和平文化宣言和行动纲领》，并于 2001 年——在宣布"反恐战争"之前的最后清白时刻——将 9 月 21 日定为国际和平日。联合国人权理事会成立以后，承继了这一领域的工作，做出了进一步的努力。2012 年，人权理事会在其第 20 次会议上决定建立不设期限的政府间工作组，其任务是在咨询委员会提交草案的基础上，兼顾既有的、现有的和将有的观点及意见，渐进地研讨联合国和平权宣言草案。2013 年 2 月，工作组召开了第一次会议，6 月，理事会通过对工作组第一次会议报告的考量，通过了第 23/16 号决议，要求主席基于第一次会议的讨论和会议间非正式讨论而准备新的文本。2014 年 6 月 30 日至 7 月 4 日，工作组第二次会议在日内瓦召开。9 月，理事会通过 27/17 号决议，决定 2015 年 4 月召开工作组第三次会议，完成宣言的起草工作，并要求主席作为报告员进行非正式磋商并准备修订文本。② 2016 年 12 月 19 日，联合国大会第 71/189 号决议通过《和平权利宣言》，宣言第 1 条宣称："人人有权享有和平，从而使所有人权得到促进和保护，使发展得以充分实现。"

　　除官方机构的努力外，非政府组织在巩固和平权规范方面也发挥了巨大作用。1998 年，有 177 个国家参加的和平人权问题专家国际协商会议确定，对和平的承诺是国际法的一项一般原则。第二十一届国际红十字会与红新月会会议通过的《伊斯坦布尔宣言》要求这些组织致力于

---

　　①　Jeanne M. Woods, "Theorizing Peace as a Human Right," 7: 2 *Human Rights & International Legal Discourse* (2013) 178, at 221.

　　②　何志鹏：《和平权的愿望、现实与困境》，载《人权》2015 年第 5 期。

"一个和平统治的世界"。随着该运动的扩大，民间社会团体举行了一系列区域和国际会议，以加强对各国的压力，促使它们支持和执行这些原则。

此外，非洲一直是和平权利的主要倡导者。1981 年《非洲人权和民族权宪章》成为第一个纳入人民集体权利的区域人权文书。该宪章涵盖了到当时为止的主要人权主张，并对人权判例做出了里程碑式的贡献，将人民纳入权利持有者的行列，明确承认了次国家群体的国际法律人格。它将和平权写入第 23 条，其中相关部分规定："所有人民都有权享有国家和国际和平与安全。"

（二）内容与特点

1. 争议

将和平理论化为一项人权需要考虑和平的可能性。法律想象必须超越自由主义固有的概念局限性——这是自由主义与主权范式历史结合的产物——及其法律哲学，法律实证主义。这些以国家为中心的论述对权利主体的扩张施加了意识形态上的限制。[1] 自由主义前提使得和平权在三个层面上存在概念上的问题：第一，"自我"的自由主义概念构成了一种个人主义偏见，几乎不承认群体权利；第二，作为一种"团结"权利，和平权赋予了各种各样的行为者权利和义务，这与法律实证主义的严格规定背道而驰；第三，它直接挑战了典型的国家权力，即武力的使用，要求用全球公共伦理取代敌友二分法。[2]

美欧等西方国家坚持认为，脱离既有国际人权法的传统概念和机制而新设一种和平权违背了国际人权法的基本精神，又和业已确立的具体权利相冲突。这种不可调和的根本分歧将侵蚀和破坏"二战"结束以来各国在《世界人权宣言》和各项国际人权公约基础上所建立起来的国际人权法律机制，尤其是其普遍适用性。如果仅就和平与人权之间的关系进行讨论，尚有继续谈判的空间。但是在对决议的表决过程中，美欧又

---

[1]　Carl Wellman, "A New Conception of Human Rights," in Morton E. Winston (ed.), *The Philosophy of Human Rights* (Belmont: Wadsworth, 1989), p. 93.

[2]　Jeanne M. Woods, "Theorizing Peace as a Human Right," 7: 2 *Human Rights & International Legal Discourse* (2013) 178, at 194.

呈现出不同的具体操作方式。在每一次有关和平权的人权理事会决议上，美国均旗帜鲜明地投反对票，而欧盟及其多数成员国则处理得相对温和一些，以弃权的方式来表达不同意见。①

2. 主体

和平权的主体分为两个层次：一是个人，这是和平权的基本而首要的主体；二是民族、人类这些人的共同体。②将和平表述为一项人权，意味着不同人权思想与政治理论的相互渗透。在集体人权理论中，权利与义务、合法与道德、积极与消极权利等概念并非二元对立，而是辩证融合、相互影响。③和平作为一项团结权利，考虑到相互的权利和义务；既体现个人层面，也体现集体层面；其概念化"不仅是在没有战争的消极意义上，而且是在创造公平和社会正义的条件的积极意义上，这将避免诉诸暴力"。④《和平权利宣言》有一个明确的以受害者为导向的方针，因此，这项文书专门针对那些在冲突中真正受苦的人，不仅是个人，还包括人民。⑤

和平权与其他集体权利一样，赋予"人民"以权利。"人民"一词在国际法中的定义各不相同，取决于所涉及的具体权利：它可能适用于次国家的民族和宗教少数群体；适用于一个国家的国民；或更广泛地适用于《联合国宪章》的声明者。在自决权、平等权和发展权的背景下，人民被定义为"共享文化遗产的群体，通常有共同的语言，而且往往有统一的宗教"。⑥在和平权的背景下，人民一词具有更广泛的内涵，包括

---

① 唐颖侠：《作为人权的和平权：争议与内涵》，载《人权》2015 年第 5 期。

② 杜学文：《试析和平之权利主体与义务主体——兼评人权之权利主体与义务主体》，载《法学研究》2011 年第 4 期。

③ Jeanne M. Woods, "Theorizing Peace as a Human Right," 7: 2 *Human Rights & International Legal Discourse* (2013) 178, at 223.

④ Phillip Alston, "A Third Generation of Solidarity Rights: Progressive Development or Obfuscation of International Human Rights Law," 29 *Netherlands International Law Review* (1982) 307, at 323.

⑤ Christian Guillermet Fernández, David Fernández Puyana, With the contribution of Miguel Bosé, *The Right to Peace: Past, Present and Future*, (UNESCO, 2017), p. 194.

⑥ Carl Wellman, "Solidarity, The Individual and Human Rights," 22 *Human Rights Quarterly* (2000) 639, at 655.

所有人类社会。承认人民权利意味着保护超越狭隘国家利益的价值观，如平等和有效参与。例如，发展权不仅仅是通过经济增长实现的，它还包含一个固有的分配原则，而如果人民不是这种地位的受益者，自决权也不是通过正式的国家身份来自动实现的。同样，作为人民权利的和平将使和平政策能够取代执政精英的"战略利益"。[①]

关于和平权的义务主体，杜学文认为，和平权的义务主体只能是国家。[②] 而伍兹认为，和平权包含了消极和积极相关的权利和义务，虽然对合法使用武力拥有垄断权的国家行为者是主要的责任承担者，但个人和团体也负有义务。[③]

3. 内容

在对和平权的定义中，《和平权利宣言》的制定者希望在其第 1 条中强调人人都享有和平权，并有权享受和获取和平、人权和发展所带来的利益。宣言认为，需要在国家、区域和国际各级制定、促进和执行战略、方案和政策，以及适当的立法，以促进平等的社会发展，并实现所有受害者的公民和政治、经济、社会和文化权利。[④]

伍兹认为，和平权的核心原则是个人和集体权利。个人权利包括维持国内和国际秩序的权利；获得禁止使用武力的禁令；赔偿；并参与所有与和平有关的决策进程。集体权利产生普遍义务，这意味着整个国际社会具有维护和平、建构和平等义不容辞的法律义务。[⑤] 这将包括各国人民要求各国停止暴力的权利，完全放弃某些种类的武器，以及在国家间

---

① Jeanne M. Woods, "Theorizing Peace as a Human Right," 7: 2 *Human Rights & International Legal Discourse* (2013) 178, at 228.

② 杜学文：《试析和平权之权利主体与义务主体——兼评人权之权利主体与义务主体》，载《法学研究》2011 年第 4 期。

③ Jeanne M. Woods, "Theorizing Peace as a Human Right," 7: 2 *Human Rights & International Legal Discourse* (2013) 178, at 224.

④ Christian Guillermet Fernández, David Fernández Puyana, With the contribution of Miguel Bosé, *The Right to Peace: Past, Present and Future*, (UNESCO, 2017), p. 194.

⑤ Jeanne M. Woods, "Theorizing Peace as a Human Right," 7: 2 *Human Rights & International Legal Discourse* (2013) 178, at 224.

层面参与集体非暴力缔造和平的努力等等。[①] 义务方面，各国人民和个人有和平行为的义务，有义务通过和平手段解决争端、寻求正义，并真诚地与其他行为者的缔造和平努力合作。个人义务不仅包括不使用武力的消极义务，还包括寻求停止使用武力的积极义务。积极义务还包括对损害进行赔偿。

赵建文认为，从和平权的缘起及其半个多世纪的演进过程看，这项权利已经由一项应然权利或道德权利演变为一项法定权利，由一项消极和平意义上的权利演变为积极和平意义上的权利；人民和个人享有和平权，国家有义务维护和促进实现和平权；在国际人权法的权利体系中，和平权是实现其他人权的必要条件。[②]

五、环境权

（一）发展历程

目前，尽管尚无全球性人权条约对环境权予以明确列举或界定，但随着相关区域性条约和国际软法的发展，环境权在全世界范围内已经得到了较为普遍的承认。分别于 1948 年和 1966 年由联合国大会通过的《世界人权宣言》和国际人权两公约并没有包括环境权，原因在于，在《国际人权宪章》制定时期，现代环境运动尚未开始，国际社会对环境保护的意识尚不成熟。因此，以这些最初的人权条约中不存在环境权为由，不承认环境权的说法是不合理的。[③] 前人权理事会与享有安全、清洁、健康和可持续环境有关的人权义务问题独立专家约翰·H. 诺克斯阐述了这个问题："环境权利，即被理解为与环境保护有关的权利，在人权法律总体中是一些后来的权利。影响深远的人权法律文书——1948 年《世界人权宣言》的起草者们没有将环境权利纳入其中。起草者们当时从中寻求

---

① Stephen P. Marks, "Emerging Human Rights: A New Generation for the 1980s," 33 *Rutgers Law Review* (1981) 435, at 446.

② 赵建文：《和平权的缘起和演进》，载《人权》2015 年第 6 期。

③ Rodríguez-Rivera, Luis E., "The Human Right to Environment in the 21st Century: A Case for Its Recognition and Comments on the Systemic Barriers It Encounters." 34 *American University of International Law Review* (2018) 143, at 157.

启发的各国宪法里也没有这种权利。这方面的沉默是可以理解的。虽然我们人类从来都知道自己对环境的依赖，但却刚刚开始意识到我们的各种活动会对环境造成多大的破坏以及因而对我们自己造成的破坏。因此，为减缓环境的退化所作的努力仍然处于初级阶段。"①

国际社会对环境问题的认识始于 20 世纪 70 年代。臭氧层的损耗、酸雨、森林砍伐、荒漠化、世界生物多样性的减少以及有害物质的处置，都是国际社会在 20 世纪最后三十年里亟需解决的难题。此后，环境运动的倡导者们开始主张环境对人类福祉的重要性，并要求承认拥有健康环境的人权。② 1972 年，在瑞典斯德哥尔摩举行的联合国人类环境大会上，国际社会就同意人类拥有环境权益达成了共识。会议通过的《斯德哥尔摩宣言》的第一项原则宣称："人类享有自由、平等和适当生活条件的基本权利，在一个允许有尊严和幸福生活的高质量环境中，他肩负着为今世后代保护和改善环境的庄严责任。"对此，不应仅仅因为有关国家选择使用软法文件来承认这一新权利而轻视这些有关环境权的努力。相反，这一使用无约束力或软性国际法律文书的策略，为国际社会今后处理环境问题以及其他复杂的现代国际问题设定了标准。斯德哥尔摩会议表明，自从第一次关于人类环境的国际会议以来，环境权就是存在的，并且得到了国际社会的承认。

尽管如此，在联合国框架下，环境权方面并没有形成全球性的条约规定。例如，世界环境与发展委员会 1987 年的报告包括一个专家组起草的法律原则，其第一项宣称："所有人都有权享有一个适合其健康和福祉的环境。"③ 但 1992 年的《里约宣言》没有采用这一说法，而只是说："人

---

① John H. Knox, *Report of the Independent Expert on the issue of human rights obligations relating to the enjoyment of a safe, clean, healthy and sustainable environment (Preliminary report)*, Human Rights Council, 22nd Session, A/HRC/22/43(2012), p. 4.

② John H. Knox, "The Global Pact for the Environment: At the crossroads of human rights and the environment," 28: 1 *Review of European, Comparative & International Environmental Law* (2019) 40, at 41.

③ Experts Group on Environmental Law of the World Commission on Environment and Development, *Environmental Protection and Sustainable Development: Legal Principles and Recommendations* (1987).

类是可持续发展关注的中心。他们有权享受与自然和谐相处的健康而富有成效的生活。"在联合国人权机构中，对环境权的关注主要出现在 20 世纪 90 年代初。1990 年，由独立专家组成的防止歧视和保护少数群体小组委员会任命法特玛·祖赫拉·克森提尼为人权与环境问题特别报告员。该委员会向当时的联合国主要政府间人权机构人权委员会报告。她于 1994 年提交了最后一份报告，其中包括《人权与环境原则（草案）》，草案规定人人有权"享有安全、健康和生态良好的环境"，并列出了一些相关权利，包括免受污染的权利，保护和保全空气、土壤、水、海冰、动植物的权利，安全健康的食物和水，以及有关环境的信息。人权委员会审议了该报告，但没有通过或核准原则草案，也没有任命特别报告员。人权委员会和后来的人权理事会以及其他联合国人权机构和机制继续研究了人权与环境的相互作用问题，但它们关注的主要是环境与已被承认的人权之间的关系。换言之，它们的重点不是宣布"健康环境权"这样一项新的权利，而是所谓的"绿化人权"，即研究和突出现有人权与环境的关系。①

　　不同于联合国的做法，许多区域协议和国家法律都承认了环境权。第一个承认这一权利的国际法文件是 1981 年通过的《非洲人权和民族权宪章》，其规定"所有人民都有权享有有利于其发展的总体令人满意的环境"。1988 年《美洲人权公约》的《圣萨尔瓦多议定书》成为第一个将这项权利定性为个人权利而非集体权利的条约，规定"人人有权在健康的环境中生活"。2003 年，非洲联盟通过了《非洲宪章》的《马普托议定书》，其中规定妇女应"有权在健康和可持续的环境中生活"和"有权充分享受其可持续发展的权利"。2004 年《阿拉伯人权宪章》以及东南亚国家联盟 2012 年通过的《人权宣言》，将健康环境的权利列为确保福祉和可持续发展的适足生活水准权的一部分体面的生活。在区域人权体系中，《欧洲人权公约》（规定公民权利和政治权利）和《欧洲社会宪章》（确定经济、社会和文化权利）不包括健康环境权。

---

① John H. Knox, *Report of the Independent Expert on the issue of human rights obligations relating to the enjoyment of a safe, clean, healthy and sustainable environment (Preliminary report)*, Human Rights Council, 22nd Session, A/HRC/22/43(2012), p. 6.

然而，欧洲社会权利委员会拥有监督《欧洲社会宪章》遵守情况的不具约束力的权力，该委员会将宪章第 11 条中的健康保护权解释为包括一项隐含的健康环境权。

此外，两项关于在环境问题上获得信息、公众参与和补救的程序性权利的区域性条约也提到了健康环境的人权。1998 年在联合国欧洲经济委员会主持下通过的《关于在环境问题上获取信息、公众参与决策和诉诸法律的奥胡斯公约》，声明其目标是，双方应保障这些获取信息的权利，以便有助于保护今世后代每个人在适合其健康和福祉的环境中生活的权利。同样，《拉丁美洲和加勒比在环境问题上获取信息、公众参与和司法的区域协定》（称为《埃斯卡苏协定》）于 2018 年开放签署，声明其目标之一是"为保护今世后代每个人在健康环境中生活的权利和可持续发展做出贡献"。它比《奥胡斯公约》更进一步，还要求其每一缔约方"保障每个人在健康环境中生活的权利"及"健康的环境"。①

在国家层面，越来越多的国家在宪法中明确承认了环境权利，这一数量目前已经超过了 100 个。其中，约三分之二的国家在宪法中提到了健康的环境，其他国家则在宪法中规定了享有清洁的、安全的、有利的、健康的或生态平衡的环境的权利。此外，许多国家颁布了提及健康环境权的法律法规，其他一些国家将生命权等其他权利解释为包含健康环境权。总共有 150 多个国家通过地区协议、宪法、其他法律或法院裁决承认了环境权。因此，尽管目前尚不存在明确承认环境权利的全球条约，也可以说该权利已获得近乎全球的支持。

（二）内容与特点

1. 概念辨析

"环境权"这一词语本身涉及多种用法，易造成混淆。原因在于，一方面，环境权是新兴权利，概念本身的内涵和外延较为复杂；另一方面，英文中的多个含义迥异的术语都被译为"环境权"，也加剧了用法的混乱。若要对环境权的内容予以阐释，应当先对概念或者说用法进行

---

① John H. Knox, "The Global Pact for the Environment: At the crossroads of human rights and the environment," 28: 1 *Review of European, Comparative & International Environmental Law* (2019) 40, at. 42.

辨析。首先，环境权一词，若要被用于指代一种新兴的集体人权，应当主要指对于以健康、安全、令人满意或可持续等为特点的一种环境的新权利①，这也被称为健康环境权（a right to a healthy environment）。健康环境权是一项分离的、独立的人权，并不依赖于现行国际公约所保护的权利，在这种情况下，受害者就不必证明其生命权（或任何其他权利）是由于环境问题而被侵犯了。②其次，"环境权"（environmental rights）也被用于表示这些出现在国际人权文件中（同样也出现在国际环境保护文件中）的程序性权利。③例如，联合国人权理事会体制下的一系列软法文件，主要提及两类与环境保护有关的权利，一是其享有特别易受环境退化影响的权利，被定性为实质性权利；二是其行使有助于更好地制定环境政策的权利，即程序性权利，这两种权利有时也被称为环境权。但这些权利实质上是其他现有人权在环境保护领域的应用，不应与被作为独立权利的健康环境权混为一谈。目前，程序性环境权有时也被认为是独立的环境权利的一部分。

2. 环境权的确认与实现

作为最具影响力的全球环境文件，1972 年的《斯德哥尔摩宣言》与1992 年的《里约宣言》确认了人权实现与环境保护之间的紧密联系。《斯德哥尔摩宣言》原则一宣示了环境权的地位和价值，也指明了人类在环境方面的义务和责任。《里约宣言》的原则一也指出："人有权顺应自然，过健康而富有成效的生活。"但这两大宣言并没有明确呈示作为独立权利的健康环境权。

《非洲人权和民族权宪章》《美洲人权公约》的《圣萨尔瓦多议定书》《阿拉伯人权宪章》以及东南亚国家联盟 2012 年通过的《人权宣言》对作为独立权利的健康环境权予以了承认，并且基本都将这一权利定义

---

① John H. Knox, *Report of the Independent Expert on the issue of human rights obligations relating to the enjoyment of a safe, clean, healthy and sustainable environment (Preliminary report)*, Human Rights Council, 22nd Session, A/HRC/22/43(2012), p. 5.

② 苏木杜·阿塔帕图：《健康生活权还是消除污染权？——国际法视野下良好环境权的兴起》，杨朝霞、林禹秋译，《中国政法大学学报》2018 年第 6 期。

③ 同上。

为生活在健康环境中的权利。

1994 年，联合国人权委员会下设防止歧视和保护少数群体小组委员会任命的人权与环境问题特别报告员法特玛·祖赫拉·克森提尼提交的最终报告包括了《人权与环境原则（草案）》。《草案》第 2 条对作为独立权利的健康环境权予以了整体上的承认，"人人有权享有安全、健康和生态良好的环境"，并在第二部分中对健康环境权的具体内容进行了总结。这些权利包括：免受污染、环境退化及对环境领域不利影响的权利；保护和保全空气、土壤、水、海冰、动植物以及维持生物多样性和生态系统的权利；获得安全、健康的食物和水的权利；享有安全健康的工作环境的权利；在安全、健康和无害生态的环境中享有适足的住房、土地保有权和生活条件的权利；在发生自然或技术或其他人为灾难时及时获得援助的权利。①

参考以上国际人权文书，可以发现，健康环境权的权利主体既包括集体也包括个人，而其义务主体以国家为主，同时，企业、个人等私主体在一定情况下也承担义务。

3. 程序性环境权

此外，一些公认的程序性权利越来越多地应用于环境问题，并被普遍认为是环境权的一部分。这些权利见于国际人权法，并反映在大多数国家的宪法中。这些权利包括：信息自由权，参与决策过程的权利，以及对受侵害权利寻求补救的权利。这些权利的重要性在于它们有助于制定透明和参与性的决策过程，并使政府对其行动负责。具体而言，适用于环境事务的权利，包括：获取影响环境的信息的权利，参与影响环境的决策的权利，以及在环境受到损害的情况下寻求救济的权利。虽然前两项权利的意义是明确的，但第三项权利对于健康环境权成为一项独立的权利是至关重要的。②

---

① Final report prepared by Mrs. Fatma Zohra Ksentini, Special Rapporteur (Commission on Human Rights, Sub-Commission on Prevention of Discrimination and Protection of Minorities, Forty-sixth session, 1994), E/CN.4/Sub.2/1994/9, p. 75.

② 苏木杜·阿塔帕图：《健康生活权还是消除污染权？——国际法视野下良好环境权的兴起》，杨朝霞、林禹秋译，《中国政法大学学报》2018 年第 6 期。

思 考 题

● 《公民及政治权利国际公约》规定了哪些基本权利？

● 如何理解生存权？生存权与生命权之间的关系是什么？

● 你对死刑和安乐死的观点是怎样的？

● 结合户籍制度、社会保障制度、医疗制度以及教育制度谈一谈我国迁徙和择居自由权的现状。

● 你认为知情权与隐私权之间是否存在冲突？

● 请依托实例阐释对经济、社会和文化权利范畴内具体权利之间联系的理解。

● 如何理解生命权和健康权的关系？如何理解"个人生命权和健康权"同"人民生命权和健康权"之间的关系？

● 2020 年教育部官方发布文件确认全面停止高校自主招生，自此，始于 2003 年的自主招生政策正式落幕。自主招生政策的本意是为高考提供有益的补充，而这一政策在多年实施过程中是否实现了该目标却遭到了质疑。高考移民现象打破着教育公平。请从教育公平的角度阐释对受教育权保障的理解和看法。

● 2020 年"内卷"一词成为爆款词汇，2021 年"躺平"一词接踵而至，关于年轻人在"内卷"和"躺平"之间艰难抉择的话题受到热议，也不乏各界大佬和精英纷纷就此发表言论。其中，清华教授在其文章中探讨"内卷"现象，奉劝年轻人切勿因反感"内卷"而"躺平"，是对父母和纳税人极不负责的，招致大批反对声音。有一种说法认为内卷不等于良性竞争，反内卷和躺平不等于不努力和颓废，一种解读为淡泊名利，另一种解读是认清社会现实，拒绝资本剥削和压榨，对权利受到侵犯说不。请结合社会现象和对相关权利的理解谈谈对具体权利保障的看法。

● 如何认识对特殊群体予以特殊保护的正义性？

● 我国保护妇女人权的法律包括哪些？

● 如何理解妇女人权的两方面内涵？

● 儿童权利保障的主要原则包括哪些？

● 试论述儿童最大利益原则。

● 老年人权利保障的主要方式有哪些？

● 试分析老年人权利保障的现实基础。

● 我国如何保护残疾人无障碍生活的权利？

● 根据《残疾人权利公约》，残疾人权利保障的原则有哪些？

- 目前得到广泛承认的集体人权主要包括哪些？

- 自决权的内容在其发展历程中有何变化？ "内部自决"与"外部自决"有何联系及区别？

- 发展权出现的背景是怎样的？发展权与自决权有何联系？

- 和平权作为一项人权有何争议？

- "环境权"一词在实践中都被用来指代哪些权利？这些权利相互之间有何区别与联系？

延伸阅读

白桂梅主编：《人权法学（第 3 版）》，北京大学出版社 2023 年版。

邓丽：《〈中华人民共和国妇女权益保障法〉与地方实施办法的互动》，载《人权研究》2020 年第 2 期。

龚向和主编：《人权法学》，北京大学出版社 2019 年版。

关涛：《〈妇女权益保障法〉的指导思想、基本原则和主要内容》，载《妇女研究论丛》1992 年第 2 期。

国际人权法教程项目组：《国际人权法教程（第一卷）》，中国政法大学出版社 2002 年版。

何燕华：《联合国国际人权法框架下老年人权利保护》，载《人权》2019 年第 4 期。

李勇：《论我国消除对妇女歧视法律制度的发展》，载《人权》2020 年第 5 期。

刘海年：《新中国人权保障和发展六十年》，中国社会科学出版社 2012 年版。

刘雪斌、王志伟：《"差别原则"视域下的我国残疾人无障碍权利保障》，载《人权》2018 年第 5 期。

柳华文：《中国的人权发展道路》，中国社会科学出版社 2018 年版。

王晨光等：《健康法治的基石：健康权的源流、理论与制度》，北京大学出版社 2020 年版。

王祎茗、田禾：《中国儿童权利保护状况评价体系的构建》，载《人权》2018 年第 2 期。

吴双全：《少数人权利的国际保护》，中国社会科学出版社 2010 年版。

徐显明主编：《国际人权法》，法律出版社 2004 年版。

肖君拥：《国际人权法讲义》，知识产权出版社 2013 年版。

朱力宇、叶传星主编：《人权法》，中国人民大学出版社 2017 年版。

朱晓青、柳华文：《〈公民权利和政治权利国际公约〉及其实施机制》，社会科学文献出版社 2019 年版。

〔澳〕本·索尔、戴维·金利、杰奎琳·莫布雷:《〈经济社会文化权利国际公约〉:
评注、案例与资料》,孙世彦译,法律出版社 2019 年版。

Alston, Phillip, "A Third Generation of Solidarity Rights: Progressive Development or Obfuscation of International Human Rights Law," 29 *Netherlands International Law Review* (1982) 307.

Clapham, Andrew, *Human Rights: A Very Short Introduction* (Oxford University Press, 2015).

De Schutter, Oliver, *International Human Rights Law* (Cambridge University Press, 2010).

Kilkelly, Ursula and Ton Liefaard (eds.), *International Human Rights of Children* (Springer, 2019).

Knox, John H., "The Global Pact for the Environment: At the crossroads of human rights and the environment," 28: 1 *Review of European, Comparative & International Environmental Law* (2019) 40.

Lafargue, Paul, *The Right to Be Lazy* (Charles H. Kerr Publishing Company, 1975).

Lee, Sophia Z., *The Workplace Constitution from the New Deal to the New Right* (Cambridge University Press, 2014).

Sengupta, Arjun, "On the Theory and Practice of the Right to Development," 24: 4 *Human Rights Quarterly* (2002) 837.

Smith, Rhona K. M. *International Human Rights Law* (8th ed., Oxford University Press, 2018).

Sterio, Milena, The Right to Self-determination under International Law: Selfistans, Secession, and the Rule of the Great Powers (Routledge, 2013).

Woods, Jeanne M., "Theorizing Peace as a Human Right," 7: 2 *Human Rights & International Legal Discourse* (2013) 178.

Young, Katharine G., *The Future of Economic and Social Rights* (Cambridge University Press, 2019).

第五章　人权的国家保护

国家是保护人权的基本场域。人权的国家保护，不仅包括主权国家通过适当的思想理念、政治体制、经济安排、福利制度保障人权不受侵害，更包括主权国家通过立法、行政、司法等途径保障人权不受侵害。法治是国家制度较为完善的形态，故而，对于人权最好的维护方式就是在法治的体系中予以认可、尊重，通过一系列的法律规范、法律程序予以载明和保护。随着国家治理的现代化，各国都将人权作为法治的重要内容和关键目标。以法律的形式规定人权，实现人权保障的法治化，有助于人权保障水平的提高。只有将人权上升并固定为国家观念和制度的必要组成部分，形成持续稳定的社会文化与制度架构，人权的保护才能持续发展，成为社会主流认知的一部分。

第一节　国家保护人权的领域

人权受到保护的主要形式是人权的国家保护，切实尊重保障人权需要主权国家的努力才能实现。人权在国家不承担义务、制定政策的情况下很难得到保障。在国内，一国政府通过宪法或国家立法在政治制度上为人权保护提供条件。市场经济的发展、人的思想观念的转变以及社会福利的普及等也为保障人权提供必要条件。

一、人权与政治合法性

人权的确立和发展离不开国家的支持，一个国家的政权想要社会运行平稳，同样需要人权作为其理论支撑。人权的实现程度可以看成是衡量社会发展与政治合法性的根本尺度。政治合法性主要指现代意义上的国家政治行为能够得到社会认同并具有法律依据的基本属性。主要包括政治权力产生、更替与分配的合法性，政治决策的合法性，社会管理行为的合法性等。[①] 稳定的社会和廉洁高效的政府，其政治合法性往往较高；而社会信任度较低、腐败的政府，其政治合法性通常有待提高。

让人民过上和平、安宁、幸福、美好的生活，是每一个良好的政府所必有的理念。保证人民的基本权利，是政府的合法性存续的关键要素，也是人民对政府的期待。无论是从历史发展的角度去理解政府和民众的关系，还是从经济分析的角度去看待政府对民众的责任和义务，乃至于从西方近代以来被广泛认可的社会契约理论去探究政府和民众的关系，都会推出政府的权力在于维护民众的基本利益的观点。

从普遍的意义而言，一个政府在尊重和保障人权的过程中，既提升了整个国家的声誉和形象、改进了人民的生活水平，也巩固了政府自身在人民心中的地位、不断提升政府自身的合法性。当人权已经成为现代国际社会的共同价值和国际法不可或缺的组成部分之后，一个尊重和保障人权的国家在国际社会也会赢得各个国家的尊重和认可，在国际法上的遵循记录和法治指数也自然会得以提升。所以，尊重和保证人权虽然不是一个先验或者超验的政治体系基本原则，却可以被认为是基于社会发展的长期经验而形成的政治共识。

罗尔斯对于政治合法性曾予以阐述，即政治权力的行使只有在以宪法为根本依据时才是恰当的。[②] 在很多理论逻辑中，宪治是国家保护人权的形式，民主是现代人权实现的机制，民主政治增进和维护人权，保护人的基本权利则是民主政治的基石，是民主国家的政治合法性基础。

对公民基本权利的确认和保护是每一个国家宪法的重要组成部分。[③] 近年来，还出现了一种将国家宪法向国际人权最低标准看齐的潮

---

① 马国泉、张品兴、高聚成主编：《新时期新名词大辞典》，中国广播电视出版社 1992 年版，第 635 页。

② John Rawls, *Political Liberalism* (Columbia University Press, 2005), p.137.

③ 《宪法学》编写组：《宪法学（第二版）》，高等教育出版社、人民出版社 2020 年版，第 185 页。

流。① 在人权的内涵不断丰富，人权范围不断扩展的时代背景下，更多的人权条款被写入宪法，公民的政治、经济、社会、文化权利得到了更加稳固的保护，使应有人权向法定人权转化。宪法在现实生活中运行将法定人权体现到人的实际生活当中，成为人的实有人权。宪治是发展人权的工具和手段，通过使国家权力体系得到正常运转，公民权利受到制度保障，尊重和保障人权得以实现。

通过宪治对国家权力进行制约，用权力来制约权力，防止国家权力的异化。避免国家权力被集中在个人或组织的手中，从而防止国家权力的扩张和滥用，使国家机构承担起保障人权的职责，人权不受权力滥用的侵害。政治权力在被有效地限制后，其侵犯人权和人的自由的可能性自然会降低。

大众政治参与是现代政治合法性的根本来源。② 宪治通过民主制度实现主权在民，以公民权利制约国家权力，通过广大公众的参与实现民主，避免国家权力异化，实现尊重和保障人权。民主作为一种强调由多数人进行统治的政治制度，在特定场合下可能会忽视少数人的权益。因此，民主需要建立在向上与向善的人权观念之上，避免民主嬗变为"多数人的暴政"。民主的主体是人民，人民通过民主的方式行使立法权，使宪法充分体现人民的意志，保护人的尊严、自由和基本权利。民主在保障人权的同时，人权也促进民主的进步，为民主提供正确的价值指引，制约和避免民主的不当适用，促进民主的科学化发展，使社会成员的利益诉求得到充分表达，民主体制正常运转。

宪治通过法律确认和保障人的应有权利。通过法律制度加以规范，是实现人权的有效支撑。《世界人权宣言》在序言中指出，"鉴于为使人类不致被迫不得已而铤而走险对暴政和压迫进行反叛，有必要使人权受法治的保护"。③ 法治的根本目标和价值在于尊重和保障人权，如果偏离

---

① 〔奥〕曼弗雷德·诺瓦克：《国际人权制度导论》，柳华文译，北京大学出版社 2010 年版，第 15 页。

② 杨光斌：《合法性概念的滥用与重述》，载《政治学研究》2016 年第 2 期，第 17 页。

③ 中国社会科学院法学研究所编译：《国际人权文件与国际人权机构》，社会科学文献出版社 1993 年版，第 3 页。

了保护人权的目标，就不再是良法善治。同时还要避免政府通过形式上合法的行为侵犯公民的权利与自由。通过法治的方式保障人权，使人切实享有人的基本权利，不仅要求在法治的各个环节中尊重人权，以人权为中心，还要求健全法治制度，在制度的实际运行之中充分反映人权，保障人的尊严和价值。历史经验表明，人权只有在民主和法治得到良好运行的情况下，才能够被充分保障。宪治作为一个有机的制度体系，从民主、法治和人权三方面来理解，有助于国家的建设与发展，建立合理、平等的社会，在真正意义上实现人权。

根据宪治追求民主的特性，可推断出大多数社会成员认可政府统治权的合法性。而在人民认同和服从统治者的统治权时，其统治权具有合法性；在人民收回其承认和认同时，其统治权就丧失了合法性。并且这种承认和服从应当出于民众的自愿，而不是在威权政治下迫于强权的服从。统治者和被统治者之间基于共同的价值观念产生信任，相互理解，政府因此正当地获得了政治合法性。卢梭认为，人们通过契约将个体自身必需的部分权利、财产和自由让渡给作为权威的政府，以便通过其治理获得更多的安全和更好的保障。① 人的基本权利得不到保护，对政府产生信任危机的情况下，人民群众对政治统治的认同和服从的度就会逐渐下降，最终导致政治合法性危机。在政府无法解决这种信任危机时，政治合法性的最终消失将导致政府无法进行有效统治。

可见，人权是一种政治合法性的标准。如果政府保护人权，那么它们本身及其活动就是合法的。② 政府的权力和统治建立在人权的基础之上，政府只有尊重和保证人权，致力于促进人的完善和发展，给予人权制度上的保障，人们才不会基于对现有制度的失望和不满对政府的权威产生怀疑，导致政府政治合法性危机的出现。追根究底，从人权的角度对政治合法性进行检视，其标准在于人权的理想性和政治现实性之间是否有背离，如果有，背离程度有多深，是否会造成政权上的颠覆。

---

① 〔法〕卢梭:《社会契约论》，何兆武译，商务印书馆 1980 年版，第 23 页。
② 〔美〕杰克·唐纳利:《普遍人权的理论与实践》，王浦劬等译，中国社会科学出版社 2001 年版，第 10 页。

1991 年，我国政府发表了《中国人权状况》，这是我国第一份人权白皮书。在这份文件里，我国政府高度认可和评价人权，并在此后陆续发表了一系列人权白皮书，向国内外介绍中国的人权状况。这不仅表明了国家对人权在政治合法性方面起到的作用的实质性认可，人权状况的高度公开也有助于提高人民对政府的信任程度，巩固了政府的权威，体现了国家强化对公民人权保护的发展趋势。

二、人权和思想文化

在权利保护语境中，国际人权保护理论对国内法的权利保护具有导向功能。[①] 国际法特别是国际人权法中对于人权的保护方式方法与一般原则，对国家学习如何保护人权具有重要意义。平等和不歧视以及宽容的思想观念都有助于我们更好地理解和保障人权。

（一）平等与不歧视

美国 1964 年的民权法案被视为平等与不歧视法的相互联系的开端。平等和不歧视不仅是人权的内容，还是人权的属性。1993 年的世界人权会议将平等与不歧视概括为国际人权法的基本原则。

对于平等，目前我国学者的主要看法包括：平等是一项宪法原则；[②] 平等是权利；[③] 平等既是一项原则又是一项基本权利；[④] 平等权具有资格、权利、原则等三重属性；[⑤] 平等是同等权利义务；[⑥] 也有仅将其作为公民在政治生活中的基本权利；[⑦] 我国台湾地区学者主要有权利和原则或者兼具

---

① 何志鹏：《权利基本理论：反思与构建》，北京大学出版社 2013 年版，第 31 页。

② 参见周叶中主编：《宪法》，高等教育出版社、北京大学出版社 2000 年版，第 261 页。

③ 参见蒋德海编著：《宪法学》，华东师范大学出版社 2001 年版，第 127 页；另见周叶中主编：《宪法学》，法律出版社 1999 年版，第 155 页。

④ 参见刘茂林：《中国宪法导论》，北京大学出版社 2005 年版，第 272 页；另见胡锦光、韩大元：《中国宪法（第 2 版）》，法律出版社 2007 年版，第 219 页；周叶中主编：《宪法（第 4 版）》，高等教育出版社 2016 年版，第 232 页；董和平：《宪法学（第 4 版）》，法律出版社 2018 年版，第 308 页；林来梵：《宪法学讲义（第 3 版）》，清华大学出版社 2018 年版，第 379 页。

⑤ 参见邓建宏主编：《宪法学》，中国检察出版社 2001 年版，第 239 页。

⑥ 参见殷啸虎、王月明主编：《宪法学》，中国法制出版社 2001 年版，第 248 页。

⑦ 参见李龙：《宪法基础理论》，武汉大学出版社 1999 年版，第 311—312 页。

二重属性说。① 给予人们和群体平等的程度和不平等的程度，往往是依客观的生产状况而定的、依社会进化的一般状态而定的，以及依现有的认识和理解水平而定的。②

　　平等有多种含义，其中主要的三对范畴是形式平等和结果平等、机会平等和实质平等、实体平等和程序平等。形式平等，即"相同的人和相同的情形必须得到相同的或至少相似的待遇，只要这些人和这些情形按照普遍的正义标准在事实上是相同的或相似的"。③ 也有学者认为正义是一种形式上的平等。④ 所谓实质的平等原理，主要指的是在一定程度上修正由于对形式上的平等的保障所招致的实质上的不平等，依据各个人的不同属性采取分别不同的方式，对作为各个人的人格发展所需的前提条件进行实质的平等保障。⑤ 实质平等推动了人权思想的发展，但实质平等在大多数情况下作为形式平等的补充，否则这种对弱势群体的优待反而造成了另一种意义上的不平等。

　　对歧视的反感处于平等要求的核心地位。⑥ 歧视主要指某类人因其所具有的特征而遭受不公平或者不合理的差别对待，这种差别对待不同于实质平等下的合理差别。实质平等下的差别对待具有合理依据，其目的在于促进人类实质获得平等。合理的差别对待必须具备以下几项条件：（1）必须符合立法目的；（2）必须以客观的分类为依据；（3）必须以实质性的差别为基础；（4）必须以促进事实上的平等为目标；（5）必须公平。⑦ 形式平等反对不合理的差别和非理性对待，并非反对一切差别尤其

---

①　有学者认为，称"平等原则"更合理。参见许庆雄：《宪法入门》，元照出版公司 2000 年版，第 59—62 页；谢瑞智：《宪法新论》，文笔书局 1999 年版，第 175 页。

②　〔美〕E. 博登海默：《法理学：法律哲学与法律方法》，邓正来译，中国政法大学出版社 2017 年版，第 314 页。

③　同上书，第 309 页。

④　张文显：《法哲学范畴研究（修订版）》，中国政法大学出版社 2001 年版，第 202 页。

⑤　林来梵：《从宪法规范到规范宪法——规范宪法学的一种前言》，法律出版社 2001 年版，第 107 页。

⑥　〔美〕E. 博登海默：《法理学：法律哲学与法律方法》，邓正来译，中国政法大学出版社 2017 年版，第 312 页。

⑦　中国社会科学院法学研究所资料室编：《论法律面前人人平等》，社会科学文献出版社 2003 年版，第 110 页。

是合理差别。

不歧视原则可以说是最早形成的国际人权法上最核心的原则。《联合国宪章》序言和第 1 条第 3 款分别表明，"重申基本人权，人格尊严与价值，以及男女与大小各国平等权利之信念"，"促成国际合作，以解决国际间属于经济、社会、文化及人类福利性质之国际问题，且不分种族、性别、语言或宗教，增进并激励对于全体人类之人权及基本自由之尊重"。① 一些区域人权公约，例如 1950 年《欧洲人权公约》、1969 年《美洲人权公约》、1981 年《非洲人权和民族权宪章》都有关于不歧视的规定。此外还有专门反歧视的国际人权公约，例如，1948 年《防止及惩治灭绝种族罪公约》、1965 年《消除一切形式种族歧视国际公约》和 1979 年《消除对妇女一切形式歧视公约》等。《公民及政治权利国际公约》第 26 条规定强调了缔约国在立法方面所应承担的义务。《经济社会文化权利国际公约》第 2 条第 2 款对不歧视原则作出相关规定："本公约缔约各国承担保证，本公约所宣布的权利应予普遍行使，而不得有例如种族、肤色、性别、语言、宗教、政治或其他见解、国籍或社会出身、财产、出生或其他身份等任何区分。"②

平等与不歧视已成为国际人权条约法中的一项核心内容。但并非对所有种类的禁止歧视都已形成了一套完整的国际法制度。平等性原则的实现需要一个漫长的过程，各国政府仍然任重而道远。

（二）宽容

作家房龙在著作《宽容》中曾经引用《不列颠百科全书》关于宽容的定义："宽容即允许别人自由行动或判断；耐心而毫无偏见地容忍与自己的观点或公认的观点不一致的意见。"③ 在经历了两次世界大战之后，人们已经充分认识到不宽容所带来的灾难和伤害。为了避免伤害的再次发生，将宽容这一价值观念贯穿到整个人类社会之中，切实尊重和保障

① 董云虎、刘武平编著：《世界人权约法总览》，四川人民出版社 1990 年版，第 928—929 页。

② 中国社会科学院法学研究所编译：《国际人权文件与国际人权机构》，社会科学文献出版社 1993 年版，第 11 页。

③ 〔美〕亨德里克·房龙：《宽容》，连卫、靳翠微译，生活·读书·新知三联书店 1985 年版，第 13 页。

人权，就显得尤为重要。随着国际社会对宽容理解的不断深入，宽容在"二战"后的一系列文件中出现频率不断增加，许多条款的规定都体现出宽容的原则和精神。

"二战"后，"宽恕"一词最早出现在《联合国宪章》的序言之中。序言中申明，为达到尊重基本人权，维持和平和正义、社会进步的目的，各国要力行宽恕，彼此以善邻之道，和睦相处。在《联合国宪章》中，"宽恕"（即宽容）作为一项基本原则，其次序置于"和平"和"法治"等原则之前。[①] 该次序体现出国际社会对"宽容"的密切关注，体现了国际社会对"宽容"原则的共识。

《世界人权宣言》第 26 条第 2 款将"宽容"与教育目的相关联："教育之目标在于充分发展人格，加强对人权及基本自由之尊重。教育应谋促进各国、各种族或各宗教团体间之谅解、宽恕及友好关系，并应促进联合国维系和平之各种工作。"[②] 教育的意义在于促进人类的美好生活，本质在于促进人的全面发展。促进宽容本身是教育的目的之一。[③]"宽容"出现在《世界人权宣言》中主要针对团体行为，包括国家、种族、宗教团体。但宽容的主体和对象明显不仅限于团体，还应包括对个体的宽容。《世界人权宣言》对宽容的理解可以更加多元化。

1959 年 11 月 20 日联合国大会通过的《儿童权利宣言》在第十项原则中，从教育儿童的方面重申了"宽容"原则，认为儿童应受到保护使其不沾染到可能养成种族、宗教和其他任何方面歧视态度的习惯。[④] 1960 年 12 月 14 日由联合国教科文组织大会通过的《取缔教育歧视公约》第 5 条进一步强调了教育的目的及其应有之义，对教育上的歧视也作出了解释，教育歧视指基于种族、肤色、性别、语言、宗教、政治或其他见解、国籍或社会出身、经济条件或出生的任何区别、排斥、限制或待

---

① 董云虎、刘武平编著：《世界人权约法总览》，四川人民出版社 1990 年版，第 928—929 页。

② 中国社会科学院法学研究所编译：《国际人权文件与国际人权机构》，社会科学文献出版社 1993 年版，第 7 页。

③ 杜钢建：《儒家思想与国际人权法的宽容原则》，载王家福等主编：《人权与 21 世纪》，社会科学文献出版社 2018 年版，第 48 页。

④ 中国社会科学院法学研究所编译：《国际人权文件与国际人权机构》，社会科学文献出版社 1993 年版，第 413—415 页。

遇，其目的或效果为取消或损害教育上的待遇平等。[①]

　　1963 年 11 月 20 日，由联合国大会通过的《联合国消除一切形式种族歧视宣言》进一步强调了"宽容"原则，"宽容"所涉及的方面从"教育"的范畴扩充涉及了"新闻"方面。在第 8 条中规定在讲授、教育和新闻各方面，应立即采取一切有效步骤，以消除种族歧视与偏见，增进国家间及种族团体间的理解、宽容和友谊。[②]1965 年 12 月 21 日由联合国大会通过的《消除一切形式种族歧视国际公约》，在此之上重申了"宽容"原则，对种族歧视的概念进行限定。该公约第 7 条对宽容的解释中包含了"文化"上的宽容。[③]而且该公约对于宽容的规定也为之后"不宽容"概念的理解作出了铺垫。

　　1966 年 12 月 9 日，联合国大会通过了《经济社会文化权利国际公约》，该公约对宽容的理解与《世界人权宣言》类似，《经济社会文化权利国际公约》第 13 条第 1 款将人种也纳入到了实施宽容的主体和对象之中来。[④]《公民及政治权利国际公约》中虽然没出现"宽容"一词，但在第一条就提到了非歧视，在其他条款中也都体现出"宽容"这一原则。[⑤]

　　"不宽容"是在 1968 年 5 月 13 日国际人权会议上通过的《德黑兰宣言》中提出的，该宣言要求所有基于种族优越及种族上不宽容的意识形态均须予以谴责阻止。[⑥]1981 年 11 月 25 日联合国大会宣布的《消除基于宗教或信仰原因的一切形式的不宽容和歧视宣言》中，"不宽容"的概念得到了界定，根据该宣言，"歧视"就是"不宽容"。该宣言的产生将"宽容"和"不宽容"的问题在此前基础上扩展到了宗教和信仰层面。[⑦]

　　经历半个多世纪的发展历程，国际社会对"宽容"这一理念的认知

[①]　中国社会科学院法学研究所编译：《国际人权文件与国际人权机构》，社会科学文献出版社 1993 年版，第 100—101 页。
[②]　同上书，第 159 页。
[③]　同上书，第 67 页。
[④]　同上书，第 15 页。
[⑤]　同上书，第 22 页。
[⑥]　同上书，第 47 页。
[⑦]　同上书，第 139 页。

不断深入，1995 年 11 月 16 日联合国教科文组织大会通过了《宽容原则宣言》。宽容为全人类和平事业以及经济和社会的发展进步所必需。根据该宣言，宽容是宽容文化的多样性和为人方式的多样性。宽容不仅仅等价于放弃、谦虚或者忍让，而更是一种积极的态度，是以承认并尊重世界人权和其他人的基本自由为基础的。[①]宽容需要积极支持自由人权、多元主义与民主和法治，坚决否定教条主义和一元主义，避免社会不平等、不公正现象的发生，尊重并保障人权，承认个人、群体之间的差异。实行宽容还意味着消除不宽容现象。不宽容包括种族歧视和性别歧视，对弱势群体使用暴力将其边缘化使其被社会所排除，不保护其参政议政的权利。对抗不宽容需要法治、教育、个人意识和国家具体的解决方案。

根据《宽容原则宣言》，宽容体现为对国家的特定政治和法律要求。宽容要求国家要有公正的正义的立法、执法、司法和行政程序。宽容还要求社会和经济机会对每人一样，没有歧视。宽容反对国家和政府对少数人群体实行排外和边缘化的政策。宽容坚持政府不能将自己的观点强加于他人。每个政府都有责任执行人权法律，禁止和惩治仇恨犯罪和对少数群体的歧视，无论这些罪行的行为人是国家官员、私人组织还是公民个人。国家还必须确保平等诉诸法院、人权事务专员或监察员的能力，以确保公众不会诉诸暴力解决争端。宽容重视为更多人提供更好的教育，向儿童传授宽容和人权以及其他生活方式。

《宽容原则宣言》提出，要采取一切必要的积极措施，促进社会宽容，因为"宽容是实现和平，提高所有人经济、社会地位的一项宝贵且必要的原则"。[②]同时，宣言也指出，宽容并不是简单地指容忍他人行为，而是指承认他人的权利与自由，包容各国的理想与文化，不仅对自己负责，也要对他人负责。《宽容原则宣言》申明，宽容既不意味着宽容社会不公正行为也不意味着放弃，而是对我们这一世界丰富多彩的不同文化、

---

① 〔德〕汉斯·兰克：《具体人性——人权与宽容的新维度》，载《西安交通大学学报（社会科学版）》2007 年第 3 期。

② 门中敬：《宪政宽容论》，商务印书馆 2011 年版，第 450 页。

不同的思想表达形式和不同的行为方式的尊重、接纳和欣赏。宽容确认人人享有人权和基本自由，保证各区域不同群体的和谐共存。

三、人权与经济发展

从人权的经济观点和方法出发，我们要把人权发展的目标放在经济建设的基点上，而不能放在空洞的人权宣言和华而不实的人权立法上。[1] 马克思主义认为，人权的产生、实现与发展，都必然以一定的社会经济条件为前提和基础。权利永远不能超出社会的经济结构以及由经济结构所制约的社会的文化的发展。[2] 经济状况良好往往意味着社会可供资源相对充足，有利于人权的全面实现。人权的冲突往往是在常态情况下资源与需求之间的矛盾，资源的充沛能够在最大限度内缓解这种矛盾。长期的资源缺乏和贫困在导致人民的生活水平低下的同时，还有可能激化社会矛盾，导致社会动荡不安，人权无法得到保障。但经济发展的优先并不意味着人权的优先，一个相对不发达的社会如果能够有效利用现有资源，同样能够在最大程度上保护社会成员的基本权利。不少发展中国家重视发展权，希望通过建立一个新的国际经济新秩序来保障发展权的实现。

必须注意到的是，发展经济不能建立在牺牲人权的基础上。为发展而牺牲人权并不一定带来发展，因而曾经风行一时的以"人权交换发展"理论由强调"善治"的理论取代。[3] 忽视了人权，发展经济往往是片面的、暂时的、不可持续的。在发展经济时以人权的基本理念为价值指引，有助于规制经济发展走向失调，同时促进经济更好的运行。

从人类历史发展的角度，人权和商品经济在发展过程中保持着一致的状态，具有历史同步性。商品经济客观需要确权和自由，人权理念的传播为商品经济的发展提供了条件。但商品经济和人权循环发展的特征并不一定就意味着商品经济产生了人权。历史表明，即使在商品经济尚未出现的时期，人们的权利仍然得到了一定程度的维护。商品经济和人

---

[1] 张文显：《法哲学范畴研究（修订版）》，中国政法大学出版社 2001 年版，第 406 页。

[2] 《马克思恩格斯选集》，第 3 卷，人民出版社 1995 年版，第 305 页。

[3] 袁楚风：《人权保障与经济发展—— 规范性与功利性的双重视角》，中国社会科学出版社 2017 年版，第 34 页。

权之间具有耦合性。在超越商品经济的状态仍然会有人权，因此并非只有商品经济才能产生人权。

市场经济作为现代经济制度的核心，其制度前提就是人权和法治。市场经济是法治经济，它建立在各经济主体之间具有自主性和平等性并且承认其各自物质利益的基础之上，利益主体多元化、经济产权明晰化、运行机制竞争化、市场行为规范化、宏观调控科学化是它的主要特征。[①]市场经济要求资本、人才、资源、市场的自由流动，人权在促进人思想的解放的同时，有利于推进市场开放程度，激发市场积极性。在资本的逐利天性和利益至上的思想观念影响到平等、正义、自由等人类基本价值理念时，通过人权可以有效抑制市场的自发性和肆意性，避免侵害到人的基本权利。人权促进市场机制优化机能，使市场经济制度得到更好的适用。

在市场经济的环境里，国家由包办大部分经济活动，转为主要对经济进行宏观调控，担当"守夜人"的角色。政府在行使职能时，有时出于多数人利益的考量，可能会损害少数人的权益。市场经济下的有限政府模式降低了人民基本权利被侵害的可能性，使监督政府权力成为可能，有利于切实尊重和保障人权。对国家权力在合理的范围内进行限制，将权力关进制度的笼子。

以人权看待经济发展，有助于国家将个人的权利和福祉置于各项经济政策设计的核心位置，尤其是有助于更为关切处于最弱势和边缘化位置的个人和群体的权利。[②]国家通过分配制度促进整个社会的公平，保障社会弱势群体的基本人权不受侵害，避免贫富分化和社会矛盾的加剧，促进社会的稳定与和谐，为人权发展提供稳定的经济环境，为市场经济提供可持续发展的社会条件。从功利角度来说，在经济发展稳定迅速、民安物阜之时，人权能够被尊重和保护，政府能够实现其增进社会幸福的职责，促成最大多数人的最大幸福。

---

① 广州大学人权理论研究课题组、李步云：《中国特色社会主义人权理论体系论纲》，载《法学研究》2015 年第 2 期。

② 叶传星：《论人权的国家治理功能》，载《人权》2015 年第 3 期。

四、人权与社会福利

17 世纪英国自由主义先驱洛克开创自由权理论，与之相伴随的还有福利权思想的出现。[①] 洛克认为，人民的福利是最高的法律，的确是公正的和根本的准则，谁真诚地加以遵守谁就不会犯严重的错误，并且指出成立政府的目的就是为了公众的福利与安全。[②] 18 世纪，托马斯·潘恩在其《人权论》中详细论述了他的福利权思想。随着马克思主义的权利福利说的出现和一些国家宣言对福利权的保护，社会福利的观念开始得到各国政府认可。社会福利思想的出现，不仅丰富了人权的理论基础，对国家的要求也从国家不干预，转向需要国家进行积极的作为。

社会福利是通过国家和社会为社会成员提供各种福利津贴、福利服务、福利设施来实现对发展权的保障的。[③] 当福利被看作人作为人所固有的权利，并通过国家法律加以确认和规范之后，福利制度才从一种统治者安抚民心的手段迭代为一种人权实现的制度保障，实现了从工具性手段到目的性措施的转换。人的权利因为社会福利在制度上的保障，实现了从应有权利经法定权利到实有权利的转变，社会成员的具体权利和利益在社会实践中得到充分实现，对美好生活的需求和向往得到更好的满足。

对于资本主义社会来说，福利制度是社会权利的制度安排，有助于减轻市场产生的社会及经济不平等，促进经济可持续发展；[④] 对于社会主义社会来说，社会主义始终坚持以人民为中心、为人民谋福祉，为人民谋取福利、提高人民的生活水平是社会主义事业发展的出发点和落脚点。一国的福利制度运行健全，往往意味着该国家或地区民众的人权也能得到良好保障，反之，一国家或地区的人权保障不佳，其民众的基本权利往往也得不到充分重视。福利制度运行是否良好，体制机制是否完善直接反映着一国人权的实践情况。

---

① 龚向和：《作为人权的社会权——社会权法律问题研究》，人民出版社 2007 年版，第 1 页。
② 〔英〕洛克：《政府论（下篇）》，叶启芳、瞿菊农译，商务印书馆 1964 年版，第 133—134 页。
③ 崔凤：《社会保障的人权基础》，载《吉林大学社会科学学报》1999 年第 5 期。
④ 彭华民等：《西方社会福利理论前沿》，中国社会出版社 2009 年版，第 53 页。

福利制度具体而切实地尊重和保障了人权，人权的实现在很大程度上依靠福利制度进行落实。与此同时，需要注意不良的福利制度对人权实现的扭曲，避免对特定群体的权利和利益的损害。平等地对待每个社会成员，避免以牺牲一部分群体的利益为代价，去保障另一部分人的私利。

人权的实现在很大程度上依赖于社会福利，健全的福利制度促进人权的实现。随着社会的发展以及资本在全球范围内的流动，以血缘和亲缘关系为纽带的传统氏族的瓦解和家庭结构的松散化，使得个人抵抗风险的能力降低，人的脆弱性增强。福利制度为维护人权提供了基本的制度保障，在个人面对日益严峻的就业压力与激烈的竞争时，社会福利制度起到兜底的作用，保障人的基本尊严和体面。人权的发展需要福利制度进行维护和保障，没有配套的社会福利，人权便会落入空想。社会福利建立在自由、平等和安全之上，与人类的真正利益和愿望是一致的，充分体现人格的倾向和需要。运行良好的福利制度有利于在实践中传播和扩散人权的基本理念，促进社会成员形成向上的人权思维，为人权的充分实现提供良好的条件。

作为一个整体概念，人权是一个由不同方面和不同层次的具体权利构成的系统。[①] 人权的底线是保障人的生存权与发展权，应由国家制定规章制度和法律法规加以保护，由国家财政支出进行经济上的支持。人的各项基本权利往往在社会资源供给充足时才能够得到更好的实现，国家通过方针政策的制定鼓励社会发展经济，创造社会财富，为人权发展提供物质上的帮助。再者，人权思想作为人类的共同追求，蕴含着人的普遍价值观和对美好生活的向往与追求，可以指导政府的行为，维护社会成员的权利和自由。

总的来说，实现社会福利应以权利维护为导向，使每一个社会成员平等地享有作为人所应当享有的权利。国家通过制度安排对社会福利进行具体落实，平等地维护全体社会成员而不是特定社会成员的权益。

---

① 谢琼:《福利制度与人权实现》，人民出版社 2013 年版，第 112 页。

第二节　人权的法律化

人权并非人类智识的先验性存在，也不是人类社会自然演化的结果，而是人类群体在为自由、公正而斗争的历史中主动提出、形塑的工程意义上的思想与制度建构。① 人权具有高度的政治性，将其以法律形式固定下来，也就是将应有人权转化为法定人权，可以更好地保留斗争的成果。这种转化并非一蹴而就，而是在斗争中经历了一个从权利观念到权利主张，再到法律权利的变化过程。

如前文所述，权利观念的起源可以追溯到古希腊、古罗马的自然法思想。斯多葛学派在古希腊城邦国家衰落之时兴起，认为理性就是自然法则，它教给人们应做的和不应做的事情，各项原则不可改变，统治者和居民都必须遵守。古罗马的西塞罗继承和发展了斯多葛学派的思想，提出自然法先于国家和法律而存在，来源于上帝的旨意和人类的理性，且永恒不变。依据自然法，每个人都享有一定的尊严，而且相互之间平等。② 但此时还没有出现专指"权利"的单词，拥有的是一种概指权利和义务的权利概念。③ 到了中世纪时代，权利概念进一步明确，保障人之权利的观念有了影响，产生了英国 1215 年的《大宪章》、丹麦 1282 年的《大宪章》等法律文件。④

到了西方的启蒙时代，"自然权利"观念成为社会主导思潮，推动了资产阶级革命的发展，并在资产阶级立法中成为权利制度。⑤ 英国的约翰·洛克认为在自然法之下，人人皆有追求自由、安全、幸福的自然权利和天赋权利，但自然状态中缺少判断是非和处理冲突的成文法，也缺

---

① 何志鹏：《人权的历史维度与社会维度》，载《人权研究》2021 年第 1 期。

② 李步云主编：《人权法学》，高等教育出版社 2005 年版，第 28—29 页。

③ 龚向和：《权利的兴起与近代宪法的产生》，载《湖南大学学报（社会科学版）》2003 年第 3 期。

④ 龚向和主编：《人权法学》，北京大学出版社 2019 年版，第 33—34 页。

⑤ 参见何志鹏：《人权的来源与基础探究》，载《法制与社会发展》2006 年第 3 期。

少执行成文法的裁判者，更没有保证裁决执行的政治权威和力量。为保护人之自由、安全、幸福，国家在个人权利让渡所构成的社会契约基础上建立起来，如果国家违背此目的，反而侵犯人民权利，压迫人民，人民就有权推翻这个政府。这种思想为资产阶级革命提供了有力的支持，成为许多具有里程碑意义的宪法性文件和权利宣言的思想渊源。如英国1689年《权利法案》，美国1774年《权利宣言》、1776年《独立宣言》、1791年《权利法案》，以及1789年法国《人权和公民权宣言》等。此时的人权已经作为一种权利主张出现，如1789年法国《人权和公民权宣言》第二条规定："所有政治结合的目的都在于保存人的自然的和不可动摇的人权。这些权利就是：自由、财产、安全和反抗压迫。"[1]1791年美国《权利法案》作为1787年美国宪法的修正案，在第一至第十条中规定了公民的言论、宗教信仰、和平集会自由，免于民房被军队征用，免于不合理的搜查与扣押等权利。

到了20世纪，第二代、第三代人权同样在斗争中实现了从观念、主张到法律权利的转化。19世纪末20世纪初，劳资矛盾之下的工人生活基本需求长期得不到满足，生活水平低下，不断引起大规模的工人运动和社会主义革命，公民的经济、社会、文化权利逐渐被认为是与自由权同样重要的人权。第二次世界大战中出现了许多大规模侵犯人权的情况，引起了各国对人权保护的重视。"二战"后，许多原殖民地国家为自己的民族独立而发起反殖民主义革命，逐渐形成了民族自决权、发展权等第三代人权。在这些浪潮的不断冲击之下，人权普及到全世界，出现在越来越多的法律中。在国内法层面，如1919年《魏玛宪法》、1998年英国《人权法案》等；在国际法层面，如《联合国宪章》《经济社会文化权利国际公约》《公民及政治权利国际公约》《欧洲人权公约》《美洲人权公约》等。

将应有人权转化为法定人权，并非只是为了更好地保留政治斗争的成果，还因为这是法治的应有之义。国家是人权保障的最重要义务主体，法治国家落实人权保障义务应当采取法治的方式。法治的主要含义可以

---

① 参见李步云主编：《人权法学》，高等教育出版社2005年版，第29—30页。

概括为"良法"和"善治"两个方面，其中"良法"是"善治"的前提。① 因此，人权保障的法治化，首先需要将人权进行法律化，即以法律的形式确认人权，将人权转化为法律权利。模糊的、道德性更强的政治性权利转化为更具确定性的法律权利需要经过法学学科的改造。政治性人权转化为法定人权并不意味着要将政治性人权的所有内涵都转化为法律权利，也不意味着未转化为法律权利的部分就不再属于人权。法律并非包治百病的灵丹妙药，有的人权作为其政治权利、道德权利更能维护人的利益与人类社会的正义，同时法律化只是人权保障的制度化而非人权的正当性来源，未法律化的人权不会失去其正当性。

一、人权的法律化的框架

人权的法律化是将应有人权转化为法定人权的进程，也就是在国内法律中对人权进行确认。但这一转化过程并非是在法律中列出一条"人权应当受到法律保护"或"人权包括公民权利和政治权，经济、社会和文化权利等"即可完成。

首先，人权的内容较为丰富和复杂。人权有着丰富的内涵，所涉及的主体、社会关系较多、较为复杂，单独的部门法或法律权利，都不能完整地实现人权应有的内涵。如自由权，包含信息自由、表达自由、宗教自由、结社集会游行自由等，仅表达自由一项所涉及的主体、社会关系就十分复杂。表达自由涉及的主体包括政府机关、社会组织、个人，国家须为个人自由权的实现提供条件，不能加以阻碍，个人可以通过报社、网络社交平台等媒介发表自己的言论，他人不能侵犯个人行使表达自由的权利，而个人行使表达自由的权利时也可能侵犯他人的合法权益，这可能会涉及司法机关。因此人权的法律化需要同时涉及多种法律规范。

其次，法律有其本身的规律。法律是一种制度，人权进入法律需要符合法律这种制度本身的要求。人权从应有权利转变为法律权利的过程中，形式和运行规律都会发生变化，以融入到法律的科学、融贯的体系当中。在国内法中，法律体系由宪法、行政法、刑法、民法等法律构成，

---

① 王利明:《法治：良法与善治》，载《中国人民大学学报》2015 年第 2 期。

人权所转化的法律权利需要融入到这些具体的法律规范中，而不同部门法也有自身的特点。

再次，国内人权法与国际人权法之间存在差异。国家的人权保障义务来自于国内和国际两个层面，[①] 即国内层面的道德与法律义务与国际层面的国际人权公约所规定的义务，这同时涉及国内人权法和国际人权法。但国内人权法与国际人权法在制定主体、具体内容、实施机制、所属体系等方面存在差异，[②] 在许多持国内法与国际法二元论观点的国家，国际人权公约的国内适用需要经过一个转化过程，国际人权公约难以直接实施。[③]

故而，人权法律化的框架需要在应有权利和法律权利两端共同搭建。在应有权利一端，应当按照一定的标准将人权进行分类，再确定各项应有权利的大致内容。在法律权利一端，根据应有权利的内容来确定所涉及的具体法律规范，再依据相应法律规范本身的要求对应有权利的内容进行调整，使其融入到国内法律体系中，成为一项法律权利。

人权的分类具有相对性，根据人权的客体、主体、性质、形态、主体对国家的关系、发展的阶段等标准可以对人权进行不同的分类。[④] 人权也具有历史性和社会性，具体内涵和实现方式会随着社会发展而变化，因社会、文化、经济等因素的不同而存在差异。但人权在相对变化和差异之中，也具有相对的稳定性、普适性。人权在历史发展中历经三次转型，形成了依据"自由"思想的第一代"公民和政治权利"，依据"平等"思想的第二代"经济、社会和文化权利"，依据"博爱"思想的第三代"社会连带权利"或者"集体权利"，这三代权利共同构成了现代人权的谱系。三代人权在国际社会中得到了普遍的接受与认同，并以国际人权公约的形式确立下来，因此依据三代人权和国际人权公约进行分类可以较好地体现人权的相对稳定性与普适性。据此，人权的内容可分为四类：公民权利和政治权利，经济社会和文化权利，特殊群体的权利，集体人权。从普遍接受的观点看，集体人权主要涉及国际人权法，原则

---

① 刘志强：《论人权法中的国家义务》，载《广州大学学报（社会科学版）》2010 年第 11 期。

② 参见李步云主编：《人权法学》，高等教育出版社 2005 年版，第 103—104 页。

③ 参见黄瑶：《国际人权法与国内法的关系》，载《外国法译评》1999 年第 3 期。

④ 徐显明：《人权的体系与分类》，载《中国社会科学》2000 年第 6 期。

上国内法不使用，[①] 因此人权的法律化主要是另外三类人权的法律化。在确定了应有权利的内容之后，各项应有权利的主体、客体就会更加明晰。在国内人权法中，人权的主体涉及个人、社会群体、民族等，人权的客体包括人格权、物权、请求权、知识产权等。[②]

二、人权的法律渊源

法律渊源在法学界中有多种含义，[③] 此处是指法律的表现形式，人权的法律渊源就是指人权法律的表现形式。从中国的人权实践来看，人权的法律渊源主要有：由中国政府颁发的各版本《人权行动计划》、各综合性与专题性人权白皮书，宪法、行政法、刑法、民商法、环境保护法等国家制定法，《联合国宪章》《经济社会文化权利国际公约》等国际人权公约。由此，人权的法律渊源大体可以分为三类：国内人权软法[④]、国家的人权立法、国际人权公约。

在应有人权转化为法定人权的过程中，国内人权软法、国家的人权立法、国际人权公约起到不同的作用。国家的人权立法是狭义概念下的法律，能够以法律规定的方式将应有人权正式确认为法定权利。在应有人权转化为法定人权之前，国内人权软法和国际人权公约可以促进应有人权从理念具化为权利观念，为应有人权转化为法律权利作铺垫，国际人权公约还能以要求缔约国履行义务的方式推动人权的法律化。在应有人权转化为法律权利之后，国内人权软法可以在法律解释和法律效果的实现上为相关法律的适用提供辅助。

（一）国内人权软法

软法是不具强制约束力的规则。在国内法的语境下，[⑤] 罗豪才、宋功

---

① 徐显明：《人权主体之争引出的几个理论问题》，载《中国法学》1992 年第 5 期。

② 徐显明：《人权的体系与分类》，载《中国社会科学》2000 年第 6 期。

③ 参见陈金钊主编：《法理学》，北京大学出版社 2002 年版，第 142 页。

④ 法学界对软法的定义有多种，此处所指国内人权软法是指国内法层面的、法律渊源意义上的软法，而非内容上的软法，即包括政治组织规范和社会组织规范，而不包括硬法中的不具备强制执行力的规范，因此可以与国内人权立法、国际人权公约并列。参见王瑞雪：《人权的法治保障——软硬法并举的视角》，载《广西政法管理干部学院学报》2014 年第 1 期。

⑤ 软法的概念在国内法与国际法两个语境下存在分歧。参见何志鹏、尚杰：《中国软法研究：成就与问题》，载《河北法学》2014 年第 12 期。

德认为，软法"指那些效力结构未必完整、无需依靠国家强制保障实施，但能够产生社会实效的法律规范"。与硬法相比，软法具备制度安排富有弹性、未必依靠国家强制力保障实施、非司法中心主义、法律位阶不明显等特征。① 同时，软法是一种具有外在引导、劝服、教育力量的人们的行为规则，由一定人类共同体通过参与、协商而制定或认可，内容具有民主性、公开性、普遍性。② 软法相对于硬法，相对于道德、习惯等其他社会规范的特质使其得以在人权的法律化的过程中发挥独特的作用。

其一，软法规范较硬法更易制定。人权是人类在为自己的正当权益长期斗争中形成的结果，而政治斗争成果转化为法律是十分困难的。法律要求确定性、准确性、体系性，而政治主张往往是模糊的、碎片化的，二者之间的转化需要一个将政治主张进行细化和规范化的过程。法律规则需要明晰而准确，各项规则的制定需要较长时间的反复论证，同时法律制定与修改需要经过法定程序，因此这一转化过程并非一朝一夕即可完成。而软法不需要像硬法相同程度的确定性和准确性，软法的制定也不需要经过严苛、繁杂的法定程序，参加主体即使未履行义务也不会招致国家公权力的强制干涉，因此政治主张更容易以软法的形式固定下来。如法国 1789 年《人权宣言》，美国 1776 年《独立宣言》，二者的制定皆未经过法定程序，内容较为模糊、概括，执行性较弱，但都将人权主张以明文规范的形式固定下来，在一定程度上保护了斗争的成果，极大激励了后来的人权斗争。

其二，相比道德、习惯、潜规则、法理、行政命令等，软法更契合于法治。法治的基础是法律之治，即依法而治，而软法则是法律规范的一种，也就是"依法而治"的"法"的一部分。③ 道德、习惯、潜规则、法理、行政命令等却在开放性、民主性、普遍性、规范性等方面存

---

① 罗豪才、宋功德：《认真对待软法——公域软法的一般理论及其中国实践》，载《中国法学》2006 年第 2 期。

② 参见姜明安：《软法的兴起与软法之治》，载《中国法学》2006 年第 2 期。

③ 软法与硬法可统一在此种"法"定义之下：法是体现公共意志的、由国家制定或认可、依靠公共强制或自律机制保证实施的规范体系。参见罗豪才、宋功德：《软法亦法——公共治理呼唤软法之治》，法律出版社 2009 年版，第 8 页。

在欠缺，难以成为"法"的一部分。① 软法可以融入法治体系之中，起到独特的作用。例如中国政府 2009 年以来发布、制定的《国家人权行动计划》《中国妇女发展纲要》《中国儿童发展纲要》等文件，虽然不是硬法，却有效弥补了中国人权立法的不足，提高了国内社会对人权保护的认知，推动了中国人权保障事业的发展，为人权立法营造了良好的氛围并奠定了重要的基础。

在中国的人权软法实践中，中国政府 2009 年、2012 年、2016 年和 2021 年发布的四个《国家人权行动计划》以及自 1991 年开始发布的诸多综合性与专题性人权白皮书所受到的关注最广泛、影响最大。国家人权行动计划与中国人权白皮书虽然不是国家立法，无法将应有人权规定为法定人权，但分别从实践和理论层面推动了人权的权利化、法律化。

国家人权行动计划是中国政府发布的以人权为主题的国家规划，是中国官方发布的关于人权保障行动整体性规划。国家人权行动计划侧重于政府规划和实际行动，② 作为国家规划，兼具宏观性、整体性和具体性：在内容上覆盖经济、政治、社会、文化、生态多个层次，包括公民权利和政治权利，经济、社会和文化权利，发展权，特殊群体的权利等；在主体上涵盖中国国家机关、企事业单位、社会团体、社会公众等多元主体；在权力运行上涉及立法、行政、司法。国家人权行动计划细化了政府的人权保障职责，提升了公民的人权意识，有利于相关法律的实施和人权保障目标的实现。③

中国人权白皮书是旨在介绍中国政府人权政策主张、原则立场和进展，增进国际社会对中国人权认识和了解的官方文件。④ 相对于国家人权行动计划，中国人权白皮书侧重于宣传，同时具有总结中国人权发展道路和实践经验，凝聚各界人权共识的作用。⑤ 中国人权白皮书为中国人

---

① 姜明安：《软法的兴起与软法之治》，载《中国法学》2006 年第 2 期。

② 参见柳华文：《国际人权法与软法和国家人权行动计划》，载北京大学宪法与行政法研究中心：《"软法与人权保障"学术研讨会论文集》（2012 年 6 月 30 日），第 66—73 页。

③ 柳华文：《软法与人权和社会建设》，载《人权》2012 年第 2 期。

④ 常建、付丽媛：《中国人权白皮书的功能及其实现效果分析》，载《人权研究》2021 年第 4 期。

⑤ 同上。

话语体系的构建提供了新概念、新素材，[1]推动了中国人权学术研究的发展，促使人权不断细化为更加符合实践要求的各种具体权利，获得法律权利的资格，得到法律的保障。

（二）国家的人权立法

国家立法是以宪法为根本，以行政法、刑法、民法等一般性法律为主干的各种由国家立法机关根据特定立法程序制定的，以国家强制力保证实施的法律规范的总称。在一国法律的位阶体系里，宪法是一国的根本大法，也是行政法、刑法、民法等一般性法律的效力来源。依照凯尔森的法律理论，可以理解为：在宪法规定了人权及其内容之后，一般性法律再以此为基础对各项人权的内容、实现与保障进行细化。在国家立法中，人权法律化的步骤是：宪法为先，一般性法律次之。

1. 宪法

当人权作为一个整体性概念时，是作为社会主体的人所应当具有的权利，这一整体性概念应当被规定在效力最高的法律之中。同时人权中有一部分是基本人权，基本人权的法律化就是基本权利。基本权利相对于其他权利具有"根本性、基础性与决定性"，处于权利体系中的核心地位，[2]具有"对于人和公民不可缺乏的、不可取代的、不可转让的、稳定的、具有母体性"的特点，[3]因此基本权利更宜规定在作为根本大法的宪法之中。

在一国的法律之中，宪法具备更强的政治性，条文规定更为概括，规定事项更为宏观、基础。因此人权与基本人权在宪法中的法律化往往保留较高的政治性与概括性，以概括性或列举的方式规定公民享有人权或基本权利，如美国1791年《权利法案》规定了个人的宗教自由、新闻自由、言论自由、集会自由、人身不受非法拘禁等权利。法国1793年宪法（又称《雅各宾宪法》）规定"宪法保障全体人民的自由、安全、财产、公债、信教自由、普通教育、公共救助、无限的出版自由、请愿权、

---

① 张晗：《人权白皮书的话语实践及其社会文化功能：1991—2021》，载《人权》2021年第6期。

② 焦洪昌：《"国家尊重和保障人权"的宪法分析》，载《中国法学》2004年第3期。

③ 徐显明：《人权理论研究中的几个普遍性问题》，载《文史哲》1996年第2期。

组成人民团体的权利，并享有一切的人权”。[①] 在 2004 年十届全国人大二次会议通过《宪法修正案》之后，中国宪法以明文规定和列举的方式规定了人权和基本权利。现行《宪法》第 33 条第 3 款规定"尊重和保障人权"，宪法第二章规定了公民的基本权利：言论、出版、集会、结社、游行、示威的自由，宗教信仰自由，人身自由，人格尊严，通信自由，选举权和被选举权，劳动权，就业权等。

2. 行政法

行政法在人权保障中有十分重要的地位。首先，国家是人权实现的最主要义务主体，[②] 此项国家义务的最主要承担主体是政府，而行政法是政府实施行政行为的法律依据；其次，在现代国家，行政法的目标不仅是限制行政权的滥用，还要保证政府充分履行自己维护法律秩序、保障人们社会和经济生活条件的义务。[③]

人权体系中所有权利的实现都需要政府依据行政法履行义务。一般认为，公民权利和政治权利需要防范政府公权力对公民自由的侵犯，因而需要对政府行为进行限制，政府须履行消极义务，也就是在行为上更加克制，尽量减少对公民权利的干涉，不侵犯公民的生命权、财产权、宗教自由、表达自由等。以社会权为核心的经济、社会、文化权利更需要国家积极作为，政府须更多履行积极义务，也就是在行为上更多地作为，为公民的劳动权、受教育权等提供保障，促进人的全面发展。由此拓展到以发展权为核心的国家、民族集体享有的独立权、生存权、发展权等集体人权，这些集体人权的直接享有主体是国家或民族，但也与公民个人存在联系，国家负有尊重、保护、促成与提供人权义务，[④] 即需要政府积极发展经济，维持社会秩序，提高人民生活水平，提供福利保障，为公民的发展提供条件。

就具体人权而言，行政法直接涉及表现自由、人身自由、财产自由、劳动权、受教育权、环境权、结社自由、平等权、宗教自由以及妇

---

① 李步云：《论宪法的人权保障功能》，载《中国法学》2002 年第 3 期。
② 刘志强：《论人权法中的国家义务》，载《广州大学学报（社会科学版）》2010 年第 11 期。
③ 参见曾祥华：《〈人权宣言〉中的行政法思想》，载《行政法学研究》2007 年第 3 期。
④ 参见刘志强：《论人权的行政保护》，载《法治现代化研究》2017 年第 4 期。

女、残疾人等权利。① 如我国的《游行示威法》规定了公民有行使集会、游行、示威的权利，也规定了政府机关相应的管理职责。《行政管理处罚法》中涉及公民的人身自由、财产自由，因此该项权力的行使主体主要是公安机关，且对处罚行为的程序、处罚结果进行了严格的限制。在税务方面，政府机关的税务征收不仅严格限制税务的种类，还对征税的行为作程序上的详细规定。此外，《教育法》《义务教育促进法》《民办教育促进法》中规定了政府机关为实现公民受教育权所承担的义务与实际职责，《劳动法》《劳动合同法》《劳动争议调解仲裁法》中规定了政府机关为公民提供就业机会与就业培训，保障公民劳动所得等职责。

3.刑法

刑法涉及一些十分重要的人权，如生命、自由、财产、政治权利，② 同时刑法的运行和实施比宪法、行政法更容易造成对人权的严重侵犯。这源于刑法的两项机能之间的博弈：保护社会与保障人权。刑法的保护社会的机能是以国家的刑罚权对侵犯国家、社会、公民合法权益的犯罪行为进行预防和惩处，刑法的保障人权的机能是要避免这种刑罚权的不当使用对社会成员，尤其是对犯罪嫌疑人、被告人或犯罪人造成过分伤害。③ 保护社会的职能需要公权力采用暴力手段，但暴力手段的滥用却可能导致对人权的不当侵犯。如果刑法在履行保障人权职能中过当，可能会导致刑法措施的威慑功能减弱，反过来也会减弱刑法的保护社会的职能，无法预防和减少犯罪行为对人权的侵犯。因此一方面需要刑罚程度适当，一方面需要避免公权力的滥用。由于刑罚手段的严厉性，刑罚后果的不可逆转性（如对人的自由或生命的剥夺），刑法的适用、刑罚的裁量、刑罚的执行阶段都有可能会产生侵犯人权的情况。

刑法的适用以是否给予刑事制裁为主要内容，而不同的罪名所导致的处罚后果之间存在着巨大的差异。如正当防卫问题，行为被认定为正当防卫、防卫过当、故意伤害或故意杀人之后，行为人所须承担的责任

---

① 参见王天成：《治人者治于法——行政法与人权》，载《中外法学》1992 年第 5 期。

② 林维：《刑事法治是人权保障的测震仪》，载《人权》2018 年第 1 期。

③ 赵秉志：《论中国刑事司法中的人权保障》，载《北京师范大学学报（社会科学版）》2006 年第 3 期。

不同——免于刑事责任、较轻的财产刑或自由刑、较重的自由刑、无期徒刑或死刑。因此在这一阶段，罪刑法定原则，即"法无明文规定不为罪"是为保障人权而必须遵守和贯彻的原则。此外，在刑罚后果上，也应当尽可能限制死刑，增多非监禁刑的适用，一方面是对罪犯的生命、自由权益的保护，另一方面是为罪犯改造保留空间，同时也为刑法错误适用所导致的冤假错案留下翻案的余地。

刑罚的裁量是指法院在定罪的基础上，依法确定犯罪人的刑罚种类、刑罚轻重、刑罚是否立即执行。虽然不同的犯罪行为可能被归在同一罪名之下，但这并不会抹杀不同的犯罪行为背后的行为人主观动机、侵犯法益严重程度等犯罪情节的不同，因此同一罪名之内也存在不同的刑罚种类以及不同的刑罚严厉程度。如故意伤害罪，根据中国《刑法》第 234 条的规定，根据犯罪情节的不同，行为人可能被判处拘役或管制，也有可能被判处三年以下、三年以上十年以下、十年以上有期徒刑、无期徒刑或死刑。为了对不同的实际情况作出相适配的刑罚，法官须依据法定量刑情节作出合理的判决，法定量刑情节就是罪刑法定原则对法官自由裁量权的限制，也是对犯罪人的人权免受刑罚权不当侵犯的保护。

刑罚的执行是指"有行刑权的司法机关依法将生效的刑事裁判对犯罪分子确定的刑罚付诸实施的刑事司法活动"。[①] 虽然刑罚的种类已经被确定，但刑罚的执行可以柔化处理。刑罚执行方式文明化、在执行过程中增加人道主义关怀，刑罚执行完毕后帮助犯罪人回归社会等措施都可以有效减少刑罚对犯罪人的身心伤害。在刑罚的执行方式上，应当减少对犯罪人的人格侮辱与二次伤害，如采用注射死亡代替枪决。在刑罚的执行过程中，应增加对犯罪人的人道关怀，如改善监狱的饮食、住宿条件，组织犯罪人参加一定的娱乐活动，允许有宗教信仰的犯罪人参加宗教活动等。在自由刑的执行过程中，监狱等机构应当为犯罪人提供职业培训，为其重新回归社会、回到正常生活提供条件。

---

① 赵秉志：《论中国刑事司法中的人权保障》，载《北京师范大学学报（社会科学版）》2006 年第 3 期。

4. 民商法

有学者认为根据人权的不同取向，可以将人权与民事权利的关系分为三类：纯粹国家取向的人权与民事权利、可拓展性国家取向的人权与民事权利、国家私人二元取向的人权与民事权利。纯粹国家取向的人权，主要是为了促使国家履行人权保障的职能，防范来自于国家公权力的侵犯，如国家对公民受教育权、生存权、参政权的保障，因其对抗对象、实现方式等方面的不同而不与民事权利产生交接。可拓展性国家取向的人权，起初是为了对抗国家公权力之侵犯，但该项权利的义务主体在社会的发展中拓展了范围，如公民的表达自由在新媒体时代受到大型媒体公司等私人主体的影响更大，因此该权利的对抗对象拓展到了私主体。国家私人二元取向的人权，在产生之初便具有国家、私人二元取向，如财产权、隐私权、人格权等，[1] 国家和私主体都负有不得侵犯个人财产、隐私和人格尊严的义务。

正是因为部分国家取向的人权的拓展与国家私人二元取向的人权的存在，私主体也是人权的义务主体，而且成为越来越多的人权的义务主体。当私主体承担越来越多的人权义务时，民法显然是较宪法、行政法、刑法这类公法更适合调整私主体间涉及人权的社会关系的法律。同为人权的法律化，规定为宪法权利和民事权利是两个不同的选择。宪法权利是面对国家、主要由国家公共制度维护的权利，民事权利则是私人之间的私权利，故主体、权利内容、权利行使等方面皆有不同。[2] 以民法对私主体义务进行规制不易破坏私权利之间的平等、自治等原则，而公权力所具有的极强的强制力过分介入私主体之间的法律关系容易导致国家权力的滥用，造成对人权的侵犯。

5. 知识产权法

知识产权法在人权的法律化中较为特殊，原因有二：一为知识产权的特殊性，兼具财产权与人格权属性，又同涉个人权利与社会福利；二为知识产权法律的特殊性，不属于完全的行政法、刑法或民法，兼具公

---

① 参见张豪：《民事裁判中的人权保障》，载《北方法学》2007 年第 2 期。
② 参见曹治国：《宪法权利与民事权利关系辨》，载《河北法学》2008 年第 5 期。

法与私法的性质。知识产权制度的宗旨在于保护创造者的合法权益，促进知识信息的传播。^①为实现这两个宗旨，一方面需要防范其他自然人、法人的侵犯（因为知识产权作为一种精神产品非常容易遭到他人的盗窃），另一方面需要国家建立知识产权认证、登记等制度为知识产权提供公权力的保护，为知识产权设定保护期限以实现人类智识成果的广泛传播。因此知识产权同时涉及私法与公法，单独的行政法、刑法或民法无法完成知识产权制度的构建。在私法之中，由于知识产权在形式上不同于物质财产，不具备外在形式，同时其为创造人之智识成果，被认为是创造人的一部分人格的延伸，因此知识产权不同于传统所有权，不能完全适用过往的民法所有权规则。

（三）国际人权公约的国内适用

关于国际法与国内法的关系，理论上还有很多争议，各国宪法的规定也存在差异。但是，在人权领域，各国的人权保护要参照和考虑国际法，却是普遍接受的做法。包括习惯国际法、国际公约在内的国际人权法是人权法的重要法律渊源，其中国际人权公约如《公民及政治权利国际公约》《经济社会文化权利国际公约》《消除一切形式种族歧视国际公约》《消除对妇女一切形式歧视公约》《儿童权利公约》《禁止酷刑和其他残忍、不人道或有辱人格的待遇或处罚公约》等对人权的内容、国家的义务、人权保障制度等事项进行了较为详细、具体的规定，是国际法层面的人权的法律化的最重要的法律渊源。根据国际人权公约对国家义务的规定，国家所承担的义务可以分为四类：承认、尊重、促进和提供、保护人权。国际人权公约的实施机制可以分为国际和国内两个层次，国家分别需要履行不同的职责，其中国内层面的实施机制包括立法、行政、司法三个方面。^②作为国际人权公约的缔约国，须履行公约中所规定的义务。在立法方面，缔约国须考虑国际人权公约在本国的适用问题。

关于国际人权公约的国内适用问题，各国大体采取两种模式："纳

---

① 吴汉东：《知识产权的多元属性及研究范式》，载《中国社会科学》2011 年第 5 期。

② 陈立虎、黄涧秋：《国际人权公约与人权保护——国内司法实施的分析》，载《现代国际关系》2003 年第 3 期。

入式"和"转化式"。"纳入式"模式下，在一国参加某国际人权公约之后，该公约就可以在该国国内按照该国之宪法或法律的地位被纳入到该国的法律体系之中并发挥效力。"转化式"模式下，在一国参加某国际人权公约之后，该公约须经过该国立法机关的特定程序，颁布特别法或法令之后，方可在该国之内被适用。①

德国、法国等国家在国际公约的国内适用上采用了"纳入式"，但这并不代表国际人权公约在这些国家的国内适用中不存在任何障碍。有的国家对于国际条约进行了自动执行条约和非自动执行条约的分类，自动执行的国际人权公约可以直接在国内适用，非自动执行的国际人权公约则需要特别法的转化。如德国，一项国际人权公约规范被认定为自动执行条约需要满足主观因素和客观因素两方面条件。主观因素要求该项国际人权公约规范的起草者和当事方在主观上希望使该规范得到直接适用，客观因素要求该项规范足够明晰和完整而不需要进一步通过立法以使其更加具体。②

中国所缔结和参加的国际人权公约在理论上与中国国内法具有相同的效力，但在实践中经常并未作为法律依据而发挥效力，中国往往采取立法或修改法律的方法使国内法律符合相应国际人权公约的要求。③ 如中国在签署《经济社会文化权利国际公约》《消除一切形式种族歧视国际公约》《消除对妇女一切形式歧视公约》《儿童权利公约》《就业政策公约》等公约后，为落实国际人权公约的要求，于 2006 年修改《未成年人保护法》以符合《儿童权利公约》的要求，2007 年制定《劳动合同法》《就业促进法》《物权法》以保障劳工权利、财产权，2010 年公安部修订的《机动车驾驶证申领和使用规定》增加了便利残疾人的特殊规定。

三、人权的法律限制

人权是人之应有的权利，但这不代表人权不会受到约束和限制。人

---

①　参见陈立虎、黄涧秋：《国际人权公约与人权保护——国内司法实施的分析》，载《现代国际关系》2003 年第 3 期。

②　黄瑶：《国际人权法与国内法的关系》，载《外国法译评》1999 年第 3 期。

③　同上。

权所受到的限制，既有权利自身属性所隐含的限制，也有为保护法定人权而必须设置的外部限制。

（一）权利自身包含的限制

从本质上来说，人权"是社会可供资源与人类本能需求的契合"，[①]因此人权的实现会因社会可供资源的存量与人类本能需求之间的矛盾而受到限制。当人权从应有权利转化为法律权利之后，这种矛盾所导致的限制依然存在，同时还存在着权利构造方面的限制。

关于权利概念的学说，最具影响力的有四种：利益说、自由说、可能性说、选择说。张文显认为，这四种学说都包含了对权利的局部性正确认识，但不够全面，张文显将权利定义为："权利是国家通过法加以规定并体现在法关系中的、人们在统治阶级的根本利益或社会普遍利益范围内作出选择，获得利益的一种能动手段。"[②]在此种定义下，权利是确定的，也就是说权利有着明确的界限。首先，权利所体现的利益追求本身被限定在统治阶级的根本利益或社会普遍利益之内，受到社会承受能力的限制；其次，权利和义务相互限制，权利以相应法定义务的范围和义务主体的承受能力为限度，义务主体相应地须承受权利主体在法定界限内的利益主张。

在第一种限制中，权利是被公共利益所限制。作为权利外在限制的公共利益是指"人们在日常生活中所体会到的不专属于任何具体个人但每个人都享有的不可或缺的利益形态"，[③]虽然公共利益对每个人都有益，但同时也会与每个个体的权利产生冲突。这是因为：第一，资源始终存在稀缺性，公共利益的存在决定了势必划出权利不可侵犯之界限；第二，公共利益与个人利益协调发展的需要，只有个体权利不滥用，承担公共利益维护者、提供者、代表者角色的公权力才能获得足够的力量提供公共产品，更好地服务于每个个体的权利；第三，实现社会正义的需要，公共利益本身是一个代表着一定的社会秩序和社会正义的概念，限制权

---

① 何志鹏：《人权的来源与基础探究》，载《法制与社会发展》2006 年第 3 期。
② 张文显：《关于权利和义务的思考》，载《当代法学》1998 年第 3 期。
③ 丁文：《权利限制之疏解》，载《法商研究》2007 年第 2 期。

利的边界，维护公共利益符合正义的要求。

在第二种限制中，权利是被自身的结构所限制。首先，权利的存在本身需要界限，一项权利要想有别于其他权利，就需要确定自身的内容，权利的边界在内容确定之时就会出现。其次，权利之交易需要界限，权利边界清晰方可确定清晰的产权边界，如此才能使权利在市场中进行交易，防止权利交易之中的不确定性，降低交易成本。[①]

（二）权利保护过程中的限制

个人权利与他人权利之间存在冲突的可能，因此需要对个人权利进行必要的限制，紧急状态下社会可供资源不足，需要对人权进行必要的克减，这种冲突与克减构成了外部的限制，但最终的目的依然是为了维护个人权利，保障人权。

1. 权利的冲突

现代人权理论普遍认可，权利的最直接主体是个人，每个个体都享有平等的人权。但如果个体的权利没有边界，则权利之间必然在各自的利益追求过程中发生冲突。虽然发生冲突的两个或多个权利都具备合法性和正当性，但要实现其中一项权利就要排除或减损另外一项或多项权利的实现，这种矛盾的状态在客观上大量存在，同时也是难以避免的。[②]

权利的冲突大致可以分为两类：（1）不同权利间的冲突，（2）不同主体间的权利冲突。[③]不同权利间的冲突，最典型的代表是甲之言论自由与乙之名誉权之间的冲突，某些言论可能会对乙之名誉造成严重损害，但对甲而言只是自我表达的一部分，这种冲突在如今的互联网社交平台上尤其常见。不同主体间的权利冲突，如个人权利与集体利益之间的冲突，此种冲突之典型代表为城市化建设中"钉子户"与拆迁方的冲突，某房屋于"钉子户"居民而言是自己的不可侵犯的私有财产，但对当地其他居民而言却可能会影响集体利益的实现。

[①] 参见丁文：《权利限制之疏解》，载《法商研究》2007 年第 2 期。

[②] 何志鹏：《权利冲突：一个基于"资源－需求"模型的解释》，载《环球法律评论》2011 年第 1 期。

[③] 周叶中、李德龙：《论公民权利保障与限制的对立统一》，载《华东政法学院学报》2003 年第 1 期。

为了社会的有序运行与发展，有效解决权利的冲突问题，法律在为权利提供保护的同时也对其进行了限制。有学者认为，法律对权利的限制主要是从权利的构成要素如利益、资格和行为自由方面实现。[①] 在利益限制方面，主要采取"权利附条件"的方式，即在法律上为权利实现设立一定的条件。这种限制条件可以分为三类：禁止条件，即禁止权利被用于某个或某些方面，如言论自由的权利不可被用于诽谤他人；除外条件，如选举权的行使，被剥夺政治权利的人被列为除外范围之中；必备条件，如选举权、继承权、抚养权等权利的行使需要满足一定的法律条件。

权利的限制是调整社会关系，使多种权利和谐相处，实现、扩大权利的手段，权利限制机制的目的是更加妥当和切实地保护权利。[②] 因此权利的限制应当遵守一定的原则：正当性原则，即权利的限制应当具备正当性，权利限制应有法律依据，同时所依据的法律本身是正当的；不贬损原则，权利的限制不是损害，因此权利的限制应当被限定在一定的程度之内，不可剥夺权利，限制应以消除权利冲突为基准，限制不应妨碍权利的实现；最低性原则，即应尽可能小地限制权利。[③]

2. 人权的克减

人权克减是指"国际人权法允许国家在某些特别情况下，根据一定的条件，采取各种不同的措施限制人权的行使与享有"。[④] 人权克减属于权利限制的一种，但不同于一般的权利限制。首先，施行时间的不同。一般的权利限制是为维护权利行使和保护权利背后的利益，可以在日常情况下施行，而人权的克减仅限在紧急状态下施行。其次，程序不同。一般的权利限制来自权利概念和其所属制度运行的规律，这种限制不需要额外的程序，而人权的克减属于非常状态之下的措施，因此其施行需要经过额外的特别程序。

---

① 汪太贤：《权利的代价——权利限制的根据、方式、宗旨和原则》，载《学习与探索》2000 年第 4 期。

② 王祯军：《从权利限制看不可克减的权利及其功能》，载《大连理工大学学报（社会科学版）》2009 年第 3 期。

③ 参见汪太贤：《权利的代价——权利限制的根据、方式、宗旨和原则》，载《学习与探索》2000 年第 4 期。

④ 何志鹏：《权利发展与制度变革》，载《吉林大学社会科学学报》2006 年第 5 期。

从各国立法规定来看，紧急状态下的人权克减的范围一般包括：人身自由，财产自由，居住和迁徙自由，通信、言论、出版、结社自由，集会、游行、示威自由等。① 但并非所有的人权都可以被人权克减所限制，人权的克减需要保持一定的限度。即使是在紧急状态之下，人依然有最基本的需要和利益，如人的生存需要，同时某些人权本身是无法被限制的，如人的良心自由。② 这部分不应限制或无法限制的人权就构成了人权克减制度的边界。《公民及政治权利国际公约》第 4 条第 2 款规定了紧急状态下不可克减的基本权利：生命权，人道待遇，不得使充奴隶、奴隶制度及奴隶贩卖等。

我国虽然尚未批准《公民及政治权利国际公约》，但中国在紧急状态的相关法律规定与工作实践中与该公约的克减条款的要求保持了一致。③ 如《戒严法》④ 第 5 条规定："戒严地区内的人民政府应当依照本法采取必要的措施，尽快恢复正常社会秩序，保障人民的生命和财产安全以及基本生活必需品的供应。"《突发事件应对法》⑤ 第 11 条规定："有关人民政府及其部门采取的应对突发事件的措施，应当与突发事件可能造成的社会危害的性质、程度和范围相适应；有多种措施可供选择的，应当选择有利于最大程度地保护公民、法人和其他组织权益的措施。"在国家应急管理体制改革和 2020 年疫情防控的背景下，全国人大启动了《突发事件应对法》的修订工作，2024 年 6 月 28 日修订通过。修订后的法律增加了许多紧急状态下人权保障的规定。不过，在制度上仍然可以改进的是，有必要进一步明确规定"紧急状态"，更需要明文规定某些基本权利不可克减的关键条款。⑥

---

① 周佑勇：《紧急状态下的人权限制与保障》，载《法学杂志》2008 年第 15 期。

② 王祯军：《从权利限制看不可克减的权利及其功能》，载《大连理工大学学报（社会科学版）》2009 年第 3 期。

③ 王祯军：《克减条款与我国紧急状态法制之完善》，载《当代法学》2011 年第 1 期。

④ 1996 年 3 月 1 日第八届全国人民代表大会常务委员会第十八次会议通过，1996 年 3 月 1 日中华人民共和国主席令第六十一号公布施行。

⑤ 2007 年 8 月 30 日第十届全国人民代表大会常务委员会第二十九次会议通过。

⑥ 参见王祯军：《人权保障原则视域下完善〈突发事件应对管理法（草案）〉的思考》，载《中国应急管理科学》2022 年第 5 期。

第三节　人权保护的主体、依据和环节

一、人权保护的主体

人权保护的主体即保护人权的行为体，在保护人权的工作中发挥主导作用，是保障人权主体充分享有人权的决定性力量。[①] 人权主体的人权理想能否顺利实现，取决于人权保护的主体是否履行保护义务、是否发挥保障价值。人权保护主体义务得以履行、价值得以发挥的前提是厘清人权保护主体的范围。国家作为人权保护最主要主体的地位得到了充分认可，[②] 但是对于其他人权保护主体的承认问题在传统上存在争议。近些年来，国际组织、非政府组织、企业、学校以及个人在人权保护中发挥的作用与日俱增，在人权保护中扮演的角色也逐渐得到关注和重视。

（一）国家

"国家"作为一个抽象的概念，自然无法履行人权保护的义务。以立法机关、行政机关和司法机关等组织机构组成的国家机关是国家在人权保护中发挥作用的实际载体。"国际法赋予个人权利，首先体现在国家承担对于个人予以保护的义务上。"[③] 保护人权最主要的责任在于国家，国家是人权保护首要的义务主体。[④] 那么，国家为什么需要保护人权？国家在人权保护中具有什么样的作用呢？

1. 国家保护人权的原因

首先，保护人权是国家存在的价值，是国家合法性的基础。在理论层面，中国古代以"人本主义"和"民本主义"为代表的思想文化中体

---

① "只有权利设计、没有义务和责任设计的法律体系是无法运转的空中楼阁；只确立民众的权利体系却无法落实政府治理责任的机制也无非是镜花水月。"何志鹏：《中国人权事业发展的行动逻辑：三个维度》，载《人权》2021 年第 5 期。

② 参见郭道晖：《人权的国家保障义务》，载《河北法学》2009 年第 8 期。

③ 何志鹏：《人的回归：个人国际法上地位之审视》，载《法学评论》2006 年第 3 期。

④ 参见 Asbjorn Eide, Economic, Social and Cultural Rights as Human Rights, in *Economic, Social and Cultural Rights* (Kluwer Law International, 2001), p. 20。

现了国家统治者保障人民基本权利的观念；①西方的"社会契约论"强调国家权力来源于人们的让渡，人们签订契约组成国家的初始目的就是希望国家用公权力更好地保障人们的权利；②"福利国家理论"认为国家的价值就在于为公民谋福利，保障就业、消除贫困和维护社会公平公正等工作都是国家的根本任务。③这些与人权相关的中西方主要的理论主张，无不彰显着"国家的权力是手段，而公民的权利是目的。尊重和保障人权是政府拥有和行使公共权力的合法性基础"。④如果国家不能维护和保障人权，也就失去了存在的价值和意义。

其次，主权平等和独立是一项重要的国际法基本原则，作为国际人权保护最重要依据的国际人权公约面对国家主权的屏障，并不能直接对各国的具体个人施以保护和影响，只能通过协调国家和该国内的人权主体间的权利义务关系，来实现保护个人权利的目的。⑤因此，国家是国际人权公约得以落实、国际人权保护得以实现的关键一环。当然，虽然各国的人权保护问题作为国家内政不应该受到外界干涉，但是当国家不履行人权保护义务，甚至是滥用权力严重践踏人权时，一国之内的人权问题也可能会成为国际热点问题，受到来自国际社会的舆论压力，甚至是干预与制裁。⑥这也是促使国家保护本国人权的原因之一。

---

① 例如，"凡事皆须务本。国以人为本，人以衣食为本，凡营衣食以不失时为本"（《贞观政要·务农》）表达了国家应以人民为根本，统治者应以满足人民吃饭、穿衣等基本权利为根本任务；在《论语·子路》中孔子提出"庶矣哉""富之"和"教之"的愿望，用以说明理想中的统治者应该使民富庶、教养人民；孟子提倡的"饱食、暖衣、逸居、有教"和老子倡导的"甘食、美服、安居、乐俗"都体现了国家应该关注和重视人生存和发展的权利。参见孙强：《从人权文化到中国特色人权文化：一个反思性的考察》，载《人权》2017年第5期。

② 参见李莎莎：《企业人权责任边界分析》，载《北方法学》2018年第3期。

③ 参见陈佑武、李步云：《论人权的义务主体》，载《广州大学学报（社会科学版）》2012年第3期。关于"福利国家理论"的深入探讨，参见谢岳：《中国贫困治理的政治逻辑——兼论对西方福利国家理论的超越》，载《中国社会科学》2020年第10期；冯维、王雄军：《福利国家的理论源流及对中国福利体系建设的启示》，载《治理研究》2018年第3期；吕普生、吕忠：《西方福利国家理论——研究传统及新取向》，载《中国公共政策评论》2017年第2期。

④ 刘志强：《论人权法中的国家义务》，载《广州大学学报（社会科学版）》2010年第11期。

⑤ 参见同上。

⑥ 参见杜学文：《试析和平权之权利主体与义务主体——兼评人权之权利主体与义务主体》，载《山西大学学报（哲学社会科学版）》2011年第4期。

再次，人权保护的客观难度决定了必须依靠国家才能实现人权。从当代国际人权的内容看，作为"消极权利"的公民权和政治权实现需要国家确立政府权力的正面清单，实现这些权利要求国家不能用公权力干预甚至践踏公民的权利与自由；经济、社会和文化权利是公民的"积极权利"，依赖于国家积极主动作为，创造条件、营造环境、统筹资源确保权利实现；① 包括发展权、和平权和自决权在内的集体人权也需要依赖国家得以实现，这里面有些权利在某种情况下要求国家消极不干涉，有些权利在特殊情况下又需要国家积极作为才能实现。无论是"积极权利""消极权利"还是集体人权，其实现都存在客观上的难度。虽然某些组织或个人可以发挥一定的积极作用，但是其力量毕竟有限，既无法和国家力量相比，更不能与国家力量相抗衡。因此，人权保护的难度客观上要求依赖国家力量。

最后，公权力经常是人权侵害的主要来源，国家有责任消除侵害并强化保护职能。一方面，权力一经获得就容易被滥用，② 国家权力的具体行使最终是落在一个个具有人性弱点的个人身上的，当权者在行使权力时容易突破法律和制度的约束，肆意滥用权力侵犯人权。这也正是习近平总书记反复强调要将权力关进"制度的笼子"的主要原因；③ 另一方面，虽然人权侵害在一定比例上也来源于国家以外的其他主体，但是这种侵害一定程度上也是因为国家政府机关消极不作为，不能认真履行人权保护义务，漠视甚至是默许一些人权侵犯行为。一些学者提出，"国家构成对人权的最大威胁"④，在很多情况下，政府行为确实构成人权被侵犯的主要来源。因此，国家有义务积极履行人权保护责任，消除对人权的侵害，保障人权得以顺利实现。

---

① 参见陈佑武、李步云：《论人权的义务主体》，载《广州大学学报（社会科学版）》2012年第3期。

② "一切有权力的人都容易滥用权力，这是万古不易的一条经验。"〔法〕孟德斯鸠：《论法的精神》，张雁深译，商务印书馆1961年版，第154页。

③ 此处讨论公权力对人权的侵害，是为了说明国家应该消除侵害，履行人权保护责任。后文会继续讨论公权力被滥用对人权保护的阻碍影响。

④ 李春林：《跨国公司的国际人权责任：基本现状与发展趋势》，载《云南社会科学》2012年第4期。

2. 发挥国家在人权保护中的作用

第一，国家对人权保护的促进作用。如上所述，当代人权主要内容包括"消极权利"和"积极权利"，即使是集体人权也根据不同权利内容和不同情况可能需要国家积极作为或者消极不作为。因此，国家主要通过积极促进和消极不干涉两类行为实现人权保护。

首先，国家的完整和独立是其人民权利得以有效保障的前提和基础。回顾中国被侵略的历史，就能清楚地看到，没有完整独立之国家，人权经常只是幻影。进而，在现代国际关系中，国家需要对其参与的国际人权公约所倡导的人权内容予以承认，这是国家履行人权保护义务、实现人权目标的首要前提。如《公民及政治权利国际公约》第16条要求缔约主体承认人人有法律人格。[①] 国家参与的人权公约、承认的人权内容对国家有约束力，构成国家应该履行的人权任务。进而，国家对其承认的人权内容负有尊重的责任，不得无端干涉和侵扰甚至是伤害和践踏。不仅很多国家将尊重人权写入宪法和法律，[②] 一些国际人权公约也在开篇即强调缔约国需要尊重人权。如《儿童权利公约》第2条要求缔约国尊重公约所主张的权利。[③] 国家承认人权和尊重人权属于国家的"消极义务"，对于如公民权和政治权这类"消极权利"而言，只需国家承认、尊重和不干涉即可实现，并不需要国家积极主动地采取保障措施。

其次，对于公民经济、社会、文化等领域的"积极权利"而言，国家在承认和尊重的基础上，还需要采取有效措施对权利加以保护，提供积极的条件促进权利顺利实现。如公民的健康权需要国家逐渐提供完备的医疗设施和体系加以保障，公民的受教育权需要国家提供公平的教育资源予以保障。但是，现实中并不是只要国家承认和尊重人权，并提供了所必需的条件就可以确保权利顺利实现且不受侵犯了。国家对人权的

---

① 《公民及政治权利国际公约》第16条规定："人人在任何所在有被承认为法律人格之权利。"白桂梅、刘骁编：《人权法教学参考资料选编（第二版）》，北京大学出版社2021年版，第22页。

② 如我国2004年将"国家尊重和保障人权"明确写入宪法；在修订《刑事诉讼法》时也明确强调"尊重和保障人权"。

③ 《儿童权利公约》第2条规定："缔约国应尊重本公约所载列的权利。"白桂梅、刘骁编：《人权法教学参考资料选编（第二版）》，北京大学出版社2021年版，第71页。

保护还需要配备惩罚和救济的措施和制度，无惩罚不足以惩前毖后，没有救济的权利也只能是写在纸面上的美好梦想。如《消除对妇女一切形式歧视公约》规定缔约国不仅要"谴责"，还要在适当情况下"采取制裁"，以消除对妇女一切形式的歧视。①对侵犯人权的主体和行为施以必要的惩罚，对人权遭到侵害者提供及时有效的救济是国家行政和司法机关的权力，同时也是其保障人权的法定义务。

第二，避免国家对人权保护的阻碍作用。如前文所述，"国家在人权保护中具有两面性，而且极为明显"。②虽然国家作为人权保护最主要的义务主体，在人权保护中发挥着主导和不可替代的积极作用，但是政府对人权可能造成的侵害和对人权保护的阻碍也是不容忽视的。"人权理念的最初立意就是预防公权力对公民个人和公民社会的侵犯。"③

"权力在社会关系中代表着能动而易变的原则，在它未受控制时，可将它比作自由流动、高涨的能量，其效果往往具有破坏性。"④公权力的扩张和膨胀会导致公民权利日益受到减损、干涉和侵犯，如自由裁量权在实际工作中极易被滥用，对私权利造成的伤害是私主体无法对抗的。⑤当权力不受限制地扩张和膨胀到一定程度，甚至可能造成大规模人权灾难的极端后果，如纳粹政府对犹太人的种族灭绝行径和发生在卢旺达的骇人听闻的大屠杀，都体现了公权力对人权所造成的伤害和国家对人权保护的阻碍作用。

（二）国际组织

在地方全球化和全球地方化的格局里，即使是一国内部的人权事务，也不能忽视国际组织的影子。国际组织作为国际法的重要主体，在

① 《消除对妇女一切形式歧视公约》第2条规定："缔约各国谴责对妇女一切形式的歧视"，并且需要"采取适当立法和其他措施，包括适当时采取制裁，禁止对妇女的一切歧视"。联合国人权事务高级专员办事处网站，https://www.ohchr.org/CH/ProfessionalInterest/Pages/CEDAW.aspx，最后访问日期：2023年3月9日。
② 李步云主编：《人权法学》，高等教育出版社2005年版，第356页。
③ 王瑞雪：《论人权责任主体的多元化》，载《华东政法大学学报》2016年第4期。
④ 〔美〕E.博登海默：《法理学：法律哲学与法律方法》，邓正来译，中国政法大学出版社2017年版，第344页。
⑤ 参见董茂云、唐建强：《论行政诉讼中的人权保障》，载《复旦学报（社会科学版）》2005年第1期。

人权保护中发挥着至关重要的作用，促使各国人民的人权和自由得到承认和保护是当代国际组织的核心工作导向。[①] 按照组织成员的构成范围，可将国际组织分为全球性国际组织和区域性国际组织，这些国际组织在不同范围的人权保护工作中做着积极的努力。

1. 全球性国际组织

全球性国际组织对人权保护的作用并不局限于具体的某些区域，而是着眼于国际社会整体人权保护状况，致力于在全球范围内制定人权标准、解决人权问题、提高人权水平和促进人权发展。

（1）联合国及其框架下的机构组织[②]

当今世界的绝大多数国家都是联合国的会员国，所以各国人权事务与联合国有着密切的联系。联合国成立的初始目的之一便是为了避免在战争中人权惨遭践踏的灾难再次发生，在国际社会凝聚广泛共识、团结广大力量以更好地保护人权。[③] 原则上，联合国的任何一项工作都不可能绕开人权保护，至少不应触碰人权底线。《联合国宪章》中有多处内容涉及人权保护，其中第 1 条中联合国的宗旨之一便是"增进并激励对于全体人类之人权及基本自由之尊重"。[④]

联合国由六个主要机构组成：（1）联合国大会；（2）安全理事会；（3）经济及社会理事会（经社理事会）；（4）托管理事会；（5）国际法院；（6）秘书处。这六个主要机关都不同程度地起到了保护人权的作用。例如，联合国大会不仅可以针对国际范围内发生的侵犯人权情况进行充分讨论并提供参考性的解决方案，还在完善国际人权保护立法工作中发挥着主导性的作用。[⑤] 成立于 2006 年的人权理事会是联合国大会的附属

[①]　*Universal Declaration of Human Rights*, General Assembly, A/RES/3/217 A, 10 December 1948.

[②]　联合国体系中人权保护的具体机制及其运行，见下一章的阐释。

[③]　《联合国宪章》在序言部分即开宗明义地写道："欲免后世再遭今代人类两度身历惨不堪言之战祸，重申基本人权，人格尊严与价值，以及男女与大小各国平等权利之信念。"联合国网站，https://www.un.org/zh/about-us/un-charter/full-text，最后访问日期：2022 年 2 月 11 日。

[④]　联合国网站，https://www.un.org/zh/about-us/un-charter/chapter-1，最后访问日期：2022 年 2 月 8 日。

[⑤]　参见中国政法大学课题组（负责人张伟，执笔人王理万、武文扬）：《联合国人权机制及中国的建设性参与》，载《人权》2020 年第 6 期。

机构，它取代了人权委员会并在人权状况的监督、审查和人权保护工作中发挥重要作用，[①] 尤其是普遍定期审议制度不仅在监督、审议和促进会员国履行条约义务、兑现人权承诺工作中发挥重要作用，[②] 而且在很大程度上解决了人权委员会时期国别提案的双重标准和选择性的问题。[③] 联大另外一个下属机构联合国难民事务高级专员公署（简称联合国难民署）是联合国框架内唯一专门关注难民人权保护问题的机构，在难民人权保护工作中发挥着核心价值。[④] 安全理事会是联合国框架下唯一有权根据特定程序合法地采取行动的机构，针对国际社会中大规模人权灾难有权采取行动进行干涉。[⑤]

联合国框架下的专门人权机构和人权条约机构在国际人权保护中发挥着举足轻重的作用。联合国框架下的专门人权机构除了上述提到的人权理事会和联合国难民事务高级专员公署，成立于 1946 年的人权委员会虽然因为人权政治化等问题而受到诟病，但其存续期间在人权状况审议工作中扮演重要角色；联合国人权事务高级专员办事处（Office of High Commissioner for Human Rights，简称 OHCHR）承接了人权中心的全部

---

① 作为核心人权机构，人权理事会的议事机制、决议机制和实施机制，为国际人权保护架构了制度规范。其中最重要的路径是"将一个人权问题通过决议的形式纳入联合国组织进行保障和监督"。作为人权理事会人权保护途径之一的"特别程序"对特定国家和人权专题展开调查并形成报告，有"整个联合国人权体系这个王冠上的宝石"的美誉。参见孙萌：《中国参与联合国人权机制与国际人权话语权的提升——以人权理事会特别程序为例》，载《外交评论（外交学院学报）》2019 年第 3 期。中国多次当选人权理事会成员，认真履行成员职责，在人权理事会框架下积极参与人权保护工作。

② 根据联合国大会 60/251 决议设立普遍定期审议制度，参见 General Assembly Resolution 60/251, Human Rights Council, U. N. Doc. A/60/251 (2006), p.3. 关于普遍定期审议制度的宗旨目标、运行机制以及特点等方面的详细介绍，参见孙萌：《中国与联合国人权保障制度：以普遍定期审议机制为例》，载《外交评论（外交学院学报）》2015 年第 2 期。

③ 将人权状况审议和监督的对象扩展为联合国所有的成员国。参见朱晓青：《联合国人权审议机制的变革》，载《和平与发展：世界反法西斯战争胜利与人权进步》，五洲传播出版社 2017 年版，第 474—478 页。

④ 关于联合国难民署在人权保护中所做的工作和所发挥的价值，参见吴昊昙：《国家压力、同行竞争与国际组织行为——以联合国难民署不同难民遣返行为模式为例》，载《国际观察》2021 年第 6 期；郭秋梅：《国际移民组织与联合国难民署之比较：关系、议程和影响力》，载《国际论坛》2012 年第 4 期；宋婉贞：《国际移民组织与联合国难民署在东南亚难民救助中的合作》，载《国际政治研究》2019 年第 2 期。

⑤ 关于安理会在人权保护中的工作与贡献，参见中国政法大学课题组（负责人张伟，执笔人王理万、武文扬）：《联合国人权机制及中国的建设性参与》，载《人权》2020 年第 6 期。

职能，并且覆盖更加宽泛，更具实质性和自主性。① 联合国人权条约机构是根据联合国核心人权条约设立的、由独立专家组成的旨在对人权条约在缔约国履行情况进行审议的机构，② 具有审议缔约国条约实施报告、调查缔约国履约情况、接收并审议国家和个人来文、发表一般性意见等职能。③

（2）其他专门性国际组织

联合国专门机构作为政府间国际组织，通过和经社理事会签署协定与联合国明确关系，但是并不属于联合国下属机构。④ 根据联合国官方网站显示，目前这种通过谈判签署协定与联合国共事的自治组织有国际劳工组织、世界卫生组织、世界银行集团、联合国粮食及农业组织等15个。⑤ 这些联合国专门机构都在各自关注的领域之内不同程度地促进人权保护工作。例如，世界卫生组织宣传册载明："努力增进世界各地每一个人的健康。我们的指导原则是所有人都应享有最高标准的健康"；⑥ 国际劳工组织借助制定关于结社自由、废除强迫劳动、机会与待遇平等的国际标准以促进劳工人权保障。⑦ 作为专业国际机构的国际海事组织也为航海中的人权保护问题确立了规则。

2. 区域性国际组织

以联合国为代表的全球性国际组织在国际人权保护中的作用得到了国际社会的广泛承认，区域性国际组织针对区域内人权保护所做的努力

---

① 关于人权委员会曾经在国际人权保护中发挥的价值和存在的问题，以及人权高专办在国际人权保护中扮演的角色的详细介绍，参见沈永祥：《联合国人权机制的沿革、贡献和问题》，载《人权研究》2020年第3期。

② 参见陈士球：《联合国人权条约机构的历史与改革进程》，载《人权研究》2020年第3期。目前，联合国有十个人权条约机构，其中九个是根据核心人权条约设立的。关于核心人权条约，将在后文"人权保护的依据"部分详细阐释。

③ 参见戴瑞君：《"2020评估"：联合国人权条约机构体系的未来走向》，载《国际法研究》2019年第6期。

④ 参见邵津主编：《国际法（第6版）》，北京大学出版社2024年版，第308—314页。

⑤ 参见联合国网站，https://www.un.org/zh/about-us/un-system，最后访问日期：2022年2月8日。

⑥ 参见世界卫生组织网站，https://www.who.int/zh/about/what-we-do/who-brochure，最后访问日期：2022年2月6日。

⑦ 参见联合国网站，https://www.un.org/zh/about-us/un-system，最后访问日期：2022年2月6日。

和取得的成果也越发受到国际社会的关注和认可。区域性国际组织对人权的保护专注于区域范围之内，有利于集中精力和资源更好地关注和解决区域内人权问题，从而促进本区域人权状况改善。《维也纳宣言》肯定了"区域安排在促进和保护人权方面起着根本性作用"。[1] 例如，欧洲理事会（COE）1950 年通过了《欧洲人权公约》保护公民和政治权利，1961 年通过了《欧洲社会宪章》保护经济、社会和文化权利；[2] 美洲国家组织通过了《美洲人的权利和义务宣言》规定人的权利和自由。美洲国家组织主要由美洲人权委员会和美洲人权法院开展人权保护工作，美洲人权委员会的职责在于保障《美洲人的权利和义务宣言》所规定的权利和自由得到尊重和落实。[3] 根据《美洲人权公约》建立的美洲人权法院也有责任监督缔约国在尊重和保护人权工作中的表现。除此之外，也有其他的区域性国际组织，在区域人权保护中取得了一定成果，例如非洲。[4]

（三）非政府组织

非政府组织是由私人依据国内法设立的组织，非政府性和非营利性的特征一定程度上使其在人权保护领域具有国家和国际组织不具备的先天优势，而且经社理事会赋予了一些非政府组织以"咨商地位"。[5] 20 世纪 60 年代后人权非政府组织发展迅速，其数量和影响力都取得长足进步，在国际人权保护机制的建立与完善工作中起到了至关重要的

---

[1] 陈佑武、李步云：《论人权的义务主体》，载《广州大学学报（社会科学版）》2012 年第 3 期。

[2] Philip Alston and Ryan Goodman, *International Human Rights* (Oxford University Press, 2013), pp. 889-896, 975-976.

[3] 参见何志鹏、孙璐、王彦志、姚莹：《国际法原理》，高等教育出版社 2017 年版，第 332、338—339 页。

[4] 此处主要是从"人权保护的主体——国际组织"的角度简要介绍人权的区域性保护，后文将继续从"人权保护的依据——区域性的人权条约"的角度进一步详细阐释人权的区域性保护工作。

[5] 参见戴瑞君：《"2020 评估"：联合国人权条约机构体系的未来走向》，载《国际法研究》2019 年第 6 期。除此之外，联合国儿童基金、联合国贸易和发展会议以及国际原子能机构等多个专门机构也赋予了非政府组织咨商地位。联合国大会赋予了国际红十字会以大会观察员地位，国际红十字会也成为第一个获得联合国大会观察员身份的非政府组织。参见王瑛：《非政府组织与联合国人权理事会的关系研究》，载《河南师范大学学报（哲学社会科学版）》2009 年第 6 期。

作用，[①] 人权领域的国际立法、机构和程序的发展与人权非政府组织的努力密切相关。[②] 甚至有观点称，联合国的人权机制之所以能有效运行是依赖于人权非政府组织的存在。[③] 但是，非政府组织在国际法上的地位仍然存在争议的现状和在人权保护中存在问题的事实却也是不容忽视的。

1. 非政府组织如何保护人权

非政府组织参与人权保护有多种途径，如促进人权立法、发起人权监督等。但是，非政府组织通常是以参与或游说的身份发挥作用。[④]

第一，参与制定人权规则。首先，非政府组织积极推动国际人权规则的制定。[⑤] 非政府组织既具有非政府性和非营利性的特殊性质和特殊的国际地位，又通常具备专业的理论知识和实践经验。凭借这些优势，非政府组织通过游说国家或国际组织、提出人权条约草案、直接参与谈判等途径参与国际人权规则的制定。[⑥] 如人权条款能够写入《联合国宪章》以及《世界人权宣言》的制定都有非政府组织积极参与和不懈游说的贡献。[⑦] 除此之外，联合国核心人权条约的最终出台也都或多或少地得益于非政府组织的积极推动。[⑧] 甚至可以这样认为，在人权国际保护领域中某些至关重要的国际法律规则最终能够出台，是得益于非政府组织的持续努力。[⑨] 其次，非政府组织关注并推动各国国内人权立法。非政府组织在

[①] 参见黄赞琴：《非政府组织与人权的国际保护》，载《东方法学》2011 年第 6 期。

[②] 参见〔美〕托马斯·伯根索尔等：《国际人权法精要（第 4 版）》，黎作恒译，法律出版社 2010 年版，第 334 页。

[③] 参见 Rachel Brett, *Roles of NGOs—An Overview, International Human Rights Monitoring Mechanisms* (The Raoul Wallenberg Institute Human Rights Library 2001)。

[④] 参见朱力宇等主编：《人权法》，中国人民大学出版社 2017 年版，第 291 页。

[⑤] 参见 Gordon A. Christenson, "World Civil Society and the International Rule of Law," 19 *Human Rights Quarterly* (1997) 724。

[⑥] 参见彭锡华：《非政府组织对国际人权的保护》，载《法学》2006 年第 6 期。

[⑦] 参见卓力雄、王勇：《非政府人权组织在社会治理中的作用》，载《广州大学学报（社会科学版）》2018 年第 1 期。

[⑧] 例如，妇女和儿童权利非政府组织起草了《消除对妇女一切形式歧视公约》和《儿童权利公约》等。参见王瑛：《非政府组织与联合国人权理事会的关系研究》，载《河南师范大学学报（哲学社会科学版）》2009 年第 6 期。

[⑨] 参见 Menno T. Kamminga, "The Evolving Status of NGOs in International Law: A Threat to the Inter-State System," in Philip Alston (ed.), *Non-State Actors and Human Rights* (Oxford University Press, 2005), p.101。

推动国际人权规则制定的同时，也关注各国政府对于人权条约的落实情况。通过其自身强大的国际影响力给各国政府施加压力，促使国家制定相关人权政策和法规，修改不利于人权保护的法律和制度，使其更好地履行人权责任。[1]

第二，促进人权规则有效落实。首先，监督人权法的实施。人权非政府组织通常利用其专业性、中立性和非营利性的优势对国际人权条约在各国的落实情况进行监督。[2] 例如，一些人权非政府组织通过发布人权报告，将某些国家严重违反国际人权法的情况公布于众，迫使这些国家在舆论压力的影响下采取措施保护基本人权。[3] 另外，非政府组织还在国际人权公约监督机构审议缔约国报告过程中发挥重要的辅助作用，尤其是当缔约国未提交报告时，非政府组织掌握的信息可以帮助国际人权公约监督机构了解缔约国的人权保护状况。[4] 其次，对缔约国报告发挥作用。有些缔约国对报告消极应付或者粉饰本国保护人权状况，非政府组织通过敦促缔约国如期提交报告或者通过提供专业性的指导帮助缔约国顺利完成报告；[5] 非政府组织还可以在人权条约机构审议缔约国报告会议上发表口头意见，在休会和餐歇时间与条约机构成员沟通交流使他们的意见有机会得到接纳。[6]

第三，参与人权宣传与教育。促进人权保护的目标得以实现，就需要通过人权宣传与教育，推动人权保护主体正确看待人权、重视并认真履行人权责任，使得人权主体明确知悉自身享有的人权以及人权救济的途径。一方面，当今国际社会仍然有一些国家或者把治国理政的重点放在经济和政治领域而忽视人权保护的责任，或者受意识形态影响仍然将

---

① 参见〔美〕路易斯·亨金：《国际法：政治与价值》，张乃根等译，中国政法大学出版社2005年版，第324页。

② 参见黎尔平：《西方国际非政府人权组织的作用及困境》，载《人权》2004年第1期。

③ 参见 Louis Henkin, "Human Rights: Ideology and Aspiration, Reality and Prospect," in Samantha Power and Graham Allison (eds.), *Realizing Human Rights: Moving from Inspiration to Impact* (Palgrave Macmillan, 2006), p. 24.

④ 参见彭锡华：《非政府组织对国际人权的保护》，载《法学》2006年第6期。

⑤ 参见何志鹏、崔悦：《国际人权法治：成就、问题与改进》，载《法治研究》2012年第3期。

⑥ 参见白桂梅主编：《人权法学（第3版）》，北京大学出版社2023年版，第267页。

人权完全视为西方资本主义国家的渗透与文化糟粕；甚至还有一些国家把人权问题政治化，自诩为人权鼻祖并对别国内政问题进行无端干涉和妄加指责。[①]非政府组织借助多种媒介、多种渠道进行人权宣传、讲解和游说，试图将人权问题去政治化，回归到保护人的基本权利的初始目的，使更多的国家政府或者因为真正了解而接纳人权，或者因为受国际舆论压力所迫而不得不认真对待人权问题，在客观上提升了人权保护水平。[②]另一方面，非政府组织以国际会议和研讨会为平台或者借助网络科技媒介传播人权观念、讨论人权问题、普及人权知识，唤醒权利主体人权意识，教育权利主体知悉人权内容、掌握人权救济途径。[③]

第四，其他保护人权的措施。在以上几种主要的人权保护措施之外，许多非政府组织根据实际工作情况因时因地制宜，采取其他一些方式实现人权保护目标。例如，有些非政府组织利用自身在调查和取证方面的优势，[④]代表人权受到侵犯的个人向国际人权机构提出指控；[⑤]有些非政府组织致力于在贫困国家和地区扶贫救弱、发展教育和医疗等实际工作，呼吁国际社会关注和支持。[⑥]

2. 非政府组织在人权保护工作中存在的问题

非政府组织之所以受到国际社会广泛重视并且在国际人权保护中发挥重要作用，主要得益于其非政府性、非营利性、中立性和公正性的特点。但是，在实践工作和发展过程中，难免会存在一些背离初衷的问题。非政府组织因为是非营利性的，其运营的资金部分来自各国政府的资助，这就难免在一定程度上受制于资助国，甚至有可能成为某些别有用心的国家干涉他国内政的工具；[⑦]人权非政府组织在运作过程中也会受到文化

① 参见张弦：《人权非政府组织与联合国人权理事会——兼论中国人权研究会对普遍定期审议机制的参与》，载《人权》2013年第6期。
② 参见蔡拓、刘贞晔：《人权非政府组织与联合国》，载《国际观察》2005年第1期。
③ 参见彭锡华：《非政府组织对国际人权的保护》，载《法学》2006年第6期；吴琳：《联合国是非政府组织参与国际事务的重要舞台》，载《当代世界》2010年第4期。
④ 关于非政府组织在这一方面优势的具体表现，参见刘波：《国际人权非政府组织与中东剧变》，载《阿拉伯世界研究》2018年第3期。
⑤ 参见莫纪宏：《国际人权公约与中国》，世界知识出版社2005年版，第72、285页。
⑥ 参见王彦彦、江治强：《中国的人权事业与非政府组织发展》，载《人权》2009年第5期。
⑦ 参见刘梦非：《国际人权非政府组织的困局及释解》，载《法学评论》2014年第5期。

背景、价值观念、意识形态等主观因素影响，戴着有色眼镜审视一些国家的人权情况难免会有失偏颇。如国际特赦组织对中国等非西方国家不时地发布一些存在明显偏见、背离客观事实、充满主观臆断的报告和言论；① 某些非政府组织还存在信息失真的问题。受到自身人员数量和资金规模的限制，甚至有时候为了追热点、抢时效，有些非政府组织在未获得真实有效的第一手信息的情况下也会采纳无事实根据的传言或推论。②

（四）企业

一国的人权水平提升，没有企业的参与和支持几乎难于实现。企业虽然没有公权力背景，却是最重要的非国家行动者，尤其是跨国公司在国际社会具有非常大的影响力。③ 它们一方面掌握着丰富的财富和资源，并与大量的工人劳动力发生关联，具备人权保护的能力和条件；另一方面在现实中却常常成为人权侵犯的始作俑者。④ 因此，企业作为人权保护主体应该担负起保护人权的责任已经受到越来越广泛的关注与认可。⑤ 尤其是跨国公司，虽然其国际法主体资格还未得到广泛承认，但是在实践中的某些领域其主体地位已得到默认，⑥ 加之其巨大的财富拥有量、国际影响力和人权破坏力，更应该肩负起人权保护的责任。⑦

1. 企业需要保护人权的原因

企业经营的根本目的是追求利润最大化，而参与人权保护需要耗费人力、物力和财力，这势必与利润最大化的目标发生冲突。⑧ 那么，企业

---

① 参见卓力雄、王勇：《非政府人权组织在社会治理中的作用》，载《广州大学学报（社会科学版）》2018 年第 1 期。

② 参见黄赟琴：《非政府组织与人权的国际保护》，载《东方法学》2011 年第 6 期。

③ 参见李良才：《跨国公司人权责任研究——人权法新发展及中国的应对机制》，载《山西省政法管理干部学院学报》2009 年第 3 期。

④ 参见迟德强：《论跨国公司的人权责任》，载《法学评论》2012 年第 1 期；迟德强：《从国际法论跨国公司的人权责任》，载《东岳论丛》2016 年第 2 期。

⑤ 参见王瑞雪：《论人权责任主体的多元化》，载《华东政法大学学报》2016 年第 4 期。

⑥ 参见汪玮敏：《跨国公司人权责任的规制路径研究》，载《合肥工业大学学报》2008 年第 2 期。

⑦ 参见宋永新、夏桂英：《跨国公司的国际人权责任》，载《浙江大学学报（人文社会科学版）》2006 年第 6 期；何易：《论跨国公司的国际人权责任》，载《武汉大学学报（哲学社会科学版）》2004 年第 3 期。

⑧ 参见董京波：《跨国公司的人权责任》，载《山西省政法管理干部学院学报》2005 年第 2 期。

保护人权的合理性依据何在呢？

第一，企业需要保护人权是由其可能侵犯人权的客观状况决定的。企业是现实中侵犯人权的主要负面力量，尤其是跨国企业在东道国侵犯人权的事件并不少见。[①] 故而，企业作为一个整体，需要为其已经存在的侵犯人权行为承担责任，并肩负起保护人权的义务以防范对人权可能造成的伤害；进而，树立企业人权责任感、培养企业人权意识、确立企业人权保护的主体地位，也是为了防止企业严重侵犯人权的悲剧再次上演，这是全社会的共同意愿。

第二，企业保护人权以法律规范为依据。[②] 追求利润最大化的目标决定了让企业心甘情愿地承担人权责任是很困难的，这就需要用压力迫使其参与人权保护，[③] 而最有效最直接的压力便是法律规范。不仅越来越多的国际法和国际软法对企业的人权责任作出了规定，[④] 一些国家也以国内立法的形式规范企业人权责任，甚至有些国家将企业人权责任写入了宪法。[⑤] 除此之外，某些国际审判中对跨国公司的严重侵犯人权行为予以追诉以及某些判例法国家以判例形式确认企业人权责任，也构成了企业保护人权的法律依据。[⑥]

第三，员工、非政府组织和公众的压力影响企业长远利益。首先，员工的压力直接影响公司的效益和利益。当企业无法保障甚至是侵犯了

[①]　关于企业，尤其是跨国企业，侵犯人权的具体表现可参考王惠茹：《跨国公司侵犯人权的司法救济困境——以国际法与国内法的互动为出路》，载《环球法律评论》2021年第4期。

[②]　本段主要是从企业保护人权原因的角度讨论规范企业保护人权的法律依据，后文将更全面、更详细地进一步论述人权保护的法律依据。

[③]　参见李良才：《跨国公司人权责任研究——人权法新发展及中国的应对机制》，载《山西省政法管理干部学院学报》2009年第3期。

[④]　如《世界人权宣言》《经济社会文化权利国际公约》《公民及政治权利国际公约》。详细阐述，参见迟德强：《从国际法论跨国公司的人权责任》，载《东岳论丛》2016年第2期。此外，《关于集体组织和谈判权原则的适用公约》《关于跨国企业和社会政策原则的三方宣言》《布鲁塞尔条约》《国际投资和跨国企业宣言》《跨国企业指导原则》也具有重要的影响。详细阐述，参见李莎莎：《企业人权责任边界分析》，载《北方法学》2018年第3期。

[⑤]　如《土耳其宪法》《南非宪法》《权利法案》《大韩民国宪法》。详细阐述，参见李莎莎：《企业人权责任边界分析》，载《北方法学》2018年第3期。

[⑥]　例如，纽伦堡审判、美国法院对有关跨国公司侵犯人权案件的审理。具体内容，参见迟德强：《从国际法论跨国公司的人权责任》，载《东岳论丛》2016年第2期。

员工的合法权利时，员工的忠诚度和积极性自然会受到影响和打击，使得企业经营效益大打折扣，最终在市场竞争中失去优势。企业出于利己主义考虑，为了提高员工积极性、增强员工归属感以保证公司长远利益，需要认清企业和员工的利益共同体关系，不仅在公司制度上，还要在日常生产经营实践中切实保障劳工权益、改善工作环境、提高员工待遇，[①]以求化解劳资矛盾，提高企业生产力和竞争力。其次，公众人权意识觉醒，对企业的评价标准不再是单纯地关注经济效益，而是更加重视其社会效益，期待企业承担更多的道德责任和人权责任。[②]如果企业自欺欺人对公众期待视而不见，仍然一味地以经济效益为唯一的追求目标，最终将会在公众心中失去好感，被消费者抛弃而失去市场。因此，企业需要清醒意识到并且顺应国际社会公众人权意识觉醒的趋势，以人权为标准肩负起社会责任，重视企业的公众形象和品牌效应。[③]最后，非政府组织的监督也是企业关切的力量。一方面，非政府组织通过游说促使企业利用自身拥有的财富和资源以及社会影响力参与到人权保护工作中来；另一方面，非政府组织通过调查并披露企业侵犯人权甚至是违法事实，[④]进行谴责或引导舆论施加压力。非政府组织的游说和压力一定程度上会引起企业的重视，因为非政府组织进行的工作往往会为企业带来负面的社会影响，引致消费者的不信任和反感，甚至是遭受到一些国家的抵制和制裁。[⑤]

2. 企业如何保护人权

企业履行人权保护的义务，一方面需要企业发挥主观能动性，发掘自身能量，积极参与人权保护工作；另一方面，还需要国家政府、非政府组织和公众等外部力量发挥管理、监督和协助的作用。

[①] 参见董京波：《跨国公司的人权责任》，载《山西省政法管理干部学院学报》2005 年第 2 期。

[②] 参见卢代富：《国外企业社会责任界说述评》，载《现代法学》2001 年第 3 期。

[③] 参见董京波：《跨国公司的人权责任》，载《山西省政法管理干部学院学报》2005 年第 2 期。

[④] 参见迟德强：《论跨国公司的人权责任》，载《法学评论》2012 年第 1 期。

[⑤] 参见汪玮敏：《跨国公司人权责任的规制路径研究》，载《合肥工业大学学报》2008 年第 2 期。

　　第一，企业自身作用的发挥。首先，企业需要清醒认识到国际社会人权保护的大趋势是不可违背，更是不可逆的，主动顺应时代发展趋势与国际社会期待，将人权保护写入公司章程、引入公司制度、融入公司文化、深入公司经营管理实践。企业通过健全人权保障机制培养人权意识、树立自律精神、强化自身管理，将人权保护作为公司日常工作和长远战略的一部分。[①]增强企业人权保护主人翁精神，提高企业履行人权保护义务的荣誉感，建立具有自律性质的"行为准则"，规范和约束自身经营活动。[②]从 1990 年起，越来越多的公司开始制定自我约束性的行为准则，明确企业道德标准和人权标准，如丰田汽车公司的《丰田指导原则》和壳牌石油公司的《一般经营原则》非常具有代表性。[③]其次，企业在主观意识上明确和接受人权保护责任后，需要在客观实践中落实人权保护工作。与企业关系最密切的人权保护便是企业员工的合法权益保障工作，企业首先应该承认并尊重员工应有的权利和自由，不能加以干涉和侵犯。例如，员工平等就业和选择职业的权利、参加工会的权利等。再次，在承认和尊重的基础上，企业有义务提供必要的条件、营造健康的环境、引导公正的氛围，积极主动地为员工各项人权做好保障工作。[④]例如，按照相关规定和比例为员工缴纳社会医疗保险不仅是道德要求，更是法律要求。最后，企业的人权保护责任还表现为不损害社会公众知情权、健康权等内容。其中最具有代表性的便是要保障消费者的知情权和健康权，不能因为自身的产品质量问题伤害消费者的生命健康。另外，有些污染型企业应该避免排放有毒有害废弃物，防止污染环境、违背社会公众的知情权、侵犯周边居民的健康权。当然，如果企业拥有足够的

　　①　参见张旭：《基于人权标准的算法治理新思路：企业算法合规义务》，载《人权研究》2022 年第 2 期。

　　②　"生产行为准则"指的是"跨国公司制定的具有一定自我约束力的内部规则，规定在生产经营过程中，本公司、所有子公司及本公司的供货商、承包商等都必须遵守一定的劳动标准和环境标准。对于不遵守该行为守则的供货商与承包商，公司将取消与他们的订货合同"。汪玮敏：《跨国公司人权责任的规制路径研究》，载《合肥工业大学学报（社会科学版）》2008 年第 2 期。

　　③　详细内容参见何易：《论跨国公司的国际人权责任》，载《武汉大学学报（哲学社会科学版）》2004 年第 3 期。

　　④　参见杨松才：《论〈联合国工商业与人权指导原则〉下的公司人权责任》，载《广州大学学报（社会科学版）》2014 年第 11 期。

财力和强烈的意愿，利用自身掌握的资源和拥有的社会影响力去积极推动社会公益慈善事业也是企业参与人权保护的一项重要措施，但这并不是法律规定的刚性义务。

第二，外部力量推进企业人权保护工作。企业经营的本质毕竟是以营利为目的，经营的出发点和落脚点都是股东利益最大化。因此，不能对企业自我约束和自我管理期待过高。为了确保企业人权保护主体地位的实现，除了企业自身的自律性措施之外，来自国家政府、非政府组织、公众等外部力量的管理、监督、协助也是必不可少的。其中，非政府组织的监督和游说、社会公众的监督和舆论的压力在一定程度上可以促使企业强化人权意识、采取措施维护人权。但是，这类压力毕竟是柔性的，不具有强制约束力，更无配套的惩罚性措施，因此，当人权保护与公司利益发生严重冲突时，公司会不顾外界的期望和指责而选择以维护公司利益为第一要务。而国家政府的监督和管理是迫使和协助公司肩负人权责任的主要的、刚性的力量。国家通过国内立法规范公司行为、明确公司权责；通过行政管理措施具体监督和管理企业经营活动；通过健全的司法机制对公司侵权行为施加惩罚。这是建立公司人权责任体系，确保公司人权保护责任得以履行的强制性、底线性、主导性的措施。[1]

（五）教育机构

《世界人权宣言》将教育的首要目的确立为"对权利和自由的尊重"。[2]教育机构作为传道、授业和解惑的重要场所，是为人权保护工作构建思想文化基础的重要平台，是人权宣传、人权教育和人权培训工作的天然媒介，是人权保护的重要主体。[3]在《世界人权宣言》发表30周年之际，联合国大会倡导进一步强化教育推动人权保护的作用，并肯定了

---

[1] 参见李良才：《跨国公司人权责任研究——人权法新发展及中国的应对机制》，载《山西省政法管理干部学院学报》2009年第3期。

[2] 杨炼：《论人权教育的伦理特质——兼论我国高校人权教育的实施路径》，载《社会科学论坛》2015年第7期。

[3] 学校等教育机构的人权教育应该从广义的范围理解，包括义务教育、中等教育、高等教育、职业教育等。参见何志鹏：《论高校人权教育中的四对关系》，载《广州大学学报（社会科学版）》2010年第3期。

学校在人权教育中的意义。① 联合国曾通过开展人权教育十年活动、制定"世界人权教育方案"等形式推动学校人权教育进展。②

第一，学校教育可以促进文化普及和科学技术发展。科学技术是第一生产力，是推动经济发展的引擎，社会生产力进步、经济获得发展是人权事业发展的物质基础。因此，良好的学校教育是人权得以发展的间接性前提条件。

第二，良好的学校教育可以塑造人权保护的软环境，积蓄人权进步的内在动力。③ 健全的学校教育体制有助于降低文盲率、失业率、犯罪率，减少人权保护的阻碍因素，促进社会和谐，为提升人权水平营造有利的环境。④

第三，学校关系到学生们的具体人权能否得到尊重。⑤ 学校教育应该在教学实践中坚持人权理念，将人权精神植入课堂、融入校园，从实际出发关注和保护学生的各项具体人权。⑥ 首先，学生的健康权是学校应该着重保护的人权，既包括身体健康，也包括学生的心理健康；其次，学校应该保证学生的受教育权不因性别、国别、民族、地域、肤色、财富等因素受到歧视和减损，保障学生们公平地接受教育；另外，学校应该承认并保护学生的言论、集会等自由，让自由之声在校园激荡。

第四，学校是人权教育最适宜的场所。人权知识进书本、人权知识

---

① 参见莫纪宏：《国际人权公约与中国》，世界知识出版社 2005 年版，第 77 页。

② 详细分析，参见白桂梅：《浅谈中国高校的人权教育》，载《广州大学学报（社会科学版）》2010 年第 5 期。

③ 参见刘士平：《中国高校人权教育的回眸与展望——兼论人权教育对人权发展环境的基础性作用》，载《人权》2013 年第 5 期。

④ 参见徐显明主编：《国际人权法》，法律出版社 2004 年版，第 184 页。

⑤ 学生接受人权教育本身就是一项具体人权，即"人权教育权"。关于学校保障学生具体人权的阐述，参见刘士平、张昊：《高校人权教育性质探析》，载《广州大学学报（社会科学版）》2010 年第 3 期。另外，享受到人权教育的权利，有助于享有和维护以权利命名的其他各种合法权益，因此人权教育权属于一种"原权利"。参见谷盛开：《国际人权法视野下的人权教育》，载《人权》2006 年第 6 期。

⑥ 参见朱力宇：《关于我国高校进一步开展人权教育的几个问题——以如何落实和制定〈国家人权行动计划〉为主题》，载《人权》2012 年第 3 期。

进课堂是传播人权理念和普及人权知识最直接和最高效的途径。学校是推进人权知识与人权实践相统合、促进人权课程与人权活动相衔接的重要环节。① 学校人权教育既可以丰富人权知识、提高人权意识、指导人权救济途径、促进人权研究、丰富人权理论、探索人权制度、孕育人权文化，② 也可以传授权利和义务相统一的道理，教育个人在享有人权的同时也负有不侵犯他人人权的义务。③

第五，学校是人权培训最专业的基地。学校人权教育并不仅限于本校师生，也可以面向全社会，为社会人权教育与发展提供专业服务与指导。④ 既可以为在人权保护工作中肩负职责的机构或个人提供人权培训，如为政府机关工作人员或者针对企业领导者培训人权知识、传授人权保护经验和措施，也可以面向社会公众普及人权理念，提升全体公众的人权意识。⑤ 我国高校近些年对于人权培训工作摸索出一项经验性的举措，即通过成立人权研究机构专门负责人权培训工作。⑥

（六）个人

个人作为享有人权的主体得到了普遍的认可，但是将个人视为人权保护的主体却是存在争议的问题。"根据主流的权利理论，权利的对应物

---

① 参见刘士平、周钰沂：《论〈国家人权行动计划〉与我国高校人权教育的实施》，载《湖南社会科学》2014 年第 3 期。

② 参见刘波、杨甜娜：《我国高校人权教育的现状与对策建议》，载《人权》2014 年第 5 期；黄进：《加强人权教育与培训 促进人权发展》，载《北京教育（高教）》2012 年第 3 期。

③ 我国高度重视人权教育工作，在《国家人权行动计划（2021—2025 年）》中着重强调在各级学校推广人权教育，在中小学以丰富多彩的课程形式普及人权知识，在高校推进人权通识教育、编写人权教材、培养专业人才，在师范类院校培养人权师资力量。详细内容参见《国家人权行动计划（2021—2025 年）》，载中国政府网，https://www.gov.cn/xinwen/202109/09/content_5636384.htm。关于如何对小学生、中学生和大学生这三类不同年龄学生群体开展有专门针对性的和专业性的人权教育，可参见孙萌：《从高校的人权法教学看人权教育问题》，载《现代教育科学》2007 年第 7 期。关于我国高校培养人权专业人才的标准，应该是具备"系统人权知识、基本人权技能、高度人权意识和深厚人权素养"。参见黄进：《加强人权教育与培训 促进人权发展》，载《北京教育（高教）》2012 年第 3 期。

④ 参见陈佑武：《高校人权教育中存在的问题及其完善》，载《广州大学学报（社会科学版）》2010 年第 1 期。

⑤ 参见徐显明主编：《国际人权法》，法律出版社 2004 年版，第 184 页。

⑥ 参见房广顺、马文颖：《推动人权教育纳入高校思想政治教育体系》，载《思想教育研究》2012 年第 1 期。

就是义务。"① 这符合权利与义务相一致的原则，即个人在享受人权的同时也负有一定的保护人权的义务。联合国大会 1999 年通过的《关于个人、群体和社会机构在促进和保护普遍公认的人权和基本自由方面的权利和义务宣言》已明确个人负有尊重和增进人权与自由的义务。② 但是，个人保护人权的义务与国家和国际组织的义务应该是存在差异的。根据宣言可知，个人的义务是"促进尊重"和"增进认识"，并不具有刚性和法定的意味，而是柔性和具有一定自主性的义务。

从内容上看，个人保护人权的义务既包括保护自身人权免遭侵犯，也包括参与社会人权保护。一方面，个人是确保自身人权实现的重要力量。个人的人权实现除了需要国家、国际组织等外部主体排除阻碍、提供条件、营造环境之外，也需要自身积极参与和配合，甚至是主动诉求。③ 例如，健康权和受教育权等权利的实现需要个人的参与和配合。即使国家和社会提供了健全的教育体制，个人厌学、逃学、退学等消极行为也会阻碍受教育权的实现；在全球疫情肆虐时期，即使国家免费提供疫苗接种服务，如果公众拒绝接种疫苗也会导致其健康权无法得到有效保障。④ 另一方面，个人在参与自身人权保护的同时，也应积极主动地参与推动社会人权发展进步。⑤ 个人参与社会人权保护最重要的也是最直

① 程梦婧：《"权利方式"：人权实现的法律工具》，载《政法论坛》2019 年第 5 期。
② 《关于个人、群体和社会机构在促进和保护普遍公认的人权和基本自由方面的权利和义务宣言》在开篇即指出："个人、群体和社团有权利和义务在国家一级和国际一级促进对人权和基本自由的尊重，增进对人权和基本自由的认识。"参见联合国公约与宣言检索系统网站，https://www.un.org/zh/documents/treaty/files/A-RES-53-144.shtml，最后访问日期：2022 年 2 月 2 日。
③ 参见黎尔平：《中国非政府人权组织面临的问题与出路》，载《法商研究》2006 年第 3 期。
④ 当然，个人除了需要积极主动参与和配合自身人权保护之外，在某些情况下也可以采取必要措施主动寻求个人的人权救济，这也是个人的权利。例如，《联合国宪章》和 1947 年《托管理事会程序规则》赋予托管领土居民请愿权；1950 年《欧洲保护人权和基本自由公约》赋予个人直接申诉的权利；《公民及政治权利国际公约任择议定书》赋予个人向人权委员会申请救济的权利；1951 年《欧洲煤钢共同体条约》成立的欧洲法院赋予个人起诉权。参见何志鹏：《全球化与国际法的人本主义转向》，载《吉林大学社会科学学报》2007 年第 1 期。
⑤ "我们保障人民民主权利，充分激发广大人民群众积极性、主动性、创造性，让人民成为人权事业发展的主要参与者、促进者、受益者，切实推动人的全面发展、全体人民共同富裕取得更为明显的实质性进展。"《习近平在中共中央政治局第三十七次集体学习时强调 坚定不移走中国人权发展道路 更好推动我国人权事业发展》，载新华网，https://www.news.cn/politics/2022-02/26/c_1128418774.htm。

接的任务就是确保自身享有权利的同时不去侵犯他人的权利和自由，尊重他人的权利和选择，这种参与方式只要求个人不越界、不干涉、不侵犯。① 除此之外，个人还需要提升主体动力，即提高参与人权保护的主动性和积极性；提升主体能力，即提高人权保护的能动性和创造性。② 在此基础上，个人发挥主观能动性积极主动地参与促进社会对人权和自由的尊重，增进公众对人权和自由的认识。

二、人权保护的依据

当我们对人权相关的原则、规范进行统筹梳理，就会发现，人权保护的依据既包括国际人权法渊源，还包括国内法渊源。正如本书第四章所展示的，分析任何一项权利的法律依据，都要进行综合考虑。国际人权法渊源既包括国际人权条约、习惯人权法和人权领域的"软法"，还包括与人权相关的一般法律原则等渊源；人权国内法渊源包括宪法和与人权相关的其他各类法律。③

（一）国际保护的规范体系

1. 国际人权条约

国际人权条约涵盖了众多的国际人权法律规范，架构了国际人权法律体系的基础骨干，明确了国际人权法的原则。④ 国际人权条约是国际人权法的重要渊源，是国际人权保护重要的依据，各缔约国有义务在本国采取措施落实国际人权条约中的人权保护内容。⑤ 国际人权条约分为普遍性的人权条约和区域性人权条约，其中最具影响力的纲领性的人权条约当属《联合国宪章》，无论宪章的宗旨还是具体内容，无不与人权保护息息相关。

---

① "一个人的自由的边界就是他人的自由权利。"李洁主编：《刑法学（第2版）》，中国人民大学出版社2014年版，第14页。

② 参见汪习根：《习近平法治思想的人权价值》，载《东方法学》2021年第1期。

③ "人权国际保护的法律依据就是国际人权法的渊源。"何志鹏、孙璐、王彦志、姚莹：《国际法原理》，高等教育出版社2017年版，第304页。可知，人权保护的依据即是人权法的渊源。

④ 参见肖君拥：《国际人权法讲义》，知识产权出版社2013年版，第315页。

⑤ 参见张伟：《国际人权条约与宪法的关系》，载《政法论坛》2013年第3期。

（1）《联合国宪章》

在第二次世界大战中大量的平民流离失所、惨遭屠戮，大规模的人权侵犯事件骇人听闻，在这样的背景中诞生的联合国肩负着维护和平和捍卫人权的艰巨使命，使后代人免遭苦不堪言的战祸，作为联合国纲领性文件的《联合国宪章》首次将人权保护写入国际组织的宗旨。

《联合国宪章》并不是专门的国际人权法律文件，但是已经成为当代人权法律体系的基石，[①]是国际人权保护的先导性依据，宪章中处处体现着人权理念，人权精神成为了贯穿始终的灵魂。[②]

首先，《联合国宪章》在序言部分即对在战争中惨遭侵犯的基本人权再次重申，并强调了人的尊严和平等；进而，第1条将"增进并激励对于全体人类之人权及基本自由之尊重"作为宪章宗旨的关键部分，并着重强调了人民平等、和平安全及人类福祉等与人权相关的重要内容；另外，宪章也规定了联合国主要机构在人权保护中的职责。整部《联合国宪章》共有七处条款倡导人权保护，足见对其的重视程度。虽然宪章中对人权保护的表达多以原则性甚至是模糊的语言方式，但是确实对国际社会产生了深远的影响，引领了国际人权保护的进程。一方面，在《联合国宪章》框架之下，各会员国有义务与联合国合作促进人类基本人权和自由，[③]而且宪章的人权精神对世界各国国内立法甚至是人权入宪都产生了潜移默化的影响；另一方面，宪章成为了"制定所有国际人权公约与宣言的指导思想和基本原则"。[④]

（2）普遍性的人权条约

普遍性的人权条约多数是由联合国倡导或主导的，各类国际法主体在制定和实施过程中发挥了重要的作用，但是人权条约调整的并不是国家与国家之间的权利和义务关系，而是致力于确立国家对本国国民人权

[①]　参见何志鹏、崔悦：《国际人权法治：成就、问题与改进》，载《法治研究》2012年第3期。

[②]　参见邵津主编：《国际法（第5版）》，北京大学出版社2014年版，第379—382页。

[③]　参见朱力宇、叶传星主编：《人权法》，中国人民大学出版社2017年版，第292页。

[④]　李步云主编：《人权法学》，高等教育出版社2005年版，第104页。

保护的职责。^①

目前，核心人权条约共有九项，包括《消除一切形式种族歧视国际公约》《公民及政治权利国际公约》《经济社会文化权利国际公约》《消除对妇女一切形式歧视公约》《禁止酷刑和其他残忍、不人道或有辱人格的待遇或处罚公约》《儿童权利公约》《保护所有移徙工人及其家庭成员权利国际公约》《保护所有人免遭强迫失踪国际公约》《残疾人权利公约》。有些条约以任择议定书为辅助用以解决关注的具体问题。核心人权条约的独立专家委员会具体负责监督各个缔约国的条约落实情况。^②当然，除九项核心人权条约外，还有《男女工人同工同酬公约》《关于难民地位的公约》等其他众多旨在全球范围内促进人权保护的普遍性人权条约。中国历来高度重视国际人权条约，积极参与一些条约的起草制定工作并努力促成条约最终出台，结合中国国情签署并批准了多项国际人权条约，并认真履行条约义务，重视履约报告的起草和提交，坦诚对待条约机构审议，^③完整并且客观地表达中国政府在履行国际人权条约工作中采取的措施、取得的成就和仍然存在的不足。^④

（3）区域性的人权条约

区域性人权条约由区域内的国家和类国家为缔结主体，集中精力和资源于一定区域内，致力于本区域人权保护工作。与普遍性人权条约相比，区域性人权条约保护的权利更广泛、更完整，保护的措施更便捷、更高效，形成的机制更丰富、更可行，针对的权利主体更具体、

---

① 例如，《公民及政治权利国际公约》和《经济社会文化权利国际公约》都强调了缔约国需要采取适当步骤和必要的方法，努力实现本公约所承认的、本国公民所应享有的权利。参见联合国人权事务高级专员办事处：《核心国际条约》，联合国出版物 2006 年版，第 12 页。

② 参见联合国人权高级专员办事处网站，https://www.ohchr.org/CH/ProfessionalInterest/Pages/CoreInstruments.aspx，最后访问日期：2022 年 2 月 10 日。

③ 关于中国在推动国际人权规则制定以及加入和履行国际人权条约情况的详细介绍，参见罗艳华：《"人权入宪"推进中国参与国际人权事务》，载《人权》2014 年第 3 期。当然，仍然有一些国家未加入某些重要的国际人权条约或者不认真履行条约规定的义务，甚至有意歪曲条约内容以实现自身不可告人的目的。参见王哲：《跨国公司侵犯人权行为的法律规制》，载《时代法学》2014 年第 1 期。

④ 参见韩克芳：《论中国特色人权教育融入高校思想政治理论课的意义与方案》，载《思想教育研究》2020 年第 10 期。

依据的人权标准更一致。①

　　由欧洲理事会成员国于 1950 年缔结的《欧洲人权公约》是第一个区域性国际人权公约。公约通过后续一系列附加议定书得以不断补充和完善，不仅规定了公民享有的权利和自由，还强调了权利享有的公平性和权利被侵犯时的救济工作。根据公约成立的欧洲人权委员会和欧洲人权法院是公约的监督和执行机构，1999 年人权委员会职能并入人权法院。公约赋予了个人向人权法院提起诉讼的权利，赋予了人权法院对理事会成员的强制管辖权，使得本区域人民的权利和自由得到国内法和区域人权法双重保护。②《美洲人权公约》是美洲国家间人权特别会议在 1969年通过的，条约主要保护公民权利和政治权利，后续的补充议定书又具体规定了经济、社会和文化权利。美洲国家间人权委员会和美洲国家间人权法院负责条约的实施和监督。③1981 年非洲统一组织通过的《非洲人权和民族权宪章》是第三世界国家首个具有法律约束力的区域性国际人权文件。该文件不仅规定了公民权和政治权利，还涉及经济、社会和文化权利以及民族权利和集体人权，并且还突出了权利和义务的一致性。

---

① 参见万鄂湘、杨成铭：《区域性人权条约和实践对国际法的发展》，载《武汉大学学报（哲学社会科学版）》1998 年第 5 期。

② 关于《欧洲人权公约》的人权内容、运行机制、革新完善等详细论述，参见 Janneke Gerards, *General Principles of the European Convention on Human Rights* (2nd ed., Cambridge University Press, 2023); Bernadette Rainey, Pamela McCormick, and Clare Ovey, *Jacobs, White, and Ovey, The European Covention on Human Rights* (8th ed., Oxford University Press, 2020); Steven Greer, Janneke Gerards, and Rose Slowe, *Human Rights in the Council of Europe and the European Union: Achievements, Trends and Challenges* (Cambridge University Press, 2018); 万鄂湘主编：《欧洲人权法院判例评述》，湖北人民出版社 1999 年版，第 9 页；吴慧：《〈欧洲人权公约〉实施机制的发展》，载《国际关系学院学报》2001 年第 1 期；万鄂湘、陈建德：《〈欧洲人权公约〉与欧洲人权机构》，载《法学评论》1995 年第 5 期；贺鉴：《欧、美、非等区域性国际人权保护内容评介》，载《毛泽东邓小平理论研究》2005 年第 4 期。

③ 关于《美洲人权公约》的详细内容以及具体运行机制，参见 Ludovic Hennebel and Hélène Tigroudja, *The American Convention on Human Rights: A Commentary* (Oxford University Press, 2022); Mark Philip Bradley, *The World Reimagined: Americans and Human Rights in the Twentieth Century* (Reprint edition, Cambridge University Press, 2018); 孙平华：《论美洲区域性人权保护和实施机制》，载《菏泽学院学报》2010 年第 3 期；〔美〕霍尔吉·孔德西：《最终的决定权：宪法对话与美洲人权法院》，熊卫静译，载《人权》2021 年第 5 期；〔秘鲁〕塞萨·兰达：《美洲人权法院的判例标准》，韩晗译，载《人权》2017 年第 3 期。

宪章设立非洲人权和民族权委员会为其执行与监督机构，委员会既可以审查缔约国来文，也可以在过半数委员许可的条件下审查个人来文。[1]

2. 习惯人权法

习惯人权法是指在人权保护领域有些做法或惯例经过一贯的并反复的实践，最终被确信为法律。虽然人权条约可以明确规定人权义务内容、确切界定义务主体范围，对于缔约国具有约束力，但是成文的国际人权条约并不能对所有人权问题都予以关注，尤其是随着时代的发展，新的人权问题会不断地出现，并且条约对于非缔约国并不具有约束效力。习惯人权法的优势在于对于条约规定的空白领域和问题起到补充作用，并且几乎可以约束所有国家。[2]

正如条约和习惯国际法之间的关系一样，有一些人权条约在实施的过程中有可能会演化成被国际社会广泛认可的习惯人权法，习惯人权法也有可能因为国际法主体的重视而最终被编撰成为人权条约而更加具有指向性和约束力。[3]

3. 人权领域的国际"软法"

在国际人权保护的法律渊源之中，与国际人权条约、国际人权习惯等"硬法"相对应的是人权"软法"。人权"软法"是国际会议、国际组织、非政府组织发布的或达成的宣言或议案。"软法"不具有法律上的强制性，也不属于《国际法院规约》第38条规定的国际法渊源，在国

---

① 关于《非洲人权和民族权宪章》的详细内容、运行机制以及实施情况的详细论述，参见 Nat Rubner, *The African Charter on Human and Peoples' Rights Volume 2: The Political Process* (James Currey, 2023); Hassan B. Jallow, *The Law of the African (Banjul) Charter on Human and People's Rights* (Trafford Publishing, 2007); Allwell Uwazuruike, *Human Rights under the African Charter* (Palgrave Macmillan, 2020); 章育良:《论非洲区域性人权保护机制》，载《河北法学》2007 年第 4 期；贺鉴:《论非洲人权法对国际人权保护的贡献》，载《贵州师范大学学报（社会科学版）》2002 年第 6 期；蔡高强、郑敏芝:《论〈非洲人权和民族权宪章〉在南非国内的实施》，载《广州大学学报（社会科学版）》2012 年第 5 期；朱利江:《非洲人权法院：区域人权保护机制的重要进展》，载《国际论坛》2005 年第 2 期。

② 关于在人权保护领域，人权条约和习惯人权法各自的优势和劣势对比分析，参见孙世彦:《论习惯国际人权法的重要性》，载《法制与社会发展》2000 年第 2 期。

③ 国际条约和国际习惯关系的详细论述，参见何志鹏、孙璐、王彦志、姚莹:《国际法原理》，高等教育出版社 2017 年版，第 54 页。

际社会的影响力和权威性远不及"硬法",但是人权领域的国际"软法"却也起到了一定的积极作用。[①]

首先,国际组织的决议,尤其是联合国大会关于人权的决议或宣言一定程度上代表着国际社会的共识,引领了国际人权保护发展的方向,为各国人权保护的实践指明方向和路线。例如《世界人权宣言》作为最早的全球性、综合性的人权"软法",为国际人权保护机制的形成和发展起到了奠基性作用。[②] 其次,"软法"在一定程度上可以弥补"硬法"空白,并且促进人权"硬法"的出台和完善。一些人权"软法"最终有可能形成习惯人权法,或者影响到未来人权条约的制定,即人权"软法"的"硬化"。[③] 另外,人权"软法"往往是人权条约出台之前的阶段性成果。因为国际法主体之间在商讨制定人权条约时,不仅涉及相互之间的利益权衡,而且各个国家还要考虑本国内部人权实际发展状况,因此一项国际人权条约的出台往往耗时耗力,宣言或决议可以将形成的初步共识和阶段性成果加以记载并固定下来。[④] 但是,人权"软法"毕竟在性质上是自愿的、不具有强制力的,能否对侵犯人权的行为起到震慑和制约作用,仍然存在争议。[⑤] 并且"软法"关于人权责任的规定多数比较模糊,监督机制非常薄弱,导致其实施过程充满阻碍。[⑥]

(二)国内法律制度体系

国际人权法律渊源,无论是被称为人权硬法的国际人权条约和习惯人权法,还是人权领域的国际软法,其目的都是明确国家人权保护的职责和义务,监督国家人权保护情况,而无法逾越国家主权直接保护个人

[①] 参见何志鹏:《作为软法的〈世界人权宣言〉的规范理性》,载《现代法学》2018 年第 5 期。

[②] 参见向巴平措:《在纪念〈世界人权宣言〉发表 70 周年座谈会上的讲话》,载《人权》2019 年第 1 期。

[③] 参见孙萌:《中国参与联合国人权机制与国际人权话语权的提升——以人权理事会特别程序为例》,载《外交评论(外交学院学报)》2019 年第 3 期。

[④] 参见何志鹏:《作为软法的〈世界人权宣言〉的规范理性》,载《现代法学》2018 年第 5 期。

[⑤] 参见王哲:《跨国公司侵犯人权行为的法律规制》,载《时代法学》2014 年第 1 期。

[⑥] 参见王惠茹:《跨国公司侵犯人权的司法救济困境——以国际法与国内法的互动为出路》,载《环球法律评论》2021 年第 4 期。

权利和自由。国家需要根据国际法与国内法的关系选择在本国具体实施国际人权法的措施，履行人权保护的义务。[①] 因此，人权的国内法保护是人权法律保护最直接和最有效的途径。[②]

1. 宪法

宪法是国家的根本大法，在国内法律体系中具有最高的地位、权威和法律效力。宪法为国家法律体系确定基调和理念。列宁曾这样阐述宪法和权利的关系："宪法是一张写着人民权利的纸。"[③] 各个国家基本都会将人权精神引入宪法，以宪法规范国家权力，保障公民权利。[④] 我国于2004年在宪法中明确规定"国家尊重和保障人权"，以国家根本大法的形式明确国家对基本人权和自由的承认、尊重和保护。将人权写入宪法，成为立法工作的风向标，人权至上成为宪法的基本准则，[⑤] 从而为国家法律体系确立了人权理念。中国将人权条款明确规定在《宪法》之中，不仅体现了中国共产党对人权保护的高度重视和决心，也客观反映了中国人权保障水平已经得到了相当程度的提升。[⑥]

2. 法律

国家宪法写入人权条款，主要是原则性的，目的是将人权理念以最高权威的法律形式确立下来，将人权精神引入国家整体法律体系。但是，宪法不可能明确细致地规定人权具体内容、实施方案以及人权救济措施。法律可以根据宪法确立的人权宗旨，对人权保护的详细内容做出清晰明确的规定，甚至能在并不违背宪法人权宗旨的前提下，在宪法确立的人

[①] 关于中国以及其他一些国家的国际人权条约适用问题的研究，参见戴瑞君：《我国对国际人权条约的司法适用研究》，载《人权》2020年第1期。

[②] 参见朱力宇、叶传星主编：《人权法》，中国人民大学出版社2017年版，第292页。

[③] 《列宁全集》，第12卷，人民出版社1987年版，第50页。

[④] 参见陈佑武、李步云：《论人权的义务主体》，载《广州大学学报（社会科学版）》2012年第3期。

[⑤] 参见刘志强：《论人权法中的国家义务》，载《广州大学学报（社会科学版）》2010年第11期。

[⑥] 将人权条款写入宪法，实现了"人民主权""民主专政""国家法治"等宏观法治理念与"生存权""财产权""发展权"等微观人权理念在人权保障工作中兼容并包、良性互动。参见刘平、房广亮：《功能主导型立法观的确立与作用——基于人权保护和公权力的限制》，载《东岳论丛》2017年第2期。

权内容之外，创造性地规定更多的人权内容。^①从广义上讲，国家所有法律和法律中的一切内容都应该是与人权保护相契合的，都可以视情况作为人权保护的依据；从狭义上讲，唯有直接确定和保护人权的法律，才是人权保护的依据。^②此处的法律应该属于广义上的法律，而且还应该包括国务院出台的行政法规和省级人大制定的地方性法规等。

3. 其他

除了宪法和法律之外，还有一些与人权相关的计划、文件在一定程度上也有可能成为人权保护的依据。例如，在党章和党的政治纲领中也不乏人权保护的意愿和理念；中国国务院新闻办公室和外交部牵头编写的《国家人权行动计划》为国家人权事业的发展制定了工作路线图；国家发布的人权白皮书既是对过去人权保障工作的总结，也对未来人权保护提供参考。^③

三、人权保护的环节

习近平总书记强调："让人民群众在每一项法律制度、每一个执法决定、每一宗司法案件中都感受到公平正义。"^④由此可见，立法、行政执法和司法都是人权保障工作的重要环节。切实落实国家人权责任，加强人权法治保障，需要在立法、行政和司法整体工作中贯彻人权理念、确立人权思维、构建人权法治。

---

① 参见李步云主编：《人权法学》，高等教育出版社 2005 年版，第 104 页。

② 参见秦强：《立法机关的人权立法义务研究——以人权条款入宪为背景》，载《北方法学》2012 年第 5 期。

③ 例如，在《中国共产党章程（2017 年修改）》的总纲中，明确提出："发展更加广泛、更加充分、更加健全的人民民主，推进协商民主广泛、多层、制度化发展，切实保障人民管理国家事务和社会事务、管理经济和文化事业的权利。尊重和保障人权。广开言路，建立健全民主选举、民主决策、民主管理、民主监督的制度和程序。"在《国家人权行动计划（2021—2025年）》的导言部分，明确说明本人权计划致力于"确定 2021—2025 年尊重、保护和促进人权的阶段性目标和任务"。《国家人权行动计划 (2021—2025 年)》，载中国政府网，https://www.gov.cn/xinwen/202109/09/content_5636384.htm。

④ 《习近平在中共中央政治局第三十七次集体学习时强调 坚定不移走中国人权发展道路 更好推动我国人权事业发展》，载新华网，https://www.news.cn/politics/2022-02/26/c_1128418774.htm。

（一）立法环节

法律明确保护人权的精准定位和良好目标。[①] 人权立法明确人权范围，确定人权标准，是人权保护的前提条件，[②] 是人权保护环节的基础和开端。人权立法的宗旨和目的是将应有人权以法律的形式加以确定，成为法定人权。通过法律的实质保护和程序保护，实现实有人权的理想。[③] 在法权定位上，中国宪制权力秩序中立法权居中心位置，由此决定了人权的立法保护是人权保护的主导环节。[④] 习近平总书记把切实尊重和保护人权作为全面依法治国的重中之重，不仅强调立法工作的真谛在于保护人权，[⑤] 而且强调人民权利必须要依靠立法保障。[⑥] 因此，我国高度重视人权立法保障工作，从人权入宪和人权入法两个层面努力，以宪法明确人权理念，并在民法、刑法、诉讼法、劳动与社会保障法、环境保护法以及保护特殊群体的法律中具体落实人权内容，建立健全人权保障法律体系。[⑦]

1. 宪法制订与修改确立人权纲领

人权的立法保护是人权行政保护和司法保护的基础，人权的宪法保护是人权立法保护工作的基础。人权入宪意味着人权被赋予了最高的法律地位，宪法权威加持的目的是保证其免于包括国家公权力在内的各种力量的侵犯。推进宪法之治，就是用宪法权威规范和制约公权力，尊重和保护私权利。[⑧]

我国在 2004 年将"国家尊重和保障人权"写入宪法，继而在"公民的基本权利和义务"章节中对公民权利作了详细、明确的阐述。[⑨] 将人权条款明确写入宪法，是人权理念的表达和民族价值的倾诉。人权从政治

---

① 参见何志鹏：《国际法治视野中的人权与主权》，载《武大国际法评论》2009 年第 1 期。
② 参见《我国在人权立法保障方面做了哪些工作》，载《人民日报》2005 年 11 月 25 日。
③ 参见杨春福主编：《人权法学（第 2 版）》，科学出版社 2010 年版，第 60 页。
④ 参见彭超：《论人权立法与中国法治之契合性》，载《朝阳法律评论》2020 年第 1 期。
⑤ 参见张文显：《习近平法治思想的理论体系》，载《法制与社会发展》2021 年第 1 期。
⑥ 参见习近平：《加快建设社会主义法治国家》，载《求是》2015 年第 1 期。
⑦ 参见何志鹏：《中国人权事业发展的行动逻辑：三个维度》，载《人权》2021 年第 5 期。
⑧ 参见张文显主编：《法理学（第 5 版）》，高等教育出版社 2018 年版，第 353 页。
⑨ 《我国在人权立法保障方面做了哪些工作》，载《人民日报》2005 年 11 月 25 日。

概念升华为宪法概念，是我国推进人权保护进程中的里程碑。[①]

　　人权入宪绝不是人权保障体系中生冷的一环而已，并不是简单地将人权以文字形式嵌入宪法文本之中。首先，人权入宪确立了基本人权原则、厘清了权力和权利关系、明确了人权基本内容[②]，有些国家还建立了违宪审查制度。[③] 其次，人权宪法保护环节还肩负制定政治道德标准和塑造国家意识形态的使命，即是否有利于人权实现成为评价官方行为和民间活动道德正确与否的标尺。[④]

　　2. 其他法律体现的人权意识与人权取向

　　宪法中的人权条款为人权立法确立核心价值，但是宪法中对人权的表述毕竟多是原则性的条款，人权理念不可能因为人权入宪而自动实现，尤其是在如中国这样宪法不具有直接适用性的国家。[⑤] 人权的最终实现还需要在国家法律体系中充实更多的部门法律工具，否则人权即使经过宪法确认，也难以从理想变成现实。[⑥]

　　首先，实质保护。在刑法、民法、行政法、诉讼法等立法中规定人权的实质保护，明确权利内容和界限，将人权制度化、文本化，既为人权保护请求提供成文依据，也为行政机关和司法机关人权保护工作提供权威标准。[⑦] 为了确保人权立法更有效地发挥价值，有必要"建立一个门类齐全、结构严谨、内部和谐、体例科学、协调发展的法律体系，实现社会生活各个领域都有内容与形式完备、科学的法律可依"。[⑧] 当然，在

[①]　参见杨学科：《中西人权司法保障演变之比较》，载《广州大学学报（社会科学版）》2018 年第 11 期。

[②]　参见杨春福主编：《人权法学（第 2 版）》，科学出版社 2010 年版，第 60 页。

[③]　关于违宪审查制度以及我国的具体情况详细介绍，参见白桂梅主编：《人权法学（第 2 版）》，北京大学出版社 2015 年版，第 274 页。

[④]　参见陈云生：《论人权入宪》，载《学海》2005 年第 3 期。

[⑤]　参见秦强：《立法机关的人权立法义务研究——以人权条款入宪为背景》，载《北方法学》2012 年第 5 期。

[⑥]　参见〔法〕让·里弗罗：《法国法律上对人权的宪法保障》，王名扬译，载《环球法律评论》1979 年第 3 期。

[⑦]　参见张文显主编：《法理学（第 5 版）》，高等教育出版社 2018 年版，第 354 页。

[⑧]　窦衍瑞：《论人权的立法保护——基于财产权视角》，载《南方论刊》2007 年第 7 期。

人权入宪之后，除了制定并逐步完善相关部门法律，[①] 还需要根据宪法确立的人权精神对与人权条款相矛盾的法律法规予以修改或废止，即人权立法救济义务。[②]

其次，程序保护。人权保护不仅需要实质正义，也同样需要程序正义。程序正义需要以法律的形式清楚地确定人权主体享有人权、行政机关保护人权、司法机关救济人权的措施和程序。[③] 制度化的人权保护和救济程序是法治现代化的基础，也是人权程序保护的必然要求。[④]

（二）行政环节

人权行政保护和救济是人权保护工作中的重要环节，人权的行政保护是保障法定人权的第一层防线。行政保护之所以至关重要，是由行政权的性质和特点决定的。首先，行政机关与百姓生活关系最为密切，行政权管理范围大，触及社会生活的各个方面、各个领域。[⑤] 其次，行政权具有强制性、单方性和自由裁量性，[⑥] 即具有非常突出的双刃剑的属性，如果不受监督和约束极易异化而成为侵犯人权的主谋。[⑦] 因此，人权的行政保护要求行政主体将人权保护落实到治国理政的全过程，"将人权指标、人权指数作为政府治理指标、政绩指数的重要部分"；[⑧] 要求行政主体依法行政，强化人权法律意识和信仰，保持自律并时刻提防以避免行政主体侵犯人权的事情发生。

---

① 例如，我国《刑事诉讼法》的修订特别重视体现人权理念，是我国在部门法中首次写入"尊重和保障人权"的。更多论述，参见陈光中：《再谈刑事诉讼法之修改》，载《中国检察官》2012 年第 1 期；杨学科：《中西人权司法保障演变之比较》，载《广州大学学报（社会科学版）》2018 年第 11 期；杨迎泽：《加强人权的司法保障》，载《中国检察官》2016 年第 23 期。

② 参见秦强：《立法机关的人权立法义务研究——以人权条款入宪为背景》，载《北方法学》2012 年第 5 期。

③ 参见张文显主编：《法理学（第 5 版）》，高等教育出版社 2018 年版，第 354 页。

④ 参见窦衍瑞：《论人权的立法保护——基于财产权视角》，载《南方论刊》2007 年第 7 期。

⑤ 参见张志强：《对行政执法中人权保障几个问题的探讨》，载《前沿》2005 年第 6 期；朱炜、王洁：《论公安行政执法对象的人权保障》，载《江西公安专科学校学报》2004 年第 6 期。

⑥ 参见李侠：《论我国行政法治中的人权保护问题》，载《山东大学学报》2006 年第 2 期。

⑦ 权力是一把双刃剑，在法律之内运行则可造福百姓，在法律之外运行则祸国殃民，权力只有受到制约和监督，才能避免被滥用。参见张文显：《习近平法治思想的理论体系》，载《法制与社会发展》2021 年第 1 期。

⑧ 参见何志鹏：《"以人民为中心"：人权理论的中国化解码》，载《人权》2020 年第 2 期。

　　在我国，行政机关是权力机关的执行机关，是具体负责实施人权法律保障的机关。[①] 行政机关须依法行政，即一切行政行为必须依据宪法和法律。[②] 一方面，行政权的行使奉人权精神为圭臬，将保护人权理念贯穿始终，将宪法和法律中的人权在实际工作中认真实施，落实为现实人权。[③] 行政机关端正行政态度，真诚对待人权，视人权为治理价值，视人民的支持为权力来源，把"为人民谋幸福"铭记于心，把"为人民谋福利"落地于实。既不能将人权保护视作虚伪的宣传口号，也不能将人权视作捞取政治资本和谋求职务晋升的垫脚石甚至是牺牲品。[④] 将依法行政贯彻于公权力行使的全过程，人权的行政保护既是依法行政的必然要求，也是依法行政的理想成果。依法行政保护人权是观察行政权合法性的试金石，国家合法性的评判标准在于行政主体能否认真切实履行宪法和法律规定的保护和促进人权的义务，这是行政主体的积极义务和必为性义务；[⑤] 另一方面，依法行政意味着以法律规制行政权，要求不越权，不滥权，这是行政主体的消极义务和禁为性义务。人权的行政保护，不只是尊重和保护人权主体的权利，更要求对行政权的拘束和监督。[⑥] 例如，自由裁量权的行使，既要依据宪法和法律授权，依照法律规定的内容和程序进行，又要坚持人权底线，遵照合理性原则。[⑦]

　　为了确保对行政权的监督和规制，防止因为行政机关越权、滥权而导致人权遭到侵犯，我国确立了行政诉讼制度。[⑧] 我国行政诉讼法中清晰地体现了对权利的保护和对权力的监督。[⑨] 行政诉讼实质上体现了公民权

---

　　① "如果有了法律而不实施、束之高阁，或者实施不力、做表面文章，那制定再多法律也无济于事。"习近平：《顺应时代前进潮流、促进世界和平发展》，载习近平：《论坚持推动构建人类命运共同体》，中央文献出版社 2018 年版，第 5 页。

　　② 参见《为什么说依法行政是保障人权的关键环节》，载《人民日报》2005 年 9 月 2 日。

　　③ 参见张文显主编：《法理学（第 5 版）》，高等教育出版社 2018 年版，第 354 页。

　　④ 参见何志鹏：《人权的历史维度与社会维度》，载《人权研究》2021 年第 1 期。

　　⑤ 参见刘志强：《论人权的行政保护》，载《法治现代化研究》2017 年第 4 期。

　　⑥ 参见同上。

　　⑦ 参见朱海波：《人权保障视野下的行政执法》，载《政法学刊》2008 年第 2 期。

　　⑧ 参见《我国在行政审判中是如何保障人权的》，载《人民日报》2005 年 12 月 26 日。

　　⑨ 我国《行政诉讼法》（1989 年）第 1 条就清楚地说明此法的首要目的是"保护公民、法人和其他组织的合法权益"，之后是"维护和监督行政机关依法行使行政职权"。参见董茂云、唐建强：《论行政诉讼中的人权保障》，载《复旦学报（社会科学版）》2005 年第 1 期。2017 年修正的行政诉讼法保持了将合法权益保护置于监督行政机关之前的排序。

利对行政权力的对抗关系、司法权力对行政权力的制约关系、司法权力对公民权利的保障关系。[①]

（三）司法环节

习近平总书记曾指出司法是维护社会公平正义的最后一道防线。[②] 公平正义的司法程序可以有效救济人权，背离公平正义的司法审判本身就是对人权的严重打击。因此，司法保护和救济也是保障人权的最后一道防线，是保护人权和自由免遭侵犯的守门员。[③] 如果权利得不到有效救济，那么所有关于人权的宣言和立法都只是虚伪的饰物，是国家许给人民的空头支票。[④] 作为人权有效救济的关键一环，司法救济对于构建、完善和维护完整高效的人权救济体系发挥重要价值。[⑤] 与人权立法保护和行政保护相比，司法保护和救济显得薄弱、被动、缺乏政治底色。但正因如此，反而更具中立性、公平性、严谨性、程序正当性和效力终极性。[⑥] 从而，更值得信赖、更具有权威，被誉为"宪法的守护者"。[⑦] 我国历来重视人权的司法保障和救济，相继出台了一系列相关规划和政策性文件，人权司法保障制度逐渐完善和成熟，尤其是 2014 年党的十八届四中全会明确将"加强人权司法保障"作为全面推进依法治国的重要内容之一确定下来。[⑧]

[①] 参见蒋银华：《人权行政诉讼保障的路径选择及其优化》，载《政法论坛》2018 年第 5 期。

[②] 参见杨小军：《国家赔偿完善人权司法保障》，载《人民法院报》2015 年 1 月 7 日。

[③] 参见蒋海松：《人权变革：从立法宣示到司法保障》，载《学术交流》2015 年第 3 期。

[④] 参见程燎原、王人博：《赢得神圣——权利及其救济通论》，山东人民出版社 1993 年版，第 368 页。

[⑤] 参见王惠茹：《跨国公司侵犯人权的司法救济困境——以国际法与国内法的互动为出路》，载《环球法律评论》2021 年第 4 期。

[⑥] 参见刘小妹：《中国人权司法保障制度的特点与举措》，载《法律适用》2014 年第 12 期。

[⑦] 参见〔德〕卡尔·施密特：《宪法的守护者》，李君韬、苏慧婕译，商务印书馆 2008 年版，第 23 页。

[⑧] 1991 年《中国的人权状况》白皮书提出："中国重视在司法活动中保护人权。"参见李璐君：《"人权司法保障"的语义分析》，载《华东政法大学学报》2019 年第 4 期。1997 年，国务院发布的《1996 年中国人权事业的进展》白皮书首次提出"人权的司法保障"。参见樊崇义：《人权司法保障春天的来临》，载《人民法治》2016 年第 3 期。2012 年党的十八大提出"人权得到切实尊重和保障"。2013 年党的十八届三中全会《中共中央关于全面深化改革若干重大问题的决定》提出"完善人权司法保障制度"。2014 年党的十八届四中全会《中共中央关于全面推进依法治国若干重大问题的决定》明确提出"加强人权司法保障"。参见杨学科：《中西人权司法保障演变之比较》，载《广州大学学报（社会科学版）》2018 年第 11 期。党的十九大报告提出"加强人权法治保障"。参见习近平：《决胜全面建成小康社会 夺取新时代中国特色社会主义伟大胜利——在中国共产党第十九次全国代表大会上的报告》，载《人民日报》2017 年 10 月 28 日。

人权司法保障的内涵在于既要求借助司法救济法律权利，又要求在司法程序中不侵犯程序参与人的法律权利。[①]一方面，人权司法保障表现为以司法权保护和救济人权；另一方面，表现为司法中的人权保障，其意义在于规制司法程序中的公权力。[②]

1. 诉权的确立和维护

《世界人权宣言》第 8 条规定："任何人当宪法或法律所赋予他的基本权利遭受侵害时，有权由合格的国家法庭对这种侵害行为作有效的补救。"[③]公民人权和自由保护的关键在于如果合法权利遭受侵害，权利主体有权依据法律发出司法救济诉求，[④]获得公正的审判和裁决。公民这种请求司法救济的权利被称作诉权，公民的诉权在所有人权中居于核心地位，对宪法和法律赋予公民的其他各项权利起到救济作用。[⑤]

我国一直以来不仅重视人权立法，而且特别注重法定人权向实有人权转化，保障公民诉权。党的十八届四中全会通过的《中共中央关于全面推进依法治国若干重大问题的决定》明确提出："强化诉讼过程中当事人和其他诉讼参与人的知情权、陈述权、辩护辩论权、申请权、申诉权的制度保障"。[⑥]

2. 维护司法公正，保证个案中的人权

培根曾这样形容公正司法的重要性："一次不公正的审判，其恶果甚至超过十次犯罪。因为犯罪虽是无视法律——好比污染了水流，而不公正的审判则毁坏法律——好比污染了水源。"[⑦]司法公正是保证人权司法救济有效的前提条件，如果司法失去公平，不仅使得人权司法救

---

① 参见李璐君:《"人权司法保障"的语义分析》，载《华东政法大学学报》2019 年第 4 期。

② 参见江必新:《关于完善人权司法保障的若干思考》，载《中国法律评论》2014 年第 2 期。

③ 参见联合国网站，https://www.un.org/zh/about-us/universal-declaration-of-human-rights，最后访问日期：2022 年 2 月 10 日。

④ 参见〔美〕卡尔·J. 弗里德里希:《超验正义——宪政的宗教之维》，周勇、王丽芝译，生活·读书·新知三联书店 1997 年版，第 107 页。

⑤ 参见蒋海松:《人权变革：从立法宣示到司法保障》，载《学术交流》2015 年第 3 期。

⑥ 《中共中央关于全面推进依法治国若干重大问题的决定》，载中国政府网，https://www.gov.cn/xinwen/2014-10/28/content_2771714.htm。

⑦ 张晓玲:《加强人权司法保障》，载《理论视野》2015 年第 5 期。

济失去意义，也会使司法成为侵犯人权的帮凶。[①]习近平总书记曾这样表达对司法公正的重视："努力让人民群众在每一个司法案件中都感受到公平正义，决不能让不公正的审判伤害人民群众感情，损害人民群众权益"。[②]

司法公正不仅涉及实体公正，程序公正也至关重要。公正的程序作为"看得见的正义"本身已被视作一项人权，保证程序公正就是在保障人权。[③]

3. 确保独立审判，塑造法治社会环节

很多国家在法治体系中都认可这一原则，中国一般称为独立审判、审判独立，或者依法独立行使审判权。[④]《关于司法机关独立的基本原则》中这样给"审判独立"定义："司法机关应不偏不倚，以事实为根据并依法律规定来裁决其所受理的案件，而不应有任何约束，也不应为任何直接间接不当影响、怂恿、压力、威胁或干涉所左右，不论其来自何方或出于任何理由。"[⑤]审判独立一方面要做到司法权的行使不受干涉和阻挠。以法官审判为例，马克思曾说过："法官除了法律，没有别的上司。"[⑥]法官的审判工作与政治级别间的管理和服从关系不相关，只需依据法律和事实做出独立判断。[⑦]当然，这还涉及审判独立的另一方面，即法官的职业素质也是法官做出独立判断的重要影响因素。[⑧]

我国已将依法独立行使司法审判权的原则写入《宪法》和相关部门法律之中。独立从事司法活动有法可依。例如，《宪法》第131条和136条分别对人民法院依法独立行使审判权和人民检察院依法独立行使检察

---

① "司法公正对社会公正具有重要引领作用，司法不公对社会公正具有致命破坏作用。"《中共中央关于全面推进依法治国若干重大问题的决定》，载中国政府网，https://www.gov.cn/xinwen/2014-10/28/content_2771714.htm。

② 叶青：《加强人权司法保障的着力点》，载《学习时报》2014年12月1日。

③ 参见张晓玲：《加强人权司法保障》，载《理论视野》2015年第5期。

④ 参见白桂梅主编：《人权法学（第3版）》，北京大学出版社2023年版，第116—118页。

⑤ 参见李步云主编：《人权法学》，高等教育出版社2005年版，第87页。

⑥ 江必新：《关于完善人权司法保障的若干思考》，载《中国法律评论》2014年第2期。

⑦ 司法权首要的性质是判断性，根据法律内涵、事实情况、二者之间的关系进行独立判断。参见蒋银华：《人权行政诉讼保障的路径选择及其优化》，载《政法论坛》2018年第5期。

⑧ 参见刘小妹：《中国人权司法保障制度的特点与举措》，载《法律适用》2014年第12期。

权做出明确规定。①

4. 坚持司法公开，维护当事人和公众权利

司法公开原则是人权司法保障的一项重要原则，要求立案、庭审、执行、听证、文书和审务等内容的公开。②司法公开可以保证案件参与人以及社会大众对案件的了解和监督，防止司法不公的情况发生。为推进司法公开，强化人权司法保障，我国着力打造司法公开四大平台，即审判流程公开、庭审活动公开、裁判文书公开、执行信息公开。③将司法流程曝光在阳光下，以司法公开倒逼司法公正，以司法透明保证司法廉洁，防止暗箱操作和司法腐败导致的司法不公。④2013 年 11 月，时任最高人民法院院长周强在全国法院司法公开工作推进会上提出司法公开要做到"四个转变"，即 "变被动公开为主动公开，变内部公开为外部公开，变选择性公开为全面公开，变形式公开为实质公开"。⑤

5. 贯彻罪刑法定原则，保障犯罪嫌疑人权利

"只有法律才能为犯罪规定刑罚。"⑥只有人民法院有权依法对犯罪嫌疑人作出判决，认定罪与非罪、此罪与彼罪，在人民法院判决之前，无法认定任何人有罪。定罪量刑必须以法律为准绳，以事实为依据，法无明文规定不为罪，法无明文规定不处刑。⑦罪刑法定原则，在我国《刑事

---

① 我国宪法第 131 条规定："人民法院依照法律规定独立行使审判权，不受行政机关、社会团体和个人的干涉。"第 136 条规定："人民检察院依照法律规定独立行使检察权，不受行政机关、社会团体和个人的干涉。"具体讨论，参见王申：《司法行政化管理与法官独立审判》，载《法学》2010 年第 6 期；陈瑞华：《现代审判独立原则的最低标准》，载《中国律师》1996 年第 3 期；潘庆云：《发挥协商民主制度优势完善人权司法保障机制》，载《民主与科学》2016 年第 5 期。

② 参见王雅琴：《当代中国人权的司法保护》，载《学习时报》2017 年 3 月 8 日。

③ 参见王珊珊：《四大平台发力 公平正义可视——十八大以来人民法院司法公开工作述评》，载中国法院网，https://www.chinacourt.org/article/detail/2017/10/id/3025724.shtml。

④ "坚持以公开促公正、以透明保廉洁，增强主动公开、主动接受监督的意识，让暗箱操作没有空间，让司法腐败无法藏身。"习近平：《论坚持全面依法治国》，中央文献出版社 2020 年版，第 49 页。

⑤ 张雨：《全国法院司法公开工作推进会召开》，载中国法院网，https://www.chinacourt.org/article/detail/2013/11/id/1151820.shtml。

⑥ 〔意〕贝卡里亚：《论犯罪与刑罚》，黄风译，中国大百科全书出版社 1993 年版，第 11 页。

⑦ 参见高铭暄、马克昌主编：《刑法学（第 5 版）》，北京大学出版社 2011 年版，第 25—27 页。

诉讼法》中有明确体现，对于在司法中保障人权具有特殊意义，是人权司法保障的重要内容。罪刑法定要求对犯罪嫌疑人做无罪推定，在未经人民法院判定有罪之前，不得默认或倾向其有罪，也不得要求自证其罪，并且需要保障法律规定应该享有的各项权利。无罪推定的弊端在于有可能最终让真正有罪的人逍遥法外，但是有罪推定不仅仍然无法避免真正有罪的人逍遥法外，还会使得无辜的人被冤枉，这是对无罪之人人权的莫大伤害。因此必须秉持无罪推定，并且对于事实不清、证据不足的案件要坚持疑罪从无，杜绝疑罪从有、疑罪从轻、疑罪从挂的审判方式。[①]

6. 推进非法证据排除，避免酷刑等人权问题

我国对刑事案件审理有重口供、轻证据的传统。但是严厉禁止以刑讯逼供以及威胁和引诱等其他非法手段取得证据，也坚决反对强迫犯罪嫌疑人自证其罪。[②] 以非法手段收集证据本身就构成对人权的侵犯，并且以非法证据为依据审理案件自然会导致司法背离公正、失去公信力和权威，最终导致人权司法保障成为空谈。事实上，证据自身并无"非法"属性，非法证据排除规则主要是针对调查取证的手段而言，对于刑讯逼供、暴力、威胁、欺骗、诱导等非法取证方法必须以法律方式明确禁止，才能保证证据合法和司法公正，才能更好地保障人权。我国《刑事诉讼法》不仅对非法证据排除规则有明确规定，还要求必须对非法证据予以纠正，对于构成犯罪的要依法追究刑事责任。[③] 非法证据排除的深层次理念是通过合法证据依法惩处犯罪行为，主持社会公平正义。既能让侵权者感受到司法的公正性和严肃性，对侵犯人权行径起到震慑作用；又能提升社会公众享受司法护佑的安全感和满意度，提高司法保障人权的公

---

① 参见叶青：《加强人权司法保障的着力点》，载《学习时报》2014年12月1日。

② 参见陈光中主编：《刑事诉讼法（第5版）》，北京大学出版社2013年版，第187—192页。

③ 2010年"两高三部"联合发布了《关于办理刑事案件排除非法证据若干问题的规定》，初步确立了非法证据排除规则，提出不得强迫任何人自证其罪，明确了非法证据排除的范围、标准、主体和程序。参见杨迎泽：《加强人权的司法保障》，载《中国检察官》2016年第23期。2017年《关于办理刑事案件严格排除非法证据若干问题的规定》明确要求对采取刑讯逼供、暴力、威胁、非法限制人身自由等非法言词证据，以及采取非法搜查、扣押等非法实物证据，必须坚决排除。参见李勇：《加强人权司法保障 确保严格公正司法——持续深入推进以审判为中心的诉讼制度改革》，载《人民法院报》2021年9月2日。

信力。①

7. 完善法律援助体系，提升弱势群体人权水平

司法保障人权最终能够得以实现，既依赖于实体公正，还必须实现程序公正。但是，即使确立了保障人权的良法，在司法实践中坚持了公平和正义，也难以确保实现人权司法保障的理想。让每一个人在司法实践中感受到公平正义，得到人权保障，还需要关注到那些因为经济上贫困请不起律师、知识上匮乏不了解法律或者因为其他特殊原因而处于不利地位的弱势群体。应以国家法律资源为后盾为他们提供专业的法律援助，并以国家法律权威确认和保护他们享有法律援助的权利，保证他们与强者在法律上真正处于平等地位，真正享受到公正司法保障的人权和自由。②

法律援助就是由国家建立专门援助机构，在予以减免服务费用的前提下，以专业法律服务人员援助和指导经济贫困或特殊案件的当事人参与诉讼，保障受援助者合法权益的法律制度。③ 为了使弱者真正享受到法律援助服务，在诉讼中维护自身权利，法律援助机构有必要告知其依法享有得到法律援助的权利以及申请的条件和流程。④

8. 保障被羁押人合法权利

被羁押人因为人身失去自由，在维护自身权益时处于不利境地，但无论是犯罪嫌疑人还是罪犯都仍然享有法律赋予的部分人权。对待被羁押人，不能先入为主地认为他们是"坏人"并且不该享有人权。反而正是由于他们难以主动积极维权，被羁押人的人权问题更应该受到关注和保护，应该得到文明的和规范的处置。⑤ 针对被羁押人采取的强制措施需

---

①　参见陈卫东:《严格排除非法证据 加强人权司法保障》，载《人民法院报》2017 年 7 月 1 日。

②　我国《关于完善法律援助制度的意见》对如何加强法律援助工作、健全法律援助制度做了详细指导。中央和地方各级相关机关大力落实法律援助任务，为弱势群体提供高质高效便捷的法律援助服务。参见罗豪才:《推进法治中国建设 完善人权司法保障制度》，载《人权》2013 年第 6 期；司法部:《积极发挥司法行政职能促进人权事业进步》，载《人权》2016 年第 1 期。

③　参见杨永志、刘淑满:《加强法律援助"尊重和保障人权"》，载《中国律师》2013 年第 2 期。

④　参见任沁沁、翟翔:《法律援助法草案三审，强化人权司法保障》，载《新华每日电讯》2021 年 8 月 18 日。

⑤　参见王雅琴:《当代中国人权的司法保护》，载《学习时报》2017 年 3 月 8 日。

要严格遵循法律规定的情形、程序、时间限制，支持并协助他们在人权受到侵犯时依法申请司法救济。[①] 为切实保障被羁押人依法享有的权利，我国出台了一系列有针对性的规范性法律文件，如《公安机关执法办案场所办案区使用管理规定》《看守所建设标准》《公安机关讯问犯罪嫌疑人录音录像工作规定》《人民检察院讯问职务犯罪嫌疑人实行全程同步录音录像的规定》《暂予监外执行规定》《关于加强监狱生活卫生管理工作的若干规定》，[②] 使被羁押人的人权不再是冷冰冰的文字，而真正得到了人性化的尊重和保护。被羁押人在传统上通常是被视为"恶人"的特殊群体，对他们人权保护的重视和加强，更彰显了我国人权司法保障整体水平的提升和进步。[③]

9. 避免和纠正冤假错案，营造清明的司法氛围

冤假错案是人权保护中的悲剧，是对司法公正的严重背离，不仅伤害公众对国家司法机关的信任和依赖，抹黑司法机关及其工作人员的正义形象，也严重损害司法审判主持正义的权威性，阻碍人权司法保障机制的建立和完善。虽然冤假错案不是普遍现象，但是也绝不能将其归因于偶然性。冤假错案的存在，暴露了人权司法保障工作的漏洞，对一个国家整体人权保障机制的负面影响是致命的，[④] 如果不引起足够的重视和警觉，并予以监督和纠正，公众将失去最终说理讲法和寻求人权救济的平台，社会也将失去惩恶扬善和明辨是非的场所，最终将使所有关于人权保障的努力功亏一篑。[⑤]《中共中央关于全面推进依法治国若干重大问题的决定》不仅旗帜鲜明地规定"健全冤假错案有效防范、及时纠正机制"，为了保证经过司法机关审理的案件经得起法律和时间的考验，还

---

① 参见胡云腾：《依宪治国下的人权司法保障》，载《人民法院报》2014年12月4日。

② 参见樊崇义：《人权司法保障春天的来临》，载《人民法治》2016年第3期。

③ 对于被羁押人人权的保护，尤其是看守所内的人权保护规范，还可以参考郑智航：《中国人权司法保障水平不断提升》，载《人民日报》2016年3月13日。

④ 参见李勇：《加强人权司法保障 确保严格公正司法——持续深入推进以审判为中心的诉讼制度改革》，载《人民法院报》2021年9月2日。

⑤ 尤其是发生在死刑案件中的冤假错案，对生命权的侵犯造成了无可挽回的人间悲剧，对社会公理人心的打击是多少时间和多少公正审判也无法冲淡和抚慰的，因此必须根据价值优先的原则将死刑严格控制在"零冤案"。参见韩大元：《完善人权司法保障制度》，载《法商研究》2014年第3期。

针对司法机关工作人员的具体审判工作做了详细清晰的规定："明确各类司法人员工作职责、工作流程、工作标准，实行办案质量终身负责制和错案责任倒查问责制"。[①]办案质量终身负责制和错案责任倒查问责制为防止因为办案人不尽职尽责的消极懈怠行为导致的和因为司法腐败主观错误行为导致的冤假错案设定了双重震慑和保险。

国家赔偿制度是对在冤假错案中遭受侵犯的人权予以抚慰和弥补的一项人权司法保障制度。对因遭受冤假错案而导致自由被剥夺、身体健康受到伤害、心理健康遭受打击，甚至是生命权被剥夺的不幸和灾难给予国家赔偿，其核心价值并不在于获得多少金钱的补偿，而在于名誉尊严得到恢复、公平正义终得胜利、人权理念得到彰显。[②]

第四节　国家人权机构

人权是人的自由发展在制度上的表现，国家人权机构则是落实人权的关键机制。随着人权理念的普及和发展，人权的内容和人权保护的方式也在不断扩大，人权实践越来越丰富，人权的保护从只追求司法保护这一单一的保护模式，转向多元化的保护模式，旨在保护和促进人权的国家人权机构应运而生，成为国家保障人权的一种行之有效的重要形式。

一、《巴黎原则》

20 世纪 60—70 年代，国际人权条约的数量急剧增加，尤其是《公民及政治权利国际公约》和《经济社会文化权利国际公约》的通过，与《世界人权宣言》一起，形成了国际人权宪章，越来越需要建立一种机制保障这些人权标准在国内的实施。联合国期望国家人权机构在这方面发挥重要的作用，于是 1978 年 9 月，联合国人权委员会在日内瓦召开了关于"促进和保障人权的国内和地方机构"研讨会，会议首次确定了

---

① 《中共中央关于全面推进依法治国若干重大问题的决定》，载中国政府网，https://www.gov.cn/xinwen/2014-10/28/content_2771714.htm。

② 参见杨小军:《国家赔偿完善人权司法保障》，载《人民法院报》2015 年 1 月 7 日。

国家人权机构的结构与功能方面的指南。按照该指南，国家人权委员会分为两类，一类是一般性地促进人权，主要是人权教育和培养人权意识；另一类可以直接采取行动，例如审查国家政策、向国家相关机构提出建议。自 1981 年以来，联大的一系列决议将人权的概念和内容阐述得越来越明确和系统，这为人权机构的建立和运行打牢了基础。人权机构的职责可以概述为两个方面，一是保护人权，二是促进人权。前者包括受理人权申诉、调解案件、将相关问题提请司法或监察机构注意、提供法律咨询或代理诉讼；后者包括参与人权立法、宣传人权知识、从事人权教育等。

1990 年启动的亚太人权研讨会是亚太国家促进人权领域合作的重要平台，积极探索建立区域人权机制，其四个人权合作重点中第一项就是"建立国家人权机构"，制定人权行动计划。1992 年 3 月 3 日，联合国人权委员会以第 1992/54 号决议附件的形式通过了《国家人权机构的地位与功能的原则》(Principles relating to the status and functioning of national institutions for protection and promotion of human rights)(亦称《巴黎原则》)，[1] 其后联合国大会 1993 年 12 月 20 日第 48/134 号决议认可了这一原则并提出了建立国家人权机构的指南。[2]《巴黎原则》规定了建立国家人权机构的职责和组织建设方面的要求和标准，集中解决了四个方面的重大问题：(1) 国家人权机构的职责，其主要任务；(2) 机构的组成，尤其重要的是为保障机构的独立性和多元性规定了人员的任命标准、经费的保障等要件；(3) 机构的运行，包括如何与民间团体的合作；(4) 关于具有准司法管辖权的委员会的补充原则。[3]《巴黎原则》在国家人权机构发展史上具有重要意义，为世界各国建设和完善本国的人权机构提供了标准和借鉴。[4]

---

① UN Commission on Human Rights, *National institutions for the promotion and protection of human rights.*, 3 March 1992, E/CN.4/RES/1992/54, https://www.refworld.org/docid/3b00f22a70.html, 最后访问日期：2023 年 3 月 7 日。

② 杨成铭：《国家人权机构对国家行政机关关系研究》，载《政法论坛》2011 年第 6 期。

③ 白桂梅主编：《人权法学（第 3 版）》，北京大学出版社 2023 年版，第 285—287 页。

④ United Nations, *Nation human rights institutions— history, principles, roles and responsibilities*, Professional Training Series No.4 (Rev. 1), 2010, pp. 31-43.

《巴黎原则》国家人权机构的权限与职责章节内容

1. 应赋予国家机构促进和保护人权的权限。

2. 应赋予国家机构尽可能广泛的授权，对这种授权在宪法和立法案文中应有明确规定，并具体规定其组成和权限范围。

3. 国家机构除其他外，应具有以下职责：

（a）应有关当局的要求，或通过行使其在不须向上级请示径行听审案件的权力，在咨询基础上，就有关促进和保护人权的任何事项，向政府、议会和任何其他主管机构提出意见、建议、提议和报告；并可决定予以公布；这些意见、建议、提议和报告以及该国家机构的任何特权应与以下领域有关系：

（i）目的在于维护和扩大保护人权的任何立法和行政规定以及有关司法组织的规定；为此，国家机构应审查现行的立法和行政规定，以及法案和提案，并提出它认为合适的建议，以确保这些规定符合人权的基本原则；必要时，它应建议通过新的立法，修正现行的立法以及通过或修正行政措施；

（ii）它决定处理的任何侵犯人权的情况；

（iii）就人权问题的一般国家情况和比较具体的事项编写报告；

（iv）提请政府注意国内任何地区人权遭受侵犯的情况，建议政府主动采取结束这种情况的行动，并视情况需要，对政府要采取的立场和作出的反应提出意见；

（b）促进并确保国家的立法规章和惯例与该国所加入的国际人权文书协调，及其有效执行；

（c）鼓励批准上述文书或加入这些文书并确保其执行；

（d）对各国按照其各自条约义务要向联合国机构和委员会以及向区域机构提交的报告做出贡献，必要时，在对国家独立性给予应有尊重的情况下，表示对问题的意见；

（e）与联合国和联合国系统内的任何其他组织、各区域机构以及别国主管促进和保护人权领域工作的国家机构进行合作；

（f）协助制定人权问题教学方案和研究方案并参加这些方案在学校、大学和专业团体中的执行；

（g）宣传人权和反对各种形式的歧视特别是种族歧视的工作，尤其是通过宣传和教育来提高公众认识以及利用所有新闻机构。

国家人权机构的认证，由联合国人权事务高级专员办事处领导下的国家机构单位所属的国家人权机构全球联盟（Global Alliance of National

Human Rights Institutions，简 称 GANHRI）下 设 的 认 证 小 组（Sub-Committee on Accreditation）进行。① 根据是否符合《巴黎原则》，将各国的国家人权机构分为 A（完全符合）、B（部分符合）、C（不符合）三类，并对各国国家人权机构进行定期审核，对不符合评级的国家人权机构降级。② 经过等级认证，特别是获得 A 级认证的国家，意味着其是国际社会认可的、具有较高透明度和可信任度的人权机构，这样也更有利于该国家人权机构更好地融入世界人权体系中。③ 截至 2021 年 12 月 6 日，世界共有 128 个国家人权机构经过认证，A 类 86 个，B 类 32 个，C 类 10 个。④

《巴黎原则》带来的最重要和显著的变化是对国家人权机构概念和职能的明晰，⑤ 各国国家人权机构均从健全人权法律制度、普及人权教育、独立财政支持及独立而有效的议会监察专员制度等方面，促进人权的保护和发展，各国国家人权机构的有效运作，正以其独特机制逐步改善着人权状况。正是由于国家人权机构的卓有成效的努力，各国人权状况正在逐步转变。例如，阿富汗人权委员会发表了"呼唤正义"的报告，丹麦人权机构建立了一个知识数据库来提高对反对恐怖主义立法的具体影响和后果的意识，蒙古国国家人权委员会为保护住在与世隔绝的山区的该国少数民族权利做出了很大贡献等。由于国家人权机构相对中立和超然的地位，可以起到监督与制约国家机关有关人权的保障活动，使国家切实履行"尊重与保障"的义务，减少或防止侵害人权的现象。

---

① 1993 年设立的国家促进和保护人权国际协调委员会（International Coordinating Committee of National Human Rights Institutions for the Promotion and Protection of Human Rights，简称 ICC），以协调国家人权机构网络的活动为目的，2016 年更名为国家人权机构全球联盟，https://www.ohchr.org/zh/countries/nhri/global-alliance-national-human-rights-institutions-ganhri，最后访问日期：2023 年 3 月 7 日。

② 具体认证信息详见国家人权机构全球联盟官网，https://ganhri.org/wp-content/uploads/2022/02/StatusAccreditationChartNHRIs_28.12.21.pdf，最后访问日期：2023 年 3 月 7 日。

③ 李洪勃、王赫琰：《北欧国家人权机构模式及其对中国的启示》，载《南京大学法律评论》2015 年秋季卷，第 57—73 页。

④ GANHRI, *Sub-Committee on Accreditation*, https://www.ohchr.org/EN/Countries/NHRI/Pages/GANHRISSubCommitteeAccreditation.aspx.

⑤ 张伟：《国家人权机构研究》，中国政法大学出版社 2010 年版，第 49 页。

二、国家人权机构的种类

国家人权机构是由政府根据宪法、法律或法令建立并以促进和保护人权为其专门职责的机构。[①]其种类呈现出丰富的多样性，似乎有多少国家就有多少种类型的国家人权机构。国家人权机构没有一个统一的分类标准，早期被分为两种类型，即"人权委员会"（multi-member）和"监察专员"（single-member）。人权委员会形式的国家人权机构一般会包括多项与促进和保护人权直接相关的功能，如咨询、教育、公正调查；而监察专员形式的国家人权机构则主要集中于公正调查职能。[②]国际人权政策委员会（International Council on Human Rights Policy）于 2005 年公布了《国家人权机构：影响评估指南》，[③]提出了当今世界最具有代表性和典型意义的国家人权机构类型，[④]即咨询类人权委员会、具有准司法权的人权委员会、国家人权研究中心、人权监察专员四类[⑤]，有学者基于此认为还有一类仅针对特定领域内的弱势群体（如种族和语言方面的少数群体、土著居民、儿童、难民或妇女）的专门性国家人权机构，荷兰的平等对待委员会（B 类）就属此列。[⑥]

各个国家政治体制的不同，决定了国家人权机构设立条件的差异，可以是由宪法或国家立法机关的立法或总统的命令来设立。这种不同的政治条件在一定程度上决定了国家人权机构的权力与功能、制度的合法性、功能意义上的独立和经济上的自治。韩大元教授将其划分为三种模式：国家主导与社会主导型模式、国家机构型和特殊法人型模式、混合型模式，认为以实现人权为基本目标的人权保护机构应保持多样化的特

---

① 《关于设立和加强促进和保护人权的国家机构手册》，联合国人权事务中心专业培训丛刊第四辑，1995 年版，第 39 页。

② 《关于设立和加强促进和保护人权的国家机构手册》，联合国人权事务中心专业培训丛刊第四辑，1995 年版，第 41—43 页。

③ *National Human Rights Institutions*: *Impact assessment indicators*, 2005, International Council on Human Rights Policy. Versoix, Switzerland.

④ 董云虎主编：《国家人权机构总览》，团结出版社 2011 年版，第 5 页。

⑤ Morten Kjaerum, *National Human Rights Institutions Implementing Human Rights* (Det Danske Center for Menneskerettigheder, 2003), pp. 8-9.

⑥ 郭三转：《国家人权机构的设立与作用》，载《环球法律评论》2010 年第 3 期。

点以适应各国人权发展的需要，而采取何种形式的保护模式应根据各国的国情作出判断和选择。[①] 综合上述分类，国家人权机构可归为下述三类模式：人权委员会模式、咨询委员会模式、督察专员模式。

（一）人权委员会模式

人权委员会是国家机构的经典模式，与《巴黎原则》中所描述的模型最相符。在英联邦国家多采用这种模式，也被称为"联邦模式"，例如澳大利亚人权委员会（1981年），加拿大人权委员会（1977年），新西兰人权委员会（1977年）和英国人权委员会（1976年）。这些早期的委员会的工作集中在反歧视或平等立法的实施。人权委员会是由多名专家组成，具有准司法性，符合《巴黎原则》要求的人员组成多元化的理想模式。人权委员会的权限包括：就人权问题向政府作出建议；监督政府人权义务的履行情况；开展人权宣传和培训活动；调查申诉和调解案件以促成和解。

（二）咨询委员会模式

咨询委员会模式的国家人权机构一般不扮演人权卫士的角色，而是在民间社会和政府之间起桥梁作用。该模式以法国全国人权协商委员会为代表，因此也被称为"法国模式"，非洲法语国家多采用该模式的人权委员会。咨询委员会通常不接受申诉，也不拥有强大的调查权力，主要专注于根据政府的要求，通过提供专家咨询，协助政府保护人权并就人权问题开展研究。此外，咨询委员会可以从事人权教育和宣传活动，这方面与人权委员会类似。委员会汇集了来自不同背景的人，包括学者、非政府组织、人权专家和政府官员，其组成人员数比人权委员会更多，更具有多样性和广泛性。

（三）人权督察专员模式

人权监察督察专员从最初的斯堪的纳维亚模式衍生而来，在相互关联的机构体系中拥有明确的职责，致力于监测公共行政的合法性和公平性及其实施过程。20世纪90年代以后，督察专员发展为典型的申诉专员和人权委员会模式相结合的国家人权机构，也被称为"混合机构"。

---

① 韩大元：《国家人权保护义务与国家人权机构的功能》，载《法学论坛》2005年第6期。

采用混合模式的人权机构并不单纯充当行政监察机构的角色，也被明确赋予促进和保护人权的任务。一些拉丁美洲以及中欧和东欧国家开始加强其人权机构的建设，多采用这种国家人权机构模式。人权督察专员的工作重点通常在于调查申诉和监督国家对不同层次人权的遵守情况；提出建议和提案，并就与人权有关或将对其产生影响的政府政策和立法提出意见和发表声明。不同于传统的人权督察专员模式，混合机构也从事类似于人权委员会所开展的人权教育和培训活动。但在人员组成方面，人权督察专员模式明显不同于其他类型的国家机构，它往往是单人机构，这意味着《巴黎原则》要求的成员组成多元化无法满足。除这一明显区别外，人权督察专员和人权委员会之间的界限已经变得越来越模糊。[①]

三、国家人权机构的特点

《巴黎原则》规定了国家人权机构意欲实现其总体目标（即保护和促进人权）和具体目标通常应具备的最低条件，国家机构可以使用这些条件来评估自己是否适合有效地开展活动，[②]但这些条件并非适用于所有国家人权机构，国家人权机构应因地制宜地选择适合其情况的条件。根据《巴黎原则》，国家人权机构的条件主要有：（1）设立依据的法定性：宪法、法律、法令；（2）机构地位的独立性：经费保证、成员组成和任期、运作方式上的独立；（3）职能的准司法性：行使类似司法的职责；（4）利用的便宜性：程序的简便，费用的免除；（5）服务的咨询性：机构成员独立并具有广泛的代表性；（6）与非政府组织的合作：在教育、提供信息、培训和宣传等领域借助非政府组织的力量来提高其社会的可见度。

（一）设立依据的法定性

《巴黎原则》要求国家人权机构必须明确依照宪法或法律设立，这可确保更大的持久性、更大的独立性和更大的透明度。以行政命令、法

---

① 白桂梅主编：《人权法学（第3版）》，北京大学出版社2023年版，第287页。

② Office of the United Nations High Commissionner for Human Rights, *Assessing the Effectiveness of National Human Rights Institutions* (International Council on Human Rights Policy, 2005), p. 11.

令等形式设立国家人权机构的做法，无法保障国家人权机构的持续存在和独立性，是不可取的。一个设立国家人权机构的立法中，大体会包括以下内容：（1）确立国家人权机构的独立的法律特性；（2）规定国家人权机构的职责范围；（3）确立国家人权机构履行其义务的法律权威；（4）在适当的情况下，设立申诉的程序以及提供相应的赔偿；（5）确立机构成员任命的标准、选拔和解职的程序、任职时间及其特权与豁免的条件；（6）授权国家人权机构的设立以及聘用工作人员的权利；（7）描述报告程序，最好是向议会提交报告。[①]

（二）机构地位的独立性

决定国家人权机构有效运作的最关键的条件是其独立行使职权的能力，[②]这种独立性必须在其法律职责中予以明确规定。但独立性是相对的，一个国家人权机构的独立性绝不意味着其与国家的其他机构、组织之间没有任何联系。另外，在严格界定各国家机构的权限和职责的基础上，还需要发挥各国家机构之间的联系和合作，共同促进和保护人权。根据《巴黎原则》，国家人权机构通过如下几个方面实现其独立性：（1）通过立法实现独立。绝大多数国家的国家人权机构是通过法律或议会法案形式设立的，为保证国家人权机构有效运作，在法律或议会的授权性法案中应该清晰地规定国家人权机构具有独立地位，并应保证其享有充分的权力、相应的地位和明确的责任。（2）通过委员会的组成保证独立。国家人权机构的独立性还需要其成员个人的独立，因为无法保证该机构的成员在单独或集体行动中的独立性，即使赋予该机构较高的法律地位、业务独立、技术或财政的支持，国家人权机构的独立性还是无法保证。因此在成员的独立任命、任职期限、职务的解除等方面必须明确规定一般标准。（3）通过财政保证独立。保证人权机构独立的一个关键因素是为机构提供充足的经费，也就是说，机构能具备使其顺利开展活动的基础结构，避免政府通过经费控制干扰机构的独立工作。它包括两层含义：

---

① 张伟：《试论国家人权机构的特征》，载《政法论坛》2010 年第 2 期。

② Brain Burdekin, "Human Rights Commissions," in K. Hossain et al. (eds), *Human Rights Commissions and Ombudsman Offices: National Experiences Throughout the World* (Kluwer Law International, 2001), p. 43.

第一，国家人权机构经费的取得不会影响到其成员的政治主张；第二，经费应充足，以满足国家人权机构高水平、专门化运作的需要。[①]

（三）职能的准司法性

准司法权是指具有类似的司法职能，但行使该司法职能的不是司法机关而是行政机构或行政官员。《巴黎原则》在最末部分将国家人权机构调查个人申诉的权力总结为准司法权。[②] 国家人权委员会的准司法性表现为：（1）可以接受关于违反人权的申诉。（2）实地考察和调查。（3）委员会可以依据相关人的请求，或依其职权将申诉提交给调解委员会并启动调解程序。如果双方当事人对争议的事项达成了和解，各自在和解协议上签字，委员会给予认可，申诉程序就此结束。如果当事人没有达成和解，调解委员会将作出决定公平解决申诉。（4）如果委员会经过调查发现确实存在着违反人权的情况，它可以向被申诉人提出如下建议：停止侵犯人权的行为、恢复原状、损害赔偿或给予其他必要救济；或为防止同样的或类似的侵犯人权行为的再次发生而需采取的必要的措施；纠正或改进相关法令、政策或实践。这种准司法权是保证国家人权机构具有实际效力的重要因素。[③]

（四）利用的便宜性

多数需要获得人权救济的人来自社会脆弱群体，如精神病患者、残障人士、低收入者、少数民族、妇女和儿童等。联合国或区域层面的人权救济措施在这些人中的大多数看来遥不可及，甚至闻所未闻。因此，对他们来讲，最合乎现实的办法是在国内寻找直接有效的救济措施。国家人权机构最本质的特性就是能够提供便捷、低成本、有效的、令全社会信赖的促进和保护人权的途径。这就是所谓的国家人权机构的便民性特征，有学者认为，国家人权机构是否具备便民性的特征直接决定着其存在的价值，独立性等其他特征最终都是为该机构能

[①]　白桂梅主编：《人权法学（第 3 版）》，北京大学出版社 2023 年版，第 288 页。

[②]　参见《巴黎原则》最后部分"关于具有准管辖权的委员会的地位的附加原则"，https://www.un.org/zh/documents/treaty/A-RES-48-134，最后访问日期：2023 年 3 月 7 日。

[③]　Katerina Linos & Tom Pegram, "What Works in Human Rights Institutions?", 111: 3 *The American Journal of International Law* (2017) 628-688.

够真正便民而服务的。基于此，便民性的特征贯穿于《巴黎原则》的始终。在规范"权限与职责"的章节中，《巴黎原则》强调国家机构促进和保护人权的权限"应尽可能广泛"。此外，国家人权机构必须有权力不按照烦琐的司法程序开展其调查或寻访活动，而是依据自然公正法则制定简便的接访规则，最重要的是，国家人权机构应该自始至终提供免费的服务。[①]

（五）服务的咨询性

国家人权机构的职责在于保障人权，一般情况下，其处理的事项是多方面的，包括：分析和研究人权法律、司法制度和实践并对此发表自己的意见、提出改进的建议；对侵害人权和歧视行为进行调查和救济；审查人权问题和人权环境；进行人权教育，提高公众人权意识；提供侵害人权行为的类型和判断标准以及有关预防侵害人权行为的措施方面的原则、建议或指导；为政府提供有关加入国际人权条约以及履行相关条约方面的意见和建议；通过与国内或国际上的人权非政府组织、其他国家人权机构以及国际人权机构进行交流合作，以促进和保护人权。监督国家的人权实践是人权机构的重要职责，监督国家的人权实践的方式之一是赋予人权机构咨询权，可以就立法、司法实践、政策规定等提出建议。[②] 政府、立法机构、司法机构等国家机构被赋予在各自的职权范围内保证人权的职责，作为非国家机构的人权委员会主要依靠与政府机构的对话与合作互动来发挥其咨询作用。国家人权机构是以国际人权标准为依据从事促进和保护人权的工作的，因而机构组成人员应当具备相关人权知识。

（六）与非政府组织的合作

为了促进和保护人权的共同事业，国家人权机构要有能力借助非政府组织、企业部门等其他社会群体的力量来履行其职责。国家人权机构的这种与其他机构之间的协调和沟通能力的强弱会直接影响到其能否有

---

① Brian Burdekin, "International Mechanisms to Protect Human Rights: An Overview of Recent Developments in the Asia-Pacific Region," *Human Rights*, Sep. 2005, No.5, pp. 28-29.

② 白桂梅主编：《人权法学（第 3 版）》，北京大学出版社 2023 年版，第 289 页。

效地开展促进和保护人权的日常工作。[①] 在《巴黎原则》的起草过程中，国家人权机构与非政府组织之间的合作问题引起了广泛的讨论。来自国家机构和非政府组织的代表从各自工作实践的角度出发，普遍认为这两个机构之间不是相互替代的关系，而是建立在宗旨一致和职责互补基础上的合作关系。[②] 许多国家的经验表明，离开了非政府组织的合作、支持和信任，国家人权机构不可能有效地履行其职责。[③] 在联合国有关国家人权机构的培训手册中，进一步强调一个国家人权机构应当与直接或间接致力于促进和保护人权的非政府组织和社区团体建立和保持密切的联系。它指出，非政府组织往往为建立和加强国家人权机构出力，国家人权机构应该借助非政府组织的力量来提高其社会的可见度；非政府组织还可以作为侵权行为受害者与国家人权机构的中介，提供必要的信息和支持；非政府组织还可以利用其某些特长，与国家机构一道培养有利于尊重人权和基本自由的国内气氛；非政府组织可以在教育、培训和宣传等领域与国家人权机构成为合作伙伴。[④]

四、中国设立人权机构的必要性和可行性

国家人权机构面临的挑战需要从内部和外部两方面进行审视。在内部，国家人权机构面临的第一个挑战是提高其成员和工作人员对经济、社会和文化权利的理解和接受程度；第二个挑战是需要处理经济、社会和文化权利的机构能力，繁重的工作量、工作人员的经验和培训不足、与外部利益相关者的沟通不发达或无效、缺乏管理协调和规划等因素，都会影响国家人权机构保护和促进经济、社会和文化权利的能力；第三

---

① International Council on Human Rights Policy, *Performance & Legitimacy: National human rights institutions* (2nd ed.), 2004, p. 97.

② 关于促进和保护人权的国家机构的国际讲习班的报告，1991 年 10 月 7 日至 9 日，巴黎，E/CN.4/1992/43，第 20 页。

③ National NGO Coalition for the Establishment of an Independent NHRC, *Not for the People! The Controversy over the National Human Rights Commission in South Korea*, Dec 1999, https://www.hurights.or.jp/archives/focus/section2/1999/12/not-for-the-people---the-controversy-over-the-national-human-rights-commission-in-south-korea--.html.

④ 《关于设立和加强促进和保护人权的国家机构手册》，联合国人权事务中心专业培训丛刊第四辑，1995 年版，第 80—81 页。

个挑战则是国家人权机构需要确定与经济、社会和文化权利相关的标准，包括指标、基准和目标，其工作人员需要更全面地了解每项权利的维度和参数以及相关的国家义务。在外部，国家人权机构应考虑：司法能力、独立性及对其运作能力的影响；与执行补救措施有关的国内法律制度和国际条约义务；降低政策冲突风险的策略；教育公众和社会团体了解其任务的步骤；提高政府、军队和警察对其作用和权威的认识。①

根据《巴黎原则》规定的设立国家人权机构的最低标准，中国尚无《巴黎原则》规定的统一的国家人权机构。中国在长期的国际人权实践中，已积累了丰富的促进和保护人权的经验，并建立了一整套中国的人权保障机制。对比《巴黎原则》所规定的国家人权机构的职责，我国也有相应的机构行使某些相应职责：

（1）调查侵犯人权案件。在中国，这类职责是由司法机关、国家监察委员会、行政监督机关以及中国共产党的纪律检查机关等执行的。

（2）用人权标准检验既有的法规和立法草案。根据我国《立法法》分成两种情况：一是制定法律法规机关的上一级机关进行审查，如由全国人民代表大会审查它的常务委员会制定的法律和批准的自治条例和单行条例等；二是提出书面审查意见，例如《立法法》第99条和第100条规定有关机关、公民可就行政法规、地方性法规、自治条例和单行条例，向全国人民代表大会常务委员会书面提出进行审查的要求或建议。

（3）规划并建议国家人权政策和国际人权合作计划。按照《巴黎原则》该类职责可以分成三个具体的职责：其一，国家人权机构应"提请政府注意国内任何地区人权遭受侵犯的情况，建议政府主动采取结束这种情况的行动，并视情况需要对政府要采取的立场和作出的反应提出意见"。在我国，这项职责是由立法机关、检察机关、行政机关、各级信访机关、如工会、妇联、残联等组织履行。其二，国家人权机构应促进并确保国家的立法规章和惯例与该国所加入的国际人权文书协调，及其有效执行；鼓励批准上述文书或加入这些文书并确保其执行。在我

① United Nations, *Economic, Social and Cultural Rights: Handbook for National Human Rights Institutions*, Professional Training Series No.12, 2005, pp. 40-42.

国，这项职责是由全国人大及其常委会承担。其三，国家人权机构应与联合国和联合国系统内的任何其他组织、各地区机构以及别国主管促进和保护人权领域工作的国家机构进行合作。在我国，该职责是由全国人大的专门机构、中国人权研究会和国家有关外事部门如外交部等共同履行。

（4）促进学校内的人权教育、训练和研究。在中国，该类职责是由教育主管部门和科研主管部门主管，由高等院校、科研院所具体履行。

（5）提出年度和专题的国家人权报告。在中国，没有履行该职责的机构，因为《巴黎原则》要求的年度和专题国家人权报告是要与政府提交的报告相印证的所谓"影子报告"，目前提交政府报告职责是由国务院新闻办公室和外交部等具体履行。① 人权实践中出现了政府机构兼为保障人员、人权保障机构权限交叉、偏向重视权利的事后救济、偏向重视公民权利和政治权利、尚未建立区域性人权保障机制等问题。

中国的人权保障机制不尽完善，影响到中国人权事业顺利发展。实现尊重和保障人权的宪法目标，借鉴人权保护国际机制的成功经验，建立我国的国家人权机构，是在新的国际政治、经济格局中开展现代外交，在国际政治、经济舞台上扮演更重要角色的需要，也是国内民主政治建设、法治事业进步、人权保障与促进工作向更高层次提升的必然要求。② 学者建议，在国家人权机构与国家立法机关之间的关系上，国家人权机构依据国家立法机关制定的相关法律设立和运行，通过向国家立法机关提交定期报告对立法机关负责，参与国家立法机关人权立法活动，并促进国家人权立法的实施。同时，国家人权机构通过不同形式对立法机关的人权立法进行监督。③ 国家人权机构与国家司法机关之间关系的设计和调适取决于国家现有的政权结构和对人权事务的态度。一般而言，国家人权机构将主要为有关人权争议提供司法外解决方法，在穷尽上述方法

---

① 袁钢：《〈巴黎原则〉与中国国家人权机构的设立》，载《人权》2016 年第 2 期。

② 齐延平：《国家的人权保障责任与国家人权机构的建立》，载《法制与社会发展》2005 年第 3 期。

③ 李活力、杨帅：《国家人权机构对国家立法机关关系研究》，载《政法论坛》2015 年第 3 期。

后，有关当事人仍可寻求司法途径。[1] 在国家人权机构对国家行政机关的关系上，国家人权机构的工作是对国家行政机关人权保护工作的补充，这种补充在很大程度上是通过对国家行政机关的人权保护工作实施监督来实现的。[2] 根据我国现有的思想观念和社会政治环境分析，中国设立国家人权机构也是可行的。首先，2004 年《宪法》将"国家尊重和保障人权"确定为基本原则，使之成为国家的基本价值观，为设立国家人权机构提供了法理依据。其次，中国已经签署并批准了 26 项国际人权公约，遵循条约的规定，完成和提交了履约报告，并参加了上述各条约机构对报告的审议会议。这些人权领域的实践都为国家人权机构的设立积累了一定的经验。最后，中国高校的人权教育和研究有了突破性进展，大学的人权教育逐渐普及并受到一定的重视，这些都为人权机构的设立储备了必要的专业人才。[3]

思 考 题

• 在现代人权理论中，国家是如何保障人权的，在人权保护中起到了哪些作用？

• 试述平等和不歧视的含义，是否可以认为平等等同于不歧视？你的理由有哪些？站在人权的视角看，宽容指的是什么，其价值体现在哪些方面？

• 如何用人权的理念和制度避免市场对正义等社会价值的侵蚀？

• 为什么说良好的福利制度可以促进人权的实现，不良的福利制度会扭曲人权的实现？如何建立尊重并满足弱势群体特别需求的福利制度？

• 自然权利理论在人权发展史中发挥了重要作用，面对今天的问题时是否依然具备足够的解释力？如果不能，我们需要哪种理论或视角来解决今天的问题？自然权利论在今天是否依然重要？

• 数字化时代，人权的法律化是否还有必要？算法能否取代法律的人权保障功能？

• 关于人权保护的主体，除了本书所列举的，还能想到哪些？

---

[1] 杨成铭：《国家人权机构对国家司法机关的关系研究》，载《政法论坛》2010 年第 5 期。

[2] 杨成铭：《国家人权机构对国家行政机关关系研究》，载《政法论坛》2011 年第 6 期。

[3] 常健：《改革开放 40 年中国人权事业发展的动力、成就与特点》，载《人民法治》2019 年第 1 期；徐亚文、闫立东：《改革开放四十年中国人权保障事业的成就与发展方向》，载《西北大学学报（哲学社会科学版）》2019 年第 1 期。

- 国家为什么是人权保护首要的义务主体？
- 如何认识国家对人权保护的阻碍作用？
- 作为保障人权最后一道防线的司法环节，是如何实现人权保护和救济的？
- 国际人权法和国内人权法的渊源有哪些？
- 如何实现人权保护的良法善治？

延伸阅读

白桂梅主编：《人权法学（第 3 版）》，北京大学出版社 2023 年版。

陈景辉：《算法之治：法治的另一种可能？》，载《法制与社会发展》2002 年第 4 期。

陈佑武、李步云：《论人权的义务主体》，载《广州大学学报（社会科学版）》2012
　年第 3 期。

何志鹏：《权利发展与制度变革》，载《吉林大学社会科学学报》2006 年第 5 期。

何志鹏：《人的回归：个人国际法上地位之审视》，载《法学评论》2006 年第 3 期。

何志鹏：《"自然的权利"何以可能》，载《法制与社会发展》2008 年第 1 期。

何志鹏：《以人权看待发展》，载《法制与社会发展》2009 年第 4 期。

何志鹏：《"以人民为中心"：人权理论的中国化解码》，载《人权》2020 年第 2 期。

何志鹏：《中国人权事业发展的行动逻辑：三个维度》，载《人权》2021 年第 5 期。

何志鹏、孙璐、王彦志、姚莹：《国际法原理》，高等教育出版社 2017 年版。

李步云主编：《人权法学》，高等教育出版社 2005 年版。

李步云、肖海军：《契约精神与宪政》，载《法制与社会发展》2005 年第 3 期。

李龙、任颖：《论国家治理与人权保障》，载《武汉大学学报（哲学社会科学版）》
　2014 年第 5 期。

刘杨：《正当性与合法性概念辨析》，载《法制与社会发展》2008 年第 3 期。

王克金：《权利冲突论——一个法律实证主义的分析》，载《法制与社会发展》2004
　年第 2 期。

王浦劬等：《政治学基础（第 4 版）》，北京大学出版社 2023 年版。

徐显明主编：《国际人权法》，法律出版社 2004 年版。

肖君拥：《国际人权法讲义》，知识产权出版社 2013 年版。

杨春福主编：《人权法学（第 2 版）》，科学出版社 2010 年版。

叶传星：《论人权的国家治理功能》，载《人权》2015 年第 3 期。

朱力宇、叶传星主编：《人权法》，中国人民大学出版社 2017 年版。

张永和主编：《新时代中国人权故事》，中央编译出版社 2023 年版。

〔印度〕阿玛蒂亚·森：《以自由看待发展》，任赜、于真译，中国人民大学出版社 2013 年版。

〔美〕亨德里克·威廉·房龙：《宽容》，杨晔译，现代出版社 2020 年版。

〔法〕让－马克·夸克：《合法性与政治》，佟心平、王远飞译，中央编译出版社 2002 年版。

〔美〕托马斯·伯根索尔等：《国际人权法精要（第 4 版）》，黎作恒译，法律出版社 2010 年版。

第六章　人权的国际保护

人权的国际保护不仅是人类文明发展和进步的表现，也是国际法范式转换的重要标志。在第二次世界大战之后，国际人权法成为国际法体系之中发展迅速的部门。不仅存在《联合国宪章》《世界人权宣言》、人权两公约这样的全球性基本人权法律文件，而且形成了一系列专门的国际人权公约，建立起全球性的国际人权机构，在《联合国宪章》和各个公约的框架之内要求各缔约国履行人权义务，提升人权水平。此外，在欧洲、美洲、非洲也建立起了体系性的人权保护机制，为各个区域的人民享有各方面的权利做出了坚实的努力。通过国际罪行的确立、国际刑事审判，大规模的人权侵害成为国际社会共同认可的罪行受到普遍的惩罚。在国际舞台上，也活跃着一些非政府组织，它们为国际人权的发展，特别是监督相关政府的行为做出了有益的贡献。

第一节　人权国际保护的历史发展

通过国际政治呼吁来强调人权的重要价值，建立国际法律制度来认可人权、强调人权、保护人权，尤其是形成人权领域的国际法体系，是一条贯穿人类近现代文明的重要线索。

从国际社会的视角来看待人权保护的历史进程和实践发展，不难发现，早在 17 世纪，以雨果·格劳秀斯为代表的一批具有理想主义色彩的国际法学家就提出了通过国际干预来处理某些国家内部人权问题的设想。① 同时代的欧洲社会正处于宗教改革和三十年战争的剧烈震荡之中，宗教方面的宽容与和解，也催生了人权国际保护的思想萌芽。进入 19 世纪，一批成文的人权性质的国际法律文献涌现出来。② 20 世纪前 20 年，在经历了第一次世界大战的冲击之后，《国际联盟盟约》中列入了诸多相关条款，并成立了负责劳工等特定群体保障的国际劳工组织（International Labour Organization, ILO）。这些维护少数群体权利的国际法实践，为第二次世界大战以后的"人权革命"作了经验准备。

第二次世界大战结束之时，《联合国宪章》成为国际新秩序的核心文献，它所包含的条款和精神，展现出国际社会保障人权、避免悲剧的决心。1948 年的《世界人权宣言》标志着人权思想与理念开始逐步成为国际社会中合法性与正当性最重要的来源之一。经过长期的艰难谈判，各国在冷战的不利环境下尽可能地克服了分歧和阻碍，在 1966 年先后起草、缔结了《公民及政治权利国际公约》和《经济社会文化权利国际公约》。此外，为了在各领域实现更完善的人权保障，联合国大会还陆续组织起《消除一切形式种族歧视国际公约》《保护所有人免遭强迫失踪国际公约》等专门性国际公约的缔结工作。除了法律文件的创制，联合国还基于《联合国宪章》与人权两公约建构起人权保障的机制，先后建立了联合国经济及社会理事会、人权委员会（后改革为人权理事会），人权事务高级专员，以及一系列基于专门公约的条约机构。这些机制在实践中不断强化、巩固着前述人权法律文件的权威和地位，促进着世界人权的更好发展。

除了以联合国为中心的人权保障的努力尝试以外，世界各国也实施了地区性的人权保障制度建设。欧洲、美洲人权保障机制在"二战"后开始逐步成型，伴随着一体化进程的不断发展，在外交、法律方面都取得了一些成果；非洲人权保障虽然因非殖民化运动而起步较晚，但更重视人权和民族权利的良好融合，并具有鲜明的制度建构色彩；亚洲地区

---

① See Louis B. Sohn & Thomas Buergenthal, *International Protection of Human Rights* (New York: The Bobbs-Merrill Company Inc., 1973), p.137.

② 〔美〕托马斯·伯根索尔、黛娜·谢尔顿、戴维·斯图尔特：《国际人权法精要（第 4 版）》，黎作恒译，法律出版社 2010 年版，第 5—16 页。

的人权保障机制方兴未艾，随着中国倡导的"人类命运共同体"理念的不断发展和亚洲各国合作的深化，新的制度也初具雏形。

人权保障还必须有充分的救济渠道。"二战"结束之后，同盟国就组织了纽伦堡国际军事法庭和远东国际军事法庭，负责处理"二战"期间的轴心国战争罪行和侵害人权行为。其后，联合国国际法院、国际刑事法院与欧洲、美洲的地区性人权法院也陆续建立起来。另外，在安理会的授权下，前南斯拉夫问题国际刑事法庭和卢旺达问题国际刑事法庭负责就特定国家发生的人道主义与人权侵害问题提供司法救济。

在国际关系格局中，主权国家历来被认为是人权保障的首要义务主体。第二次世界大战之后，不仅全球性、区域性国际组织发挥了不可替代的重要作用，非政府组织也在"人权革命"历程中显示了不可忽视的功能。从《联合国宪章》《世界人权宣言》的有关条款，到冷战中、冷战后一系列人权国际组织的出现，非政府组织对人权治理、人权保障的进步起到了不可替代的作用。

国际人权法的出现和发展，对于整个国际法体系而言是一个重要的创新和范式转换。在国际人权法出现之前，国际法是纯粹的国家间机制：尊重国家主权，调整国家之间的边境、外交、条约等事务，对于国家内部的事务，国际法不予关涉。随着国际人权法日益成为国际社会关切的对象，国家主权展现出了在人权领域开放合作的趋势，一国的人权事务虽然本质上是一国内政问题，但已经在很大程度上成为国际法的调整对象，国际社会根据国际法规范对于一国境内的人权事务予以审核建议，或要求政府调整政策和行动。这种变化可以称为国际法的"人本化转型"。国际人权法与国际经济法、国际环境法的发展一道，共同带动了国际法从第二次世界大战之前的"主权国家范式"升级迭代到第二次世界大战之后的"全球事务范式"。

第二节　人权国际保护的法律规范

在国家对人权保护的基础上，增进国际法对人权保护的合作与监督功能，体现了当代国际法的纵深格局。作为"二战"后"人权革命"最重要的组成部分，人权国际保护往往通过一系列精密筹划、制定严谨的国际法律规则体现出来。从国际社会的角度来看，国际法律文书往往扮演着明确人权规则、确立人权制度、完善人权发展路径的重要职能。世界各国通过对这些法律规则表示认同，或参与缔约，或公开承诺，承担起保障人权的法律义务，并对其他国家与国际社会负责。[①]《联合国宪章》《世界人权宣言》《公民及政治权利国际公约》和《经济社会文化权利国际公约》毫无疑问是其中最为核心的部分，此外，一系列专门公约也在各领域发挥着积极作用。

一、《联合国宪章》与人权

联合国成立于 1945 年，正是整个国际社会刚刚经历两次世界大战的战乱摧残，各国百废待兴，人民伤痛亟待愈合的历史节点。就如同《联合国宪章》（以下或简称《宪章》）序言部分所强调的那样，"我联合国人民同兹决心，欲免后世再遭今代人类两度身历惨不堪言之战祸，重申基本人权，人格尊严与价值，以及男女与大小各国平等权利之信念"，联合国的建立与《宪章》的制定，很大程度上是重树国际秩序，重构国际关系，重新将人格尊严、人权保障引入国际社会的一次新的尝试。《宪章》为"二战"后的"人权革命"奠定了法律和制度基础，成为了我们今天熟知的人权国际保障的重要一环。[②]

（一）《联合国宪章》中的人权条款

《联合国宪章》是战后国际秩序和格局的一项奠基性的法律文件，但它的人权条款并非空中楼阁，无本之木。学界的一般观点会追溯到富兰克林·罗斯福总统在 1941 年提出的"四大自由"思想，也即"言论和表达自由、宗教信仰自由、免于匮乏的自由、免于恐惧的自由"。其后，在战争时期，同盟国家之间就未来战后秩序进行了一系列磋商与会谈。

---

① 杨宇冠主编：《联合国人权公约机构与经典要义》，中国人民公安大学出版社 2005 年版，导言，第 3—5 页。

② Louis B. Sohn, "The New International Law: Protection of the Rights of Individuals Rather than States," 32 *American University International Law Review* (1982) 1, at 10.

在此过程中，随着《大西洋宪章》《联合国家宣言》等文件的面世，一套维护人权的法律体系初具雏形。在筹备联合国的敦巴顿橡树园会议和旧金山会议上，大国与其他国家就人权保障条款进行了充分而激烈的争论。伴随着战争造成的触目惊心的人道主义灾难逐渐被揭露出来，各国代表也不断认识到人权保障条款的重要性，并最终形成合意，在《宪章》文本中列入了除序言部分以外的七项涉及人权的条款。[①]

《宪章》第 1 条是联合国这一多边国际组织的宗旨与目的所在。正如美国国际人权法学者托马斯·伯根索尔（Thomas Buergenthal）指出的那样，"我们今天所知道的国际人权法，始于《联合国宪章》。按照其第 1 条第 3 款，联合国的宗旨之一是'促成国际合作……且不分种族、性别、语言或宗教，增进并激励对于全体人类之人权及基本自由之尊重'"，[②]这一条款将保障和促进人权视为联合国的三大基本宗旨之一，并且要求其成员国同国际组织密切合作，经由多边主义的路径实现这一目标。同时，《宪章》第 1 条第 2 款强调的"尊重人民平等权利及自决原则"，在当时的历史背景下和后续发展中扮演了不同角色。在当时的环境下，非殖民化运动尚未充分发展兴起，因此这项原则更多指向各国人民的民主权利和各国之间的平等地位。在 20 世纪 60 年代，随着第三世界国家不断独立和步入国际舞台，民族自决和独立选择本国道路、制度的权利越来越受到重视，自决原则也因而被视为人权体系的重要一员。[③]

在第 13 条、第 62 条和第 68 条的规定中，《宪章》分别规定了联合国大会和联合国经济及社会理事会在人权方面应当担负的职责和相应的权力。例如第 13 条规定，联合国大会可以就"全体人类之人权及基本自由"的事宜作成建议。虽然联合国大会以决议形式作出的建议一般在非联合国内部的组织事务上是不具有法律约束力的，但由于它重要的多边论坛地位，这些建议往往被认为是国际社会就某项问题达成的重要共识，

---

① 龚刃韧：《〈联合国宪章〉人权条款的产生及其意义》，载《人权研究》2020 年第 1 期。

② Thomas Buergenthal, "The Evolving International Human Rights System," 100 *American Journal of International Law* (2006) 783, at 785-786.

③ 杨泽伟：《论国际法上的民族自决与国家主权》，载《法律科学》2002 年第 3 期。

并且具备着非同寻常的权威意义。① 同时，第 62 条和第 68 条为经济及社会理事会规定的职权包括"为增进全体人类之人权及基本自由之尊重"作成建议，并允许经济及社会理事会设立"提倡人权为目的之各种委员会"，后者就包括了在各国建议下设立的人权委员会（1946—2006）。应当看到，《宪章》对联合国大会、经济及社会理事会涉及人权的职权规定是"绝对有限，相对灵活"的。一方面来看，二者的主要职能仅限于作成各类建议或者提出报告，并未获得强制人权执行或保障的任何权力；另一方面来看，恰好是由于这种制度设计以及两个机构的开放、多边属性，这些被各类决议承载的人权文件得以更加灵活地度过即将来临的冷战时期。可以说这项规定是《宪章》希望通过联合国大会和经济及社会理事会发展人权制度和规则的一种期望。

对新生的联合国而言，一个尚未解决的历史遗留问题是国际联盟时代的委任统治地和殖民地国家的非殖民化问题。② 由于国联委任统治制度的失败，《宪章》第 76 条决定设立托管理事会，对由 7 个会员国管理的 11 个托管领土实行国际监督，并确保采取适当步骤来为托管领土的自治或独立做好准备。这项条款中还强调，托管制度应当"提倡全体人类之人权及基本自由之尊重"，这也是相对于委任统治制度而言的重大进步。应当说这一机制一方面为殖民地人民获得独立提供了良好的国际环境和制度条件，另一方面又比较成功地处理了这些托管领土的未来。到 1994年，所有托管领土都已实现自治或独立，有的成为独立国家，有的则加入了毗邻的独立国家。2000 多万人的托管领土在托管制度的保护下，人权得到了较为完善的保障。

（二）《联合国宪章》人权条款的意义

《联合国宪章》的人权条款被认为是国际社会第一次正式而庄严地有效保护人权的尝试。③ 毫无疑问，它开启了一个新的时代，在这个时代

---

① 〔英〕伊恩·布朗利：《国际公法原理》，曾令良等译，法律出版社 2007 年版，第 609—611 页。

② 舒云国：《泛非主义史：1900—2002 年》，商务印书馆 2014 年版，第 125—145 页。

③ 刘海年：《从〈联合国宪章〉〈世界人权宣言〉到构建人类命运共同体——国际人权保障的过去、现在与未来》，载《人权》2018 年第 5 期。

之中，各国不再是仅仅出于良知或者道义而保护人权，也不再把人权保障的范围僵化地限定在本国、本国国民或者任何少数族裔之上。人权问题首次成为同国际和平与安全、发展问题并驾齐驱的重要议题，进入世界各国日常处理国际国内事务的轨道之上。虽然仍存在着诸多不足与为人诟病之处，但《宪章》人权条款的重要意义仍旧可以从以下几个方面得以充分展现。

首先，也是最重要的一点，是《宪章》成功地将人权纳入国际法制度的事项范围，把人权作为一项国际而非国内管辖事务呈现给国际社会。换言之，它成功地将人权"国际化"了。[①] 人权保障的历史虽然悠久，但长期各国实践均认为这属于国内管辖事项，国际社会不应介入。历史上仅有的人权保障的国际法律文件，也仅仅是特定政治环境下的孤例，并不能突破国家基于主权强有力的抗辩理由。《宪章》则开宗明义地宣布，这一多边国际组织的使命之一即为保障与促进人权，组织之下的各机构也负有类似义务。联合国第一任人权司司长约翰·汉弗莱（John Humphrey）就此指出，《联合国宪章》人权条款"促进人权成为国际关注事项，而传统上它们被认为属于一个国家国内管辖事项"。[②] 尽管此后类似的争议还将继续，但《宪章》一锤定音地将人权提升到国际关切的层次，已经是无法阻挡的了。[③] 各国再也不能以主权和国内事务作为借口，肆意行事，侵害权利。

其次，《宪章》人权条款不仅唤起了各国政府和人民对人权的关注，而且创新性地将确保国际和平与安全、国家间友好关系、各国人民福利和其他社会经济目标视为相互依存的整体目标。在更广泛的政治、经济和社会背景之下，联合国希望各国能够通力合作，促进人权发展，这种进步并非孤立存在，而是同国际社会的整体利益紧密相关的。[④] 在第55

---

① 徐显明主编：《国际人权法》，法律出版社 2004 年版，第 46 页。

② John Humphrey, "Human Rights, the United Nations and 1968," 9 *Journal of International Commission of Jurists* (1968) 1, at 2.

③ Louis Henkin, *The Age of Rights* (Columbia University Press, 1990), p.51.

④ Krzysztof Drzewicki, "Human Rights in the United Nations Charter and the Universal Declaration of Human Rights," 7 *Polish Quarterly of International Affairs* (1998) 9, at 12-16.

条和第 56 条的规定中，《宪章》明确地表达出了这样的设计意图。《宪章》把和平、发展和人权之间的这种相互依存提升到组织的主要宗旨的水平。换言之，为实现这些价值和宗旨而进行的国际合作的义务，为联合国及其成员进一步采取联合和单独行动创造了规范框架和潜力。此后，各国能够在联合国框架下实现更加有效的多边合作，此种合作不仅旨在推动经济发展、国际和平或者是环境保护，而且都能够同人权这一重要的道德宗旨联系起来，使国际合作获得了更充分的合法性与正当性依据。

再次，《宪章》确立起成员国保障人权义务的国际法依据和基本框架。在历史上，人权的国际保障往往以各领域各自为政的形式松散出现，或效果不彰，或无疾而终。《宪章》涉及人权的七项规定则将人权保障上升为成员国必须担负的国际法律义务。在序言和第 1 条，《宪章》陈述了联合国在人权领域的虔诚意图和宗旨，并且在之后的条款中把这些关于共同意图的一般性声明转变为可供执行的若干具体义务，例如联合国大会与经济及社会理事会的权限与职能，以及基于《宪章》第 103 条要求成员国优先履行《宪章》义务的特别要求，当然这也包括《宪章》之中的人权义务。作为联合国及其成员对尊重人权采取的一种永久和有力的态度，这些条款虽然略显抽象和概括，但绝非不切实际。

最后，必须承认的是，《宪章》中的人权条款确实在某种程度上显现出软弱和含糊。例如经常被第三世界国家所批评的，对殖民主义的暧昧态度，以及缺少对"人权和基本自由"的概念的定义，缺少确保遵守这些规定的机制等等。[①] 这些问题，一部分源于"二战"之后、冷战方兴未艾之际复杂的国际权力格局，另一方面也与国际社会当时尚缺乏系统性保障人权经验有关。但无论如何，《宪章》的所有这些规定，无论其措辞如何，都是具有一般国际法地位的条约规定。《联合国宪章》人权条款的措辞具有原则性、谨慎性和开放性，恰好因此，这些更为灵活开放的措辞，为人权度过冷战的权力冲突，并在合适的国际环境下复苏达成了一个有利框架。

---

①   J. L. Brierly, *The Law of Nations: An Introduction to the International Law of Peace* (Clarendon Press, 1963), pp. 293-295.

《联合国宪章》中的人权条款

第一条　联合国之宗旨

二、发展国际间以尊重人民平等权利及自决原则为根据之友好关系，并采取其他适当办法，以增强普遍和平。

三、促成国际合作，以解决国际间属于经济、社会、文化及人类福利性质之国际问题，且不分种族、性别、语言或宗教，增进并激励对于全体人类之人权及基本自由之尊重。

第十三条　联合国大会

一、大会应发动研究，并作成建议：

（子）以促进政治上之国际合作，并提倡国际法之逐渐发展与编纂。

（丑）以促进经济、社会、文化、教育及卫生各部门之国际合作，且不分种族、性别、语言或宗教，助成全体人类之人权及基本自由之实现。

第五十五条

为造成国际间以尊重人民平等权利及自决原则为根据之和平友好关系所必要之安定及福利条件起见，联合国应促进：

（子）较高之生活程度，全民就业，及经济与社会进展。

（丑）国际间经济、社会、卫生及有关问题之解决；国际间文化及教育合作。

（寅）全体人类之人权及基本自由之普遍尊重与遵守，不分种族、性别、语言或宗教。

第五十六条

各会员国担允采取共同及个别行动与本组织合作，以达成第五十五条所载之宗旨。

第六十二条

一、经济及社会理事会得作成或发动关于国际经济、社会、文化、教育、卫生及其他有关事项之研究及报告；并得向大会、联合国会员国及关系专门机关提出关于此种事项之建议案。

二、本理事会为增进全体人类之人权及基本自由之尊重及维护起见，得作成建议案。

第六十八条

经济及社会理事会应设立经济与社会部门及以提倡人权为目的之各种委员会，并得设立于行使职务所必需之其他委员会。

> **第七十六条**
>
> 按照本宪章第一条所载联合国之宗旨，托管制度之基本目的应为：
>
> （子）促进国际和平及安全。
>
> （丑）增进托管领土居民之政治、经济、社会及教育之进展；并以适合各领土及其人民之特殊情形及关系人民自由表示之愿望为原则，且按照各托管协定之条款，增进其趋向自治或独立之逐渐发展。
>
> （寅）不分种族、性别、语言或宗教，提倡全体人类之人权及基本自由之尊重，并激发世界人民互相维系之意识。

二、国际人权法案

条约是国际人权法的主要渊源和组成部分。1945年的《联合国宪章》为这一国际人权法律体系建构起开放灵活的基本框架后，国际社会陆续缔结了《世界人权宣言》以及《公民及政治权利国际公约》和《经济社会文化权利国际公约》，并在之后发展出了两公约的各项议定书。有学者指出，国际人权条约是在国际层次上确立国家在人权方面之权利与义务的最基本法律依据，它们不仅提供了绝大部分的国际人权法律规范，而且构筑了国际人权法律体系的基本框架，成为对人权进行国际保护的最有效方法。[1] 这些内容丰富的国际人权法案，为人权的国际保障编织起一张日渐完善且可供实施的保护网。

（一）《世界人权宣言》

1.《世界人权宣言》的制定背景

对《联合国宪章》的人权条款持有批评态度者往往会注意到一系列筹备会议上同盟国之间的争吵和分歧，这种分歧在人权问题的法律化上同样存在，并随着"更重要的"政治议题的白热化而愈发严重。大国更加关心的是战后的权力分配、军事力量对比、势力范围以及意识形态的阵营划分，人权则被认为是对各国如火如荼的非政府组织的请愿以及小国对美好未来梦想的适当让步。美国在旧金山会议上同英、苏等国家达

---

① 孙世彦：《国际人权条约的形式分析》，载《现代法学》2001年第1期。

成的共识是，它们将不会在新生的国际组织宪章文件中列明具体权利和自由的清单。①

但此种政治阻力并没有让致力于人权事业进步的人士感到气馁，以埃莉诺·罗斯福为主席的新成立的联合国人权委员会认

《世界人权宣言》序言（节选）

大会发布这一世界人权宣言，作为所有人民和所有国家努力实现的共同标准，以期每一个人和社会机构经常铭念本宣言，努力通过教诲和教育促进对权利和自由的尊重，并通过国家的和国际的渐进措施，使这些权利和自由在各会员国本身人民及在其管辖下领土的人民中得到普遍和有效的承认和遵行。

识到，当前阶段，制订一份宣示性的人权文件要比一份具有法律约束力的文件更容易被各国接受。② 从1946年开始，人权委员会尝试着开展《世界人权宣言（以下或简称《宣言》）》的起草工作。起草工作组最初包括埃莉诺·罗斯福以及人权委员会副主席、中国代表张彭春和报告员、黎巴嫩代表查尔斯·马克，其后又进行了扩大，由八国代表构成。1947年，在联合国人权司司长约翰·汉弗莱编纂的权利大纲基础上，法国代表勒内·卡森起草了新的草案。最终在1948年，《宣言》经过经社理事会设立的一个特别委员会审议以及联大第三委员会的审议，以40票赞成、0票反对、8票弃权的绝对优势在联大获得通过。③

2.《世界人权宣言》的内容及其历史意义

《世界人权宣言》弥补了《联合国宪章》的不足，明确了人权的基本内涵，反映出一个人权启蒙时代进步主义的人权理念。《宣言》的内容包括序言和30条条文，其中第1—21条主要规定的是公民和政治权利，第22—28条主要规定的是经济、社会和文化权利，第29—30条包括了某些限制性条款，对人权和国家与社会的公共利益作出了平衡性规定。《宣言》的内容可以从以下几个方面加以考察。

---

① 〔美〕德怀特·L.杜蒙德:《现代美国:1896—1946年》，宋岳亭译，商务印书馆1984年版，第724页。

② 〔美〕玛丽·安·葛兰顿:《美丽新世界:〈世界人权宣言〉诞生记》，刘轶圣译，中国政法大学出版社2016年版，序言，第8—15页、第21—33页。

③ 刘杰:《〈世界人权宣言〉的产生过程及其意义》，载《人权》2018年第5期。

首先，它是一份对《联合国宪章》尚未列明的人权予以补充和发展的清单。在补充的意义上，《宪章》相对抽象的"保障与促进人权"的国际义务被详细地划分为生命、自由、人身安全、人格、法律平等、住宅通讯不受干预、集会与结社、荣誉和名誉、工作、同工同酬、社会保障等丰富的数十项权利。这给各国在国内法层面上实施这些权利并作出具体保障对策提供了指南和规范限制。在发展意义上，当时方兴未艾，仍存在诸多争论的"第二代人权"，也即经济、社会和文化权利在《宣言》中与第一代人权并列存在。这意味着《宣言》再次强调了《宪章》中有关各项人权是互相依赖、不可分割的重要理念。与此同时，《宣言》第28条规定，"人人有权要求一种社会的和国际的秩序，在这种秩序中，本宣言所载的权利和自由能获得充分实现"，在某种程度上契合了伴随着非殖民化运动兴起的第三代集体人权。[1]《宣言》的规定，为三代人权的共存、融合、协调和共进提供了良好的基础。

其次，它是对人权个体性与社会性的巧妙平衡。西方哲学理念具有较强的个人主义色彩，东方社会则更加重视人的社会属性和连带关系。人权一方面是保障个体的重要途径，另一方面也可能在某些情况下构成对社会公共利益与他人利益的危害。《宣言》在第29条和第30条用富有哲学色彩的逻辑为二者实现了巧妙平衡——"人人对社会负有义务，因为只有在社会中他的个性才可能得到自由和充分的发展"，强调了个人权利与社会义务的平衡；"人人在行使他的权利和自由时，只受法律所确定的限制，确定此种限制的唯一目的在于保证对旁人的权利和自由给予应有的承认和尊重，并在一个民主的社会中适应道德、公共秩序和普遍福利的正当需要"，强调了个人权利的非绝对性以及限制的明确性；第30条还考虑到了国家以公共利益为名义侵害人权或者过分限制的可能性，因此对限制人权的余地加以限缩。[2]

---

① 〔奥〕曼弗雷德·诺瓦克：《国际人权制度导论》，柳华文译，北京大学出版社2010年版，第73页。

② 〔瑞典〕阿斯比约恩·艾德：《〈世界人权宣言〉的历史意义》，仕琦译，载《国际社会科学杂志（中文版）》1999年第4期。

最后，《宣言》代表了一种对人权的权威性的法律阐释与解读。尽管它在形式上仅仅是联合国大会的一次决议，并不具有强制拘束力，但很少有国家会把它视为一份可有可无、无足轻重的普通法律和历史文献。《宣言》为联大与安理会决议、联合国官员、国际法院判决和世界各国的外交官员们不断援引、重申，它的某些条款或者被承认为习惯法，或者被认为包含了一般法律原则，或者在之后被成文化，构成了条约法的一部分，甚至规则进入了强行法领域。[①]《宣言》不仅仅在国际层面对之后的人权机制、人权公约产生了影响，并且还渗透到各地区的人权法律文件与机制建设之中。当他们希望了解"为什么一项权利应当被纳入清单"或者"权利清单的内部逻辑应当如何"时，《宣言》总是会被回忆起来。

诚然，《宣言》不可避免地存在一些局限性问题，例如它的西方中心主义色彩，对第三世界国家非殖民化诉求的忽视等等。但作为"国际人权法案"的重要组成部分，[②]《宣言》构成了制定其他国际人权公约和国际人权文书的基础和指南，也是国际人权保护的制度安排的依据。[③] 它不仅为所有国家和人民提出了努力实现的标准，还成为国际人权立法的重要依据和国际习惯法的重要组成部分，明确为联合国各成员国和个人提供了行为道德规范。[④] 从这个意义上，历史地、唯物地来看，《宣言》确实不愧被称为"人权革命"的里程碑。

（二）《公民及政治权利国际公约》和《经济社会文化权利国际公约》

1. 人权两公约的制定背景

根据联合国的最初设想，世界人权法案将包括三个部分，也即一个宣言、一个公约及一个执行细则，其中 1948 年的《世界人权宣言》为这一计划提供了良好的开端。1950 年，联大要求人权委员会开始就第二步

---

① 白桂梅等编著：《国际法上的人权》，北京大学出版社 1996 年版，第 73 页。

② "国际人权法案"的范围及界定，参见 Thomas Buergenthal, "The Normative and Institutional Evolution of International Human Rights," 19 *Human Rights Quarterly* (1997) 703, at 708。

③ 罗艳华：《〈世界人权宣言〉：全球人权治理的重要基石》，载《中国国际战略评论》2018 年第 1 期。

④ 孙平华：《〈世界人权宣言〉研究》，北京大学出版社 2012 年版，第 191—192 页。

骤，也即一份包括了《宣言》列举的各项权利的普遍性国际人权公约开展起草工作。

但自 20 世纪 40 年代后期开始，美苏之间的意识形态与利益冲突愈发明显，冷战的阴霾笼罩在新生的国际人权议程之上。两大阵营开始不断地将政治考量纳入人权公约的制定之中，直接造成了在诸多方面的意见对立。例如，双方对于公民权利和政治权利与经济、社会和文化权利的不同态度：西方国家更强调作为第一代人权的公民权利和政治权利的重要性，相对而言贬低经社文权利的地位，甚至将其视为社会主义国家的特征；而苏联则认为，后者对于发展中国家而言至关重要，必须"并驾齐驱"。美国希望将财产权保障视为一项核心条款，但苏联强调这一权利必须根据所在国家的不同法律制度与传统具体规定。西方国家普遍希望建立人权公约的强制性执行体系；但苏联等国家，以及一些小国担忧，此种执行体系将会与主权国家的国内管辖权相冲突，他们也反对以司法监督形式执行公约的办法。在非殖民化运动与民族自决问题上，第三世界国家非常希望公约能够将民族自决确认为法定权利；而西方国家，尤其是还保留着相当规模殖民地的英国与法国则较为抵触这一立场。①

这种情况导致在 1951 年，经过漫长的争吵和辩论之后，西方国家成功地在联大通过决议，要求将《宣言》的具体落实分解为两份公约。虽然这破坏了之前《宣言》以及联大决议强调的"公民和政治自由与经济、社会、文化权利的享受是相互联系和相互依存的"，但至少为公约的起草工作扫清了障碍。人权委员会在 1953 年和 1954 年的第九届和第十届会议上完成了公约草案的准备。1954 年，公约草案经由经社理事会被提交到联大讨论。接下来的十年中，联大第三委员会对公约文本进行了审核与讨论。1966 年，联大通过了这两份公约并开放签字。

---

① John P. Humphrey, *Human Rights & the United Nations: A Great Adventure* (Dobbs Ferry: Transnational Publishers, 1984), p.129；〔加〕约翰·汉弗莱：《国际人权法》，庞森、王民、项佳谷译，世界知识出版社 1992 年版，第 172 页。

《公民及政治权利国际公约》第 2 条

一、本公约缔约国承允尊重并确保所有境内受其管辖之人；无分种族、肤色、性别、语言、宗教、政见或其他主张民族本源或社会阶级、财产、出生或其他身分等等，一律享受本公约所确认之权利。

二、本公约缔约国承允遇现行立法或其他措施尚无规定时，各依本国宪法程序，并遵照本公约规定，采取必要步骤，制定必要之立法或其他措施，以实现本公约所确认之权利。

三、本公约缔约国承允：

（子）确保任何人所享本公约确认之权利或自由如遭受侵害，均获有效之救济，公务员执行职务所犯之侵权行为，亦不例外；

（丑）确保上项救济声请人之救济权利，由主管司法、行政或立法当局裁决，或由该国法律制度规定之其他主管当局裁定，并推广司法救济之机会；

（寅）确保上项救济一经核准，主管当局概予执行。

《经济社会文化权利国际公约》第 2 条

一、本公约缔约国承允尽其资源能力所及，各自并藉国际协助与合作，特别在经济与技术方面之协助与合作，采取种种步骤，务期以所有适当方法，尤其包括通过立法措施，逐渐使本公约所确认之各种权利完全实现。

二、本公约缔约国承允保证人人行使本公约所载之各种权利，不因种族、肤色、性别、语言、家教、政见或其他主张、民族本源或社会阶级、财产、出生或其他身分等等而受歧视。

三、发展中国家在适当顾及人权及国民经济之情形下，得决定保证非本国国民享受本公约所确认经济权利之程度。

由于两公约的生效必须满足 35 个缔约国的数量要求，国际社会又花费了 10 年时间，直到 1976 年，两份公约才正式生效。其后，《公民及政治权利国际公约》还发展出了两份作为单独条约存在的《任择议定书》，第一任择议定书涉及建立个人来文与申诉制度，在穷尽当地救济之后，允许个人直接向条约监督机构寻求救济；第二任择议定书则涉及死刑的废除问题。1996 年开始，人权委员会开始着手《经济社会文化权利国际公约》任择议定书的起草工作，最终在 2013 年议定书获得 10 个国家批

准，正式生效。《经济社会文化权利国际公约》的议定书也确立了诸如个人来文、国家间来文等监督制度。

2.《公民及政治权利国际公约》的内容与特点

《公民及政治权利国际公约》（以下或简称《公约》）基本上以《世界人权宣言》和《联合国宪章》为基础，在价值和人权保障的逻辑结构上也秉承了前两者的一贯立场。在总体结构上，《公约》包括序言和六个部分。第一部分涉及民族自决的权利，第二部分规定了缔约国的一般性义务，第三部分（第6—27条）作为核心权利条款，规定了诸多人权，其中大多数是"消极权利"——生命权，免于酷刑和有辱人格的待遇，免于奴役和被贩为奴隶的权利，自由和安全的权利，被拘留者的权利，免于监禁和债务的自由，行动和选择居住的自由，外国人免于任意驱逐的自由，公平审判的权利，禁止追溯原则，隐私权，思想、良心和宗教自由的权利，意见和表达的权利，禁止宣传战争和煽动民族、种族或宗教仇恨的权利，和平集会的权利，结社自由，结婚和成立家庭的权利，儿童权利，政治权利，法律面前人人平等，属于少数民族的人身权利。第四至第六部分（第28—53条）包括条约的监督机制、条约机构与联合国机构的关系、解释条款等内容。与《世界人权宣言》相比较，《公约》发展了民族自决权、少数人权利、免于合同债务监禁的自由，以及被剥夺自由的人享有的尊重与人道待遇，这体现出发展中国家的态度；缺少了财产权与庇护权，考虑到公约起草期间激烈的意见对立，这种权衡之计也不难理解。[①]

《公约》的重要目的之一就是把《世界人权宣言》的人权从"软法"发展为"硬法"。而那些与之无关的权利也可以追溯到其他地区的人权，这体现出《公约》对各方意见很好地融合和吸纳。《公民及政治权利国际公约》在第2条明确了它的缔约国的保障义务，"境内"和"受其管辖"的规定在嗣后实践中被逐步发展为在某些情况下可以分别适用，因此拓

---

① 常欣欣：《联合国国际人权两公约之背景、内容与意义》，载《北京行政学院学报》2000年第1期。

宽了公约的适用范围。[①] 此外，在措辞上，《公约》以"每个人""没有人""所有人"等字眼来设定标准，希望确立一般和普遍的人权规则，将大部分权利适用于每一个人。《公民及政治权利国际公约》第 2 条第 1 款不允许在权利的适用方面有任何歧视，同时它也会规定某些专属于特定群体的权利，例如第 6 条第 5 款对死刑的限制只适用于孕妇和 18 岁以下的人，第 27 条只适用于少数民族、宗教和语言等等。

总的来看，《公约》经历了艰难的谈判和缔约过程，最终为国际社会提供了公民权利和政治权利保护的普遍性最低标准，确立了法律化的明确保护规则，同时还兼容了第三世界国家有关民族自决和权利平衡的诉求。虽然从深层价值理念来看，该公约还是建构在西方人权价值观基础之上，但瑕不掩瑜，《公约》仍旧堪称人权国际保护走向规范化、法治化的重要成果。[②]

3.《经济社会文化权利国际公约》的内容与特点

《经济社会文化权利国际公约》（以下或简称《公约》）与《公民及政治权利国际公约》一起通过，以发展《世界人权宣言》的权利——它主要关注的是"第二代人权"。在整个冷战期间，西方国家表现出对政治和公民权利的偏好，而社会主义国家成为了经济、社会和文化权利的主要支持者。[③] 因此这份公约之中的各项权利，相比于前者而言，也更受到社会主义国家的欢迎。

《经济社会文化权利国际公约》包括五个部分。第一部分是第 1 条，关于所有人的权利自决，自由追求经济、社会和文化发展的权利和自由处理其自然资源和财富的权利。《公约》第二部分第 2—5 条规定了一般适用于第三部分的义务和条款。第三部分主要为实质性的条款，包括工作的权利，公平就业条件的权利，加入和成立工会的权利，社会保障的

---

① Thomas Buergenthal, "To Respect and To Ensure: State Obligations and Permissible Derogation," in Louis Henkin (ed.), *The International Bill of Rights: The Covenant on Civil and Political Rights* (Columbia University Press, 1981), p.74.

② 唐建飞：《国际人权公约：人权价值和制度的普适化》，载《国际关系学院学报》2007 年第 4 期；徐爽、江婉：《〈公民权利和政治权利国际公约〉概要》，载《人权》2015 年第 3 期。

③ 王运祥、刘杰：《联合国与人权保障国际化》，中山大学出版社 2002 年版，第 95—105 页。

权利，家庭保护的权利，适足生活水准的权利等等。第四部分是关于向联合国提交定期报告的监督制度，这些报告由联合国经济及社会理事会审查。该部分还包含一些限制性规定，旨在确保发达国家不通过条约的监督系统过度干预发展中国家的自然资源利用。第五部分是批准、修订程序等规定。根据第16条和第17条的规定，《公约》由联合国机构之一的经济及社会理事会监督。各国向联合国秘书长提交报告，联合国秘书长再将报告转递经社理事会审议。经社理事会于1985年设立了一个新机构协助审议报告，该机构是经济、社会及文化权利委员会，现在是主要的监督机构。

相比于《公民及政治权利国际公约》，《经济社会文化权利国际公约》最大的不同之处或许在于它对经社文权利的促进义务的规定，这也是它被称为"促进公约"的原因。根据《经济社会文化权利国际公约》第2条的规定，它并不打算立即要求缔约国实现这些权利，而是同意它们"采取步骤"，以"逐步充分实现……公约所承认的权利"，然后"最大限度地利用可用资源"。[①] 这包括立法和执行领域的各类可能的措施。但是，有一项义务必须立即适用，那就是所谓的非歧视条款——禁止以种族、肤色、性别、语言、宗教、政治或其他意见、民族或社会出身、财产、出生或其他地位为理由在列举的权利的享有方面的歧视。《公约》同时考虑到发展中国家实现经社文权利的某些困难，因此强调了根据《联合国宪章》第55条与第56条，通过国际合作与援助来促进各国人权进步的重要性。在世界各国发展不平衡的背景下，这种规则对推动南北共同进步有着积极意义。

（三）人权两公约评述

《公民及政治权利国际公约》与《经济社会文化权利国际公约》都是经过详细推敲、字斟句酌的国际法律文件，但作为兼容不同国家立场与历史文明的国际条约，它们也不可能穷尽式地将各国应当保障的权利清单列明，或者对各国在不同情况下应当担负的条约义务作出类似的规

---

① 中国联合国协会编：《联合国70年：成就与挑战》，世界知识出版社2015年版，第305—307页。

定。两份条约为这一解释提供了开放灵活的框架，那么接下来对它条款、概念和细节的解读，就留给了国际人权的实践者们。

对人权两公约做出的最主要同时也是最详尽的解释与评述，来自它们的条约监督机构。人权事务委员会（CCPR）是独立专家的机构，负责监督其缔约国对《公民及政治权利国际公约》的执行情况。经济、社会及文化权利委员会（CESCR）由 18 名独立专家组成，负责监督其缔约国对《经济社会文化权利国际公约》的执行情况。该委员会是根据 1985 年 5 月 28 日经社理事会第 1985/17 号决议设立的，负责履行《公约》第四部分赋予联合国经济及社会理事会的监督职能。这两个委员会面对全体缔约国经常发布"一般性评论"或"一般性意见"，涵盖了广泛的主题，从对实质性条款的全面解释，例如生命权或获得足够食物的权利，到关于应在国家报告中提交的与条约特定条款有关的信息的一般指导。一般性意见还涉及更广泛的跨领域问题，例如国家人权机构的作用，残疾人的权利，对妇女的暴力行为和少数群体的权利。这些一般性评论或意见虽然同样不具备法律上的拘束力，但由于它们来自最接近"公约执行与监督"的两个委员会，同时又是出自一批专业化的人权学者与专家的分析推敲，因而具备相当的权威地位。在国际法院的某些判例中，例如"关于在巴勒斯坦被占领土上建墙的法律后果的咨询意见案"，当法官们试图解释某项人权公约的条款时，他们也会诉诸一般性评论的帮助（例如该案中援引的第 27 号一般性评论），这进一步提高了它们的重要性。[①]

除了条约机构和国际司法机构对条款文本的解读与评述以外，国际法学界和人权学界也对两公约有着丰富的学术评论成果。例如国际人权法专家曼弗雷德·诺瓦克（Manfred Nowak）教授撰写的《〈公民权利和政治权利国际公约〉评注》一书，根据历史背景、学术理论和人权事务委员会在过去三十多年中的实践，对《公约》及其任择议定书的内容逐条进行了深入、全面的评注，是迄今为止世界上最为重要、最具权威性

---

① *Legal Consequences of the Construction of a Wall in the Occupied Palestinian Territory*, Advisory Opinion, I. C. J. Reports 2004, p. 136.

的关于该公约的学术著作之一。[①] 其后，类似的学术评注作品不断更新。[②]
《经济社会文化权利国际公约》长期以来被认为其受重视程度不足，没有
充分的学术研究关注。但近年来随着研究资料、研究方法的多元化，以
及国际社会对于发展等经济社会文化权利问题的重视，一批新的著作也
陆续面世。[③] 这些学术成果，从另一个侧面丰富了人权两公约的内容，更
加灵活多元地结合了不同学术背景和理论，为人权的国际保障提供了坚
实的理论支撑。

三、专门性国际人权公约

《联合国宪章》《世界人权宣言》《公民及政治权利国际公约》和
《经济社会文化权利国际公约》构成了一套比较完整的人权法律体系——
从抽象的原则到具体的权利清单，从概括性的宣示到细致的保障制度。
但对于国际社会而言，人权两公约还不能完全解决特定领域人权保障的
缺失问题。因此，在联合国主持下，一批被人权事务高级专员办事处定
义为"核心国际人权文书"的国际人权条约作为补充陆续出台。[④] 其中包
括 1965 年《消除一切形式种族歧视国际公约》，1979 年《消除对妇女一
切形式歧视公约》，1984 年《禁止酷刑和其他残忍、不人道或有辱人格
的待遇或处罚公约》及其 2002 年《任择议定书》，2006 年《残疾人权利
公约》。此外，《防止及惩治灭绝种族罪公约》等其他条约也在这一体系
中扮演了重要角色。这些公约建构起独立的监督机构（往往是独立的专
家委员会）和监督机制（定期审议与报告制度），为人权的国际保障提

---

① 〔奥〕曼弗雷德·诺瓦克：《〈公民权利和政治权利国际公约〉评注（修订第二版）》，毕
小青、孙世彦译，生活·读书·新知三联书店 2008 年版。

② Paul M. Taylor, *A Commentary on the International Covenant on Civil and Political Rights*
(Cambridge: Cambridge University Press, 2020).

③ Ben Saul, David Kinley, and Jaqueline Mowbray, *The International Convenant on Economic,
Social and Cultural Rights: Commentary, Cases, and Materials* (Oxford: Oxford University Press,
2014)；有关该书的意义，参见孙世彦：《〈经济、社会及文化权利国际公约〉研究述评》，载《国
际法研究》2014 年第 4 期。

④ HRI/GEN/3/Rev.3, May 28, 2008.

供了更具体的规则。①

（一）《消除一切形式种族歧视国际公约》

种族之间的歧视与不平等待遇在世界史上并不罕见。中世纪时期欧洲各国对犹太人、吉卜赛人的歧视，以及发生在美国的对非洲裔人群的持续歧视，都是严重的侵害人权行为。尽管《联合国宪章》第 1 条和《世界人权宣言》中均载有不歧视原则，但随着 20 世纪 50 年代越来越多的非洲国家从殖民统治下摆脱并独立，获得联合国会员资格，并加入人权议程之中，反对种族歧视的条约编纂开始得到更多的重视。② 这些工作的最终成果是于 1965 年通过、1969 年生效的《消除一切形式种族歧视国际公约》。直到今天，它仍然是定义和禁止私人和公共生活所有领域中种族歧视的主要国际人权文书。同时，它也被认为具有强行法性质，创造了普遍与不能减损的义务——这一点在 2001 年国际法委员会的《国家责任条款草案》的评注中得到了重申。

在监督机制上，《公约》第 2 条和第 8 条授权设立一个国际专家委员会，以监督会员国遵守该条约的情况。所有缔约国必须定期提交书面报告，详细说明他们为了实现非歧视的目标做出了何种努力与进步。国家报告的审查还包括缔约国派遣政府官员来回应委员会质询的内容。同时，为了进一步了解国情，消除种族歧视委员会可以从联合国机构、国家人权机构以及国际和国内非政府组织接受有关歧视问题的报告。

《消除一切形式种族歧视国际公约》最重要的贡献在于，首先，它为种族歧视做出了权威的界定——本公约称"种族歧视"者，谓基于种族、肤色、世系或民族或人种的任何区别、排斥、限制或优惠，其目的或效果为取消或损害政治、经济、社会、文化或公共生活任何其他方面人权及基本自由在平等地位上的承认、享受或行使。这一定义已经被国际法院所认可并援引。③ 同时，消除种族歧视委员会还发布了一系列涉及

---

① 〔美〕托马斯·伯根索尔、黛娜·谢尔顿、戴维·斯图尔特：《国际人权法精要（第 4 版）》，黎作恒译，法律出版社 2010 年版，第 53—55 页。

② 唐承元：《〈消除一切形式种族歧视国际公约〉述评》，载《人权》2002 年第 6 期。

③ *Legal Consequences for States of the Continued Presence of South Africa in Namibia (South West Africa) notwithstanding Security Council Resolution 276* (1970), Advisory Opinion, I.C.J. Reports 1971, p. 57.

妇女、难民、土著居民等特定人群的一般性建议，来进一步明确各国应当保护的标准。其次，在列明了丰富的政治、经济、社会、文化或任何其他公共生活领域中的人权和基本自由以后，《公约》强调了缔约国从不同途径确保这些权利与禁止、消除歧视的义务，这包括各国为消除实质性或事实上的歧视而采取的立法、法规、税收措施或对学校或企业等私人实体的特别奖励措施，还涉及经由司法途径为当事人提供救济的可能性。最后，《公约》并没有僵化地要求各国以政府力量强制地"隔绝"不平等的种族或者纠正歧视，而是符合现实情况地在第 7 条中提倡在"教学、教育、文化和信息"领域，以潜移默化的影响削弱任何歧视思想的产生发展——例如消除种族歧视委员会在第 13 号一般性建议中提出的"公共教育运动，学校课程和跨群体文化计划"，并且通过立法针对仇恨言论加以规制。①

（二）《禁止酷刑和其他残忍、不人道或有辱人格的待遇或处罚公约》

酷刑在和平时期与武装冲突中屡见不鲜。在中古社会的刑事司法体系中，酷刑往往被用于逼供。战争中的酷刑更是作为一种威慑敌方、巩固占领区统治的有效手段。这种实践在两次世界大战中演变为"比利时暴行"以及针对犹太人的大屠杀。战后的阿尔及利亚战争、越南战争又加剧了此种人权惨剧。因此，世界各国从 20 世纪 70 年代开始着手制定禁止酷刑的有关公约。联合国大会于 1975 年 12 月 9 日在第 3452（XXX）号决议中通过《保护人人不受酷刑和其他残忍、不人道或有辱人格待遇或处罚宣言》（简称《禁止酷刑宣言》）。1984 年 12 月 10 日，联合国大会在第 39/46 号决议中通过了《禁止酷刑和其他残忍、不人道或有辱人格的待遇或处罚公约》（简称《禁止酷刑公约》）。在获得 20 个国家批准后，该公约于 1987 年 6 月 26 日生效。②

在监督机构方面，《禁止酷刑公约》1987 年设立了禁止酷刑委员会（CAT），由 10 名独立专家组成，负责审查缔约国提交的报告，并调

---

① 有关具体规定，参见：P. Thornberry, *The International Convention on the Elimination of All Forms of Racial Discrimination: A Commentary* (Oxford: Oxford University Press, 2016)。

② 赵珊珊：《〈禁止酷刑公约〉研究》，中国政法大学 2011 年博士学位论文，第 29—35 页。

查明显的系统性酷刑做法，在各国明确同意的情况下审查个人关于酷刑的申诉。禁止酷刑委员会还设立了一个工作组，以便为审议根据《禁止酷刑公约》第22条提交的个人来文做准备。早在1985年，联合国人权委员会即任命了关于酷刑问题的特别报告员，其职责包括收集有关酷刑指控的信息、就遭受酷刑

> ### "酷刑"的界定
>
> "酷刑"系指为了向某人或第三者取得情报或供状，为了他或第三者所作或被怀疑所作的行为对他加以处罚，或为了恐吓或威胁他或第三者，或为了基于任何一种歧视的任何理由，蓄意使某人在肉体或精神上遭受剧烈疼痛或痛苦的任何行为，而这种疼痛或痛苦又是在公职人员或以官方身份行使职权的其他人所造成或在其唆使、同意或默许下造成的。纯因法律制裁而引起或法律制裁所固有或随附的疼痛或痛苦则不包括在内。

的受害人待遇发出紧急呼吁，以及邀请各国就有关酷刑的指控发表评论。

《禁止酷刑宣言》对酷刑的定义被认为不够严谨和准确，因此《禁止酷刑公约》给出了更复杂详尽的定义。它强调了酷刑不包括疏忽、私人与无目的行为，必须满足蓄意的主观条件。值得注意的是，"法律制裁"引起的痛苦被排除在酷刑的定义之外——这引发了人们的担忧，也即一个国家有可能通过"酷刑合法化"来规避这项义务。美国在"反恐战争"中的诸多行动，例如关塔那摩基地，从侧面证明了此种担忧的合理性。[①]

《禁止酷刑宣言》规定了国家预防酷刑的义务以及提供补偿与救济的义务。它要求每一缔约国应采取有效的立法、行政、司法或其他措施来防止出现酷刑行为。这种绝对的禁止酷刑同样适用于战争及其他特殊状态——这意味着禁止酷刑同样构成强行法，没有例外。第3条特别规定了"不退回原则"——这意味着，如有充分理由相信任何人在另一国家将有遭受酷刑的危险，任何缔约国不得将该人驱逐或引渡至该国。[②]

[①] 〔奥〕曼弗雷德·诺瓦克：《国际人权制度导论》，柳华文译，北京大学出版社2010年版，第86页。

[②] J. Herman Burgers and H. Danelius, *The United Nations Convention against Torture. A Handbook on the Convention against Torture and Other Cruel, Inhuman or Degrading Treatment or Punishment* (Dordrecht, Martinus Nijhoff Publishers, 1988).

除了《禁止酷刑公约》的正文文本外，联合国大会还在 2002 年通过了《禁止酷刑公约任择议定书》（于 2006 年生效）。议定书建立了一项制度以便于国际机构和国家机构对拘留地点进行定期查访，并设立了防范酷刑和其他残忍、不人道或有辱人格待遇或处罚小组委员会，负责对这项工作的开展提供支持和联络。

（三）《保护所有移徙工人及其家庭成员权利国际公约》

迁徙是人类的生活方式之一。早在人类社会刚刚建立起地区之间人员与物资的往来渠道之时，就有大量的人迁徙到母国以外寻求工作和生存机会。到今天，超过 1.5 亿移民在他们出生的国家以外的国家生活和工作。这些人包括永久居民、难民、寻求庇护者、移民工人等。随着全球化的发展以及人权运动的深入，这些人的权利保障，在 20 世纪后半叶越来越得到重视。1978 年，第一次消除种族主义和种族歧视问题世界会议建议就该问题起草公约，1990 年《保护所有移徙工人及其家庭成员权利国际公约》（以下或简称《公约》）在联合国大会以第 45/158 号决议形式获得通过，并在 2003 年生效。[①] 值得注意的是，这份公约并没有被纳入国际劳工组织的框架之下，而是另辟蹊径，制定保护移徙工人及其家庭成员的最低标准。

在监督机构方面，《公约》设立了保护所有移徙工人及其家庭成员权利委员会，由 14 名成员组成，负责监测和衡量负责执行《公约》条款的国家机构和行动者的保护效果。委员会将审查国家报告，并与政府代表团相互作用，以执行《公约》中的各项权利。委员会还非常欢迎有关的人权倡导者和活动人士参与到报告过程之中并提供更多的信息。[②]

《公约》包括九个部分，分别为范围和定义，不歧视原则，所有移徙者的人权，有证件或情况正常的移徙者的其他权利，适用于特定类别移徙者的规定，促进与国际移徙有关的健全、公平、人道和合法的条件，公约的适用，一般规定以及某些最终规定。在定义方面，该公约第

---

① 有关制定背景，参见：Ryszard Cholewinski, *Migrant Workers in International Human Rights Law* (Oxford: Clarendon Press, 1997).

② 张爱宁：《国际法对移徙工人的保护——兼评〈保护所有移徙工人及其家庭成员权利国际公约〉》，载《人权研究》2020 年第 1 期。

2 条对移徙工人作出了较为仔细的分类，包括"边境工人""季节性工人""海员""近海装置上的工人""行旅工人""项目工人""特定聘用工人""自营职业工人"。随后，公约集中规定了两方面权利：一类在第三部分（主要为第 8—33 条），涉及不论其移民地位的所有移徙工人及其家属的权利，包括自由权，生命权，免受酷刑或残忍、不人道、有辱人格的待遇或处罚权，不得使为奴隶或强制劳动权，财产权，人身自由和安全权，人道待遇权等基本权利；另一类在第四部分，则针对有证件的移徙工人及其家属规定了某些额外权利。

《公约》规定了各国政府为工人及其家庭成员的国际移徙提供"健全、公平、人道和合法的条件"的一系列义务。主要人权扩大到所有有证件和无证件的移徙工人，并承认有证件的移徙工人及其家庭成员的其他权利，特别是在就业和若干法律、政治、经济、社会和文化领域与国民平等待遇。联合国人权机构也承认，在这方面，《公约》大量借鉴了《公民及政治权利国际公约》的措辞，例如尊重移徙工人的人格尊严、提供有效的司法救济、不得仅由于未履行合同义务而被监禁等等。出于对移徙工人身在外国的特征的考量，《公约》还规定了某些额外权利，如被逮捕时的领事通知权和关于违反移民法、销毁身份证和禁止集体驱逐的具体规定，以及没有被《公民及政治权利国际公约》列入的财产权。[1]

（四）《保护所有人免遭强迫失踪国际公约》

顾名思义，强迫失踪是使某人违背自己的意愿而失踪的行为。它往往指政府突然逮捕、拘留或绑架一个人，然后隐秘其下落、拒绝承认政府的行为——由于这种行为的不确定性和对家庭生活的严重摧残，它被视为是针对平民的系统性犯罪。"二战"期间，纳粹德国针对犹太人和政治反对者的大规模秘密逮捕活动就是此种罪行的缩影。[2]为了有效应对此种罪行，1978 年 12 月 20 日，联合国大会通过了第 33/173 号决议请人权委员会审议失踪人员问题，并在 1992 年通过了第 47/133 号决议，

---

① 联合国人权事务高级专员办事处：《核心人权条约及条约机构介绍》，概况介绍第 30 号，联合国人权事务高级专员办事处出版，第一次修订，2012 年版，第 14—16 页。

② Geoffrey Robertson, *Crimes Against Humanity: The Struggle for Global Justice* (New York: The New Press, 1999), p.28.

也即《关于保护所有人免遭强迫失踪的宣言》。2000 年，人权委员会设立工作组开始起草有关条约。最终在 2006 年，新的人权理事会通过了《保护所有人免遭强迫失踪国际公约》，并获得了大会的决议批准。它在 2010 年 12 月 23 日生效。

公约分为三个部分。第一部分（第 1—25 条）涉及实质性条款，宣布任何人均不得遭受强迫失踪（第 1 条第 1 款），定义了法律意义上的"强迫失踪"，规定了缔约国防止和惩治此种犯罪的义务，包括采取适当措施调查有关行为（第 3 条），并采取必要措施以确保强迫失踪构成其刑法规定的犯罪（第 4 条）。第二部分（第 26—36 条）设立了强迫失踪问题委员会，并为公约确定的目的规范了其工作。第三部分载有关于签署、生效、修正的手续要求以及公约与国际人道主义法之间的关系。

相比于 1992 年的宣言，公约在确立禁止强迫失踪的法律义务方面取得了很大的进步。首先，它的第 1 条第 2 款——"任何情况，不论是处于战争状态或受到战争威胁、国内政治动乱，还是任何其他公共紧急状态，均不得用来作为强迫失踪的辩护理由"——将免遭强迫失踪视为一种绝对的、不可克减的权利，并认定大规模或有组织的强迫失踪行为构成危害人类罪（第 5 条）。其次，它从各个方面为缔约国规定了有关义务，要求他们考虑到强迫失踪行为的极端严重性，采取适当的处罚措施来使强迫失踪罪行得到惩罚。这些义务还包括一些操作性很强的具体规定，例如维持被剥夺自由者的官方登记册，列入最低限度信息并准许与其家属、律师或其选择的任何其他人取得联系。最后，公约创新地扩大了强迫失踪中受害者的界定范围——由于这种罪行往往同家庭成员、受害者的亲属密切相关，因此公约规定，"受害者"也包括任何因强迫失踪而受到直接伤害的个人。这些人有权了解"关于失踪案情、调查的进展和结果以及失踪者下落"的真相，获得涵盖物质和精神损害赔偿的补救权利。缔约国也必须就失踪者的法律地位问题，尤其是在社会福利、经济问题、家庭法和财产权方面，采取适当措施。① 这些非常人性化的规定

---

① 联合国人权事务高级专员办事处：《核心人权条约及条约机构介绍》，概况介绍第 6 号，联合国人权事务高级专员办事处出版，2009 年版，第 7—10 页。

能够有助于遭受强迫失踪的家庭更顺利地渡过难关，继续生活。

《保护所有人免遭强迫失踪国际公约》第二十四条

1. 在本公约中，"受害人"系指失踪的人和任何因强迫失踪而受到直接伤害的个人。

2. 每一受害者都有权了解强迫失踪案情的真相，调查的进展和结果，以及失踪者的下落。各国应在这方面采取适当措施。

3. 各缔约国应采取一切适当措施，查寻、找到和解救失踪者，若失踪者已经死亡，应找到、适当处理并归还其遗体。

4. 各缔约国应在其法律制度范围内，确保强迫失踪的受害人有权取得补救和及时、公正和充分的赔偿。

5. 本条第四款中所指的获得补救的权利，涵盖物质和精神损害，以及视情况而定，其他形式的补救，如：

（a）复原；

（b）康复；

（c）平反，包括恢复尊严和名誉；

（d）保证不再重演。

6. 在不影响缔约国的义务——继续调查，直至查明失踪者下落的条件下，对尚未查明下落的失踪者，各缔约国应对其本人及家属的法律地位问题，在社会福利、经济问题、家庭法和财产权等方面，采取必要措施。

7. 各缔约国必须保证自由组织和参加有关组织和协会的权利，以求查明强迫失踪的案情和失踪者的下落，及为强迫失踪受害人提供帮助。

（五）《防止及惩治灭绝种族罪公约》

"一战"时期，奥斯曼土耳其帝国对亚美尼亚人的大屠杀、"二战"时期纳粹德国对犹太人的大屠杀，以及日本对中国和其他亚洲国家人民的屠杀行径给筹划战后人权秩序的各国代表们带来了非常大的冲击。[①]因此，尽管《世界人权宣言》中并没有明确将种族灭绝问题纳入其中，但国际社会要求立即制定一部国际公约来规制、禁止种族灭绝问题的呼声日益高涨。1946年联合国大会第一届会议通过决议，将灭绝种族罪确立为国际

---

① Raphael Lemkin, "Genocide," 15: 2 *American Scholar* (1946) 227.

罪行，并决定出台相关公约。1948 年，《防止及惩治灭绝种族罪公约》获得通过，1951 年正式生效。由于公约没有专门设立监督机构，2004 年，联合国秘书长设立了防止灭绝种族问题特别顾问，负责专司有关职责。

在内容上，公约将种族灭绝同危害人类罪进行了区分，指出灭绝种族行为可发生在平时或战时，并给出了灭绝种族罪的定义，列明了应当受到惩罚的灭绝种族行为，否认国家元首在这些犯罪之下享有豁免权，确立了国际刑事法庭对罪行的普遍管辖权、公约缔约国对犯下有关罪行人的引渡义务，以及在公约解释、适用或实施的争端方面赋予国际法院管辖权。

在 1950 年的"对《防止及惩治灭绝种族罪公约》提出的保留咨询意见案"中，国际法院确认了该公约体现了一般习惯国际法中所包含的原则，也即各国不因非缔约国身份就不受到有关义务的限制。在"巴塞罗那电力公司案"中，国际法院进一步将"宣布……灭种行为为非法"视为对世义务的组成部分。这些论述意味着禁止种族灭绝的国际法规则带有强行法性质，同样是不可克减的。[①]

作为联合国大会通过的第一部人权条约，《防止及惩治灭绝种族罪公约》往往被认为是联合国和现代人权运动的标志性成果。它的诸多定义被之后的前南斯拉夫问题国际刑事法庭、卢旺达问题国际刑事法庭所援引借鉴，并且为推动重大人权罪行受到惩治提供了不可或缺的规范标准。

（六）《消除对妇女一切形式歧视公约》

《联合国宪章》认为，联合国的目的之一是在促进和鼓励尊重所有人的人权和基本自由方面实现国际合作，而这一切是不分性别的。因此，促进人权，包括实现男女平等的目标，成为所有政府和联合国的一项合同义务。1949 年至 1959 年，妇女地位委员会（CSW）提出了一系列的公约建议，试图加强特别脆弱的领域的妇女权利保障。因此，1974 年，妇女地位委员会决定起草一份单一的、全面的、具有国际约束力的文书，这项工作在 1976 年基本完成。1981 年《消除对妇女一切形式歧视公约》

---

① *Barcelona Traction, Light and Power Company, Limited (Belgium v. Spain)* (New Application: 1962) Second Phase, Judgment of 05 February, 1970, paras.33-34.

正式生效。

在第一部分，公约为"对妇女的歧视"给出了定义——这类似于"性别歧视"，但后者的正式定义要等到 1995 年在北京举行的第四次世界妇女大会的《行动纲要》中才明确形式。公约第 2—6 条规定了缔约国应当承担的概括性义务，包括通过立法和行政手段禁止歧视，在政治、社会、经济、文化领域确保妇女得到充分发展和进步，以及禁止一切形式贩卖妇女和强迫妇女卖淫等等。第二部分涉及妇女的政治权利，诸如参与所有形式的选举和投票，参与政府政策的制定和执行，在政府各级担任公职。第三部分在教育、就业、健康以及经济和社会利益方面为妇女赋予了平等地位，这要求缔约国从更广阔的而非仅仅政治与政府视角考虑推动性别平等。第四部分涉及法律面前的平等地位，也即所有旨在限制妇女法律行为能力的具有法律效力的合同和私人文书均应视为无效。

为了审议在执行性别平等方面取得的进展，公约决定设立一个消除对妇女歧视委员会，负责审议缔约国每四年提交的报告，并根据这些报告向缔约国提出建议或者提出针对公约的一般性建议。值得注意的是，消除对妇女歧视委员会没有提到对妇女的暴力行为，也没有很好地解决基于宗教、文化及民族身份而产生的对妇女的歧视问题，这或许是世界各国未来在这方面应当关注的。①

（七）《儿童权利公约》

1979 年，联合国大会在其第三十四届国际儿童年临时工作议程中列入了制订《儿童权利公约》的日程，这一任务委派给人权委员会负责处理。1989 年，人权委员会成立的工作组完成了公约草案，并通过经济及社会理事会转交给了大会。大会于 1989 年 11 月 20 日，即《儿童权利宣言》通过三十周年之际通过了《儿童权利公约》。这份公约致力于尊重和确保儿童的公民、政治、经济、社会和文化权利，并且希望通过为儿童制定健康、教育、法律、公民和社会服务等方面的标准来实现这些权

---

① D. Šimonović, "Reflections on the Future," in H. B. Schöpp-Schilling, et al. (eds), *The Circle of Empowerment: Twenty-five Years of the UN Committee on the Elimination of Discrimination against Women* (Feminist Press, 2007).

利。这份公约是世界上缔约国数量最多的公约——全世界有 190 多个国家加入，只有美国与索马里作为例外。

公约重申了《世界人权宣言》中有关各项权利相互依存、不可分割的立场，认为它所阐述的每项权利都是每个儿童基于其人性尊严所应该享有的，也是实现其和谐发展所必需的。只有如此，才能够充分发挥他们的潜力，保护他们免受暴力、虐待和伤害。《儿童权利公约》的正文由三部分组成。第一部分涉及儿童的实体权利保障，第二部分为实施程序，第三部分为公约的签署、批准、生效、保留等程序性事宜。在最核心的第一部分，公约详尽地规定了儿童、青少年和少年应当享有的权利，包括生存权、发展权、受保护权、参与权。[①] 在缔约国义务方面，公约第 4 条特别要求，各国"应采取一切适当的立法、行政和其他措施"来实现公约义务，并且考虑到各国经济发展水平的差异以及儿童权利保障基础的不同，提出各国"根据其现有资源所允许的最大限度"，"并视需要在国际合作范围内"采取促进儿童权利的措施。这也符合《经济社会文化权利国际公约》中逐步推进经社文权利的宗旨。

其他重要的联合国人权条约概览

1949 年 日内瓦四公约及其附加议定书

1951 年《关于难民地位的公约》

1952 年《妇女政治权利公约》

1954 年《关于无国籍人地位的公约》

1967 年《关于难民地位的议定书》

1973 年《禁止并惩治种族隔离罪行国际公约》

1981 年《消除基于宗教或信仰原因的一切形式的不容忍和歧视宣言》

2006 年《残疾人权利公约》

公约设立了一个由来自世界各地的 18 位儿童权利专家组成的儿童权利委员会，负责召开会议讨论缔约各国的履行情况，提出建议。联大还通过了该公约的三项任择议定书，分别涉及买卖儿童、儿童卖淫和儿童色情制品的禁止，儿童卷入武装冲突问题以及确立个人来文机制。

---

① 隋燕飞：《〈儿童权利公约〉：保护儿童权利、增进儿童福利的专门人权法律文件》，载《人权》2015 年第 4 期。

第三节　联合国的人权保护机制

以《联合国宪章》为中心、《世界人权宣言》《公民及政治权利国际公约》《经济社会文化权利国际公约》以及其他核心国际人权文书为主干，国际社会通过数十年的努力，构建起了一套围绕着联合国的国际人权保护机制。它包括联合国内部专司人权事务的机构与程序，例如经社理事会、人权委员会与人权理事会、人权高专等等，也包括一系列国际公约建立起来的负责监督缔约国的"条约机构"。这些机制和程序反映出在联合国框架下，人权议程越来越多地受到国际社会和各成员国的尊重与重视。[①]

一、人权理事会

成立于 1946 年 2 月的联合国人权委员会是联合国系统中专门负责人权事务的机构，同时也是负责系统审议人权问题的主要机构之一。[②] 在漫长的冷战对抗中，人权委员会尽其所能地推动了各项人权公约的制定，为冷战后的人权复兴奠定了法律基础。但它同时也存在着各种制度设计与运行上的弊病，因而在 2006 年被改组为人权理事会，以便于更好地适应当前国际社会面临的人权问题。无论如何，它的历史与现实贡献都应当在联合国体系内占有一席之地。

（一）从人权委员会到人权理事会

人权委员会是联合国致力于促进和保护人权的主要立法机构。总体而言，它提供通行的国际人权标准，制订和编纂人权方面的国际条约和其他文件，监督世界各国对人权的遵守情况，研究人权问题并且为联合国有关机构尤其是大会提供相应的建议和报告。该委员会为各国、民间社会通过非政府组织和国际组织表达它们对人权问题的关切提供了一个

[①]　中国联合国协会编:《联合国 70 年:成就与挑战》,世界知识出版社 2015 年版,第 307 页。

[②]　杨宇冠:《人权法——〈公民权利和政治权利国际公约〉研究》,中国人民公安大学出版社 2003 年版,第 42 页。

论坛，并协助它的上级机构经社理事会处理其他人权议题。在之后的一系列改革中，人权委员会还被赋予权力处理个人来文，调查有关各国侵犯人权的指控，审查各国提交的定期报告。^①这些权限有效地扩展了委员会在保障人权方面的功能。

1946 年，《世界人权宣言》的起草工作正在筹备之中，经社理事会依据《联合国宪章》第 68 条的规定，设立了一个有别于联合国人权司的、由各国政府代表组成的多边人权机构，以更好地处理当时的一系列棘手问题。在创立之初，它的唯一职能是起草《世界人权宣言》——之后，如众所知，大会于 1948 年 12 月 10 日通过了该《宣言》。随后，人权委员会开始转向具体领域的人权条约的起草工作。值得注意的是，人权委员会在成立之后的前 20 年，并没有深入地介入到各国人权实践的监督工作中。这或许是出于委员会对于冷战初期晦暗不明的国际形势的整体考量以及对自身职能与定位的认知。在 1947 年，委员会发布了一项经过经社理事会核可的声明，"承认它没有能力处理任何关于侵犯人权的控诉"。因此，在这一时期，委员会的主要任务集中于同其他联合国机构，例如国际劳工组织、联合国教科文组织、妇女地位委员会（1946 年设立）等加强合作，为各国政府与联合国机构提供人权方面的咨询建议，填补国际人权规则的空白，制定人权标准和起草某些至关重要的国际人权文书。^②它以《世界人权宣言》提出的人权框架体系与权利清单作为蓝本，创造出了包括《公民及政治权利国际公约》《经济社会文化权利国际公约》《消除一切形式种族歧视国际公约》《消除对妇女一切形式歧视公约》《禁止酷刑和其他残忍、不人道或有辱人格的待遇或处罚公约》在内的国际人权条约体系。

1967 年，联合国经社理事会授权人权委员会处理侵犯人权的行为，此后，人权委员会就逐步建立起特定的机制、程序来调查涉嫌侵犯人权的行为，监督各国遵守国际人权法的实践情况。这些工作总体上是通过

---

① Rudolph K. Ripp, "The United Nations commission on human rights," 6 (4) *Terrorism* (1983) 577.

② 〔奥〕曼弗雷德·诺瓦克：《国际人权制度导论》，柳华文译，北京大学出版社 2010 年版，第 104—105 页。

特别报告员和工作组的调查、评估与咨询任务来完成的。人权委员会通过成立工作组的方式来审议和提出有关"严重侵犯人权"的建议，由委员会的附属机构防止歧视及保护少数小组委员会加以审查并转呈委员会进一步处理。某些情况下，委员会还可以任命特别报告员、特别代表、特别委员会或者向特定国家派出调查团，以便于能够获得尽可能确切真实的证据材料，评估各国的人权情况。[①] 在 20 世纪 70—80 年代，这些执行和实况调查机制和程序成为委员会注意的重点。及至 90 年代，委员会越来越多地转向经济、社会和文化权利，包括发展权和适足生活水准权，还越来越重视社会中易受伤害群体，例如少数民族、土著人民、妇女和儿童的权利。

随着时间的推移与冷战结束后国际权力格局的多元化趋势愈发明显，人权委员会在冷战时期形成的某些固有的议事规则和表决制度成为了其更有效发挥作用的障碍。一方面，问题来自人权委员会的机构地位。经社理事会根据《联合国宪章》第 68 条设立人权委员会时主要考虑的是该机构的灵活有效，但这意味着，人权委员会只能作为经社理事会——联合国大会主要机构的附属机构存在。联合国前秘书长科菲·安南就认为，既然联合国将"安全、发展、人权"作为三大支柱，那么负责处理人权的机构级别远低于安理会和经社理事会，会严重地限制它的权力和影响力。[②] 另一方面，人权问题的政治化趋势也使得委员会难以超越成员的利益计量，有效处理紧迫的人权问题。人权标准在不同社会制度和政治制度国家之间的双重性，工作方式和针对对象的选择性，大国运用特权对委员会行动的干预所造成的信任危机，都严重冲击了人权委员会的正常运行，并且使之丧失了公允、客观的立场与专业精神。这引发了大多数成员国尤其是发展中国家的不满——作为国际话语权较为弱势的一方，它们很难在委员会中捍卫自身的人权价值并对发达国家的人权问题

---

① Samuel Hoare, "The United Nations and Human Rights: A Brief Survey of the Commission on Human Rights," 1 *Israel Yearbook on Human Rights* (1971) 29.

② 马桂瑛：《联合国人权机构改革之浅见——对人权理事会和人权委员会的比较分析》，载《西华师范大学学报（哲学社会科学版）》2006 年第 6 期。

提出批评。①

2005 年，时任联合国秘书长的科菲·安南向第 59 届联大提交了关于联合国改革的全面报告《大自由：实现人人共享的发展、安全和人权》，将安全、发展、人权三根支柱中人权机构的改革提上了议程。② 根据安南的设计方案，新的人权理事会应当具备下列几个条件：第一，规模要小，也即其成员数量应当小于人权委员会的 53 国席位，其成员直接由联大三分之二多数选举产生；第二，级别要高，人权理事会的权威应当更大，不再仅仅是经社理事会的一个附属机构，而成为联大的主要机构，同安理会与经社理事会同等级别；第三，标准严格，参与理事会的各成员国应当承诺遵守最高的人权标准；第四，行动高效，理事会应当摆脱委员会议而不决、拖延推诿的问题，在同侪审查之中起到重要作用，督促各国履行他们的人权义务。

2006 年 3 月 15 日，联大以绝对多数通过决议，成立了新的政府间人权理事会，宣告人权委员会的历史终结。虽然新的理事会是各国妥协的产物，例如它的规模相比于委员会并没有明显缩减，级别也仅仅是联大附属机构而非主要机构，选举程序、每年的会议日程等问题也还存在着各种各样的争议，③ 但无论如何，可以确信的一点是，新生的人权理事会确实给冷战之后国际人权保障向着平等化、民主化、专业化、客观中立方向发展提供了新的契机和平台。

（二）人权理事会的保障机制与运行程序

2006 年的联合国大会第 A/RES/60/251 号决议为人权理事会奠定了组织机构和议事程序的基础。总体而言，它继承了人权委员会大多数的工作流程和机制，并对其加以完善。2007 年，人权理事会第 A/HRC/5/L.11 号决议通过了其"体制建设"一揽子计划，以指导其工作并设立了某些更为独特的程序和机制。这些机制包括：普遍定期审议机制（UPR）；特别程序；人权理事会咨询委员会；申诉程序。其中普遍定期审议和咨

---

① 朱锋：《人权与国际关系》，北京大学出版社 2000 年版，第 381—382 页。

② 科菲·安南：《大自由：实现人人共享的发展、安全和人权》，2005 年 3 月 21 日，https://www.un.org/chinese/largerfreedom/，最后访问日期：2024 年 5 月 15 日。

③ 罗艳华：《联合国人权理事会的设立及其背后的斗争》，载《人权》2006 年第 3 期。

询委员会属于新设制度，而特别程序和申诉程序继承自委员会。[①]

1. 人权理事会的基本功能与构成

人权理事会每年至少在瑞士日内瓦联合国办事处举行 10 个星期的会议，也可以在接到通知后立即召开紧急会议，以应对新出现的人权危机，这种特别会议已经有二十多次的实践。理事会的附属机构，例如它的咨询委员会，则有更多的工作会议日程。目前经过数次增选，理事会拥有共计 47 个成员国，由联合国大会通过不记名投票的简单多数选举产生。成员席位任期三年，每年改选三分之一。这些席位按照区域，进行尽可能公平的地域分配，保证每个地区的国家都尽可能有机会加入理事会之中，增强它的代表性和多元性。理事会设有主席团，由代表五个区域集团的一名主席和四名副主席组成联合国的人权事务高级专员办事处担任理事会的秘书处，向其成员提供技术和行政方面的支持。理事会允许非成员国、政府间组织、国家人权机构和非政府组织作为观察员列席会议并发表他们的意见。在表决方面，一份决议草案必须得到大多数成员的支持才能通过，当然这种决议没有法律上的拘束力。

2. 普遍定期审议机制

在人权委员会时期也存在某些定期审查特定国家人权实践情况的惯例。例如 1967 年经社理事会第 1235 号决议就被认为是对世界上所有国家中存在严重和系统性人权侵犯问题进行公开讨论的先例。人权委员会和小组委员会将主动进行特定情势的研究调查，并且从各国政府、非政府组织与国家人权机构那里获得有关信息，它被称为"1235 程序"。1970 年，经社理事会又通过了第 1503 号决议，旨在开创一套审议特定国家具体侵犯人权的保密程序。根据"1503 程序"，受害人和其他有关个人、非政府组织可以向人权高专办提交不被公开的来文，小组委员会的来文工作组会审查这些来文并决定是否需要提交给小组委员会形势工

[①] 有关人权理事会的工作机制及其程序的具体规定，参见相关决议条文。另参见刘佳佳：《联合国人权理事会的工作机制及其发展》，载《人权》2008 年第 5 期。

作组，形势工作组会考虑它们是否应当被提交给委员会正式考察。^①当然这两套公开与秘密的审查机制在冷战结束后被认为严重地政治化了。作为对它们的合理继承与改造，在人权理事会的改革之中普遍定期审议制度应运而生。

前述联大第 A/RES/60/251 号决议确立了普遍定期审议制度，2007年的人权理事会第 A/HRC/RES/5/1 号决议对该制度予以具体化。其目的在于改善每个国家的人权状况，加快、支持及扩大各国的促进和保护人权工作，并且为各国提供技术援助，以加强其有效处理人权问题的能力，并在国家和其他利益攸关方之间分享人权领域的最佳实践。自普遍定期审议机制于 2008 年开始运行以来，所有 193 个联合国会员国已全面参与。

按照前述决议确定的规则与程序，审议由理事会 47 个成员组成的普遍定期审议工作组主持进行。在这个过程中，任何联合国会员国都可以参与其中，发表意见。在普遍定期审议工作组会议期间，受审议国家与其他联合国会员国之间将会进行充分的讨论并力图达成某些促进人权或者改善机制的共识，联合国会员国可以向受到审议的国家提问、发表评论与建议，非政府组织也能够作为"其他利益攸关方"参与进来。普遍定期审议制度对各国遵守人权义务的程度进行评估，他们主要依赖受到审议的国家提供的有关本国人权实践情况的"国家报告"以及独立人权专家和小组的有关报告材料，也可以从非政府组织和国家人权机构那里获得更多和更全面的信息。而评估一个国家是否良好地履行了它的国际人权义务，则要考察《联合国宪章》《世界人权宣言》以及该国缔结的各类国际人权条约，各国的承诺与保证（尤其是涉及该加入理事会选举时的承诺）。

在讨论的结尾，工作组会议将会形成一份每个国家的结果报告。这项工作将由一个通过抽签产生的"三国小组"在受审议国的参与及人权

---

① Danial A. Silien, "Human Rights Monitoring: Procedures and Decision Making of Standing United Nations Organs," in Paul C. Szasz (ed.), *Administrative and Expert Monitoring of International Treaties* (New York: Transnational Publishers, Inc., 1999), pp. 94-103.

高专办的协助下完成。然后，受审议的国家将有机会对报告发表初步评论，表明它们支持哪些建议，不接受哪部分建议，被接受和被拒绝的建议都会被载入报告中。在报告通过后，受审议国家可在两周之内对报告中它们的发言部分进行编辑修改。然后，报告必须在人权理事会全体会议上通过。在全体会议上，受审议国可以对在工作组会议期间内未充分表述的问题和议题作出回复，并回应受审议期间其他成员国提出的建议。成员国和观察国有时间对审议结果发表意见，非政府组织和其他利益攸关方也有时间作一般评论。相比于人权委员会的制度，这套机制有着更强的普遍性、平等性、权威性、公正性，更有利于各国在人权领域合作，而不是互相攻讦。①

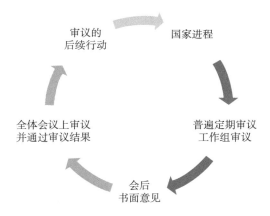

图 6.1　联合国人权理事会普遍定期审议制度流程

（图片来自联合国人权高专办网站）

3. 特别程序

经社理事会的"1235 程序"开创了人权委员会在针对特定国家或者人权问题展开调查和研究时设立工作组与特别报告员的制度。1967 年的南非人权状况专家工作组被认为是人权理事会特别程序的肇始。1975 年针对智利军政府的人权侵犯行为，人权委员会又设立了特设工作组，它在 1980 年演化为强迫失踪问题工作组。特别程序发展到 1990 年，人权

---

① 江国青：《普遍定期审议：联合国人权监督机制的新发展》，载《人权》2008 年第 4 期。

委员会已经建立了六项专题任务，分别涉及强迫失踪，法外处决、即审即决或任意处决，宗教不容忍，雇佣军，虐待和贩卖儿童。在人权理事会的改革之中，这套制度被继续沿用下来。[①]

人权理事会的特别程序包括两部分：专题机制与国别机制。顾名思义，前者集中于特定的严峻人权议题，如妇女与儿童保障、工人待遇、少数族裔、强迫失踪问题，后者则针对特定国家展开。目前，有80名活跃的特别程序任务负责人负责56项任务，其中包括44项专题任务，如供水和卫生设施、任意拘留、移民权利、对妇女的暴力、酷刑和贩卖人口，以及12项具体国家任务。这些特别程序的负责人由人权理事会任命的特别报告员、独立专家或工作组承担，参与其中的人员同样以个人而非政府身份参与其中。值得一提的是，这些专家与报告员并不是联合国员工，因此也不会从他们的工作中获得收入。这意味着他们确实是尽可能地以独立和客观的视角完成任务，尽管这一点往往受到其他因素的影响。无论是专题任务还是国别任务，任务负责人的任期不能超过六年。如果是国别机制的工作组，其五位成员的地域分布还必须保证一定程度的平衡。

人权事务高级专员办事处会协助特别程序的工作组与专家、报告员应各国邀请展开国别访问。如果一国向特别程序发出了"长期邀请"，那么意味着该国政府宣布一贯接受所有专题特别程序的访问要求。某些情况下，他们会就个别案件和更广泛的结构性问题采取行动，向各国和其他行动者发出信函，提请它们注意指控的侵犯或虐待行为，开展专题研究并召开专家协商会议，促进制定国际人权标准，从事人权方面的宣传活动并提高公众的人权意识，为技术合作提供咨询意见等。这些独立专家每年至少向安理会和联合国大会报告一次他们的调查结果和建议。[②]

4. 人权理事会咨询委员会

人权理事会的咨询委员会是理事会的"智库机构"。它的前身是人

---

① 孙萌：《中国参与联合国人权机制与国际人权话语权的提升——以人权理事会特别程序为例》，载《外交评论（外交学院学报）》2019年第3期。

② 〔奥〕曼弗雷德·诺瓦克：《国际人权制度导论》，柳华文译，北京大学出版社2010年版，第108—116页。

权委员会的附属机构、成立于 1947 年的"防止歧视及保护少数小组委员会"。1999 年，它更名为促进和保护人权小组委员会。与人权委员会中各位代表均作为政府代表出席不同，小组委员会的 12 名成员由联合国会员国提名的专家组成，以个人身份任职。在小组委员会之下还设立了一些附属机构，例如来文工作组、土著居民工作组等。小组委员会的工作职责是每年审核工作组提交的报告。① 虽然这个机构本质上属于一个由中立专家组成的智囊团，但由于它被赋予了处理"1503 程序"有关的秘密审议职能，因而很大程度上它也同人权委员会一样被各国在此过程中的政治考量所影响。同时，小组委员会的研究项目与此种政治性对抗产生的紧张氛围也难以共存。② 因此，"1503 程序"在 1999 年被撤出了小组委员会。人权委员会改组为人权理事会后，各方同意对人权小组会进行大刀阔斧的改革，将其更名为"人权理事会咨询委员会"。新的咨询委员会研究项目大幅减少，不再具有通过国别决议的职能。这一改革使人权咨询机构回归最初职能。

目前，咨询委员会由 18 名独立专家组成，由理事会选出，并按比例从联合国五个区域集团中抽取。这些专家来自不同的专业背景，都以个人身份任职，任期三年，只有一次连任资格。按照理事会要求的方式，咨询委员会向理事会提供专家意见，并主要侧重于研究报告和根据调研提出的咨询意见。委员会还可在理事会规定的工作范围之内提出进一步开展调查的建议，供后者审议和批准。委员会的职权范围受到了更为严格的限定，也即应限于与理事会的任务即增进和保护所有人权相关的专题问题。它也无权通过决议或决定。

5. 申诉程序

联合国人权理事会的申诉程序是一个以受害者为中心的机密程序，用于处理一贯的严重和经证实的侵犯人权行为。这一制度的前身是经社理事会的"1503 程序"。个人和具有或不具有咨商地位的非政府组织均可通过申诉程序随时向人权理事会提出申诉，但这应当满足用尽当地救

---

① 徐显明主编:《国际人权法》，法律出版社 2004 年版，第 113 页。
② 沈永祥:《联合国人权机制的沿革、贡献和问题》，载《人权研究》2020 年第 3 期。

济的前提，或者他们能获得的补救办法无效或被不合理地延长。

在来文抵达人权理事会后，首先由来文工作组进行初步审查。如果审查通过，那么来文工作组将向有关国家发出信息请求，有关国家应在提出请求后三个月内作出答复。而后，人权理事会的形势工作组将审议申诉和从国家收到的答复，并向人权理事会提出建议。人权理事会将根据需要决定采取何种措施以保密的方式进行审查。一般而言，人权理事会将会采取以下措施之一：如果不需要采取进一步措施，则停止考虑该情势；继续审查该情势，并要求有关国家提供进一步的资料；继续审查该情势，并任命一名独立专家来监督情势并向理事会报告；终止根据机密申诉程序审查情况，转向公开审议程序；向人权高专办移交有关情况以协助有关国家。

二、联合国其他关涉人权事务的机构

人权委员会与人权理事会是联合国系统中负责处理人权事务的最直接和主要的部门之一。除此之外，根据《联合国宪章》的规定，还有其他几个机构也分别在各领域承担人权方面的职责。如第 13 条规定，联大负责"助成全体人类之人权及基本自由之实现"，因此在联大之下，通过决议也设立了某些特别委员会。第 62 条赋予经社理事会向联大提出人权建议和报告的职责，因此在人权委员会之外，经社理事会还设立了妇女地位委员会以及预防犯罪和刑事司法委员会。在联合国秘书处之下，设立了人权中心（人权司），由主管人权事务的副秘书长负责，协助联大、经社理事会处理人权事务。1993 年，联合国大会在其第 48/141 号决议中设立了人权事务高级专员办事处，为促进和保障人权提供支持。

（一）联合国大会（UNGA）

大会是根据《联合国宪章》于 1945 年设立的，是联合国主要的审议、政策制定和代表机关，由联合国所有 193 个会员国组成，为就宪章所涵盖的全部国际问题进行的多边讨论提供了一个独特的论坛。根据《联合国宪章》第 13 条规定，联合国大会在人权保护方面负有主要责任。它有权根据《联合国宪章》第 10 条与第 12 条讨论涉及人权的各类事宜并向安理会或成员国提出建议。它还主动采取了各种行动——政治、经济、人道主义、社会和法律行动，以促进国际人权的进步。例如，2000年的《千年宣言》和2005年的《世界首脑会议成果文件》，在消除贫困、维护人权、促进法治方面设定了各成员国承诺的具体标准。每年大会的议程之中也会涉及广泛的人权议题，经社理事会、联合国人权条约的监督机构以及联合国秘书长、人权高专办等机构会向大会递交定期或者单独的报告供其审议。大会还有权主动通过涉及人权问题的决议、宣言或者是国际公约。事实上，《世界人权宣言》就是一份联大决议，而人权两公约也都是先经过联大表决获得通过，而后被各国逐步接纳的。

联合国大会内部涉及人权的主要委员会

· **执行委员会**

联合国儿童基金会执行局［根据大会第 57（I）号决议和第 48/162 号决议成立］

联合国开发计划署和联合国人口基金执行委员会［根据大会第 2029（XX）号决议和第 48/162 号决议成立］

世界粮食计划署执行委员会［根据大会第 50/8 号决议成立］

联合国难民事务高级专员方案执行委员会［根据大会第 1166（XII）号决议成立］

· **专门委员会**

裁军审议委员会［根据大会第 502（VI）号决议和 S-10/2 成立］

国际法委员会［根据大会第 174（II）号决议成立］

· **特别委员会**

维持和平行动特别委员会［根据大会第 2006（XIX）号决议成立］

给予殖民地国家和人民独立宣言执行情况特别委员会（英文）［根据大会第 1654（XVI）号决议成立］

调查以色列侵害占领区巴勒斯坦人民和其他阿拉伯人人权的行为特别委员会［根据大会第 2443（XXIII）号决议成立］

联大下设六个主要委员会，其中第三委员会即社会、人道主义和文化委员会主要负责处理人权相关的问题。委员会工作的重要组成部分将在重点审查人权问题，包括对人权理事会成立于2006年的特别程序的报告。第三委员会还同特别报告员、独立专家和人权理事会的工作组主席

举行听证和互动交流活动，讨论包括民族自决、消除种族主义和种族歧视、难民和发展等国际性人权问题。此外，联大根据有关规定还建立了一些负责人权事务的特设机构和附属机构，如给予殖民地国家和人民独立宣言执行情况特别委员会、反对种族隔离特别委员会、联合国纳米比亚理事会等。[①]

（二）经社理事会（ECOSOC）

经社理事会是《联合国宪章》规定的联合国 6 个主要机构之一，也是"为促进人权的目的而建立的联合国主要机构"。经济及社会理事会一共有 54 个理事国，其中每年改选 18 个，由联合国大会选举而出，任期是三年。它们每年会召开一次实质性会议与组织会议，并且将具体任务分配给理事会下设的各委员会处理。

根据《联合国宪章》第 62 条与第 68 条，经社理事会有责任推动经济和社会进步、促进普遍尊重人权，有权在增进人权方面作出建议，设立各种以促进人权为目的的委员会，其中就包括人权委员会，以及社会发展委员会、妇女地位委员会、可持续发展委员会等。它还能够研究有关国际经济、社会、发展、文化、教育、卫生及有关问题，就其职权范围内的事务，召开国际会议，并起草公约草案提交联合国大会审议。后者也在经社理事会参与制定人权公约的过程中得到了充分体现。

经社理事会还负责协调联合国及各专门机构的工作，这当然也包括人权方面的工作。大会设立的一些专门机构，如联合国粮食及农业组织，世界卫生组织，联合国教育、科学及文化组织，联合国开发计划署，联合国儿童基金会等，它们的工作都由经社理事会协调。联合国职司委员会和区域委员会的经济、社会和相关工作也由经社理事会负责协调。经社理事会下设的非政府组织委员会是联合国系统内唯一审议非政府组织申请联合国经社会咨商地位、讨论制定非政府组织行为规范等问题的机构。经由非政府组织委员会，世界范围内的非政府组织，尤其是人权领域的活动家、观察者和促进者能够有效地参与到经社理事会乃至联合国的人权工作中来。这大大扩展了联合国人权行动的多样性和信息来源的

---

① 门洪华：《联合国人权机制：一种框架性分析》，载《国际政治研究》2000 年第 3 期。

丰富性。[1]

在人权方面，经社理事会通过决议创立的"1235 程序"与"1503 程序"是改变当时人权委员会无法行动、对人权侵害行为无能为力状态的重要一环。这两份决议建构起公开和秘密的人权侵害行为审查机制，虽然在冷战时期并没有发挥非常充分的作用，但最终被人权理事会的特别程序与申诉程序所分别继承，延续至今。

（三）经社理事会的下设机构

经社理事会建立起一系列辅助机构来协助它完成促进人权发展与国际合作的任务。其中较为重要的有妇女地位委员会以及预防犯罪和刑事司法委员会。

1. 妇女地位委员会

在 1945 年，经社理事会下属的妇女核心小组委员会就希望能够建立一个独立于人权委员会的单独机构，来负责妇女权利保障事宜，而不必使之依赖另一个委员会的进度。这项建议的最终成果就是妇女地位委员会。妇女地位委员会成立于 1946 年 6 月 21 日，是联合国经济及社会理事会的职司委员会。它是专门为性别平等和全球提高妇女地位的主要决策机构。根据经社理事会的规定，它的主要职责为"就促进妇女在政治、经济、公民、社会及教育方面的权利向经济及社会理事会提出建议和报告；委员会为了实施男女应有同等权利的原则，应就妇女权利方面必须注意的迫切问题向理事会提出建议，并应拟定实施这些建议的提案"。妇女地位委员会共有 45 个会员，任期 4 年，由选举产生。委员会每年召开一次会议。闭会期间，日常事务由联合国妇女署负责。

国际社会上几乎所有涉及女性权利的公约均来自该委员会，包括《妇女参政权公约》以及《消除对妇女一切形式歧视公约》。在前期，委员会同样没有获得经社理事会授权来处理个人来文或者对侵犯人权的国家采取行动，直到 1983 年的第 1983/27 号决议以及 1992 年 7 月 30 日的第 1992/19 号决议，委员会才逐步建立起有限的个人来文审查制度。

妇女地位委员会与人权委员会的分离确实标志着女性权利保障的

---

[1] 柳华文：《联合国与人权的国际保护》，载《世界经济与政治》2015 年第 4 期。

独立，但这也造成了长期以来该机构远离日内瓦的联合国人权中心，得不到人权高专的技术支持（对它的支持由联合国总部提高妇女地位司负责）。1993年《维也纳宣言和行动纲领》中强调了妇女保障的重要性，自此之后，委员会成功地将妇女权利保障纳入主流人权视野之内。[1]

2. 预防犯罪和刑事司法委员会

根据经社理事会第1992/1号决议成立于1992年。其前身为1971年成立的预防和控制犯罪委员会，是经社理事会的职司委员会之一。作为联合国预防犯罪和刑事司法领域的主要决策机构，该委员会的主要职责包括改进打击国家和跨国犯罪的国际行动以及刑事司法管理系统的效率和公平性，为会员国提供一个交流专业知识、经验和信息的论坛，协助各国制定国家和国际战略，确定打击犯罪的重点。它还是联合国预防犯罪和刑事司法大会的筹备机构，负责将联合国犯罪大会通过的宣言呈交给联合国大会表决认可。

在人权领域，预防犯罪和刑事司法委员会最重要的贡献来自于它对有组织国际犯罪打击的协调以及创立的执法过程中人权软法规范。它所创立的一系列守则、标准，虽然没有法律上的约束力，但仍然广泛地被各国和国际人权机构视为执法过程中应当遵循的规则。其中就包括1979年《执法人员行为守则》、1985年《关于司法的基本原则》以及1990年《执法人员使用武力和火器的基本原则》。

（四）人权事务高级专员办事处（OHCHR）

无论是经社理事会、人权理事会还是它们下设机构的特别报告员、独立专家等负责人，都在保障人权方面存在着一个天然的制度性缺陷：它们或者对某些人权事务负有全局责任但受到国别政治的影响（如人权委员会），或者独立自主采取行动但只能处理相对特定的事务（如特别工作组）。设立一位不从属于任何国别政治论坛，作为联合国官员提供国际人权服务的专员的设想早在联合国建立之初就已经初现雏形。这位高级专员最初被设想来负责人权两公约的监督和执行工作，其后又演进

---

① 〔奥〕曼弗雷德·诺瓦克：《国际人权制度导论》，柳华文译，北京大学出版社2010年版，第118—119页。

为对联合国体系内各项人权工作的综合性协调。直到 1993 年的世界人权大会，这一设想才最终得到各国的普遍认可并成为现实。1993 年联大第 48/141 号决议决定设立人权事务高级专员这一职务。1997 年，联合国秘书处的人权中心（前身为人权司）并入人权高专办。

人权事务高级专员是"主要负责联合国人权活动的联合国官员"，人选应当由大会批准与秘书长任命，级别上等同于副秘书长，这也相当程度地提高了人权事务在联合国体系内的地位。人权事务高级专员办事处是联合国秘书处的一部分，职权来自联大决议授权，主要包括发挥领导作用，客观开展工作，开展教育并采取行动增强个人能力；协助各国维护人权，通过其独特的渠道与各国政府合作并向它们提供援助，例如在司法、立法改革和选举进程等领域提供专门知识和技术培训，以帮助在全世界范围内促进和实施人权；努力确保普遍公认的人权准则得到执行，包括促进主要人权条约的普遍批准和执行以及对法治的尊重；它还有权在侵犯人权的情况下客观地发表意见。此外，人权高专办最重要的事务性功能是向人权理事会和核心条约机构等联合国人权机制的工作提供后勤、行政和实质性帮助。如前所述，诸多重要的联合国人权机构都要在人权高专办的这些援助下开展工作。[①]

相比于国家代表组成的经社理事会和人权理事会，以及职权相对受限的特别程序组成人员，人权高专在外交和法律领域都享有崇高的权威。这一职位更类似于联合国的一位"人权总管"，他在法律上拥有某些大会明确授予的职权，更重要的是在实践中人权高专办发展出了诸多同各国政府、国家人权机构和非政府人权组织对话、合作与交流的有效机制。人权高专对前沿和紧迫的人权议题往往能作出更迅速的回应，其选举程序也能保证它的中立性要相对理事会、委员会更优一筹。

三、国际人权条约机构

与根据《联合国宪章》以及大会、理事会决议建立起来的联合国人

---

① 〔美〕托马斯·伯根索尔、黛娜·谢尔顿、戴维·斯图尔特：《国际人权法精要（第 4 版）》，黎作恒译，法律出版社 2010 年版，第 81—82 页。

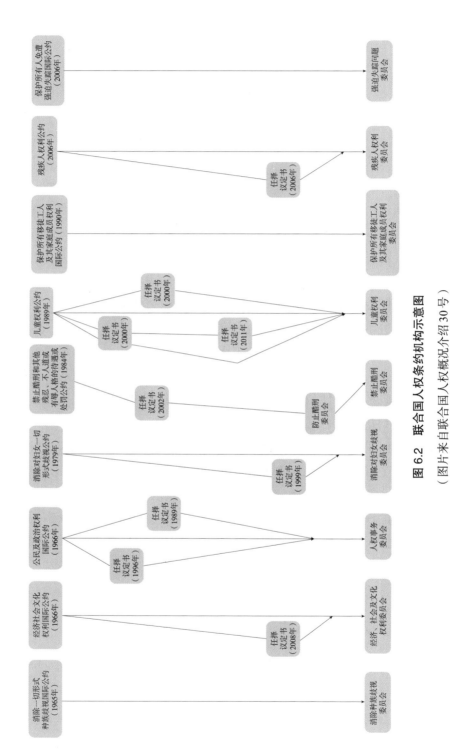

图 6.2 联合国人权条约机构示意图

（图片来自联合国人权概况介绍 30 号）

540

权机构不同，国际人权条约机构往往指的是根据这些条约所建立起来的一系列负责监督人权条约或公约履行的专门机制。如前文所提到的一系列重要的国际人权条约一样，也存在着数个在国际上具有相当影响力的条约机构，包括《公民及政治权利国际公约》的人权事务委员会、《经济社会文化权利国际公约》的经济、社会及文化委员会、《消除一切形式种族歧视国际公约》的消除种族歧视委员会、《禁止酷刑公约》的禁止酷刑委员会、《消除对妇女一切形式歧视公约》的消除对妇女歧视委员会、《儿童权利公约》的儿童权利委员会等等。它们均由独立专家组成的常设机构来监督缔约国履行相关条约规定的义务。①

（一）人权事务委员会（HRC，2006 年后称 CCPR）

人权事务委员会根据《公民及政治权利国际公约》第 28 条设立，被认为是一个准司法性的条约监督机构，但它的一般性评论和处理个人来文的意见并没有法律约束力。委员会由 18 名委员组成，根据公约的要求，这些专家应当是"具有崇高道义地位和在人权方面有公认的专长的人"，并且还应"考虑使若干具有法律经验的人参加委员会是有用的"。这些专家的任命"应考虑到成员的公正地域分配和各种类型文化及各主要法系的代表性"，因此"不得有一个以上的委员同为一个国家的国民"。与人权委员会或者理事会不同，为了确保委员会的客观中立与行事中允，委员以个人身份任职，不作为本国政府的代表。委员会的议事规则（CCPR/C/3/Rev.7）还从形式上落实了这方面的某些要求——例如，委员会委员不参加审查本国提交的定期报告，不参加通过有关该国的结论性意见，不参与讨论涉及本国的申诉。除了这些委员以外，委员会还任命了三位特别报告员，分别为新的来文问题特别报告员、《意见》的后续行动问题特别报告员、《结论性意见》的后续行动问题特别报告员，来处理执行职务的某些后续问题。

人权事务委员会的任务是监督《公民及政治权利国际公约》的实施和各缔约国的履行情况。总体而言这可以分为四项工作。

---

① 曾令良：《联合国人权条约实施机制：现状、问题和加强》，载《江汉论坛》2014 年第 7 期。

第一，委员会审查缔约国就履行公约义务提出的报告。根据《公约》第40条规定，所有批准或加入公约的国家都有义务向委员会提交报告，说明各自为落实公约所定各项权利而采取的措施，以及在享有这些权利方面所取得的进展。在会议开始时，委员会先以非公开会议的形式听取希望提供材料的联合国机构和其他方面代表的发言，而后对每份报告进行审查，这以缔约国代表团与委员会之间的公开建设性对话的形式展开。对话结束后，委员会就有关报告起草详细的书面结论性意见。结论性意见的后续行动问题特别报告员将会继续工作，对后续行动方面的资料进行评估，并且向委员会提出建议。

第二，委员会提出详细解释缔约国在公约项下的实质性义务和程序性义务一般性意见，协助各缔约国落实公约条款。《公约》第40条第4款规定由委员会负责通过一般性意见，解释和说明公约条文及其范围、意义、适用情形、履行途径。一般性意见被理解为一般的法律说明，国际法院也多次在判决中援引一般性意见来作为对公约条文的权威解读，因此它对国际人权义务的规范内容有很大意义。

第三，委员会可以接受根据《任择议定书》提出的个人来文。根据《公约》和《任择议定书》的规定，如果某个个人认为自己在公约下的权利和自由遭受侵害，那么他有权向委员会发去申诉，要求该国解释其行动。一位特别报告员专司这项事宜。

第四，委员会有权审议一缔约国对另一缔约国不履行公约义务的国别指控。根据《公约》第41条的规定，如果两个缔约国作出声明，同意委员会有权接受和审议这种国家间的申诉，那么他们就可以向委员会提交来文，进行此种具有对抗性质的质询。但尽管已经有40多个国家提交了此类声明，到目前为止还没有国家向委员会提交过国家间的申诉。[①]

（二）经济、社会及文化权利委员会（CESCR）

《经济社会文化权利国际公约》最初诞生之时就伴随着围绕第二代人权的争论，包括它是否可执行，是否可诉，是否能给缔约国提供明确

---

① 联合国人权事务高级专员办事处:《公民权利和政治权利：人权事务委员会》，概况介绍第15号，联合国人权事务高级专员办事处第二次修订，2004年版，第12—32页。

的义务标准。由于这些特殊因素，经济、社会及文化权利委员会也存在着与其他几个条约机构很大的不同——首先就是它实际上并不是一个真正的"人权条约机构"，也即它不是根据《经济社会文化权利国际公约》条款设立的，而是在 1985 年由经社理事会以决议方式设立。当然在功能上它仍然担负着类似的职责。委员会由 18 名成员组成，均为人权专家。委员会的成员保持独立，并以个人身份任职。由于该委员会的产生来自经社理事会的授权，因此它的权力产生于经社理事会，选举上也由经社理事会负责。选举同样遵循公平地域分配原则，希望不同社会和法律制度的代表参与其中以增强多样性。

委员会的主要职能是监测缔约国履行义务的情况，与缔约国建立建设性对话，通过各种办法确定公约所载准则是否在缔约国被充分适用和落实，这些实践是否有利于保障所有人均能切实充分享受这些权利。某些情况下，委员会也会提出具体立法、政策和其他意见与建议来帮助各国政府履行规定的义务，从而更有效地确保经济、社会和文化权利。

委员会执行职能的两条主要路径分别为国家报告制度，国家间指控制度、个人申诉制度与调查程序。其中国家间指控制度、个人申诉制度与调查程序的运行模式是根据 2013 年生效的《任择议定书》确立下来的，同其他条约机制的来文与申诉机制基本上相同——这也凸显出国际社会在第二代人权的可诉性方面迈出的重要一步。而在国家报告制度方面，根据《公约》第 16、17 条，缔约国承诺向委员会提交定期报告，阐明它们为确保享受公约权利采取的立法、司法、政策和其他措施，提供详细资料，说明落实权利的程度和特别困难。在委员会的第 1 号一般性意见中，它强调了国家报告制度的重要性，包括确保缔约国承诺全面审查国家立法、行政规章和程序以及各种做法，以便保证充分地符合公约要求；定期监测每项权利的实际情况，以便评估所有个人在该国享受各种权利的程度；为政府拟定明确列明和指出指标的执行公约的政策奠定基础；便利公众监督政府关于执行公约的政策和鼓励社会各阶层参与有关政策的拟定、执行和审查；为缔约国和委员会有效评价实现公约所载义务取得的进度奠定基础；使缔约国逐步更好地了解阻碍经济、社会和文化权利实现的问题和缺点；促进缔约国之间交换资料和帮助它们更充分地评价实现公约每一项权利中存在的共同问题和可能的解决办法。[①]

在程序上，委员会在缔约国提交其报告后展开标准的审议程序。首先，会前工作组作初步审查，列出在报告中发现的差异的书面问题清单，提交有关缔约国；其次，请缔约国对这些问题作出书面答复；再次是代表团首先作介绍性发言并答复书面问题；继而，委员会成员向出席会议的缔约国代表提出问题和看法并由缔约国进行回应；最后，委员会完成报告审议并提出最后意见。[②]

（三）消除种族歧视委员会（CERD）

消除种族歧视委员会在 1970 年根据《消除一切形式种族歧视国际公约》第 8 条的规定成立，它是第一个联合国体系下的人权条约机构，为后续几个机构的成立确定了一套制度框架。作为独立专家机构，它负责监督缔约国执行《消除一切形式种族歧视国际公约》的情况。委员会由德高望重、公认为公正的 18 名专家组成。由公约缔约国选出，任期 4 年。每两年改选半数成员，选任时，应考虑代表世界上各地理区域及各种不同的文明和法系诸因素。该组织是一个自主机构。所有成员以他们的个人资格任职。该委员会在日内瓦开会，通常每年举行三届会议。

委员会的主要职能包括，根据公约的规定，审查各国为履行其反对种族歧视的义务而采取的立法、司法、行政和其他措施；就联合国托管领土和非自治领土上被指称有种族歧视行为的个人和群体向联合国机构提出的控诉发表意见及提出建议；对其他联合国机构在这些领土上为反对种族歧视而采取的立法、司法、行政和其他措施而提出的报告表示意见和提出建议。

根据公约的规定，委员会建立了四套执行监督职能的机制，分别为国家报告制度、预警程序、审查国家间的申诉和审查个人的申诉的程序。

首先，所有缔约国都有义务定期向委员会提交有关落实公约权利的报告。各国必须在加入公约后的第一年报告，然后每两年报告一次。委

---

① E/1989/22，附件三，第 1 号一般性意见（1989 年），第 2—9 段。

② 联合国人权事务高级专员办事处：《经济、社会及文化权利委员会》，概况介绍第 16 号，联合国人权事务高级专员办事处 1996 年版，第 26—34 页。

员会审查每份报告，并以结论性意见的形式向缔约国提出其关切和建议。

其次，委员会在其正常议程中列入预防措施，其中包括旨在防止现有局势升级为冲突的预警和对需要立即注意以防止或限制严重违反公约的规模或数量的问题作出响应的紧急程序。

再次，公约提供了某个缔约国控诉另一缔约国，或者遭受种族歧视的受害者控诉本国的机制。后者在程序上还存在一些前置条件，例如缔约国必须首先做出声明同意接受此种来文指控，受害人还要向主管国家人权机关寻求救济未果。[①]

（四）禁止酷刑委员会（CAT）

禁止酷刑委员会是根据《禁止酷刑和其他残忍、不人道或有辱人格的待遇或处罚公约》（以下简称《公约》）第 17 条设立的监督机构，于 1988 年正式成立。它由 10 名人权领域的专业人士组成，这些人必须是缔约国的国民，由这些国家以无记名投票方式选举产生。他们当选后任期为四年，并可连选连任。委员会通常每年召开两届常会。但经其多数成员或某个公约缔约国的要求，并经委员会本身决定，则可召开特别会议。委员会可邀请专门机构、有关联合国机构、区域政府间组织和具有经社理事会咨商地位的非政府组织提供涉及反酷刑问题的各种材料。委员会还经常同人权理事会的酷刑问题特别报告员展开合作，互通有无，互相补充。

委员会确立起四套机制来确保职务履行：

第一，国家报告制度。根据《公约》第 19 条，各缔约国应通过联合国秘书长向委员会提交报告，说明为履行公约所规定的义务而采取的措施。第一份报告必须在公约对有关国家生效后一年内提交；此后每隔四年应就随后出现的发展动态提交补充报告。在审查报告时，委员会邀请缔约国代表参加审议其国家报告的会议，请其答复委员会的问题，并对国家报告作出澄清。在根据《公约》第 19 条第 3 款审议了每一份报告以后，委员会可对该报告提出它认为适当的一般性评论。

---

① 杨宇冠主编：《联合国人权公约机构与经典要义》，中国人民公安大学出版社 2005 年版，第 269—275 页。

第二，调查程序。这项程序在其他人权条约机构中并不多见，它的出现在很大程度上同酷刑问题的隐蔽性息息相关。根据《公约》第20条，委员会有权根据指控线索，对缔约国经常施行酷刑的有关情况展开调查。根据《公约》第28条，这项权限是非强制性的，意味着缔约国在批准或加入公约时可声明不承认它。如果一个国家接受了这项权限，那么委员会有权收集关于存在酷刑做法的资料，或者在必要时指定一名或一名以上成员进行秘密调查，并邀请缔约国同它合作进行调查。

第三，国家间指控与个人来文指控。同其他公约类似，根据《公约》第21条和第22条，缔约国可以在加入与缔结时选择是否接受此种权限。对于已发表接受声明的缔约国，委员会可接受和审议某一缔约国声称另一缔约国未履行公约所规定义务的来文。在个人指控制度中还存在着一个创新之处，也即所谓的"临时措施"——在委员会审查案情实质问题的过程中，如果确实存在着侵犯当事人权利的紧迫危险，那么在作出任何决定之前，委员会可请有关缔约国采取步骤避免对据称的侵权行为受害者造成可能无法弥补的损害。[1]

（五）保护所有移徙工人及其家庭成员权利委员会（CMW）

保护所有移徙工人及其家庭成员权利委员会根据《保护所有移徙工人及其家庭成员权利国际公约》（以下简称《公约》）第72条设立，负责监测缔约国对公约义务的履行情况。该委员会由10名专家组成，在《公约》的缔约国数量达到41个之后，该委员会专家人数变更为14人。委员会成员由缔约国以无记名投票方式选出，同时适当考虑到包括移徙工人的原籍国和就业国在内的公平地域分配，并考虑到全世界各主要法系的代表性。委员会成员以个人身份任职，任期四年。

根据《公约》第73条的规定，缔约国应当在公约生效后一年内以及此后每隔五年，报告为执行公约所采取的措施。此种报告还应当说明在执行公约方面遇到的问题，并介绍移民流动方面的情况。在对报

---

[1] 联合国人权事务高级专员办事处：《禁止酷刑委员会》，概况介绍第17号，联合国人权事务高级专员办事处1992年版，第2—10页。

告进行审查之后，委员会将向相关缔约国转交它认为恰当的结论。《公约》第 74 条第 2 款和第 5 款规定，委员会应当同国际机构，尤其是国际劳工局进行密切合作。委员会应当邀请国际劳工局指定代表以顾问身份参加委员会会议，并且应当在审议过程中考虑到劳工局可能提供的评论和材料。

《公约》第 76 条规定了国家间指控制度，缔约国可以声明承认委员会的管辖，委员会可以基于此接受一个缔约国指称另一个缔约国没有履行其在本公约规定下所承担义务的来文。这项程序启动前，缔约国可以先行向另一国提交书面信函作为提醒，受函国在收到函件三个月内，应给予送函国一个书面解释或任何其他说明以澄清事项。如这一程序六个月内仍未能解决争端，则在穷尽当地救济之后，委员会可以接受来文并进行审查，提出报告与解决办法。

《公约》第 77 条规定，缔约国可宣布承认委员会有权受理并审议该国管辖范围内声称公约为其规定的权利遭到侵犯的个人或其代表送交的来文。只有在来文涉及一个已经承认委员会权限的缔约国的情况下，委员会方可受理相关来文。如果委员会认定，所涉事项过去没有而且目前也没有受到另一国际调查或处理程序审查，并且所有国内补救办法都已经用尽，它可以提出书面解释请求，并在审议所提供的一切资料之后发表其看法。关于个人来文的指控程序到目前为止还没有被启动过。[①]

（六）强迫失踪问题委员会（CED）

强迫失踪问题委员会由 10 名专家组成，专家以个人身份独立任职，根据公平地域分配的原则，由缔约国无记名投票选出。《保护所有人免遭强迫失踪国际公约》第二部分载有国际监督条款，规定了委员会负责的监督职能。第 29 条规定，"各缔约国应当在本公约对该缔约国生效后两年内，通过联合国秘书长向委员会提交一份报告，说明为履行本公约义务而采取措施的情况"，"该报告由委员会进行审议"。第 30 条规

[①]　联合国人权事务高级专员办事处：《〈移徙工人国际公约〉和〈公约〉委员会》，概况介绍第 24 号，联合国人权事务高级专员办事处 2007 年版，第 12—15 页。

定，"失踪者的亲属、他们的法律代表、律师或任何得到其授权的人，以及任何拥有合法权益的其他人"向委员会提出请求，或委员会根据有关证据，可以向各国寄发紧急函件，要求它们采取一切必要措施，包括临时措施在内，以寻找和保护失踪者。这是首次向一个条约监测机构发出此种性质的任务授权。第31条规定，"委员会可以接受和审查声称由于缔约国违反公约规定而成为受害者的个人所提交的来文，但缔约国必须首先声明接受此种管辖"。第32条规定，"委员会有权接受和审查一缔约国声称另一缔约国未履行其在公约下义务的来文，在这一方面，委员会只能接受那些声明接受国家间指控制度的国家来文，一个没有接受国家间指控制度的国家不能成为被指控者，也不能提出此种指控"。第33条规定，"如果收到的资料表明一缔约国正在严重违反公约的规定，委员会可以启动对缔约国的访问程序"。第34条还规定了，"最后，如果委员会收到确凿信息表明，某一个缔约国正在大规模或有组织地实施强迫失踪行为，它可在向有关国家索取信息后通过秘书长提请联大注意这一问题"。同样，这也是首次向一个条约监测机构发出此类任务授权。

同时，在委员会以外，人权委员会还在1978年根据联大第33/173号决议授权，经由1980年的第20（XXXVI）号决议设立了一个由5名独立专家组成的工作组，以审查与被强迫或非自愿失踪相关的问题。强迫失踪问题委员会和强迫或非自愿失踪问题工作组（WGEID）共存并合作——根据《保护所有人免遭强迫失踪国际公约》第28条规定，应与相关国际人权文书所设立的其他条约机构磋商，特别是《公民及政治权利国际公约》设立的人权事务委员会，这也是两个机构密切合作的法律依据。相比之下，人权委员会/理事会的工作组要比委员会的授权更加广泛——委员会只能对已批准公约的国家进行干预，而工作组则能够考虑所有国家的情况。委员会只能处理公约于2010年12月23日生效之后发生的强迫失踪案件，而工作组可以审查在此之前的所有情况。①

---

① 联合国人权事务高级专员办事处：《被强迫或非自愿失踪问题》，概况介绍第6号（第三次修订），联合国人权事务高级专员办事处2009年版，第9—11页。

（七）消除对妇女歧视委员会（CEDAW）

消除对妇女歧视委员会是依《消除对妇女一切形式歧视公约》第 17 条建立的。委员会的职责是监督各缔约国对公约执行的情况。根据公约，委员会由 23 名专家组成，以无记名投票方式选举产生，其专家应当符合"在本公约所适用的领域方面德高望重和有能力"的标准，并考虑到公平地域分配原则及不同文明形态与各主要法系的代表性。专家们同样以个人身份任职。略有不同的是，该委员会从一开始就全部由妇女组成，仅有一次例外。

委员会监督已批准或加入公约的国家的执行情况。这主要通过审查这些国家提交的报告进行。它还可以请联合国专门机构提交供审议的报告，并可接受非政府组织的资料。委员会每年通过经济及社会理事会向大会报告其活动，经社理事会则将这些报告转交妇女地位委员会，供其参考。

《消除对妇女一切形式歧视公约》第 18 条规定了国家报告制度，要求缔约国就本国实施公约所采取的立法、司法、行政及其他措施，向联合国秘书长提出报告。缔约国必须在批准或加入公约后一年内提出第一次报告；以后，至少每四年或在委员会请求下随时提出。在工作流程上，委员会设立了一个会前工作组，由委员会的 5 名委员组成，该工作组将会准备问题清单和一系列问题，事前寄给报告国，以便于它们能够准备在会议上迅速作出答复。各缔约国首先向委员会提交一份书面报告并有机会做口头介绍。其后，委员会就报告的形式和内容提出一般性意见和评论。再次，委员会委员提出有关公约具体条款的问题。最后，委员会将准备关于各个缔约国报告的结论性评论，以便在委员会的报告中反映这些评论。①

根据 1999 年的《消除对妇女一切形式歧视公约》任择议定书，个人申诉制度和调查制度在国家同意的前提下被确立起来。消除对妇女歧视委员会有权接受和审议根据议定书第 2 条提出的来文，来文可由声称因

---

① 联合国人权事务高级专员办事处：《对妇女的歧视问题：公约和委员会》，概况介绍第 22 号，联合国人权事务高级专员办事处 1995 年版，第 29—36 页。

为一缔约国违反公约所规定的任何权利而受到伤害的该缔约国管辖下的个人或个人联名或其代表提出。议定书的第 5 条也规定了临时措施条款，以便能有效保障当事人利益不受进一步侵害。议定书的第 8 条至第 10 条还确立了可选性的调查机制。

（八）儿童权利委员会（CRC）

根据《儿童权利公约》第 43 条规定，儿童权利委员会应由 18 名品德高尚并在本公约所涉领域具有公认能力的专家组成。委员会成员应以无记名表决方式从缔约国提名的人选名单中选举产生，并应以个人身份任职，但须考虑到公平地域分配原则及主要法系。根据第 44 条，缔约国应当在公约对有关缔约国生效后两年内或之后每五年一次，向委员会提交关于它们为实现本公约确认的权利所采取的措施以及关于这些权利的享有方面的进展情况的报告，供委员会审议。

委员会还负责监督《〈儿童权利公约〉关于儿童卷入武装冲突问题的任择议定书》以及《〈儿童权利公约〉关于买卖儿童、儿童卖淫和儿童色情制品问题的任择议定书》两项文书的履行工作。根据《〈儿童权利公约〉关于儿童卷入武装冲突问题的任择议定书》第 8 条以及《〈儿童权利公约〉关于买卖儿童、儿童卖淫和儿童色情制品问题的任择议定书》第 12 条规定，缔约国还应当在议定书对其生效两年内向儿童权利委员会提交一份报告，此后每五年一次，说明其履行义务情况。委员会负责对这些国家报告加以审核。

2011 年，联合国大会批准了《〈儿童权利公约〉关于设定来文程序的任择议定书》，该议定书在 2014 年正式生效。新的议定书在第一部分具体明确了儿童权利委员会的职能与作用，并建立了个人来文、国家间指控制度与调查程序。根据第二部分的规定，受缔约国管辖的个人或群体如认为其规定于公约及其两项议定书之中的权利遭到缔约国侵犯，则有权向委员会提交个人来文。委员会有权要求缔约国采取临时措施避免进一步损害，并且考察来文的可受理性问题，以及为当事方提供友好解决的斡旋机会。委员会在审查来文后，应当及时向有关当事方传达委员会对来文的意见及可能提出的任何建议，缔约国应当就此建议向委员会提交书面答复，包括通报根据委员会意见和建议采取的任何行动。第 12

条规定了国家间指控制度，规定在缔约国做出声明接受委员会管辖之后，可以就另一缔约国未履行公约及其两项议定书所载义务的行为向委员会提交来文。第三部分则规定了委员会对严重或一贯侵犯人权行为的调查程序——如果委员会收到可靠资料，表明一缔约国严重或一贯侵犯公约及其两项议定书所载权利，在掌握了可靠资料之后，委员会可以指派一名或多名成员进行调查，并且在征求缔约国同意后前往该国进行访问。委员会应当尽快将调查结果连同任何意见和建议一并送交有关缔约国，缔约国也应当在六个月内将本国意见提交给委员会。

表 6.1　联合国人权条约机构制度一览图

条约机构	国家报告制度	国家间指控制度	个人来文制度	调查程序制度
人权事务委员会	强制性	任择性	任择议定书	无
经济、社会及文化权利委员会	强制性	任择议定书（任择性）	任择议定书	任择议定书（任择性）
消除种族歧视委员会	强制性	强制性	任择性	无
禁止酷刑委员会	强制性	任择性	任择性	任择性
保护所有移徙工人及其家庭成员权利委员会	强制性	任择性	任择性	无
强迫失踪问题委员会	强制性	任择性	任择性	任择性
消除对妇女歧视委员会	强制性	无	任择议定书	任择议定书（任择性）
儿童权利委员会	强制性	任择议定书（任择性）	任择议定书	任择议定书（任择性）

第四节　区域性人权保护机制

如果国内机构没有履行它们的人权保障义务，那么就有必要寻求超越国界的帮助和补救。除了前述的以联合国为中心的国际性人权保障法律文件与各类机制以外，区域性人权法律框架和制度也构成了相当重要的一个环节。区域性人权制度通常会考虑区域的地方性因素，例如共同的习俗、价值观、文化，这些因地制宜的方案加强了对人权的保护。区域性人权制度由区域性文书和机制组成，前者有助于国际人权规范和标准的本土化，反映了该区域特别关注的人权问题，后者则帮助在实地执行这些文书。在欧洲、美洲、非洲、东南亚和中东，已在区域一级开展了国际促进和保护人权的行动。但截至目前，欧洲、美洲和非洲有相对完善的区域性人权制度，其他地区的制度仍在筹划和建构之中。

一、欧洲人权保护机制

欧洲历史上出现过诸多的战争和人道主义灾难。两次世界大战的战火，尤其是"二战"时期轴心国集团在欧洲大陆上实施的种族灭绝、迫害和大屠杀，给欧洲各国和人民带来了沉重创伤。"二战"后，欧洲虽然陷入了东西对峙的冷战态势之中，但仍然抓住机遇，建立起一套具有区域特色的人权保护机制，包括以欧洲理事会为核心的人权机构以及以《欧洲人权公约》《欧洲社会宪章》为核心的法律框架。欧洲国家较早地将公约的实施机制纳入考量，并建立起在国际社会享有盛誉的人权法院体系，为实施人权的司法救济提供支持。随着欧洲一体化进程的推进，它的人权保障机制也在不断融合、发展，呈现出更加系统性、体系化和层次化的特征。

（一）欧洲人权保护的历史进程

欧洲人权保障的制度性尝试开始于"二战"结束后的欧洲一体化进程。1948 年，"欧洲统一运动国际委员会"召开会议，初步讨论了设想中的欧洲一体化机构在人权方面的任务和标准，并提出应当制定《人权宪章》，作为各国确立人权标准的规范。1949 年，比利时、丹麦、法国、爱尔兰、意大利、卢森堡、荷兰、挪威、瑞典和英国十国决议成立欧洲理事会（Council of Europe），来处理其成员共同关心的问题，包括人权、预防犯罪、药物滥用、环境保护、生物伦理和移民问题。[①]"人权、法治与民主"被认为是欧洲理事会的三块奠基石，在《欧洲理事会规约》中，各国也明确了自身对人权保障的承诺。[②]其第 1 条规定，"欧洲理事会的目标是在各成员国之间实现更大的团结，以维护和实现作为其共同遗产的理想和原则，并促进其经济和社会进步；为实现这一目标，应通过理事会各机关讨论共同关心的问题，通过在经济、社会、文化、科学、法律和行政事项以及在维持和进一步实现人权和基本自由方面达成协议和采取共同行动"。与此同时，欧洲理事会还给每个未来可能加入的成员国都设置了相当高的门槛，其第 3 条规定，"欧洲理事会的每一个成员都必须接受法治的原则，以及在其管辖范围内人人享有人权和基本自由的原则，并真诚而有效地进行合作，以实现第一章所规定的理事会的目标"。其第 8 条甚至将各国的代表权同人权实践的状况联系起来，规定"任何严重违反第 3 条的欧洲理事会成员可被暂停其代表权，并应部长委员会根据第 7 条的规定要求其退出"。这体现出欧洲理事会在人权保障领域确实希望树立起高规格和严格标准的良好典范。

欧洲理事会由四个主要机构组成：部长委员会，议会大会，欧洲地方和区域当局大会以及秘书处。

部长委员会每年召开两次会议，由所有欧洲理事会成员的外交部长组成。它根据议会大会和各个专家委员会的建议，决定欧洲理事会的预算及其活动方案。议会大会每年举行四次会议，是一个由各国议会代表组成的审议机构。

欧洲地方和区域当局大会是代表欧洲理事会中的地方和区域政府的咨询机构。

秘书处为欧洲理事会中的其他三个主要组织提供服务，在秘书处之

[①] 应当注意区分成立于 1949 年的欧洲理事会（Council of Europe），作为欧盟最高决策机关的欧洲理事会（European Council），以及作为欧盟常设执行机构的欧盟委员会（European Commission）。在本章中，绝大部分人权领域的保障制度都是由欧洲理事会（Council of Europe）逐步建立起来的。

[②] Bernadette Rainey, Pamela McCormick, and Clare Ovey, *Jocobs, White, and Ovey, The European Convention on Human Rights* (8th ed., Oxford University Press, 2020), pp. 3-4.

下还设立了人权局。多年来，欧洲理事会还建立了许多专门机构和专家委员会，例如欧洲犯罪问题委员会、欧洲人权委员会、欧洲人权法院、文化遗产委员会、欧洲社会发展基金会和欧洲法律合作委员会，以在各个领域促进人权进步。[①]

在国际法方面，为了有效管理人权事务，欧洲理事会制定了160多项国际协议、条约和公约，形成了欧洲国家之间复杂的地区性多边人权保障法律制度。其中最重要的协议是《欧洲人权公约》（1950年）、《欧洲文化公约》（1954年）、《欧洲社会宪章》（1961年）、《欧洲防止酷刑、不人道和有辱人格的待遇或处罚公约》（1987年）、《保护少数民族框架公约》（1995年）和《人权与生物医学公约》（1997年）。

除了欧洲理事会的长期努力以外，在20世纪70年代之后，欧洲安全与合作组织（以下简称"欧安组织"）也在人权保障方面发挥了一定作用。尤其是1975年《赫尔辛基最后议定书》宣示了"尊重人权及基本自由，包括思想和意识自由，以及宗教与信仰自由"之后，人权议题在欧安组织之内也快速进入主流化轨道。在欧安组织维也纳会议之后，各国在《最后议定书》中承诺提供有效的人权保护，建立有效的人权救济制度；哥本哈根会议上各国进一步强调了人权与基本自由对欧洲安全合作的重要意义；《巴黎宪章》将人权正式纳入欧安组织的框架之内，并对组织机构作出了适应人权保障趋势的调整。随着冷战的结束，欧安组织框架下的人权保障议题也开始逐步降温。目前，欧安组织内部设立了一系列人权监督和观察机制，并且同各国、欧洲的区域性人权机构保持密切合作。

（二）《欧洲人权公约》建立的人权保护机制

1.《欧洲人权公约》的结构与主要内容

1950年11月4日，欧洲理事会批准了《欧洲保护人权和基本自由公约》（以下简称《欧洲人权公约》或《公约》），其实质性规定基于《公民及政治权利国际公约》草案，并受到了当时刚刚获得通过不久的《世界人权宣言》的启发。《欧洲人权公约》被称为欧洲理事会王冠上的

---

① 欧洲理事会官网："Who we are"，https://www.coe.int/en/web/about-us。

宝石，这能够凸显出它在整个欧洲理事会人权保障体系内的重要地位。多年来，公约建立的执行机制已经针对公约规定的问题发展了相当多的判例法，缔约国通常对此予以尊重。在某些欧洲国家，该公约的规定被视为国内宪法的一部分或成文法。另外一些国家则需要采取其他措施，以使其国内法符合公约规定的义务。

《公约》整体上分为三个部分，第一部分载有签署国必须保障的基本权利和自由的目录，这些"必须受到保护的权利"包括人的身体完整和尊严、法庭的正当程序、保护个人生活、交流和社会参与的权利与自由。这些权利还会受到各国批准的议定书的进一步修正和补充。第二部分涉及欧洲人权法院。它规定了法院的权限、法官的选举和适用于法院的程序规则，这些规则由法院通过的《法院规则》加以补充。第三部分涉及缔约相关的杂项事宜。

《欧洲人权公约》规定的一些权利是绝对的。它们在任何情况下都不能受到限制，在紧急情况下也不能减损。这类权利包括《欧洲人权公约》第 3 条规定的禁止酷刑和第 4 条保证的禁止奴隶制和强迫劳动。在发生公共紧急情况时，其他权利可依照《欧洲人权公约》第 15 条规定的条件克减，以避免对国家生存的危险。但这种限制与克减是有条件的，也即必须"由法律规定、达到有关条文所指明的目的、在民主社会中是必要的"。当然《公约》的权利仅仅是各国人权保障义务的最低标准，缔约国的人权保护水平不能低于《公约》所要求的水平。[①]

2.《公约》建立的人权监督机制

在 1998 年《公约》第 11 号议定书对公约监督机构进行改革之前，欧洲理事会下主要有三个负责《公约》实施和监督的机构，分别为欧洲人权法院、欧洲人权委员会、部长委员会。

（1）欧洲人权法院

欧洲人权法院建立于 1959 年，位于法国斯特拉斯堡。它是《欧洲人权公约》建立的司法机构，主要职能是对欧洲人权委员会或缔约国提交

---

① 　朱晓青：《欧洲人权法律保护机制研究》，法律出版社 2003 年版，第 56—84 页。

的声称违反公约的案件进行司法审理，确保缔约国管辖下的个人申诉或者国家间的案件能够得到公正解决。根据《公约》第38条规定，欧洲人权法院组成法官的人数应当与欧洲理事会成员国数目相等。法官由其所属国选举推荐，但是在担任欧洲人权法院的法官期间，法官仅代表其个人身份而不是国家。这些法官也必须符合特定的实质性要求，即"品格高尚并具备所需任命为高级司法职务的资格或者是公认能力的法学家"。

《公约》第45条规定了法院的管辖权："法院的管辖权应当涉及缔约国及欧洲人权委员会根据第48条规定提交的与本公约的解释和适用有关的所有的案件。"这包括直接就特定问题作出裁决或者对《公约》进行司法解释两个部分。1963年《欧洲人权公约：第二议定书》补充了法院的咨询管辖权，也即在部长委员会请求下，人权法院可以提供解释公约及其议定书有关法律问题的咨询意见。议会大会、欧洲人权委员会和秘书长的咨询意见动议必须经过部长委员会同意才能提交给法院。在司法管辖方面，依照《公约》第44条的规定，欧洲人权法院只能接收由各缔约国及欧洲人权委员会有权移交的案件。当欧洲人权委员会不能通过友好协商方式解决案件时，它在经过第32条规定的特定程序之后，在三个月内才能够把案件提交给法院受理。第48条限定了法院管辖权的范围。法院的司法管辖权是一种可选的强制性管辖权，只有缔约国声明接受管辖才能行使。享有起诉权的主体也受到了限制，包括"欧洲人权委员会；其公民被认为是受害人的一个缔约国；将案件提交欧洲人权委员会的一个缔约国；被指控的缔约国"。直到1990年的《欧洲人权公约：第九议定书》，个人和非政府组织才被允许直接向法院起诉，而不是必须向人权委员会申诉。[①]

（2）欧洲人权委员会

欧洲人权委员会由与缔约国数目相等的委员组成，由部长委员会从咨询议会秘书处提出的名单中以绝对多数票选任，并且以个人资格参与委员会。委员会成员的任职资格没有在《公约》中明确列出，而是在1985年的《欧洲人权公约：第八议定书》之中加以规定，"应具备高尚

---

① 李滇：《欧洲司法中的人权保护制度评析》，载《河北法学》2012年第4期。

的道德品格，必须具备担任高级司法职务所要求的资格，或者是在国内法或国际法领域具有公认才干的人"。

人权委员会在《公约》之下被赋予了三类职能：准司法职能、调查职能和调节职能。第一，《公约》第24条规定，"任何缔约国可以通过欧洲理事会秘书处，将对另一缔约国破坏本公约规定的任何指控提交委员会"，这是委员会对国家间指控的强制管辖权；第25条规定，"委员会可以受理由于缔约国一方破坏本公约所规定的权利而致受害的任何个人、非政府组织或者是个人团体向欧洲理事会秘书长提出的申诉"，但缔约国必须先声明接受此种管辖，这是对个人申诉的管辖权。虽然委员会并非一个司法机构，但它受理国家间指控和个人申诉，以及在此过程中对案件是非曲直作出的实质性判断，则凸显出它的准司法组织特征。第二，《公约》第28条规定，当欧洲人权委员会受理了申诉之后，为了查明事实，应当与当事人各方的代表一起审查申诉，并在必要时进行调查。调查的方式包括庭审、接受书面意见、听取受害方陈述、询证等。人权委员会将成立一个七名委员组成的小组委员会专司这项工作。第三，《公约》第28条第2款规定，委员会有责任帮助当事方"友好地解决所存在的问题"。这项调解程序有两个出口，其一，根据第30条规定，如果获得了友好解决，那么委员会应当就事实和解决办法拟就一份报告送交有关各国及部长委员会，并送交欧洲理事会秘书长公布。其二，如果申诉未能通过友好和解，那么根据第31条，委员会应当就事实拟就一份报告，阐明是否有缔约国破坏了条约义务，并送交部长委员会与当事各国。在向部长委员会送交报告时，人权委员会还应当提出它认为合适的建议。总的来看，由于人权委员会是最直接接触这些争端与申诉的机构，又具备专业的人权专家团队，因此部长委员会往往会在最终裁决时尊重人权委员会的专业意见和附随建议。

（3）部长委员会

根据《欧洲理事会规约》，部长委员会是欧洲理事会的最高决策机构，由各国外长或常驻外交代表组成。作为一个政府机构，它的政治性显然要远远超出由法官和中立专家组成的人权法院和人权委员会。部长委员会在人权方面的权限分为三部分：第一，根据《欧洲理事会规约》

第 8 条规定，部长委员会有权监督缔约国是否依照规约第 3 条履行了他们对基本人权的承诺，还可以对严重侵犯人权的缔约国暂停或终止会员资格。第二，根据《欧洲人权公约》第 32 条，部长委员会享有独立于前两个机构的决定权。在没有按照《公约》第 48 条把案件提交给法院的情况下，部长委员会可以直接以出席部长委员会成员三分之二的多数作出有关问题是否违反本公约的决定，要求缔约国采取特定措施加以补正。这意味着部长委员会可以启动一个平行于司法审查的程序，决定缔约国是否违反了条约义务。第三，根据《公约》第 54 条，法院判决应当送交部长委员会，由部长委员会监督执行。

3. 欧洲人权公约第十一议定书的机制改革

《欧洲人权公约》设置的由人权委员会、法院和部长委员会组成的人权保障体系存在着一些问题。例如，部长委员会的政治化考量经常影响它对于人权申诉和指控的判断，以及人权法院与人权委员会在处理案件时分权和分程序的冗杂低效。[①] 因此，欧洲理事会决定对这一情况进行改革。1998 年 11 月 1 日《欧洲人权公约：第十一议定书》使得欧洲人权制度得到了重大精简。改革的核心是建立了单一的、全日制的、永久的人权法院，新的人权法院取代了依据《欧洲人权公约》所创建的监督机构，即原欧洲人权委员会与欧洲人权法院的职能，将它们的职权合二为一，取消了人权委员会的设置。议定书还更改了个人申诉的权限，赋予个人直接到人权法院提起诉讼的权利，并改革了部长委员会的监督职责。

依据议定书的规定，法官的任期由公约修改前规定的九年变更为六年，取消了同一国籍的任职数量限制，增强了对法院任职标准的严格要求；人权法院主要由三类法庭组成，分别是委员会、分庭和大审判庭。法院下设四个分院，依据地理与性别平衡原则产生。委员会由三名法官组成，实际上发挥着之前人权委员会对案件的初步审查和过滤作用。

---

① 参见 Clovis Morrisson, *The Developing European Law of Human Rights* (Leiden: Sijthoff, 1967), p. 36。

在案件受理与管辖权方面，议定书也做出了很大修改。例如，根据修改后的《公约》第33条规定，任何缔约国均可将另一缔约国涉嫌违反《公约》及其议定书规定的任何行为提交法院。结合第32条的规定，"本院的管辖权应扩展至第33、34、46和47条所规定的与《公约》及其议定书的解释和适用有关的一切事项"，相比于之前的通过声明确立的任择性管辖，法院显然获得了更充分的司法管辖空间——非选择性的强制管辖权；根据《公约》第34条规定，法院可接受任何个人、非政府组织或个人团体提出的申请，他们声称自己是《公约》或议定书所载权利受到某一缔约国侵犯的受害者。这意味着个人及非政府组织、团体终于也获得了直接向法院起诉的权利，而不再只能向人权委员会寻求帮助。第35条规定了人权法院受理案件的标准，包括"穷尽当地救济"以及"做出最后决定之日起六个月之内"的时间限制。这一条还规定了某些不予受理的申诉情形。[①]

作为改革的一部分，部长委员会基于《公约》第32条单独决定缔约国是否违反公约义务的权力也被取消。所有类似的决定都应当出自新的、单一的欧洲人权法院，正如修订后的《公约》第46条所规定的那样，"缔约双方承诺

改革后的欧洲人权法院诉讼流程

1. 根据第34条提出个人申诉或者根据第33条提出国家间指控

2. 由一个3名法官组成的委员会根据第34条对提出的个人申诉进行初步审查和筛选

3. 由一个7名法官组成的分庭负责对个人申诉或国家间指控进行审查

（1）根据第35条考察是否符合《公约》对案件可受理性的要求

（2）对案件的是非曲直进行实质性裁决

4. 如果不存在异议，则在三个月后成为终审裁决

5. 如果存在异议，当事方将案件提交给由17名法官组成的大审判庭，大审判庭将决定此种请求是否可受理

6. 大审判庭进行终审裁决

7. 由部长委员会根据第46条进行判决的监督工作

---

① 朱晓青：《欧洲人权法律保护机制研究》，法律出版社2003年版，第110—124页。

遵守法院的最终判决"。① 部长委员会保留了监督欧洲人权法院的判决执行的权力，"如部长委员会认为某一缔约方拒绝遵守其所参加的某一案件的最终判决，在向该缔约方发出正式通知并经有权参加该委员会的代表三分之二多数通过决定后，可将该缔约国是否未履行第 1 段规定的义务的问题提交法院"。虽然监督职能仍然存在，但显然新的改革希望部长委员会不再能够径行利用它的政治权威干涉人权领域的司法活动，而是作为一位守护者出现。

（三）《欧洲社会宪章》建立的人权保护机制

1.《欧洲社会宪章》的产生与演进

欧洲的区域性人权公约的命运就如同人权两公约一样，也受到了时代背景与国际政治局势的深刻影响。如同联合国人权委员会不得不将公民权与政治权利同经济、社会、文化权利分为两份公约起草一样，欧洲理事会也面临着类似的困境。由于冷战前期欧洲各国对经济、社会、文化权利不能达成一致，加之对苏联的种种抵触、忧虑情绪，直到《欧洲人权公约》制定后 11 年，一份涉及第二代人权的区域性文书才终于面世，这就是《欧洲社会宪章》。

《欧洲社会宪章》是欧洲理事会的一项条约，它保障基本的社会和经济权利，与涉及公民权利和政治权利的《欧洲人权公约》相对应。它保障广泛的日常人权，涉及就业、住房、保健、教育、社会保护和福利。《欧洲社会宪章》特别强调保护易受伤害者，例如老年人、儿童、残疾人和移徙者。它要求保证不受歧视地享有上述权利。《欧洲社会宪章》为社会权利提供了广泛和全面的保护，它也是欧洲联盟法律的重要参考。欧盟基本权利宪章中的大部分社会权利都以该宪章的相关条款为基础，因此《欧洲社会宪章》也被视为欧洲的社会宪法。

《欧洲社会宪章》也存在着诸多修正和议定书作为补充。在 1988 年、1991 年和 1995 年，欧洲理事会分别通过了三份《附加议定书》对《欧洲社会宪章》的核心条文做了扩充，补充建立了条约监督机构，完善了

---

① E. G. Jacobs, *The European Convention on Human Rights* (Oxford: Clarendon Press, 1975), pp. 345-347.

执行措施。1996 年经修订的《欧洲社会宪章》将这些内容进行了实质性的整合，旨在逐步取代 1961 年的《欧洲社会宪章》。值得注意的是，尽管《欧洲社会宪章》同样被视为欧洲人权领域的重要文件，但它受到各国的重视程度、监督与执行机制的有效性及对违反人权义务的威慑能力，都要远远落后于《欧洲人权公约》，这或许还是能够反映出欧洲社会面对政治公民方面的人权与经济社会方面的人权时的差别理念。

2.《欧洲社会宪章》保护的权利及其特征

《欧洲社会宪章》的实质性权利清单主要由两个部分组成。它的第一部分规定了作为政治宣言的目标权利。1961 年版本的《欧洲社会宪章》宣布了 19 项权利和原则，在 1966 年修订的《欧洲社会宪章》中，将这项内容补充为 31 项，新增加的权利列于原有权利之后。它的第二部分规定了缔约国应保证实施的权利。值得注意的是，《欧洲社会宪章》在第一部分和第二部分所规定的权利，具有不同的法律效力，这也同《欧洲社会宪章》的制定背景息息相关。在制定过程中，一批欧洲理事会成员国认为，第二代人权不应当作为具有法律约束力的人权义务被施加给各国。另一些国家认为它们也应当被视为如同《欧洲人权公约》一样的法律条文。因此作为政治妥协，《欧洲社会宪章》在第一部分以宣示性词汇表达了各国应当承诺承担的社会经济文化权利保障义务。而在第二部分，各国则可以选择特定数量的具体条文，使之对自己产生强制的法律效力，并承担因此产生的国际人权保障义务。

在《欧洲社会宪章》第一部分规定的权利和原则中，各国应采取一切的手段，积极寻求他们能够实现这些社会经济文化权利的条件，使得它们在各国不同的国情和社会背景下，成为可供落实和实施的权利。这些权利包括：公正的工作条件，工作安全，合理报酬与雇主的集体谈判，妇女怀孕时受到的特别保护，享有职业培训，儿童及年轻人享有的特别保护，劳动者及家属享有的社会安全权利等共 31 条。根据第三部分 A 款规定，缔约各方"认为本宪章第一部分是一项宣言，表明它将按照该部分引言段所述的一切适当手段所追求的目标"在第二部分、第三部分 A 款规定了各国必须保障的几项权利——"认为自己至少受本宪章第二部分下列九条中的六条的约束：第 1、5、6、7、12、13、16、19 和 20 条"，这包括工作权，组织权，集体谈判权，社会保障权，享受社会福利服务的权利，家庭享有社会、法律和经济保护的权利，移徙工人及其家人的保护和援助权利，儿童和青年人保护权。此外，各国可以有选择性地选择《欧洲社会宪章》第二部分的其他条款或有编号的段落使之对自己产生约束力，但总数不少于16条或63款。① 这就是《欧洲社会宪章》的选择性参加制度。

3.《欧洲社会宪章》的监督执行机制

（1）专家委员会、政府委员会与部长委员会

为确保各缔约国能良好地履行他们的人权义务，宪章第四部分第25—29条，对宪章监督和执行机构作出了详细规定。这一机制被1991年的议定书进行了改革，并且在1996年修订版的《欧洲社会宪章》中得到了继承。总体而言，《欧洲社会宪章》确立的监督和执行机制包括三个部门，分别为欧洲社会权利委员会、政府委员会和部长委员会。

社会权利委员会，是根据1961年《欧洲社会宪章》第25条设立、由7名专家组成的独立专家委员会。在1991年的修改中，该委员会被扩充为9人。社会权利委员会的主要职能有两条，第一为审议国家报告，第二为审议集体申诉。根据1961年《欧洲社会宪章》第27条的规定，政府委员会应当由缔约国的代表组成，这意味着它同社会权利委员会以个人身份任职的专家不同，是一个具有政治性的多边论坛。政府委员会还会邀请两个国际雇主组织和国际工会组织作为观察员出席会议。政府委员会的主要职能，根据《欧洲社会宪章》第27条第3款的规定，为审议国家报告。这项工作在顺序上是先后由专家委员会和政府委员会分别承担的。同《欧洲人权公约》类似，作为欧洲理事会的最高权力机关和决策机构，部长委员会也承担着监督欧洲社会宪章实施的职能。部长委员会通过监督周期性的决议，发布针对各个缔约国的立法和执行的建议，使他们的规则和实践符合宪章的规定，更好地履行其人权义务。

---

① 〔美〕托马斯·伯根索尔、黛娜·谢尔顿、戴维·斯图尔特：《国际人权法精要（第4版）》，黎作恒译，法律出版社2010年版，第148—150页。

（2）缔约国报告与集体申诉程序

相比于《欧洲人权公约》，《欧洲社会宪章》的监督和执行机制相对而言是薄弱的，因为它仅仅拥有缔约国报告程序和集体控告程序两项监督机制。缔约国报告程序是指缔约国根据《欧洲社会宪章》的要求，每两年提交一份关于《欧洲社会宪章》的执行报告。社会权利委员会也可能向缔约国提出请求，邀请他们就那些没有接受为具有强制法律义务的条款提交缔约国报告，以进一步阐释这类条款的含义。

在提交报告时，各国首先向欧洲理事会秘书长提交报告，并向国际雇主组织与国际工会组织成员的国内组织提交报告副本。首先对缔约国报告进行审核的是社会权利委员会，专家委员会将从专业的法律和人权角度，对于各缔约国实施条款的情况进行评价。在这项工作结束之后，社会权利委员会将缔约国的报告移交政府委员会，并且由政府委员会进行下一步的审核。政府委员会还将在这个过程中提出自己的建议，并且将自己的建议、专家委员会的审核意见以及结果报告一起移交给部长委员会，并且请部长委员会提出具体的修改意见与建议。

集体申诉制度由 1995 年《规定集体申诉制度的欧洲社会宪章附加议定书》创立，它的目的是改善宪章监督机制的效率，在国家报告审核程序之外，为缔约方以及可能遭受人权侵害的当事人提供申诉的渠道。1961 年《欧洲社会宪章》第 27 条规定的国际雇主组织和工会组织，在欧洲理事会享有咨商地位的国际非政府组织，以及为此目的而被政府委员会列入名单的组织，申诉所针对的缔约国管辖范围内的雇主和工会的有代表性的国内组织，都有权提交集体申诉，这些主体有权向社会权利委员会提出他们权利遭到侵犯与宪章遭到违反的申诉。委员会首先会考察申诉的可受理性，并且接下来进行对申诉是非曲直的实质性审议。审议结束后，委员会将撰写一份报告，转给部长委员会，部长委员会则会在适当时对社会权利委员会认为存在违反宪章情形的有关缔约国提出他们的建议，并且在某些情况下，可以与政府委员会进行协商。[①]

[①]　朱晓青：《欧洲人权法律保护机制研究》，法律出版社 2003 年版，第 133—139 页。

（四）欧洲一体化与人权保护的进展

欧洲的一体化进程早期，人权问题并不是各国的主要考虑对象。
1952 年欧洲煤钢共同体在"舒曼计划"的基础上成立，1957 年，法国、
德国、荷兰、比利时、卢森堡和意大利六国在意大利首都罗马签订了
《欧洲经济共同体条约》和《欧洲原子能共同体条约》，1965 年又将欧
洲煤钢共同体、欧洲经济共同体和欧洲原子能共同体合并为欧共体，形
成了欧洲一体化的基本框架。但除了在《欧共体条约》的某些条款中涉
及禁止歧视、男女同工同酬的规定以外，受制于当时各国面对的国际局
势，尤其是政治一体化面临的巨大阻碍，人权问题的敏感性等等因素，
人权议题没有被纳入这个进程之中。[①]进入 20 世纪 70—80 年代，欧洲
政治一体化进程不断加快，人权也开始成为欧洲外交政策之中重要的组
成部分。人权议题开始在欧共体框架下进入主流轨道。1989 年，欧共体
第一份人权专门文件《共同体工人基本社会权利宪章》出台，尽管它对
社会经济权利的保障范围还非常有限（过分重视了工人在雇佣关系中的
权利），并且也没有法律上的约束力和可执行性，但毕竟是一个良好的
开端。90 年代开始，欧洲共同体陆续作出了诸多涉及人权的决议案，包
括死刑、儿童权利、因良心拒服兵役、同性恋平等权利、消除种族歧视、
改善监狱不良状况、保护未成年人、反对针对妇女的暴力等。

1991 年的《马斯特里赫特条约》也即《欧洲联盟条约》创立了作为
经济货币联盟和政治联盟的欧洲联盟。正是在《欧洲联盟条约》之中，
欧盟各国正式在一份法律条约中确认了保护人权是其目标，并清楚地提
及民主、尊重人权、基本自由和法治是欧洲联盟的原则。条约的序言确
认，成员国坚持自由、民主原则，尊重人权和基本自由及法治。联盟各
国还应当尊重基本权利，"这些权利受 1950 年 11 月 4 日在罗马签署的
《欧洲保护人权和基本自由公约》的保护，并因其源自成员国共同的宪法
传统，而成为共同体法的一般原则"。《欧洲联盟条约》将人权作为欧洲
联盟共同外交与安全政策的目标之一，并且在其他事务诸如移民、难民、

---

① Paul Craig and Grainne de Burca, *EU Law: Text, Cases, and Materials* (3rd ed., Oxford University Press, 2003), pp. 363-365.

司法的章节规定了尊重特定群体人权的义务。1997 年《阿姆斯特丹条约》进一步确认了这些内容，宣示"自由、民主、尊重人权和基本自由及法治"是"成员国的共同原则"。2000 年，作为综合性人权条约的《欧洲联盟基本权利宪章》获得批准。这份条约包括 7 章 54 条，综合性地将公民和政治权利及经济社会和文化权利融合起来，而不是如同欧洲理事会体系或者联合国体系那样分别制定。在尊严、自由、平等、团结、公民权利和司法审判各章之下，宪章与时俱进地创制了诸多重要的权利。宪章也因此成为欧盟体系下最重要的人权公约。[①]

欧盟体系与欧洲理事会体系双峰并峙的情况一直持续到 2009 年。在此之前，欧洲法院已从司法判例上发展了一系列人权，形成了初步的人权判例法体系。在欧盟的各类条约、规定、文件中，人权义务和原则也不止一次被各国提及。[②] 应当说欧盟体系已经不再是一块人权保障的空白之地。但下一个问题接踵而至——欧盟该怎样面对《欧洲人权公约》《欧洲社会宪章》和它们的监督执行机制？在司法领域，欧洲人权法院和欧洲法院早就已经有了密切接触。二者经常在判决中援引对方在人权领域作出的精彩裁决，作为自身说理与法律解释的权威支撑。2009 年 12 月 1 日新生效的《里斯本条约》明确规定，"欧盟应加入《欧洲人权公约》"，经 2010 年 6 月 1 日生效的《欧洲人权公约：第十四议定书》修正的第 59 条第 2 款规定了"欧洲联盟可加入本公约"，为欧盟加入《欧洲人权公约》铺平了法律道路。接下来欧盟与欧洲理事会开展了长期的谈判工作，以厘清复杂的欧盟法与欧洲理事会人权体系之间的关系，并解决可能存在的法律冲突。[③] 在 2019 年 10 月 31 日欧洲联盟主席和第一副主席共同签署的信中表示欧洲联盟已准备好恢复加入《欧洲人权公约》的谈判。人权指导委员会提出了一系列安排，以便在一个由欧洲理事会 47 个会员国的代表和欧洲联盟的一名代表（"47+1"）组成的特设小组内继续进行谈

---

① 朱晓青：《欧洲一体化进程中人权法律地位的演变》，载《法学研究》2002 年第 5 期。

② Paul Craig and Grainne de Burca, *EU Law: Text, Cases, and Materials* (2nd ed., Oxford Univerisity Press, 1998), p. 296.

③ 张华：《论〈里斯本条约〉生效后欧洲人权保护机制的一体化趋势》，载《国际论坛》2011 年第 3 期。

判。2020 年，这个特设小组进一步合作，制定了法律文书，阐明了欧洲联盟加入《欧洲人权公约》的方式，并在此情况下检查任何相关问题。

二、美洲人权保护机制

1948 年，在联合国大会通过《世界人权宣言》之前，美洲国家组织大会就已经通过了《美洲人的权利和义务宣言》，此后又颁布了包括《美洲人权公约》在内的一系列人权条约和宣言，建立起一套相对完善的体制。但美洲国家在实际保护人权方面的进展并非一帆风顺。美国对这一地区难以撼动的影响力，以及拉美国家频繁的政治变动、内乱和冲突都使得冷战时期的美洲人民权利保障相当困难。在这一时期之后，各国重新加入或者批准了区域和国际人权条约，并接受了国际监督机构的管辖，以避免悲剧再次发生。

（一）美洲人权保护机制概述

美洲国家人权保护实践和制度历史悠久。得益于美国和拉美国家相对于欧洲国家较早地完成独立和建立共和政治体制，这些新生的共和国对权利保障事业显得非常热心。19 世纪早期的一些多边条约中，拉美国家就已经明确了诸如废奴、外国人待遇的人权保障制度。在 1890 年美洲国家组织成立之后，[①] 美洲国家之间订立的多边与双边条约载入了许多明确保障人权的条款。例如 1928 年签订的《关于外国人地位的公约》，以及 1933 年《关于政治庇护权的条约》，这些条约为美洲国家人权保障制度的建立确立了比较坚实的基础。在"二战"爆发之后，拉美国家普遍认识到人权保护对于地区合作的重要意义。因此在整个"二战"过程中，美洲国家一直在酝酿和筹划一个多边地区性组织，并且在组织之下设立专门的人权公约和文本。[②]

1948 年第 9 次美洲国家会议在波哥大召开，各国通过了《美洲国家

---

① 1890 年，美国与 17 个拉美国家建立美洲共和国国际联盟，常设机构为美洲共和国商务局。1910 年改称美洲共和国联盟，1948 年改称美洲国家组织。

② Luis Reque, "The Organization of American States and the Protection of Human Rights," in *Inter-American Yearbook on Human Rights 1968* (OAS General Secretariat, Washington, DC, 1973), pp.220-234.

组织宪章》，宣布建立美洲国家组织。它产生的历程，充分反映出各国在人权和安全方面的共同理念。《美洲国家组织宪章》将尊重人权和人人享有基本权利，视为自身的组织宗旨，鼓励各国通过合作发展他们的经济文化和政治生活，建立起包括常设理事会、经社理事会、司法委员会等一系列机关，并在之后的实践中发展出美洲人权委员会、美洲人权法院等人权专门机构。

应该说，美洲国家组织是美洲人权保障制度的核心和最重要的起点。在 1948 年 5 月 2 日，美洲国家组织刚刚启用新名称后不久，就通过了《美洲人的权利和义务宣言》，它问世的时间要比当时正在筹划中的《世界人权宣言》还要早几个月，因此，该《宣言》一直作为美洲人权委员会工作的指导蓝本，用于帮助美洲国家组织在人权领域处理成员国之间的关系，推动地区内的人权保障事业发展。[①]

在这之后，美洲国家组织又陆续发表了 1959 年《圣地亚哥宣言》，1960 年《圣约瑟宣言》，分别强调和包含了人权保障的内容和重要性。例如建立分权的国家制度，限制权力滥用，尊重基本人权，强调不干涉原则，尊重各国自由发展政治、经济、文化生活的权利等等。在这些条约和文件的基础上，美洲国家组织开始筹划缔结一项专门的人权公约。在 1965 年到 1966 年，这项工作受到了当时正在推进的联合国人权两公约的鼓舞和影响，最终在 1969 年美洲国家组织召开人权特别会议，通过了《美洲人权公约》，1978 年这份公约正式生效。

1979 年，根据《美洲人权公约》，美洲人权法院正式成立，作为一个自治司法机构解释和实施美洲人权公约。这一司法机构的建立，正式标志着美洲人权保障制度，从仅有美洲人权委员会这一准司法机构，发展到具有司法性质的区域人权保障机制的新一阶段。在美洲人权保障机制的框架基本完善之后，美洲国家组织继续倡导制定了多项人权公约，例如 1981 年《美洲引渡公约》，1985 年《美洲防止和惩治酷刑公约》，1999 年《美洲消除对残疾人一切形式歧视公约》。这些人权相关的条约

---

① Carozza P., "From Conquest to Constitutions: Retrieving a Latin American Tradition of the Idea of Human Rights," 25: 2 *Human Rights Quarterly* (2003) 281.

和文献丰富了美洲人权的地区保障制度，为美洲人权保障事业的推动，提供了更加坚实的法律基础。

（二）美洲人权保护的法律文件

1.《美洲国家组织宪章》

1948 年由美洲国家缔结的《美洲国家组织宪章》（以下或简称《宪章》）非常强调国际法原则对于美洲国家间关系的重要性。从整体上看，它所确立和承认的宗旨与原则，同《联合国宪章》具有高度的相似性。这些原则包括互相尊重国家领土完整和主权、不干涉原则，禁止使用武力原则，促进社会正义和安全，促进各国的经济合作等等。在《宪章》中，人权条款作为相对重要的部分被纳入其中。《宪章》宣布个人基本权利，不因种族、国籍、信仰或性别而有任何差异。在第二章作为成员国行为指导的原则之中，《宪章》重申了美洲国家应当遵循的人权原则。在第三章国家的基本权利与义务中，《宪章》第 13 条规定，每一个国家具有自然和自由地发展其文化政治及经济生活的权利。在这种自由中国家应尊重个人的权利及普遍道德的原则。在第 7 章第 29 条规定，所有人类不分种族、国籍、性别、信仰或社会条件，均有权在自由、尊严、机会平等及经济安全的情况下获得物质福利及精神发展。强调工作权，尊重工人尊严，集会和保障生命健康权与适足生活水准权。这说明宪章除了重视公民与政治权利以外，还十分重视第二代人权的保障。

在此后，《宪章》还经历了数次修订，例如在 1967 年的特别会议上，各国缔结了《布宜诺斯艾利斯议定书》，在人权方面，对美洲国家组织的制度和结构进行了补充和修正，增加了宪章中规定的人权内容，对经济、社会和文化权利作出了详尽的规定，将美洲人权委员会设为条约法定的人权保护专门监督机构。《宪章》第 112 条规定，美洲国家人权公约应确定（人权）委员会的结构职权和程序，以及负责这些事务的其他机构的结构职权和程序，这意味着《宪章》从区域宪法性文件的角度，将美洲人权委员会的地位进行了确立和提升。在之后 1985 年的《宪章》修正案和 1992 年涉及消除贫困促进发展的《华盛顿议定书》内，《宪章》又从各个具体领域完善了对人权保护的规定。在 1993 年，《马那瓜议定书》将原有的美洲国家组织经社理事会与教科文理事会进行了合并，促进了人权保障机构的整合和一体化。[1]

2.《美洲人的权利和义务宣言》

《美洲人的权利和义务宣言》（以下或简称《宣言》）在 1948 年由美洲国家组织外长会议以决议形式通过（这一点也非常类似于《世界人权宣言》在联大的产生过程）。直到 1978 年《美洲人权公约》生效之前，《宣言》一直是美洲系统中唯一的人权文书。《宣言》承认公民权利和政治权利以及经济、社会和文化权利，规定了 27 项实质性人权，这些人权必须受到国家的保护。受保护的自由和权利包括生命权、宗教自由、集会、结社、财产、法律面前人人平等、受到公平审判、家庭和通信不受侵犯、受教育、获得公平报酬的工作、社会保障、闲暇时间、文化福利、政治参与、国籍、保护母亲和儿童、言论自由和参与社区文化生活的权利。与《世界人权宣言》不同的是，《宣言》也关注到了个人的义务，指出"每个人履行义务是所有人权利的先决条件"。它强调了父母照顾子女和子女尊敬父母的义务，每个人至少接受基础教育的义务，以及投票、遵守法律、纳税、工作和服务社会和国家的义务。在这一点上，《宣言》确实走在了权利与义务结合的前列。

《宣言》不是条约，因此最初如同《世界人权宣言》一样对各国没有约束力。但这一情况逐渐发生了改变。美洲人权法院在其第 10 号咨询意见中澄清了该宣言在美洲制度中目前的规范价值，指出："《宣言》载有并规定了《宪章》所述的基本人权。因此，就人权而言，如果不把符合美洲国家组织各机构惯例的本组织准则与《宣言》的相应规定联系起来，就不能解释和适用本组织《宪章》。"法院强调，美洲国家组织大会一再承认《宣言》是美洲国家组织成员国的法律义务来源。在 1967 年的《布宜诺斯艾利斯议定书》中，《宪章》得到了大幅修改，《宣言》被认为是对《宪章》第 3 条固定的"个人的基本权利和自由"的权威解释。其后设立的美洲人权委员会也在实践中强调，包括《宣言》在内的一系列文书以及人权委员会的规章规约，都可以从《宪章》的规定中获得法

---

[1] 谷盛开：《国际人权法：美洲区域的理论与实践》，山东人民出版社 2007 年版，第 43—56 页。

律拘束力。也就是说，《宣言》对人权的规定，被视为是《宪章》从条约法上承认的权威解释，并因此纳入整体法律框架之内。[①]

在通过之初，没有机构负责监督国家对《宣言》所保证的人权的遵守情况。1959 年美洲人权委员会成立时，人权的执行取得了进展。六年后，美洲国家组织明确授权该委员会审查个人申诉。经 1967 年《布宜诺斯艾利斯议定书》修正后，美洲人权委员会成为该组织的一个主要机构，进一步提高了地位和权力。

3.《美洲人权公约》

继《美洲人的权利和义务宣言》通过、美洲人权委员会成立之后，美洲国家组织效仿联合国，于 1969 年制定了具有约束力的人权条约，这就是《美洲人权公约》（以下或简称《公约》）。《公约》在其序言中承认了《世界人权宣言》《美洲国家组织宪章》和《美洲人的权利和义务宣言》所阐明的原则反映了《公约》的愿望、宗旨和目标。

在《公约》起草工作进行期间，联合国大会批准了《公民及政治权利国际公约》和《经济社会文化权利国际公约》。当时，美洲国家组织的成员国正在为是否还要制定一项单独的人权条约而争论不休，人权两公约的制订为他们提供了动力。各国代表普遍认为，鉴于美洲国家的某些特征与国情，简单借鉴联合国人权两公约的措辞，复制它们的制度和权利清单是非常不明智的。因此，起草委员会调整了区域文书的措辞和案文，以便在美洲独特的情况下加强人权保护。不过各国对《公约》的修正的态度都比较开放，认为如果形势允许，也没有什么修改是不能接受的。这就给《公约》之后的不断扩充提供了机会。

《公约》几乎强调的都是公民权利和政治权利。该公约所规定的人权范围比 1950 年《欧洲人权公约》所规定的权利要广泛得多，但比《世界人权宣言》或《美洲人的权利和义务宣言》所承认的权利要狭窄。《公约》要求各国尊重和保障 23 项实质性权利。它保护传统权利，如生命、人道待遇、人身自由、公平审判、法律的平等保护、和平集会、结社、

---

① Thomas Buergenthal, "The Revised Charter and the Protection of Human Rights," 67 *American Journal of International Law* (1975) 385.

财产、行动和居住，以及宗教、思想和表达自由，以及制定免于奴役和不追溯既往的法律。它还保护家庭和儿童的权利，以及当一个人因误判而被判刑时依法获得国家赔偿的权利，以及在对此人作出不准确或冒犯性的声明时通过同一媒介作出答复的权利。《公约》对经济、社会和文化权利的规定非常有限，缔约国仅仅有义务通过立法和其他措施逐步发展，以实现经修正的《美洲国家组织宪章》所规定的"经济、社会、教育、科学和文化标准"。

（三）美洲人权保护的监督执行机制

1. 美洲人权委员会

（1）概述

美洲人权委员会的创立，是一个由软法性文件向硬法性文件的过渡历程。1959 年第 9 次美洲国家组织外长协商会议通过了一项决议，要求建立一个负责人权监督的专门委员会，终于在 1960 年《美洲人权委员会规约》获得通过。

根据《美洲人权委员会规约》第 1 条的规定，委员会最初只是一个负责促进和保护人权的自主实体，这意味着它并不是美洲国家组织之下的一个附属或者下设机构，而是一个具有自主性和中立性的专业委员会。这一情况在 20 世纪 60 年代得到了改变。《美洲人权公约》第 34—51 条，对人权委员会的组织及其权限作出了具体规定。1967 年的《布宜诺斯艾利斯议定书》对《美洲国家组织宪章》进行了修正，确认人权委员会是美洲国家组织的下属机构，因此人权委员会就获得了《美洲国家组织宪章》和《美洲人权公约》两项国际法律文件之下的双重身份，同时负责这两份国际法律文件的监督执行。

根据《美洲人权公约》第 34 条规定，人权委员会由 7 名委员组成，

美洲人权委员会的法律基础

·《美洲国家组织宪章》第 106 条

应设立一个美洲人权委员会，其主要职能应是促进尊重和保护人权，并作为本组织在这些事项上的一个协商机构。

一项美洲人权公约应确定本委员会以及负责这些事项的其他机构的结构、权限和程序。

·《美洲人权公约》第 33 条

下列机关对与履行本公约缔约国所作承诺有关的事项应具有权限：

1. 美洲人权委员会（简称"委员会"）

这些委员以个人身份而非政府身份进行任职。第35条还规定，委员会应代表美洲国家组织的所有成员国，也就是美洲国家的总体利益。在任职资格上，《公约》第34条与《美洲人权委员会规约》第2条也规定，委员应具备崇高的道德品质，并且是公认在人权方面具有资格的人士。这一点显然与欧洲和联合国有关人权委员会和专门机构的任职资格是高度类似的。为了保证委员会的中立、客观性，他们具有任职上的限制，不得同时担任国内公职。第37条规定，同一国家也不能有两名国民同时被选举为委员会的委员。①

（2）报告程序

《美洲人权公约》没有像联合国《公民及政治权利国际公约》一样确立类似的缔约国报告制度，但它的第42条和第43条对于缔约国报告做了某些一般性规定。第43条规定，缔约国承诺向委员会提供它可能要求的、有关他们国内法律保证有效地实施本公约任何规定而采用的方式的情报。第42条规定，缔约国有义务将其向美洲经济及社会理事会执行委员会和美洲教育科学和文化理事会执行委员会，按他们各自主管的范围，每年所提交的一份报告和研究成果的抄件，送交美洲人权委员会，以使美洲人权委员会可以注意促进经《布宜诺斯艾利斯议定书》修订的《美洲国家组织宪章》中所载的经济、社会、教育、科学和文化准则中包含的权利。应当注意的是在这项规定中，人权委员会仅仅是抄送机关，而不是各缔约国报告的汇报机关，这意味着他们对于缔约国报告的监督权力是大大被削减的。因此可以说，《美洲人权公约》第42条和第43条并没有确立起一套非常强有力的缔约国报告制度。

从另一个角度来讲，《公约》还规定了美洲人权委员会的机构报告制度。《公约》第41条规定，美洲人权委员会有权进行有关人权的研究，准备相关报告，可以是针对某些人权问题的专题报告，也可以是关于某个国家的国别报告。根据《美洲人权委员会规约》第18条规定，委员会可以经同意或邀请对当事国实施现场调查，就这一问题向美洲国家组织的大会

---

① Fernando Volio, "The Inter-American Commission on Human Rights," 30 *America University Law Review* (1980) 65.

提交年度报告。这一报告体系同美洲人权公约的其他监督机制产生了衔接关系。例如其中的国别报告与人权委员会国家研究程序结论之间的衔接，而个案报告则是个人指控程序或国家指控程序中必不可少的一个环节。

（3）国家研究程序

国家研究制度来自 1960 年美洲人权委员会的决议，这项决议授权委员会对美洲国家组织的成员国提出建议，因此委员会可以对特定国家违反人权义务提出谴责，或对其人权状况实施调查。这项决议的解释在 1969 年《美洲人权公约》第 41 条得到了确认，并且在经过修订的《美洲人权委员会规约》第 18 条中得到了进一步承认。

国家研究程序的启动存在着以下几种情况，它可能是来自个人指控、非政府组织的报告，也可能是由美洲人权委员会主动提起。在国家报告的筹备阶段，委员会将根据证据和材料确定报告所研究的国家，筹划报告草案，会见有关当事人和证人，并且到该国进行访问，实施现场调查，采取相关证据，在这些材料基础上由一个小组委员会完成初步报告，提交给当事国政府征询其意见，结合反馈的报告和意见进行补充审议与修正，完成最后的正式报告，并在委员会认为有必要的情况下，将这份国别报告递交给美洲国家组织成员大会一共审议和讨论。

国家研究报告基本上会包括对该国政治和法律的体制分析，该国有关人权保障情况的分析，该国是否侵犯人权的具体实际情况分析，并做出委员会自身的结论。可以看出国家研究程序的最终成果仅仅是一份研究报告，至多会受到美洲国家组织大会的讨论。因此它是否能得到缔约各国的充分支持和尊重，很大程度上取决于人权委员会作为一个客观中立的专业机构，在缔约各国心目中的权威地位，以及美洲国家组织这一多边机构能够对各缔约国产生的外交与政治压力。[①]

（4）调查程序

根据《美洲人权委员会规约》第 18 条的规定，委员会在履行义务的必要情况下，有权进行相关研究和准备报告。这项规定适用于美洲国

---

① Cecilia Medina, "The Role of the Country Reports in the Inter-America System of Human Rights," in David J. Harris and Stephen Livingstone (eds.), *The Inter-America System of Human Rights* (Oxford: Claredon Press, 1998), pp. 118-125.

家组织的所有成员国。该条规定委员会可以在当事国政府的同意或邀请之下，到该国实施现场调查。当然如果人权委员会收到了确切证据，表明某一国家确实正在发生大规模侵犯人权的情势，并且这种调查是必要的话，它也可以单独或者是合并地启动现场调查程序。如果没有当事国的同意和邀请，委员会没有办法进入该国进行调查，但当事国不能够阻止委员会启动国家研究程序，而只能禁止委员会进入本国进行实地考察。

从实践来看，委员会提出的现场调查要求很少被当事国拒绝。到目前为止，委员会已经在美洲国家组织的成员国实施了 60 多次的人权调查行动，这种现场调查大概会包括以下几项内容。首先委员会任命一个专门负责实地调查的特别委员会，具体的调查程序则由该特别委员会进行安排。在实施实地调查基础上，小组委员会完成初步报告，并且将这一程序合并到前述的国家研究程序之中，它的最终成果就是一份国别报告。因此调查程序和国家研究报告的程序在某种程度上是重叠和一致的。

（5）个人与国家指控程序

美洲人权委员会对缔约国之间控告和个人申诉的审查程序，同时规定于《美洲人权公约》和《美洲人的权利和义务宣言》等多项法律文件之下。个人申诉来文的程序主要规定在《人权委员会规则》第51—54条，《美洲人权公约》第44—51条之中，虽

> **美洲人权委员会的个人申诉**
>
> 1. 委员会对申诉可受理性审查
>
> 2. 当事方决定是否进行和解
>
> 3. 委员会作出事实与和解办法（未能和解，则为委员会建议）的报告
>
> 4（1）. 委员会或是当事方根据《公约》第 61 条提交法院
>
> 4（2）. 当事方可以进行协商解决争议
>
> 5. 法院作出裁决

然人权委员会适用的申诉程序分别规定于两个法律文件之中，但是在实践中对它们的运用基本上是一致的。《美洲人权公约》第 44 条规定，"任何个人或者个人团体或者经美洲国家组织一个或几个成员国合法承认的任何非政府实体，均可向委员会提交内容包括谴责或指控某一缔约国破

坏本公约的申诉状"，公约规定的个人申诉程序是一种强制性监督机制，任何缔约国自动接受了人权委员会的此种管辖权。《美洲人权公约》第45条规定，缔约国在批准公约时可以声明是否接受委员会对另一缔约国对它侵犯公约所载人权控告来文的管辖。如果他没有递交声明的话，人权委员会就不能行使此种管辖权。

根据《公约》第46条的规定，人权委员会首先会按照国际法一般原则，考察这些受害人是否在缔约国穷尽了当地救济，并且是否符合特定的时间限制，以及所载的事件是否依赖于另一桩国际诉讼才能够解决。如果委员会根据第46条接受了此种国家间控告或者个人申诉，就会根据《公约》第47条进行初步审查；如果提交的控告不满足第46条规定的条件，则指控将会被驳回，委员会会终止对他的进一步考察。

根据《公约》第48条的规定，在通过初步审查之后，委员会将会以两个步骤对控告进行实质性审查。第一步，委员会对相关证据资料的搜集，其次是委员会对争端当事双方就争议问题友好解决的尝试。如果各方能够达成友好解决办法，那么委员会将会起草一份报告，包含争端的基本事实和友好解决的办法，并且将报告提交给当事人、各公约缔约国并通知美洲国家组织秘书长。

第二步，如果未能友好解决，那么委员会就会起草一份阐明事实和结论的报告，并在他认为适当的情况下将报告提交给有关国家，从委员会将报告提交给有关国家的三个月内，有关国家可以通过协商自行解决争议，各国也可以将争议提交给美洲人权法院解决。否则委员会可以通过决议来阐明对此种争议的意见和立场。①

2. 美洲人权法院

美洲人权法院是根据《美洲人权公约》第33条设立的美洲人权司法机构。它由7名法官组成，由各国通过美洲国家组织大会选出，任期6年，可连任。法院及其法官每年召开几次会议，开庭时间长达两周，但

---

① 谷盛开：《国际人权法：美洲区域的理论与实践》，山东人民出版社2007年版，第232—286页。

其工作人员全年工作。截至 2021 年 1 月，有 24 个美洲国家组织成员国是《美洲人权公约》的缔约国，有 20 个国家根据《美洲人权公约》第 62 条的规定选择接受法院管辖权。

美洲人权法院经《公约》授权拥有任择性的诉讼管辖权和强制性的咨询管辖权。《公约》第 62 条规定，"缔约国在交存批准书或加入本公约时，或在其后任何时候，可宣布承认法院对与本公约的解释或适用有关的所有事项的管辖权是具有约束力的，即事实上具有约束力，不需要特别协定"，并且"法院的管辖权应包括提交法院的有关本公约各项规定的解释和适用的所有案件，只要案件各缔约国承认或已承认此种管辖权"。但这种诉讼程序还有一些特定的限制，例如在主体上，《公约》第 61 条规定，"只有缔约国和委员会有权向法院提交案件"，同时"必须完成第四十八条和第五十条规定的程序"。这意味着一方面，个人是没有资格直接向美洲人权法院提出诉讼的，但《法院规则》赋予了受害者及其家属参与诉讼、提交材料与辩论意见的权利，扩展了人权保障的途径；另一方面，在诉讼程序开始前，人权委员会的全部流程，包括它的调查、报告、调解尝试必须均已完毕。

在诉讼过程中，法院有权根据第 63 条的规定发布临时措施来避免进一步的人权侵犯。该条规定："在极端严重和紧急的情况下，以及为避免对人造成不可弥补的损害而有必要时，法院应采取它认为与审议中的事项有关的临时措施。对于尚未提交法院的案件，法院可应委员会的要求采取行动。"这意味着法院不仅能够在司法程序上保障当事人利益，甚至有权应人权委员会请求这样行事。

在咨询管辖权方面，《公约》第 64 条规定："本组织成员国可就本公约或其他有关美洲国家人权保护的条约的解释向法院咨询。经《布宜诺斯艾利斯议定书》修正的《美洲国家组织宪章》第十章所列的各机关，在其职权范围内，可以同样方式同法院协商。"这将请求法院作出咨询意见的主体范畴扩大到了美洲国家组织的全体成员国，解释的对象也不仅限于《美洲人权公约》而是包括其他美洲的区域性人权公约。此外，该条还规定，法院可以应成员国之请求，就其国内法是否与上述国际文书相容向该成员国提供意见，这是一种对成员国国内法是否符合国际法义务的审查，有助于各国更好地履行人权义务。[①]

三、非洲人权保护机制

非洲大陆是人类文明的发源地之一，古埃及数千年的灿烂文明影响深远，数百年前也曾经拥有过桑海帝国这样辉煌的时代。但进入近代社会以来，由于殖民主义和帝国主义对非洲的不断掠夺、侵略、破坏，非洲国家长期处于较为困难和滞后的发展阶段。在人权保障领域，1963 年成立的非洲统一组织奠定了制度性基础和基本框架，强调了维护主权与领土完整的民族权同个体享有的人权之间密不可分的关系。又经历了近 20 年的探索努力，非洲各国终于在 1981 年通过了《非洲人权和民族权宪章》，并建立起一系列监督执行机制。进入 21 世纪，以非洲联盟为代表的非洲一体化进程也步入正轨，人权保护制度在其中将继续扮演重要角色。

（一）非洲人权保护的法律文件

1963 年，非洲国家和政府首脑会议在埃塞俄比亚首都亚的斯亚贝巴举行，会议通过了《非洲统一组织宪章》，正式建立起非洲统一组织。尽管该《宪章》并没有对人权问题作出直接规定，也没有在具体条款中列明权利清单，但在第 2 条组织的宗旨与目的中明确规定，各国希望"协调并加强它们之间的合作与努力以改善非洲各国人民的生活""保卫它们的主权、领土完整与独立""从非洲根除一切形式的殖民主义"以及"在对联合国宪章与世界人权宣言给予应有的尊重的情况下促进国际合作"。不难看出，这些措辞从两个方面涉及人权保障精神：一方面是非洲长期遭受殖民与侵略的历史，促使各国将"国权"，也即民族的集体权利如独立、自主视为重要的权利基础；另一方面，该《宪章》鼓励各国合作改善人民生活，这种对经济社会权利的重视对处于贫困状态下的非洲各国意义重大。此外，《非洲统一组织宪章》还表达了对《联合国宪章》与《世界人权宣言》的尊重，这也意味着对它们所载人权条款的赞同。

---

① 〔美〕托马斯·伯根索尔、黛娜·谢尔顿、戴维·斯图尔特：《国际人权法精要（第 4 版）》，黎作恒译，法律出版社 2010 年版，第 205—222 页。

《非洲统一组织宪章》有关专门委员会的规定

第二十条　首脑会议将视需要建立专门委员会，包括：

一、经济和社会委员会；

二、教育和文化委员会；

三、卫生、保健和营养委员会；

四、防务委员会；

五、科学、技术和研究委员会。

第二十一条　第二十条中所述的专门委员会由会员国的有关部长或其政府所指派的其他部长或全权代表所组成。

第二十二条　专门委员会的职责应根据本宪章及部长理事会所通过的条例的规定履行之。

非洲各国对于主权的重视在某种程度上阻碍了它们迈向一部具有法律约束力的人权公约的道路。直到1979年，非洲统一组织在蒙罗维亚召开的首脑会议上决议起草《非洲人权宪章》的草案。1981年，非洲统一组织正式通过《非洲人权和民族权宪章》（以下或简称《宪章》），1986年10月，《宪章》正式生效。

《非洲人权和民族权宪章》由序言和正文共68条组成，包括公民权利和政治权利以及经济、社会和文化权利。此外，《宪章》不仅包括个人的权利，也包括各国人民的权利。《宪章》规定的个人权利和自由包括：不歧视（第2条）；人身自由和安全（第6条）；公平审判（第7条）；接受、表达和传播信息和意见（第9条）；财产（第14条）；教育（第17条）。此外，缔约国有义务保护和协助家庭（第18条）；一个人尽其所能地工作，例如不受剥削和贬低的权利，特别是奴隶制、奴隶贸易、酷刑和残忍、不人道或有辱人格的处罚和待遇（第5条）或缔约国照顾家庭身心健康的义务（第18条），并确保保护妇女、儿童和残疾人的权利（第18条）。《宪章》所载人民权利包括：平等（第19条）；可自由处置其财富和自然资源（第21条）；有权享有有利于其发展的一般令人满意的环境（第24条）。除此之外，《宪章》还为个人对社会应当承担的义务作出了规定，例如个人的权利和自由只有在适当顾及他人权利的情况下才能行使（第27条）；个人通过其身体和智力能力为其国家社区服务（第29条）。作为发展中国家通过的第一个区域性国际人权法律文件，《宪章》同时具备发展中国家和前殖民地国家的双重特征：一方面是对于经济社会文化等第二代人权的高度重视，这同非洲国家的发展状况与人民生活水准息息相关，显然非洲各国不愿意再犯将人权分裂、剥离开的错误；[1]另一方面，《宪章》还列举了大量属于各国人民的集体权利，例如自由处置其财富和自然资源的权利，这也同非洲遭受殖民掠夺，并在独立后也不断遭受大国政治影响、干预的命运密不可分。通过将这种集体权利明确地法律化，非洲各国向国际社会宣告了两项决心，其一是重新推动非洲的发展，其二是坚决保卫非洲国家的主权。[2]

除了《宪章》之外，非洲国家还通过了几部特别领域的人权法律文件，完善区域性人权保障制度。这包括 1969 年的《关于非洲特殊方面的难民问题的公约》，它参考了 1951 年联合国《关于难民地位的公约》；1999 年生效的《关于儿童权利与福利宪章》，以及 2002 年根据该宪章设立的负责监督宪章在缔约国国内的实施、促进和保护儿童权利和福利的专家委员会。

（二）非洲人权保护的监督执行机制

1. 非洲人权和民族权委员会

（1）概述

《非洲人权和民族权宪章》第 30 条规定，应当在非洲统一组织内设立一个非洲人权和民族权委员会，以促进非洲境内的人权和民族权并确保其得到保护。根据《宪章》第 31 条的规定，委员会由 11 位委员组成，这些专家应当满足"具有最高声望且在人权与民族权问题上以道德高尚、诚实正直、公正无私和能力胜任而著称"的条件，并且也应当考虑他们的法律经验。委员们以个人身份任职，不得有两人以上均为同一国家的国民，当选的委员任期 6 年，可连选连任。

委员会的职能规定于《非洲人权和民族权宪章》第 45 条，主要包括三个方面：第一，促进人权与民族权发展。这包括"收集文件，就非洲在人权和民族权领域的问题进行研究，组织讨论会、专题讨论会和会议，

---

① 卢徽：《论中非人权法所共有的集体的人权观》，载《湘潭大学社会科学学报》2000 年第 12 期。

② Claude Welch, "The O.A.U. and Human Rights: Towards a New Definition," 19 *Journal of Modem African Studies* (1981) 401.

传播资料，鼓励有关人权和民族权的国家和地方机构，如有情况向各国政府提出意见或建议"；"制订和规定旨在解决与人权和民族权及基本自由有关的法律问题的原则和规则，非洲各国政府可据此制定其立法"；"同其他非洲机构和国际机构合作，促进和保护人权和民族权"。在这个方面，委员会自成立以来一直致力于确立非洲统一组织的人权行动纲领，同其他人权机构与非洲的区域性组织保持合作关系，建立人权研究和理论发展的平台，完善人权信息数据库等等。[①]第二，确保在本宪章规定的条件下保护人权和民族权。这项职能将通过国家指控与个人申诉制度具体完成。第三，应要求解释宪章的所有规定。有权提出该请求的主体包括缔约国、非洲统一组织（以下简称"非统组织"）的一个机构或非统组织承认的一个非洲组织。这种解释非常类似于美洲人权法院应要求对《美洲人权公约》作出的咨询意见，但委员会并非一个司法机构，因此它的解释在这方面也不能获得法律上的拘束力。此外，根据第46条，委员会也有权采取它认为适当的任何形式的调查。

（2）国家指控制度

《非洲人权和民族权宪章》第47—54条规定了国家指控制度，它存在两种程序。第一类是国家之间的提醒程序。如果一个缔约国有充分理由相信另一缔约国违反了《宪章》规定，那么它可以以书面来文提请该缔约国注意这一事项。这项来文也应送交非统组织秘书长和委员会主席。受来文国应当自收到来文之日起三个月内，向询问国作出书面说明或者说明，说明包括适用的法律和议事规则的资料、已经提出的补救办法或现有的行动方针等等。如果在来文处理国收到原来文之日起三个月内，该问题未能通过双边谈判或任何其他和平程序得到解决，那么任何一国均有权通过主席向委员会提出该事项，这意味着如果当事国不能通过协商友好解决，即可提交委员会。第二类情况是如果本宪章的一个缔约国认为另一缔约国违反了《非洲人权和民族权宪章》的规定，它可以无需通过提醒程序，直接通过向委员会主席、非洲统一组织秘书长和有关国家提出来文，将该事项提交委员会。

---

① 徐显明主编：《国际人权法》，法律出版社2004年版，第167—168页。

委员会首先要对此种控告作出审查，包括是否用尽当地救济，补救办法的程序是否被过分拖延。在审查过后，委员会可以要求有关国家向委员会提供一切有关资料，有关国家也可派代表参与审议。此外，委员会也应当根据第 52 条的要求，尝试一切适当手段以尊重人权和民族权为基础达成友好解决办法；如果不成功，则进入报告的撰写过程。它应在第 48 条所述通知之日起的合理期限内拟订，陈述事实和调查结果。本报告应送交有关国家，并通知国家元首和政府首脑会议。

（3）个人申诉制度

《非洲人权和民族权宪章》第 55—59 条规定了其他来文程序。根据规定，委员会秘书应在每届会议之前列出除缔约国来文以外的来文清单，并将其转交委员会成员，委员会将以过半数决议决定是否审查某份来文。接下来委员会将对来文进行审查以确保其符合《宪章》要求，这包括七项条件：第一，来文必须是署名的，但当事人不必然是受害人或不必指明受害人；第二，来文内容符合《非洲统一组织宪章》或《非洲人权和民族权宪章》的规定，并应当涉及缔约国违反这些条约法律义务的初步证据；第三，不使用诋毁或侮辱有关国家及其机构或非洲统一组织的语言；第四，来文内容不能完全基于大众媒体新闻的歧视性报道；第五，除非当地救济程序被不当延迟了，否则应当用尽当地补救措施；第六，在用尽当地补救办法或委员会处理该事项之日起的合理期限内提出来文；第七，来文所涉及的不是根据《联合国宪章》的原则或《非洲统一组织宪章》或本宪章的规定已解决的问题。同时，委员会应当将所有来文提请有关国家了解，请求他们的评论并以此决定是否重新审查。这个过程可能还涉及来文作者、缔约国同委员会之间的进一步的信息沟通与材料补充。

接下来，委员会将进入实质性审查环节。如果委员会发现来文显然涉及揭露存在一系列严重或大规模侵犯人权和民族权的特殊案件，它应提请国家元首和政府首脑会议注意这些特殊案件，并在请求下对这些案件进行深入研究，提出一份事实报告，并附有调查结果和建议。这份报告应根据国家元首和政府首脑会议的决定，由委员会主席发表，在此之前委员会的一切行动均应当保密。

（4）国家报告制度

《非洲人权和民族权宪章》第 62 条确立了缔约国报告制度，规定"每一缔约国应承诺，自本宪章生效之日起，每两年提交一份关于为实现本宪章承认和保障的权利和自由而采取的立法措施或其他措施的报告"，尽管这里没有具体标明负责审查的机构，但委员会在不断的实践中逐步建立起成熟的审议机制，由自己负责审查并在认为必要时向有关国家提出一般性意见。委员会还可将一般性意见及缔约国的报告和意见转交非盟国家元首和政府首脑会议。①

2. 非洲人权和民族权法院

早在 20 世纪 60 年代初，就已经出现了在非洲建立一个保护人权的区域司法机构的设想，但在非洲国家的多边会议上，由于各国认为人权仍然是国内管辖事项，不应当受到国际干预，更不应该把争端提交给一个专门的国际司法机构进行处理，因此该设想长期遭到搁置。进入 20 世纪 80—90 年代，非洲各国对这一问题的态度更加开放，转机也因此到来。1994 年非统组织国家元首和政府首脑大会开始考虑设立专门人权法院的问题，1995 年设立人权法院的议定书草案起草完成并开始接受各国评议。这一草案在接下来的几年中分别被政府专家会议、各国司法部长和总检察长会议以及非统组织国家元首和政府首脑大会审议通过，并最终在 1998 年的大会上获得通过。②

根据《关于建立非洲人权和民族权法院的议定书》（以下简称《议定书》）第 11 条的规定，非洲人权和民族权法院将由 11 位法官组成，在国籍上，非《议定书》缔约国地位的非统组织成员国国民也有可能成为非洲人权和民族权法院的法官，增强了它的开放性。《议定书》的 12、14、19、22 条分别规定了法官选举、任职和保障，例如秘密投票选举产生，考虑法官候选人的性别代表性，任职独立的保障和回避制度等。

非洲人权和民族权法院在《宪章》及其《议定书》规定之下拥有争

---

① 章育良：《论非洲区域性人权保护机制》，载《河北法学》2007 年第 4 期。

② 朱利江：《非洲人权法院：区域人权保护机制的重要进展》，载《国际论坛》2005 年第 2 期。

议管辖权、咨询管辖权。首先，《议定书》第 3 条第 1 款规定"非洲人权和民族权法院的司法管辖权应当延伸到被递交的有关解释和适用《宪章》、本议定书，以及其他国家批准的人权文件的案件和争议"，第 7 条规定，"法院将适用宪章，以及其他相关国家批准的人权文件规定"，这将法院裁决事项的管辖范围从非洲的区域性公约直接扩展到联合国等国际性公约上。《议定书》第 5 条规定了拥有诉权的主体，包括非洲人权委员会、向该委员会提出诉讼的成员国、被诉至委员会的成员国、其公民曾遭受人权侵犯的成员国以及非政府组织。同时，拥有利害关系的任何成员国都可向非洲人权和民族权法院申请参加诉讼。这些主体向法院提交的案件，法院享有强制管辖权。而"在非洲人权委员会中具有观察员地位的非政府组织和个人"也有权直接向非洲人权和民族权法院提起诉讼，但是它们的诉权受到严格限制，缔约国必须根据《议定书》第 34 条规则作出声明接受法院有关此类案件的管辖权，因此它们属于任择性管辖。这些由非政府组织和个人提出的案件也应符合《宪章》第 56 条关于可受理性的规则。其次，在咨询管辖权方面，法院有权应缔约国或非洲联盟及其机构以及由非盟认定的非政府组织的要求，就任何有关《宪章》和其他非洲区域性人权文件的法律问题发表咨询意见，但不包括正在被非洲人权委员会审查的事项。[①]

四、亚洲人权保护机制的孕育

前文已经概略地阐释了欧洲、美洲、非洲的区域性人权保障机制。它们虽然存在着保障制度设计上的某些差异和地区特征，但总体而言，都形成了具有法律约束力的区域性人权公约、作为公约监督机构的人权委员会、负责解释适用法律文件并作出人权司法救济裁决的人权法院，以及国家报告、个人来文指控等具体执行措施。不同于它们，亚洲地区的人权保障制度始终受到它过于广袤的土地、差异巨大的自然地理环境、多元化的宗教文化背景、极为复杂的政治经济关系的影响，

[①]　刘玉民、于海侠：《构建人权与民族权的区域性司法保护机制——以非洲人权与民族权法院为例》，载《世界民族》2008 年第 4 期。

迄今尚未形成统一的人权保障机制。[①] 但这并不意味着亚洲地区人权保障机制的尝试与实践是空白的。实际上，南亚、东南亚、阿拉伯次区域的人权保障已经具备了较为成熟的框架。在它们的基础上，亚洲人权机制也在孕育之中。

（一）东南亚地区的人权保障机制

东南亚国家的人权保障同它的一体化组织——东南亚国家联盟（简称"东盟"或 ASEAN）密不可分。[②] 在 1993 年联合国维也纳人权会议通过了《维也纳宣言和行动纲领》之后，东盟第 26 次外长会议就通过了共同宣言，指出东盟支持《维也纳宣言和行动纲领》，并同意应该考虑建立保障人权的适当的地区性机制。1995 年，一个由各国政府代表、国会人权委员会代表、学者、非政府组织组成的东盟人权保障机制工作组正式成立，旨在为东盟建立区域性人权委员会提供咨询和专业性建议，并规划有关的制度设计路线。在工作组的设计下，未来的东盟人权委员会被认为是一个促进遵守人权规范、发表人权公共意见、减少人权侵犯行为的平台。1998 年，工作组向东盟第 31 次外长会议提交了一份《关于建立东盟人权机制的政策倡议概要》，两年后工作组进一步形成了《关于建立东盟人权委员会的协议草案》，递交给正在讨论区域性人权机制问题的东盟第 33 次外长会议，草案设计的东盟人权委员会由独立专家组成，任职上遵循"品德高尚，并在人权领域具有被公认之能力"的标准，考虑适当的性别比例，任期五年且不能连任。委员会应当拥有某些特定职能，包括对缔约国侵犯人权行为的调查职能、接受对缔约国申诉控告的职能、就特定人权问题筹划报告的职能、应要求对有关人权规范做出解释的职能、向东盟外长会议递交年度报告的职能等等。在这份草案的基础上，工作组联合东盟各国组织了数次东南亚地区人权保障机制研讨会，并且通过了《为实现东盟人权保障机制的路线图》，进一步明确了区域性人权保障机制的制度设计方向。2004 年的东盟第 10 次首脑会议

---

① 〔澳〕布莱恩·伯德金等著：《亚太地区国家人权机构》，王建玲、徐文博等译，中国政法大学出版社 2010 年版，第 3 页。

② 有关这一问题，参见：Herman Joseph S. Kraft, "Human Rights in Southeast Asia: The Search for Regional Norms," 4 *East-West Center Washington Working Papers* (July, 2005)1, at 4-24。

通过了《万象行动计划》，其中包括几项推动妇女儿童权利保障、开展人权教育、推动人权保障机构合作的条款。[①]

在这几十年中，东盟也积极地在少数人权利保护方面出台文件。例如 1988 年《关于东盟地区女性发展的宣言》，2004 年《关于东盟地区废除虐待妇女的宣言》，1993 年《关于儿童的东盟行动计划》，2001 年《关于对东盟儿童的承诺宣言》，2004 年《关于为防止贩卖妇女儿童的东盟宣言》，2007 年《关于保护和促进移民劳动者权利的东盟宣言》。虽然东盟国家当时还没有建立起统一的人权委员会，但还是分别在 2004 年和 2007 年建立了保障妇女儿童权益的专门委员会和关于实施《关于保护和促进移民劳动者权利的东盟宣言》的委员会。这些人权文件、制度的实践为之后的系统性发展奠定了基础。

2007 年的《东南亚国家联盟宪章》是东盟一体化的里程碑，同样也是建立多边人权保障制度的重要环节。其在序言部分宣示，（东盟各国）"坚持民主、法治、善治的原则，尊重和保护人权和基本自由"。第 1 条第 7 款规定，组织的目的与宗旨之一是"加强民主，加强善治和法治，促进和保护人权和基本自由，同时适当尊重东盟成员国的权利和责任"。第 2 条规定了成员国应当遵循的基本原则，其中包括"坚持法治、善治、民主、宪政的原则""尊重基本自由、促进和保护人权以及促进社会正义"以及"维护《联合国宪章》和东盟成员国签署的包括国际人道主义法在内的国际法"。最重要的是第 14 条规定，根据东盟宪章关于促进和保护人权和基本自由的宗旨和原则，东盟应设立一个东盟人权机构，该机构根据东盟外长会议决定的活动日程进行运作。这就为东盟的人权委员会的建立确立了法律基础。2009 年，东盟政府间人权委员会宣告成立。它致力于改善本地区的人权状况，向东盟外长会议提供有关人权保护方面的报告和建议。这同之前工作组的设想基本上是一致的。[②]

[①]　Shaun Narine, "Human Rights Norms and the Evolution of ASEAN: Moving without Moving in a Changing Regional Environment," 34 (3) *Contemporary Southeast Asia* (2012) 365, at 365-388.

[②]　〔日〕稻正树、铃木敬夫：《建立亚洲人权保障机制的尝试》，白巴根译，载《太平洋学报》2009 年第 12 期。

《东盟人权宣言》对发展权、和平权的规定

35. 发展权利是一项不可剥夺的人权，根据这项权利，东盟的每个人和各国人民都有权公平和可持续地参与经济、社会、文化和政治发展，作出贡献，享受和受益。应实现发展权利，以便公平地满足今世后代在发展和环境方面的需要。虽然发展有利于并是享受所有人权的必要条件，但不能以缺乏发展作为侵犯国际公认人权的理由。

36. 东盟成员国应采取有意义的、以人为本和顾及性别的发展方案，以减轻贫困，创造条件，包括保护和可持续性的环境，使东盟各国人民在公平的基础上享受本宣言所承认的所有人权，东盟内部发展差距不断缩小。

37. 东盟成员国认识到，落实发展权需要在国家一级实施有效的发展政策，以及平等的经济关系、国际合作和有利的国际经济环境。东盟成员国应将发展权的多层面问题纳入东盟共同体建设及其他相关领域，与国际社会一道推动公平可持续发展、公平贸易和有效国际合作。

38. 东盟的每个人和各国人民都有权在安全与稳定、中立和自由的东盟框架内享受和平，以便充分实现本《宣言》所载的各项权利。为此，东盟成员国应继续加强友好合作，促进地区和平、和谐与稳定。

在拥有了专门的人权监督机构之后，东盟国家的人权文件的起草工作也步入正轨。在 2012 年的第 21 届东盟峰会上，《东盟人权宣言》公布。该《宣言》包括七个部分：序言，一般原则，公民权利和政治权利，经济、社会和文化权利，发展权，和平权，促进和保护人权领域的合作。它充分发挥了后发优势，借鉴了过去半个多世纪国际社会和各个地区的人权文件起草经验，并且还结合了东盟国家的区域性特征。它确立了一系列的一般人权原则，包括非歧视、法律面前人人平等、弱势群体的人权保护、司法救济、人权的效力、人权普遍性与相对性、人权保护的实施原则。《东盟人权宣言》确认了《世界人权宣言》中规定的所有公民权利和政治权利以及经济、社会、文化权利，包括生命权，人身权，免于奴役的权利，免于酷刑或残忍、不人道或有辱人格的待遇或处罚的权利，工作权，适足生活水准权等等。《东盟人权宣言》的发展权部分凸显出东盟作为发展中国家多边组织的特征和各国的期待，和平权的列举则进一

步突出了集体人权的重要意义。①《东盟人权宣言》的问世使得东南亚次地区人权保障机制成为亚洲地区的领先者，为整个亚洲人权机制的建立和进一步发展提供了丰富的经验与制度借鉴。

（二）南亚地区的人权保障机制

南亚区域合作联盟成立于 1985 年，由孟加拉国、不丹、印度、马尔代夫、尼泊尔、巴基斯坦、斯里兰卡七国外长签署的《南亚区域合作联盟宪章》建立，力求通过严格遵守《联合国宪章》和"不结盟运动"所规定的原则来促进该区域的和平与稳定。南亚区域合作联盟在人权公约和专门人权监督机构的建设方面较之于东南亚国家稍微落后，这也同南亚国家之间微妙的多边关系有很大联系。因此，南亚区域合作联盟并没有缔结一项综合性人权公约，而是在不同领域分别缔约，实施保障。例如 2002 年缔结的《禁止和消除以卖淫为目的的买卖妇女儿童的南亚区域合作联盟条约》与《关于促进南亚儿童福利的地区协定的南亚区域合作联盟条约》。这些文件旨在减少、防止和消除拐卖妇女儿童的行为，帮助她们返回原籍，加强各国保障妇女儿童权益的合作与承诺等等。在人权领域，南亚国家较为成功的法律文件是 2004 年南亚区域合作联盟在伊斯兰堡召开第 12 次首脑会议上通过的《南亚社会宪章》，它表达了建立人权保护机制的愿景，特别重申该区域各国必须促进普遍尊重、遵守和保护所有人的人权和基本自由。该《宪章》概括性地宣示了各国确保经济社会权利的宗旨，宣布"各国人民享有全面均衡的社会发展""建立有利于社会发展的、以人民为中心的机制"。南亚国家还在南盟年度峰会成果文件中明确重申了对人权的承诺，包括 2011 年的《阿杜宣言》。2010 年通过的《廷布宣言》正式承认人权是民主和善政的核心组成部分，是促进社会和经济发展以及促进区域和平与进步的必要组成部分。②

（三）阿拉伯地区的人权保障机制

1945 年 3 月成立的阿拉伯国家联盟是阿拉伯地区推动人权发展的主

---

①　毛俊响、党庶枫：《亚洲区域内人权保护的新动向：〈东盟人权宣言〉评析》，载《西部法学评论》2014 年第 3 期。

②　Surya Deuja, "Establishing a Robust Regional Human Rights Mechanism in South Asia," 6(1) *ASIAN Human Rights Defender* (2010) 4, at 4-7.

要多边组织。早在 1968 年 9 月，阿拉伯国家联盟理事会就成立了阿拉伯人权委员会。它的主要目的是向阿拉伯公众宣传和以其他方式促进人权，而不是监测阿拉伯国家的人权做法或在发现它们侵犯人权时对它们提出挑战。这意味着早期的阿拉伯人权委员会仅仅是一个促进机构而不是监督机构。1990 年 8 月阿拉伯国家联盟通过了《伊斯兰世界人权宣言》，强调了伊斯兰传统中的人权价值与思想。2004 年 5 月 22 日，阿拉伯国家联盟通过了《阿拉伯人权宪章》，并于 2008 年 3 月 15 日生效。《阿拉伯人权宪章》组建了正式的阿拉伯人权委员会，由七名专家组成，任期为四年，其中不得有两个成员为同一国籍。在此基础上，宪章确立了国家报告制度，具体要求是，宪章缔约国应当将他们履行人权义务和促进人权实践的活动编纂为报告并提交给阿拉伯国家联盟秘书长。秘书长可以将报告提交阿拉伯人权委员会。阿拉伯人权委员会负责对国家报告进行审查并且公开提交年度报告，其中应当包括事实的结论和建议。[①]

（四）亚洲地区性人权保障制度的探索

虽然亚洲目前尚缺乏整体的区域人权保障机制，但这种尝试和实践并不缺乏。早在 1955 年万隆会议的《亚非会议最后公报》中，与会各国就强调促进亚非区域经济发展的迫切性，提出与会国在互利和互相尊重国家主权基础上进行经济合作，谴责了殖民主义和种族主义，支持联合国宪章中所提出的人权的基本原则，主张自决是充分享受一切基本人权的先决条件，支持附属地人民争取自由和独立的事业并支持和平权理念。这已经具有了相当浓厚的人权思想，尤其是在第二代、第三代人权方面迈出了重要一步。冷战时期，亚洲国家面临着严峻的国际形势，人权文件的推动陷入迟滞之中。1993 年，在世界人权大会亚洲区域筹备会议上，各国通过了《曼谷宣言》，重申尊重国家主权和领土完整、不干涉他国内政等基本原则，并强调各国的历史、社会、经济及文化条件的差异性必须在保障人权、考察人权的过程中得到尊重。这种对人权地方化特征的尊重也是亚洲国家的一个共识。2005 年，由亚洲和太平洋地区的

---

① 李霖：《亚洲区域人权保护机制研究》，载《西安电子科技大学学报（社会科学版）》2014 年第 5 期。

主权国家议会组成的亚洲议会和平协会（2006 年改为亚洲议会大会）第六届年会通过了《亚洲国家人权宪章》，强调了尊重人权的普遍性、客观性和非选择性，尊重国家主权和领土完整、不干涉原则，避免双重标准、反对人权政治化。《亚洲国家人权宪章》还建议设置一个专门人权委员会负责研究、调查人权问题，向亚洲议会和平协会提交人权研究报告，监督组织成员国的人权实践活动。这也是在人权制度化建设上的一个重要的提案和建议。目前，亚洲各次区域的人权机制正呈现联动和融合的趋势。东盟国家与东北亚的中国、日本、韩国已经建立了密切的经贸合作关系，在人权保障领域，它们首先从司法、执法合作等技术层面入手，寻找突破。中国与东盟国家在湄公河地区共同实施的打击犯罪、联合巡逻的行动就是此种尝试的一个范例。同时，上海合作组织、亚洲基础设施投资银行等组织在反恐、安全合作、基础设施建设方面也取得了丰富成果，从生存权、发展权等多角度推动了亚洲国家人权保障的合作进步。

第五节 与人权保护相关的国际司法机构

通过司法途径实现人权的保障与救济，自"二战"结束之后就已出现。第二次世界大战结束后，为了有效地惩治轴心国集团的战争罪行，同盟国首先在德国东南部的纽伦堡组成欧洲国际军事法庭，对纳粹德国主要战犯进行审判。其后又组织了远东国际军事法庭的东京审判，对日本战犯的战争罪行进行审判。这两次重要的国际审判奠定了国际刑法的基本原则，开创了惩治国际法上严重罪行的先河。此后，根据安理会决议建立的卢旺达问题国际刑事法庭和前南斯拉夫问题国际刑事法庭进一步发展了此种国际刑法的制度，对两国境内发生的人道主义灾难的责任人进行了追诉。2002 年《国际刑事法院罗马规约》宣告了海牙国际刑事法院的成立，这也是国际社会在避免有罪不罚、恢复公平正义、推进国际和平与安全、更有效地保障人权领域的重要成果。尽管这些法庭存在着各类问题，但它们仍旧一道构成了国际人权保障不可或缺的一环。

一、纽伦堡和远东国际军事法庭

第二次世界大战给各国人民带来的创伤和损害是史无前例的，造成的人道主义灾难与人权侵害也是令人瞠目结舌的。"二战"结束时，同盟国面临的最重要的任务之一，就是通过何种方式清算轴心国战争罪行，重新树立国际正义与公道秩序，宣示一个新的时代。纽伦堡和远东国际军事法庭承担了这项重任，它们通过恰当地援引当时还不发达的国际法尤其是国际刑法规则，经过严密的调查和论证，对轴心国首要人员的战争、反人类罪行进行了审判。这两次审判既振奋了各国人民的精神与信念，还为惩治重大国际罪行的国际刑法制度发展提供了难得的机遇。

（一）纽伦堡国际军事法庭

对纳粹德国战犯的惩罚计划，早在"二战"尚未结束之时就已经进入同盟国领导人的视野。1942年冬天开始，同盟国政府宣布他们打算惩罚纳粹战犯。1943年10月美国总统罗斯福、英国首相温斯顿·丘吉尔和苏联人民委员会主席约瑟夫·斯大林签署了关于惩治德国暴行的莫斯科宣言。他们共同声明称，在停战时，被认为对暴行、屠杀或处决负有责任的德国人将被送回他们犯下罪行的国家。在那里，他们将根据有关国家的法律受到审判和惩罚。那些罪行影响超过一个国家的主要战犯将受到同盟国家的共同裁决。虽然一些盟国的政治领导人主张立即处决纳粹德国的领导人，但美国成功说服了他们。用美国国务卿赫尔的话来说，"这种程序性的、对战争罪行的谴责，是一种符合历史的审判。因此，德国人就不能说，他们是被胁迫着才承认自己的战争罪行的"。1944年，美国政府官员草拟了一份报告，阐明了对纳粹德国战犯进行审判的基本构思。这包括对纳粹党这样的犯罪集团的惩治，以及对身居高位、策动德国发动战争和大屠杀的领袖人物的指控办法。[①] 这也成为此后纽伦堡审判基本模式的蓝图。1945年8月8日，法、英、美、苏四国签署了《关于控诉和惩处欧洲轴心国主要战犯的协定》（简称《协定》）及其附件

---

① Richard Overy, "The Nuremberg trials: international law in the making," in Philippe Sands (ed.), *From Nuremberg to The Hague* (Cambridge: Cambridge University Press 2003), p.16.

《欧洲国际军事法庭宪章》（简称《宪章》），宣布建立一个专门的国际军事法庭来审判纳粹德国的战争罪行。《协定》主要内容包括设立国际军事法庭，负责审理那些无特定地理位置的战犯；规定了法庭的组织机构、管辖权、职能；规定同盟缔约国应当采取措施对战争罪行进行调查等等。《宪章》则确立了纽伦堡审判的法律和程序。军事法庭的审判地点选择在德国巴伐利亚州的纽伦堡市——这里也是每年纳粹党举行大会和通过《种族法》的地点，昭示着同盟国将从法律和精神意义上对纳粹的一切遗产进行清算。①

　　《宪章》的 1—5 条规定了法庭的组织机构：法庭由苏、美、英、法四国各指派一名法官和一名助理人组成；法官或助理人不能由检察官、被告及其辩护人申请回避，只能由任命他们的政府更换；庭长在四名法官中推选产生并在连续之各个审判中实行轮流充任原则，如果法庭在四个签署方之一的领土内开庭，法庭应由该签署方的代表主持；四名法官构成开庭法定人数；法庭应以多数票作出决定，如票数相等，庭长的投票将具有决定性作用。但只有法庭至少三名成员投赞成票才能定罪和判刑；如有需要，并视乎受审事项的数目，可设立其他审裁处，其组织、任务及程序应与本法庭一致，并受本宪章支配。《宪章》第 6—13 条规定了法庭的权限和审判的一般原则。其中最重要的是第 6 条，规定法庭对三类罪行拥有管辖权，分别为危害和平罪（包括策划、准备、发动或进行侵略战争或违反国际协定的战争）、战争罪（包括违反战争惯例或法律，包括不当对待平民和战俘）和危害人类罪（包括谋杀、奴役或驱逐平民，或因政治、宗教或种族原因而遭迫害）。接下来的条款就审判过程中针对不同对象的定罪标准作出了规定，如犯下罪行的领导者、组织者、教唆者和共犯者要对该罪行之下的一切行为负责，以及对"我只是奉命行事"辩护的反驳，规定职位或者上级命令不能成为免除国际法责任的理由，而只能成为法庭酌定考虑的减轻事项。第 10 条与第 11 条

---

　　① 当然，纽伦堡审判后，受到冷战政治的影响，欧洲国家是否真正彻底地肃清了纳粹主义的影响，惩治了所有战争期间负有责任的组织与个人，还是一个有待进一步考察的问题。一个简单的事实是，战争期间为德国提供工业与经济支持的财团及其拥有者，例如化工业巨头 IG 法本公司，在美国政府的干预下并未被彻底清算，并且继续在经济领域发挥着重要影响力。

规定了纽伦堡审判与各国单独实施的战争罪行审判的联系，实际上在纽伦堡审判中法庭只负责处理 22 名主要战犯的罪行，其他大量的具体罪行交由各国国内设立的军事法庭审理处置。《宪章》还规定了组织一个由四国检察官组成的起诉委员会，负责对战争罪行的公诉职责；为了维护被告应有权利而规定的公正审判程序要求；法庭的权利、责任与审判程序；以及判决与刑罚的有关规定。

纽伦堡审判需要克服许多法律和程序上的困难，其中最严重的一点就是在 1945 年，还没有对战犯进行国际审判的成功先例与充分的法律规则。虽然在人类历史上当然也有对战争罪的起诉，例如美国南北战争之后对南方邦联军官涉嫌虐待联邦战俘和叛国罪的指控，1919—1920 年土耳其军事法庭对亚美尼亚种族灭绝的责任人的审判，以及第一次世界大战后草草收场几乎演变为闹剧的"莱比锡审判"。这些审判都是根据一个国家的法律进行的，而不是根据国际法实施的。这也是许多纳粹被告的抗辩和其他学者的忧虑：纽伦堡审判宣称它有权判决那些犯下战争罪行的人有罪，到底是出于某些客观的法律规范，还是由于"胜利者的审判权"？法庭也必须解释好这一问题，而不能躲在《宪章》这一占领军当局的法律文件背后。法庭的办法是，通过论述当时已经初具雏形的国际法和武装冲突法规则，来证明侵略战争事实上是违法的。法庭援引了 1925 年《洛迦诺公约》和 1927 年《凯洛格−白里安公约》，来证明到了 20 世纪 30 年代，国际社会已经充分认识到发动侵略战争的非法性。法庭还从战争与武装冲突法角度，援引了《海牙公约》与《日内瓦公约》体系的有关规定，强调抢劫、非人道地对待战俘、使用有毒武器等行为已经被宣布为非法和犯罪行为。在战争中对平民的任意残害和攻击当然也被这些规则所禁止。[①] 这种规则不仅仅体现在条约中，还存在于得到普遍承认的各国的风俗和习惯之中，因此德国也就不会由于并非特定条约的缔约国而不受拘束——这显然已经有了鲜明的习惯国际法的论证色彩了，更何况德国还曾经是《国际联盟盟约》《洛迦诺公约》《凯洛格−白

---

① 何勤华、朱淑丽、马贺：《纽伦堡审判与现代国际法的发展》，载《江海学刊》2006 年第 4 期。

里安公约》的缔约国。因此，法院成功地将法律基础确立下来，并在后续审判中抵挡了被告其他的反诘和诡辩——最常见的形式是"胜利者的审判"、"你也一样"（盟军也曾经犯下过类似罪行），以及溯及既往地追诉罪行。这些辩护基本上都被《宪章》的法律规定（如不能提出无关证据），以及法庭灵活地运用现有的国际法规范所击破了。[1]

　　纽伦堡审判中有 22 人被起诉，还有 6 个纳粹组织，如盖世太保和纳粹党中央机构被调查和判决。其中一名被告被认为在医学上不适合受审，另一名被告在审判开始前自杀。希特勒和他的两个高级助手，海因里希·希姆莱和约瑟夫·戈培尔，都在 1945 年春天审判开始前自杀了，其他高级纳粹官员基本上都接受了审判。最后，国际法庭裁定，除三名被告外，其余被告均有罪。12 人被判处死刑，一人缺席，其余人被判处10 年至终身监禁不等的徒刑。1946 年 10 月 16 日，10 名死刑犯被处以绞刑。法庭还在 1946—1949 年进行了一系列后续审判工作。[2]

（二）远东国际军事法庭

　　对日本战争罪行的审判问题，早在 1943 年中、英、美三国政府发表的《开罗宣言》中已有所体现，该《宣言》强调，三大盟国将为制止并惩罚日本的侵略而战。1945 年的《波茨坦公告》也提出，"我们无意奴役日本民族或消灭其国家，但对于战犯，包括虐待我们俘虏的人在内，将处以严厉之法律制裁"。1946 年 1 月 19 日，盟国驻日本占领军司令官麦克阿瑟根据同盟国家的授权，宣布成立远东国际军事法庭。同日，他还核可了《远东国际军事法庭宪章》，其中规定了法庭如何组成、法庭将审议的罪行以及该法庭将如何运作。宪章一般遵循纽伦堡审判的模式。4 月 25 日，根据《国际军事法庭议事规则》第 7 条的规定，对原远东国际军事法庭议事规则进行了修订。

　　《远东国际军事法庭宪章》基本上遵循了纽伦堡模式的规则。其第1—4 条规定了法庭的组成。法庭应由 6—11 名法官组成，由盟军最高

---

[1]　朱淑丽：《纽伦堡审判面临的困境及其解决》，载《华东政法学院学报》2006 年第 3 期。

[2]　有关纽伦堡审判的过程，参见〔美〕约瑟夫·E. 珀西科：《纽伦堡大审判》，刘巍等译，上海人民出版社 2000 年版。

《远东国际军事法庭宪章》对三种罪行的规定

（甲）破坏和平罪指策划、准备、发动或执行一种经宣战或不经宣战之侵略战争，或违反国际法、条约、协定或保证之战争，或参与上述任何罪行之共同计划或阴谋。

（乙）普通战争犯罪指违反战争法规或战争惯例之犯罪行为。

（丙）违反人道罪指战争发生前或战争进行中对任何和平人口之杀害、灭种、奴役、强迫迁徙，以及其他不人道行为，或基于政治上的或种族上的理由而进行旨在实现或有关本法庭管辖范围内任何罪行之迫害行为，不论这种行为是否违反行为地国家的国内法。凡参与上述任何罪行之共同计划或阴谋之领导者、组织者、教唆者与共谋者，对于任何人为实现此种计划而作出之一切行为，均应负责。

统帅就日本投降书各签字国、印度及菲律宾共和国所提之人选名单中任命。全体法官过半数出席构成法定人数，但须有 6 人出席方可开庭。一切裁决，包括定罪与科刑在内，应由出席法庭之法官以多数表决，票数相等则庭长的投票为决定票。第 5 条规定了法庭对特定罪行的管辖权，包括破坏和平罪、战争罪和违反人道罪。与纽伦堡审判不同的是，对破坏和平罪的指控是起诉的先决条件，只有那些罪行包括破坏和平罪的个人才能被法庭起诉。凡参与策划或执行旨在完成上述罪行之共同计划或阴谋的领导者、组织者、教唆者及共犯者，对任何人为实施此种计划所做一切行为均应负责，并且被告所处职位及所奉政府或上级命令都不能免除其责任。第 8 条规定盟军最高统帅任命的检察长负责进行并支持对远东战争罪犯的起诉；任何与日本处于战争状态的联合国家均有权委派陪席庭审检察官一人，以协助检察长。接下来的规定包括法庭的公正审判原则和程序，对被告人程序权利的保障，证据规则和调查程序，刑罚与宣判以及盟军最高统帅对此的减轻权利等等。

在起诉书中，盟军的检察官指控被告推行一项"考虑并实施……谋杀、残害和虐待战俘、平民和被拘留者……强迫他们在不人道的条件下劳动……不以任何军事需要为理由，掠夺公私财产，肆意破坏城镇和村庄；对被蹂躏国家无助的平民进行大规模屠杀、强奸、抢劫、酷刑和其他野蛮暴行"。而辩方对起诉书提出质疑，认为破坏和平罪，更具体地说，是阴谋和侵略战争的未定义概念，在国际法中尚未确定为罪行，并且这种追诉违反了不溯及既往的法律原则。此外，几位日本高级官员还声称，应当审查同盟国违反国际法的行为，或者日本的行为是一种对美国和英国的合理自卫。当然，这些辩护也遭到了法官的驳回。除了对"胜利者审判""你也一样"和"无法可依"的反驳以外，检察官提出了诸多证据和证人，以证明日本的侵略行为是长期和有预谋的，而不是对某些突发事件的临时防卫。[①]东京审判共有 28 名被告，最终有 7 名甲级战犯因战争罪和违反人道罪而被判决绞刑，有 16 名被判决终身监禁。

（三）纽伦堡与远东国际军事法庭的贡献和意义

纽伦堡和远东国际军事法庭在当时的历史环境下起到了非常重大的作用，它们不仅清算了轴心国的罪行，给战争中的死难者及其他受害者主持公道，也有力地帮助了同盟国对德国、日本的战后重建与改造工作。更长远来看，这两次审判代表着国际刑法制度的兴起，其影响延至今日。1947 年成立的联合国国际法委员会负责研究、发展和编纂国际法律文书，它在 1950 年通过的《纽伦堡国际军事法庭宪章及该法庭判决书中所包括的各项国际法原则》这项报告中就高度评价了纽伦堡审判，认为它奠定了国际刑法的基本原则和理论基础。[②]这项报告包括了几项原则，分别为：实施国际犯罪行为者应负国际刑事责任；行为人的国际法责任不因一行为在国内法不受处罚而免除；个人以国家元首或负有责任的政府官员身份行事，实施了国际法上构成犯罪的行为，其官方地位不得作为免除国际法责任的理由；依据政府或上级命令行事不能自动免除其国际法责任；任何人有权在事实和法律上得到公平的审判；以及国际法上应受处罚的三类重大罪行，包括战争罪、反人类罪和破坏和平罪。这些规则在之后的发展中被不断重申和援引，形成了现代国际刑法制度的基础。除此之外，两次审判在实体法上确立了战争犯罪罪名体系，完善了犯罪构成内容，改变了国际社会对战争罪行的旧观念，在程序法上则发展了

---

① 徐安军：《国际惩治战争犯罪历史的研究——从首次尝试到纽伦堡和东京两次大审判》，载《西安政治学院学报》1999 年第 1 期。

② Philippe Sands (ed.), *From Nuremberg to the Hague* (Cambridge: Cambridge Unversity Press 2003), p. 83.

直接由国际法庭而非国家法庭进行审理和执行判罚的模式。[①] 这些贡献都是对国际法律制度的直接影响。

还有一项影响深远的贡献，隐藏于两次审判的背后，那就是从它们开始，主权与人权的关系终于不再是单向度和单一化的了。在"二战"之前发生的战争惨剧和人道主义灾难中，各国往往以主权管辖和国内事项作为抗辩，拒绝国际社会介入。两次审判以成功的组织形式、严谨的法律推理和丰富的证据事实，向世界证明在国家主权以外，人权保护也是一项极为重要的事务。人权的普遍性，生命和尊严的不可侵犯性是不能够以国家主权作为借口而任意剥夺的。[②] 自此之后，国际社会对于最严重的国际罪行再也不是"有罪不罚"或者"坐视不理"，直接执行人和高级负责人都要为此承担责任。这种观念上的颠覆性变化，是两次审判给人类社会带来的最伟大的影响。

二、前南斯拉夫和卢旺达国际刑事法庭

"二战"结束后的两次国际审判确立了国际法刑事化的制度基础。联合国国际法委员会也积极地编纂、创制有关规则，希望能为国际社会提供一套更加成熟的惩治国际罪行的制度。但受制于冷战，这项工作始终未能成功。直到冷战结束后的 1993 年与 1994 年，两个专门的国际刑事法庭才根据安理会授权建立起来。面对两国严峻的人权与人道主义危机，国际社会希望通过特设法庭重现两次战后审判的成功，为这些国家的国内矛盾找到更加合理的解法。最终，这两个法庭判例中反映出来的国际刑法观念、实践与原则，以及审判实践中发展起来的国际刑事诉讼机制，成为了之后常设国际刑事法院制度的基石。

（一）前南斯拉夫问题国际刑事法庭（ICTY）

1. 背景与历史进程

南斯拉夫社会主义联邦共和国是一个多民族、多宗教、多文化的联

---

① 黄肇炯、唐雪莲：《纽伦堡、东京审判与国际刑法》，载《法学家》1996 年第 5 期。

② Henry T. King, Jr, "The Limitation of Sovereignty from Nuremberg to Sarajevo," 20 *Canada-United States Law Journal* (1994) 170.

邦制国家。在它的创始人铁托去世之后，南斯拉夫社会主义联邦共和国陷入严重的内乱、内战和内耗之中，各民族和共和国的离心倾向愈发明显。1991 年 6 月起，南斯拉夫开始解体。波黑、塞尔维亚和克罗地亚三个主要民族就波黑前途发生严重分歧，1992 年波黑战争爆发。在这场"二战"后欧洲大陆上爆发的最大规模的武装冲突之中，各方都犯下了种族清洗、种族灭绝和其他严重罪行。战争导致的波斯尼亚与黑山地区的人道主义危机造成大批难民流离失所或死于战火，集中营、非法拘留和秘密逮捕、处决也屡见不鲜。斯雷布雷尼察大屠杀更被认为是"二战"结束以来欧洲发生的最严重的大屠杀。这引发了国际关注和干预的呼声。

1992 年 10 月 6 日，联合国安全理事会通过了第 780（1992）号决议，要求秘书长设立一个公正的专家委员会，就南斯拉夫正在发生的人权危机提出结论。1992 年期间通过的许多安全理事会决议都已确认了个人必须对其违反国际法的罪行负责这一原则。专家委员会 1993 年 2 月 9 日的第一份中期报告得出结论：设立一个特设国际法庭来审判发生在前南斯拉夫的暴行行为人"将符合其工作方向"。在这个委员会工作的基础上，1993 年 2 月 22 日，联合国安理会通过了第 808 号决议，决定"对那些应对 1991 年以来在前南斯拉夫领土上所犯严重违反国际人道主义法行为的负责者提起公诉"，要求建立一个专门的国际法庭处理此事，并请联合国秘书长就建立国际法庭的具体问题拟出一份详细建议，提交安理会审议批准。在经过了数月的筹备工作之后，1993 年 5 月 25 日，联合国安理会通过第 827 号决议，核可了秘书长的报告（S/25704），并通过了其附件《国际法庭规约》，决定设立前南斯拉夫问题国际刑事法庭，负责对 1991 年以来前南斯拉夫领土上犯下的四类罪行实施管辖，为冲突的受害者伸张正义，并阻止未来的领导人犯下类似的暴行。[①]

法庭的起诉工作于 2004 年 12 月完成，最后一份起诉书于 2005 年春天被确认并公布。法庭的目标是在 2012 年年底前完成所有审判，在 2015 年前完成所有上诉。2010 年 12 月，安理会决定设立前南问题国际

---

① 甄延：《话说前南斯拉夫国际刑事法庭》，载《世界知识》2001 年第 15 期。

法庭剩余机制，以完成法庭期满后的剩余任务。该机制于 2013 年 7 月 1 日开始为前南问题国际法庭分处运作。法庭剩余机制将进行并完成所有未决的一审审判与上诉程序。法庭共计起诉了 161 名被告人，最多时共有 27 名被告人同时受审。虽然法庭所审理的案件中大部分涉及塞族和波斯尼亚塞族所犯的罪行，但法庭对各种族裔背景的人都进行了调查并提出了指控。克族人以及波斯尼亚穆斯林和科索沃阿尔巴尼亚人对塞尔维亚人和其他人犯下的罪行已被定罪。法庭尽可能地在冲突中不偏袒任何一方，也不试图在不同群体之间创造任何人为的平衡，而是根据检方提供的证据实施公正和公开的审判，并因此裁决是否有罪。[①]另外，自 2003 年以来，该法庭一直与前南斯拉夫的地方司法机构和法院密切合作，继续努力实现正义。

前南问题国际刑事法庭是联合国的第一个特别法庭，也因此受到了世界各国的严格审查。它因政治化、有偏见、不公平和代价高昂而遭受了诸多批评，漫长的审判和有争议的判决导致人们对法庭越来越失去信心，批评人士质疑法庭并不具有缓解巴尔干半岛紧张局势和促进和解的能力。尽管存在不足，但该法庭在第一个常设国际刑事法院的创建中发挥了重要作用，并提供了一些重要的经验和教训。

2. 法庭的规则与实践

安理会第 827（1993）号决议授权建立前南问题国际刑事法庭，并确立了作为法庭裁判国际法律依据的《国际法庭规约》（以下或简称《规约》）。[②]这产生了法庭不得不首先回答的问题：法庭建立、审判与作出裁决的法律依据到底从何而来？同"二战"后两次审判中辩护方提出的抗辩理由类似，在其审理第一个案件"塔迪奇案"时，前南刑庭的被告及其辩护律师也提出，由于《联合国宪章》并没有授权安理会建立国际司法机关，因此该法庭的建立是不合法的。法庭与其他国际法学者则对它的合法性基础进行了充分论证：安理会在第 827 号决议的前半段表示，

---

① 邹挺谦：《二战之后的首个国际刑事法庭》，载《人民法治》2018 年第 20 期。

② UN Security Council, *Security Council resolution 827 (1993)* [*International Criminal Tribunal for the former Yugoslavia (ICTY)*], 25 May 1993, S/RES/827 (1993), available at: https://www.refworld.org/docid/3b00f21b1c.html [accessed 25 May 2021].

安理会第 827（1993）号决议

（安理会决定）

1. 核可秘书长的报告；

2. 兹决定设立一个国际法庭，唯一目的是起诉应对 1991 年 1 月 1 日至安全理事会恢复和平后所定日期期间在前南斯拉夫境内所犯严重违反国际人道主义法行为负责者，并为此目的通过上述报告所附的《国际法庭规约》；

3. 请秘书长在国际法庭法官当选后，向他们提出从各国收到的关于《国际法庭规约》第 15 条所要求的程序和证据规则的任何建议；

4. 决定所有国家均应按照本决议和《国际法庭规约》与国际法庭及其各机关充分合作，因此，所有国家均应根据其国内法采取必要措施，执行本决议和《规约》的各项规定，包括各国有义务遵守审判分庭根据《规约》第二十九条发出的协助请求或命令；

5. 敦促各国、政府间组织和非政府组织向国际法庭提供资金、设备和服务，包括提供专家人员；

6. 决定国际法庭所在地的确定，须视联合国与荷兰之间缔结安理会可接受的适当安排而定，并视国际法庭为有效行使其职能所必要时，可在其他地方开庭；

7. 决定国际法庭的工作应在不损害受害者通过适当手段要求对违反国际人道主义法所造成的损害给予赔偿的权利的情况下进行；

8. 请秘书长紧急执行本决议，特别是为国际法庭尽早有效运作作出实际安排，并定期向安理会提出报告；

9. 决定继续积极处理此案。

"确定这一局势继续对国际和平与安全构成威胁，决心制止这类犯罪，并采取有效措施，将肇事者绳之以法"，这是安理会根据《联合国宪章》第七章第 39 条（"安全理事会应断定任何和平之威胁、和平之破坏或侵略行为之是否存在，并应作成建议或抉择依第四十一条及第四十二条规定之办法，以维持或恢复国际和平及安全"）作出的判断。在确定前南斯拉夫局势对国际和平与安全构成威胁后，安理会就有权动用自己在第七章项下的职权，尤其是第 41 条，"安全理事会得决定所应采武力以外之办法，以实施其决议，并得促请联合国会员国执行此项办法"。同时，根据《联合国宪章》第 29 条规定，"安全理事会得设立其认为于行使职

务所必需之辅助机关"。法庭强调，《联合国宪章》第 39 条确认安理会在处理对和平的威胁、破坏和侵略行为方面负有主要责任和有相当大的自由裁量权，因此安理会也有权设立一个负责处理南斯拉夫事务的司法机构，并授权它开展审判工作。国际法学者还从国际组织的隐含权力理论出发，对这一法庭的观点进行了补充论述。①

《规约》的第 11—14 条规定了法庭的组成和法官的选任、职权等内容。国际法庭将由分庭、检察官和书记官处组成。其中，分庭包括两个初审分庭和一个上诉分庭。各分庭应由十六位独立常任法官组成，但不得有任何两位为同一国国民；每个审判分庭应有三位常任法官以及在任何一个时候加上最多六位专案法官；七位常任法官应担任上诉分庭法官；常任法官和审案法官应品德高尚、公正、正直，并应具备在其本国担任最高司法职务所需的资格，还要考虑在刑法、国际法，包括国际人道主义法和人权法方面的经验；国际法庭的十四位常任法官以及专案法官应由大会从安全理事会所提出的名单中选出。检察官负责调查和起诉应对1991 年以来前南斯拉夫境内犯下严重违反国际人道主义法行为的负责者，检察官办公室作为法庭的一个单独机关独立行事。书记官处同时为各分庭和检察官服务，负责法庭的行政和服务工作。②

在管辖权方面，《规约》第 6 条和第 8 条首先规定了法庭的属人管辖权、属地管辖权和属时管辖权。它授予法庭对 1991 年 1 月 1 日后在前南斯拉夫领土内涉嫌犯下罪行的自然人的管辖权。考虑到前南问题国际法庭和各国国内法院对这些罪行可能具有管辖权冲突，因此《规约》第 9条同时规定，尽管前南问题国际法庭和各国国内法院对这些罪行具有并行管辖权，但前南问题国际法庭享有优先权，因而可正式要求国内法院遵从其管辖权。第 29 条要求各国在调查和起诉中与前南问题国际法庭合作，为其提供便利与协助。

《规约》第 2—5 条确定了法庭能够行使管辖权的四类罪名。第一，

---

① 许楚敬：《设立前南斯拉夫问题国际法庭的法理根据》，载《政法论丛》2002 年第 4 期。

② 赵海峰、宋健强：《前南斯拉夫问题国际刑事法庭——国际刑事司法的新开端》，载《人民司法》2005 年第 2 期。

在国际武装冲突中"严重违反"1949 年 8 月 12 日《日内瓦公约》的人。1949 年《日内瓦公约》是国际人道法的重要基础，为武装冲突中的平民保护提供了法律依据。基于此，法庭对于以下犯罪行为具有管辖权：故意杀害；酷刑或不人道待遇，包括生物实验；故意使身体或健康遭受重大痛苦或严重伤害；无军事上之必要，而以非法和横蛮之方式，对财产进行大规模的破坏与占用；强迫战俘或平民在敌对国家军队中服务等。第二，在国际和非国际武装冲突中严重违反战争法规和习惯的其他行为，包括违反关于国际冲突的海牙公约的行为，除公约列为"严重违反"行为之外的违反《日内瓦公约》的行为，以及违反适用于国内冲突的某些规则的行为，其中包括 1907 年的《关于陆战法规和习惯的公约》及其附件《关于陆战法规和习惯的章程》的有关规定。这些规则已经在 1946 年的纽伦堡审判中被法庭所确认与适用。第三，种族灭绝行为。这来自 1948 年《防止及惩治灭绝种族罪公约》的规定，即蓄意全部或局部消灭某一民族、人种、种族或宗教团体。1951 年国际法院的咨询意见就指出，《防止及惩治灭绝种族罪公约》已经被视为是习惯国际法的组成部分，无论各国是否作为缔约国均应当遵循。因此，这类行为也被纳入法庭的审理范围。第四，危害人类罪。危害人类罪的行为人知道自己的行为会构成对平民大规模或有系统攻击的一部分，却犯下该条规定的一起或多起罪行。[①]《规约》赋予的管辖权仅限于那些在国际和国内武装冲突中犯下的危害人类罪。前南刑庭在实践中通过其判例细致地阐述了其《规约》规定的犯罪要素，如"严重违反"的概念，危害人类罪的客观和主观因素，灭绝种族罪定义范围内的受保护群体，特定罪行的定义，其中包括对酷刑、消灭、奴役和递解出境的定义。

　　《规约》第 7 条规定的个人刑事责任原则是它对国际刑法所作的最重要的贡献之一。根据《规约》第 7 条，个人策划、教唆、命令、实施或以其他方式协助及唆使他人策划、筹备或实施犯罪的，无论被控人官职如何，也无论其是国家元首或政府首脑或责任政府官员，均可追究其个人刑事责任。在下列情况下，罪行由下属所犯的事实并不能免除其上

　　[①]　王秀梅:《前南国际刑事法庭的创立及管辖原则》，载《现代法学》2002 年第 3 期。

级的刑事责任：上级对下属进行了有效的管理；上级知道或有理由知道，下属即将或已经实施犯罪；以及上级未能采取必要且合理的措施防止犯罪，或在事后惩罚作为其下属的犯罪人。简而言之，它包括政治领袖、中间指挥官以及基层执行人三个层级人物的刑事责任追究，这是对纽伦堡与远东国际军事法庭在个人责任原则方面创见的进一步继承与发展。此外，第 7 条的规则还包括共同犯罪活动理论，也即"为了某种共同目的而涉嫌《规约》所规定犯罪的多个共犯"中的个人应单独对犯罪负责。①

《规约》也确立了法庭的一系列刑事诉讼的基本程序，阐明了公平审判的基本原则。例如，第 11 条规定了"一罪不二罚原则"；第 15 条委任常任法官制定一套详细的程序和证据规则；第 21 条被告的权利中体现出《公民及政治权利国际公约》第 14 条规定的适当程序的国际公认标准，并超出了这些最低标准的要求；第 22 条规定了受害人与证人的保护与信息保密制度，这对于一个刚刚经历过内战冲突和屠杀的地区而言十分重要；第 23 条规定，一旦程序完成，审判分庭的多数法官会做出判决，且必须同时或随后提交书面的附理由之意见，可随附个别意见或反对意见；第 24 条规定，惩罚仅限于监禁，并规定法庭在量刑时应考虑前南斯拉夫法庭的一般惯例；第 25 条规定，应当设立上诉分庭，负责审理被定罪人或检察官以判决对某一法律问题的误解应使裁判无效或认定事实错误造成误判为由的起诉。上诉分庭还可审理一方当事人提出的、法律问题并不能使判决无效但问题本身却具有普遍意义的上诉案件。安全理事会享有通过决议修正《规约》的专属权力。此外，安全理事会还可通过决议解决法庭的个别行政问题，而无需正式修正《规约》。②

3. 对法庭的评价

对前南斯拉夫问题国际刑事法庭的批评之声始终没有结束。一些人指责法院效率低下，代价高昂，而且是出于政治动机进行审判。还有人

---

① 张琼：《前南斯拉夫国际刑事法庭与国际刑法的实施》，载《甘肃社会科学》2008 年第 5 期。

② Daphna Shraga, Ralph Zacklin, "The International Criminal Tribunal for the Former Yugoslavia," 5 *European Journal of International Law* (1994) 360, at 360-380.

质疑法庭是否如其支持者所声称的那样有效地促进了地区和解。根据民意调查显示，塞尔维亚和克族民众对法庭普遍持负面态度，大多数克罗地亚人和塞族人怀疑法庭的权威，并怀疑其法律程序的可靠性。来自联合国内部的声音也认为，法庭的开销过高，同成就相比不成比例。但从另一个角度来看，前南刑庭作为"二战"后第一个国际刑事法庭，确实基本上起到了查清波黑战争中的战争罪行、追诉责任人、避免有罪不罚、总结国际刑法原则、发展国际刑法制度的作用。[①]

（二）卢旺达问题国际刑事法庭（ICTR）

1. 背景与历史进程

卢旺达的种族问题要追溯到比利时殖民时代。在 1935 年以前，胡图和图西两族主要是职业身份的差异，胡图族多从事农耕，图西族多从事放牧，而卢旺达长期在图西族国王的统治下，大部分酋长也属于图西族人。比利时政府为了便于殖民统治，人为地固化了两个民族的地位并以财富和社会地位作为区分标准。比利时殖民统治结束之后，胡图族执政掌权，图西族的高层领导人流亡到乌干达。1994 年 4 月 6 日，胡图族的卢旺达总统朱韦纳尔·哈比亚里马纳遭到暗杀，坠机身亡，国内的胡图族随即发动内战，夺取政权。"全国民主与发展共和运动"和卢旺达武装部队中的胡图族极端分子，对胡图族温和派和少数民族图西族全面发起灭绝运动。尽管当时国际社会已经普遍缔结了《防止及惩治灭绝种族罪公约》，但出于种种原因，尤其是美国、法国以及曾经作为宗主国的比利时不愿意介入非洲地区事务，因而联合国在大屠杀最严重的时期没有能够有效作出应对措施。1993 年 10 月 5 日，安理会通过了第 872（1993）号决议，决定在卢旺达设立维和部队，并规定了这支部队的任务与规模。但这些规定非常有限，维和部队的人数和装备、授权与职能均远远不能制止大屠杀的发生。在缺乏有效国际干预的情况下，卢旺达的种族灭绝事件一直持续了三个月，直到 1994 年 7 月份由图西族人领导的卢旺达爱国阵线联盟取得了军事优势，成功地恢复了对国家绝大多数地区的控制，

---

① 刘大群：《前南国际刑庭与卢旺达国际刑庭的历史回顾》，载《武大国际法评论》2010 年第 2 期。

才宣告终结。短短三个月之内，死于非命的卢旺达人超过 100 万，一半多的图西族人口被灭绝，该惨剧震惊世界。联合国前秘书长、时任负责维和事务的副秘书长安南说，20 世纪 90 年代卢旺达和南联盟所发生的大屠杀是整个人类的耻辱。①

因此，为惩处种族灭绝事件负责者，联合国决定设立卢旺达问题国际刑事法庭。1994 年 11 月 8 日，联合国安全理事会通过第 955（1994）号决议，根据《联合国宪章》第七章 "决定设立一个国际法庭，专为起诉应对 1994 年 1 月 1 日至 1994 年 12 月 31 日期间卢旺达境内种族灭绝和其他严重违反国际人道主义法行为负责者和应对这一期间邻国境内种族灭绝和其他这类违法行为负责的卢旺达公民，并为此目的通过本决议所附《卢旺达问题国际法庭规约》（简称《规约》）"，同时要求各国同国际法庭及其机构充分合作，根据其国内法采取一切必要措施，以执行本决议和《规约》的规定，包括各国有义务遵从审判分庭按照《规约》第 28 条发出的援助要求或命令。安全理事会 1995 年 2 月 22 日第 977（1995）号决议规定，卢旺达法庭的庭址设在坦桑尼亚阿鲁沙，并在基加利、纽约和海牙设立办事处。

1997 年 1 月 9 日，卢旺达法庭首次开庭，对被告提出了以杀害、酷刑和残酷虐待方式实施种族灭绝、危害人类罪、违反 1949 年日内瓦四公约共同第三条等指控。1997 年 6 月，检察官又增加了 "以强奸、不人道行为和非礼侵犯方式实施危害人类罪和违反共同第三条和第二号附加议定书的指控"。2003 年安全理事会通过 1503（2003）号决议，要求卢旺达问题国际法庭 "采取一切可能的措施，在 2004 年底完成调查，在 2008 年底完成所有一审工作，并在 2010 年完成全部工作"。2015 年 12 月 31 日，卢旺达刑庭正式关闭，余留机制将履行其基本职能。② 自 1995 年设立以来，法庭已起诉 93 人，它认为这些人应对 1994 年在卢旺达犯下的严重违反国际人道主义法的行为负责。被起诉的人包括军方和政府高级官员、政治家、商人、宗教人士、民兵和媒体领袖。

---

① 洪永红：《建立卢旺达国际刑事法庭的历史考察》，载《法律文化研究》2009 年。
② 凌岩：《联合国卢旺达问题国际刑事法庭》，载《人民司法》2005 年第 3 期。

2. 规则与实践

安全理事会第 955（1994）号决议附件所载《规约》的第 1 条规定了法庭的职权范围——卢旺达问题国际刑事法庭有权根据本规约各条款，起诉应对 1994 年 1 月 1 日至 1994 年 12 月 31 日期间在卢旺达境内的种族灭绝和其他严重违反国际人道主义法行为负责者和为邻国境内种族灭绝和其他这类违法行为负责的卢旺达公民。第 5 条与第 7 条规定了法庭的属时管辖、属人管辖及属地管辖。① 这里存在几点值得澄清和注意之处。首先是管辖对象为"自然人"，这排除了对组织与团体的定罪空间，显示出卢旺达刑庭同"二战"后两次审判的不同。其次是这些自然人的国籍问题，第 1 条规定了两类人，包括"在卢旺达境内的种族灭绝和其他严重违反国际人道主义法行为负责者"，这批被告人是不限制国籍为卢旺达的，以及"为邻国境内种族灭绝和其他这类违法行为负责的卢旺达公民"，这些人限制在卢旺达国籍之内。这意味着法院管辖的主要对象实际上采取了灵活的重叠政策，也即为了确保一切发生在卢旺达或者由卢旺达人实施的人权侵害均能得到惩治而作出的管辖权扩张。最后，管辖地域扩展到了邻国国土，这也是对前南刑庭模式的一种突破，因为法庭将有权根据第 8 条平行管辖权条款规定的"卢旺达问题国际法庭应优先于所有国家的国内法院"，获得涉及在邻国境内发生的由卢旺达国民实施的大屠杀罪行的管辖权。②

第 2—4 条分别规定了法院的三类属事管辖权：第一，种族灭绝罪。第二，危害人类罪。第三，严重违反 1949 年日内瓦四公约共同第三条的行为、严重违反《日内瓦公约第二附加议定书》的行为。这些罪名的构成要件列举同前南刑事法庭基本一致，但仍然有一些不同。例如，在罪名的顺序上，显然卢旺达刑庭更加重视对种族灭绝罪和危害人类罪的审判与惩罚，这同卢旺达大屠杀及其实施过程中对平民肆无忌惮的谋杀、灭绝、监禁行为有很大关联。同时，相比于前南刑庭，

① 有关卢旺达刑庭具体制度的研究，参见凌岩：《卢旺达国际刑事法庭的理论与实践》，世界知识出版社 2010 年版。
② 洪永红：《论卢旺达国际刑事法庭的管辖权》，载《河北法学》2008 年第 8 期。

卢旺达刑庭的背景并不是国际武装冲突，而是发生于一个主权国家的内战。按照日内瓦四公约的共同第三条规定，在缔约国领土内发生非国际性武装冲突场合下，冲突各方应遵守最低限度的人道标准，这意味着卢旺达刑庭规约中列举的战争罪，实际上是对非国际性武装冲突的管辖，从而成为历史上第一个授权起诉非国际性武装冲突中所犯罪行的国际性法庭。[①]

《规约》的其他条款则规定了法院的组织、程序和被告人权利、被害人保护、刑罚及其宣判等事宜。法官们遵循《程序和证据规则》，依照《规约》第 14 条所载内容建构运作该司法系统的必要框架。法庭由三个机构组成：审判分庭和上诉分庭、检察官办公室（负责调查和提起诉讼）、书记官处（负责为各分庭和检察官提供各项审判及行政支持）。卢旺达问题国际刑事法庭设有四个分庭，即三个审判分庭和一个上诉分庭。三个审判分庭设在阿鲁沙，上诉分庭设在荷兰海牙，上诉分庭同时对前南斯拉夫问题国际刑事法庭的案件进行裁决。

3. 对法庭的评价

卢旺达问题国际刑事法庭在建立一个可信的国际刑事司法制度方面发挥了先锋作用，产生了关于种族灭绝、危害人类罪、战争罪以及各种个人和上级责任的司法实践成果。其中特别引人注目的有四点：第一，卢旺达问题国际刑事法庭是第一个就灭绝种族罪作出判决的国际法庭，也是第一个对 1948 年《防止及惩治灭绝种族罪公约》中关于灭绝种族罪的定义作出解释的国际法庭。第二，它是第一个在国际刑法中定义强奸并承认强奸是实施种族灭绝的一种手段的国际法庭。在 1998 年的"阿卡耶苏案"（ICTR-96-4-T）中，法院裁决，强奸可能包括种族灭绝行为。第三，它是第一个追究媒体成员对煽动公众犯下种族灭绝行为的广播负责的国际法庭。在"媒体案"中，法院指出，利用媒体煽动公众进行种族灭绝的人应因其传播而受到惩罚。这种行为构成仇恨言论和迫害，属于危害人类罪。第四，它是自 1946 年纽伦堡国际军事法庭以来第一个对

---

① 洪永红:《论卢旺达国际刑事法庭对国际刑法发展的贡献》，载《河北法学》2007 年第 1 期。

政府首脑下达判决的国际法庭。1998 年，卢旺达前总理让·坎班达因种族灭绝罪被判有罪。[①]

三、国际刑事法院（ICC）

第二次世界大战后的纽伦堡和东京审判之后，联合国认识到有必要建立一套常设机制来起诉屠杀平民的人和战犯。前南刑庭和卢旺达刑庭，还有塞拉利昂、柬埔寨等国的特设法庭显示出此种制度的必要性，同时也为成立一个常设刑事法院积累了经验，凝结了共识。最终，国际刑事法院于 2002 年根据开始生效的《国际刑事法院罗马规约》（以下简称《罗马规约》）成立，目的在于调查和起诉被指控犯有种族灭绝罪、战争罪和反人类罪的个人。在 60 个国家批准了《罗马规约》后，国际刑事法院于 2002 年 7 月 1 日开始运作。迄今为止，约有 120 个国家批准了该条约。国际刑事法院对 2002 年 7 月 1 日以后在批准《罗马规约》的国家或批准国之一的个人所犯的罪行具有管辖权，即使该个人是未批准《罗马规约》的国家的国民。国际刑事法院位于荷兰的海牙。

（一）国际刑事法院的历史背景

联合国内部建立常设刑事法院的努力始于半个多世纪之前。1947 年 5 月 13 日，法国代表、纽伦堡国际军事法庭法官多内迪厄·德瓦布雷提议成立国际刑事法院，并于两天后提交了一份关于此事的备忘录。[②]1948 年 12 月 9 日，联合国大会通过了第 260（Ⅲ）号决议，"认为有史以来，灭绝种族行为殃祸人类至为惨烈；深信欲免人类再遭此类狞恶之浩劫，国际合作实所必需"，为此通过了《防止及惩治灭绝种族罪公约》，并且提出，需要建立一个国际司法机构来审判国际法中的某些犯罪，邀请国际法委员会研究设立审判灭种罪或其他犯罪的国际司法机构的必要性和可能性，同时要求国际法委员会考虑在国际法院设立一个刑事法庭的可能性。1950 年联合国大会设立了一个由 17 个国家组成的特别委员会，

---

① Robert D. Sloane, "The International Criminal Tribunal for Rwanda," in Chiara Giorgetti (ed.), *The Rules, Practice, and Jurisprudence of International Courts and Tribunals*, Chapter 9 (Boston University School of Law Working Paper Nos. 11-56, December 8, 2011), pp. 262-282.

② 《关于建立国际刑事管辖权法院的建议草案》，联合国文件，A/AC，10/21（1947）。

负责起草《国际刑事法院规约草案》。该草案于 1951 年完成，于 1953 年修订。不过，大会决定，在侵略的定义获得通过之前，先不审议规约草案。之后爆发的冷战和美苏之间的对立冲突造成了这一议程的严重拖延。直到 1989 年 12 月，大会根据特立尼达和多巴哥的请求，请国际法委员会重新就国际刑事法院的问题进行工作，它的管辖权扩大到包括毒品贩运。1993 年，为了制止在前南斯拉夫爆发的冲突，惩治战争罪、危害人类罪及种族灭绝行为，安理会设立了前南斯拉夫问题特设国际刑事法庭来起诉应对那些暴行负责的人。1994 年，国际法委员会成功完成了起草国际刑事法院规约草案的工作并将其提交给联大。为此，联大设立了"国际刑事法院问题特设委员会"对草案进行审议。在审议了特设委员会的报告后，联大又设立了"设立国际刑事法院预备委员会"，负责拟订一份能够得到广泛接受的综合案文草案，提交给将要举行的外交会议。预备委员会从 1996 年至 1998 年举行了几届会议，最后一届于 1998 年 3 月至 4 月举行，完成了案文起草工作。联大在其第五十二届会议上决定召开联合国设立国际刑事法院全权代表外交会议，"以期最后拟订和通过设立国际刑事法院的公约"。这个外交会议后来于 1998 年 6 月 15 日至 7 月 17 日在意大利罗马举行。2002 年 7 月 1 日，《罗马规约》得到 60 个国家批准，正式生效。[①]

（二）国际刑事法院的运行机制

1. 法院的设立及其组成

《罗马规约》第一编规定了法院设立的基本规范。第 1 条的基本纲要和《罗马规约》序言表明了其主要目的。法院遵循补充性管辖原则，它规定了缔约国的国家刑事司法系统与国际刑事法院之间的关系。序言指出，"对于整个国际社会关注的最严重犯罪，绝不能听之任之不予处罚，为有效惩治罪犯，必须通过国家一级采取措施并加强国际合作"。据此，国际刑事法院对犯有引起国际关注的严重罪行的人具有管辖权。如果所犯罪行实质上是对整个人类的危害（如战争罪），那么此类犯罪将在国

---

① William A. Schabas, *An Introduction to International Criminal Court* (Cambridge: Cambridge University Press, 2001), pp. 1-16.

际刑事法院的管辖范围之内。那些本质上不太严重的犯罪可以在国家管辖范围内由各国处理。《罗马规约》第4条规定了法院的法律地位和权力，包括独立的国际法人格，以及行使其职能和实现其目标所必需的法律行为能力——这意味着国际刑事法院不再是如同前南刑庭那样由安理会决议根据《联合国宪章》授权特设的专门法庭，它的权力来自缔约国对一份单独国际公约的承诺以及就此对一个新的国际司法机构的授权。①

　　《罗马规约》第四编规定了法院的组成和行政管理机制。国际刑事法院由四个机构组成，包括院长会议、法庭（包括预审庭、审判庭和上诉庭）、检察官办公室和书记官处。院长会议由三名法官（院长和两名副院长）组成，由法院18名法官的绝对多数选出，各人任期三年。院长会议负责法院的行政管理，但检察官办公室除外。它对外界代表法院，并帮助法官进行组织工作。院长会议还负责执行其他任务，例如确保法院判决的执行。法庭包括18名法官，下辖上诉庭、审判庭和预审庭。审判庭和预审庭由至少六名法官组成，上诉庭由院长和四名其他法官组成。在履行司法职责时，上诉分庭由上诉庭全体法官组成，审判分庭的职能由审判庭三名法官履行，预审分庭的职能应依照本规约和《程序和证据规则》的规定，由预审庭的三名法官履行或由该庭的一名法官单独履行。检察官办公室是法院的一个独立机关。它的任务是接收和分析关于国际刑事法院管辖范围内的情况或指控罪行的资料，分析提交给它的情况，以确定是否有合理的基础对种族灭绝罪、危害人类罪、战争罪或侵略罪展开调查，并将犯下这些罪行的人送交法院。为了履行其任务，检察官办公室由三个司组成。管辖、互补性和合作司进行初步审查，就管辖、受理和合作问题提供咨询意见，并为审裁处协调司法合作和对外关系；调查司负责提供调查所需专门知识和支援，协调工作人员的外勤部署、保安计划和保护政策，以及提供犯罪分析和资料及证据分析；检控司负责制订诉讼策略及进行检控，包括以书面及口头方式向法官提出检控。书记官处协助法庭进行公平、公正和公开的

---

　　① 朱文奇:《国际刑法（第2版）》，中国人民大学出版社2014年版，第107页。

审判。书记官处的核心职能是向分庭和检察官办公室提供行政和业务支助。它还支持书记官长在防卫、受害者、通讯和安全事项方面的活动。它确保法院得到适当的服务，并发展有效的机制协助受害者、证人和辩方，以保障他们根据《罗马规约》和《程序和证据规则》所享有的权利。书记官处作为法院的官方沟通渠道，还主要负责国际刑事法院的公共信息和外联活动。

《罗马规约》第 35、36、37 条以及第 40、41 条分别对法官的任职、任命程序、选拔标准、独立性以及法官职责的免除和回避作了规定。按规定，法官应选自品格高尚、清正廉明，具有本国最高司法职位的任命资格的人，他们在刑法和刑事诉讼领域具有公认能力，并因曾担任法官、检察官、律师或其他同类职务，而具有刑事诉讼方面的必要相关经验，或者在相关的国际法领域，例如国际人道主义法和人权法等领域，具有公认能力，并且具有与本法院司法工作相关的丰富法律专业经验。与此类似，第 42 条也规定检察官与副检察官应当是"品格高尚，在刑事案件的起诉或审判方面具有卓越能力和丰富实际经验的人"。规约缔约国均可以提名候选人参加本法院的选举，必须为缔约国国民。这些候选人经由缔约国大会会议无记名投票选举，得到出席并参加表决的缔约国三分之二多数票的十八名票数最高的候选人最终当选。候选人同时要考虑到他们的地区、法系和性别代表性。

2. 法院的管辖权

（1）属事管辖权

在属事管辖权方面，依据《罗马规约》第 5 条的规定，国际刑事法院管辖的是整个国际社会关注的最严重的核心犯罪，即灭绝种族罪、危害人类罪、战争罪和侵略罪。第 6—8 条分别规定了这几种罪名的构成要件和详细情形。

在 1946 年的联合国大会上，灭绝种族罪首次被承认为国际法规定的罪行。1948 年《防止及惩治灭绝种族罪公约》将其列为一项独立罪行。国际法院也指出，禁止种族灭绝是国际法的一项强制性规范，因此，不得克减该规范。①《罗马规约》对灭绝种族的定义基本上同《防止及惩治灭绝种族罪公约》第 2 条关于灭绝种族罪的定义是完全一致的。灭绝的意图是最难确定的因素。要构成种族灭绝，必须证明肇事者有实际摧毁一个民族、种族或宗教团体的意图。仅仅破坏文化是不够的，仅仅分散一个群体的意图也是不够的。正是这种特殊的意图使得种族灭绝罪行具有独特性质。此外，判例法将意图与国家或组织计划或政策的存在联系起来，即使国际法对种族灭绝的定义不包括这一因素，也将考虑它们。

危害人类罪起源于 18 世纪末和 19 世纪初，通常与欧洲殖民主义的暴行相关联。1915 年，"一战"时期的协约国政府谴责奥斯曼帝国对亚美尼亚人的大规模屠杀，当时就运用了"危害人类"的概念。②自此之后，危害人类罪的概念根据国际习惯法，并通过诸如前南斯拉夫问题国际刑事法庭、卢旺达问题国际刑事法庭等国际法院的管辖范围不断演变，许多国家还在其国内法中将危害人类罪定为犯罪。前南刑庭在"塔迪奇案"中曾指出，"习惯国际法已确立的规则是，危害人类罪不需要与武装冲突有任何联系"。《卢旺达问题国际法庭规约》除了不要求危害人类罪必须与武装冲突有关联以外，还强调了对"民族、政治、人种、种族或宗教团体"的歧视性意图是危害人类罪成立的条件。③1996 年国际法委员会第 48 届会议通过的《危害人类和平及安全治罪法草案》第 18 条同样规定了危害人类罪，并为它的构成要件做了详细列举。虽然危害人类罪不像灭绝种族罪已经被写入专门的国际法条约，但几个特设国际刑事法庭的实践已经充分证明了它的危害性与规制的重要性，并且它也已被认为是国际法的一项强制性规范，不容克减。相比于之前的实践，《罗马规约》对危害人类罪的规范略有增加，包括强行迁移人口；违反国际法基本规则，严重剥夺人身自由；性奴役、强迫卖淫、强迫怀孕、强迫绝育或

---

① Herman von Hebel and Darryl Robinson, "Crimes within the Jurisdiction of the Court," in Roy S. Lee (ed.), *The International Criminal Court: The Making of the Rome Statute: Issues, Negotiations, Results* (The Hague: Kluwer Law International, 1999), p. 89.

② Kriangsak Kittichaisaree, *International Criminal Law* (Oxford: Oxford University Press, 2001), p. 85.

③ 刘大群：《论危害人类罪》，载武汉大学国际法研究所：《武大国际法评论（第四卷）》，武汉大学出版社 2006 年版，第 10 页。

严重程度相当的任何其他形式的性暴力；强迫人员失踪；种族隔离罪。

《罗马规约》对灭绝种族罪、危害人类罪的定义

灭绝种族罪

为了本规约的目的，"灭绝种族罪"是指蓄意全部或局部消灭某一民族、族裔、种族或宗教团体而实施的下列任何一种行为：

1. 杀害该团体的成员；

2. 致使该团体的成员在身体上或精神上遭受严重伤害；

3. 故意使该团体处于某种生活状况下，毁灭其全部或局部的生命；

4. 强制施行办法，意图防止该团体内的生育；

5. 强迫转移该团体的儿童至另一团体。

危害人类罪

为了本规约的目的，"危害人类罪"是指在广泛或有系统地针对任何平民人口进行的攻击中，在明知这一攻击的情况下，作为攻击的一部分而实施的下列任何一种行为：

1. 谋杀；

2. 灭绝；

3. 奴役；

4. 驱逐出境或强行迁移人口；

5. 违反国际法基本规则，监禁或以其他方式严重剥夺人身自由；

6. 酷刑；

7. 强奸、性奴役、强迫卖淫、强迫怀孕、强迫绝育或严重程度相当的任何其他形式的性暴力；

8. 基于政治、种族、民族、族裔、文化、宗教、第三款所界定的性别，或根据公认为国际法不容的其他理由，对任何可以识别的团体或集体进行迫害，而且与任何一种本款提及的行为或任何一种本法院管辖权内的犯罪结合发生；

9. 强迫人员失踪；

10. 种族隔离罪；

11. 故意造成重大痛苦，或对人体或身心健康造成严重伤害的其他性质相同的不人道行为。

以"广泛或有系统地"（widespread and systematic）进行攻击作为

构成危害人类罪的条件非常重要，因为它规定了一个较高的尺度，要求一项犯罪达到特定程度和（或）规模，国际刑事法院对其才具有管辖权。这就区别了可能由穿制服的士兵所从事的诸如强奸、谋杀甚或酷刑等随意暴力行为，这些暴力行为实际上不一定具备构成危害人类罪的条件。此种攻击应当是故意的。同时，"平民人口"（civilian population）也是一个较为宽泛的概念，不仅仅包括不参与武装冲突的平民，也包括因为疾病、受伤、拘禁或任何其他原因丧失战斗能力的武装部队的人员和抵抗军的人员。①

在卢旺达和前南斯拉夫，强奸和性别暴力行为被广泛用作一种武器来制造恐怖，以及侮辱特定族裔的妇女和她们所属的整个族群。在起诉强奸和其他性别侵害行为的案件时，两个特设法庭发现，被害人往往不敢出来讲述案情，甚至会害怕在这个过程中再次受到伤害。因此，《罗马规约》规定，如果强奸、性奴役、强迫卖淫、强迫怀孕等性暴力罪行是作为广泛或有系统地针对任何平民人口进行的攻击的一部分而实施的，那么它们就被认为构成危害人类罪；如果它们是在国际或国内武装冲突中实施的，则同时也属于战争罪。

战争罪包括严重破坏日内瓦四公约的行为，以及严重违反可适用于国际武装冲突和规约所列举的"非国际性武装冲突"（NIAC）的法规和惯例的其他行为，如果这些行为是作为一项计划或政策的一部分实施，或大规模实施的。《罗马规约》对战争罪的规范是最为繁复的。它包括了以下几种情况：

第一，严重破坏 1949 年 8 月 12 日《日内瓦公约》的行为，即对有关的《日内瓦公约》规定保护的人或财产实施的某些行为；

第二，严重违反国际法既定范围内适用于国际武装冲突的法规和惯例的其他行为；

第三，在非国际性武装冲突中，严重违反 1949 年 8 月 12 日四项《日内瓦公约》共同第三条的行为，即对不实际参加敌对行动的人，包括已

---

① Kriangsak Kittichaisaree, *International Criminal Law* (Oxford: Oxford University Press, 2001), p.95.

经放下武器的武装部队人员，及因病、伤、拘留或任何其他原因而失去战斗力的人员，实施的某些行为；

第四，严重违反国际法既定范围内适用于非国际性武装冲突的法规和惯例的其他行为。其中，第 2 款第 3 项适用于非国际性武装冲突，因此不适用于内部动乱和紧张局势，如暴动、孤立和零星的暴力行为或其他性质相同的行为，这是为了防止过于琐碎和低烈度的犯罪也被纳入法院的管辖，从而分散其资源和注意力。这些犯罪可以由各国国内法院管辖处理。第 2 款第 3 项和第 4 项的任何规定均不影响一国政府以一切合法手段维持或恢复国内法律和秩序，或保卫国家统一和领土完整的责任，这是为了防止《罗马规约》的规定不正当地干涉各国基于主权而实施的自卫或者执行法律的行动。如果政府当局与有组织武装集团之间，或这种集团相互之间长期进行武装冲突，那么第 2 款第 5 项适用于非国际性武装冲突。①

国家诉诸战争的权利（jus ad bellum）在"一战"到"二战"之间的一系列国际条约如《洛迦诺公约》中被逐步限制，《联合国宪章》更是直接取消了各国除自卫和根据安理会授权以外合法行使武力的可能性。第二次世界大战后签署的《欧洲国际军事法庭宪章》第 6 条和《远东国际军事法庭宪章》第 5 条规定了破坏和平罪。1974 年联合国大会通过的《关于侵略定义的决议》（第 3314 号决议）以概括式和列举式相结合的方式为"侵略"下了定义。②

侵略是被列入国际刑事法院管辖权范围的一种罪行。但根据《罗马规约》第 5 条第 2 款的规定，缔约国必须首先通过一项协定，依照第 121 条和第 123 条制定条款，界定侵略罪的定义，及规定法院对这一犯罪行使管辖权的条件。只有这样，国际刑事法院才对侵略罪行使管辖权。同时，这一条款还应符合《联合国宪章》的有关规定。在"设立国际刑事法院预备委员会"提交的《国际刑事法院规约案文》中，就侵略罪的

---

① 王秀梅：《国际刑事法院管辖战争罪中非国际性武装冲突》，载《南开学报（哲学社会科学版）》2007 年第 1 期。

② 王铁崖主编：《国际法》，法律出版社 1995 年版，第 450 页。

定义问题提交了两个备选方案，在之后的罗马会议上各方也就此提出了诸多提案，但始终不能就侵略的定义和法院同安理会的关系达成共识。[①]一些国家认为，依照《联合国宪章》及其赋予安全理事会的任务，只有安理会具有认定发生了侵略行为（act of aggression）的权力。如果大家同意这一点，则国际刑事法院本身必须在安理会作出此种认定后，才能采取任何行动。别的国家则认为，这种权力不应只有安全理事会才具有。由于侵略的定义是一项关系政治和权力的敏感问题，[②]因此各国的提议确实遭受了很大的阻力。

联合国大会决议对侵略的界定：第 3314（XXIX）号决议，1974 年 12 月 14 日

第一条　侵略是指一个国家使用武力侵犯另一个国家的主权、领土完整或政治独立，或以本《定义》所宣示的与联合国宪章不符的任何其他方式使用武力。

解释性说明：本《定义》中"国家"一词：

（a）其使用不影响承认问题或一个国家是否为联合国会员国的问题；

（b）适当时包括"国家集团"的概念在内。

第二条　一个国家违反宪章的规定而首先使用武力，就构成侵略行为的显见证据，但安全理事会得按照宪章的规定下论断：根据其他有关情况，包括有关行为或其后果不甚严重的事实在内，没有理由可以确定已经发生了侵略行为。

第三条　在遵守并按照第二条规定的情况下，任何下列行为，不论是否经过宣战，都构成侵略行为：

（a）一个国家的武装部队侵入或攻击另一国家的领土；或因此种侵入或攻击而造成的任何军事占领，不论时间如何短暂；或使用武力吞并另一国家的领土或其一部分；

（b）一个国家的武装部队轰炸另一国家的领土；或一个国家对另一国家的领土使用任何武器；

（c）一个国家的武装部队封锁另一国家的港口或海岸；

（d）一个国家的武装部队攻击另一国家的陆、海、空军或商船和民航机；

---

① 王秀梅：《国际刑事法院研究》，中国人民大学出版社 2002 年版，第 299—300 页。

② Nikos Passas (ed.), *International Crimes* (Aldershot/Burlington: Ashgate/Dartmouth Publishing Company, 2003), p. 191.

（e）一个国家违反其与另一国家订立的协定所规定的条件使用其根据协定在接受国领土内驻扎的武装部队，或在协定终止后，延长该项武装部队在该国领土内的驻扎期间；

（f）一个国家以其领土供另一国家使用让该国用来对第三国进行侵略行为；

（g）一个国家或以其名义派遣武装小队、武装团体非正规军或雇用兵，对另一国家进行武力行为，其严重性相当于上述所列各项行为；或该国实际卷入了这些行为。

终于在 2010 年，国际刑事法院成员国在坎帕拉通过《罗马规约》关于侵略罪的修正案（《坎帕拉修正案》），通过决议将侵略罪的定义和国际刑事法院对侵略罪行使管辖权的条件写入《罗马规约》，这就是《罗马规约》的第 8bis 条：为本规约的目的，"侵略罪"是指具有有效控制或指挥一国政治或军事行动地位的人对侵略行为的计划、准备、发起或执行，而就其性质、严重性和规模而言，这显然违反了《联合国宪章》。它的第 2 款重申了 1974 年联大决议对侵略行为的具体列举。这项规定明确了法院对侵略罪的管辖权，结束了长久以来的争论。

（2）其他管辖原则

《罗马规约》第 1 条和第 17 条共同规定了法院的补充性管辖原则。据此，只有在国家法院本身"不愿意"或"不能够"（unwilling or unable）真正行使管辖权时，国际刑事法院才能行使管辖权。国际刑事法院无意取代国家法院的权力，而是在国家法院无法行动或者存在着消极、包庇意图时介入其中。[①]

《罗马规约》第 11 条规定了法院的属时管辖权，也即仅对本规约生效后实施的犯罪具有管辖权。对于那些规约生效后成为缔约国的国家，只有当这些国家根据第 12 条第 3 款提交声明，法院才能将管辖权时间追溯到规约生效之时。第 12 条规定了行使管辖权的先决条件：第一，缔约国自动接受法院对第五条所述四类犯罪的管辖权；第二，如果是缔约国

---

① 苏敏华：《论〈国际刑事法院罗马规约〉管辖权补充性原则》，载《政治与法律》2011 年第 8 期。

提交的情势或者是检察官主动开展的调查，那么当犯罪地国或被告人国籍国是《罗马规约》缔约国或接受该法院管辖权的国家时，法院有权行使管辖权；第三，如果根据第 2 款的规定，需要得到一个非本规约缔约国的国家接受本法院的管辖权，该国可以向书记官长提交声明，接受本法院对有关犯罪行使管辖权。同时《罗马规约》第 124 条又规定，虽有第 12 条第 1 款规定，一国成为本规约缔约国时可以声明，在本规约对该国生效后七年内，如果其国民被指控实施一项犯罪，或者有人被指控在其境内实施一项犯罪，该国不接受本法院对第八条所述一类犯罪（战争罪）的管辖权。[①]

（3）管辖权的启动

《罗马规约》第 13 条规定了法院可以行使管辖权的三种情形：首先是缔约国依照第 14 条规定，向检察官提交显示一项或多项犯罪已经发生的情势。根据第 14 条规定，缔约国可以向检察官提交涉嫌法院所管辖犯罪的情势，提供国家所掌握的任何辅助文件并说明具体信息，以便请检察官开展调查工作。其次是安全理事会根据《联合国宪章》第七章行事，向检察官提交显示一项或多项犯罪已经发生的情势。根据《联合国宪章》第七章，安理会负有维持国际和平与安全方面的主要责任。因此这种更高位阶的授权为安理会提供了《罗马规约》第 13 条中唯一一项可以超越国家同意原则的例外——即使罪行的发生地国家和被告人的国籍国都不是缔约国，根据安理会授权而启动的法院管辖权仍然具有拘束力。在这些情况下，法院的管辖权扩大到非缔约国。同时，根据《罗马规约》第 13 条第 2 款的规定，在安理会向国际刑事法院提交情势时，不受有关国家是否为《罗马规约》缔约国这一事实的影响。因此，缔约国根据第 124 条作出的声明，只能排除国际刑事法院对缔约国提交的有关战争罪情势或检察官提交的战争罪案件的管辖权，并不能排除该法院对安理会提交的有关战争罪情势的管辖权。此外，安理会还根据《罗马规约》第 16 条，有权在行使第七章授予它的维持和平或强制执行权力的时候，要求法院将一项调查或起诉推迟 12 个月，而且这个期限可以一延再延。推

---

① 许楚敬：《国际刑事法院行使管辖权与国家的同意》，载《时代法学》2004 年第 1 期。

迟进行是为了确保安全理事会的维持和平努力不致受到法院的调查或起诉的妨碍。[①] 最后是检察官依照第 15 条开始调查一项犯罪。根据第 15 条规定，检察官可以自行根据有关本法院管辖权内的犯罪的资料开始调查。这一程序需要检察官同国家、联合国机构、政府间组织或非政府组织密切合作搜集合理资料和证据，并且向预审分庭请求调查的授权。第 53 条与第 54 条详细规定了检察官在开展调查过程中应遵守的规则及其权利义务。检察官应当考虑下列内容，以决定是否要开始调查：检察官掌握的资料是否提供了合理根据，可据以认为有人已经实施或正在实施本法院管辖权内的犯罪；根据第 17 条，该案件是否具有可受理性；考虑到犯罪的严重程度和被害人的利益，是否仍有实质理由认为调查无助于实现公正。检察官如果认为没有必要开始调查，就可以通知预审分庭。如果经过调查，检察官根据第 53 条第 2 款认定没有进行起诉的充分根据，那么检察官应将作出的结论及其理由通知预审分庭，以及根据第 14 条提交情势的国家，或根据第 13 条第 2 项提交情势的安全理事会。如果预审分庭经过审查后认为有合理根据进行调查，并认为案件显然属于本法院管辖权内的案件，应授权开始调查。相比于缔约国或安理会提交的情势，检察官办公室的影响实际上是最大的，因为只有它能够直接对涉及犯罪的证据和材料实施调查，而缔约国与安理会都必须将情势提交给检察官办公室，再由它去调查是否存在真正的犯罪行为。[②]

（4）可受理性问题

《罗马规约》第 17—19 条规定了可受理性问题。第 17 条规定，法院不能受理下列几种案件：第一，对案件具有管辖权的国家正在对该案件进行调查或起诉，除非该国不愿意或不能够切实进行调查或起诉。第二，对案件具有管辖权的国家已经对该案进行调查，而且该国已决定不对有关的人进行起诉，除非作出这项决定是由于该国不愿意或不能够切实进行起诉。这两款所提及的一项重要的补充性管辖的判断标准就是

---

① 刘健：《国际刑事法院管辖权与联合国安理会职权关系论——〈罗马规约〉的妥协性规定评析》，载《现代法学》2007 年第 5 期。

② 朱文奇：《国际刑事法院启动机制及美国的应策》，载《河南社会科学》2003 年第 5 期。

"不愿意或不能够""切实"调查、起诉。根据第 17 条第 2 款、第 3 款的规定，所谓"不愿意"，指的是三种情形：已经或正在进行的诉讼程序，或一国所作出的决定，是为了包庇有关的人，使其免负第五条所述的本法院管辖权内的犯罪的刑事责任；诉讼程序发生不当延误，而根据实际情况，这种延误不符合将有关的人绳之以法的目的；已经或正在进行的诉讼程序，没有以独立或公正的方式进行，而根据实际情况，采用的方式不符合将有关的人绳之以法的目的。所谓"不能够"，指的是一国由于本国司法系统完全瓦解，或实际上瓦解或者并不存在，因而无法拘捕被告人或取得必要的证据和证言，或在其他方面不能进行本国的诉讼程序。第三，有关的人已经由于作为控告理由的行为受到审判，根据第 20 条第 3 款，本法院不得进行审判——第 20 条第 3 款规定，对于第 6 条、第 7 条或第 8 条所列的行为，已经由另一法院审判的人，不得因同一行为受本法院审判，除非存在着包庇使之免责，或者未遵循国际法承认的正当程序原则，没有以独立或公正的方式进行。第四，案件缺乏足够的严重程度，本法院无采取进一步行动的充分理由。[1] 第 18 条规定了关于可受理性的初步裁定问题。包括检察官根据第 13 条第 1 款或第 3 款展开调查时应当向缔约国通报，缔约国可以通知法院它正在实施国内调查并请检察官暂缓调查并通报调查进度。如果等候达到六个月或者该国不愿意或不能够切实进行调查，那么检察官可以复议暂缓调查的决定。第 19 条则规定了各项质疑法院管辖权或者案件可受理性的规则，包括有权提出的主体、应当遵守的程序、检察官与预审分庭在此过程中的职权等。[2]

3. 法院适用的法律

《罗马规约》第 21 条规定了法院可以适用的法律。《罗马规约》运用了"依次为"的措辞，说明它列举的各类法律渊源之间存在着适用上的位阶先后次序。首先是《罗马规约》《犯罪要件》与法院的《程序和证据规则》；其次是视情况适用可予适用的条约及国际法原则和规则，包括

---

[1]　Mohamed M. El Zeidy, "The Principle of Complementarity: A New Machinery to Implement International Criminal Law," 23 *Michigan Journal of International Law* (2002) 869, at 899-900.

[2]　曾令良：《国际法发展的历史性突破——〈国际刑事法院规约〉》，载《中国社会科学》1999 年第 2 期。

武装冲突国际法规确定的原则；最后是在无法适用上述法律时，适用本法院从世界各法系的国内法，包括适当时从通常对该犯罪行使管辖权的国家的国内法中得出的一般法律原则，但这些原则不得违反本规约、国际法和国际承认的规范和标准。第21条还规定，法院可以适用其判例所阐释的法律原则和规则，这些解释和适用也必须符合国际人权规则，不得造成任何歧视。在这里，第21条同第10条以及第三编有密切联系：第10条规定，除为了本规约的目的以外，本编的任何规定不得解释为限制或损害现有或发展中的国际法规则。这意味着缔约国可以适用第10条中的法律，包括《国际法院规约》第38条规定的法律渊源，而不受第21条的限制。而第三编为"刑法的一般原则"，它先后列举了罪刑法定原则（包括法无明文不为罪、法无明文者不罚、对人不溯及既往三个部分）、个人刑事责任原则（包括官方身份的无关性、指挥官和其他上级的责任以及上级命令和法律规定）、对不满十八周岁的人不具有管辖权、不适用时效、心理要件、排除刑事责任的理由、事实错误或法律错误等。第20条还规定了一事不再理原则，第66条规定了对被告的无罪推定原则，这些也共同构成法院在审理时可以适用的一般法律原则。[①]

（三）国际刑事法院的实践与争议

作为一个年轻的国际司法机构，国际刑事法院的声望、公信力远不如联合国国际法院或者欧洲人权法院那样崇高、充分。它必须向世界表明它可以成为成功的国际法常设机构，能够在必要和适当的时刻将严重违反国际法规则、犯下严重罪行的人绳之以法。在发挥司法能动性、主动调查那些严重罪行的同时，国际刑事法院还必须小心翼翼地保持自己和缔约国以及其他非缔约国的关系，避免让自己的行动被视为对国家主权的干预和侵犯。《罗马规约》规定的补充性管辖原则很好地填补了空白，但也促使法院更多地介入缺乏追诉能力的那些国家的内部事务里，让法院去判断这些国家的国内司法程序究竟是"不能够"还是"不愿意"开展调查和起诉工作。这对于法院的任务至关重要，但未必不会冒犯到其他国

---

① Antonio Cassese, "The Statute of the International Criminal Court: Some Preliminary Reflections," 10(1) *European Journal of International Law* (1999) 144-171.

《罗马规约》建立的被害人保护制度

第六十八条 被害人和证人的保护及参与诉讼

（一）本法院应采取适当措施，保护被害人和证人的安全、身心健康、尊严和隐私。在采取这些措施时，本法院应考虑一切有关因素，包括年龄、第二条第三款所界定的性别、健康状况，及犯罪性质，特别是在涉及性暴力或性别暴力或对儿童的暴力等犯罪方面。在对这种犯罪进行调查和起诉期间，检察官尤应采取这种措施。这些措施不应损害或违反被告人的权利和公平公正审判原则。

（二）作为第六十七条所规定的公开审讯原则的例外，为了保护被害人和证人或被告人，本法院的分庭可以不公开任何部分的诉讼程序，或者允许以电子方式或其他特别方式提出证据。涉及性暴力被害人或儿童作为被害人或证人时尤应执行这些措施，除非本法院在考虑所有情节，特别是被害人和证人的意见后，作出其他决定。

（三）本法院应当准许被害人在其个人利益受到影响时，在本法院认为适当的诉讼阶段提出其意见和关注供审议。被害人提出意见和关注的方式不得损害或违反被告人的权利和公平公正审判原则。在本法院认为适当的情况下，被害人的法律代理人可以依照《程序和证据规则》提出上述意见和关注。

（四）被害人和证人股可以就第四十三条第六款所述的适当保护办法、安全措施、辅导咨询和援助向检察官和本法院提出咨询意见。

（五）对于在审判开始前进行的任何诉讼程序，如果依照本规约规定披露证据或资料，可能使证人或其家属的安全受到严重威胁，检察官可以不公开这种证据或资料，而提交这些证据或资料的摘要。采取上述措施不应损害或违反被告人的权利和公平公正审判原则。

（六）一国可以为保护其公务人员或代表和保护机密和敏感资料申请采取必要措施。

第七十五条 对被害人的赔偿

（一）本法院应当制定赔偿被害人或赔偿被害人方面的原则。赔偿包括归还、补偿和恢复原状。在这个基础上，本法院可以应请求，或在特殊情况下自行决定，在裁判中确定被害人或被害人方面所受的损害、损失和伤害的范围和程度，并说明其所依据的原则。

（二）本法院可以直接向被定罪人发布命令，具体列明应向被害人或向被害人方面作出的适当赔偿，包括归还、补偿和恢复原状。本法院可以酌情命令向第七十九条所规定的信托基金交付判定的赔偿金。

（三）本法院根据本条发出命令前，可以征求并应当考虑被定罪人、被害人、其他利害关系人或利害关系国或上述各方的代表的意见。

（四）本法院行使本条规定的权力时，可以在判定某人实施本法院管辖权内的犯罪后，确定为了执行其可能根据本条发出的任何命令，是否有必要请求采取第九十三条第一款规定的措施。

（五）缔约国应执行依照本条作出的裁判，视第一百零九条的规定适用于本条。

（六）对本条的解释，不得损害被害人根据国内法或国际法享有的权利。

第七十九条　信托基金

（一）应根据缔约国大会的决定，设立一个信托基金，用于援助本法院管辖权内的犯罪的被害人及其家属。

（二）本法院可以命令，根据本法院的指令将通过罚金或没收取得的财物转入信托基金。

（三）信托基金应根据缔约国大会决定的标准进行管理。

家。当然法院也早就意识到这个问题。《罗马规约》中对法院自身权力设置了重重限制，包括实质上的标准和程序上的制约。《罗马规约》还非常重视缔约国乃至于被告人的程序性权利。缔约国在多个方面有权请求法院重新考虑它的管辖权、案件的可受理性问题，并且能够同检察官、预审分庭等机构保持密切联系，让自己的立场被法院获知。法庭的上诉制度改变了一般的国际司法机构一审终审的状态，创造了一种公平和正义的氛围。这意味着无罪判决的改变也是有可能的。在此后的十几年中，《罗马规约》不断作出修订和补充，先后列入了侵略罪、提出了应当列入国际刑事法院管辖范围内的恐怖主义罪行清单。这些补充确保了《罗马规约》制度和规则的灵活性与前沿性。

对国际刑事法院的批评之声也从未停止，只不过角度各有不同。发达国家与西方国家往往批评法院的低效率和拖沓的程序。根据《罗马规约》的规定，国际刑事法院依靠缔约国合作移交嫌疑人，为法院的调查和起诉工作提供证据、材料和其他形式的支持。但不是所有缔约国都如此配合。一个典型的案例就是苏丹前总统巴希尔案。西方国家往往认为，法院在这些情况下相当孱弱无力，根本没有能力将犯人绳之以法或者加以审判，更遑论对暴行带来的影响进行弥补。发展中国家，尤其是非洲国家则对法院的西方中心化与政治化抱有戒心。非洲国家不止一次地强调，他们认为法院不公正和不正当地针对非洲国家，它们启动的几乎所有针对国家元首的调查和诉讼都发生在非洲国家，而与此同时，那些在伊拉克、阿富汗和利比亚涉嫌战争罪行和侵犯人权的西方国家则不受追究。美国政府在这方面树立了非常恶劣的典型——美国政府不仅在《罗马规约》的制定过程中提出了诸多"软化条款"以确保美国能利用安理会常任理事国席位在必要时干预法院的诉讼，长期拒绝参与《罗马规约》，近年来更是直接威胁对调查美国军队在阿富汗可能罪行的检察官有关人员实施制裁。在这种环境下，法院陷入两难境地，也就不足为奇了。无论如何，国际刑事法院一直努力在国际刑法领域开辟自己的一席之地，在学术和理论上做了相当多的贡献，在案件审理上也有所收获，但距离它设想的那种乌托邦式的国际司法机构地位，还有很长的路要走。

第六节　人权非政府组织与人权保护

国际社会长期以来被视为由主权国家行为体组成。在这个框架中，国家利益、权力斗争、军事安全、国际和平，是各方关注的焦点。但人权事务在国际关系中的兴起"冲淡"了国家在国际事务中的独占性地位，冷战的结束更是直接把全球治理这一理念推向高峰。在多元化、破碎化、权力格局日益复杂多变的今天，人权非政府组织再也不仅仅是作为主权国家和政府间国际组织的配角，而是独立地登上舞台，自主地采取各类行动，推进其政策，宣扬其宗旨，努力实现人权保障的特定目标与进程。在国际人权保护的整体格局之下，人权非政府组织发挥的作用将在未来日益提升。

一、全球治理中的非政府组织

全球治理是一个由正式和非正式行为体组成的复杂生态系统。它在形式上是主权国家的领域和责任，传统上则往往通过国家利益和国家权力的视角加以观察。非主权国家和其他组织缺乏充分的国际法律人格，在许多方面处于正式政府间组织的决策和谈判的边缘。但全球治理比正式的政府间组织的概念和范畴更加广大，并越来越多地由多方利益相关者、复杂的治理机构和非正式的"软法律"协议组成。即使在主权民族国家进行谈判和决策的正式政府间组织的范围内，非政府组织也发挥着重要作用。

（一）联合国体系与非政府组织

非政府组织影响联合国的第一次成功实践发生在 1945 年起草《联合国宪章》的旧金山会议上。数百个非政府组织，尤其是美国的组织参加了此次会议，并且为《联合国宪章》中人权、经济和社会问题以及妇女平等方面的条款做出了很大贡献。在这些非政府组织的坚持和努力下，《联合国宪章》第 71 条授权经社理事会负责协调同非政府组织的磋商与合作事宜，为此后咨商地位的形成和规范化提供了法律依据。1946 年，经社理事会通过第 E/RES/3（Ⅱ）号决议，决定建立非政府组织委员会。1952 年联合国经社理事会在其第 288（Ⅹ）号决议中将非政府组织定义为"凡不是根据政府间协议建立的国际组织都可以被看作非政府组织"，这大大扩展了非政府组织的范畴。

经社理事会于 1968 年通过第 1296（XLIV）号决议，确定了社会组织与经社理事会建立咨商关系的原则、方式、形式等内容，使社会组织参与经社理事会的机制逐步步入规范化。其下设的非政府组织委员会，负责定期监测非政府组织和联合国之间关系的演变。1996 年经社理事会对第 1296 号决议进行了修改，并通过了经社理事会第 1996/31 号决议，就咨商地位的种类、取得及撤销程序、拥有咨商地位的社会组织的权利义务做了进一步的规定。非政府组织委员会是联合国系统内唯一审议非政府组织申请联合国经社理事会咨商地位、讨论制定非政府组织行为规范等问题的机构。获得咨商地位的非政府组织可以观察员身份列席经社理事会及其下属机构会议。①

　　根据第 1996/31 号决议的规定，咨商地位主要分为三类：一般咨商地位，特别咨商地位以及名册咨商地位。拥有一般咨商地位的社会组织多为机构大、能广泛代表世界各区域大部分阶层的组织，拥有一般咨商地位后，社会组织能够参与经社理事会及其附属机构的大部分活动；拥有特别咨商地位的社会组织多为在某一或几个特定领域内有一定专长的组织，组织能够就其专业领域内的事宜向联合国建言献策；名册咨商地位是指那些未取得前述两类咨商地位，但能够为联合国做出贡献，经社理事会批准列入名册的社会组织。②

联合国经社理事会第 1996/31 号决议关于三种咨商地位的规定

　　20. 关于协商安排的决定应以下列原则为指导：一方面，作出协商安排的目的是使理事会或其机构之一能够从对所作协商安排的主题具有特别能力的组织取得专家资料或咨询意见；另一方面，使代表公众舆论重要组成部分的国际、区域、次区域和国家组织能够表达它们的意见。因此，与每一组织所作的协商安排应与该组织具有特殊权限或具有特殊利益的主题有关。获得咨商地位的组织应限于那些其在上文第 1 段所列领域的活动使其有资格对理事会的工作作出重大贡献的组织，总的来说，尽可能平衡地反映世界各地区在这些领域的主要观点或利益。

　　21. 在同每一组织建立协商关系时，应考虑到其活动的性质和范围，以及它在执行《联合国宪章》第九章和第十章所规定的职能时可能向理事会或其附属机构提供的援助。

　　22. 与经社理事会及其附属机构的大多数活动有关并能使经社理事会满意地表明它们对实现联合国在上文第 1 段所列领域的各项目标具有实质性和持续的贡献的组织，并与它们所代表地区的人民的经济和社会生活密切相关，这些组织的成员数目应该相当可观，广泛代表世界不同区域的许多国家的主要社会阶层，这些组织应被称为具有一般咨商地位的组织。

---

　　①　崔靖梓：《非政府组织国际法律地位研究——以联合国对非政府组织的制度安排为视角》，载《山东大学法律评论》2017 年卷。
　　②　林俊杰：《联合国经社理事会咨商地位及其对中国的意义》，载《国际研究参考》2019 年第 8 期。

23. 在经社理事会及其附属机构所涉及的活动的少数几个领域具有特别专长并具体涉及这些领域的组织，以及在其已取得或寻求取得咨商地位的领域内为人所知的组织，应称为具有特别咨商地位的组织。

24. 其他不具有一般或特别咨商地位，但经理事会或联合国秘书长同理事会或其非政府组织委员会协商后，可对理事会或其附属机构或其职权范围内的其他联合国机构的工作作出偶然和有益贡献的组织应列入一份名单（称为名册）。该清单还可包括具有咨商地位或与专门机构或联合国机构具有类似关系的组织。应理事会或其附属机构的要求，应提供这些组织供协商。如果一个组织谋求一般或特别咨商地位，其列入名册的事实本身不应被视为具有此种地位的资格。

联合国为非政府组织提供了三种监督机制。首先，联合国秘书处可能在编制年度进展报告的过程中寻求那些具有较高威望、信誉和专业程度的非政府组织的协助；其次，重要的国际条约包括缔约方定义审议机制或者是会议，缔约国的报告审议往往也促使有关部门向非政府组织寻求信息和专业知识的帮助；最后，经社理事会的非政府组织委员会协调非政府组织参加其他联合国机构的活动，以此推动它们的工作进展。目前大约有3800个非政府组织得到了联合国的承认，随着时间的推移，他们参与联合国事务的权利已经大大增加。他们有权收到所有的联合国文件，并将自己的声明分发给各国政府代表。他们将自己的会议作为正式会议的"边会"举行，他们通常可以在外交会议开始或结束时进行自己的口头发言，或者作为观察员列席重要的国际会议。有时，他们甚至能够提出自己的议程项目并开始辩论。总体而言，非政府组织在联合国所行使的权利要比它们在各国国内社会所行使的权利大得多。

（二）非政府组织对全球治理的贡献

面对冷战后涌现的各类非传统安全问题以及亟需多边合作解决的治理问题，传统的主权国家间合作模式已经不再能适应新的局面。"治理"这一概念的提出就是为了同"统治"明确区分开来：治理除了依靠正式的制度安排，如政府、法律、警察与监狱、强制执行等体系以外，还可以通过非正式安排、非政府组织与制度实现。它旨在实现一个高效率、低成本，灵活多变，适应性强的社会综合性体系，取代过去单纯依靠国家和政权的模式。[①] 而全球治理中最重要的三个部分——价值、规范、主体，都与非政府组织息息相关。[②] 在价值方面，冷战结束后，国际社会追求的主要价值从单纯的政治与军事安全，扩展到经济、社会的可持续发展，环境与生态多样性保护，促进人权等多个方面。这些价值的实现并不能完全同主权国家高政治领域的特征相符合，而代表社会中间力量的非政府组织在此方面则更为适应。在规范方面，国际社会应对非传统安全与风险挑战的规范仍在不断完善之中，各国从冷战时期继承下来的军事同盟条约、集体安全制度、国际金融和货币体系、国际贸易体系必须与时俱进，自我改革，其他领域如环保、人权的规则也必须迅速更新。因此，非政府组织有更多机遇参与到这些新兴规则的制定之中。最后，在主体方面，全球治理追求多元主体的平等合作。正如约瑟夫·奈强调的，各类主体在网络中行为体彼此之间密切联系，通过一系列既相互竞争又相互合作的联盟方式开展工作，彼此处于相互平等的地位。[③] 主权国家、政府间国际组织和非政府组织、跨国企业各有优势。非政府组织的优势在于，首先它更多地建立在普遍的一般价值与原则基础之上，较少考虑本国的狭隘国家利益并能超越政府受各种利益集团左右的政治现实，因此容易得到公众的支持；其次它往往由其所深耕领域的专业活动人士和专家组成，在行政组织、管理协调、专业知识方面具有优势和专业性权威；最后非政府组织形式灵活多变，不拘泥于国界、地域、行政层级，而是以类似的宗旨和目标凝聚在一起，这就使它拥有了在某些国家和政府间国际组织不宜、不便行动的场合下自由发挥，获得成功的空间。[④] 因此，只有充分将非政府组织的力量纳入全球治理，才能更好地应对新的挑战。

在全球治理中，非政府组织发挥了几类重要作用：第一，提供公共

---

① 参见〔德〕詹姆斯·N.罗西瑙主编：《没有政府的治理》，张胜军、刘小林等译，江西人民出版社 2001 年版。

② 吕晓莉：《全球治理：模式比较与现实选择》，载《现代国际关系》2005 年第 3 期。

③ 〔美〕约瑟夫·S.奈、约翰·D.唐纳胡主编：《全球化世界的治理》，王勇、门洪华等译，世界知识出版社 2003 年版，第 28 页。

④ 徐莹、李宝俊：《国际非政府组织的治理外交及其对中国的启示》，载《国际关系学院学报》2004 年第 3 期。

产品与服务。非政府组织在全球范围内的扶贫、教育、减贫救灾、卫生保健、人道主义救援和基础设施建设等领域的服务工作取得了很大的成功。非政府组织广泛而积极地参与解决全球经济和社会发展问题，被认为是可持续发展的代言人和捍卫者，在实施全球可持续发展战略方面发挥了不可或缺的建设性作用。环境保护领域的非政府组织还始终为保护全球生态环境进行卓有成效的工作。第二，监督国际条约、承诺、计划和项目的落实过程，为国际组织的监督活动提供有别于官方视角的第三方信息与材料。这在联合国体系内尤为显著，联合国的人权保障体系内有大量人权非政府组织的身影。欧洲地区的人权保护机制，如我们之前谈到的，也赋予了非政府组织参与乃至于提起诉讼的权利。第三，调解冲突，缓和局势，协助重建。非政府组织在调解民族间矛盾、消除地区冲突方面做出了不懈的努力，并积极参加维和行动和人道主义救援工作。作为独立、客观、受政治与经济利益因素影响相对较少的第三方，非政府组织往往能够在冲突各方之间保持微妙的平衡，并且通过实地努力获得各方信任，推进和解工作。在中东、北非、东非和巴尔干国家，当社会经历了内战与动荡，试图恢复正常秩序并重建生活时，最有效也最被当地民众信赖的往往不是被认为带有国际干预色彩的联合国机构，而是由志愿者团队组成的非政府组织援助队伍。①非政府组织对全球治理的深度参与，体现出国际关系与国际社会的民主化趋势，建构新的话语体系、价值观念与行动规范，影响着各国社会的行为与行为方式，对他们的认知与思考产生潜移默化的影响。②

　　组织跨国活动、影响国家政策、与政府间国际组织合作，是非政府组织参与全球治理的三种主要途径。国际非政府组织主要通过区域乃至全球的国际性集体社会行动，以及建立健全跨国倡议网络等两种方式来组织跨国活动。国际性集体社会行动包括非政府组织动员各国社会群体

---

　　① 顾建光：《非政府组织的兴起及其作用》，载《上海交通大学学报（哲学社会科学版）》2003 年第 6 期；丁宏：《全球化、全球治理与国际非政府组织》，载《世界经济与政治论坛》2006 年第 6 期。

　　② 刘清才、张农寿：《非政府组织在全球治理中的角色分析》，载《国际问题研究》2006 年第 1 期。

成员基于不同诉求展开的活动，如工人运动、女权运动、环保运动等。
这些运动往往分散地起源于各国的国内社会，非政府组织通过将它们提
升到国际层面，并加以协调、整合，使之对整个国际社会发生影响。跨
国倡议网络则是指非政府组织通过信息的传播说服国际体系中各种行为
体积极参与全球治理。非政府组织通过日益发达的国际通信信息网络，
将各国拥有共同价值和宗旨的组织联合起来，宣扬和倡导一致的观点、
立场、价值，促使此种新兴规范在各国都产生正向促进压力。非政府组
织的分散化、网络化、去中心化特征以及在意识形态和价值观念上的一
致性更加有利于此种跨国倡议的形成。[①] 在影响国家政策方面，非政府组
织通过外部压力和内部动员的方式实现其宗旨。他们往往通过直接对话、
媒体宣传、个人游说等倡议活动来动员舆论，施加压力，试图影响政府
的政策。非政府组织极大地促进了全球治理中的信息流动，把全球关注
和观点带到国家和地方层面，向广泛的选民发出声音，从而影响一个国
家的政策制定和规范演进。在同政府间国际组织合作方面，除了前述联
合国的实践以外，由于非政府组织良好的关系、技能和声誉，他们与诸
多多边组织都有着密切联系。例如《马拉喀什建立世界贸易组织协定》
规定，"总理事会应做出适当安排，以便与在职责范围上与 WTO 有关的
各非政府组织进行磋商与合作"，之后世界贸易组织的实践也不断强调
秘书处同非政府组织联系的重要性。在欧洲，1995 年建立的欧洲社会非
政府组织平台将欧洲的近 40 个非政府组织联合在一起，代表着地方、国
家和欧洲层面的各种公民社会组织和利益集团。这个机构往往同欧盟、
欧洲理事会保持联系，在欧盟立法、外交与安全政策方面发挥影响力。

在这方面最为典型和成功的案例来自环境保护领域的非政府组织实
践——成立于 1961 年的世界自然基金会（World Wide Fund for Nature,
WWF）、成立于 1971 年的绿色和平组织（Green Peace）都是这个领域
影响广泛的非国家行为体。他们基本上都秉承着类似的宗旨，如保护自
然、维护生态多样性、促进各国环保倡议与合作、减少温室气体排放和
工业废物污染等等。在联合国气候变化议程之中，这些环保非政府组织

---

① 叶江：《试论国际非政府组织参与全球治理的途径》，载《国际观察》2008 年第 4 期。

从多个角度对联合国施展影响。它们往往会联合几十个非政府组织向联合国负责气候变化的专门机构以及气候变化会议提交意见、建议和报道，敦促各国政府在温室气体减排问题上作出妥协让步，监督会议的进展和成果，邀请环境学者做出评论，以此推动环保议程。^①另一个跨国倡议与社会运动的成果是国际禁止地雷运动（The International Campaign to Ban Landmines，ICBL）。1992年它的发起人和组织者几乎都是来自民间组织的活动者，在当时并没有能够获得公众的关注和大力支持。但由于国际禁雷运动组织的不懈努力，尤其是对主要国家的游说、对国际舆论的引导和国际组织的议程制定，《禁止地雷条约》终于获得成功，它的创始人也获得了1997年诺贝尔和平奖。^②诺贝尔委员会认为，禁止地雷运动所创造的模式代表着"以前所未有的方式表达和调解广泛的公众承诺"，引发了中小国家的讨论，并最终形成了国际舆论压力。"作为今后类似进程的一个模式，它可能证明对裁军与和平的国际努力具有决定性的重要性。"

二、人权非政府组织在国际人权保护中的作用

人权保护的国际规范、机构和程序的发展，一直是与活跃在人权领域的非政府国际人权组织协同共进的。^③非政府组织发挥着有别于国家和政府间组织的第三种力量。^④它参与国际人权保护制度构建与实践的历史可以一直追溯到19世纪亨利·杜南倡议建立红十字国际委员会，从事战争与武装冲突中的人道主义救援活动。人权非政府组织第一次成规模地登上国际舞台是在第二次世界大战期间。当时，美国国内的各种政治团

---

① 安祺、王华：《环保非政府组织与全球环境治理》，载《环境与可持续发展》2013年第1期；刘晓凤、王雨、葛岳静：《环境政治中国际非政府组织的角色——基于批判地缘政治的视角》，载《人文地理》2018年第5期。

② 徐步华：《跨国社会运动对全球治理的影响——以减债、禁雷和反大坝运动为例》，载《世界经济与政治论坛》2011年第4期。

③ 〔美〕托马斯·伯根索尔、黛娜·谢尔顿、戴维·斯图尔特：《国际人权法精要（第4版）》，黎作恒译，法律出版社2010年版，第334页。

④ 参见黄志雄：《国际法视角下的非政府组织：趋势、影响与对策》，载曾令良、余敏友主编：《全球化时代的国际法——基础、结构与挑战》，武汉大学出版社2005年版，第184页。

体和组织，例如美国国际联盟协会、天主教国际和平协会、和平组织研究委员会纷纷就人权与和平问题发表自己的看法并提出了对战后世界的构想。① 美国法学会开始准备一项国际权利法案，并在 1944 年发布了一份由代表世界主要文化的顾问委员会起草的基本人权声明，它最终成为了 1947 年起草《世界人权宣言》初稿时的重要资料来源。② 在官方层面，美国国务院法律小组委员会也提出了"国际权利法案"的初步草案。在学界，1943 年，劳特派特法官首次公开阐述了他自己的国际权利法案草案，并在两年后形成了国际人权法的著作。③ 美国的非政府组织，例如美国犹太委员会、宗教自由联合委员会、联邦教会委员会、全国有色人种协进会和美国联合国协会也积极参与了联合国人权条款的制订工作。④ 这些组织在战争期间就形成了制订国际人权法案的基本立场，并通过美国政府提供的顾问地位，为美国代表团形成对人权条款的共识做出了贡献。最终，美国说服英国、苏联和中国代表团同意修正案，其中包括在联合国宗旨中促进对人权的尊重，并规定在经济及社会理事会下建立促进人权委员会。⑤ 联合国第一任人权司司长汉弗莱就评价道，非政府组织的游说活动在很大程度上促成了宪章的人权条款。

在以联合国为核心的国际人权体系逐渐成熟起来之后，人权非政府组织就获得了更加完善的发挥平台，并且在以下四个方面对国际人权事业做出了积极贡献：

第一，促进或者参与国际人权文书的制订工作，推动国际人权规则与标准的完善。在联合国建立之初，人权非政府组织就对《联合国宪章》中人权条款的列入起到了重要作用——当时大多数中小国家对这一问题

---

① Wilfred Parsons S.J., "An International Bill of Rights," Appendix C of *American Peace Aims* (Washington: The Catholic Association for International Peace, 1941), pp. 23-24.

② John P. Humphrey, *Human Rights & the United Nations: A Great Adventure* (Dobbs Ferry: Transnational Publishers, 1984), p. 32.

③ Hersch Lauterpacht, *International Law and Human Rights* (London: Stevens & Sons, 1950), p. 79.

④ 参见 William Korey, *NGOs and the Universal Declaration of Human Rights: A "Curious Grapevine"* (St. Martins Press, 1998), pp. 1, 33, 45-46。

⑤ Jan Herman Burgers, "The Road to San Francisco: The Revival of the Human Rights Idea in the Twentieth Century," 14:4 *Human Rights Quarterly* (1992) 447.

没有明确立场，而大国则倾向于用更加模糊的话语规定人权问题。但是在人权组织的游说和坚持之下，人权问题还是明确被宪章条款提出。此外，在 2006 年的《残疾人权利公约》及其任择议定书的制定过程中，一些残疾人代表组织也起到了关键作用。在区域性人权标准中，非政府组织也深入参与其中。例如非政府组织有权根据《欧洲社会宪章》的规定参与人权标准的制定工作。在亚洲，东南亚和南亚次区域的人权宣言、条约的制定，往往都是首先受到了人权非政府组织的倡议影响。

第二，本着公正、独立及价值中立的原则，对各国的人权法义务履行情况进行监督。这包括几个方面，一方面是通过非政府组织的报告和舆论攻势，对实践状况不佳的国家形成国际声誉上的压力（这也被称为"羞辱动员"），迫使其履行义务或改善状况。这种监督往往是非政府人权组织自发实施的，不依赖于特定的国际公约或者执行机制。目前在国际社会影响较大的组织都会每年定期发布它们的年度报告和国别报告，并发布根据特定算法排列的人权指数排名。虽然这些排名有时会遭到这样或那样的质疑，被认为缺乏客观公正性或者受到了其他政治因素左右，但总体而言这些第三方中立机构发布的报告还是相当具有国际影响力的。国际舆论和各国政府都不得不直接面对它们的结论，并做出相应的调整。[①]另一方面非政府组织可以通过人权监督机制实施监督。这些监督机制往往会从制度上给非政府组织的参与留下法律窗口。享有经社理事会咨商地位的非政府组织可以获得准许，以观察员的身份参与人权理事会的会议，并有权提交书面和口头陈述，参与讨论，筹办平行会议。在审议工作组会议之前，为利益相关者报告提交信息，参与受审议的国家间的咨商，游说各国作出具体建议。《公民及政治权利国际公约》建立的人权事务委员会，以及负责监督《经济社会文化权利国际公约》的经济、社会及文化权利委员会都非常欢迎和依赖非政府组织提供的信息情报。禁止酷刑委员会更是直接根据《禁止酷刑公约委员会议事规则》第 63

[①] Steven C. Poe, Sabine C. Carey and Tanya C. Vazquez, "How Are These Pictures Different? A Quantitative Comparison of the US State Department and Amnesty International Human Rights Reports, 1976-1995," 23:3 *Human Rights Quarterly* (2001) 650.

条和第 82 条的规定，允许非政府组织提交与委员会的活动有关的文件、资料和书面陈述。其他几项核心国际人权条约都直接在条约文本（例如《儿童权利公约》与《保护所有移徙工人及其家庭成员权利国际公约》）或者委员会议事规则、工作办法与嗣后实践中确立起非政府组织参与监督的模式。这些监督流程可能会发生在缔约国准备或起草报告阶段。此时，非政府组织可以敦促缔约国及时提交报告，履行报告义务，参与报告的起草和讨论。而进入缔约国报告的审查阶段，非政府组织可以向公约监督机构提供相关参考信息和资料。人权委员会与人权理事会的缔约国报告审查制度也高度依赖各类非政府组织提供的多视角、多元化的信息资料。如果缺少了这些实地情报，联合国的人权机构将不得不消耗更加惊人的资源去查证事实，进而降低整体效率。例如在 1995 年人权事务委员会审查美国提交的报告过程中，非政府组织就提供了关于美国政府在履行《公民及政治权利国际公约》义务方面存在不足的报告。人权事务委员会通过非政府组织途径获取美国政府提交的报告所没有涉及的信息和资料，成为审查美国政府提交的报告的重要基础。[1] 可以看到，对于国际人权监督机构而言，非政府组织是非常重要的信息来源。它们的存在和参与能够大大促进人权监督机构对各缔约国的审查和调查活动，方便对各国的人权保障实践做出更加准确客观的评价，并有利于提高联合国的工作效率。

第三，参与国际司法和准司法活动。目前，许多政府间机构建立了各种法律机制，允许个人、团体和非政府组织提起人权方面的申诉。在联合国体系下这些制度的设计比较谨慎。例如人权理事会允许"声称对有关侵犯人权的情况有直接、可靠的关系的任何个人或一批人提交"个人来文，相当于允许非政府组织代理被害人从事个人来文指控活动。其他委员会也有类似规定，但总体而言此种事件并不多见。[2] 欧洲人权法院

---

[1]　Cf. Andrew Claphama, "UN Human Rights Reporting Procedures: An NGO Perspective," in Philip Alston and Crawford (eds.), *The Future of UN Human Rights Treaty Monitoring* (Cambridge University Press, 2000).

[2]　Anna-Karin Lindblom, *Non-Governmental Organizations in International Law* (Cambridge University Press, 2005), pp.224-236.

及美洲人权法院明确允许非政府组织可以直接向法院起诉。非政府组织有权根据《欧洲社会宪章集体申诉制度附加议定书》提出申诉，也有权在《欧洲人权公约》体系下向欧洲人权法院提出诉讼。在美洲，人权组织能够向美洲人权委员会提出申诉，或者在诉讼程序中向美洲人权法院递交法院之友意见书。①有时，人权组织还会利用自己和法学界的密切关系，在引发关注的人权诉讼中派遣专业的律师或者法官作为观察员，确保被告人的权利。

第四，非政府组织利用自身的专业和经验，通过举办各种研讨会、培训班和国际会议，从事人权教育，提高公众的人权意识，宣传人权观念，创造出尊重人权的大环境。②人权理念的扩散不是一朝一夕的任务。在很多国家和地区，囿于传统、经济与社会发展水平等因素，人权理念和制度并不是非常容易被当地民众接纳。因此，人权非政府组织的一项重要职能就是利用自身灵活的网络化特征和接触社会更加方便的组织形式，宣传人权理念，游说各国的民众及其政策制定者。1993 年维也纳人权大会是非政府组织从事游说和宣传活动的典型。此次会议通过了《维也纳宣言和行动纲领》，向国际社会呈现了加强世界各地人权工作的共同计划。早在 1993 年维也纳人权大会召开之前和会议期间，非政府组织就为设立人权高专开展了特别运动。各国非政府组织史无前例地派出了800 多名代表参与此次会议，推动了《维也纳宣言和行动纲领》以及联大第 48/121 号决议的诞生——《维也纳宣言和行动纲领》认可在民主、发展和人权之间存在着相互依存的关系，为今后国际组织和国家机构在促进所有人权（包括发展权）方面的合作铺平了道路。同时，《维也纳宣言和行动纲领》还支持创立"暴力侵害妇女问题特别报告员"的新机制，并呼吁各国在 1995 年前普遍批准《儿童权利公约》。③在大会上，非政府组织再次强烈建议设立人权高级专员。这些组织顶住了各国在这个问题上的消极态度，最终成功地呼吁大会接受了提议，促成了第 48/141 号

---

① D. Shelton, "The Participation of Nongovernmental Organizations in International Judical Proceedings," 88 *American Journal of International Law* (1994) 611, at 630-640.

② 彭锡华：《非政府组织对国际人权的保护》，载《法学》2006 年第 6 期。

③ 黄赟琴：《非政府组织与人权的国际保护》，载《东方法学》2011 年第 6 期。

决议设立人权高级专员这一职务。[①] 此后，非政府组织还在推动《罗马规约》和建立国际刑事法院的进程上对美国民众展开了宣传教育，并对克林顿政府进行了游说。尽管最终布什政府没有批准这一公约，但非政府组织的工作已经成功地使美国和其他国家的民众认识到，在国际法领域确保有罪不罚现象的消失是非常必要和正当的。也因此，美国政府的决定一直遭受国内社会的舆论批评。在一定意义上可以这样说，如果没有人权非政府组织，就没有国际人权法，也没有之后的联合国机制来保护它们。

《维也纳宣言和行动纲领》对非政府组织的规定

13. 各国和各国际组织有必要同非政府组织合作，为在国家、区域和国际各级确保充分和有效地享受人权创造有利的条件。各国必须消除所有侵犯人权的现象及其原因，消除享受这些权利所面临的障碍。

15. 无任何区别地尊重人权和基本自由是国际人权法的一项基本规则。迅速和全面消除一切形式的种族主义和种族歧视、仇外情绪以及与之相关的不容忍，这是国际社会的优先任务之一。各国政府应采取有效措施加以防止，与之斗争。促请各团体、机构、政府间组织和非政府组织以及个人加紧努力，合作和协调开展抵制这类邪恶的活动。

18. 世界人权会议促请各国政府、机构、政府间和非政府组织加强努力，保护和促进妇女和女童的人权。

38. 世界人权会议承认非政府组织在国家、区域和国际各级促进人权和人道主义活动中的重要作用。世界人权会议赞赏非政府组织对提高公众对人权问题的认识、对开展这一领域的教育、培训和研究及对促进和保护人权和基本自由而作的贡献。在承认制订标准的主要责任在于国家的同时，世界人权会议还赞赏非政府组织对这一进程的贡献。

在这方面，世界人权会议强调政府和非政府组织继续对话和合作的重要性。真正从事人权领域工作的非政府组织及其成员应当享有世界人权宣言承认的权利和自由，并受到国内法的保护。这些权利和自由的行使不得有违于联合国的宗旨和原则。非政府组织应可在国家法律和《世界人权宣言》的框架内不受干涉地自由进行其人权活动。

---

① 蔡拓、刘贞晔:《人权非政府组织与联合国》，载《国际观察》2005 年第 1 期。

52. 世界人权会议确认非政府组织在有效执行一切人权文书，特别是《儿童权利公约》方面发挥的重要作用。

73. 世界人权会议建议让从事发展和（或）人权领域工作的非政府组织和其他基层组织在国家、国际一级发挥重要作用，积极参加与发展权利有关的辩论、活动和执行，在发展合作的所有有关方面与政府配合行动。

82. 各国政府应在政府间组织、国家机构和非政府组织的协助下，促进对人权和相互容忍的认识。世界人权会议强调有必要加强联合国从事的世界公众宣传运动。它们应发起和支持人权教育，有效地散发这一领域的公众宣传资料。联合国系统的咨询服务和技术援助方案应能够立即响应各国的要求，帮助它们进行人权领域的教育和培训活动，以及关于各项国际人权文书和人道主义法所载的标准，并将这些标准适用于军队、执法人员、警察和医疗专业人员的特别教育。应考虑宣布联合国人权教育十年，以推动、鼓励以及重点突出这些教育活动。

思 考 题

● 《联合国宪章》中的人权条款并没有具体地列明"权利清单"，也没有赋予成员国保障特定人权的可供执行的法律义务，但仍旧被视为"二战"结束后"人权革命"最重大的里程碑之一。应当如何理解《联合国宪章》中的人权条款对于现代国际人权保护制度的价值和意义？

● 《经济社会文化权利国际公约》要求缔约国尽最大能力逐步实现公约规定的各项权利，而不强求一步到位，这使处于不同经济、社会发展水平的国家在履行公约义务时可依据各自国情制定计划。公约还强调，缔约国应开展国际援助与合作，特别是经济和技术方面的援助与合作，以达到公约规定的各项权利的充分实现。你认为，《经济社会文化权利国际公约》的这项规定对于发展中国家的人权保障有何种意义？发展中国家应当怎样做才能既遵守此种规则，又充分保证本国的人权保障水平稳步推进？

● 意大利国民因化工厂污染向欧洲人权委员会提出申请，认为意大利政府机构未采取适当的措施减少污染风险并履行及时告知义务，从而侵犯了《欧洲人权公约》第二条确认的生命权和身体完整权以及《欧洲人权公约》第十条确认的信息自由权。在裁决过程中，欧洲人权委员会主要解释了《欧洲人权公约》第十条有关信息自由权的规定，认为政府有义务公开同利害关系人相关的资讯，同时，政府亦有义务主动收集、传播相关环境资讯，但欧洲人权委员会有 8 名委员不赞同该裁决。欧洲人权法院依法审查了欧洲人权委员会的裁决，并最终以 18 比 2 否定了欧洲人权委员会的决定，认为格拉案（即上述案件）不适用《欧洲人权公约》第十条的规定，裁决意大利政府侵犯了《欧洲人权公约》第八条确认的健康与道德权利，从而侵犯了公民的环境权，判处意大利政府支付申请人每人 1 亿里拉的"生物"损害赔偿。格拉案是法院适用《欧洲人权公约》第八条解决由环境问题引起侵权纠纷的典型案件，具有里程碑式的意义。通过格拉案的判决，你能观察到欧洲人权保障体系内各机制之间是怎样的配合关系？人权法院又起到了怎样的重要作用？

● 国际刑事法院检察官办公室 2016 年 11 月发布报告说，美国驻阿富汗军队和中央情报局人员犯有酷刑、虐待等战争罪行。2017 年 11 月，本苏达宣布，已要求对在阿富汗武装冲突中可能发生的战争罪行启动调查，可能的战争罪行涉及包括美国在内的冲突各方。2019 年 3 月，国际刑事法院批准对塔利班、阿富汗安全部队、美国军事和情报人员在阿富汗所涉战争罪和反人类罪展开调查。本苏达曾表示，有足够证据表明，美方人员 2003 年至 2004 年在阿富汗对在押人员施行虐待、侵犯个人尊严等行为。美国宣布对那些要求国际刑事法院启动或扩大对美调查的相关人员实施"签证限制"，并取消了本苏达的赴美签证。美国总统特朗普 2020 年 6 月发布的行政令称，美国不是国际刑事法院缔约国，该法院针对美国军事和情报人员在阿富汗行为的调查威胁到其主权和国家安全，美国政府将对相关人员实施制裁。拜登政府就任后已经宣布取消这项制裁，但仍旧反对启动调查程序。从这一案例中，请思考国际刑事法院同大国政治的关系。

● 为什么联合国人权司首任司长汉弗莱会认为，没有人权非政府组织，就没有《联合国宪章》的人权条款？

延伸阅读

谷盛开：《国际人权法：美洲区域的理论与实践》，山东人民出版社 2007 年版。

黄志雄：《国际法视角下的非组织：趋势、影响与回应》，中国政法大学出版社 2012 年版。

凌岩：《卢旺达国际刑事法庭的理论与实践》，世界知识出版社 2010 年版。

刘大群：《前南国际刑庭与卢旺达国际刑庭的历史回顾》，载《武大国际法评论》2010 年第 2 期。

柳华文：《联合国与人权的国际保护》，载《世界经济与政治》2015 年第 4 期。

罗艳华：《〈世界人权宣言〉：全球人权治理的重要基石》，载《中国国际战略评论》
2018 年第 1 期。

曾令良：《联合国人权条约实施机制：现状、问题和加强》，载《江汉论坛》2014 年
第 7 期。

朱文奇：《国际刑法（第二版）》，中国人民大学出版社 2014 年版。

〔英〕奥维·怀特：《欧洲人权法：原则与判例（第 3 版）》，何志鹏、孙璐译，北京
大学出版社 2006 年版。

〔美〕玛丽·安·葛兰顿：《美丽新世界：〈世界人权宣言〉诞生记》，刘轶圣译，中国
政法大学出版社 2016 年版。

〔奥〕曼弗雷德·诺瓦克：《民权公约评注》，毕小青、孙世彦等译，生活·读书·新
知三联书店 2003 年版。

〔美〕约瑟夫·E. 珀西科：《纽伦堡大审判》，刘巍等译，上海人民出版社 2000 年版。

Buergenthal, Thomas, "The Evolving International Human Rights System," 100
American Journal of International Law 783 (2006).

Cassese, Antonio, "The Statute of the International Criminal Court: Some Preliminary
Reflections," 10:1 *European Journal of International Law* 144 (1999).

Harris, David J. and Stephen Livingstone (eds.), *The Inter-America System of Human
Rights* (Oxford: Claredon Press, 1998).

Henkin, Louis (ed.), *The International Bill of Rights: The Covenant on Civil and Political
Rights* (Columbia University Press, 1981), p.74.

Jacobs, E. G., *The European Convention on Human Rights* (Oxford: Clarendon Press,
1975).

Korey, William, *NGOs and the Universal Declaration of Human Rights: A "Curious
Grapevine"* (St. Martins Press, 1998).

Schöpp-Schilling, H. B. et al. (eds), *The Circle of Empowerment: Twenty-five Years of the
UN Committee on the Elimination of Discrimination against Women* (Feminist Press,
2007) .

Taylor, Paul M., *A Commentary on the International Covenant on Civil and Political
Rights* (Cambridge University Press, 2020).

结论：人权走向未来

文明是人类在社会发展的进程中所创造和积累的思想、制度、物质存在。人权属于人类文明的一个组成部分。由于人类文明在历史和现实中都充分体现了多样性，人权也必然拥有多样性。由于人类未来的健康发展依赖于文明的多样性，故而，在未来的世界中，也需要高度认可、积极倡导和充分推进人权文明的多样性。认可和支持人权的多样性是促动人权健康发展和有效交流对话的基本态度和基本立场。中国为推进人权文明的多样性做出了自身的贡献，同时也有必要在国际关系中清晰阐明：否定和忽略人权文明的多样性，以一种人权的立场和观念要求所有国家所有文明屈从和实施人权制度，是政治霸权主义、文化沙文主义在人权领域的体现，会阻滞人权文明的顺利有效发展。

对于人权的来源与基础，人权的结构与框架，以及人权保护的模式，尽管仍存在诸多的争论，但学者们已经进行了较为充分的阐述。然而，在人类发展的时空维度观察人权的演进过程，在国内法治和国际关系的框架下分析人权发展的未来，显然有进一步研讨的空间。《中国共产党尊重和保障人权的伟大实践》白皮书指出："中国共产党坚持将人权的普遍性原则与本国实际相结合，成功地走出了一条符合国情的人权发展道路，丰富发展了人权文明多样性。"[①] 在人权文明的理论研究方面，鲁

---

① 中华人民共和国国务院新闻办公室：《中国共产党尊重和保障人权的伟大实践》（2021年6月），人民出版社2021年版，第53页。

广锦撰文提出，中国对人权文明做出了自身的贡献。[①] 这里值得进一步深入研讨的理论问题是：人权是否构成一种文明，在何种情况下构成文明？人权文明是否应当以及实际上具有多样性？如果人权文明、人权文明多样性的基本理论问题可以证成，还需要进一步揭示：中国的人权实践在何种层次、哪些领域、哪些层面对人权的多样性有所进益？中国的人权实践在人权文明多样性方面的努力和贡献对于人类人权事业的发展有哪些启示？

一、作为文明形态存在的人权

人权文明是一个此前未得广泛使用和专门讨论的概念。故而，本文有必要对这一基本术语进行界定。在此主要从工具书阐释的角度分析文明的内涵，初步展示人权文明应有的含义。

（一）文明的含义

在现代汉语中，"文明"一词有名词和形容词两种使用方法，但无论是哪种方法，都与"文化"有着密切的关系。根据《辞海》第 7 版，文明是指社会进步、有文化的状态。[②] 由此看出，文明是寄托在文化基础之上的。类似的观点也在其他工具书中有所体现。根据《中国大百科全书》，文化是人类在社会实践中所获得的能力和创造的成果。文化中的积极成果作为人类进步和开化状态的标志，便是文明。[③] 文明是人类在认识和改造世界的活动中所创造的物质的、制度的和精神的成果的总和。[④] 根据《现代汉语词典》，文化是指人类在社会历史发展过程中所创造的物质财富和精神财富的总和，特指精神财富，如文学、艺术、教育、科学等。与此相关的还有文化产品，广义上是指人们改造世界所获得的积极成果，即具有文化价值的一切产品，这是与自然界的天然产品有区别的；在狭义上是指人们在思想、文学、艺术等精神生产和交往活动中所

---

① 鲁广锦：《中国共产党领导人民丰富发展了人类人权文明多样性》，载《人民日报》2021 年 6 月 29 日。

② 《辞海（第 7 版）》，上海辞书出版社 2020 年版，第 4582 页。

③ 《中国大百科全书（第 2 版）》，第 23 卷，中国大百科全书出版社 2009 年版，第 281 页。

④ 同上书，第 296 页。

获得的，并用语言、文字等载体表达的产品，这是与物质产品不同的。①
这一理解体现了中国语言对于文明的基本认知。②《牛津英语词典》将文
明和文化进行了近似的解释：文明就是摆脱野蛮状态，是人类社会更加
发达和先进的状态，也包括在人生方式上进行指导，由此提升人性，包
括启蒙、改良和完善的含义。③《不列颠百科全书》的阐述非常接近：文
化是人类知识、信仰、行为的结合模式。由此，文化包括语言、观念、信
仰、习俗、禁忌、法规、制度、工具、技术、艺术作品、仪式、庆典，以
及其他相关的部分。文化的发展决定于人类学习和代际传递知识的能力。④

根据这些界定可以看出，广义的文化是指人类社会的生存方式以及
建立在此基础上的价值体系，是人类在社会历史发展过程中所创造的物
质财富和精神财富的总和。具体分为三个方面：第一个方面是物质文化，
也就是人类在生产生活过程中所创造出来的服饰、饮食、建筑、交通等
各种物质成果及其所体现的意义；第二个方面是制度文化，即人类在交
往过程中形成的价值观念、伦理道德、风俗习惯、法律法规等各种规范；
第三个方面是精神文化，也就是人类在自身发展和演化过程中所形成的
思维方式、宗教信仰、审美情趣等各种思想和观念。在狭义上，文化指
的是人类的精神生产能力和精神创造成果，包括一切社会意识形式，特
别是自然科学技术、科学、社会意识形态等等。⑤从这个意义上讲，有文
化就是脱离人作为单调的生物的存在方式，而进一步地去追求物质上的
丰富、精神上的美好和制度上的健全。文明在很大程度上就是指这个意
义上的文化。从形容词的意义上，"文明"一词表达社会发展到较高阶段
和具有较高文化的状态。⑥

（二）人权文明的含义

根据上述基本工具书的界定，可以进一步推理出：人权文明是人类

---

① 参见《现代汉语词典（第7版）》，商务印书馆2016年版，第1371—1372页。
② 参见《新华字典（第11版）》，商务印书馆2011年版，第520页。
③ J. A. Simpson and E. S. C. Weiner, *The Oxford English Dictionary* (2nd ed., Clarendon Press, 1991), vol. III, p. 257.
④ *Encyclopedia Britannica*,15th ed., 2010, vol. 3, p. 784; vol. 16, pp. 874-893.
⑤ 《辞海（第7版）》，上海辞书出版社2020年版，第4577页。
⑥ 参见《现代汉语词典（第7版）》，商务印书馆2016年版，第1372页。

文明在现代时期所呈现出的一种样态，也就是以人权的方式所体现的文明。它以思想、制度和设施三个维度，向人类社会生活展开，体现了人类对于自身自由解放的追求，也体现了人类认识世界、改造世界、认识社会、推进社会进步的积极主动性。

人权，首先存在于思想和理念的层面，包括人们如何认识人的尊严、价值、主张在人类生活和社会结构中的位置。在传统的中国社会中，人们可能认为对集体的贡献在集体中的位置更加重要，也就是更关注社会的身份，而很少从权利的角度去考虑个人的主张。[1]尽管人们追求美好生活、追求生存存续的欲望一直存在，但是主要通过"天理""人欲""人性"的表达来将这些追求和欲望正当化。[2]而从社会资源的掌控者来看，给予人们合情合理的提升民生的机会是他们的天职所在。一个社会如果不能很好地让人民安居乐业，则相关的君主、官员是不称职的。[3]大禹治水前后的故事就生动地表现了这种社会认知。近代西方继承和发展了古希腊和罗马关于自然法的认知，并且萌生出现代的权利理论，致使现代西方普通民众也有着较为明显的权利意识。中国在走向现代化的进程中，受西方思想的浸染，权利意识不断增强，中国社会结构的权利导向转型也随之出现。关于权利与义务的关系，政府和其他公权力与个人权利之间的关系，人权的具体包含内容，以及各项人权之间彼此的关系，都存在着诸多思想层面的问题，这属于人权文明的观念层面。

进而，在人权的确立和保护环节，基于思想观念的引导，会呈现出一系列的规范、组织和程序安排，这就构成了人权文明的制度层面。这些规范不仅包括对人权予以肯定的原则性宣示，也包括对具体权利的列举，还包括每一项权利的具体内涵和保护方式。为了让这些规范中所确立的权利得到真正的实现，国家还需要建立一些相关的组织机构。例如，

---

① 吕怡维：《中国法文化中的"权利"意识与基本人权保障》，载《西北民族大学学报（哲学社会科学版）》2020 年第 6 期。

② 赵建文：《儒家自由思想：〈世界人权宣言〉与中华传统文化的汇通》，载《人权》2020年第 1 期。

③ 刘海年：《自然法则与中国传统文化中的人权理念及其影响》，载《人权研究》2020 年第 2 期。

为了保障工人的劳动权利而设立的工会、为了维护妇女权利而形成的妇联、为了保护儿童权利而成立的儿童基金会等。这些组织和机构在推进实现人权领域所进行的努力都可以归入人权制度文明的一部分。人权文明特别要求遵循程序、有效地维护推进和保护人权，所以人权与法治有着非常密切的联系。[①]

人权文明的第三个层面是以物质的形式呈现的。例如，为了维护残障人士的权益，很多国家在城市建设之中会要求准备无障碍设施，包括楼宇建筑的相关部分应当能够让轮椅顺利进入、通过，也包括在马路上除了设立红绿灯的交通提示外，还要设立声音提示。由此构成一个无障碍的体系。与此同时，为了保证公正审判而在法庭中设立的一系列设施，为了让服刑人员在服刑过程中得到基本的人权维护而对监狱设施的改进，都属于人权物质文明的组成部分。

由此可见，人权首先是精神层面的理念价值观，进而是制度层面的法律规范、组织机构、运行程序。仅仅有精神和制度是不够的，还需要在这二者基础之上提供相应的设施和物质保障，这样就形成了一个整体的文明体系。将人权作为一种文明，主要突出强调人权作为精神追求所进一步体现的人类的制度构建进程和为实现相应的追求而树立的物质生产模式、物质生产成果。人权文明是国家现代化、社会现代化的重要标志之一，也是人类治理能力提升的重要表现。

（三）人权作为人类文明部类的理论阐释

从人类社会发展的视角，不难发现，人权是人类自身社会探索、思想进步、制度建设的一部分。[②] 人权不是先于人类文明的事物，不是外在的力量和机制传递给人类文明的启示。人权是人类在自身社会关系的发展、认识、建设过程中所形成的理念制度。所以，人权属于文明，而非先于文明，或外在于文明。

尽管理论界还有诸多不同的理解，但如果破除了各种僵化刻板的认知和人云亦云的论调，可以清楚地看出，人权是一种社会建构、文化发

[①]　Jessica Almqvist, *Human Rights, Culture, and the Rule of Law* (Oxford: Hart, 2005).

[②]　Gareth Griffiths and Philip Mead (eds.), *The Social Work of Narrative: Human Rights and the Cultural Imaginary* (Stuttgart: Ibidem-verlag, 2017).

明、制度积累，而不是关于人的客观规律的论断，也不是一种超越人的认知、超越人类社会制度安排的永恒性真理。如果我们认为在世界上确实有不以人类意志为转移的客观真理的话，那么人权并不属于其中的一类。[①] 客观真理的特征是，无论人们认识到与否、承认与否，都自然而然地存在着，例如地球的自转和公转，例如太阳系各个行星的运行进程，即使我们在主观上不认可、不喜欢、不接受这些，运行的节奏、方向都一样毫无变化。当我们说万有引力是一条真理的时候，我们表达了这样一种思想：物体向有引力的方向靠近是一个自然而然的状况，人类无需采取任何措施，此种情况就会发生。而人类如果试图克服万有引力所导致的后果（例如，阻止手中的茶杯落到地面），就一定要做出自己的努力（用手拿稳、用一个稳定的平面支撑），使之不呈现本来应有的效果。如果人类不采取任何措施、不做任何功，则一个物体就会朝着万有引力的方向去跌落。但是，人权显然不同。一项真理应当是对客观事实的描述，以及基于无数客观事实的总结归纳，提出可检验的论断。关于人权，人类社会在相当长的历史时期之内都并不存在相关的意识、观念、思想和制度。即使在有些文明地域出现了相关的主张，确立了相关的制度，也并没有统一、一致的客观事实，因而也就无法基于这样一些客观事实进行归纳总结，提出一个面向未来的推理。所以，人权这样一个人类社会文明所发明的概念，在社会进步过程中所积累的自由、平等、尊严的主张，在社会治理的试错中所构建的维护人的自由与尊严的制度，具有高度的文明依赖性，属于一种地域性的成果、地方性的知识，而并非自始就体现出了普遍性、一般性和一致性。

马克思提出，"不是人们的意识决定人们的存在，而是人们的社会存在决定人们的意识"。毛泽东认为，这是自有人类历史以来第一次正确地解决意识和存在关系问题的科学的规定，而为后来列宁所深刻地发挥了的能动的革命的反映论之基本的观点。[②] 以人权萌芽发展的过程进行

---

① 关于客观真理，参见列宁对辩证唯物主义的分析和认识。《列宁专题文集·论辩证唯物主义和历史唯物主义》，人民出版社 2009 年版，第 28—44 页。

② 毛泽东：《新民主主义论》，载《毛泽东选集（第 2 版）》，第 2 卷，人民出版社 1991 年版，第 664 页。

分析，就不难看出：人类社会的人权从来没有如自然规律、客观真理那样自然而然地存在过。倒是像马克思和恩格斯在《共产党宣言》里所说的那样，无处不在的斗争是人权产生的原因和基础。[①] 一个普遍认可的事实是，在相当长的时间之内，人类社会主观上没有形成，甚至没有认识到人权这样一种理念，很多人在社会上生存是没有尊严可言的。他们有的是奴隶，有的是在社会中沉默存在并且无奈接受他们悲惨命运的麻木的劳苦大众，他们从未体会过人权，也一样度过了自己的一生。当人们没有为人权架设起相关制度的时候，无论是人们期待的平等，还是自由，在社会上都未曾普遍存在过。对于那个社会而言，人权最多是一种梦想，是一种美好的愿望，是一种价值追求（尽管很多人甚至都没有那样的价值追求），却绝不能说人权是一种客观普遍存在的真理。

历史充分证明，在不了解人权、未承认和保护人权的情况下，人类社会也在正常运转，没有碰到任何的障碍和困难。思想家列奥·施特劳斯在他的《自然权利与历史》一书中，一方面批驳了历史主义者对于自然权利理论的否定，同时也在学术脉络上整理了西方自然权利产生和发展的过程。列奥·施特劳斯从对正义的追求、哲学的局限性等方面探讨了自然权利的可能。尽管施特劳斯的观点比较明确地否认了那些试图将自然权利与哲学相联系、将自然权利与人类的正义需求相割裂的推理过程，然而施特劳斯仍然没有有效地确立起普遍的自始即存在的自然权利的概念。他所反驳的也仅仅是一些片面的、不成熟的，甚至是幼稚的、未经深思熟虑的关于自然权利的否定概念。[②] 而真正对于自然权利理念具有重要疑问的是：自然权利是否应当被视为正义的唯一表达方式？自然权利在历史上是否真实存在？关于自然权利的认知是否一致？自然权利是否如物理学或者化学中的那些规律一样，无论人们认识与否，接受与否，都泰然存在于人类社会之中，不为任何主观的理念所改变？列奥·施特劳斯没有有效地回答这些问题，却仅仅回答了一些无关痛痒的

① "至今一切社会的历史都是阶级斗争的历史。"《马克思恩格斯文集》，第 2 卷，人民出版社 2008 年版，第 31 页。

② Leo Strauss, *Natural Right and History* (University of Chicago Press, 1965).

批驳。一方面显得自然权利理论仿佛具有很深远的影响，另一方面也让人觉得自然权利的理论缺乏充分的历史实践和思想观念基础。

如果对于人权并不属于客观真理这样一个事实，可以达成基本的共识，那就不难得出进一步的论断，人权是人类文明的一种表现形式，是人类社会发展过程中探索生成的一种文明的治理方式、生活方式、国家存在方式。①

二、当代世界人权文明的多样性

人权文明的多样性虽然包括人权应承认、体现人类文明的多样性，保护人类的文化多样性这一层面，②但主要还是指人权自身应当在当代世界上体现出丰富多彩的特点。在理论维度，人权文明应当是多样的；在操作维度，人权文明实际是多样的。

（一）人权文明多样性的内涵

人权文明的多样性是指人权表现方式在时间和空间上存在多种形态的可能与事实。这里所说的人权表现方式，存在于人权的思想与行动的全领域、全过程。首先，人权文明多样性体现为对于人权概念的认知。根据马克思主义辩证唯物主义和历史唯物主义，毛泽东提出，人们的社会存在决定人们的思想。③我们承认，总的历史发展中是物质的东西决定精神的东西，是社会的存在决定社会的意识。④在有一些社会文化之中，个人的权利与自由被视为社会存在发展正义的前提和基础，在另外

---

① 人权文化是人权的最本质特征。从人类文明发展的视野认识，人权文化在一定意义上折射着一国的思想智慧，反映着一国的文明水平，代表着一国的文化软实力。鲁广锦：《新时代中国人权文化建设论纲》，载《人权》2021 年第 2 期。

② Michele Langfield, William Logan, Máiréad Nic Craith, *Cultural Diversity, Heritage and Human Rights: Intersections in Theory and Practice* (Taylor & Francis, 2010); Helaine Silverman and D. Fairchild Ruggles, *Cultural Heritage and Human Rights* (Springer, 2007); 户晓辉：《文化多样性与现代化的人权文化——对联合国教科文组织三个公约的政治哲学解读》，载《遗产》（第二辑），第 1 页。

③ 毛泽东：《人的正确思想是从哪里来的》，载《毛泽东文集》，第 8 卷，人民出版社 1996 年版，第 320 页。

④ 毛泽东：《矛盾论》，载《毛泽东选集（第 2 版）》，第 1 卷，人民出版社 1991 年版，第 326 页。

一些社会中则更注重社会团结，而不是将个人的权利和主张置于社会的首位。其次，人权文明多样性体现为人权保护的范围。在有些社会，可能会更注重个人的政治权利、公民权利，尤其强调表达自由、行动自由、思想自由。^① 而在另外一些文化之中，则可能更强调经济、社会方面的权利，将吃饱穿暖视为享有进一步权利的重要前提和基础。进而，人权文明多样性体现在权利的实现方面。一些文化会更注重实现人权的个体自由选择。他们认为，对于一个政府而言，只要给予个人充分的自由，保证政府不对个人的选择和行动无端进行干涉，政府尽好一个守门人的职责，就是维护人权的良好途径。而另外一些社会文化则更加强调人权维护和实现的积极作为。他们认为，政府应当领导人民建设经济、提升社会设施、改进社会服务，通过使社会拥有更多的资源来更充分地实现人权。最后，人权文明多样性体现在人权的优先性方面。有些社会文化会认为人的自由具有最高价值，为了自由可以牺牲生命。而另外一些文明则认为，人的生命健康具有最高优先性，任何人类的幸福进步都必须在生命存续的前提下完成。由此可知，在人权的静态理解和动态实现过程中存在着很多可能的选择。当我们认为人权的不同选择之间只有相对时空的合理性，却没有超越时空的正误、善恶之分时，^② 我们就秉持了人权文明多样性的理念。反之，如果我们坚持认为，只有一种人权主张、人权理论、人权实现的规范和进程是正确的，其他都是对人权的错误理解甚至是邪恶行径，那就是人权文明的单一主义。

（二）人权文明多样性的理论逻辑

本书已经讨论了人权的普遍性和特殊性。如果人们对于人权属于人类文明的一部分、是人类文明建设成果的一个部类能够形成共识，那么正如人类文明的其他领域所具有的多样性是一个人们广泛同意的行为方式和价值理念一样，人权文明也就必然具有多样性。

文明具有多样性，是因为文明来自于社会生活，有它的时空背景，

---

① Rosemarie Buikema, Antoine Buyse, and Antonius C.G.M. Robben, *Cultures, Citizenship and Human Rights* (Routledge, 2020).

② Xiaorong Li, *Ethics, Human Rights and Culture: Beyond Relativism and Universalism* (Palgrave Macmillan, 2006).

受历史发展进程的影响，受物质生活条件的影响，受由此而产生的民族观念文化的影响，受制度积累的影响。毛泽东指出："人民，只有人民，才是创造世界历史的动力。"[①] 人权作为生长在人类社会之中的文明之花，必然与它的气候环境密不可分。不同的土壤里追求人的自由解放、幸福生活有着不同的方式。而人们追求自由解放、幸福生活的思想、制度、实践表达属于人权的一部分，故而，人权具有文明多样性。

虽然历史不容假设，但是人们仍然可以从逻辑上进行推断，即使在西方中世纪晚期资产阶级没有拿出人权这样一个概念，并且与理论论证配合形成一个实践体系，人类社会一定还可以拿出其他的以人为关注对象、以人为工作中心、以人为最终目的的人本主义政治思想与治理架构。从这个意义上讲，将人权看成是人类历史上颠扑不破的真理是值得怀疑的。

关于人权的来源和基础的思想是不同文化之中体现差异最大的部分，也是最有理论发展进深的部分。在人权的来源上，不同的学者提出了立场相差遥远的认识。在那些相信神学或者笃信宗教的人看来，人权来自于神，是由神的意志体现在人的身上。每个人的身上都反映着神的光辉，所以人就拥有人权。而对于那些不信奉宗教的人，他们则会脱离"神"这样的概念，直接从"人"上找原因。其中，自然法学派倾向于将人权的来源和基础与人的理性联系起来，认为人权来自于所有人所共通的理性。而为了使这种理性具体化、制度化，一些早期的自然法学者还提出了自然状态、社会契约这样的论证逻辑。他们认为，在人类进入社会状态之前，拥有一种自然状态。自然状态中的人能力相近、资格类似，拥有着较大的自由。然而，这种自由并不能够给他们带来想要的生活，所以人们组成了社会。在组成社会的过程中确立了社会契约，通过契约转让个人的自由，从而形成公权力，用以保障和约束私权利。这种观念流传了相当长的时间。从孟德斯鸠、卢梭、康德一直到 20 世纪的罗尔斯，这些观念对于学术发展而言，具有非常重要的意义，也丰富了人

---

① 毛泽东：《论联合政府》，载《毛泽东选集（第 2 版）》，第 3 卷，人民出版社 1991 年版，第 1031 页。

们的思想和文化。但是，这些假设和论证过程所存在的一系列问题，也引致了人们的批评。例如，对自然权利理论持坚决否定态度的边沁就认为，自然权利的说法是毫无根据的。毛泽东认为，人是物质发展的一个高级形态，不是最终形态，他将来还要发展，不是什么万物之灵。人首先是社会的动物，资产阶级总是强调人的理性精神，我们不应如此。[①]正是因为这些批评声音的存在，学者们试图从其他的角度论证人权，有的人认为是商品经济的发展、市场的成熟促进了人权，有的则认为是人类社会自身的演进产生了人权，另外还有法律规范赋予了人权等观点。对于人权的界定以及对人权的来源与基础的阐述，至少可能存在着现实主义和理想主义两种模式。从现实主义的立场，人权会被界定成在给定的社会时空条件之下，为了彰显人的尊严、实现人的自由、满足人的基本需求而建构的社会理念、社会制度。而从理想主义者看来，人权是人作为人应当享有的基本权利。现实主义者会更强调人权保护和实践的现实条件，在精神、物质制度的既有条件约束之下去考虑人权实现的限度和历史发展进程。理想主义者则会反对强调人权条件性约束性的观点，认为一个国家、一个政府、一个能够为尊重保护和促进人权做出贡献的行为体应当放弃一切借口，秉持诚意，全力维护人权。所以他们会主张，人权是人之为人就应当享有的尊严和自由，不以任何条件为约束。这种权利或者来自神的启示，或者来自人的理性，或者来自历史的潮流。但无论如何，都不认可人权是有条件的、是相对的。理想主义会认为，现实主义的有条件人权观实际上是为那些不真诚保护人权的势力提供借口；而现实主义则会认为，理想主义的人权观不考虑社会的客观状况，片面而虚空地强调人权的应然性，在真正运行的社会中无法有效实现。这些学说各有短长，然而，都对人权理论和认识的发展具有积极的贡献。正是由于这些关注重点差异众多、彼此存在很大分歧的理论阐释，存在诸多重点不同的主张，人权学界才有源源不断的研究课题。

---

① 毛泽东：《关于人的基本特性及其他》，载《毛泽东文集》，第 3 卷，人民出版社 1996 年版，第 82 页。

（三）人权文明多样性的历史实践逻辑

文化是具体的、历史的现象，不同的民族赋予文化不同的民族特点。[①] 在各国政治实践中，人权的不同表现生动地诠释了人权的文明多样性。[②] 人权的规范应如何设立，人权应当由什么样的组织机构予以倡导、推进和维护，保护人权应当采取哪些行政和法律程序，在不同的文化之中有着很多差距明显的观点与实践。例如，人们对于中国是否应当设立国家人权委员会的研讨，对于中国为什么不接受关于人权的个人来文和国家间指控的研讨。对于实现人权的物质设施，存在着明显的地方特色和基于物质生活条件而形成的国别差异、区域差异。在人们的思想观念中植入人权的意识很重要，在具体的社会生活各个领域，真正体现人的权利也是非常重要的方面。

从西方各国争取人权的道路来看，英国经历了循序渐进确立规范，限制君权、维护贵族权利直至平民权利的过程。英国人为了取得民众的人权，采取了贵族对国王进行约束的方式。无论是以武力为后盾的约束，还是以赋予权力为条件的约束，都最终达成了贵族与国王之间的一种协定，国王允诺对贵族的人权予以保护。从《大宪章》到《权利法案》，人权的内容不断拓展，人权的形式不断增加。这实际上是一种以贵族协议确立人权制度的模式。英国贵族获取人权的方式尽管带有一定的武力因素，但是流血牺牲的程度并不高，所以，英国的民主、人权、善治的达成可以看成是一个缓慢渐进的过程。相比而言，法国则是以大革命的方式激烈地促动社会，从宪法的预备时期就开始确立人权的理念，并提出了自由、平等、博爱的人权价值主张，认可人权意识，确立人权制度。大革命的社会冲突后果也使得法国人民期待一个和平稳定的社会秩序，期待一个强有力的政府，避免在不同的革命者之间彼此斗争、相互残杀。所以，一个革命的、进步的主张最后并没有导致一个充分维护人权的政府形成，反倒是形成了拿破仑获取政治资本的一个短暂的帝国。作为同

[①] 《中国大百科全书（第2版）》，第23卷，中国大百科全书出版社2009年版，第282页。

[②] Makau Mutua, *Human Rights: A Political and Cultural Critique* (University of Pennsylvania Press, 2002).

样支持西方人权思想观念的国家，美国虽然从《独立宣言》时期就展示了其人权思想，但是这种人权主要是针对殖民统治而提出的；美国的思想家潘恩在其著作中主张自然权利，[①] 但是美国人民却主要将实现权利的途径寄托在一个群体争取平等自主的身份这一行动上。美国的人权主张最初只是表现为抗议英国殖民者在本地的征税等行为，主要目标在于争取民族独立，既不试图破坏美国内部的社会结构，也不对奴隶制构成挑战。而且在美国宪法确立之初，并没有人权的内容；直到美国宪法修正案才体现了对人权的认可和保护。从不同的历史可以看出：尽管这些西方国家都积极争取人权，但是确立人权的道路是不同的，形成人权文化的进程是有着鲜明的多样性的。这种实践说明，在同种文化思想的引导之下，制度安排也存在着诸多的差异。[②] 类似地，伊斯兰文明也有自身独特的人权传统与思想，虽然这种思想可能与欧洲思想、中华文明都有较大差异。[③]

中国人权具有自身的思想文化基础和实践特色，[④] 中国的奋斗对于人类文明多样性的贡献是现代国际社会人权图谱上一个显著的部分。鲁广锦提出，中国共产党领导中国人民丰富和发展了人类的人权文明多样性。中国共产党领导中国人民在尊重和保障人权方面做出了积极深远的贡献，无论对中国人民还是对世界人民而言，都有着不可替代的作用。[⑤] 一方面，在中华大地上更加充分和有效地实现了人权，对于占世界人口五分之一的中国解决了基本人权的问题；另一方面，中国人权的努力为世界各国人权的发展提供了一种可供参考和借鉴的路径。从中国共产党 1921 年成立以来百余年间的奋斗历史来看，中国人权主要在以下几个方面取得了重要的进步：首先，在政治权利和公民权利方面，通过一个新型的

---

① 胡洽坤：《论潘恩的人权思想》，载《学术界》1995 年第 2 期。

② 关于西方国家文化对于实现人权方面存在的差异，参见 Kate Nash, *The Cultural Politics of Human Rights: Comparing the US and UK* (Cambridge University Press, 2009)。

③ Daniel E. Price, *Islamic Political Culture, Democracy, and Human Rights: A Comparative Study* (Praeger Publishers, 1999).

④ Stephen C. Angle, *Human Rights in Chinese Thought: A Cross-Cultural Inquiry* (Cambridge University Press, 2002).

⑤ 鲁广锦：《中国共产党领导人民丰富发展了人类人权文明多样性》，载《人民日报》2021 年 6 月 29 日。

人民民主国家的建立，使得人民能够更加真实、更加充分地参与国家的管理和监督。其次，通过不断提升经济社会发展水平，使得人民一步一步从基本温饱走向全面小康，这对于中国而言是非常重要的，也是有史以来中国达到的民众生活最富足的状态。第三个方面，中国人民的生命和健康的权利得到了真实有效的保障，不仅在正常状况下人民的生命权利、健康权利、医疗权利能够得到保护，即使是在大疫病流行的状况下，政府也能迅速地调整治理模式，形成良好的治理架构。第四个方面，通过法律制度的不断完善，形成了一个公平正义的社会环境，有效地保障了人权的法治化。可以说法治中国的建设就是中国人权水平不断提高的重要见证。鲁广锦认为，中国共产党通过"为人民谋幸福"这一理念确立了尊重和保障人权的中国思想，在这种思想里体现出了鲜明的人民性品格。与此同时，中国的人权注重把生存权和发展权作为首要的基本人权，这体现了生命至上的基本理念，也展示了中国传统文化对于人的生命的珍视。更值得关注的是，中国共产党在实践之中努力去实现人民幸福生活，争取更为丰富和扎实的人权，并且在人权事业的发展过程中，致力于促进人的全面发展。自由是发展的向度，人权是发展的度量方式和目标。用发展来促进人权，用发展来保障人权，同时人权最终也是要为人的发展做出有益的贡献。[①]

人权文明在世界历史和现实中的多样性，不仅体现在不同的国家有自己特色鲜明的人权法律规范、人权维护的组织机构和尊重、保护、确定、救济人权的法律程序，[②] 而且体现在一些区域形成了与自身文化传统密切相关的人权法律体系。例如，在欧洲，由于深受第二次世界大战期间不认可、不尊重、不维护人权所带来的灾难之苦，第二次世界大战之后迅速地形成了欧洲人权公约，[③] 并且建立起相关的组织机构，对这一公

[①] 鲁广锦：《新时代中国人权文化建设论纲》，载《人权》2021 年第 2 期。

[②] Michele Langfield, William Logan, and Máiréad Nic Craith, *Cultural Diversity, Heritage and Human Rights: Intersections in Theory and Practice* (Taylor & Francis, 2010).

[③] William A. Schabas, *The European Convention on Human Rights: A Commentary* (Oxford University Press, 2016); Janneke Gerards, *General Principles of the European Convention on Human Rights* (Cambridge University Press, 2019).

约所规定的权利予以有效保护。^①与此同时，在欧洲具有广泛影响的、以经济为主导合作领域的欧洲联盟，也在发展进程中关注人权问题，形成了具有自身特色的人权制度。^②欧洲联盟还注意在运行中与欧洲专门的人权机构，例如位于斯特拉斯堡的欧洲人权法院取得密切的联系。而欧洲人权法律规范在发展的过程中也不断地积累文明进步的成果，对很多规则予以跟进式的修订。所以，欧洲人权公约不断地出现新的修正案和补充议定书，为欧洲人权维护的发展不断提出新的命题，指出新的方向。在大西洋彼岸的美洲，也根据自身的特征和需要建立起了人权体制，不仅有自身的法律规范及美洲人权公约，而且建立起了美洲人权法院，对涉及人权的很多问题提出了具有广泛指导性的意见和判决，对于很多个案提出了解决的方式。^③在非洲，由于对群体的人权，即民族或人民的权利有着更为深切的认知体验，所以非洲在人权条约的名称上就鲜明地列出了民族权这样的集体概念。同时也确立了人权法院，解决关于人权的争端。^④与此相对，在亚洲，由于国家之间对于人权的内涵和外延以及人权的维护方式，特别是当一些民众认为自己的人权受到了影响之时，能否采用诉讼的方式将国家或者公共机构诉诸法庭，并没有形成统一的认识。故而，迄今为止，亚洲人权体系仍然没有建立起来。

---

① AnjaSeibert-Fohr and Mark E. Villiger (eds.), *Judgments of the European Court of Human Rights: Effects and Implementation* (Ashgate, 2015).

② Tawhida Ahmed and Israel de Jesús Butler, "The European Union and Human Rights: An International Law Perspective," 17:4 *The European Journal of International Law* 774-804 (2006).

③ Thomas M. Antkowiak and Alejandra Gonza, *The American Convention on Human Rights: Essential Rights* (Oxford University Press, 2017); Jo M. Pasqualucci, *The Practice and Procedure of the Inter-American Court of Human Rights* (2nd ed., Cambridge University Press, 2012); Par Engstrom, *The Inter-American Human Rights System* (Springer, 2019).

④ Michael Addaney and Ademola Oluborode Jegede, *Human Rights and The Environment Under African Union Law* (Palgrave Macmillan, 2020); Malcolm Evans and Rachel Murray, *The African Charter on Human and Peoples' Rights: The System in Practice 1986-2006* (2nd ed., Cambridge University Press, 2008); Rachel Murray, *The African Charter on Human and Peoples' Rights: A Commentary* (Oxford University Press, 2019); Rachel Murray, *The African Commission on Human and Peoples Rights and International Law* (Hart, 2000); Rachel Murray, *Human Rights in Africa: From the OAU to the African Union* (Cambridge University Press, 2005); Kofi Oteng Kufuor, *The African Human Rights System: Origin and Evolution* (Palgrave Macmillan, 2010); Obiora Chinedu Okafor, *The African Human Rights System, Activist Forces and International Institutions* (Cambridge University Press, 2007).

这些实践在很大程度上表明，人权的维护是存在差异的，我们既不能因为欧洲式的人权保护历史相对久远、维护程度较高、制度相对成熟，就认为它必然是世界各地的范本；也不能因为亚洲在人权方面尚未达成规范共识和机构规划、整体国际合作程度较低，就认为亚洲各国的人权保护存在严重问题。[①] 在这方面，更要认清的是人权的思想和制度在任何一个文化体系中都可能存在不同节奏和速度的发展和进步，当然也有可能存在停滞和衰退，甚至有可能在特殊情况下遇到困难，出现人权的克减，人权的整体水平会断崖式下跌。人权的保护在任何一个社会系统之内都不可能达到尽善尽美的程度，只要国家政府、公共机构真诚地努力去保护人权，就不应当被责备和打压。[②] 对于这种情况，值得采取的方式是不同文明之间进行充分的沟通和对话，相互汲取经验和教训，在交流中不断完善人权保护的水平。一方面要各美其美、美美与共，另一方面要努力融合，在生活场景融合的基础上融合人权的制度与实践。

三、中国人权文明的基本特质

1991 年的《中国人权状况》白皮书，不仅是中国的第一份人权白皮书，而且是中国政府的第一份白皮书。这份白皮书给中国学界、中国政府带来了一股全新的风气。30 多年后回望 1991 年的这份白皮书，有四个"第一"。首先，作为中国政府的第一份白皮书，开创了表达政府立场的一种形式，树立了表达政府观点和信息的一个典范。此前，我国经常通过人民日报社论或者社评的方式表达政府立场，它的厚度、深度、信息量都是受局限的。而通过白皮书这种方式，内涵就会丰富得多。所以，这是中国政府在政府立场表达、信息传递上的一个创举。其次，从

---

① 亚洲人有着自身的社会认知和文化观念，参见 Ole Bruun, *Human Rights and Asian Values: Contesting National Identities and Cultural Representations in Asia* (Curzon Press, 2003); Damien Kingsbury and Leena Avonius (eds.), *Human Rights in Asia: A Reassessment of the Asian Values Debate* (Palgrave Macmillan, 2008); Randall Peerenboom, *Human Rights in Asia: A Comparative Legal Study of Twelve Asian Jurisdictions, France and the USA* (Routledge, 2006).

② 国家应当以真诚的态度找到符合社会具体情况的人权保护最佳模式。Dorothy L. Hodgson, *Gender, Justice, and the Problem of Culture: From Customary Law to Human Rights in Tanzania* (Indiana University Press, 2017).

内容上看，是第一次系统地总结中国的人权立场与实践。20 世纪 90 年代以前，人权在中国总被简单地理解为是西方人的骗局，后来有了我们自己的人权白皮书，思想才得以端正。人权被认知为世界人民的共同愿望、共同理想、共同追求。毛泽东在 1945 年 6 月 11 日曾发表一篇文章叫《愚公移山》，我国 1991 年的这份白皮书就可以被理解为一种愚公移山式的努力。它移走了世界上很多国家的民众对中国人权事业的误解，移走了中国人权理论的发展障碍，移走了中国民众在人权问题上的敏感。1991 年的这份白皮书是第一份强剂的脱敏药。它系统地总结了中国的人权立场和实践，开启了中国人权事业名实相符的伟大征程。"一代人有一代人的使命，一代人有一代人的长征。"我们就是接着 30 年前的这些杰出人士的接力棒，在人权事业上继续前行，努力把人权话语做到更好。再次，从属性上，1991 年的白皮书是中国人权外交的第一次努力。于今回眸，1991 年白皮书显然是人权公共外交的成功尝试。在 20 世纪 90 年代，很多人还没有意识到这竟然是中国人权公共外交的第一次努力、第一个里程碑。很多国家领导人、国内外专家对这份白皮书都给予了高度肯定，很多学者也觉得有拨云见日之感。最后，在工作的程序上，1991 年的白皮书第一次践行了政研深度融合的工作模式。以前，很难想象一份政府文件主要由学者反复研讨来完成。现在，几乎每一本中国人权领域的白皮书都有学者的深度参与。第一份白皮书确立了这样一种模式，让我们受到了启发，以后就一直跟进。笔者相信，日后的白皮书会在这样的模式下继续前行、继续发展。1991 年白皮书在开启山林阶段所形成的方向，特别是在抹去人们心中的误解、形成我们的文化自信方面是非常重要的。如果没有 1991 年的那份白皮书，真的不敢说我们的人权话语会发展到今天的水平。我们会共同努力，推动中国人权事业走向一个更新的境界。自那时以来，中国在人权文明领域做出了诸多努力，形成了中国式人权文明的基本特质。

（一）中国共产党领导

中国共产党的领导是中国人权事业的核心特征、力量源泉和稳定保证。作为一个以中国共产党作为执政党的国家，共产党的基本理念是以人民为中心、为人民谋幸福，这就决定了党和政府一定会造福人民、为人民服务，为人民的权利确立相应的制度，形成相关的方针政策，落实相关的行动。中国共产党的全体党员是中国各阶层中的先进分子和积极的工作者，他们有着崇高的政治观念和道德理念。无论是在生产还是生活中，无论是常态的工作推动，还是在非常时期的救灾救难、维持秩序，党员都能够做到冲锋在前、享受在后。所以，中国共产党的立场和使命、中国共产党党员的特质决定了中国人权事业一定会以中国共产党的领导作为核心特征。

中国共产党具有协调四方、统揽全局的作用，作为执政党，它能够更好地全盘看待国家与国际问题，更好地制定发展方针和政策，更好地领导全国人民进行政治经济科技文化环境保护等各个方面的建设，避免了有些国家采取两党制和多党制，在政治运行的过程中时常将大量的精力耗费在政党之间的争论甚至斗争上，避免了党的利益与人民的利益相违背，确保了中国共产党能够坚决彻底有效地将保护人权的思想理念贯彻到日常工作中。

中国共产党在工作的过程中始终注意党内的批评与自我批评，坚持监督检查，严格执行党的法规、纪律、规矩，这使得中国共产党人保持了在人民群众中的先进性，保证了不忘为人民服务的初心，牢记为人民谋幸福、为民族谋复兴的使命。党的领导体制和纪律检查机制，防止了中国共产党腐败、怠惰、僵化、落后。这些工作层面的特质保证了中国人权事业在党的领导下持续不断地向前发展，避免了一些政府所存在的虚伪地喊着人权口号，实际上却形成了小规模的利益圈子和行动团体的状况。

（二）积极有为的人权实现模式

在人权保护的方式方法上，中国更强调政府、政府工作人员要积极作为，为民众的利益着想，采取措施解决人民群众急难愁盼的问题；而西方更强调政府的不干涉，即尽到守门人的责任，更多由民众自生自发、主动寻找自己的幸福。在很多时候，西方国家政府连应尽的责任也无法承担，需要私人公司参与提供服务。这也反映出中国是积极能动的政府，是一个大政府；而西方国家主张给民众以自由，塑造成小政府。

一个国家的民主理念、民主制度、民主安排决定了这个国家人民群众所享有的人权的范围，人权实现的前提和人权监督的境况。在那些以直接选举为民主的唯一表现方式的国家，人民的权利在选举的过程中被"买断"，之后的政府就变成了一个挂着民选的合法性标牌的行动体系。这个体系在运行时，注重体现自身的意志，或者考虑一个小的社会阶层或利益团体的需求，却经常把人民群众的需求扔到一边。所以，选举之后的各项人权就受到了的局限。而中国的全过程人民民主不仅保证了公民的政治权利，在从国家到基层的各个层级充分地体现出人民的意愿，而且在政府执政的整个过程、各个方面、各个环节，人民都会通过多种形式有效地参与到国家治理、行业治理、地方治理、基层治理的行动和程序之中。人民群众通过多种方式和渠道对政府及其工作人员的行为方式、行为过程、行为内容进行监督，保证了政府行政过程的人民性，使得人权在政府执政的过程中符合民心、反映民意。与此同时，在人民代表大会制度之外，政治协商、民族区域自治和基层治理等不同的机制，也充分体现出了民主的灵活性和独特性，为中国人权事业的具体、深入、有效推进提供了制度保证。

（三）将生存权发展权作为首要基本人权

中国从 20 世纪 90 年代积极采用人权话语、确立起人权话语的基本思想理念和方针时起，就将生存权和发展权作为首要的基本人权，并反复予以强调。具体论之，在人权保护的位阶上，中国更强调优先保护与生命、健康安全有关的个人权利，强调以发展促进人权，以民生带动人权的全面发展；而西方则更强调个人的自由，包括表达自由、行动自由。这样，尽管双方对于人权基本概念和范围的认识相近，但是，在维护的次序、保障的位阶上有着较为明显的差异。

中国共产党和中国政府将生存权和发展权作为首要的基本人权，一方面体现了中国政府对于中国人民现实情况的深刻切实了解和洞察，另一方面也体现了中国执政党和政府采取措施积极推动促进基本人权实现的实践立场。中国政府没有将公民权和政治权作为首要基本人权，既决定于中国的传统文化对于人民生活的高度关注和人民群众自身对于生存状况的切实关心，也决定于马克思主义所揭示的人只有首先在物质生活层面得到满足才能够去考虑政治生活、精神生活。这种论断也被现代心理学、社会学和其他相关的科学所印证。

中国古代的民生思想特别注重"仓廪实而知礼节"，形成了以人民的基本生活安定为主要表现形式的人权文化。因而中国强调生存权和发展权，回应了中国传统文化的特质与中国历史的经验。

中国强调，人权必须与社会的具体发展状况密切结合。中国长期处于社会主义初级阶段，使人民实现温饱、带领人民实现小康，是人权最为关键最为重要的部分，也是推动其他领域的人权实现的前提基础和保障。从中国小康社会建设的历史进程能够看出，中国在人权领域迈出了一个又一个坚实的步伐，中国人民的权利日益丰富、日益真实，也对全世界人民的人权构成了良好的保障和有效的促进。

故而，中国政府的人权立场具有扎实、务实、踏实、真实的特征，而不是仅仅强调政府消极地"给民众以自由"，放任民众构建一个自生自发的秩序。现代经济学证明，完全任由社会自发演进、完全相信"看不见的手"不仅不会构建起良好的经济状态，也不会形成健康的社会状态。政府的积极参与规制是社会形成健康状态的不可替代的关键因素。最值得关注的是，中国共产党和中国政府在治国理政的过程中，积极努力将这种话语融入行动力，切实加以实现。中国的这种立场态度和行动是与中国的发展阶段、中国人民对权利的基本需求相联系的，体现了中国人权思想、话语和实践的历史阶段特征和具体社会特征。

（四）建构普惠的人权体系

中国注重人权的普惠性，也就意味着在中国境内为了促进发展和实现人权，各级政府努力采取法律和行政措施，缩小人与人之间在民族、职业、地域、性别等方面的差别，逐步实现一种全面发展、公平发展的社会格局。

由于历史文化差异，在个人权利和集体权利之间进行选择或排序的时候，中国经常会强调和重视集体权利，而西方则经常会更强调个人权利。从 20 世纪 80 年代开始，中国就确立了让一部分人先富起来，先富带动后富，逐步达到共同富裕的社会经济发展目标。此后，中国又通过税收相关的法律制度、扶贫开发的政策实践，推动小康社会的全面实现。

在这一过程中，中国共产党和中国政府采取切实有效的措施，减小城乡差别、东西差别、官民差别，尤其是通过一系列对农业、农村、农民的关心优惠措施，使作为农业大国的中国在第一产业方面取得了突飞猛进的发展。农民的生活水平得到了迅速的提升。与此同时，各级政府也通过法律机制高度关注农民工的生活状况。

中国的扶贫，绝不是表面文章、走走过场。作为全球性人权建设的伟大工程，中国对于贫困地区和贫困人口予以特别的关注，通过精准扶贫的方式，将贫困户建档立卡，不仅考虑如何改善他们的生活，而且采取可以核查的监督手段，"授人以渔"，提升他们的造血能力，推进脱贫长效化，保证扶贫工作有效开展。

通过劳动与社会保障领域的法律与政策提升劳动者的待遇，完善劳动者的权利。例如，在受到金融危机冲击和新冠疫情影响之后，政府迅速出台有效措施扩大就业，尤其通过创新创业的鼓励措施，避免人们在危机状态之中陷入困境、贫穷。

由此，中国的人权道路努力使最大多数的中国人民得到安居乐业的幸福生活，并且确立起跟踪和保障的制度与措施，确保此种普惠的人权能够持续发展。

（五）推进人权领域的全球交流与合作

在当今的全球化国际环境下，没有一个国家是政治、经济、文化科技意义上的孤岛。全球各个国家深度合作、相互依赖，所以人权的实现也必须建立在全球化的基础之上，必须以全球治理的观念和模式进行有效的维护。

一方面，坚持认为人权作为人类文明和文化的一种表现形式，具有多样性的特征，必须在各美其美、美美与共的文明多样性的方针之下予以理解。在当今世界，仍然有一些国家片面地认为，人权问题更多的是一种政治上的对立态度和国家间的打压口号，甚至直接将其作为颠覆一国政府的工具。中国政府和中国人民坚决反对将人权问题政治化的态度。

另一方面，也要求各国能够相互理解、相互尊重、相互支持，通过交流和合作有效地实现良好的人权。中国提出了人类命运共同体的理念，特别主张要构建一个持久和平、普遍安全、共同繁荣、开放包容和清洁美丽的世界。这些对于人类世界所构划的未来图景代表着世界各国人民对于基本人权的渴望和追求。中国愿意遵守国际法和国际关系的基本准则，在此基础上，与世界各国一道，实现全球完善治理，推进世界各国人民的基本人权。

四、人权文明发展的阻力与困境

之所以要讨论人权文明的多样性问题，是因为在跨国人权的交流对话和国际关系之中存在着一种倾向，即认为人权文明不应当是多样的，而应当是单一性的：应当按照一种模式理解其内涵，按照一种方式列举其外延，按照一种政策维护其存在，按照一种程序救济其可能出现的扭曲。特别是那些将人权理解成人类普遍的权利，界定成"人之为人就理所当然享有的权利"的政府和学者，他们不愿意从历史发展条件和社会环境约束的角度去认知人权的产生、发展和现状，而更愿意从先验的、超验的角度去阐述人权的产生、存在和现状，这对于全球人权事业的发展造成了一定程度的观念混淆，也不利于国际社会的人权合作与制度建设。故而，本书对人权文明的多样性进行进一步的展开分析，以揭示人权文明多样性在理论结构、历史逻辑和现实环境中的必然性、现实性和重要性。

（一）蒙蔽人权文明多样性的政治势力

如果不是存在着各种各样对人权的误导、错误认知和模糊解释，人权文明的多样性本来是一个显而易见的事实。但是，人类在当初发明人权的时候存在强大的封建势力，新生阶级想要与这种势力作斗争，自身的力量和权威都显得渺小，因此，他们的思想家就拿出了神法、自然法的概念，试图说明不是这些阶级民众自己要求权利，而是在人类的生活结构之中，自始就应当拥有权利，是制度的错误选择使得自然而然的权利受到了忽视，所以一个良好的社会应当恢复这种本来就属于民众的权利。

资产阶级的这种论证逻辑是用神法和自然法给他们的主张增强说服力。[1] 由于这是最早的关于人权基础的论证，这种论证在人们的思想知识还不够深入全面，在人们对社会的理解阐释还没有那么透彻的时候，是

---

[1] 李其瑞：《西方人权思想的历史演进》，载《经济与社会发展》2003 年第 6 期。

有很强的号召力的。这种原始的号召力、说服力导致此种人权学说在整个人类文明中长期占据主流地位。然而，无论历史上这些理论曾经多么辉煌，都不代表它阐释了人权背后的真理。问题在于很多西方人坚持此种人权观念，以及在此种人权观念上所形成的一系列人权主张、人权制度就是人权理论和实践的唯一正确版本，将其他不同的观点都视为是异端邪说。这对人类社会的发展造成了很大的不良影响。因而现在我们再度提出人权文明，倡导人权文明的多样性，就是要拨乱反正、正本清源，就是要揭示人权思想和实践的真实情境。

21 世纪 20 年代之后，人权领域"中升西降"的趋势更加明显，中国政府和人民所面临的人权压力、人权斗争会更多。以自由为核心要义的西方传统人权观会受到更多的质疑，而以发展为核心动力维护人权的中国式人权观念会在世界上受到越来越多的关注、认可和重视。在这一时间段前后，世界格局的变化加快，其中最为显著的因素就是中国的高速度、高质量发展，这给包括广大西方国家在内的世界各国带来了深刻的影响。他们会反思，传统的西方式民主政治、人权理念是否存在着远离经济社会发展重要动力的问题，并会因此调整自身的发展理念和发展政策，在一个更加合理的维度上去规划人权的制度。而中国经济、社会、文化的全面提升，给西方和全世界留下了深刻的印象，中国在人权方面的努力、中国所提出的人权主张会受到越来越多的认可。实践证明中国的人权思路是正确而有益的，西方式的人权思路前景并没有那么的光明，特别是在国际发展议程中，西方国家试图用"华盛顿共识"促使发展中国家在去除政府管制的基调下发展，最后都没有成功。中国式的国际发展规划却取得了很多有益的成果，所以中国特色人权理念在国际关系中会受到更多的重视。但与此同时，西方国家基于其传统的人权思想观念会对中国的治理，特别是人权，进行更为尖刻的批评和更为猛烈的遏制，因为它们在相当长的时间内都不愿失去世界经济统治权和话语统治权，不愿意看到中国的良好发展。因而，今后国际关系中的人权问题仍然会长期成为中西制度竞争、话语竞争的重要方面。

正是由于在一些国家、一些政权、一些学者的眼里，人权是一种道德武器，可以用来打击他们所不喜欢、不接受的政治体制和政治组织，所以有必要特别强调和反复重申人权文明的多样性。一些西方大国以自身的价值尺度和利益取向为依据，对其他国家的人权状况指手画脚，甚至不惜采取武力进行干涉。由此，人权和霸权以不适当的方式联系起来，不仅影响了人权的真正有效保护和实践，而且使人权的概念蒙受了一些不应有的消极评价，甚至被一些国家视为负面的观念。例如在中国，之所以在相当长的一段时间内，人权被视为一个敏感词汇，人权成为一个敏感领域，就是由于西方一些国家、政府对于人权的霸权使用。[①]

（二）人权文明存在与发展的理论澄清

我们应当不在任何意识形态和政治立场的视角下，对人权文化和人权文明树立清醒而温和的认识。在此，有三个层次的理论问题需要明确：

第一，有些文明和文化长期不用人权的概念，没有形成人权方面的制度，并不等于否认人的尊严和价值，并不等于背弃人本主义。从当代学术研究成果看，世界的各大文明在发展的过程中都逐渐产生了对人的价值尊严、人对于社会的重要意义、人追求自身幸福所拥有的至高无上的地位和优先排序的认知。这些认知，很多都没有采用人权的概念，也没有形成人权的制度，然而，它们同样是在确立和构建社会之善的方向上进行的努力，都一样会导致政治昌明、社会发展、经济繁荣。所以，认为有些文化没有产生出人权的概念和理论、没有形成人权的规范和制度就是野蛮的文化，是以偏概全，是未能洞察人类社会发展价值的核心和关键所作出的偏差判断。

第二，在人类文明的发展进程中，人权概念因为较好地体现了人类对于尊严价值的肯定、较好地凝聚了认可尊重和维护人追求幸福的努力，故而在社会上产生了广泛的影响，在跨文化的维度上得到了更为广泛的承认和支持。所以，人权是随着人类生活的跨国化而传播的，人权的理念与制度是在文明交流融合的过程中得以普遍化和广泛化的。这是社会

[①] 颜清辉和程志敏提出，我们应该摆脱西方形而上学意义的普遍性与特殊性的争论，拒绝、反对霸权主义的价值统治，回归到"多元一体"的历史事实与文化要求中，回归到国际关系的多元诉求与共识中，回归到"人类命运共同体"的担当与实践中。人权的诠释与实现，必须考虑到世界的多元性与文化的多样性，必须与各自的文化传统相适应。颜清辉、程志敏：《论中国人权思想的文化基因》，载《贵州社会科学》2021 年第 8 期。

进步所导致的必然结果，也是人类发展走向新形态，即从各个文明局部的历史转化为全球历史的进程中所形成的积极有利的趋势。

当今世界，不存在人权的完美典范，"山巅之城"只是一些文明的幻想。以美国为例，其人权保护的最大问题，从国内角度讲，是白人的优越感和在此基础上出现的种族偏见和种族歧视。虽然在主流的政治观点和学说中，美国一直强调文化包容性，但是在真正的政治生活、文化生活、社会交往实践层面，却广泛存在着白人的优越认识，这种优越认识使得他们在政治、科学、技术、文化、教育等多个方面对亚裔、非裔人群采取歧视和压制的态度。从早期的表面上、法律上的歧视，到现在隐形、潜藏的歧视，种族问题导致其社会内部的紧张状态时常显现，也降低了美国政府在治理社会、改进社会秩序方面的效率和效果。从国际角度讲，美国人权最大的问题是在双重标准之下的傲慢与偏见。对于传统的西方伙伴，美国会持非常宽容的态度，即使出现了社会动荡，美国也会予以理解，甚至进行援助。而对于在意识形态、社会制度上存在明显差异的国家，美国就会想方设法地利用社会矛盾、社会动乱挑起更大事端，进行政权颠覆。甚至在那些社会秩序相对稳定的国家，美国也会培植反政府力量，进行军事培训，进而对这些国家进行颜色革命。所有的这些行动都以人权为借口，所以，人权已经成为美国在国际社会进行政治斗争和军事打击的重要借口，其目的就是高举人权旗帜以加速在国际社会争取霸权的进程。

第三，在人权的概念和理想得到世界各国、各民族、各种文化普遍支持和认可的大前提下，不同的国家、不同的社会、不同的文化传统可以对人权的具体表现方式、表达方式、保护方式做区域化、民主化的适应性发展。人权作为社会文明的一部分，作为包含思想制度和各方面物质建设的总和，不像数学物理化学那样具有统一的规律和表达方式，人权的思维方式、表达方式、认可和保护的方式都允许存在诸多的差异。应当允许不同的国家、民族、社会文化按照其自身的情况与特色去尊重和维护人权，允许它们在人权这一共同的术语之下确立彼此有差异的理论与实践模式，这是一个健康发展的国际社会所必须尊重、认可和鼓励的思想与行动模式。那些傲慢地坚持人权只有一种理论逻辑、一种表达

663

方式、一种保护位阶、一种制度架构的思想，显然是霸权主义的；那些不能够接受人权尊重和保护存在多种可能、多种形式的观念，都是封闭、僵化和偏狭的。

就像即使使用人权这个概念也未必真的是在提升人的尊严、维护人的价值，而很可能是打着人权的旗号进行不当的干涉、侵害他国的主权、危害他国的内政一样，即使不使用人权的概念，在机理上仍然有可能有利于人的尊严、价值、追求人类的幸福。

特别值得说明的是，强调人权是一种文明，强调人权具有文明多样性的特征，只是说人权的具体认识、人权的主要规范、实现和保护人权的具体组织程序可以根据不同的时空条件做不同选择，可以在不同的文化传统和社会资源有机而复杂的组合约束下形成自身的特色和模式，却在任何意义上都不是为否定人的地位、践踏人的尊严、拒斥人的价值、打击人的行为提供支持和借口，更不是为背离人本主义和人的发展理念与实践张本。也就是说，强调人权文明的多样性，是将因时、因地、因势、因力制宜，更加充分和有效地维护权利作为基本思路，却在任何意义上都不会认可和鼓励那些打着人权文明的旗号所从事的辱没人权的行为，也不会支持那些以人权文化差异为借口，在实践中却否定基本人权的做法。①

人权文明多样性不是忽视和破坏人权的借口，这意味着，尊重和保护人权可以理解为一个较为宽广的光谱，允许基于不同条件而显示出不同波长的光，然而却不能将掩盖光束或者破坏光束看成是光的一种表现形式。人权作为一个色板可以有不同的颜色，却不能将没有这块色板、没有任何颜色视为一种颜色。人权的表达方式、保护方式与打击人权、危害人权是截然不同的。这一点可以从国家、政府和其他行为体的相关规范和行动的动机和观念层面予以揭示。就像主张人权理念和制度的普遍性不应当成为党同伐异、文明冲突、意识形态对立的借口和武器一样，

---

① 讨论人权的文化多样、文明多元，并不是要为以政治和经济目的侵犯人权的行动寻找借口，参见 Reza Afshari, *Human Rights in Iran: The Abuse of Cultural Relativism* (University of Pennsylvania Press, 2001)。

倡导和强调人权文明的多样性，在任何意义上都不能是文过饰非、颠倒黑白。

（三）西方国家政客和学者反对人权文明多样性的动因

在有些国家和文明看来，人权可以作为法律战的一个最主要、最关键的领域。它们用自己提出的人权概念去对照其他国家、民族所理解的人权，认为其他国家和民族的人权认知是错误的，甚至是与其背道而驰的。它们用自己的人权标尺去衡量其他国家尊重、保障、提升人权的实践，并认为其他国家没有有效地维护人权，在人权方面存在着种种欠账，甚至犯下了种种罪行。在很多时候，这些作为批评者的国家自身就可能存在着诸多的人权问题。例如，在历史上，这些国家几乎毫不例外地存在着人权欠账，而且这些历史问题几乎已经严重到没有任何机会予以补偿和恢复了。而与此同时，这些国家和文明自身的人权保护状态也绝不是无懈可击的。用一种人权的观念、制度和实践去不公正、不合理、不具有建设性地批判和打压其他人权的思想、规范和做法，本身就偏离了有效维护人权的轨道。或者说，单纯以一种人权文明形态作为尺度去品评和蔑视其他的人权文明，本身就侵害和侮辱了人权这个伟大的字眼，背离和抛弃了追求人权、实现人权这个世界各国共同的梦想。[①]

列宁在一篇名为《论国家》的演讲中，对于资本主义国家，特别是美国和瑞士所坚持的民主和民权理念进行了批判，更揭示了大量西方国家对布尔什维克的攻击。[②]如果将马克思和恩格斯的《共产党宣言》与列宁的《论国家》进行对读，至少可以发现以下四个方面的问题：

第一，西方资本主义国家对于无产阶级及其政党的攻击从未停止。那些西方国家之所以从19世纪40年代到20世纪20年代一直对无产阶级的代表共产党持激烈的反对和打压态度，其根本并不在于他们所宣称的共产党的主张有多么邪恶，共产党员有多么凶猛，事实上恰如恩格斯所说的，理论只要彻底，就能把握群众。共产党恰恰就彻底地把握了

---

① 《列宁专题文集·论辩证唯物主义和历史唯物主义》，人民出版社2009年版，第281—297页。

② 齐延平、曹晟旻：《反"污名化"与人权文化的重建》，载《人权》2020年第3期。

社会存在斗争发展的真理，所以能够掌握群众，能够产生雄辩的说服力。而这种说服力恰恰是建立在对社会发展的基本规律深刻的认知和透彻的分析基础之上的。这也正是资产阶级政府和国家一直试图掩盖的事实。由此就可以理解，西方国家反对共产党，根本上是由于对共产党的恐惧，对共产党所把握的真理的恐惧，对共产党试图团结最广大人民群众推翻阶级剥削和压迫，建立起一个更加公正、合理、平等的社会秩序的主张和奋斗的恐惧。这种情况不仅仅体现在 19 世纪 40 年代至 20 世纪 20 年代，同样体现在 20 世纪 50—90 年代，乃至 21 世纪 20 年代西方所进行的和平演变、茉莉花革命等，本质上都是试图颠覆共产党，试图用他们自己的主张来遏制人们对于一种良好的社会形态的追求。因而，西方诸国对于当今的共产党和共产党国家所进行的诸般污蔑，既有深远的历史传统，更有深刻的政治根源。

第二，西方资产阶级国家总是认为他们代表了人民的意志，代表了最为真实和深刻的民主和人权。西方资产阶级国家从演化之初就代表着有产者的利益，无论是美国《独立宣言》和宪法中所体现的贵族意志，还是英国国家发展中所呈现的资产阶级主张，都无一不深深地烙印着阶级统治的现实。然而西方国家却有意隐瞒其民主、人权的虚伪性，将他们的民主说成是最直接、最普遍、最广泛的民主，将他们的人权阐述为最自由、最真实、最可靠的人权。进而，将与他们的思想观念、意识形态存在差异的非西方国家进行的民主尝试和人权建设视为无物，甚至是负面的制度，用一系列的政治谣言和文化污蔑来全面否定非西方国家在民主、自由、人权方面所做出的积极而有益的贡献。

第三，西方资产阶级国家总是试图掩盖国家的阶级性。西方资产阶级的国家学说虽然不至于源远流长，但是也传承有序，大抵可以从宗教和世俗两个角度予以分析。从宗教的角度，西方曾经长期主张君权神授，认为国家具有自始的正当性，认为君主的权力不可撼动、不可质疑。这种来自中世纪神学的观点，实际上在很大程度上也影响了西方资产阶级的学者和社会观念。这种神学政治促动人们在宗教经典和信仰中去寻找国家的合法性基础。然而对于那些无神论者而言，更为重要的是如何保证在没有宗教经典和宗教神明的背景下，清晰地阐述国家的来源和国家的权威。所以他们设计了自然状态、社会契约和由社会契约而形成的政治国家的假说。^① 尽管这种假说充满了魅力，却根本不符合人类历史的实际经验，也无法说明社会的实际状况。^② 超越这种思想的无产阶级通过其历史唯物主义观念，说明了国家来自于生产力和生产关系的发展，来自于统治阶级试图用暴力来实现社会秩序的现实，将国家理解为阶级统治的暴力机器。这种状况是西方学者、西方政客所不愿意面对的。因而，他们故意忽视这样的学说，而坚持自身的自然权利理论，并且用在阶级统治的格局下赋予民众权利的规范来掩盖共产党所揭示的剥削、压迫的阶级统治现实。

第四，西方诸国对于无产阶级及其政党的打压，经常建立在民主和人权的基础之上。西方国家对于共产党和无产阶级的打击和污蔑，不仅体现在武力斗争上，而且体现在民主和人权上。他们一方面掩盖自身民主、人权的不彻底甚至虚伪性，另一方面努力将无产阶级政党及其国家描述成是一群穷凶极恶的狂徒。根据他们的描述，在这些政党里，没有民主，只有暴政；没有人权，只有专权；没有自由，只有奴役。这种论调在马克思的时代广泛存在，在列宁的时代广泛存在，在毛泽东的时代广泛存在，甚至在今天中国共产党已经发展了 100 多年，正在领导中国人民信心百倍地建设富强民主文明和谐美丽的社会主义现代化中国之时，也广泛地存在着。他们或者将中国共产党的领导视为眼中钉、肉中刺，或者对中国的农业农村政策百般刁难。这些造谣生事不仅罔顾客观真实，而且有悖于人类常识。更主要的是，这些论调充分显示了这些国家以文明冲突作为思考和推进国际关系的基本思路，将国家竞争力建立在霸凌其他国家和恶意诽谤其他国家之上。

五、人权文明的发展与全球治理的未来

人权作为人类文明发展的一个部分的定位，以及人权文明具有多样

---

① 参见丛日云：《近代人权学说的思想来源》，载《辽宁师范大学学报》2000 年第 1 期。
② 参见何志鹏：《非自然权利论》，载《法制与社会发展》2005 年第 3 期；何志鹏：《非社会契约论》，载《安徽大学法律评论》2005 年第 1 期。

性这一论断的澄清，对于我们观察世界政治格局和历史发展具有很强的启示意义，对于在未来的全球治理中更好地进行人权建设、人权交流对话，也具有深刻的指引价值。

（一）人权文明多样性的时代价值

我们从文明的角度去理解人权，意味着首先我们看清了人权是人类社会创造的产物这样一个事实，这本身就是一种历史的进步，一种思想的清晰。此前有很多理论家和实践者都试图向民众传递这样一种观念，即人权是先于人类社会而存在的，与人类自身的奋斗没有直接联系；人类只能发现人权，却不是发明人权；无论人类是否看到、承认人权，人权都自然而然地在那里，不为所变。这种观点更适合于阐发一种超越人类社会自身实践的客观真理、自然规律，但是人权并不属于这种客观真理和自然规律。人权是人类社会进步的一个成果，当然是一朵伟大的文明之花。但是无论它多么伟大，都不能演变成为一个超越社会存在、超越人类奋斗的进程，而直接与人本身相连接的思想制度和实践。人权并不是先验和超验的。如果说在人权之中真的存在某种超越人自身存在和历史发展的因素，那就是对人的尊严、自由、幸福生活的追求和渴望。人类的这些追求是非理性的，也是与人的奋斗没有直接关系的。这一点，从中国古代孟子与告子讨论人性的时候，就已经揭示。① 而边沁在其功利主义思想中，也将这种趋乐避苦作为一个基本原理。② 明确地说，人权作为一种思想、一种制度、一种实践，是为人们追求尊严、自由和幸福所确立和形成的理念、规范和做法，却不是人的尊严、自由和幸福本身。作为实现尊严、自由和幸福的道路，人权不是唯一的，而必然是多元化的。这就是人权文明存在的理由及其多元化的内涵。对这一事实的认清能够雄辩有力地驳斥那些反对将人权作为人类社会斗争成果的论调，能

---

① 参见黄启祥：《告子与孟子人性论辩之分析》，载《道德与文明》2019 年第 1 期；陆建华：《孟子的人性世界——从人性的本质、内容、根据与价值指向的维度看》，载《河南社会科学》2021 年第 5 期。

② 参见林奇富：《契约论批判与批判的尺度——杰里米·边沁功利主义政治哲学探析》，载《吉林大学社会科学学报》2003 年第 1 期；王文华、刘常春：《边沁功利主义评析》，载《武汉科技学院学报》2004 年第 7 期。

够更加凸显人类历史发展的进程中那些伟大的思想家、革命家、政治家、制度改革家和一批又一批踏踏实实的实干者所起到的突出作用，而不至于空泛地认为，人们实际上可以不经任何扎实的奋斗而实现人权。

（二）人权文明多样性的世界影响

人权文明多样性的世界意义在于，这种主张使得各个国家、各个地区按照自身的历史文化传统、民族宗教习俗等因素综合考虑去设计、规划、实施适合自身需要的人权制度变得更加合理。在一元化人权理念占据主导地位之时，很多国家虽然在目标上是积极地推动人的尊严、自由和幸福，但是所采取的措施与传统的强调公民权利和政治权利，强调以选举、言论自由和法定程序作为人权核心的理念不完全相符，致使这些国家政府在积极促动人权的时候缺乏理论自信、制度自信；在进行国际交流的时候，缺乏充分的话语自信。他们对于相关的行动是不是属于人权，是不是真的在保护、建设和促进人权，并没有充分的信心。这导致了人权事业在观念上的偏差。一些表面上有助于人权的活动，由于社会文化的差异，而变得舍本逐末；一些真正能够实现人权的做法，却纯粹由于观念的差异、认知的不同，而变成了偷偷摸摸的行为。这对于国际关系而言，是不健康的；对于人权自身而言，也是没有积极进步意义的。当我们坦然地提出，人权作为一种文明应当具备多样性，而且在社会实践中也确实体现了多样性之时，各个国家、各个政府就能够更加积极正面地去认识和评估其所采取的政策和手段，能够更加积极正面地去认知其在人权方面的努力奋斗，能够更为全面地以人权为尺度去衡量自身在人权方面所取得的进步，也能够更加踏实和深入地参与国际人权事业的交流和合作，从而为更为广泛深入普遍地尊重、保护、实现人权而做出扎实的努力。

中国人权事业的发展进一步印证了人权文明的多样性，同时也丰富了人权文明的多样性。之所以说中国共产党引领中国人民建设的人权事业丰富了人权文明，印证了人权文明的多样性，是因为中国共产党所走的人权道路与以往各个国家、各个政党所走的都不同。我们的艰辛探索有一些取得了成功，有一些也留下了深刻的教训。这种努力进一步说明，在人类社会之中没有也不应当有对于所有的社会体系、国家状况、民族文化都通行的人权标准或人权建设方式。每一个国家、每一个民族、每一个地区想要有效地发展人权，都必须符合自身的客观实际情况。尽管大家都认识到，保护人权是人民的共同愿望、共同梦想，是政府的共同责任，但是具体的保护方式、保护手段却必然是多样的。经济社会发展是实现人权的重要基础、重要手段、重要保障，与此同时，实现人权、全面提升人权事业也是为了人的全面发展。换言之，作为社会发展的机制，人权制度本身不是人类社会生存的目标，目标是且只能是人自身的幸福、自由和全面发展。在人的全面发展基础上，中国提出以人民为中心的人权理念，进而注重将推动人类命运共同体的实现作为一个全景式的发展方向，这对中国、对世界而言都是治理走向深入、走向合作、走向全球的重要表现，也是国际社会更加充分地实现人权的重要方式。之所以说中国的人权努力丰富了人权的多样性，是因为中国通过自身的尝试探索出了一条可行的道路，这种道路可以在国际平台与各国分享，让各国从中汲取有益的经验和教训，从而对有效保护和发展本国的人权做出积极有效的努力。与此同时也说明，不尊重社会基本条件、片面地主张人权的单一模式，在当代世界是走不通的。

阐述人权文明的存在，并说明人权文明具有多样性，在世界人权发展的进程中具有澄清误解、开辟未来的作用。正是由于在当今国际社会，有些国家、有些专家认为人权只有一种版本、一种模式，以自身的人权标准衡量其他国家、其他民族、其他区域、其他社会的人权观念、人权理论、人权制度、人权实践的情况还较为普遍地存在着，故而，说明人权属于人类自身实践所发明创造出的成果，人权是人类自由和尊严的一种制度形式，有助于消除那些迷信单向度人权思想制度的认识，消除一些国家和文化基于自身的历史传统、强盛国力、话语优势所塑造的道德优越感，实现各个民族、各种社会、各个政府的人权自信。人权文明多样性的观念告诉我们，只要国家和政府秉持诚意，认可人民的尊严与价值，坚持努力实现人民的生活愿望，秉承敬业精神不断进取满足人们对幸福生活的期待，无论对于人权做何种排序，无论在保护人权方面采取何种具体的制度和措施，都是无可厚非、不应诟病的。即使在尊重和保护人权、改进和实现人权的过程中存在着一些经验不足或方法效果欠佳的状况，也仅仅是治理能力和治理理性所固有的缺陷，不应当视为国家没有有效地尊重和保护人权。只有不断促进不同国家、不同区域、不同传统、不同文化之间的坦诚交流、相互借鉴、通力合作，才能够真正有效地从更为广阔的地理意义上去提升人权。人权作为人类文明的一种表达方式，必然存在于社会生活具体形态的基础之上，受物质因素和其他上层建筑的影响。在人类的生活区域相距很远的时候，人权的认识和实践必然相差甚远；而当人类的生活不断交融，相似性越来越多，交往越来越密集时，人权的表现方式也会呈现趋同化。这就使国家政府之间针对人权问题进行跨国研讨变得更加必要和有益。人权文明的多样性意味着在关注和认可多样性的基础之上促动不同人权文明借鉴和沟通，从而更加实事求是地面对这个多样化的世界，积极促进以多种层次、多种方式维护人权，并实现人类社会和平繁荣发展进步的目标。

当我们说人权保护"没有最好，只有更好"的时候，是强调在社会的时空条件之下，各个资源调配的行动者应当更多地从历史纵向演进的时间发展角度去促进本国人权的状况，而不应当过于强调人权的横向比较。正是由于人权是一种社会文明的体现，各个国家和地区的人权内容、表现形式、保护方式受制于这一区域的物质条件和思想文化氛围，① 故而，在很多时候，片面地追求人权状况的横向比较是缺乏科学性和有效性的。任何一个国家都不能确保本国的人权已经得到了全面彻底的保护。每一个区域在人权实现的领域和程度上都一定存在着进一步改善的空间。这就是强调人权作为文明、人权文明具有多样性给世界文明发展进步提供的有益启示。强调人权保护没有最好、只有更好，是要求各个国家在人权保护方面都应当秉持一种审慎自省的精神，避免在人权方面过度膨胀，将本国的人权思想和实践作为全球的统一标准、唯一标准，强行要求他国向本国的人权程度看齐。这种思想显然是背弃人权作为文明、人权文明具有多样性的基本事实的。主张人权发展没有最好、只有更好，同时也意味着敦促各个政府及其他人权事业的掌控者不断改进自身的人

① Xiaorong Li, *Ethics, Human Rights and Culture: Their Compatibility and Inter-Dependence* (Palgrave Macmillan, 2006).

权治理能力和治理体系，通过降低交易成本、提升制度效率的方式，以更高的水平实现人权。当然，强调人权保护没有最好、只有更好，并不是认为不同区域的人权之间没有任何共性。人权之所以被称为人权，被视为世界各国人民的共同梦想，就是因为世界各国对于人的尊严价值的认知存在着共识。[①] 这也就意味着，在人权文明多样性的基础上，可以增进相互了解，在明确人权维护的时空条件和动态演进的前提下，可以彼此借鉴、相互交流、共同进步。

展　　望

"人人充分享有人权，是人类社会的共同追求。"这代表了人权的共性。在此基础上，中国提出了人民幸福生活是最大人权的论断。对这一论断有着很多的理解和分析，[②] 其实质在于揭示人权最具包容度的最广阔维度、最崇高理想、最终极目标。人权是人类文明的一部分，随着人类文明走来，也势必与人类文明一起走向未来。在处理人权问题的态度上，中国认为人权保护始终在路上，没有最好、只有更好，没有完成时、只有进行时，以一种谦逊诚恳、文明多元、交流互鉴的态度去对待世界人权问题。而西方国家则多以世界人权标准的确立者、引导者、评判者的身份自居，经常对他国的人权评头品足。这也体现出中华传统文化温和内敛与西方文化积极外露之间的差异。作为人类政治文明和社会治理的一个重要创造性成果，人权需要丰富多彩才能健康持续，需要"各美其美"才能"美美与共"。当我们努力追求和体现国际关系的多边主义的时候，必须承认，国家对于国际事务有着不同的立场、观念，健康的国

---

① Abdullahi Ahmed An-Na'im, *Human Rights in Cross-Cultural Perspectives: A Quest for Consensus* (University of Pennsylvania Press, 1995).

② 参见《求是》杂志编辑部：《人民幸福生活是最大的人权》，载《求是》2022 年第 12 期；柳华文认为，这一论断"是对当代中国人权观的经典表述"，参见柳华文：《如何理解"人民幸福生活是最大的人权"》，载《光明日报》2022 年 6 月 17 日；鲁广锦：《人民幸福生活是最大的人权》，载《人民日报》2022 年 7 月 14 日。

际关系需要包容开放、合作发展这一事实。当我们倡导不断厉行国际法治、推进全球治理的时候，就意味着我们充分认可不同国家处理不同领域问题的独立自主特征。就人权问题而言，只有认可不同地域、不同国家之间在人权具体指向、人权优先排序和人权保护方法上的多样性，才能够真正实现各国人权的进步和人权的跨区域对话、跨文化交流。面向未来，进一步加深不同人权观念与实践之间的理解和互动，是推进塑造国际人权良法和全球人权善治不可或缺的观念基础和实践模式。

主要参考文献

［战国］左丘明：《国语》，［三国］韦昭注，上海古籍出版社 2015 年版。

［汉］班固：《汉书》，中华书局 2007 年版。

［南朝宋］范晔：《后汉书》，中华书局 2007 年版。

［唐］房玄龄等：《晋书》，国家图书馆出版社 2014 年版。

［明］黄宗羲：《明夷待访录》，中华书局 2011 年版。

［清］顾炎武：《亭林诗文集：诗律蒙告》，上海古籍出版社 2012 年版。

［清］顾炎武：《日知录集释》，上海古籍出版社 2014 年版。

［清］唐甄：《潜书注》，四川人民出版社 1984 年版。

［清］王夫之：《读通鉴论》，卷二十九，中华书局 1975 年版。

马克思、恩格斯：《马克思恩格斯全集》，第 1 卷，人民出版社 1956 年版。

马克思、恩格斯：《马克思恩格斯全集》，第 2 卷，人民出版社 1957 年版。

马克思、恩格斯：《马克思恩格斯全集》，第 3 卷，人民出版社 1960 年版。

马克思、恩格斯：《马克思恩格斯全集》，第 6 卷，人民出版社 1961 年版。

马克思、恩格斯：《马克思恩格斯全集》，第 21 卷，人民出版社 1965 年版。

马克思、恩格斯：《马克思恩格斯全集》，第 39 卷，人民出版社 1974 年版。

马克思、恩格斯：《马克思恩格斯全集》，第 44 卷，人民出版社 2001 年版。

马克思、恩格斯：《马克思恩格斯文集》（共 10 卷），人民出版社 2009 年版。

马克思、恩格斯：《马克思恩格斯选集》（第 1 版，共 4 卷），人民出版社 1972 年版。

马克思、恩格斯：《马克思恩格斯选集》（第 2 版，共 4 卷），人民出版社 1995 年版。

马克思、恩格斯：《马克思恩格斯选集》（第 3 版，共 4 卷），人民出版社 2012 年版。

列宁：《列宁全集》，第 1 卷，人民出版社 1956 年版。

列宁：《列宁全集》，第 2 卷，人民出版社 1984 年版。

列宁：《列宁全集》，第 4 卷，人民出版社 1984 年版。

列宁:《列宁全集》，第 32 卷，人民出版社 1985 年版。

列宁:《列宁全集》，第 35 卷，人民出版社 1985 年版。

列宁:《列宁全集》，第 36 卷，人民出版社 1985 年版。

列宁:《列宁全集》，第 7 卷，人民出版社 1986 年版。

列宁:《列宁全集》，第 37 卷，人民出版社 1986 年版。

列宁:《列宁全集》，第 39 卷，人民出版社 1986 年版。

列宁:《列宁全集》，第 40 卷，人民出版社 1986 年版。

列宁:《列宁全集》，第 12 卷，人民出版社 1987 年版。

列宁:《列宁全集》，第 26 卷，人民出版社 1988 年版。

列宁:《列宁全集》，第 27 卷，人民出版社 1990 年版。

列宁:《列宁全集》，第 28 卷，人民出版社 1990 年版。

列宁:《列宁选集》，第 3 卷，人民出版社 1995 年版。

列宁:《列宁专题文集·论辩证唯物主义和历史唯物主义》，人民出版社 2009 年版。

毛泽东:《毛泽东选集（4 卷本）》，人民出版社 1991 年版。

毛泽东:《毛泽东文集（8 卷本）》，人民出版社 2009 年版。

毛泽东:《建国以来毛泽东文稿（全 20 册）》，中央文献出版社 2023 年版。

邓小平:《邓小平文选（全 3 卷）》，人民出版社 1994 年版。

邓小平:《邓小平文集（1949—1974）（全 3 卷）》，人民出版社 2014 年版。

习近平:《习近平谈治国理政（第一卷）》，外文出版社 2014 年版。

习近平:《习近平谈治国理政（第二卷）》，外文出版社 2018 年版。

习近平:《习近平谈治国理政（第三卷）》，外文出版社 2020 年版。

习近平:《习近平谈治国理政（第四卷）》，外文出版社 2022 年版。

白桂梅:《国际法上的人权》，北京大学出版社 1996 年版。

白桂梅主编:《国际法（第 3 版）》，北京大学出版社 2015 年版。

白桂梅主编:《人权法学（第 3 版）》，北京大学出版社 2023 年版。

蔡元培:《中国伦理学史》，东方出版社 1996 年版。

常健:《人权的理想·现实·悖论》，四川人民出版社 1992 年版。

常健、陈振功:《人权知识公民读本》，湖南大学出版社 2012 年版。

陈波:《马克思主义视野中的人权》，中国社会科学出版社 2004 年版。

董云虎、刘武平编著:《世界人权约法总览》，四川人民出版社 1990 年版。

杜钢建:《中国近百年人权思想》，汕头大学出版社 2007 年版。

杜钢建、陈壮志:《人权发展的渊源与学说简论》，载《法治湖南与区域治理研究》

2011 年第 4 期。

杜学文：《试析和平权之权利主体与义务主体——兼评人权之权利主体与义务主体》，载《法学研究》2011 年第 4 期。

冯江峰：《清末民初人权思想的肇始与嬗变（1840—1912）》，社会科学文献出版社 2011 年版。

冯力：《处在两难中的人权——对普遍人权与多元人权之争的梳理和评析》，载《中共南昌市委党校学报》2005 年第 5 期。

冯友兰：《中国哲学史》，中华书局 2014 年版。

冯友兰：《中国哲学简史》，赵复三译，世界图书出版公司 2010 年版。

广州大学人权理论研究课题组、李步云：《中国特色社会主义人权理论体系论纲》，载《法学研究》2015 年第 2 期。

龚向和：《作为人权的社会权——社会权法律问题研究》，人民出版社 2007 年版。

龚向和主编：《人权法学》，北京大学出版社 2019 年版。

龚刃韧：《〈联合国宪章〉人权条款的产生及其意义》，载《人权研究》2020 年第 1 期。

谷春德：《中国特色人权理论与实践研究》，中国人民大学出版社 2013 年版。

谷盛开：《国际人权法：美洲区域的理论与实践》，山东人民出版社 2007 年版。

何勤华：《西方法学史纲（第 3 版）》，商务印书馆 2016 年版。

何燕华：《联合国国际人权法框架下老年人权利保护》，载《人权》2019 年第 4 期。

何志鹏：《非自然权利论》，载《法制与社会发展》2005 年第 3 期。

何志鹏：《人权的来源与基础探究》，载《法制与社会发展》2006 年第 3 期。

何志鹏：《人权全球化基本理论研究》，科学出版社 2008 年版。

何志鹏：《以人权看待发展》，载《法制与社会发展》2009 年第 4 期。

何志鹏：《权利基本理论：反思与构建》，北京大学出版社 2012 年版。

何志鹏：《国际法上的自决迷题》，载《武大国际法评论》2015 年第 2 期。

何志鹏：《和平权的愿望、现实与困境》，载《人权》2015 年第 5 期。

何志鹏：《中国人权事业发展的行动逻辑：三个维度》，载《人权》2021 年第 5 期。

何志鹏：《人权的历史维度与社会维度》，载《人权研究》2021 年第 1 期。

何志鹏：《论中国的人权："实践－理论－话语"协同进化》，载《当代法学》2022 年第 6 期。

何志鹏、孙璐、王彦志、姚莹：《国际法原理》，高等教育出版社 2017 年版。

洪永红：《论卢旺达国际刑事法庭对国际刑法发展的贡献》，载《河北法学》2007 年第 1 期。

侯外庐主编：《中国思想通史（第 5 卷）》，人民出版社 1956 年版。

胡适、梁实秋、罗隆基:《人权论集》,中国长安出版社 2013 年版。

黄枬森、沈宗灵主编:《西方人权学说》,四川人民出版社 1994 年版。

黄克武:《自由的所以然:严复对约翰弥尔自由思想的认识与批判》,上海书店出版社
   2000 年版。

黄振威:《老年人权利国际法保护的困境与应对》,载《理论月刊》2020 年第 2 期。

黄志雄:《国际法视角下的非政府组织:趋势、影响与对策》,载曾令良、余敏友主
   编:《全球化时代的国际法——基础、结构与挑战》,武汉大学出版社 2005 年版。

李步云:《论人权》,社会科学文献出版社 2010 年版。

李步云主编:《人权法学》,高等教育出版社 2005 年版。

李步云、肖海军:《契约精神与宪政》,载《法制与社会发展》2005 年第 3 期。

李广德:《健康作为权利的法理展开》,载《法制与社会发展》2019 年第 3 期。

李海星:《人权哲学导论》,社会科学文献出版社 2012 年版。

李季璇:《从权利到权力:洛克自然法思想研究》,江苏人民出版社 2017 年版。

李林:《当代人权理论与实践》,吉林大学出版社 1996 年版。

李其瑞:《西方人权思想的历史演进》,载《经济与社会发展》2003 年第 6 期。

李慎明主编:《马克思主义国际问题基本原理》,社会科学文献出版社 2013 年版。

李世光、刘大群、凌岩主编:《国际刑事法院罗马规约评释》,北京大学出版社 2006
   年版。

李洙泗主编:《马克思主义人权理论》,四川人民出版社 1994 年版。

梁启超:《先秦政治思想史》,东方出版社 1996 年版。

梁启超:《中国近三百年学术史》,东方出版社 2004 年版。

梁启超:《论中国学术思想变迁之大势》,上海古籍出版社 2006 年版。

联合国大会:《适足住房权实施准则,适当生活水准权所含适足住房及在此方面不受
   歧视权问题特别报告员的报告》,U.N. Doc. A/HRC/43/43,2019 年。

联合国大会:《享有清洁、健康和可持续环境的人权》,U.N. Doc. A/76/L.75 & Add.1,
   2022 年。

联合国经济及社会理事会:《第 4 号一般性意见:适足住房权(〈经济、社会及文化
   权利国际公约〉第十一条第一款)》,U.N. Doc. E/1992/23,1991 年。

联合国经济及社会理事会:《第 7 号一般性意见:适足住房权(〈经济、社会及文化
   权利国际公约〉第十一条第一款):强迫驱逐》,U.N. Doc. E/1998/22 附件四,
   1997 年。

联合国经济及社会理事会:《第 12 号一般性意见:〈经济、社会及文化权利国际公约〉
   的执行方面出现的实质性问题》,U.N. Doc. E/C.12/1999/5,1999 年。

联合国经济及社会理事会:《〈经济、社会及文化权利国际公约〉执行情况》，第 13 号总评论，U.N. Doc. E/C.12/1999/10，1999 年。

联合国经济及社会理事会:《第 14 号一般性意见:〈经济、社会及文化权利国际公约〉执行过程中出现的实质性问题》，U.N. Doc. E/C.12/2000/4，2000 年。

联合国经济及社会理事会:《第 15 号一般性意见:水权（〈经济、社会及文化权利国际公约〉第十一条和第十二条）》，U.N. Doc. E/C. 12/2002/11，2003 年。

联合国经济及社会理事会:《第 18 号一般性意见:工作权利（〈经济、社会及文化权利国际公约〉第六条）》，U.N. Doc. E/C.12/GC/18, 2006 年。

联合国经济及社会理事会:《紧缩措施对经济、社会和文化权利的影响》，联合国人权事务高级专员的报告，U.N. Doc. E/2013/82，2013 年。

联合国经济及社会理事会:《第 23 号一般性意见:关于享受公正和良好的工作条件的权利（〈经济、社会及文化权利国际公约〉第七条）》，U.N. Doc. E/C.12/GC/23, 2016 年。

联合国人居署、联合国人权事务高级专员办事处:《强迫迁离，概况介绍第 25 号（第一次修订版）》，2014 年。

联合国人权事务高级专员办事处:《经济、社会和文化权利常见问题解答》，概况介绍第 33 号。

联合国人权事务高级专员办事处:《国家人权机构手册:经济、社会、文化权利》，U.N. Doc. HR/P/PT/12，2004 年。

联合国人权事务高级专员办事处、联合国人类住区规划署:《适足住房权，概况介绍第 21 号（第一次修订版）》，2014 年。

联合国人权事务高级专员办事处、世界卫生组织:《健康权》，概况介绍第 31 号，2008 年。

联合国人权事务高级专员办事处、联合国粮农组织:《充足食物权》，概况介绍第 34 号。

联合国人权事务高级专员办事处、联合国人类住区规划署、世界卫生组织:《水权》，概况介绍第 35 号。

林奇富:《契约论批判与批判的尺度——杰里米·边沁功利主义政治哲学探析》，载《吉林大学社会科学学报》2003 年第 1 期。

凌岩:《卢旺达国际刑事法庭的理论与实践》，世界知识出版社 2010 年版。

刘大群:《前南国际刑庭与卢旺达国际刑庭的历史回顾》，载《武大国际法评论》2010 年第 2 期。

刘大群:《论危害人类罪》，载《武大国际法评论（第四卷）》，武汉大学出版社 2006 年版。

刘海年：《自然法则与中国传统文化中的人权理念及其影响》，载《人权研究》2020 年第 2 期。

刘杰：《国际人权体制：历史的逻辑与比较》，上海社会科学院出版社 2000 年版。

刘志强：《人权史稿——兼论罗隆基人权思想》，中国民主法制出版社 2014 年版。

柳华文：《联合国与人权的国际保护》，载《世界经济与政治》2015 年第 4 期。

柳华文：《中国的人权发展道路》，中国社会科学出版社 2018 年版。

柳华文：《中国妇女权利发展 100 年：从强烈的政治担当到日臻完善的法律保障》，载《人权》2021 年第 5 期。

吕思勉：《中国通史》，中华书局 2016 年版。

吕怡维：《中国法文化中的"权利"意识与基本人权保障》，载《西北民族大学学报》（哲学社会科学版）2020 年第 6 期。

鲁广锦：《历史视域中的人权：中国的道路与贡献》，载《红旗文稿》2021 年第 1 期。

鲁广锦：《新时代中国人权文化建设论纲》，载《人权》2021 年第 2 期。

鲁广锦：《中国式人权文明概论》，商务印书馆 2023 年版。

罗艳华：《〈世界人权宣言〉：全球人权治理的重要基石》，载《中国国际战略评论》2018 年第 1 期。

毛俊响、党庶枫：《亚洲区域内人权保护的新动向：〈东盟人权宣言〉评析》，载《西部法学评论》2014 年第 3 期。

莫纪宏：《国际人权公约与中国》，世界知识出版社 2005 年版。

彭锡华：《〈公民权利和政治权利国际公约〉国际监督制度研究》，吉林人民出版社 2001 年版。

齐延平：《数智化社会的法律调控》，载《中国法学》2022 年第 1 期。

齐延平、曹晟旻：《反"污名化"与人权文化的重建》，载《人权》2020 年第 3 期。

《求是》杂志编辑部：《人民幸福生活是最大的人权》，载《求是》2022 年第 12 期。

曲相霏：《人权离我们有多远：人权的概念及其在近代中国的发展演变》，清华大学出版社 2015 年版。

邵津主编：《国际法（第 6 版）》，北京大学出版社 2024 年版。

孙世彦：《国际人权条约的形式分析》，载《现代法学》2001 年第 1 期。

孙正聿：《为历史服务的哲学》，中央编译出版社 2018 年版。

孙中山：《三民主义》，黄彦编注，广东人民出版社 2007 年版。

王广辉主编：《人权法学》，清华大学出版社 2015 年版。

王世舜、王翠叶译注：《尚书》，中华书局 2012 年版。

吴双全：《少数人权利的国际保护》，中国社会科学出版社 2010 年版。

吴忠希：《中国人权思想史略：文化传统和当代实践》，学林出版社 2004 年版。

王利明：《法治：良法与善治》，载《中国人民大学学报》2015 年第 2 期。

王秀梅：《国际刑事法院研究》，中国人民大学出版社 2002 年版。

王祎茗、田禾：《中国儿童权利保护状况评价体系的构建》，载《人权》2018 年第 2 期。

王勇民：《儿童权利的国际法保护研究》，法律出版社 2010 年版。

王运祥、刘杰：《联合国与人权保障国际化》，中山大学出版社 2002 年版。

夏勇：《人权概念起源》，中国政法大学出版社 1992 年版。

夏勇：《人权概念起源——权利的历史哲学》，中国社会科学出版社 2007 年版。

萧公权：《康有为思想研究》，中国人民大学出版社 2014 年版。

徐崇温：《评民主社会主义的人权观》，载《哲学研究》1991 年第 12 期。

徐显明：《人权主体之争引出的几个理论问题》，载《中国法学》1992 年第 5 期。

徐显明：《人权研究无穷期》，载《政法论坛》2004 年第 2 期。

徐显明：《人权的体系与分类》，载《人权论丛（第一辑）》，商务印书馆 2018 年版。

徐显明：《人权研究无穷期》，载《政法论坛》2004 年第 2 期。

徐显明主编：《国际人权法》，法律出版社 2004 年版。

徐显明主编：《人权法原理》，中国政法大学出版社 2008 年版。

徐显明主编：《人权研究（第八卷）》，山东人民出版社 2009 年版。

颜清辉、程志敏：《论中国人权思想的文化基因》，载《贵州社会科学》2021 年第 8 期。

杨成铭主编：《人权法学》，中国方正出版社 2004 年版。

杨春福主编：《人权法学（第 2 版）》，科学出版社 2020 年版。

杨宇冠：《联合国人权公约机构与经典要义》，中国人民公安大学出版社 2005 年版。

杨宇冠：《人权法——〈公民权利和政治权利国际公约〉研究》，中国人民公安大学出版社 2003 年版。

叶立煊、李似珍：《人权论》，福建人民出版社 1991 年版。

曾令良：《联合国人权条约实施机制：现状、问题和加强》，载《江汉论坛》2014 年第 7 期。

张晓玲：《人权理论基本问题》，中共中央党校出版社 2006 年版。

张乃根：《西方法哲学史纲（增补本）》，中国政法大学出版社 2002 年版。

张文显：《二十世纪西方法哲学思潮研究》，法律出版社 1996 年版。

张文显：《法哲学范畴研究》，中国政法大学出版社 2001 年版。

张文显：《张文显法学文选（卷三）：权利与人权》，法律出版社 2011 年版。

张文显：《无数字，不人权》，载《网络信息法学研究》2020 年第 1 期。

张文显：《习近平法治思想的理论体系》，载《法制与社会发展》2021 年第 1 期。

张文显主编：《法理学（第 5 版）》，高等教育出版社 2018 年版。

张文显、李步云主编：《法理学论丛》，法律出版社 1999 年版。

张永和主编：《人权之门》，广西师范大学出版社 2015 年版。

张永和主编：《新时代中国人权故事》，中央编译出版社 2023 年版。

赵建文：《人民自决权与国家领土完整的关系》，载《法学研究》2009 年第 6 期。

赵建文：《儒家自由思想：〈世界人权宣言〉与中华传统文化的汇通》，载《人权》2020 年第 1 期。

郑成良：《法律之内的正义》，法律出版社 2002 年版。

郑智航：《论适当生活水准权的救济》，载《政治与法律》2009 年第 9 期。

中共中央党史和文献研究院：《习近平关于尊重和保障人权论述摘编》，中央文献出版社 2021 年版。

中共中央宣传部理论局：《世界社会主义五百年》，党建读物出版社 2014 年版。

中国联合国协会：《联合国 70 年：成就和挑战》，世界知识出版社 2015 年版。

中国社会科学院法学研究所编译：《国际人权文件与国际人权机构》，社会科学文献出版社 1993 年版。

中华人民共和国国务院新闻办公室：《中国的劳动和社会保障状况》，人民出版社 2002 年版。

中华人民共和国国务院新闻办公室：《中国的就业状况和政策》，人民出版社 2004 年版。

中华人民共和国国务院新闻办公室：《中国的社会保障状况和政策》，人民出版社 2004 年版。

中华人民共和国国务院新闻办公室：《中国健康事业的发展与人权进步》，人民出版社 2017 年版。

中华人民共和国国务院新闻办公室：《为人民谋幸福：新中国人权事业发展 70 年》，人民出版社 2019 年版。

中华人民共和国国务院新闻办公室：《全面建成小康社会 中国人权事业发展的光辉篇章》，人民出版社 2021 年版。

中华人民共和国国务院新闻办公室：《中国共产党尊重和保障人权的伟大实践》，人民出版社 2021 年版。

朱峰：《人权与国际关系》，北京大学出版社 2000 年版。

朱峰：《人权、进步与国际关系理论》，载《世界经济与政治》2005 年第 9 期。

朱力宇、叶传星主编：《人权法》，中国人民大学出版社 2017 年版。

朱文奇：《国际刑法（第 2 版）》，中国人民大学出版社 2014 年版。

朱晓青：《欧洲人权法律保护机制研究》，法律出版社 2003 年版。

朱颖：《人类命运共同体下的多元人权观》，载《人权》2017 年第 2 期。

卓力雄、王勇：《非政府人权组织在社会治理中的作用》，载《广州大学学报（社会科学版）》2018 年第 1 期。

〔英〕A. J. M. 米尔恩：《人的权利与人的多样性——人权哲学》，夏勇、张志铭译，中国大百科全书出版社 1995 年版。

〔美〕贝思·辛格：《实用主义、权利和民主》，王守昌等译，上海译文出版社 2001 年版。

〔澳〕本·索尔、戴维·金利、杰奎琳·莫布雷：《〈经济社会文化权利国际公约〉：评注、案例与资料》，孙世彦译，法律出版社 2019 年版。

〔英〕边沁：《道德与立法原理导论》，时殷弘译，商务印书馆 2000 年版。

〔英〕边沁：《论一般法律》，毛国权译，上海三联书店 2008 年版。

〔英〕边沁：《政府片论》，沈叔平等译，商务印书馆 1997 年版。

〔加〕卜正民：《挣扎的帝国：元与明》（《哈佛中国史（第五卷）》），潘玮琳译，中信出版社 2016 年版。

〔日〕稻正树、铃木敬夫：《建立亚洲人权保障机制的尝试》，白巴根译，载《太平洋学报》2009 年第 12 期。

〔美〕杜威：《人的问题》，傅统先、邱椿译，上海人民出版社 1965 年版。

〔美〕E. 博登海默：《法理学：法律哲学与法律方法》，邓正来译，中国政法大学出版社 2017 年版。

〔德〕哈贝马斯：《包容他者》，曹卫东译，上海人民出版社 2002 年版。

〔美〕哈罗德·伯尔曼：《法律与革命·第一卷：西方法律传统的形成》，贺卫方等译，法律出版社 2008 年版。

〔德〕黑格尔：《法哲学原理》，范扬、张企泰译，商务印书馆 1961 年版。

〔英〕霍布斯：《利维坦》，黎思复、黎廷弼译，商务印书馆 1986 年版。

〔美〕杰克·唐纳利：《普遍人权的理论与实践》，王浦劬等译，中国社会科学出版社 2001 年版。

〔英〕克莱尔·奥维、罗宾·怀特：《欧洲人权法：原则与判例》，何志鹏、孙璐译，北京大学出版社 2006 年版。

〔法〕卢梭：《论人类不平等的起源和基础》，李常山译，商务印书馆 1962 年版。

〔美〕路易斯·亨金：《权利的时代》，信春鹰、吴玉章、李林译，知识出版社 1997 年版。

〔美〕罗尔斯：《正义论》，何怀宏等译，中国社会科学出版社 1988 年版。

〔英〕罗素：《西方哲学史》，何兆武等译，商务印书馆 1976 年版。

〔美〕罗威廉：《最后的中华帝国：大清》（《哈佛中国史（第六卷）》），李仁渊、张远译，中信出版社 2016 年版。

〔英〕洛克：《政府论》，叶启芳、瞿菊农译，商务印书馆 1964 年版。

〔德〕马克斯·韦伯：《新教伦理与资本主义精神》，王岚释，上海译文出版社 2019
年版。

〔美〕玛丽·安·葛兰顿：《美丽新世界：〈世界人权宣言〉诞生记》，刘轶圣译，中国
政法大学出版社 2016 年版。

〔美〕迈克尔·佩里：《权利的新生：美国宪法中的人权》，徐爽、王本存译，商务印
书馆 2016 年版。

〔奥〕曼弗雷德·诺瓦克：《国际人权制度导论》，柳华文译，北京大学出版社 2010
年版。

〔奥〕曼弗雷德·诺瓦克：《民权公约评注》，毕小青，孙世彦等译，生活·读书·新
知三联书店 2003 年版。

〔美〕乔尔·范伯格：《自由、权利和社会正义》，王守昌等译，贵州人民出版社 1998
年版。

〔德〕塞缪尔·普芬道夫：《人和公民的自然法义务》，鞠成伟译，商务印书馆 2009
年版。

〔美〕托马斯·伯根索尔、黛娜·谢尔顿、戴维·斯图尔特：《国际人权法精要（第 4
版）》，黎作恒译，法律出版社 2010 年版。

〔英〕托马斯·希尔·格林：《关于政治义务原理的演讲》，郝涛译，社会科学文献出
版社 2018 年版。

〔英〕休谟：《人性论》，关文运译，商务印书馆 1996 年版。

〔德〕伊曼努尔·康德：《道德形而上学原理》，苗力田译，上海人民出版社 2005 年版。

〔德〕伊曼努尔·康德：《法的形而上学原理》，沈叔平译，商务印书馆 1991 年版。

〔德〕伊曼努尔·康德：《实践理性批判》，邓晓芒译，人民出版社 2003 年版。

〔英〕约翰·格雷：《自由主义的两张面孔》，顾爱彬、李瑞华译，江苏人民出版社
2002 年版。

〔加〕约翰·汉弗莱：《国际人权法》，庞森、王民、项佳谷译，世界知识出版社 1992
年版。

〔英〕约翰·密尔（约翰·穆勒）：《功利主义》，徐大建译，上海人民出版社 2007 年版。

〔英〕约翰·密尔（约翰·穆勒）：《论自由》，许宝骙译，商务印书馆 1959 年版。

〔美〕约瑟夫·E. 珀西科：《纽伦堡大审判》，刘巍等译，上海人民出版社 2000 年版。

〔美〕约瑟夫·S. 奈、约翰·D. 唐纳胡主编：《全球化世界的治理》，王勇、门洪华等
译，世界知识出版社 2003 年版。

〔德〕詹姆斯·N. 罗西瑙:《没有政府的治理》, 张胜军、刘小林等译, 江西人民出版社 2001 年版。

Addaney, Michael and Ademola Oluborode Jegede (eds.), *Human Rights and the Environment under African Union Law* (Cham: Palgrave Macmillan, 2020).

Afshari, Reza, *Human Rights in Iran: The Abuse of Cultural Relativism* (Philadelphia: University of Pennsylvania Press, 2001).

Ahmed, Tawhida and Israel de Jesús Butler, "The European Union and Human Rights: An International Law Perspective," 17 *European Journal of International Law* (2006) 774.

Almqvist, Jessica, *Human Rights, Culture, and the Rule of Law* (Oxford and Portland: Hart Publishing, 2005).

Alston, Philip, "A Third Generation of Solidarity Rights: Progressive Development or Obfuscation of International Human Rights Law?," 29 *Netherlands International Law Review* (1982) 307.

Angle, Stephen C., *Human Rights in Chinese Thought: A Cross-Cultural Inquiry* (Cambridge: Cambridge University Press, 2002).

Antkowiak, Thomas M. and Alejandra Gonza, *The American Convention on Human Rights: Essential Rights* (Oxford: Oxford University Press, 2017).

An-Na'im, Abdullahi Ahmed (ed.), *Human Rights in Cross-Cultural Perspectives: A Quest for Consensus* (Philadelphia: University of Pennsylvania Press, 1992).

Brás Gomes, Virginia, "Chapter12: The Right to Work and Rights at Work," in Jackie Dugard, Bruce Porter, Daniela Ikawa and Lilian Chenwi (eds.), *Research Handbook on Economic, Social and Cultural Rights as Human Rights* (Cheltenham: Edward Elgar Publishing Limited, 2020).

Brownlie, Ian, *Principles of Public International Law*, 7th edition (New York: Oxford University Press, 2008).

Bueno, Nicolas, "From the Right to Work to Freedom from Work," 33 *International Journal of Comparative Labour Law and Industrial Relations* (2017) 463.

Buergenthal, Thomas, "To Respect and To Ensure: State Obligations and Permissible Derogation," in Louis Henkin (ed.), *The International Bill of Rights: The Covenant on Civil and Political Rights* (New York: Columbia University Press, 1981).

Buergenthal, Thomas, "The Normative and Institutional Evolution of International

Human Rights," 19 *Human Rights Quarterly* (1997) 703.

Buergenthal, Thomas, "The Evolving International Human Rights System," 100 *American Journal of International Law* (2006) 783.

Buikema, Rosemarie., Antoine Buyse and Antonius C.G.M.Robben (eds.), *Cultures, Citizenship and Human Rights* (London: Routledge, 2019).

Burdekin, Brain, "Human Rights Commissions," in K. Hossain et al. (eds), *Human Rights Commissions and Ombudsman Offices: National Experiences Throughout the World* (The Hague, Boston: Kluwer Law International, 2001).

Burgers, J. Herman and Hans.Danelius, *The United Nations Convention against Torture: A Handbook on the Convention against Torture and Other Cruel, Inhuman or Degrading Treatment or Punishment* (Dordrecht, Boston, London: Martinus Nijhoff Publishers, 1988).

Burgers, Jan Herman, "The Road to San Francisco: The Revival of the Human Rights Idea in the Twentieth Century," 14 *Human Rights Quarterly* (1992) 447.

Burke, Edmund and L. G. Mitchell, *Reflections on the Revolution in France* (Oxford: Oxford University Press, 2009).

Burrows, Noreen, "The 1979 Convention on the Elimination of All Forms of Discrimination Against Women," 32 *Netherlands International Law Review* (1985) 419.

Capps, Patrick, *Human Dignity and the Foundations of International Law* (Oxford: Hart Publishing, 2009).

Carozza, Paolo G., "From Conquest to Constitutions: Retrieving a Latin American Tradition of the Idea of Human Rights," 25 *Human Rights Quarterly* (2003) 281.

Carter, James Coolidge, *Law: Its Origin, Growth and Function* (New York, London: G. P. Putnam's Sons, 1907).

Cassese, Antonio, *Self-Determination of Peoples: A Legal Reappraisal* (Cambridge, New York: Cambridge University Press, 1995).

Cassese, Antonio, "The Statute of the International Criminal Court: Some Preliminary Reflections," 10 *European Journal of International Law* (1999) 144.

Cholewinski, Ryszard, *Migrant Workers in International Human Rights Law* (Oxford: Clarendon Press, 1997).

Christenson, Gordon A., "World Civil Society and the International Rule of Law," 19 *Human Rights Quarterly* (1997) 724.

Clapham, Andrew, "UN Human Rights Reporting Procedures: An NGO Perspective," in Philip Alston and James Crawford (eds.), *The Future of UN Human Rights Treaty Monitoring* (Cambridge: Cambridge University Press, 2000).

Corradetti, Claudio, *Relativism and Human Rights: A Theory of Pluralistic Universalism* (Dordrecht: Springer, 2009).

Craig, Paul and Grainne de Burca, *EU Law: Text, Cases, and Materials*, 2nd edition (Oxford: Oxford University Press, 1998).

Crawford, James, "State Practice and International Law in Relation to Secession," 69 *British Yearbook of International Law* (1998) 86.

Deuja, Surya, "Establishing a Robust Regional Human Rights Mechanism in South Asia," 6 *ASIAN Human Rights Defender* (2010) 4.

Dinstein, Yoram, "Collective Human Rights of Peoples and Minorities," 25 *International and Comparative Law Quarterly* (1976) 102.

Donnelly, Jack, *Universal Human Rights in Theory and Practice* (New York: Cornell University Press, 2013).

El Zeidy, Mohamed M., "The Principle of Complementarity: A New Machinery to Implement International Criminal Law," 23 *Michigan Journal of International Law* (2002) 869.

Evans, Malcolm and Murray, Rachel (eds.), *The African Charter on Human and Peoples' Rights: The System in Practice 1986–2006*, 2nd edtion (Cambridge: Cambridge University Press, 2008).

Felice, William F., "The Case for Collective Human Rights: The Reality of Group Suffering," 10 *Ethics & International Affairs* (1996) 47.

Gerards, Janneke, *General Principles of the European Convention on Human Rights* (Cambridge: Cambridge University Press, 2019).

Gonzalez-Salzberg, Damian, and Loveday Hodson, *Research Methods for International Human Rights Law: Beyond the Traditional Paradigm* (London: Routledge, 2020).

Griffiths, Gareth., Mead, Philip (eds.), *The Social Work of Narrative: Human Rights and the Cultural Imaginary* (Stuttgart: Ibidem-Verlag, 2018).

Hammarberg, Thomas, "The UN Convention on the Rights of the Child—and How to Make It Work," 12 *Human Rights Quarterly* (1990) 97.

Hartney, Michael, "Some Confusions Concerning Collective Rights," in Will Kymlicka (ed.), *The Rights of Minority Cultures* (New York: Oxford University Press, 1995).

Harris, David J. and Stephen Livingstone (eds.), *The Inter-America System of Human*

Rights (Oxford: Claredon Press, 1998).

Henkin, Louis, *The Age of Rights* (New York: Columbia University Press, 1990).

"Human Rights: Ideology and Aspiration, Reality and Prospect," in Samantha Power and Graham Allison (eds), *Realizing Human Rights: Moving from Inspiration to Impact* (New York: Palgrave Macmillan, 2006).

(ed.), *The International Bill of Rights: The Covenant on Civil and Political Rights* (New York: Columbia University Press, 1981).

Hoare, Samuel, "The United Nations and Human Rights: A Brief Survey of the Commission on Human Rights," 1 *Israel Yearbook on Human Rights* (1971) 29.

Humphrey, John P., *Human Rights & the United Nations: A Great Adventure* (Dobbs Ferry: Transnational Publishers, 1984).

Hunt, Lynn, *Inventing Human Rights: A History* (New York: W. W. Norton & Co., 2007).

Jacobs, Francis G., *The European Convention on Human Rights* (Oxford: Clarendon press, 1975).

Kamminga, Menno T., "The Evolving Status of NGOs in International Law: A Threat to the Inter-State System," in Philip Alston (ed.), *Non-State Actors and Human Rights* (Oxford: Oxford University Press, 2005).

Kerr, Rachel, *The International Criminal Tribunal for The Former Yugoslavia: An Exercise in Law, Politics and Diplomacy* (Oxford: Oxford University Press, 2004).

Kingsbury, Damien and Leena Avonius (eds.), *Human Rights in Asia: A Reassessment of the Asian Values Debate* (New York: Palgrave Macmillan, 2008).

Kittichaisaree, Kriangsak, *International Criminal Law* (Oxford: Oxford University Press, 2001).

Knox, John H., "The Global Pact for the Environment: At the crossroads of human rights and the environment," 28 *Review of European, Comparative & International Environmental Law* (2019) 40.

Korey, William, *NGOs and the Universal Declaration of Human Rights: A "Curious Grapevine"* (New York: St. Martins Press, 1998).

Lauterpacht, Hersch, *International Law and Human Rights* (London: Stevens & Sons, Ltd., 1950).

Lee, Roy S. (ed.), *The International Criminal Court: The Making of the Rome Statute: Issues, Negotiations, Results* (The Hague: Kluwer Law International, 1999).

Lippman, Matthew, "The Development and Drafting of the United Nations Convention

Against Torture and Other Cruel Inhuman or Degrading Treatment or Punishment," 17 *Boston College International and Comparative Law Review* (1994) 275.

Lindblom, Anna-Karin, *Non-Governmental Organizations in International Law* (Cambridge: Cambridge University Press, 2005).

Li, Xiaorong, *Ethics, Human Rights and Culture: Their Compatibility and Inter-Dependence* (London: Palgrave Macmillan, 2006).

Malanczuk, Peter, *Akehurst's Modern Introduction to International Law*, 7th edition (London: Routledge, 1997).

Marks, Stephen P., "Emerging Human Rights: A New Generation for the 1980s," 33 *Rutgers Law Review* (1981) 435.

Medina, Cecilia, "The Role of the Country Reports in the Inter-America System of Human Rights," in David J. Harris and Stephen Livingstone (eds.), *The Inter-America System of Human Rights* (Oxford: Claredon Press, 1998).

Morrisson, Clovis, *The Developing European Law of Human Rights* (Leiden: Sijthoff, 1967).

Moyn, Samuel, *Human Rights and the Uses of History* (New York, London: Verso, 2014).

Murray, Rachel, *The African Charter on Human and Peoples' Rights: A Commentary* (Oxford: Oxford University Press, 2019).

Mutua, Makau, *Human Rights: A Political and Cultural Critique* (Philadelphia: University of Pennsylvania Press, 2002).

Narine, Shaun, "Human Rights Norms and the Evolution of ASEAN: Moving without Moving in a Changing Regional Environment," 34 *Contemporary Southeast Asia* (2012) 365.

Nash, Kate, *The Cultural Politics of Human Rights: Comparing the US and UK* (Cambridge: Cambridge University Press, 2009).

Overy, Richard, "The Nuremberg Trials: International Law in the Making," in Philippe Sands (ed.), *From Nuremberg to The Hague: The Future of International Criminal Justice* (Cambridge: Cambridge University Press 2003).

Parkes, Aisling, *Children and International Human Rights Law: The Right of the Child to be Heard* (London: Routledge, 2013).

Pasqualucci, Jo M., *The Practice and Procedure of the Inter-American Court of Human Rights* (Cambridge: Cambridge University Press, 2003).

Passas, Nikos (ed.), *International Crimes* (Aldershot/Burlington: Ashgate/Dartmouth

Publishing Company, 2003).

Rawls, John, *Political Liberalism* (New York: Columbia University Press, 2005).

Robertson, Geoffrey, *Crimes Against Humanity: The Struggle for Global Justice* (New York: The New Press, 1999).

Rodríguez-Rivera, Luis E., "The Human Right to Environment in the 21st Century: A Case for Its Recognition and Comments on the Systemic Barriers It Encounters," 34 *American University of International Law Review* (2018) 143.

Sands, Philippe (ed.), *From Nuremberg to The Hague: The Future of International Criminal Justice* (Cambridge: Cambridge University Press, 2003).

Saul, Ben, David Kinley and Jaqueline Mowbray, *The International Convenant on Economic, Social and Cultural Rights: Commentary, Cases, and Materials* (Oxford: Oxford University Press, 2014).

Schabas, William A., *An Introduction to International Criminal Court* (Cambridge: Cambridge University Press, 2001).

The European Convention on Human Rights: A Commentary (Oxford: Oxford University Press, 2016).

Schachter, Oscar, *Implementing the Right to Development: Programme of Action* (Martinus Nijhoff Publishers, 1992).

Schöpp-Schilling, H. B. et al. (eds.), *The Circle of Empowerment: Twenty-five Years of the UN Committee on the Elimination of Discrimination against Women* (New York : The Feminist Press, 2007).

Sengupta, Arjun, "On the Theory and Practice of the Right to Development," 24 *Human Rights Quarterly* (2002) 837.

Shelton, Dinah, "The Participation of Nongovernmental Organizations in International Judicial Proceedings," 88 *American Journal of International Law* (1994) 611.

Shue, Henry, *Basic Rights: Subsistence, Affluence and U.S. Foreign Policy*, 2nd edition (Princeton: Princeton University Press, 1996).

Silverman, Helaine., and Fairchild D. Ruggles (eds.), *Cultural Heritage and Human Rights* (New York: Springer, 2007).

Sloane, Robert D., "The International Criminal Tribunal for Rwanda," in Chiara Giorgetti (ed.), *The Rules, Practice, And Jurisprudence of International Courts and Tribunals* (Leiden, Boston: Martinus Nijhoff Publishers, 2012).

Sohn, Louis B., "The New International Law: Protection of the Rights of Individuals

Rather than States," 32 *American University International Law Review* (1982) 1.

Sohn, Louis B., and Thomas Buergenthal (eds), *International Protection of Human Rights* (Indianapolis: The Bobbs-Merrill Company, Inc., 1973).

Steiner, Henry J., and Philip Alston, *International Human Rights in Context: Law, Politics, Morals*, 2nd edition (Oxford: Oxford University Press, 2000).

Sterio, Milena, *The Right to Self-Determination under International Law: 'Selfistans,' Secession, and the Rule of the Great Powers* (London: Routledge, 2012).

Strauss, Leo, *Natural Right and History* (Chicago: University of Chicago Press, 1953).

Szasz, Paul C. (ed.), *Administrative and Expert Monitoring of International Treaties* (New York: Transnational Publishers, Inc., 1999).

Taylor, Paul M., *A Commentary on the International Covenant on Civil and Political Rights: The UN Human Rights Committee's Monitoring of ICCPR Rights* (Cambridge: Cambridge University Press, 2020).

Thornberry, Patrick, *The International Convention on the Elimination of All Forms of Racial Discrimination: A Commentary* (Oxford: Oxford University Press, 2016).

Wellman, Carl, "A New Conception of Human Rights," in Morton E. Winston (ed.), *The Philosophy of Human Rights* (Belmont: Wadsworth, 1989).

"Solidarity, The Individual and Human Rights," 22 *Human Rights Quarterly* (2000) 639.

Woods, Jeanne M., "Theorizing Peace as a Human Right," 7 *Human Rights & International Legal Discourse* (2013) 178.

索　引

后　　记

　　本书是在中国人权知识体系构建完善的过程中，在吉林大学人权学科发展建设的道路上，总结既往的思想、理论，观察和分析当代中国的人权实践，探讨国际人权的相关制度，试图在理论、规范和实践领域做出一些新的探索的阶段性学术成果。

　　本书的设计和撰写得到了吉林大学法学院、吉林大学人权研究院各位同事的热情鼓励。吉林大学社会科学研究院、教务处、研究生院、发展规划处也对本书的出版给予了积极的鼓励和大力支持。本书的分工如下：

　　鲍墨尔根，第四章第四节

　　崔鹏，第五章第三节

　　都青，第四章第一节

　　耿斯文，第四章第三节

　　谷向阳，第二章

　　何志鹏，全书结构设计，第一章（第二稿），第七章

　　刘司鹿，全书校对（第一遍）

　　申天娇，第四章第二节

　　王淼，第一章第三节（第一稿）

　　王韵涵，第一章第一、二节（第一稿）

　　魏晓旭，第三章

　　袭莹莹，第五章第一节

　　殷孟茹，第五章第四节

　　袁悦，第一章第四节（第一稿）

张宧欢，第一章第五节（第一稿）

赵健舟，第六章

周萌，全书校对（第二遍）

朱志远，第五章第二节

在全书的撰写和修订校对过程中，吉林大学人权研究院的诸多博士、硕士研究生积极参与，并起到了重要的作用。本书在内容上一定还有很多值得进一步探讨和深入的方面，信息上的缺陷不足也在所难免。敬请各位专家学者和敬爱的读者多多指正。

何志鹏

2024 年 1 月 11 日